A Complete Solution for

DSSSB NIOS

Summary Book

BILINGUAL BOOK

Important for

DSSSB PRT/TGT/PGT

S. CHAND PUBLISHING

S Chand And Company Limited
(ISO 9001 Certified Company)

S Chand And Company Limited

(ISO 9001 Certified Company)

Head Office: D-92, Sector–2, Noida 201301, U.P. (India), Ph. 91-120-4682700

Registered Office: A-27, 2nd Floor, Mohan Co-operative Industrial Estate, New Delhi – 110 044
Phone: 011-49731800

www.**schandpublishing.com**; e-mail: **info@schandpublishing.com**

Marketing Offices:

Chennai : Ph: 044-2363 2120, chennai@schandpublishing.com

Guwahati : Ph: 0361-4066 369, guwahati@schandpublishing.com

Hyderabad : Ph: 040-4018 6018, hyderabad@schandpublishing.com

Jalandhar : Ph: 0181-4645 630, jalandhar@schandpublishing.com

Kolkata : Ph: 033-2335 7458, 2335 3914, kolkata@schandpublishing.com

Lucknow : Ph: 0522-4003 633, lucknow@schandpublishing.com

Mumbai : Ph: 022-2500 0297, mumbai@schandpublishing.com

Patna : Ph: 0612-4011400, patna@schandpublishing.com

First Edition 2024
Reprint 2026 (Twice)

ISBN : 978-93-5501-871-7

Product Code: H2N

PRINTED IN INDIA

By Shri Shyamlal Printing Press Private Limited Plot 20/4, Site-IV, Industrial Area Sahibabad, Ghaziabad –
Published by S Chand And Company Limited, A-27, 2nd Floor, Mohan Co-operative Industrial Estate, New Delhi – 1

PREFACE

Why this NIOS Summary Book?

As you must be aware that DSSSB asks line-by-line questions from NIOS D.El.Ed. books. These books are a total of 3000 pages. It is not possible for any student to read and learn all those 3000 pages in a very short duration of time. This is where a teacher's role comes in. It is the responsibility of a sincere teacher to prepare brief notes on those NIOS books without leaving out any important points or facts.

We both are teaching DSSSB students for many years. We were the first to tell this secret to students that DSSSB is asking questions directly from NIOS books. Since 2017 students have been struggling to find a good book for NIOS Summary. We have observed the problems faced by the students in their preparation and found that all the books available in the name of NIOS Summary do not meet the needs of the students properly.

In today's time, the student needs such books that pay more attention to the quality of the content, so that the students' time is not wasted in reading multiple useless books. For the DSSSB Primary Teacher Exam, students need a high-quality summary of the NIOS book prepared by the teacher not by content writers. This is why we prepared these NIOS notes with our own hands for students.

With this book, students will get all the important facts and points needed for the DSSSB Primary Teacher exam, and their time will not be wasted. We have also provided a side space on every page of the book where students can prepare their own notes. One week before the exam, the only thing you need will be this book and notes prepared by you in the side space provided.

We hope that the hard work we did for months to collect all the important and relevant points and facts for the DSSSB Primary Teacher Exam in this book, will help you a lot and you will be able to pass your exam in your first attempt like our previous students.

Best wishes to all of you

Authors

Prateek Malik and Prateek Shivalik

CONTENTS

1

UNDERSTANDING THE CHILD
(बच्चों को समझना)

Growth: Structural and physiological changes.

वृद्धि: संरचनात्मक और शारीरिक परिवर्तन।

Development: Development is a more inclusive term which has another element called 'maturation'.

विकास: विकास इस प्रकार एक अधिक समावेशी शब्द है जिसका एक दूसरा तत्व है जो परिपक्वता कहलाता है।

1.2 DIFFERENCE BETWEEN GROWTH AND DEVELOPMENT (वृद्धि और विकास में अंतर)

Growth वृद्धि	Development विकास
Increase in size-quantitative changes आकार में बढ़ोतरी – मात्रात्मक परिवर्तन	Changes are form and shape - qualitative changes रूप और आकार में परिवर्तन – गुणात्मक परिवर्तन
Physical changes शारीरिक परिवर्तन	Overall changes समग्र परिवर्तन
A part of development विकास का एक हिस्सा	Changes as a whole सम्पूर्ण रूप से बदलता है
Stops with maturity परिपक्वता के साथ रुकता है	Continues जीवन भर चलता रहता है
Observable and also measurable देखने योग्य और मापने योग्य भी	Not totally observable and measurable पूरी तरह से देखने योग्य और मापने योग्य नहीं

1.3 PRINCIPLES OF GROWTH AND DEVELOPMENT (वृद्धि और विकास के सिद्धांत)

- **Development follows a pattern:** follows a pattern or a general sequence-definite sequences.
- **विकास एक प्रतिमान का अनुकरण करता है:** एक प्रतिमान या एक सामान्य क्रम का अनुक्रम करता है।
- **Principle of development direction:** cephalocaudal-head to limbs (longitudinal axis), proximodistal-centre to the periphery(control head first, then arms and legs- control large muscles first and does finer movements)
- **विकास की दिशा का सिद्धांत:** शीर्षपाद पुच्छीय के साथ-साथ दूरस्थ दिशा में है। विकास की दिशा सिर से पुच्छ की ओर है- लंबाई में यह शीर्ष पाद- पुच्छीय कहलाता है और केंद्र से परिधि की ओर प्रॉक्सीम ओडिस्टल कहलाता है। (पहले सिर पर नियंत्रण प्राप्त करता है, फिर भुजाओं पर और पैर पर बड़ी मांसपेशियों पर पहले नियंत्रण करता है और श्रेष्ठ गतिविधि करता है)

Notes

- **Continuous Development:** womb to tomb.
  सतत विकास: गर्भाशय से समाधि तक।
- **Not uniform:** Rapid changes-early years, slow down-later, adolescence-sudden rise.
  समान नहीं: तीव्र परिवर्तन-प्रारंभिक वर्ष, धीमा- बाद में, किशोरावस्था- अचानक वृद्धि।
- **Principle of individual difference:** Rate and quality of development (Girls mature earlier in comparison to boys)
  व्यक्तिगत अंतर का सिद्धांत: विकास की दर और गुणवत्ता (लड़कियाँ लड़कों की तुलना में पहले परिपक्व होती हैं)।
- **General to specific:** first general-Later become specific. Before saying different words, letters, babble different sounds similarly.
  सामान्य से विशिष्ट: पहले सामान्य- बाद में विशिष्ट बनें। अलग-अलग शब्द कहने से पहले, अक्षर, अलग-अलग ध्वनियाँ समान रूप से बोलें।
- **Integration:** Specific response are integrated from the whole.
  एकीकरण: विशिष्ट प्रतिक्रिया संपूर्ण से एकीकृत होती है।
- **Interrelationship:** All the dimensions of development relate with or influence
  अंतर्संबंध: विकास के सभी आयाम संबंधित या प्रभावित करते हैं।
- **Predictability:** Scope to predict future development
  पूर्वानुमेयता/भविष्यवाणी: भविष्य के विकास की भविष्यवाणी करने की गुंजाइश।

1.4 RELATIONSHIP BETWEEN GROWTH AND DEVELOPMENT (वृद्धि और विकास के बीच संबंध)

- Growth depends upon both maturation and leaming.
  वृद्धि परिपक्वता के साथ-साथ अधिगम दोनों पर निर्भर करता है।
- Maturation: changes in the muscles and the nervous system as a result of time
  परिपक्वता: समय के परिणामस्वरूप मांसपेशियों और तंत्रिका तंत्र में परिवर्तन।
- Learning: Action of appropriate environmental forces operating on the individual
  सीखना: व्यक्तिगत काम कर रहे उपयुक्त पर्यावरण बलों की कार्रवाई।

1.5 FACTORS INFLUENCING GROWTH AND DEVELOPMENT (वृद्धि और विकास को प्रभावित करने वाले कारक)

Internal Factors- within body (आंतरिक कारक-शरीर के भीतर)

- Heredity factors
  (आनुवंशिक कारक)
- Biological or constitutional factors
  (जैविक या संवैधानिक कारक)
- Intelligence
  (बुद्धि)
- Emotional factors
  (भावनात्मक कारक)
- Social nature
  (सामाजिक प्रकृति)

External factors (बाहरी/बाह्य कारक)

- **Environment in the womb of the mother:** physical and mental health, Single child or multiple children, quality and quantity of nutrition, Normal or abnormal delivery, accident to the baby.

माँ के गर्भ में पर्यावरण/वातावरण: शारीरिक और मानसिक स्वास्थ्य एकल बच्चा या एकाधिक बच्चे, पोषण की गुणवत्ता और मात्रा, सामान्य या असामान्य प्रसव, गर्भाशय में बच्चे को नुकसान या दुर्घटना।

- **Environment available after birth:** Accidents and incidents, quality of physical environment, medical care and nourishment, social and cultural environment
  जन्म के बाद उपलब्ध पर्यावरण: दुर्घटनाएँ और घटनाएँ, भौतिक पर्यावरण की गुणवत्ता चिकित्सा देखभाल और पोषण, सामाजिक और सांस्कृतिक वातावरण।

Notes

1.6 STAGES OF GROWTH AND DEVELOPMENT (वृद्धि और विकास के चरण)

1.6.1 Stages of Growth from Infancy to Childhood and Their Implications (शैशवावस्था से बाल्यावस्था तक विकास के चरण और उनके प्रभाव)

Infancy : Birth to 2 years (शैशवावस्था: जन्म से 2 वर्ष तक)

Physical development

शारीरिक विकास

Age (Months) आयु (महीने)	Movement गति
2 to 3 (2 से 3)	Lifting of the head and pushing up on his arms सिर को उठाना और अपनी बाँहों को ऊपर उठाना
4 (4)	Rolling over पलटना
4-5 (4-5)	Grasp a toy एक खिलौना पकड़ो
6 (6)	sit up unassisted बिना सहायता के बैठना
7-10 (7-10)	Crawling रेंगना / खिसकना
After 10 months: (10 महीने के बाद)	learn to stand: खड़े रहना सीखो
9-12 (9-12)	Grasp-hold-first two finger मजबूत पकड़–पहली दो उँगली
15 (15)	climb stairs, high chairs, and furniture सीढ़ियाँ, ऊँची कुर्सियाँ और फर्नीचर पर चढ़ना
18 (18)	more stable (walking backwards, sideways, in circles, and even running) अधिक स्थिर (पीछे की ओर चलना, बगल में, मंडलियों में, और यहाँ तक कि दौड़ना)
24 (24)	Jump, begin peddling their first tricycle कूदना, पहली तिपहिया साइकिल चलाने की शुरुआत

Notes

Language development

भाषा विकास

2-3 (2-3)	Cooing (vowel sounds)- show pleasure कूइंग-(स्वर लगाना)-आनंद दिखाएँ
3-4 (3-4)	Add more verbal-b, k, m, g अधिक मौखिक जोड़ें-बी, के, एम, जी
4 (4)	Vowel sounds and consonant sounds-gaga, ahpoo (no meaning) स्वर ध्वनियाँ और व्यंजन ध्वनियाँ-गागा, आहपू (कोई अर्थ नहीं)
5 (5)	Learn the musical sound and speech संगीत ध्वनि और भाषण सीखता है।
6 (6)	Babble प्रलाप
7 (7)	Speaking, imitate sounds-moo (English for the cow's sound) बोलते हुए, ध्वनि-मू की नकल करें (गाय की ध्वनि के लिए अंग्रेजी)
8 (8)	Connect sounds-actual ideas (milk) कनेक्ट ध्वनियाँ-वास्तविक विचार (दूध)
9-12 (9-12)	Mama, dada मामा, दादा
12 (12)	2-3 words (expressive vocabulary) 2-3 शब्द (अभिव्यंजक शब्दावली)
18-24 (18-24)	Telegraphic speech (2 to 3 words-simple phrases) टेलीग्राफिक भाषण (2 से 3 शब्द- सरल वाक्यांश)
20 (20)	50 words 50 शब्द
24 (24)	100 Words 100 शब्द

Cognitive development

संज्ञानात्मक विकास

- Piaget-reflexive behaviors,
  (पियागेट रिफ्लेक्सिव (प्रतिवर्ती) व्यवहार)
- 2 milestones Goal-directed behaviors, object permanence
  (2 लक्ष्य निर्देशित व्यवहार, वस्तु स्थायित्व)

Emotional/Social development

भावनात्मक/सामाजिक विकास

Age (Months) **आयु (महीने)**	**Movement** **गति**
2-3 (2-3)	Social smile सामाजिक मुस्कान
4 (4)	Laugh spontaneously अनायास हँसना

2-6 (2-6)	Anger, sadness, surprise, and fear क्रोध, उदासी, आश्चर्य और भय
5-6 (5-6)	Stranger anxiety अजनबी चिंता!
6 (6)	Mimic the emotions भावनाओं की नकल करना
8-10 (8-10)	Separation anxiety जुदाई/बिछड़ने की चिंता
9 (9)	Displeasure or sadness नाराजगी या उदासी
9-10 (9-10)	Intense sadness/frustration/anger तीव्र उदासी/निराशा/क्रोध
11 (11)	Emotional instability भावनात्मक असंतुलन
12 (12)	Jealousy ईर्ष्या करना
13-18 (13-18)	Separation anxiety subside (object permanence) अलगाव चिंता कम हो जाती है (वस्तु स्थायित्व)
15-18 (15-18)	Fretful and easily frustrated-tantrums झल्लाहट और आसानी से निराशा - गुस्सा करना
21 (21)	Less fretful and more relaxed कम झल्लाहट और अधिक आराम
24 (24)	Empathy (apologizing) सहानुभूति (क्षमा)

Early Childhood (2 years to 6 years) / प्रारंभिक बाल्यावस्था (2 वर्ष से 6 वर्ष)
Physical development

शारीरिक विकास

- Growth of legs is rapid (1/2 of height)
  पैरों का विकास तेजी से होता है। (ऊँचाई का 1/2)
- 3 year boy - 33 pounds, 38 inches (girl shorter & lighter)
  3 साल का लड़का - 33 पाउंड, 38 इंच (लड़की छोटी और हल्की)
- 5 year boy-43 inches, 43 pounds
  5 साल का लड़का - 43 इंच, 43 पाउंड
- Muscles develop at a very rapid speed (Larger muscles better)
  मांसपेशियाँ बहुत तेज गति से विकसित होती हैं। (बड़ी मांसपेशियाँ बेहतर तरीके से विकसित होती हैं)
- brain develops 90%
  मस्तिष्क 90% विकसित होता है।

Notes

Notes

Perceptual development

अवधारणात्मक विकास

Motor गति	2	3	4-5
Development विकास	Walks without help, jumps, runs बिना मदद के टहलता, उछलता दौड़ता है	Skips, hops उछलता कूदता है।	Free and active movements responds to music मुक्त और सक्रिय गति संचालन, संगीत के प्रति प्रतिक्रिया करता है।
Fine motor सूक्ष्म गति समन्वयन	Copying नकल करना	Can match, Shapes आकारों को मिला सकता है।	Can name colours रंगों को नाम दे सकता है।
Perceptual अवधारणात्मक विकास	Identifies self, matches colours स्वयं को पहचानता है रंगों को मिलाता है।	Can fit nets. Boxes पाशों को ठीक कर सकता है।	Matches shapes and colours, distinguishes names. आकार और रंगों को मिला सकता है, और पहचान सकता है।
Vocalization उच्चारण	200 words 200 शब्द	900 words 900 शब्द	Can repeat 4 digits 2000 to 3000 words 4 अंकों को दोहरा सकता है। 2000 से 3000 शब्द
Adaptive behaviour अनुकूली व्यवहार	Bowel control आंत पर नियंत्रण	Builds blocks, draw a man ब्लॉक/खंड बनाता है, एक आदमी की आकृति खींच सकता है।	draws body with details विस्तार से शरीर को खींच सकता है।

Language development

भाषा विकास

Age उम्र	Vocabulary शब्दावली	Age उम्र	Vocabulary शब्दावली
1 Year (1 साल)	3 (3)	4 Years (4 साल)	1560 (1560)
2 Years (2 साल)	272 (272)	5 Years (5 साल)	2562 (2562)
3 Years (3 वर्ष)	896 (896)		

Intellectual development

बौद्धिक विकास

- Accelerated after the age of 2
  2 वर्ष की उम्र के बाद तेजी से होता है।
- Physical and social reality
  भौतिक और सामाजिक वास्तविकता।

Notes

- 6 year- develops perception of size, shape, colour time and distance
  6 वर्ष - आकार, आकृति, रंग, समय और दूरी की धारणा विकसित करता है।
- Memory increases-rote memorization
  स्मरण शक्ति बढ़ती है - रटना याद करना।
- Creativity develops-imagination begins
  रचनात्मकता विकसित होती है - कल्पना शुरू होती है।
- Concrete Thinking and reasoning develop (but Piaget 7-12)
  ठोस सोच और तर्क विकसित होते हैं।
- Span of attention: 7-20 Min
  ध्यान की अवधि: 7 से 20 मिनट।

Social development

सामाजिक विकास

- Sense of trust and mistrust.
  विश्वास और अविश्वास की भावना।
- Autonomy develops.
  स्वायत्तता विकसित होती है।
- Children of both sexes play together.
  दोनों लिंगों के बच्चे एक साथ खेलते हैं।
- Learn to cooperate.
  सहयोग करना सीखते हैं।
- Take interest in fairy tales.
  परियों की कहानियों में रुचि लेते हैं।
- Negativism increases (3-6 years).
  नकारात्मकता बढ़ती हैं (3-6 वर्ष)।
- Social approval.
  सामाजिक स्वीकृति।
- Girls are more dominating than boys in play situations.
  खेल स्थितियों में लड़कों की तुलना में लड़कियों का अधिक दबदबा होता है।

Later Childhood (6 years to 12 years)/उत्तर बाल्यावस्था (6 वर्ष से 12 वर्ष)

8 to 12 years constitute the unique period of human life. Brain acquires nearly its adult size and weight.

8 से 12 वर्ष मानव जीवन की अनूठी अवधि का निर्माण करते हैं। मस्तिष्क लगभग अपना वयस्क आकार और वजन प्राप्त कर लेता है।

Physical development

शारीरिक विकास

- Slow increase in weight and height.
  वजन और ऊँचाई में धीमी वृद्धि।
- Girls are ahead of boys by two years.
  लड़कियाँ लड़कों से दो साल आगे हैं।
- free from diseases.
  रोगों से मुक्त।
- Shedding of milk teeth-Permanent teeth.
  दूध के दाँतों का गिरना-स्थायी दाँत।
- Flattening of forehead-sharpening of the nose-broadening of the chest.
  माथे का चपटा होना-नाक का तेज होना-छाती का चौड़ा होना।

Notes

- Increased resistance to fatigue, strength, manual dexterity.
  थकान से लड़ने की क्षमता बढ़ती है, मानवीय दक्षता बढ़ती है, शक्ति बढ़ती है।

Intellectual development

बौद्धिक विकास

- Concept of natural laws-developed.
  प्राकृतिक नियमों की अवधारणा विकसित।
- Learning and memory become more efficient.
  सीखना और स्मृति अधिक कुशल हो जाती है।
- Interest in science stories.
  विज्ञान की कहानियों में रुचि।
- Courage and loyalty increase.
  साहस और निष्ठा में वृद्धि।
- Imaginative plays are given preference.
  कल्पनाशील नाटकों को वरीयता दी जाती है।
- Early imaginative fears disappear.
  प्रारंभिक कल्पनात्मक भय गायब हो जाते हैं।
- High ability to generalize.
  सामान्यीकरण करने की उच्च क्षमता।

Emotional development

भावनात्मक विकास

- Control his/her emotional expression.
  उसकी भावनात्मक अभिव्यक्ति पर नियंत्रण रखें।
- Anger is caused by thwarting.
  नाकामयाबी से गुस्सा होता है।
- Teasing making unfavourable-comparisons with other children.
  चिढ़ाने प्रतिकूल-अन्य बच्चों से तुलना।
- Parental favouritism causes jealousy.
  माता-पिता का पक्षपात ईर्ष्या का कारण बनता है।
- Joy, pleasure, love, curiosity, grief and affection.
  आनंद, खुशी, प्यार जिज्ञासा/उत्सुकता शोक और अनुराग।

Social development

सामाजिक विकास

- Peer group of their own sex-agent of socialization.
  अपने लिंग वाले का साथी समूह बनाते हैं।
- Peak unruliness.
  चरम अशांति।
- Sex difference becomes sharp.
  लिंग भेद तेज हो जाता है।
- Reject adult standards.
  वयस्क मानकों को नकारना।

Locomotor and Manipulatory skills (गति चालक और हस्त लाघव कौशल)

- Locomotor -walking, running, climbing.
  गतिचालक कौशल-चलना, दौड़ना, चढ़ना।
- Maniplulatory skills-handling of objects with dexterity.
  हस्त लाघव कौशल- निपुणता के साथ वस्तुओं का रख-रखाव।

HEREDITY AND ENVIRONMENT
(आनुवंशिकता और पर्यावरण/वातावरण)

2

2.2 MEANING OF HEREDITY (आनुवंशिकता का अर्थ)

- Heredity is the sum total of the traits potentially present in the fertilized ovum.
  आनुवंशिकता, निषेचित अंडाणु में उपस्थित संभावित विशेषताओं का सम्पूर्ण योग है।
- Child has inherited from the parents is called heredity.
  सभी विशेषताएँ जिन्हें बच्चे ने अभिवावकों से वंशानुगत प्राप्त किया है, आनुवंशिकता कहलाती है।
- The union of male and female germ cells causes fertilization of the ovum.
  नर और मादा कोशिकाओं के मिलन से अंडाणु निषेचित होता है।
- The fertilized egg is known as zygote.
  निषेचित अंडे को युग्मनज के रूप में जाना जाता है।
- Zygote-46 chromosomes-23 from Female and 23 from Male
  युग्मनज - 46, गुणसूत्र 23 महिला से और 23 पुरुष से।
- Each chromosome contains about 40 to 100 genes.
  प्रत्येक गुणसूत्र में लगभग, 40 से 100 जीन होते हैं।

QUATES (उद्धरण)

"What gets from his ancestral stock through his parents" – Peterson

"अपने माता-पिता के पैतृक भंडार से क्या प्राप्त है।" - पीटरसन

Heredity consists of all the structures, physical characteristics, functions or capacities derived from parents and other ancestors"- Douglas and Holland

"आनुवंशिकता में अभिवावकों एवं पूर्वजों से व्युत्पन शारीरिक, चारित्रिक कार्यों या क्षमताओं की सम्पूर्ण सरंचनाएँ होती हैं।" - डगलस और हॉलैंड

Heredity as the totality of biologically transmitted factors that influence the structure of the body.- F.L. Ruch

आनुवांशिकता को जैविक रूप से संचारित कारकों को संपूर्णता में विचार करते हैं जो शरीर की सरंचना को प्रभावित करते हैं। एफ.एल. रुथ

"The environment is everything that affects the individual except his genes"- Anastaxi

"पर्यावरण सबकुछ है जो व्यक्ति के जीनों के अतिरिक्त व्यक्ति को प्रभावित करता है।" - अनास्ताक्सी

"The term environment is the aggregate of all the external forces, influences and conditions, which affect the life, nature, behavior, the growth, and development and maturation of living organisms"- Douglas and Holland

"पर्यावरण शब्द उन सभी बाहरी शक्तियों, प्रभावों और स्थितियों का समुच्चय है जो जीवन-प्रकृति, व्यवहार, वृद्धि एवं विकास और जीवित अवयवों की परिपक्वता को प्रभावित करते हैं– डगलस और हॉलैंड

"Environment is anything immediately surrounding an object and exerting a direct influence on it"- Gilbert

"पर्यावरण वह चीज है जो किसी वस्तु को तुरंत घेर लेती है और उस पर प्रत्यक्ष प्रभाव डालती है।" – गिल्बर्ट

Notes

2.3 MEANING OF ENVIRONMENT (पर्यावरण का अर्थ)

- Environment means the totality of the stimuli that impinge on the organism from without whatever found around the individual may be called by the term environment.

  पर्यावरण का अभिप्राय प्रेरणा की संपूर्णता है जो कि व्यक्ति के चारों ओर बिना कुछ भी प्राप्त किए अवयव से टकराता है, को पर्यावरण कहा जा सकता है।

2. 4 ARGUMENTS IN FAVOUR OF HEREDITY (आनुवंशिकता के पक्ष में तर्क)

- Thorndike, Newman, Freeman, David Winfield-studies on twins-Heredity is important.

  थार्नडाइक, न्यूमैन, फ्रीमैन, डेविड विनफील्ड जुड़वा बच्चों पर अध्ययन - आनुवंशिकता महत्वपूर्ण है।
- Twins: identical and fraternal twins.

  जुड़वाँ :- समरूप और भ्रातृ-सुलभ जुड़वाँ।
- Identical twins develop from one ovum's (resemble each other, same sex).

  समरूप जुड़वाँ एक अडाणु से विकसित होते हैं (एक दूसरे के सदृश, समान लिंग)।
- Fraternal twins arise from germination of two separate ova.

  भ्रातृ-सुलभ जुड़वाँ दो पृथक अंडाणु से उत्पन्न होते हैं।
- David Winfield Table.

  डेविड विनफील्ड टेबल।

Description *विवरण*	*Co efficient of Correlation(r) on IQ between them* *उनके बीच IQ पर सहसंबंध (r) का गुणांक :*
Identical twins समरूप जुड़वाँ	0.90 (0.90)
Fraternal twins भ्रातृ-सुलभ जुड़वाँ	0.70 (0.70)
Siblings सहोदर	0.50 (0.50)
Parents and children अभिवावक और बच्चे	0.31 (0.31)
Unrelated children असबद्ध बच्चे	0.30 (0.30)

2.5 ARGUMENTS IN FAVOUR OF ENVIRONMENT (पर्यावरण के पक्ष में तर्क)

- Freeman: 71 children increase in Benet's mental rating upto 10 rating (send to good environment).

  फ्रीमैन: बिनेट की मानसिक रेटिंग में 71 बच्चों की वृद्धि 10 रेटिंग तक (अच्छे वातावरण में भेजें)।
- **Study of James -Reace:** two twins reared in a hill and a village-difference of 19 points.

  जेम्स-रीस का अध्ययन: दो जुड़वाँ बच्चें एक पहाड़ी और एक गाँव में पाले गए। 19 अंकों का अंतर।

Notes

2. 6 HEREDITY AND ENVIRONMENT (आनुवंशिकता और पर्यावरण)

- ROSS-Heredity × Environment × Time = Development level of an individual personality.
  रॉस- आनुवंशिकता × पर्यावरण × समय = एक व्यक्ति के व्यक्तित्व का विकास स्तर।
- Individual is the result of multiplication (product) between heredity and environment.
  व्यक्ति आनुवंशिकता और पर्यावरण के बीच गुणन के उत्पाद का परिणाम है।
- Seeds (heredity) × Soil = Yield, Capital × Investment = Revenue.
  बीज (आनुवांशिकता) × मिट्टी (पर्यावरण) = उपज (उत्पाद)।

QUATES - HEREDITY = ENVIRONMENT QUATES - आनुवंशिकता = पर्यावरण

- "Heredity gives us capacities to be developed but opportunities for the development of these capacities must come from the environment". - **Landis** and **Landis**
  "आनुवंशिकता हमें विकसित होने की क्षमताएँ देती है किन्तु इन क्षमताओं के विकास के लिए अवसर पर्यावरण से ही आते हैं।" - **लैंडिस और लैंडिस**
- Both are equally essential in the growth and development of the child. - **Woodworth**
  बच्चे की वृद्धि और विकास में दोनों समान रूप से अनिवार्य हैं। - **वुडवर्थ**
- "Heredity is known only by the liberation of heredity potentials through specific environmental forces and what is liberated is as much as function of the environing pressures as it is of the latent or potential deposition". - **Murphy**
  "आनुवंशिकता को केवल विशिष्ट पर्यावरणीय शक्तियों के माध्यम से आनुवंशिकता संभावनाओं की युक्ति के द्वारा ही जाना जाता है, यह उतना ही मुक्त है जितना कि पर्यावरणीय दवाबों के कार्य, जैसे यह अव्यक्त या संभावित जमाव है।"-**मर्फी**
- "Every phenomena of life is the product of both heredity and environment, each is as necessary to the result as the other. Neither can ever be eliminated and neither can ever be isolated". - **Maclver** and **Page state**
  "जीवन की प्रत्येक दृश्य आनुवंशिकता और पर्यावरण दोनों का उत्पाद है, परिणाम के लिए प्रत्येक उतना ही आवश्यक है जितना कि दूसरा। न तो उन्हें निकाला जा सकता है और न ही पृथक किया जा सकता है।" -**मैक्लेवर और पेज**

3

DEVELOPMENT OF PERSONALITY AND ASSESSMENT

(व्यक्तित्व का विकास एवं आकलन)

3.2 NATURE AND CONCEPT OF PERSONALITY (व्यक्तित्व की प्रगति और संकल्पना)

- "Personality" is derived from the Latin word "Persona" which means the mask worn by the Roman actors.
  "व्यक्तित्व" लैटिन शब्द "पर्सोना" से लिया गया है, जिसका अर्थ है- रोमन अभिनेताओं द्वारा पहना जाने वाला मुखौटा।
- Personality is the totality of everything about a person his/her physical, emotional, mental, social, ethical and spiritual make-up.
  व्यक्तित्व किसी व्यक्ति के बारे में उसकी शारीरिक, भावनात्मक, मानसिक, सामाजिक, नैतिक और आध्यात्मिक बनावट के बारे में सब कुछ की समग्रता है।

3.3 CHARACTERISTICS OF PERSONALITY (व्यक्तित्व की विशेषताएँ)

- Personality is what one is-whatever is visible is what is inside a person.
  व्यक्तित्व वही है जो व्यक्ति है-जो कुछ दिखाई देता है वही व्यक्ति के अंदर होता है।
- Each individual is unique- Even twins are not the same.
  प्रत्येक व्यक्ति अद्वितीय है-जुड़वाँ भी एक जैसे नहीं होते हैं।
- Dynamic and not static-due to the interplay of heredity and environment.
  आनुवंशिकता और पर्यावरण की परस्पर क्रिया के कारण व्यक्तित्व स्थिर न होकर गतिशील होता है।
- Unified whole-sum total of what one has-onecannot hide one's traits in totality.
  किसी के पास जो कुछ है उसका एकीकृत समग्र योग-कोई अपने लक्षणों को समग्रता में छिपा नहीं सकता है।
- Product of both heredity and environment.
  आनुवंशिकता और पर्यावरण दोनों का उत्पाद।
- Through social-get nourished and brushed up by social forces.
  सामाजिक माध्यम से-सामाजिक ताकतों द्वारा पोषित हों।
- Adjusting itself to environment.
  पर्यावरण के लिए खुद को समायोजित करना।
- Personality is self-consciousness.
  व्यक्तित्व आत्म-चेतना है।

3.4 THEORIES OF PERSONALITY (व्यक्तित्व के सिद्धांत)

3.4.1 Trait Theory Of Personality (व्यक्तित्व का गुण सिद्धांत)

- We confine ourselves to a few basic characteristics which are consistent and distinctive of the human personality.

हम खुद को कुछ बुनियादी विशेषताओं तक सीमित रखते हैं जो मानव व्यक्तित्व के अनुरूप और विशिष्ट हैं।

- 2 Traits- readily observable traits (surface traits) & deeper ones (source traits)
  2 लक्षण-आसानी से देखने योग्य लक्षण (सतही गुण) और गहरे वाले (स्रोत लक्षण)

Notes

Twelve Basic Traits (बारह मूल लक्षण)

1. Cyclothymia (Emotionally Expressive, Frank, Placid) Vs. Schizothyomia (Reserved, Close-Mouthed, Anxious)

उत्तेजना विषाद	बनाम	अभिविदिलता
(भावनात्मक रूप से अभिव्यक्ति: स्पष्ट, सौम्य)		(सुरक्षित, कम बोलना, चिन्तित)

2. General Mental Capacity (Intelligent, smart, assertive) Vs. Mental Defect (Unintelligent, dull, submissive)

सामान्य मानसिक क्षमता	बनाम	मानसिक दोष
(बुद्धिमान, स्मार्ट, मुखर)		(बुद्धू, सुस्त, दबा हुआ)

3. Emotionally Stable (Free of neurotic symptoms, Realistic about life) Vs. Neurotic Emotionally (Variety of neurotic symptoms, evasive, immature)

भावनात्मक रूप से स्थिर	बनाम	भावनात्मक रूप से विक्षिप्त
(विक्षिप्त लक्षणों से दूर, जीवन के प्रति यथार्थवादी)		(विभिन्न प्रकार के विक्षिप्त लक्षण, काम से जी चुराने वाला, अपरिपक्व)

4. Dominance (Self-assertive, confident, Aggressive) Vs. Submissiveness (Submissive, unsure, complacent)

प्रभुत्व	बनाम	अधीनता
(स्व-मुखर, आत्मविश्वासी, आक्रामक)		(विनम्र, अनिश्चित, आत्मसंतुष्ट)

5. Surgency (Cheerful, joyous, humorous, Witty) Vs. Desurgency (Depressed, pessimistic, dull)

उद्वेलन	बनाम	अवतोलन
(हंसमुख, खुशनुमा, विनोदी, मजाकिया)		(उदास, निराशावादी, सुस्त)

6. Positive Character (Preserving, attentive to people) Vs. Dependent Character (Fickle, neglectful of social chores)

सकारात्मक चरित्र	बनाम	निर्भर चरित्र.
(संरक्षक, लोगों को ध्यान देने वाला)		(चंचल, सामाजिक कार्यों को अनदेखा करने वाला)

7. Adventurous Cyclothymia (Likes meeting people, strong Interest in opposite sex) Vs. Withdrawn Schizothyomia (Shy, little interest in oppositesex)

साहसिक उत्तेजना विषाद	बनाम	पिछड़ी अभिविदिलता
(लोगों को मिलना, पसंद करना, विपरीत सेक्स में अधिक रूचि)		(शर्मीला, विपरीत सेक्स में कम रुचि)

8. Sensitive (Emotionally dependent, immature, gregarious, attentionseeking) Vs. Mature:Tough, Posed (Independent-minded, Self-sufficient)

संवेदनशील	बनाम	परिपक्व: कठोर, संयमित
(भावनात्मक रूप से निर्भर, अपरिपक्व, मिलनसार, ध्यान चाहने वाला)		(स्वत्रंत विचारों वाला, आत्मनिर्भर)

9. Socialised, Cultured Mind Polished, poised, composed, introspective, sensitive Vs. Boorishness Awkward, socially clumsy,crude

Notes

सामाजिक (सुसंस्कृत मानसिकता, सभ्य, ठहरा हुआ, तैयार, अंतर्दर्शनात्मक संवेदनशील)	बनाम	अशिष्टता (अनाड़ी, असामाजिक, असभ्य)

10. Trustful, Cyclothymic, understanding Vs. Parancis (Suspicious, jealous)

विश्वसनीय, उत्तेजना, विषाद, विश्वसनीय समझदार	बनाम	संविभ्रम: पागलपन (शक करने वाला, ईर्ष्या करने वाला)

11. Bohemian, Unconcernedness (Uncoventional, eccentric, fitful hysterical upsets) Vs. Conventional Practically (Conventional, Unemotional)

रूढ़िमुक्त, निश्चिन्तता (अपारम्परिक, सनकी, पागलपन जैसी गड़बड़ियाँ करने वाला)	बनाम	परम्परागत व्यवहारिक (पारम्परिक, भावमुक्त)

12. Sophistication (Logical mind, cool, aloof) Vs. Simplicity (Sentimental mind, attentive to people)

दुनियादारी (तार्किक मानसिकता, शांत, एकांत पसंद)	बनाम	सादगी (भावुक मन, लोगों पर ध्यान देने वाला)

3.4.2 Psychoanalytic Theories Of Personality (व्यक्तित्व के मनोविश्लेषणात्मक सिद्धांत)

(a) Sigmund's Theory of Personality (सिगमंड का व्यक्तित्व सिद्धांत)

- Determined by conflicts and events that are largely unconscious in nature and which can be understood only by its in depth study.

  इस धारणा पर आधारित है कि व्यक्तित्व और व्यक्तित्व का विकास संघर्ष और घटनाओं द्वारा निर्धारित होते हैं जो मुख्यत: अचेतन प्रकृति के होते हैं और गहराई से अध्ययन करने पर ही समझ आते हैं।
- Three-tier system of Id, Ego and Super ego
  त्रिस्तरीय प्रणाली इदम, अहं (ईगो) व सुपर अहं (सुपर ईगो)
- Id (amoral) –Unconscious-mass of blind instincts (primary aspect of personality)- no logical organization-no sense of values-cannot distinguish between good and evil- pleasure principle

  इदम (आंशिक रूप से अचेतन) मूल प्रवृत्ति की अधिकता (व्यक्तित्व का प्राथमिक पहलू)- कोई तार्किक संगठन-मूल्यों की कोई भावना नहीं- अच्छे और बुरे-खुशी के सिद्धांत के बीच अंतर नहीं कर सकता।
- Ego- Partly conscious
  अहंकार - आंशिक रूप से सचेत।
- Super Ego- Totally conscious
  सुपर ईगो- पूरी तरह से सचेत।

Libido and Infantile Sexuality (कामेच्छा और शिशु कामुकता)

- Libido is that part of the Id
  कामेच्छा इदम का भाग है।
- Purely sexual activity
  विशुद्ध रूप से यौन गतिविधि।
- Sublimation of sexual desires helps in the development of an integrated personality.

  यौन इच्छाओं का उत्थान एक एकीकृत व्यक्तित्व के विकास में मदद करता है।
- libido was always present in the organism
  कामेच्छा हमेशा जीव में मौजूद थी।

Notes

1. Oral Zone: From birth to 2 years. At this stage, the infant gets pleasure from sucking the lips.
मौखिक क्षेत्र: जन्म से 2 वर्ष तक। इस अवस्था में शिशु को होंठ चूसने का आनंद मिलता है।

2. Anal Zone: From 2 to 3 years. The child derives much pleasure through anal expulsion or anal manipulation.
गुदा क्षेत्र: 2 से 3 वर्ष तक। गुदा निष्कासन या गुदीय क्रियाओं के माध्यम से बच्चा बहुत आनंद प्राप्त करता है।

3. Genital Zone or Phallic Stage: From 3 to 5 years, the child derives gratification by touching his genitals.
जननांग क्षेत्र या फालिक चरण: 3 से 5 वर्ष तक, बच्चा अपने जननांगों को छूकर संतुष्टि प्राप्त करता है।

4. Latency Stage: From the age of six till about thirteen, there is the latencystage where there is avoidance of sexuality on account of the pressures of society.
सुषुप्तावस्था: छह साल की उम्र से लेकर लगभग तेरह तक, एक सुषुप्तावस्था होती है, जहाँ समाज के दबाव के कारण कामुकता से बचा जाता है।

5. Fixation Stage: During this period of adolescence, homosexual and heterosexual interests develop.
निर्धारण अवस्था: किशोरावस्था की इस अवधि के दौरान, समलैंगिक और विषमलैंगिक रुचियों का विकास होता है।

(b) Alfred Adler (1870-1937) अल्फ्रेड एडलर (1870-1937)

- Self-assertion (Minimized the role of sex)
  आत्म-पुष्टि (सेक्स की भूमिका कम से कम)
- Inadequacy of childhood is primarily responsible for the development of feeling of inferiority.
  बचपन की अपर्याप्तता मुख्य रूप से हीनता की भावना के विकास के लिए जिम्मेदार है।
- The style of life shaped by-2 Factors-inner self & forces within the environment
  जीवन की शैली द्वारा आकार दिया - 2 कारक- पर्यावरण के भीतर आंतरिक आत्म और बल।
- Creates a self-structure-impressions received from his environment
  अपने वातावरण से प्राप्त एक आत्म-संरचना -छाप बनाता है।
- Impact of social interaction
  सामाजिक संपर्क का प्रभाव।

(c) Carl Jung (1875-1961) कार्ल जंग (1875-1961)

- Introversion and extroversion
  अंतर्मुखता और बहिर्मुखता।
- Four dominant form-sensation, thinking, intuition and feeling
  चार प्रमुख रूप-संवेदना, सोच, अंतर्ज्ञान और भावना।
- Thinking and feeling-opposite
  सोच और भावना-विपरीत।
- Sensing and intuition-opposite
  संवेदन और अंतर्ज्ञान-विपरीत।
- Dominant mental activity is thinking
  प्रमुख मानसिक गतिविधि चिंतन।
- The individual's unconscious tends towards feeling
  व्यक्ति का अचेतन भावना की ओर प्रवृत्त होता है।

Notes

Extrovert बहिर्मुखी	Introvert अंतर्मुखी
Fluent in speech भाषण में धाराप्रवाह	Better at writing than at speech भाषण से लिखने में बेहतर
Free from worries चिंताओं से मुक्त	Inclined to worry चिंता करने के लिए इच्छुक
Likes to work with others दूसरों के साथ काम करना पसंद करते हैं	Likes to work alone अकेले काम करना पसंद करते हैं
Friendly अनुकूल	Rather reserved अलग-थलग
Not easily embarrassed आसानी से शर्मिंदा नहीं	Easily embarrassed आसानी से शर्मिंदा
Interested in athletics एथलेटिक्स में रुचि	Found of books and magazines किताबों और पत्रिकाओं में रुचि
Governed by objective data उद्देश्य डेटा द्वारा शासित	More influenced by subjective feeling व्यक्तिपरक भावना से अधिक प्रभावित
Flexible and adaptable लचीला और अनुकूलनीय	Lacking in flexibility लचीलेपन में कमी
Neglectful of ailments and personal belongings बीमारियों और निजी सामानों की उपेक्षा	Careful of these इनसे सावधान
Aggressive आक्रामक	Submissive विनम्र
Unscrupulous बेशरम	Scrupulous ईमानदार
Popular लोकप्रिय	Not popular लोकप्रिय नहीं

- Ambiverts: both the introvert and extrovert
  उभयचर : अंतर्मुखी और बहिर्मुखी दोनों

Jung believes that the total personality consists of three elements.
जंग का मानना है कि संपूर्ण व्यक्तित्व में तीन तत्व होते हैं।

1. The Conscious Ego: the sense of "being"- conscious aspects of thinking, feeling and remembering.
   द कॉन्शियस एगो (चेतन अहं) : "होने" की भावना - सोचने, महसूस करने और याद रखने के सचेत पहलू।
2. The Personal Unconscious: repressed and suppressed experiences-accessible to the conscious. Includes experiences of the individual.
   व्यक्तिगत अचेतन: दमित और दबे हुए अनुभव-चेतन के लिए सुलभ। व्यक्ति के अनुभव शामिल हैं।
3. The Collective Unconscious: Primitive, reservoir from which all other systems emerge.
   सामूहिक अचेतन: आदिम, जलाशय जिससे अन्य सभी प्रणालियाँ निकलती हैं।

Notes

3.5 DEVELOPMENT OF PERSONALITY (व्यक्तित्व का विकास)

3.5.1 Self – Concept (स्वयं की अवधारणा)

- Dependent upon his view about him/herself.
  अपने बारे में अपने दृष्टिकोण पर निर्भर।
- Positive self concept - well-developed, harmoniously developed personality.
  सकारात्मक आत्म अवधारणा- अच्छी तरह से विकसित, सामंजस्यपूर्ण रूप से विकसित व्यक्तित्व।
- Self-concept: The child's perception or view of him/herself.
  स्व-अवधारणा: बच्चे की धारणा या स्वयं के बारे में दृष्टिकोण।
- Phenomenal self: The part of the environment in which he/she lives
  असाधारण स्व: पर्यावरण का वह भाग जिसमें वह रहता/रहती है।
- Phenomenal/Perceived environment: Rest of the environment of which he/she is aware or to which he responds.
  असाधारण/कथित वातावरण: शेष वातावरण जिसके बारे में वह जानता/जानती है या जिसके प्रति वह प्रतिक्रिया करता है।

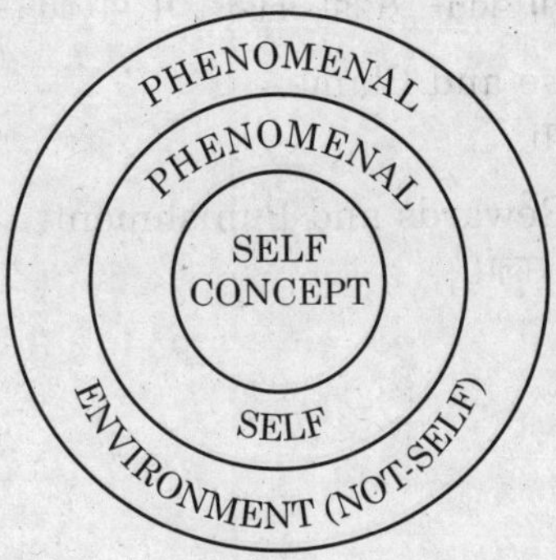

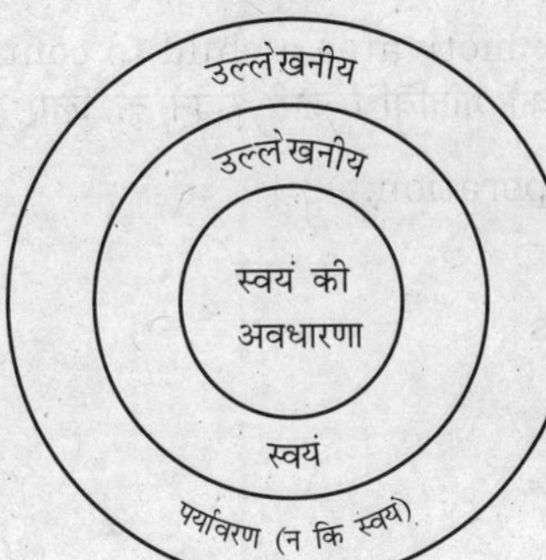

- Perception changes with maturity- behavior changes.
  परिपक्वता के साथ धारणा बदलती है- व्यवहार में परिवर्तन होता है।

3.5.2 Motivation (अभिप्रेरणा)

- Arousal of tendency to act to produce one or more effects.
  एक या अधिक प्रभाव उत्पन्न करने के लिए कार्य करने की प्रवृत्ति की उत्तेजना।
- Process : arousing- sustaining- regulating activity.
  प्रक्रिया: जगाना- बनाए रखना - गतिविधि को विनियमित करना।

Classroom Motivation: Different Techniques (कक्षा प्रेरणा: विभिन्न तकनीकें)

- Every individual pupil should be led towards goal.
  प्रत्येक विद्यार्थी को लक्ष्य की ओर ले जाना चाहिए।

Notes

- Goals should be within each pupils's reach- attainable.
  लक्ष्य प्रत्येक विद्यार्थियों की पहुंच के भीतर होना चाहिए- प्राप्य।
- Able to judge whether or not he is attaining his goals and how he is falling short.
  यह न्याय करने में सक्षम है कि वह अपने लक्ष्यों को प्राप्त कर रहा है या नहीं और वह कैसे कम हो रहा है।

Teacher should not rigidly (शिक्षक को सख्ती नहीं करनी चाहिए)

1. Attractive Physical and Environmental Conditions: no distracting- Noise, strong light,- Monotony- ventilated.
   आकर्षक शारीरिक और पर्यावरणीय स्थितियाँ: कोई ध्यान भंग नहीं- शोर, तेज रोशनी, एकरसता- - हवादार।
2. Sublimation of Innate Impulses: Children are curious, like to construct.
   जन्मजात आवेगों का उत्थान: बच्चे जिज्ञासु होते हैं, निर्माण करना पसंद करते हैं।
3. Stimulus Variation by the Teacher: not able to attend very long period- Teacher movement-gestures- Changes in speech pattern- Changes in sensory focus- Changes in postures.
   शिक्षक द्वारा उत्तेजना भिन्नता: बहुत लंबी अवधि में भाग लेने में सक्षम नहीं- शिक्षक आंदोलन- हावभाव- भाषण पैटर्न में परिवर्तन- संवेदी फोकस में परिवर्तन- मुद्राओं में परिवर्तन।
4. Reinforcement: Praise and Blame.
   सुदृढ़ीकरण: स्तुति और दोष।
5. Extrinsic Learning Rewards and Punishment.
   बाहरी शिक्षा पुरस्कार और सजा।
6. Pleasure and Pain.
   सुख और दुख।
7. Attainable Goal.
   प्राप्य लक्ष्य।
8. Experience of Success: motivates a child to continue an activity.
   सफलता का अनुभव: बच्चे को गतिविधि जारी रखने के लिए प्रेरित करता है।
9. Competition and Co-operation.
   प्रतिस्पर्धा और सहयोग।
10. Knowledge of Progress
    प्रगति का ज्ञान।
11. Novelty
    नवीनता।
12. Individual Differences of the Children
    बच्चों के व्यक्तिगत मतभेद।
13. Teaching Skills
    शिक्षण कौशल।
14. Teacher's own Motivation and Interest in Teaching
    शिक्षक की अपनी प्रेरणा और शिक्षण में रुचि।

3.5.3 Attitudes (अभिवृत्ति)

- Dispositional readiness to certain institutions, persons or objects in a consistent manner.
  कुछ संस्थानों, व्यक्तियों या वस्तुओं के लिए एक सुसंगत तरीके से स्वभावगत तत्परता।
- One's views towards anything.

किसी भी चीज के प्रति अपने विचार।

- Attitude is learnt or adopted.
  रवैया सिखाया या अपनाया जाता है।

3.5.4 Values (मूल्य)

- Ideals men live for.
  मनुष्य आदर्श के लिए जीते हैं।
- Guiding principles of life.
  जीवन के मार्गदर्शक सिद्धांत।
- Believe-professed values.
  विश्वास करने वाले मूल्य।
- Practice-operational values.
  अभ्यास - परिचालन मूल्य।
- Learn from experience in order to adapt-traditional values.
  पारंपरिक मूल्यों को अपनाने के लिए अनुभव से सीखें।

Ways and Means of Inculcating of Values (Role of Education)
मूल्य प्रदान करने के तरीके व साधन (शिक्षा की भूमिका)

- Morning Assembly.
  (प्रार्थना सभा)
- Compulsory Subject: moral education.
  (अनिवार्य विषय: नैतिक शिक्षा)
- Extension Lectures.
  (विस्तृत व्याख्यान)
- Declamation Contests.
  (भाषण प्रतियोगिता)
- Skits and Dramas.
  (नाटक एवं एकांकी)
- Celebration of Birthdays.
  (जन्मोत्सव मनाना)
- Celebration of International Days.
  (अंतरराष्ट्रीय दिनों को मनाना)
- Use of Mass Media.
  (मास मीडिया का प्रयोग)
- National Service Scheme.
  (राष्ट्रीय सेवा योजना)
- Value Oriented Magazines.
  (मूल्यपूरक पत्रिकाएँ)
- Role of the Teacher: teacher is their ideal.
  (शिक्षक की भूमिका: शिक्षक ही उनका आदर्श)

3.6 ASSESSMENT OF PERSONALITY (व्यक्तित्व का आकलन)

- Self-reporting methods: autobiography, interviews, questionnaires
  स्व-रिपोर्टिंग के तरीके: आत्मकथा, साक्षात्कार, प्रश्नावली।
- Rating techniques (Others): rating scales, biographies, case history
  रेटिंग तकनीक (अन्य): रेटिंग स्केल, आत्मकथाएँ, केस हिस्ट्री ।

Notes

Notes

- Behavioural measures: actual behaviour of the individual in real life situations
  व्यवहारात्मक पैमाना: वास्तविक जीवन स्थितियों में व्यक्ति का वास्तविक व्यवहार।
- Projective techniques: Reactions of the person to imaginative situations involving fantasy
  प्रोजेक्टिव (प्रक्षेपी) तकनीक: कल्पना से जुड़ी कल्पनाशील स्थितियों के प्रति व्यक्ति की प्रतिक्रियाएँ।
- Technical instruments
  तकनीकी उपकरण।

Methods of Assessing Personality (व्यक्तित्व के आकलन के तरीके)

Standardised Tests Objective Methods मानकीकृत परीक्षण उद्देश्य के तरीके	**Non-Standardised Tests Subjective Methods गैर-मानकीकृत परीक्षण विषयपरक तरीके**	**Projective Techniques प्रोजेक्टिव (प्रक्षेपी) तकनीक**
Achievement Tests उपलब्धि परीक्षण	Anecdotal Records उपाख्यानात्मक रिकॉर्ड	BG Test बीजी टेस्ट
Aptitude Tests अभिक्षमता परीक्षा	Autobiography आत्मकथा	Blacky Picture Test ब्लैकी पिक्चर टेस्ट
Intelligence Tests बुद्धि परीक्षण	Case of Conference/Case History/Case Study कॉन्फ्रेंस/ कैस हिस्ट्री/केस स्टडी का मामला	Children Apperception Test (CAT) चिल्ड्रन एपरसेप्शन टेस्ट (सीएटी)
Interest Tests रुचि परीक्षण	Cumulative Record Card संचयी रिकॉर्ड कार्ड	Clay Modelling क्ले मॉडलिंग
Personal Inventories व्यक्तिगत सूची	Interview साक्षात्कार	Cloud Picture Test क्लाउड पिक्चर टेस्ट
	Observation अवलोकन	Draw-a-Man Test ड्रा-ए-मैन टेस्ट
	Parent's Views माता-पिता के विचार	Graphology हस्तलेख का विज्ञान
	Personal Data Blanks व्यक्तिगत डेटा रिक्तियाँ	Mosaic Test मोजेक टेस्ट
	Questionnaire प्रश्नावली	Psychodrama साइकोड्रामा
	Rating Scale/Attitude Scale रेटिंग स्केल / एटीट्यूड स्केल	Rorschach Ink Blot Test रोशच इंक ब्लॉट टेस्ट
	Schedule अनुसूची	Sentence Completion Test वाक्य पूर्णता परीक्षण
	Score Card स्कोर कार्ड	Card Socia-drama सामाजिक नाटक
	Sociometry समाजमिति	Szondi Test सोंडी टेस्ट
		Thematic Apperception Test (TAT) विषयगत धारणा परीक्षण (टीएटी)

		Toy and Doll Playin Test (Word Game) टॉप एंड डॉल प्लेइन टेस्ट (वर्ड गेम)
		Word Association Test (Free and Controlled) वर्ड एसोसिएशन टेस्ट (मुक्त और नियंत्रित)

Notes

3.7 ROLE OF THE TEACHER IN THE PERSONALITY (व्यक्तित्व के विकास में शिक्षकों की भूमिका)

- Attention (ध्यान देना)
- Discipline (अनुशासन)
- Fun (मजा)
- Inspiration (प्रेरणा)
- Love (प्रेम)
- Patience (धीरज)
- Praise (प्रशंसा)
- Understanding (समझ)

4

DEVELOPING THINKING SKILLS
(चिंतन कौशलों का विकास)

4.3.1. What Are Thinking Skills (चिंतन कौशल क्या है)

- Mental processes that we apply when we seek to make sense of experience.
  मानसिक प्रक्रियाएँ जो हम तब लागू करते हैं जब हम अनुभव का बोध कराने की कोशिश करते हैं।
- Include: remembering, questioning, forming concepts, planning, reasoning, imagining, solving problems, making decisions and judgements, translating thoughts.
  शामिल करें: याद रखना, सवाल करना, अवधारणाएँ बनाना, योजना बनाना, तर्क करना, कल्पना करना, समस्याओं को हल करना, निर्णय लेना और न्याय करना, विचारों का अनुवाद करना।
- Bloom's Taxonomy: lower order thinking skills-Knowledge, comprehension and application, higher order thinking skills- analysis, synthesis and evaluation.
  ब्लूम्स टैक्सोनॉमी : लोअर ऑर्डर थिंकिंग स्किल्स-ज्ञान, समझ और अनुप्रयोग, उच्च क्रम सोच कौशल - विश्लेषण, संश्लेषण और मूल्यांकन।

4.3.2. Need and importance for developing thinking skills in child (बच्चे में चिंतन कौशल विकसित करने की आवश्यकता एवं महत्व)

- Brain- By the age of 6-90% of its adult's size
  मस्तिष्क - 6 वर्ष की आयु तक अपने वयस्क के आकार का 90%।

4.4. STAGES, TYPES AND TOOLS OF FACILITATING THINKING (चिंतन को सुगम बनाने की अवस्था, प्रकार और उपकरण)

4.4.1. Stages Of Thinking (चिंतन की अवस्था)

Theories of Jean Piaget, Bruner and Information Processing
जीन पियाजेट, ब्रूनर और सूचना प्रसंस्करण के सिद्धांत

4.4.1.1. Piaget's Theory (पियाजे का सिद्धांत)

- Adaptation: building mental representations of the world through direct interaction with it.
  अनुकूलन: इसके साथ सीधे संपर्क के माध्यम से दुनिया के मानसिक प्रतिनिधित्व का निर्माण।
- Adaptation: assimilation and accommodation.
  अनुकूलन: आत्मसात और समायोजन।
- Assimilation: fit new information into existing mental frameworks to understand the world in terms of existing concepts, schemas.
  आत्मसात: मौजूदा अवधारणाओं, स्कीमा के संदर्भ में दुनिया को समझने के लिए मौजूदा मानसिक ढांचे में नई जानकारी फिट करें।
- Accommodation: alter existing concepts or mental frameworks in response to new information.
  समायोजन: नई जानकारी के जवाब में मौजूदा अवधारणाओं या मानसिक ढांचे में बदलाव करें।

Notes

Sensory motor stage (संवेदी मोटर अवस्था)

- Relationship between their actions and the external world-manipulate objects and produce effects.
  उनके कार्यों और बाहरी दुनिया के बीच संबंध वस्तुओं में हेरफेर और प्रभाव पैदा करते हैं।
- Object permanence: objects continue to exist en when they are hidden.
  वस्तु स्थायित्व: वस्तुओं का अस्तित्व तब भी बना रहता है जब वे छिपी होती हैं।

Preoperational stage (पूर्व परिचालन अवस्था)

- Acquire the ability to forms mental images of objects.
  वस्तुओं की मानसिक छवियों को बनाने की क्षमता हासिल करना।
- Start to think in terms of verbal symbols.
  मौखिक प्रतीकों के संदर्भ में सोचना शुरू करें।
- **Ego centrism:** have difficulty understanding that others may perceive the world differently.
  अहंकार केंद्रवाद: यह समझने में कठिनाई होती है कि दूसरे दुनिया को अलग तरह से देख सकते हैं।
- Lack seriation- ability.
  कमी क्रम-क्षमता।
- **Lack of conservation:** object remain unchanged even though the outward appearance.
  संरक्षण का अभाव: वस्तु बाहरी रूप में भी अपरिवर्तित रहती है।

Concrete operations stage (मूर्त संचालन अवस्था)

- Mastery of conservation
  संरक्षण की महारत
- Think more like adults
  वयस्कों की तरह अधिक सोचें
- Seriation
  क्रमबद्धता
- Understand reversibility: physical changes can be undone.
  प्रतिवर्तीता को समझें: भौतिक परिवर्तनों को पूर्ववत किया जा सकता है।
- Logical thinking
  तार्किक सोच।

Formal operations stage (औपचारिक परिचालन अवस्था)

- Think abstractly.
  संक्षेप में सोचो।
- Hypothetico-deductive reasoning: formulating a general theory and deducing specific hypotheses.
  हाइपोथेटिको डिडक्टिव रीजनिंग (काल्पनिक निगमनात्मक तर्क): एक सामान्य सिद्धांत तैयार करना और विशिष्ट परिकल्पनाओं को निकालना।
- Propositional reasoning: assess the validity of verbal assertions possibilities rather than actual events.
  प्रपोजल रीजनिंग (प्रस्ताव संबंधी तर्क): वास्तविक घटनाओं के बजाय मौखिक दावे की संभावनाओं की वैधता का आकलन करें।

4.4.1.2. Bruner's Theory (ब्रूनर का सिद्धांत)

- Thought processes evolve as a result of maturation, training and experiences through a series of sequential stages.
  क्रमिक चरणों की एक श्रृंखला के माध्यम से परिपक्वता, प्रशिक्षण और अनुभवों के परिणामस्वरूप विचार प्रक्रियाएँ विकसित होती हैं।

Notes

- Enactive representation: the child's representation of things and events in terms of motor responses- represented through non verbal activities.
  सक्रिय प्रतिनिधित्व : मोटर प्रतिक्रियाओं के संदर्भ में बच्चे की चीजों और घटनाओं का प्रतिनिधित्व- गैर-मौखिक गतिविधियों के माध्यम से प्रतिनिधित्व किया जाता है।
- Iconic representation: child's representation - sensory images or mental pictures.
  प्रतिष्ठित प्रतिनिधित्व: बच्चे का प्रतिनिधित्व - संवेदी चित्र या मानसिक चित्र ।
- Symbolic representation: words, symbols and other abstract phenomena.
  प्रतीकात्मक प्रतिनिधित्व: शब्द, प्रतीक और अन्य अमूर्त घटनाएँ।

4.4.1.3. Information Process Theory (सूचना प्रक्रिया सिद्धांत)

- Thinking is connected with the information one receives from the environment through one' senses.
  सोच उस जानकारी से जुड़ी होती है जो व्यक्ति पर्यावरण से इंद्रियों के माध्यम से प्राप्त करता है।
- The nature or thought process depends on how it is utilized by the individual from the time he perceived it until the time he processes it at various depth levels in solving his problem or chalking out a strategy or plan.
  प्रकृति या विचार प्रक्रिया इस बात पर निर्भर करती है कि व्यक्ति द्वारा इसे समझने के समय से लेकर अपनी समस्या को हल करने या रणनीति या योजना बनाने में विभिन्न गहराई स्तरों पर इसे संसाधित करने तक इसका उपयोग कैसे किया जाता है।

3 stages (3 चरण)

- Sensory processing
  संवेदी प्रसंस्करण
- Retrieval of relevant information
  प्रासंगिक जानकारी की पुनर्प्राप्ति
- Manipulation of information
  जानकारी का हेरफेर

4.4.2. Types Of Thinking (चिंतन के प्रकार)

1. **Convergent thinking:** focuses on coming up with the single, well-established answer to a problem- correct answer to a question.
   संसृत चिंतन: किसी समस्या के एकल, सुस्थापित उत्तर के साथ आने पर ध्यान केंद्रित करता है- एक प्रश्न का सही उत्तर।
2. **Divergent thinking:** breaking a topic- various aspects of the topic.
   भिन्न चिंतन: किसी विषय को तोड़ना- विषय के विभिन्न पहलू।
3. **Abstract thinking:** ability to use concepts and to make and understand generalizations.
   अमूर्त चिंतन: अवधारणाओं का उपयोग करने और सामान्यीकरण बनाने और समझने की क्षमता।
4. **Concrete thinking:** a predominance of actual objects- absence of concepts and generalizations.
   मूर्त चिंतन: वास्तविक वस्तुओं की प्रबलता - अवधारणाओं और सामान्यीकरणों का अभाव।
5. **Reflective thinking:** processes of analyzing and making judgments about what has happened. DEWEY "thinking is an active, persistent, and careful consideration of a belief or supposed form of knowledge".
   चिंतनशील चिंतन: जो हुआ है उसके बारे में विश्लेषण करने और निर्णय लेने की प्रक्रिया। DEWEY "सोच एक विश्वास या ज्ञान के कथित रूप का एक सक्रिय, लगातार और सावधानीपूर्वक विचार है"।

Notes

6. **Inductive thinking:** Generalizing- a general principle as a conclusion. based on probability, not certainty.
आगमनात्मक चिंतन: सामान्यीकरण – निष्कर्ष के रूप में एक सामान्य सिद्धांत। संभावना के आधार पर, निश्चितता पर नहीं ।

7. **Deductive thinking:** if the premises are all true then so is the conclusion. lead to an accurate conclusion or result.
निगमनात्मक चिंतन: यदि परिसर सभी सत्य हैं तो निष्कर्ष भी ऐसा ही है। एक सटीक निष्कर्ष या परिणाम की ओर ले जाना।

8. **Logical thinking:** relationships between facts and for chains of reasoning that make sense.
तार्किक चिंतन: तथ्यों के बीच संबंध और तर्क की जंजीरों के लिए जो समझ में आता है।

4.4.3. Tools Of Thinking (चिंतन के उपकरण)

Questioning, Concepts, Mind maps, Cognitive Research Trust (CoRT)
प्रश्न पूछना, अवधारणाएँ, माइंड मैप्स, कॉग्निटिव (संज्ञानात्मक) रिसर्च ट्रस्ट (सीओआरटी)

4.4.3.1. Questioning (प्रश्न पूछना)

- W-H question is an influential, inspirational and imaginative.
  W-H प्रश्न एक प्रभावशाली, प्रेरणादायक और कल्पनाशील है।
- **Concrete thinking skills- Knowledge, comprehension, application.**
  मूर्त चिंतन कौशल – ज्ञान, समझ, अनुप्रयोग।
- **Critical thinking skills - Analysis, synthesis, evaluation.**
  आलोचनात्मक चिंतन कौशल – विश्लेषण, संश्लेषण, मूल्यांकन।
- **Knowledge** - how many, when, where, list, define, tell, describe, identify factual answers test child's recall and recognition skills.
  ज्ञान– कितने, कब, कहाँ, सूचीबद्ध करें, परिभाषित करें, बताएँ, वर्णन करें, पहचानें- तथ्यात्मक उत्तर बच्चे के स्मरण और पहचान कौशल का परीक्षण करें।
- **Comprehension**- describe, explain, estimate, predict, identify, and differentiate. Encourage your child to translate, interpret, and extrapolate.
  समझ– वर्णन, व्याख्या, अनुमान, भविष्यवाणी, पहचान और अंतर। अपने बच्चे को अनुवाद करने, व्याख्या करने के लिए प्रोत्साहित करें।
- **Application**- demonstrate, apply, illustrate, show, solve, examine, classify, and experiment. Apply knowledge to situations that are new and unfamiliar.
  आवेदन– प्रदर्शित करना, लागू करना, चित्रित करना, दिखाना, हल करना, जाँचना, वर्गीकृत करना और प्रयोग करना। ज्ञान को उन स्थितियों में लागू करें जो नई और अपरिचित हों।
- **Analysing**- differences, analyze, explain, compare, separate, classify, arrange. Encourage your child to break information down into parts.
  विश्लेषण – अंतर, विश्लेषण, व्याख्या, तुलना, अलग, वर्गीकृत, व्यवस्था। जानकारी को भागों में तोड़ने के लिए अपने बच्चे को प्रोत्साहित करें।
- **Synthesis**- combine, rearrange, substitute, create, design, invent, what if. Encourage your child to combine elements into a pattern that's new.
  संश्लेषण– गठबंधन, पुनर्व्यवस्थित, स्थानापन्न, निर्माण, डिजाइन, आविष्कार, क्या हुआ अगर अपने बच्चे को तत्वों को एक नए पैटर्न में संयोजित करने के लिए प्रोत्साहित करें।
- **Evaluation**-assess, decide, measure, select, explain, conclude, compare, summarize. encourage your child to make judgements according to a set of criteria.
  मूल्यांकन– मूल्यांकन, निर्णय, माप, चयन, व्याख्या, निष्कर्ष, तुलना, सारांश। अपने बच्चे को मानदंडों के एक सेट के अनुसार निर्णय लेने के लिए प्रोत्साहित करें।

Notes

4.4.3.2. Concepts (अवधारणा)

- Concepts are general ideas that we use to identify and organize our experience.
  अवधारणाएँ सामान्य विचार हैं जिनका उपयोग हम अपने अनुभव को पहचानने और व्यवस्थित करने के लिए करते हैं।
- Concepts are the vocabulary of thought.
  अवधारणाएँ विचार की शब्दावली हैं।
- Aristotle "an intelligent person is a master of concepts".
  अरस्तू "एक बुद्धिमान व्यक्ति 'अवधारणाओं का स्वामी' होता है।"
- Sign - word/symbol that names the concept.
  संकेत - शब्द / प्रतीक जो अवधारणा को नाम देता है।
- Referents - examples of the concept.
  संदर्भ - अवधारणा के उदाहरण।
- Properties - qualities that all examples of the concept share in common.
  गुण - वे गुण जो अवधारणा के सभी उदाहरण साझा करते हैं।
- Concept formation - Interpreting and Generalizing.
  अवधारणा निर्माण - व्याख्या और सामान्यीकरण।
- Interpreting is the process of finding examples of the concept.
  व्याख्या अवधारणा के उदाहरण खोजने की प्रक्रिया है।
- Generalizing is the process of focusing on the common properties.
  सामान्यीकरण सामान्य गुणों पर ध्यान केंद्रित करने की प्रक्रिया है।

4.4.3.3. Mind maps (मानसिक नक्शे)

- A mind map can be defined as a visual presentation of the ways in which concepts can be related to one another.
  एक मानसिक नक्शे को उन तरीकों की एक दृश्य प्रस्तुति के रूप में परिभाषित किया जा सकता है जिसमें अवधारणाएँ एक दूसरे से संबंधित हो सकती हैं।
- Useful for note taking (listening), oral presentation (speaking) as well as writing.
  नोट लेने (सुनने), मौखिक प्रस्तुति (बोलने) के साथ-साथ लेखन के लिए भी उपयोगी है।
- Seven principles of Super Memory: Visualization, Association, Making Things Outstanding, Imagination, Colour, Rhythm, and Holism.
  उत्तम स्मृति के सात सिद्धांत: चित्रण करना, जोड़ना, चीजों को सबसे बेहतर बनाना, कल्पना, रंग, लय, और संपूर्णता।
- Steps-
  चरण:-

Draw the topic at the centre.
विषय को केंद्र में लिखें।

Add the Sub-Headings.
अपने आसपास उपविषय लिखें।

Add the Main Points and Supporting Details.
प्रत्येक उपविषय के लिए मुख्य बिन्दु व संबंधित जानकारी लिखें।

Use your Imagination (pictures/images).
अपनी कल्पना शक्ति से चित्र बनाकर इसे अच्छा और स्मृति के लायक बनाएँ।

4.4.3.4. Cognitive Research Trust (CORT) संज्ञानात्मक अनुसंधान ट्रस्ट (Cort)

- Focus attention directly on different aspects of thinking.
  सोच के विभिन्न पहलुओं पर सीधे ध्यान केंद्रित करें।

- Crystallize these aspects into definite concepts.
  इन पहलुओं को निश्चित अवधारणाओं में क्रिस्टलीकृत करें।
- Encourage students to broaden their thinking.
  छात्रों को अपनी सोच को व्यापक बनाने के लिए प्रोत्साहित करें।

Tools: Seven (**उपकरण:** सात)

- **C&S: Consequence and Sequel :** individual considers the immediate, short, medium, long term consequences.
  सी एंड एसः परिणाम और अगली कड़ी : व्यक्ति तत्काल, लघु, मध्यम, दीर्घकालिक परिणामों पर विचार करता है।
- **AGO: Aims, Goals, Objectives (purpose):**
  ए जी ओः लक्ष्य, उद्देश्य, वस्तुनिष्ठता (निष्पक्षता):
- **OPV: Other People's Views:** consider the points of view of all others.
  (ओपीवी) : अन्य लोगों के विचार : अन्य सभी के दृष्टिकोण पर विचार करें ।
- **APC: Alternatives, Possibilities, Choices:** generates new alternatives and choices.
  (एपीसी): विकल्प, संभावनाएँ, चयनः नए विकल्प और नया चयन करना।
- **PMI: Plus, Minus, Interesting (ideas):** lists down all the plus, minus, interesting points.
  पीएमआईः प्लस, माइनस, दिलचस्प (विचार): सभी प्लस, माइनस, दिलचस्प बिंदुओं को सूचीबद्ध करता है।
- **FIP: First Important Priorities:** choose from a number of different possibilities.
  (एफआईपी): पहली महत्वपूर्ण प्राथमिकताएँ: कई अलग-अलग संभावनाओं में से चुनें।
- **CAF: Consider All Factors:** lists down all the factors
  (सीएएफ): सभी कारकों पर विचार करें: सभी कारकों को सूचीबद्ध करता है।

4.5. DEVELOPMENT OF CRITICAL, CONVERGENT AND DIVERGENT THINKING (आलोचनात्मक, संसृत व भिन्न चिंतन का विकास)

- To think independently, relate, evaluate, question, analyse, and think creatively.
  स्वतंत्र रूप से सोचने, संबंधित करने, मूल्यांकन करने, प्रश्न करने, विश्लेषण करने और रचनात्मक रूप से सोचने के लिए।

4.5.1 Critical Thinking (आलोचनात्मक सोच)

- Gather, interpret, and evaluate information.
  इकट्ठा करना, व्याख्या करना और मूल्यांकन करना।
- John Dewey defines critical thinking as "reflective thought" rather than routine thought.
  जॉन डेवी ने आलोचनात्मक सोच को नियमित विचार के बजाय "चिंतनशील विचार" के रूप में परिभाषित किया है।
- Abilities underlie critical thinking (Edward Glaser)-
  क्षमताएँ महत्वपूर्ण सोच के अंतर्गत आती हैं। -(एडवर्ड ग्लेसर)
- Recognise problems.
  समस्याओं को पहचानें ।
- Find workable means to meet those problems.
  उन समस्याओं को दूर करने के लिए व्यावहारिक साधन खोजें।
- Gather and marshal pertinent information
  उचित और प्रासंगिक जानकारी को इककट्ठा करें।

Notes

Notes

- Recognise unstated assumptions and values
  अघोषित मान्यताओं और मूल्यों को पहचानें।
- Comprehend and use language with accuracy, clarity and discrimination
  भाषा को सटीकता, स्पष्टता और भेदभाव के साथ समझें और उपयोग करें।
- Interpret data
  डेटा की व्याख्या करें।
- Appraise evidence and evaluate statements.
  सबूतों और बयानों का मूल्यांकन करें।
- Recognize logical connections between statements
  कथनों के बीच तार्किक संबंध को पहचानें।
- Draw warranted conclusions and generalizations
  प्रमाणित निष्कर्ष और सामान्यीकरण करें।
- Test the conclusions and generalizations arrived at.
  निष्कर्षों और सामान्यीकरणों का परीक्षण करें।

4.5.1.1. Stages Of Development Of Critical Thinking (आलोचनात्मक चिंतन के विकास की अवस्थाएँ)

- Stage One: The Unreflective Thinker (Individual is unaware of significant problems in thinking)
  अवस्था एक - अचिंतनशील विचारक (व्यक्ति चिंतन संबंधी महत्त्वपूर्ण समस्याओं से अनजान है)।
- Stage Two: The Challenged Thinker (Individual is aware of problems in thinking)
  अवस्था दो - चुनौतीपूर्ण विचारक (व्यक्ति चिंतन संबंधी समस्याओं की जानकारी रखता है)।
- Stage Three: The Beginning Thinker (Individual try to improve but without regular practice)
  अवस्था तीन- शुरुआती विचारक (व्यक्ति सुधार करने की कोशिश करता है लेकिन बिना नियमित अभ्यास के)।
- Stage Four: The Practicing Thinker (Individual recognize the necessity of regular practice)
  अवस्था चार- अभ्यासी विचारक (व्यक्ति नियमित अभ्यास की जरूरत समझता है)।
- Stage Five: The Advanced Thinker (Individual advance in accordance with practice)
  अवस्था पाँच-उन्नत विचारक (व्यक्ति अभ्यास के हिसाब से आगे बढ़ता है)।
- Stage Six: The Master Thinker (skilled & insightful thinking becomes second nature)
  अवस्था छः- पारंगत विचारक (व्यक्ति कुशल है और व्यवहारिक चिंतन उसका दूसरा स्वभाव है)।

4.5.1.2. Characteristics Of Critical Thinkers (आलोचनात्मक चिंतन विचारकों की विशेषताएँ)

- Sir Francis Burton-Inquisitive, See relationships, Ask questions, Reflect, argues on the basis of evidence, Capable to judge the credibility of sources.
  सर फ्रांसिस बर्टन - जिज्ञासु, संबंध देखें, प्रश्न पूछें, चिंतन करें, साक्ष्य के आधार पर तर्क करें, स्रोतों की विश्वसनीयता का न्याय करने में सक्षम ।

4.5.2. Convergent Thinking (संसृत चिंतन)

- Given by Joy Paul Guilford.
  जॉय पॉल गिलफोर्ड द्वारा दिया गया।
- Ability to give the "correct" answer.
  "सही" उत्तर देने की क्षमता।

Notes

- Convergent thinking emphasizes speed, accuracy, and logic and focuses on recognizing the familiar, reapplying techniques, and accumulating stored information.
  संसृत चिंतन गति, सटीकता और तर्क पर जोर देता है और परिचित, पुन: लागू करने वाली तकनीकों को पहचानने और संगृहीत जानकारी को जमा करने पर केंद्रित है।
- Convergent thinking process is to find the best possible answer.
  संसृत चिंतन प्रक्रिया सर्वोत्तम संभव उत्तर खोजना है।

4.5.3. Divergent Thinking (भिन्न चिंतन)

- **Brainstorming:** to generate as many ideas as possible. Piggybacking is the key tool. All ideas are recorded.
  माथापच्ची: अधिक से अधिक विचार उत्पन्न करना। पिगीबैकिंग प्रमुख उपकरण है। सभी विचार दर्ज हैं।
- **Keeping a Journal**
  जर्नल रखना
- **Free writing**
  स्वतंत्र लेखन
- **Mind or Subject Mapping:** A visual map or picture that that shows the relationships among these ideas.
  मन या विषय मानचित्रण: एक दृश्य मानचित्र या चित्र जो इन विचारों के बीच संबंधों को दर्शाता है।
- **Six Thinking Hats:** Edward De Bono identifies six distinct directions in which the brain can be challenged.
  सिक्स थिंकिंग हैट्स: एडवर्ड डी बोनो छह अलग-अलग दिशाओं की पहचान करता है जिसमें मस्तिष्क को चुनौती दी जा सकती है।

White-focuses on Data and information.
सफेद - डेटा और सूचना पर केंद्रित है।
Red-focuses on feelings, intuition, emotion.
लाल - भावनाओं, अंतर्ज्ञान, भावना पर केंद्रित है।
Yellow-focuses on Optimism, Benefits.
पीला - सकारात्मक चिंतन व लाभ पर केंद्रित है।
Black- focuses on Caution, Critical judgment.
काला - सावधानी, आलोचनात्मक फैसलों पर केंद्रित है।
Green-focuses on Creative thinking.
हरा - सृजनात्मक चिंतन पर केंद्रित है।
Blue-focuses on Process control, thinking about thinking (meta cognition).
नीला - प्रक्रिया नियंत्रण पर ध्यान केंद्रित करता है, सोच के बारे में सोचता है (मेटा संज्ञान)।

4.5.3.2. Stages of Creative Thinking (सृजनात्मक चिंतन की अवस्थाएँ)

Graham Wallas found a recurring pattern.
ग्राहम वालेस ने एक आवर्ती पैटर्न पाया।

- **Stage 1-Preparation:** gathering knowledge.
  अवस्था 1-तैयारी: ज्ञान इकट्ठा करना।
- **Stage 2- Incubation:** the interval when a person stops working actively on the problem.
  अवस्था 2-ऊष्मायन: वह अंतराल जब कोई व्यक्ति समस्या पर सक्रिय रूप से काम करना बंद कर देता है।
- **Stage 3-Illumination:** sudden solution (illumination) or insight.
  अवस्था 3-रोशनी: अचानक समाधान (रोशनी) या अंतर्दृष्टि ।

Notes

- **Stage 4-Evaluation:**
  अवस्था 4-मूल्यांकन:
- **Stage 5-Revision:** The insight is generally satisfactory but needs some modification.
  अवस्था 5-संशोधन: अंतर्दृष्टि आम तौर पर संतोषजनक होती है लेकिन इसमें कुछ संशोधन की आवश्यकता होती है।

4.5.3.3. Characteristics Of Creative Thinker (सृजनात्मक चिंतक की विशेषताएँ)

- Prefer complexity.
  जटिलता को प्राथमिकता दें।
- More complex psychodynamically.
  मनोवैज्ञानिक रूप से अधिक जटिल।
- Independent in their judgements.
  निर्णय में स्वतंत्र।
- More self assertive and dominant.
  अधिक आत्म मुखर और प्रभावशाली।
- Reject suppression.
  दमन को अस्वीकार करें।
- A personality dimension called origence has been shown to be related to creativity.
  उत्पत्ति नामक व्यक्तित्व आयाम को रचनात्मकता से संबंधित दिखाया गया है।
- Curious, seeks problems, enjoys challenge, optimistic, able to suspend judgment, comfortable with imagination, sees problems as opportunities.
  जिज्ञासु, समस्याओं की तलाश करता है, चुनौती का आनंद लेता है, आशावादी, निर्णय को स्थगित करने में सक्षम, कल्पना के साथ सहज, समस्याओं को अवसरों के रूप में देखता है।

4.5.3.4. Barriers to Creative Thinking (सृजनात्मक चिंतन में बाधाएँ)

Prejudice, functional fixedness, learned helplessness, tendency to find the "right" answer, logical thinking, following Rules, being practical.

पूर्वाग्रह, कार्यात्मक स्थिरता, सीखी हुई लाचारी, "सही" उत्तर खोजने की प्रवृत्ति, तार्किक सोच, नियमों का पालन करना, व्यावहारिक होना।

4.5.3.5. Ways to Foster Creative Thinking (सृजनात्मक चिंतन को बढ़ावा देने के तरीके)

- Develop a broad and rich knowledge base.
  एक व्यापक और समृद्ध ज्ञान आधार विकसित करना।
- Foster independence.
  स्वतंत्रता को बढ़ावा।
- Encourage the use of analogies.
  उपमाओं के उपयोग को प्रोत्साहित करें।
- Encourage curiosity.
  जिज्ञासा को प्रोत्साहित करें।
- Enhance positive affect.
  सकारात्मक प्रभाव बढ़ाएँ।

4.6. EMPOWERING CHILD TO TAKE RATIONAL DECISIONS BASED ON THINKING (चिंतन के आधार पर तर्कसंगत निर्णय लेने के लिए बच्चे को सशक्त बनाना)

Notes

4.6.1. Decision Making (निर्णय लेना)

A kind of problem solving in which we are presented with several alternatives, among which we must choose.

एक प्रकार की समस्या समाधान जिसमें हमें अनेक विकल्पों के साथ प्रस्तुत किया जाता है, जिनमें से हमें चुनना चाहिए।

4.6.2. Factors Influencing Decision Making (निर्णय लेने को प्रभावित करने वाले कारक)

- ***Heuristics:*** Mental rules of thumb, extracted from past experience. Three commonly used heuristics are availability heuristic, representativeness heuristic and anchoring & adjustment heuristic.

  अनुमान: अंगूठे के मानसिक नियम, पिछले अनुभव से निकाले गए। आमतौर पर इस्तेमाल किए जाने वाले तीन अनुमान: उपलब्धता अनुमान, प्रतिनिधित्ववादी अनुमान और एंकरिंग और समायोजन अनुमान हैं।
- ***Framing:*** Representation of information concerning potential outcomes.

  फ्रेमिंग (निर्धारण): संभावित परिणामों से संबंधित जानकारी का प्रतिनिधित्व।
- ***Escalation of commitment:*** the tendency to become increasingly committed to bad decisions even as losses associated with them increase.

  प्रतिबद्धता का बढ़ना: बुरे फैसलों के प्रति अधिक प्रतिबद्ध होने की प्रवृत्ति, भले ही उनसे जुड़े नुकसान बढ़ जाते हैं।

4.6.3. Six Steps Decision Making Process (छह चरणों में निर्णय लेने की प्रक्रिया)

- Define the situation and the desired outcome.

  स्थिति और वांछित परिणाम को परिभाषित करें।
- Research and identify options.

  अनुसंधान और विकल्पों की पहचान।
- Compare and contrast each alternative and its consequences.

  प्रत्येक विकल्प और उसके परिणामों की तुलना करें और विरोधाभास करें।
- Make a decision or choose an alternative.

  कोई निर्णय लें या कोई विकल्प चुनें।
- Design and implement an action plan.

  योजना तैयार करना और कार्यान्वित करना।
- Evaluate results.

  परिणामों का मूल्यांकन करें।

4.7. FACILITATING QUESTIONING SKILL AMONG CHILDREN IN CLASSROOM (कक्षा में बच्चों के बीच प्रश्नोत्तर कौशल की सुविधा)

4.7.1 What are Que stioning Skills ? (प्रश्न पूछने के कौशल क्या हैं?)

- There are low-level questions and high-level questions.

  निम्न स्तरीय और उच्च-स्तरीय प्रश्न हैं।

Notes

- Low level questions–recall information.
  निम्न स्तर के प्रश्न–जानकारी को याद करें।
- Higher level questions–comprehend, apply, analyze, synthesize, and evaluate.
  उच्च स्तर के प्रश्न–समझें, लागू करें, विश्लेषण करें, संश्लेषण करें और मूल्यांकन करें।
- High-level questions are of two types: description and comparison.
  उच्च स्तरीय प्रश्न दो प्रकार के होते हैं: विवरण और तुलना।
- Description–require that one observe or describe an object using illustrations, demonstrations, maps, graphs, or tables.
  विवरण–इसके लिए आवश्यक है कि कोई चित्र, प्रदर्शन, मानचित्र, ग्राफ या तालिकाओं का उपयोग करके किसी वस्तु का अवलोकन या वर्णन करें।
- Comparison–examine two or more objects or ideas.
  तुलना–दो या दो से अधिक वस्तुओं या विचारों की जाँच करें।
- convergent questions-one correct answer.
  संसृत प्रश्न–एक सही उत्तर।
- Divergent questions–more than one appropriate answer.
  भिन्न प्रश्न-एक से अधिक उपयुक्त उत्तर।

4.7.2 Development of Questioning skills in children
(बच्चों में प्रश्न पूछने के कौशल का विकास)

4.7.3. Uses of Questioning Strategies in the Field of Education
(शिक्षा के क्षेत्र में प्रश्नों की रणनीति का उपयोग)

- Goals or objectives.
  लक्ष्य या उद्देश्य।
- To motivate and to interest, to reveal prior misconceptions, to evaluate, to guide thinking. to discipline, manage, or control, to encourage involvement.
  प्रेरित करने के लिए और रुचि के लिए, पूर्व भ्रांतियों को प्रकट करने के लिए, मूल्यांकन करने के लिए, सोच का मार्गदर्शन करने के लिए, अनुशासन, प्रबंधन या नियंत्रण करने के लिए, भागीदारी को प्रोत्साहित करने के लिए।
- Improve the student's ability to clarify, reorganize, and accurately explain new information.
  नई जानकारी को स्पष्ट करने, पुनर्गठित करने और सटीक रूप से समझाने के लिए छात्र की क्षमता में सुधार।

4.7.4. Advantages of Questioning (प्रश्न पूछने के लाभ)

Achievement can improve if high levels of questions are accompanied by wait-time, redirection, and probing techniques.
यदि उच्च स्तर के प्रश्नों के साथ प्रतीक्षा समय, पुनर्निर्देशन और जांच तकनीकें हों तो उपलब्धि में सुधार हो सकता है।

4.7.5. Guidelines to Enhance Questioning Skills Among Children in Classroom.
(कक्षा में बच्चों के बीच प्रश्नोत्तर कौशल बढ़ाने के लिए दिशा-निर्देश)

- Encourage questions.
  प्रश्नों को प्रोत्साहित करें।
- Encourage divergent questions.
  विविध प्रश्नों को प्रोत्साहित करें।
- Do not stop the discussion with the right answer.

सही उत्तर के साथ चर्चा को न रोकें।

- Increase wait-time between asking and answering questions.
  प्रश्न पूछने और उत्तर देने के बीच प्रतीक्षा समय बढ़ाएँ।
- Develop silent time.
  मौन समय विकसित करें।

Notes

4.8. ROLE OF SCHOOL AND TEACHER IN DEVELOPING THINKING SKILL (चिंतन कौशल विकसित करने में स्कूल और शिक्षक की भूमिका)

- Objectives of teaching and instruction.
  शिक्षण और निर्देश के उद्देश्य।
- Curriculum development.
  पाठ्यचर्या विकास।
- Preparing textbooks and instructional material.
  पाठ्यपुस्तकें और निर्देशात्मक सामग्री तैयार करना।
- Methods of teaching and techniques of teaching.
  शिक्षण के तरीके और शिक्षण की तकनीक।
- Models of teaching.
  शिक्षण के मॉडल।
- Evaluation and diagnosis .
  मूल्यांकन और निदान।
- Remedial teaching and instruction.
  उपचारात्मक शिक्षण और निर्देश।

5

DEVELOPMENT OF SELF
(आत्म प्रत्यय का विकास)

5.2 DEVELOPMENT OF SELF CONCEPT IN CHILDREN (बच्चों में स्वयं-अवधारणा का विकास)

5.2.1 Concepts and How Self Concepts are Formed (अवधारणाएँ और स्वयं–अवधारणाएँ कैसे बनती हैं)

- Concepts are regarded as the images in our mind.
  अवधारणाओं को हमारे दिमाग में छवियों के रूप में माना जाता है।
- Process of concept formation emerges from a big, buzzing, blooming, confusion in which the child is born.
  अवधारणा निर्माण की प्रक्रिया एक बड़े, गुलजार, खिले हुए, भ्रम से उभरती है जिसमें बच्चा पैदा होता है।
- The many types of concepts that children learn are concepts of life, death, bodily functions, space, weight, numbers, time, sex roles, social awareness, beauty, self etc.
  बच्चे कई प्रकार की अवधारणाएँ सीखते हैं जो जीवन, मृत्यु, शारीरिक कार्य, स्थान, वजन, संख्या, समय, यौन भूमिकाएँ, सामाजिक जागरूकता, सौंदर्य, स्वयं आदि की अवधारणाएँ हैं।
- All children does not understand and develop all the concepts-individual differences.
  सभी बच्चे सभी अवधारणाओं को नहीं समझते हैं और विकसित करते हैं-व्यक्तिगत अंतर।
- How others feel and treat us, very important factors in shaping the self-concept- which is the core of personality patterns.
  दूसरे हमें कैसा महसूस करते हैं और हमारे साथ कैसा व्यवहार करते हैं, आत्म-अवधारणा को आकार देने में बहुत महत्वपूर्ण कारक-जो व्यक्तित्व पैटर्न का मूल है।
- How parents feel about the child's appearance, their abilities, their achievements etc. will have a great influence on how children feel about themselves.
  माता-पिता बच्चे की उपस्थिति, उनकी क्षमताओं, उनकी उपलब्धियों आदि के बारे में कैसा महसूस करते हैं, इसका इस बात पर बहुत प्रभाव पड़ेगा कि बच्चे अपने बारे में कैसा महसूस करते हैं।
- In early childhood the children are not aware of factors such as caste, religion, race etc.
  बचपन में बच्चों को जाति, धर्म, नस्ल आदि जैसे कारकों के बारे में पता नहीं होता है।
- Environmental insecurity due to various factors such as death, separation, divorce, or social mobility affects self concepts of children unfavourably to a large extent.
  मृत्यु, अलगाव, तलाक या सामाजिक गतिशीलता जैसे विभिन्न कारकों के कारण पर्यावरणीय असुरक्षा बच्चों की आत्म अवधारणाओं को काफी हद तक प्रतिकूल रूप से प्रभावित करती है।

5.2.2. Factors Affecting the Self Concept (स्वयं अवधारणा को प्रभावित करने वाले कारक)

Notes

- Physical condition
  शारीरिक हालत
- Body build
  शरीर निर्माण
- Names and nicknames
  नाम और उपनाम
- School environment
  स्कूल का माहौल
- Social acceptance
  सामाजिक स्वीकृति
- Success or failures
  सफलता या असफलता
- Gender
  लिंग
- Intelligence
  बुद्धि
- Other factors- Relationship with the family members, ordinal position.
  अन्य कारक- परिवार के सदस्यों के साथ संबंध, सामान्य स्थिति।

5.3 DEVELOPMENT OF VALUES IN CHILDREN (बच्चों में मूल्यों का विकास)

- A German Philosopher Friedrich Nietzsche first used the term 'Values' in 1880.
  एक जर्मन दार्शनिक फ्रेडरिक नीत्शे ने पहली बार 1880 में 'मूल्य' शब्द का इस्तेमाल किया था।
- Values are made up of "do's" and "dont's" or "right" and "wrongs."
  मूल्य "क्या करें" और "क्या न करें" या "सही" और "गलत" से बने होते हैं।
- Personal values
  निजी मूल्य
- Social values
  सामाजिक मूल्य
- Moral values
  नैतिक मूल्य
- Spiritual values
  आध्यात्मिक मूल्य
- Cultural values
  सांस्कृतिक मूल्य
- Universal values
  सार्वभौमिक मूल्य
- Moral development in early childhood is on low level.
  बचपन में नैतिक विकास निम्न स्तर पर होता है।
- Reward and punishment are two factors from where the children begin to understand moral values.

Notes

इनाम और सजा दो ऐसे कारक हैं जहाँ से बच्चे नैतिक मूल्यों को समझना शुरू करते हैं।

- Between the ages of five and twelve years, the rigid notion of right and wrong learnt from parents become modified and children start looking into specific circumstances surrounding a moral violation.
  पाँच और बारह वर्ष की आयु के बीच, माता-पिता से सीखी गई सही और गलत की कठोर धारणा संशोधित हो जाती है और बच्चे नैतिक उल्लंघन के आसपास की विशिष्ट परिस्थितियों को देखना शुरू कर देते हैं।

5.3.1 Role of Discipline in the Development of Values (मूल्यों के विकास में अनुशासन की भूमिका)

- Discipline is to teach children to behave in accordance to the expectations to their age.
  अनुशासन बच्चों को उनकी उम्र की अपेक्षाओं के अनुसार व्यवहार करना सिखाना है।
- Punishment for wrong behavior and rewarding with approval.
  गलत व्यवहार के लिए सजा और अनुमोदन के साथ पुरस्कृत करना।

Three types of disciplines (तीन प्रकार का अनुशासन)

- **Authoritarian discipline:** "to spare the rod means spoiling the child." No attempts are made to explain why these rules are made. They are punished.
  सत्तावादी अनुशासन: "छड़ी को बख्शने का अर्थ है बच्चे को बिगाड़ना।" ये नियम क्यों बनाए गए हैं, यह समझाने की कोई कोशिश नहीं की जाती है। उन्हें दंडित किया जाता है।
- **Permissive discipline:** Opposite to authoritarian. Children would learn from the consequences of their acts how to behave in socially approved way. No punishment No reward.
  अनुमोदक अनुशासन: सत्तावादी के विपरीत। बच्चे अपने कृत्यों के परिणामों से सीखेंगे कि सामाजिक रूप से स्वीकृत तरीके से कैसे व्यवहार किया जाए। कोई सजा नहीं कोई इनाम नहीं।
- **Democratic discipline:** Rights of the child to know why rules are made and to have an opportunity to express their opinion. Punishment is related to the misdeed. rewards are given in the form of praise and social recognition.
  लोकतांत्रिक अनुशासन: नियम क्यों बनाए जाते हैं, यह जानने और अपनी राय व्यक्त करने का अवसर पाने के लिए बच्चे के अधिकार। दण्ड का सम्बन्ध पाप से है। पुरस्कार प्रशंसा और सामाजिक मान्यता के रूप में दिए जाते हैं।

5.4 DEVELOPMENT OF ATTITUDE IN CHILDREN (बच्चों में अभिवृत्तियों का विकास)

Three components (तीन घटक)

- Our attitude depends on knowledge, which is logical and rational.
  हमारा दृष्टिकोण ज्ञान पर निर्भर करता है, जो तार्किक और तर्कसंगत है।
- Component of attitude is the feeling element.
  मनोवृत्ति का घटक भावना तत्व है।
- Behaviour or act is the third component of attitude.
  व्यवहार या कार्य मनोवृत्ति का तीसरा घटक है।

5.4.4 Role of Teacher in Development of Good Attitude in Children (बच्चों में अच्छे व्यवहार के विकास में शिक्षक की भूमिका)

- Teachers have the opportunity to leave an indelible impression on their students' lives.
  शिक्षकों के पास अपने छात्रों के जीवन पर एक अमिट छाप छोड़ने का अवसर है।

- School memories have the potential to last a lifetime in students' minds and can play a consequential role with present and future decisions.
  स्कूल की यादें छात्रों के दिमाग में जीवन भर रहने की क्षमता रखती हैं और वर्तमान और भविष्य के निर्णयों के साथ एक परिणामी भूमिका निभा सकती हैं।

Notes

5.4.5 Five Effective Teacher Attitude (शिक्षक के पाँच प्रभावी दृष्टिकोण)

- *First Attitude: Demonstrating Caring and Kindness*
  पहला दृष्टिकोण: देखभाल और दयालुता प्रदर्शित करना।
- *Second Attitude: Sharing Responsibility*-teacher should not be rigid. Provide opportunity for equal freedom.
  दूसरा दृष्टिकोण: जिम्मेदारी साझा करना। शिक्षक कठोर नहीं होना चाहिए। समान स्वतंत्रता का अवसर प्रदान करें।
- *Third Attitude: Sensitively Accepting Diversity*
  तीसरा दृष्टिकोण: संवेदनशीलता को स्वीकार करना, विविधता।
- *Fourth Attitude: Fostering Individualized Instruction*-Work on the strengths of the students and to ignore their weakness.
  चौथा दृष्टिकोण: व्यक्तिगत निर्देश को बढ़ावा देना- छात्रों की ताकत पर काम करना और उनकी कमजोरियों को नजरअंदाज करना ।
- *Fifth Attitude: Encouraging Creativity.*
  पाँचवाँ दृष्टिकोण: रचनात्मकता को प्रोत्साहित करना।

5.5 IMPORTANCE OF PERCEPTION AND ITS DEVELOPMENT IN CHILDREN (बच्चों में धारणा और उसके विकास का महत्व)

- Perception denotes the process of getting to know the environment by the use of the senses.
  धारणा इंद्रियों के उपयोग से पर्यावरण को जानने की प्रक्रिया को दर्शाती है।
- The stimuli come from the objects around us in the environment, but the stimuli are not the objects.
  उद्दीपन पर्यावरण में हमारे आस-पास की वस्तुओं से आते हैं, लेकिन उद्दीपन वस्तु नहीं हैं।

5.5.1 Development of Perception in The Child (बच्चे में बोध का विकास)

- Development of perception relating to a squint is age three.
  भेंगापन से संबंधित धारणा का विकास तीन साल की उम्र है।
- If the child is over three, bi-ocular vision will never develop.
  यदि बच्चा तीन वर्ष से अधिक का है, तो द्वि-नेत्र दृष्टि कभी विकसित नहीं होगी।

5.5.2 Importance of Perception in A Developing Child (एक विकासशील बच्चे में धारणा का महत्व)

- Socialization
  समाजीकरण
- Acquisition of knowledge
  ज्ञान हासिल करना
- Acquisition of language
  भाषा का अधिग्रहण
- Emotional response
  भावनात्मक प्रतिक्रिया

Notes

- Memory
  याद
- Self-preservation
  आत्मरक्षा
- Hand-eye co-ordination
  हाथ से आँख का समन्वय
- Sense of self-awareness
  आत्म-जागरूकता की भावना

5.5.3 Knowledge, Memory and Perception (ज्ञान, स्मृति और अनुभूति)

- Without perceptual development, a child is unable to either acquire new knowledge or remember what has been learned.
  अवधारणात्मक विकास के बिना, एक बच्चा या तो नया ज्ञान प्राप्त करने या जो सीखा है उसे याद रखने में असमर्थ है।
- Perception is necessary for the child to be able to store knowledge.
  बच्चे के ज्ञान को संगृहीत करने में सक्षम होने के लिए धारणा आवश्यक है।
- Perception affects how children respond to different situations and sensations, it is also vital for memory and self-awareness.
  धारणा प्रभावित करती है कि बच्चे विभिन्न स्थितियों और संवेदनाओं पर कैसे प्रतिक्रिया करते हैं, यह स्मृति और आत्म-जागरूकता के लिए भी महत्वपूर्ण है।

5.5.4 Importance Of Playing In Development Of Perception (धारणा के विकास में खेलने का महत्व)

- In a cross cultural study of play, studies found that play enhances children's learning and development.
  खेल के एक परासांस्कृतिक अध्ययन में पाया गया कि खेल बच्चों के सीखने और विकास को बढ़ाता है।
- Psychoanalytical theorists use play for helping children deal with emotional problems (e.g. play therapy).
  मनोविश्लेषणात्मक सिद्धांतवादी बच्चों को भावनात्मक समस्याओं से निपटने में मदद करने के लिए खेल का उपयोग करते हैं (उदाहरण के लिए खेल चिकित्सा) ।
- Jean Piaget established the link between play and the growth of intelligence. Play serves as a vehicle for learning.
  जीन पियाजे ने खेल और बुद्धि के विकास के बीच संबंध स्थापित किया। खेल सीखने के साधन के रूप में कार्य करता है।
- According to Vygotsky's theory, playing with a more advanced partner such as an adult, parent or older child can enhance the child's skills and build more confidence to take part in higher quality play.
  वायगोत्स्की के सिद्धांत के अनुसार, एक वयस्क, माता-पिता या बड़े बच्चे जैसे अधिक उन्नत साथी के साथ खेलने से बच्चे के कौशल में वृद्धि हो सकती है और उच्च गुणवत्ता वाले खेल में भाग लेने के लिए अधिक आत्मविश्वास पैदा हो सकता है।
- Brain development and play during early years has been found a link.
  प्रारंभिक वर्षों के दौरान मस्तिष्क के विकास और खेल को एक कड़ी पाया गया है।
- Ginsburg and the Committee on Communications "Play helps children develop new competencies that lead to enhanced confidence and the resiliency they will need to face future challenges."
  गिन्सबर्ग और संचार समिति के अनुसार "खेल बच्चों को नई दक्षताओं को विकसित करने में मदद करता है जिससे आत्मविश्वास में वृद्धि होती है और भविष्य की चुनौतियों का सामना करने के लिए उन्हें लचीलेपन की आवश्यकता होती है।"

5.6 MOTIVATION (अभिप्रेरणा)

Notes

5.6.1 Characteristics of Motivation in Young Children (छोटे बच्चों में प्रेरणा के लक्षण)

- Intrinsic motivation- Process oriented
  आंतरिक प्रेरणा-प्रक्रिया उन्मुख
- Extrinsically motivated- Product oriented
  बाहरी रूप से प्रेरित-उत्पाद उन्मुख

5.6.2 Developing Motivation (अभिप्रेरणा का विकास)

- Persistence is the ability to stay with a task for a reasonably long period of time.
  दृढ़ता एक कार्य के साथ काफी लंबे समय तक बने रहने की क्षमता है।
- Children who have a lower level of motivation or are extrinsically motivated need constant attention from adults and cannot function independently
  जिन बच्चों में प्रेरणा का स्तर कम होता है या वे बाहरी रूप से प्रेरित होते हैं, उन्हें वयस्कों से निरंतर ध्यान देने की आवश्यकता होती है और वे स्वतंत्र रूप से कार्य नहीं कर सकते हैं।

6

DEVELOPING CREATIVITY IN CHILDREN
(बच्चों में सृजनात्मकता का विकास)

6.2 CONCEPT AND NATURE OF CREATIVITY (सृजनात्मकता की संकल्पना और प्रकृति)

- According to Davis, 90% of the five year old children are high creative's and only 2% of the 25 years old people are high creative's.
  डेविस के अनुसार, पाँच साल के बच्चों में से 90% उच्च रचनात्मक हैं और 25 साल के बच्चों में से केवल 2% ही उच्च रचनात्मक हैं।
- Creativity is an ability to be innovative, unusual, to be different from others or equals.
  रचनात्मकता अभिनव, असामान्य, दूसरों से अलग या समान होने की क्षमता है।
- Creativity has humor as an important part in it.
  रचनात्मकता में हास्य एक महत्वपूर्ण भाग के रूप में है।
- The Hyku poems or limericks are an excellent example of creativity of a person.
  हाइकू कविताएँ या लिमरिक व्यक्ति की रचनात्मकता का एक उत्कृष्ट उदाहरण हैं।
- Imitation is against creativity.
  नकल रचनात्मकता के खिलाफ है।

Types of creativity (रचनात्मकता के प्रकार)

- **Verbal creativity:** Writing poems, stories, novels, HyKu poems. Expressing ideas, thoughts in spoken languages.
  मौखिक सृजनात्मकता: कविताएँ, कहानियाँ, उपन्यास, हाइकू कविताएँ लिखना। बोली जाने वाली भाषाओं में विचारों को व्यक्त करना।
- **Non- verbal creativity:** Painting, sketching sculpture work, caricature, collage, rangoli, sculpture, painting, gardening Bonsai, Neck Chand's rock garden, abstract sculpture, statue, drama, dance, monologue, folk dance, folk lore, architectural activity, fashion and furniture, car, machinery, computer, mobile etc.
  गैर-मौखिक सृजनात्मकता: पेंटिंग, स्केचिंग स्कल्पचर वर्क, कैरिकेचर, कोलाज, रंगोली, स्कल्पचर, पेंटिंग, गार्डनिंग, बोनसाई, नेक चंद का रॉक गार्डन, एब्सट्रैक्ट स्कल्पचर, स्टैच्यू, ड्रामा, डांस, मोनोलॉग, लोक नृत्य, लोक विद्या, स्थापत्य गतिविधि फैशन और फर्नीचर, कार, मशीनरी, कंप्यूटर, मोबाइल आदि।

6.3 STEPS IN CREATIVE THINKING-5 (सृजनात्मक चिंतन के 5 चरण)

Step (चरण)

- Preparation
  तैयारी
- Concentrated attention
  एकाग्र ध्यान

- Withdrawal from the problem (Incubation)
  समस्या से निकलना (ऊष्मायन)
- Flash- 'Eureka'- sudden solution, insight
  फ्लैश - 'यूरेका' - अचानक समाधान, अंतर्दृष्टि
- Verification
  सत्यापन

Famous scientist, poet and inventer
प्रसिद्ध वैज्ञानिक, कवि और आविष्कारक

- Archimedes's crying out Eureka.
  आर्किमिडीज यूरेका चिल्लाते हुए गलियों में दौड़ा था।
- Edison was dismissed from the school.
  एडिसन को स्कूल से बर्खास्त कर दिया गया था।
- Einstein was lagging behind in Science and Mathematics.
  आइंस्टीन विज्ञान और गणित में पिछड़ रहे थे।
- Keats, Shelley, Edgar Rice Burroughs were committing spelling mistakes
  कीट्स, शेली, एडगर राइस बरोज वर्तनी की गलतियाँ कर रहे थे।
- James Watt was called "Lazy Bugger"
  जेम्स वाट को "आलसी बगगर" कहा जाता था।
- Marie Curie, Henry Cavendish, Rabindranath Tagore struggled against the society or system.
  मैरी क्यूरी, हेनरी कैवेंडिश, रवींद्रनाथ टैगोर ने समाज या व्यवस्था के खिलाफ संघर्ष किया।

6.3.1 Factors Affecting Creativity (सृजनात्मकता को प्रभावित करने वाले कारक)

- 4 P's of creativity.
  रचनात्मकता के 4 पी।
- **Creative product approach**-Originality of a creative product is to be assessed from two points of view:one from the point of view of person and another from the point of view of society or both. Tape recorder was a very original idea when it was invented but today it is not. Originality also is time specific.

  सृजनात्मक उत्पाद दृष्टिकोण- एक **सृजनात्मक** उत्पाद की मौलिकता का आकलन दो दृष्टिकोणों से किया जाता है : एक व्यक्ति के दृष्टिकोण से और दूसरा समाज के दृष्टिकोण से या दोनों से। टेप रिकॉर्डर एक बहुत ही मूल विचार था जब इसका आविष्कार किया गया था लेकिन आज ऐसा नहीं है। मौलिकता भी समय विशिष्ट है।
- **Creative process approach:** how the people think. The steps of creative thinking have been mentioned earlier, but time cannot be fixed for a student. The ability to think fluently, flexibly, originally differs from one student to the other.

  सृजनात्मक प्रक्रिया दृष्टिकोण: लोग कैसे सोचते हैं। **सृजनात्मक** सोच के चरणों का उल्लेख पहले किया जा चुका है, लेकिन एक छात्र के लिए समय तय नहीं किया जा सकता है। धाराप्रवाह, लचीले ढंग से सोचने की क्षमता मूल रूप से एक छात्र से दूसरे छात्र में भिन्न होती है।
- **Creative person approach:** how the person is,? who is creative,? There is low co- efficient of correlation between the two, in case of normal people. In case of students whose IQ is above 120, the co-efficient of correlation is zero. you require some amount of intelligence but high intelligence does not necessarily guarantee high creativity.

  सृजनात्मक व्यक्ति दृष्टिकोण: व्यक्ति कैसा है? रचनात्मक कौन है? सामान्य लोगों के मामले में, दोनों के बीच सहसंबंध का काम सह-दक्षता है। उन छात्रों के मामले में जिनका आईक्यू 120 से ऊपर है, सहसंबंध का गुणांक शून्य है। आपको कुछ मात्रा में बुद्धिमत्ता की आवश्यकता होती है लेकिन उच्च बुद्धिमत्ता आवश्यक रूप से उच्च रचनात्मकता की गारंटी नहीं देती है।

Notes

Notes

- **Creative situational approach or press**- an extra ordinary respect by the parent for the child, early sanction to explore the ideas and universe to make decisions, lack of closeness between parents.
  सृजनात्मक स्थितिजन्य उपागम या प्रेस- बच्चे के लिए माता-पिता द्वारा एक असाधारण सम्मान, विचारों का पता लगाने और निर्णय लेने के लिए ब्रह्मांड, माता-पिता के बीच निकटता की कमी।

6.4 STRATEGIES FOR DEVELOPING CREATIVITY THROUGH CURRICULAR AND EXTRA-CURRICULAR ACTIVITIES (पाठ्यचर्या और पाठ्येतर गतिविधियों के माध्यम से सृजनात्मकता के विकास के लिए रणनीतियाँ)

An estimate in 1980 was that there were more than 700 techniques to develop creativity. Techniques are more people-specific and differ from person to person. Instructional materials could be got xeroxed and researchers can read the manual and administer the materials on groups of students.

1980 में एक अनुमान था कि सृजनात्मकता विकसित करने के लिए 700 से अधिक तकनीकें थीं। तकनीकें अधिक व्यक्ति-विशिष्ट होती हैं और एक व्यक्ति से दूसरे व्यक्ति में भिन्न होती हैं। निर्देशात्मक सामग्री को जेरॉक्स किया जा सकता है और शोधकर्ता मैनुअल को पढ़ सकते हैं और छात्रों के समूहों पर सामग्री का प्रशासन कर सकते हैं।

Technique (तरीके)

6.4.1 Brain Storming (विचार मंथन/माथा-पच्ची)

- Developed by Alex Osborn.
  एलेक्स ओसबोर्न द्वारा विकसित।
- Osborn divided the thinking into two stages : (a) Ideation stage (Green light stage) and (b) Evaluation stage (Red light stage)- view of implementation.
  ओसबोर्न ने सोच को दो चरणों में विभाजित किया: (ए) विचार चरण (हरित प्रकाश चरण) और (बी) मूल्यांकन चरण (लाल बत्ती चरण) - कार्यान्वयन का दृष्टिकोण।
- Ideation stage-four principles
  विचार चरण-चार सिद्धांत।

1. Free whelming is emphasized. Whether the idea is crazy, funny or costly express it.
   मुक्त रूप से विहवल होने पर बल- विचार कैसे भी हो, अजीब, पागलपन, महँगा, व्यक्त करना।
2. Criticism is avoided. Self criticism or of others is not permitted.
   आलोचना से बचा जाता है। स्वयं आलोचना या दूसरों की अनुमति नहीं है।
3. Quality breeds quality. More the number of ideas, the chances of better ideas are there. Hence, larger number of ideas are welcome.
   गुणवत्ता, गुणवत्ता को जन्म देती है। विचारों की संख्या जितनी अधिक होगी, बेहतर विचारों की संभावना उतनी ही अधिक होगी। इसलिए, बड़ी संख्या में विचारों का स्वागत है।
4. Hitchhiking is allowed. That means you can combine your ideas with that of others.
   लिफ्ट लेने की अनुमति है। इसका मतलब है कि आप अपने विचारों को दूसरों के विचारों के साथ जोड़ सकते हैं।

6.4.3 Instructional Materials To Foster Creativity (रचनात्मकता को बढ़ावा देने के लिए शिक्षण सामग्री)

Covington, Crutch field, Torrance, Cropley, Nirpharake, Deshmukh, SubramaniaPillai, Bhaskara, Jerial and others have worked to foster the creative thinking abilities of students.

कोविंगटन, क्रच फील्ड, टॉरेंस, क्रॉपले, निर्फराके, देशमुख, सुब्रमण्यमपिल्लई, भास्कर, जेरियल और अन्य ने छात्रों की रचनात्मक सोच क्षमताओं को बढ़ावा देने के लिए काम किया है।

Notes

- **Puzzle solving**
  पहेली सुलझाना
- **Riddle solving:** Riddle solving and riddle construction are similar to two principles of "Synectic", a creativity fostering techniques developed abroad. 'making the strange familiar' and 'making the familiar strange'.
  पहेली को सुलझाना : पहेली को सुलझाना और पहेली का निर्माण "सिनेक्टिक" के दो सिद्धांतों के समान हैं, जो विदेशों में विकसित एक रचनात्मकता को बढ़ावा देने वाली तकनीक है। 'विचित्र को परिचित बनाना और परिचित को विचित्र बनाना'।
- **Divergent thinking questions**
  भिन्न सोच वाले प्रश्न
- **Mystery plots**
  रहस्य भूखंड
- **Consequences situations**
  परिणाम की स्थिति
- **Story writing**
  कहानी लेखन
- **Poem writing**
  कविता लेखन
- **Riddle construction**
  पहेली निर्माण
- According to Mike Fleetham, "In our evolving world, the ability to think is fast becoming more desirable than any fixed set of skills or knowledge.
  माइक फ्लीथम के अनुसार, "हमारी विकसित दुनिया में, सोचने की क्षमता किसी भी निश्चित कौशल या ज्ञान की तुलना में तेजी से अधिक वांछनीय होती जा रही है।
- "A person who asks questions is a person who thinks."- William Wilen
  एक व्यक्ति जो प्रश्न पूछता है वह वह व्यक्ति होता है जो सोचता है।" – विलियम विलेन
- "The whole of Science is nothing more than a refinement of everyday thinking". - Albert Einstein
  "संपूर्ण विज्ञान रोजमर्रा की सोच के शोधन से ज्यादा कुछ नहीं है।" – अल्बर्ट आइंस्टीन

7

INTRODUCTION TO INCLUSIVE EDUCATION
(समावेशी शिक्षा का परिचय)

7.2 CONCEPT OF INCLUSIVE EDUCATION (समावेशी शिक्षा की अवधारणा)

- "The problem is not to wipe out the differences but how to unite with the differencesintact" — Rabindranath Tagore
  "समस्या मतभेदों का सफाया करने की नहीं है, बल्कि मतभेदों को बरकरार रखकर कैसे एकजुट हुआ जाए की है।" - रवींद्रनाथ टैगोर
- It expects that all learners learn together through access to common educational provisions.
  यह अपेक्षा करता है कि सभी शिक्षार्थी सामान्य शैक्षिक प्रावधानों तक पहुँच के माध्यम से एक साथ सीखें।

7.2.1 Meaning and Nature of Inclusive education (समावेशी शिक्षा का अर्थ और स्वरूप/प्रकृति)

- Inclusive Education is an approach to educate all children who are at risk for neglect in education system.
  समावेशी शिक्षा उन सभी बच्चों को शिक्षित करने का एक तरीका है जो शिक्षा प्रणाली में उपेक्षा के जोखिम में हैं।
- Prepare them according to ability and make them self dependent and socially productive.
  उन्हें क्षमता के अनुसार तैयार करें और उन्हें आत्मनिर्भर और सामाजिक रूप से उत्पादक बनाएँ।
- It is based on the social model of equality of opportunity
  यह अवसर की समानता के सामाजिक मॉडल पर आधारित है।
- Based on the principle of respect for difference and acceptance of diversity.
  अंतर के लिए सम्मान और विविधता की स्वीकृति के सिद्धांत पर आधारित है।

7.2.2 Need and Importance of Inclusive Education (समावेशी शिक्षा की आवश्यकता और महत्व)

- All children have the right to learn together.
  सभी बच्चों को एक साथ सीखने का अधिकार है।
- Research shows children do better, academically and socially in inclusive settings.
  शोध से पता चलता है कि बच्चे समावेशित वातावरण में शैक्षिक और सामाजिक रूप से बेहतर प्रदर्शन करते हैं।
- Given commitment and support, inclusive education is a more efficient use of educational resources.
  प्रतिबद्धता और समर्थन को देखते हुए, समावेशी शिक्षा शैक्षिक संसाधनों का अधिक प्रभावी उपयोग है।

- Mutual respect, understanding and compassion increases among the fellow individuals.
  साथियों के बीच आपसी सम्मान, समझ और करुणा में वृद्धि होती है।

Notes

7.2.3 Inclusive education as distinct from other related concepts (समावेशी शिक्षा : अन्य संबंधित अवधारणाओं से भिन्न)

- **Mainstreaming:-** Special schools prepared the child with disability to earn the placement option.Those children who were 'ready' got shifted to the regular system of educationfrom the special set up.
  मुख्यधारा:- विशेष स्कूल विकलांग बच्चों को सामान्य स्कूल के लिए तैयार करता है और जो बच्चे तैयार हो जाते हैं उन्हें सामान्य स्कूलों में भर्ती करवा दिया जाता है।
- **Integration:-** The term integration was used to describe the participation of children with disabilities in the educational programme existing for the children without disabilities. Here, the responsibility of participation was on the child.Classrooms and schools were not prepared to adjust to the needs and requirements of the child.
  एकीकरण:- एकीकरण शब्द का प्रयोग विकलांग बच्चों की सामान्य बच्चों के साथ शैक्षिक कार्यक्रमों में प्रतिभागिता का वर्णन करने के लिए किया गया। यहाँ प्रतिभागिता की जिम्मेदारी बच्चे की थी। पढ़ने की विधि या शिक्षण अधिगम सामग्री के संदर्भ में कक्षाएँ और विद्यालय बच्चे की आवश्यकताओं और जरूरतों से समायोजन करने के लिए तैयार नहीं थे।
- **Inclusion:-** Regular classroom environment is adjusted to meet the individual needs.
  समावेशन:- कक्ष का वातावरण व्यक्तिगत आवश्यकताओं के अनुसार समायोजित किया जाता है।
- **Difference between Inclusive education and integrated education**
  समावेशी शिक्षा और एकीकृत शिक्षा में अंतर

Table: Difference between integrated and inclusive education

तालिका: एकीकृत व समावेशी शिक्षा में अंतर

Integrated education एकीकृत शिक्षा	Inclusive education समावेशी शिक्षा
Placement for children with disabilities in the regular school. विकलांग बच्चों को नियमित स्कूलों में स्थान देना।	In addition to children with disabilities, other children who are at risk for education also should find a place in the neighborhood school विकलांग बच्चों के साथ अन्य बच्चों को जिन्हें शिक्षा पाने में खतरा है, पड़ोस के स्कूल में स्थान देना।
No segregation of children with disabilities विकलांगों का पृथक्करण नहीं।	No segregation of children with disabilities, children who are socially, economically. culturally and linguistically disadvantaged विकलांग बच्चों, सामाजिक, आर्थिक, सांस्कृतिक व भाषा के आधार पर वंचित बच्चों का पृथक्करण नहीं।
Students are expected to suit the existing education system बच्चों को मौजूदा शिक्षा व्यवस्था के लिए तैयार करना।	The education system will make suitable modifications to suit the needs of children शिक्षा व्यवस्था में वांछनीय रूपांतरण ताकि वे बच्चों की आवश्यकताओं के अनुकूल बनें।
For additional support the child is placed in a resource room. अतिरिक्त सहायता के लिए बच्चे को संदर्भ कक्ष में भेजना।	All the required support will be made available to the students in the regular बच्चे की जरूरत की सारी सहायता नियमित कक्षा में बच्चे को मिलेगी।

Notes

The inadequacies of the students are highlighted. बच्चों की अक्षमताओं को उजागर करना।	Students are never made to feel inadequate as curricular and co curricular activities are modified to the requirement of the specific बच्चों को कभी महसूस न होने देना कि वे अक्षम हैं। सभी पाठ्यक्रम व गैर पाठ्यक्रम क्रियाएँ विशेष आवश्यकताओं के अनुरूप बदलना।

7.3 FACTORS AFFECTING INCLUSIVE EDUCATION (समावेशी शिक्षा को प्रभावित करने वाले कारक)

- Diversity among a group of children belonging to the same age group.
  समान आयु वर्ग के बच्चों के समूह के बीच विविधता।
- Lack of teacher preparation programme /training.
  शिक्षक तैयारी कार्यक्रम/प्रशिक्षण का अभाव।
- Infrastructure is not upto to the basic benchmark.
  आधारभूत संरचना बुनियादी मानकों तक नहीं है।
- Availability of resources
  संसाधनों की उपलब्धि
- Evaluation system
  मूल्यांकन व्यवस्था

Every one is a genius. But if you judge afish on its ability to climb the tree, it will live its whole life believing that it is stupid. – Albert Einstein

हर कोई प्रतिभाशाली है। परंतु यदि एक मछली की पेड़ पर चढ़ने की क्षमता का मूल्यांकन होगा तो वह पूरा जीवन यह मानती रहेगी कि वह बुद्धू है। –अल्बर्ट आइन्सटाइन

7.4 CREATING AN INCLUSIVE CLASSROOM (एक समावेशी कक्षा बनाना)

- **Making use of learning materials :-** Visual material, Tactual materials, Our surrounding environment, Teacher madelow cost learning materials, Use of ICT.

  अधिगम सामग्री का उपयोग करना :- दृश्य सामग्री, पाठ्य सामग्री, हमारे आसपास का वातावरण, शिक्षक द्वारा बनाई कम लागत की शिक्षण सामग्री, आईसीटी का उपयोग।
- Modifying the physical environment.
  भौतिक पर्यावरण/वातावरण को संशोधित (रूपांतरण) करना।
- Adapting simple classroom management techniques.
  सरल प्रबंधन तकनीकों को अपनाना।
- Employing child friendly evaluation system.
  बच्चों के अनुरूप मूल्यांकन व्यवस्था अपनाना।

7.5 CHILDREN AT RISK FOR EXCLUSION FROM EDUCATION SYSTEM (शिक्षा व्यवस्था से बाहर होने के जोखिम वाले बच्चे)

- Children with disabilities
  विकलांग बच्चे
- Children from the deprived environments (children coming from poverty stricken families, daily wage workers, slum dwellers and children from destitute families).

Notes

वंचित वातावरण से आए बच्चे :- (गरीबी से पीड़ित परिवारों से आने वाले बच्चे, दिहाड़ी मजदूर, झुग्गी- झोपड़ी में रहने वाले और निराश्रित परिवारों के बच्चे)।

- Girl child
  बलिकाएँ
- Children who are gifted and creative
  बच्चे जो प्रतिभाशाली और सृजनात्मक हैं।
- Others underachievers, minority communities, geographic constraints
  अन्य कम उपलब्धि वाले बच्चे, अल्पसंख्यक समुदाय, भौगोलिक बाधाओं वाले बच्चे।

8

CONCEPT OF CWSN

(विशेष आवश्यकता वाले बच्चों की अवधारणा)

8.2 UNDERSTANDING CHILDREN WITH SPECIAL NEEDS (विशेष आवश्यकता वाले बच्चों को समझना)

- "Special needs" is a term with many definitions, ranging from mild learning disabilities to severe cognitive disability (mental retardation), terminal illnesses, food allergies or developmental delays.
  विशेष जरूरत बहुत सी परिभाषाओं वाला एक शब्द है, जिसका विस्तार मन्द अधिगम से गंभीर संज्ञानात्मक विकलांगता (मानसिक मंदन), आवधिक बीमारी, भोजन एलर्जी या विकसात्मक देरी तक है।
- **Definition of Disability:** According to WHO the term disability should be changed to difficulties-difficulty in seeing, listening, communication, moving, learning.
  अशक्तता की परिभाषा:- विश्व स्वास्थ्य संगठन के अनुसार विकलांगता शब्द परेशानियों में प्रवर्तित होना चाहिये - देखने, सुनने, संप्रेषित करने, घूमने, सीखने में परेशानी।
- Impairment is any structural loss, disability is functional incapability and handicap is a social disadvantage experienced by a person.
  बाधिता कोई संरचनात्मक क्षति है, अशक्तता कार्यात्मक अक्षमता है एवं विकलांगता एक व्यक्ति द्वारा अनुभूत की गई एक सामाजिक असहायता है।

8.2.1 Cognitive Disability (संज्ञानात्मक अक्षमता)

- When a person has certain limitations in mental functioning and in skills such as communicating, taking care of him or herself, and social skills.
  जब किसी व्यक्ति की मानसिक कार्यप्रणाली और संचार, उसकी देखभाल करने, और सामाजिक कौशल जैसे कौशल में कुछ निश्चित सीमाएँ होती हैं।
- These limitations will cause a child to learn and develop more slowly than a typical child.
  ये सीमाएँ एक बच्चे को एक सामान्य बच्चे की तुलना में बहुत धीरे-धीरे सीखने और विकसित होने का कारण बनेंगी।
- Currently Cognitive disability is used to replace the old terms mental retardation, mentally handicapped., The change in terminology is to remove the effect of labeling or stigma associated with words such as 'handicapped' or 'disabled'.
- वर्तमान में संज्ञानात्मक अक्षमता का उपयोग मानसिक मंदन, मानसिक विकलांगता जैसे पुराने शब्दों को बदलने के लिए किया जाता है। शब्दावली में परिवर्तन 'विकलांग' या अशक्तता जैसे शब्दों से जुड़े सम्बद्ध कलंक या वर्गीकरण के प्रभाव को हटाने के लिए किया गया है।

Classification Of (Mental Retardation) Cognitive Disability

मानसिक मन्दन को 1Q पर निर्भर कर वर्गीकृत किया गया है:

Severity Levels गंभीरता का स्तर	Range of IQ IQ की सीमा
Mild Mentally Retarded कम मानसिक मन्दता	50-75 (50-75)
Moderate Mentally Retarded साधारण मानसिक मन्दता	35-49 (35-49)
Severe Mentally Retarded गंभीर मानसिक मन्दता	20-34 (20-34)
Profound Mentally Retarded गूढ़ मानसिक मन्दता	Below 20 (20 से कम)

- May have memory problems, awareness problems, difficulty in problem solving, language difficulties which cause difficulties in understanding and/or expression of written and /or spoken language.
  संज्ञानात्मक अशक्तता वाले बच्चों में स्मृति समस्याएँ, जागरूकता समस्याएँ, समस्या समाधान में परेशानी, भाषायी परेशानियाँ जो समझने में परेशानियाँ उत्पन्न करती हैं तथा लिखित या मौखिक भाषा की अभिव्यक्ति की समस्याएँ हो सकती हैं।

Notes

8.2.2 Hearing and Speech Impairment (श्रवण और वचन बाधिता)

- Hearing impairment means any degree and type of auditory disorder, while deafness means an extreme inability to discriminate conversational speech through the ear.
  श्रवण दोष का अर्थ है किसी भी प्रकार का श्रवण विकार, जबकि बधिरता का अर्थ है कान के माध्यम से भाषायी वाचन में भेदभाव करने की अत्यधिक अक्षमता।
- Usually, a person is considered deaf when sound must reach at least 90 decibels (5 to 10 times louder than normal speech) to be heard, and even amplified speech cannot be understood.
  आम तौर पर, एक व्यक्ति को बहरा माना जाता है जब ध्वनि कम से कम 90 डेसिबल (सामान्य भाषण से 5 से 10 गुना तेज) तक सुना जा सकता है, और यहाँ तक कि विस्तारित आवाज को भी नहीं समझा जा सकता है।
- The main causes of deafness are heredity, accident and illness.
  बधिरता के मुख्य कारण हैं – आनुवंशिकता, दुर्घटना एवं बीमारी।

8.2.3 Speech Impairment (वाचन दुर्बलता)

- Speech Impairment may range from problems with expression or voice strength to complete voicelessness, chronic hoarseness, stuttering or stammering.
  वाचन बाधिता का विस्तार अभिव्यक्ति की समस्याओं या आवाज की शक्ति से पूर्ण आवाज विहीनता,पुराने स्वरभंग, हकलाहट तक होता है।
- Speech difficulties can also be associated with cerebral palsy, hearing impairment and brain injury.
  वाचन परेशानियाँ, सेरेब्रल पाल्सी, श्रवण बाधिता एवं मस्तिष्क चोट से संबद्ध भी हो सकती हैं।
- Suffering from a speech disorder can have negative social effects, especially among young children.
  वाचन परेशानियों से पीड़ित होने पर नकारात्मक सामाजिक प्रभाव पड़ सकते हैं, खासकर बड़े बच्चों में।

Notes

8.2.4 Visual Impairment (दृष्टि बाधिता)

- Visual impairment for children with poor vision, to children who can see light but no shapes, to children who have no perception of light at all.
  कम दृष्टि वाले बच्चों के लिए दृष्टि बाधिता, उन बच्चों के लिए जो प्रकाश देख सकते हैं लेकिन किसी आकार को नहीं, उन बच्चों के लिए जिन्हें प्रकाश की कोई अनुभूति नहीं है।
- A child is termed legally blind when its visual acuity (sharpness of vision) is 20 / 200 or worse after correction, or when their field of vision is less than 20 degrees; in the best eye after correction.
  एक बच्चे को कानूनी रूप से अंधा कहा जाता है जब उसकी दृश्य क्षमता (दृष्टि की तीक्ष्णता) 20/200 हो या सुधार के बाद भी बुरी हो या उसकी दृष्टि का क्षेत्र 20 डिग्री से कम होता हो; सुधार के बाद सबसे अच्छी नजर में क्षेत्र 20 डिग्री से कम हो।
- Vitamin A deficiency, Glaucoma, Cataracts are some major causes.
  विटामिन A की कमी। ग्लूकोमा, मोतियाबिंद दृष्टिबाधिता के मुख्य कारण हैं।

8.2.5 Locomotor Impairment (गति प्रेरक बाधिता)

- A locomotor impaired condition is the state of the body which hinder the child from making normal progress in school activities as average children do.
  एक गति प्रेरक बाधिता शरीर की एक स्थिति है जो बच्चे को विद्यालय में सामान्य प्रगति करने से रोकता है जैसे कि औसत बच्चे करते हैं।
- They require special attention and equipment to control or overcome different abilities.
  विभिन्न योग्यताओं को नियंत्रित करने के लिए उन पर पार पाने के लिए विशेष ध्यान एवं उपकरण अपेक्षित है।
- Arthritis, Cerebral Palsy (CP), Spinal Cord Injury, Head Injury (cerebral trauma), Stroke (cerebral vascular accident; CVA), Parkinson's Disease. Etc. are the main causes.
  आर्थराइटिस, प्रमस्तिष्क पक्षाघात (CP), मेरूरज्जु चोट, सिर की चोट (प्रमस्तिष्क चोट), आघात (प्रमस्तिष्क संवहनी दुर्घटना), पर्किनसन बीमारी इत्यादि मुख्य कारण हैं।

8.2.6 Multiple Impairments (बहु बाधिता)

- It is common to find that whatever caused a single type of impairment also caused others.
  यह पता लगाना सामान्य है कि एक अकेले प्रकार की बाधिता का जो कुछ भी कारण है वह अन्य का भी कारण है।
- Deaf-blindness is one commonly identified combination.
  बधिर एवं अंधता एक सामान्य रूप से चिन्हित समुच्चय है।

8.2.7 Learning Disability (अधिगम अशक्तता)

- Learning disability is any one of a diverse group of conditions, believed to be of neurological origin, that cause significant difficulties in perceiving and/or processing auditory, visual or spatial information, or any combination of these information forms.
  अधिगम अशक्तता स्थितियों की एक विपरीत समूह में से कोई एक है जो तांत्रिक तंत्रीय उद्भव पर विश्वास रखता है जो श्रवण, दृश्य या स्थानीय सूचना या इन सूचनाओं के रूपों के कोई समुच्चय को महसूस करने या संशोधित करने में सार्थक परेशानियों का कारण है।
- Heredity, Problems during pregnancy and birth, Accidents after birth etc. are some causes.
  आनुवंशिकता, जन्म के पश्चात दुर्घटना, सिर की चोट, आदि इसके मुख्य कारण हैं।

8.2.8 Emotional And Behavioral Disorders (संवेदनात्मक एवं व्यवहारात्मक विकार)

- Difficulty to learn that cannot be explained by intellectual, sensory, or health factors.
  सीखने में कठिनाई जिसे बौद्धिक, संवेदी या स्वास्थ्य कारकों द्वारा समझाया नहीं जा सकता है।
- Difficulty to build or maintain satisfactory interpersonal relationships with peers and teachers.
  साथियों और शिक्षकों के साथ संतोषजनक पारस्परिक संबंध बनाने या बनाए रखने में कठिनाई।
- Inappropriate types of behavior or feelings under normal circumstances.
  सामान्य परिस्थितियों में अनुचित प्रकार का व्यवहार या भावनाएँ।
- A general pervasive mood of unhappiness or depression.
  दुख या अवसाद/तनाव की एक सामान्य व्यापक मनोदशा।
- Children who are waiting to be adopted
  बच्चे जो गोद लिए जाने की प्रतीक्षा कर रहे हैं।

8.3 EARLY IDENTIFICATION, ASSESSMENT AND INTERVENTION (प्रारंभिक पहचान, मूल्यांकन और हस्तक्षेप)

- Helps in preventing secondary handicaps and severity of problems.
  माध्यमिक बाधाओं और समस्याओं की गंभीरता को रोकने में मदद करता है।
- They can receive the special help they need in order to live the best lives possible.
  वे सर्वोत्तम संभव जीवन जीने के लिए आवश्यक विशेष सहायता प्राप्त कर सकते हैं।
- Some of the warning signs of early childhood developmental delay :- No reaction to loud noises
  बचपन के विकास में देरी के कुछ चेतावनी संकेत :- तेज आवाज की कोई प्रतिक्रिया नहीं।
- Has not discovered their hands, and they don't put thier hands in their mouth.
  अपने हाथों को न खोज पाना तथा वे अपने हाथों को अपने मुँह में नहीं डालते हैं।
- Don't follow objects with eyes or turn their head towards a sound.
  वस्तुओं का उनकी आँखों से अनुसरण न करें या उनके सिर को ध्वनि की ओर न मोड़ना ।
- Can't reach for toys or grasp them.
  खिलौनों तक नहीं पहुँचना या उन्हें नहीं पकड़ना।
- Have either very stiff or very floppy limbs.
  अंग या तो बहुत सख्त है या बहुत अधिक नरम।
- Prefers one side of their body more than the other.
  अपने शरीर को दूसरी ओर की अपेक्षा एक घुमाना पसंद करते हैं।
- Can't pick up small objects.
  छोटी वस्तुओं को नहीं उठा सकता।
- Is clumsy and falls often.
  अनाड़ी है, और अक्सर गिर जाता है।
- Continuous drooling.
  लगातार लार टपकता रहता है।
- Is not interested in playing with other children.
  अन्य बच्चों के साथ खेलने में कोई दिलचस्पी नहीं है।

Notes

Notes

8.3.1 Identification of Disabilities (विकलांगों/अशक्तता की पहचान)

8.3.2 Assessment (आकलन/मूल्यांकन)

- The assessment will help determine the child's individual needs.
  मूल्यांकन बच्चे की व्यक्तिगत जरूरतों को निर्धारित करने में मदद करेगा।
- leads to better school adjustment and performance.
  बेहतर स्कूल समायोजन और प्रदर्शन की ओर जाता है।
- Different professional are qualified to assess different areas of the child's development.
  विभिन्न पेशेवर, बच्चे के विकास के विभिन्न क्षेत्रों का आकलन करने के लिए योग्य हैं।
- For example a psychologist assesses a child's cognitive ability or potential.
  उदाहरण के लिए एक मनोवैज्ञानिक बच्चे की संज्ञानात्मक क्षमता का आकलन करता है।
- A class room teacher or resource teacher can assess children's learning skills.
  एक कक्षा शिक्षक या संसाधन शिक्षक बच्चों के सीखने के कौशल का आकलन कर सकता है।

8.3.3 Early Intervention (प्रारंभिक हस्तक्षेप)

- The term early intervention (or EI) , refers to services given to very young children with special needs, with the purpose of lessening the effects of the condition.
  प्रारंभिक हस्तक्षेप (या ईआई) शब्द, स्थिति के प्रभाव को कम करने के उद्देश्य से विशेष जरूरतों वाले बहुत छोटे बच्चों को दी जाने वाली सेवाओं को संदर्भित करता है।
- Services may include speech, physical or occupational therapy, and can be provided in the home or at an office.
  सेवाओं में वाणी, शारीरिक या व्यावसायिक चिकित्सा/थेरेपी शामिल हो सकती है, और इसे घर या कार्यालय में प्रदान किया जा सकता है।
- It helps to promote the child's development
  यह बच्चे के विकास को बढ़ावा देने में मदद करता है।
- Interventions may be school-based interventions or home-based interventions.
  हस्तक्षेप स्कूल-आधारित हस्तक्षेप या घर-आधारित हस्तक्षेप हो सकते हैं।

8.4 DISABILITY ACT AND POLICIES (विकलांगता कानून और नीतियाँ)

- All members of society have the same human rights - they include civil, cultural, economic, political and social rights.
  समाज के सभी सदस्यों के मानवाधिकार समान हैं-इनमें नागरिक, सांस्कृतिक, आर्थिक, राजनीतिक और सामाजिक अधिकार शामिल हैं।

8.4.1 Convention on The Rights of Persons with Disabilities? (विकलांग व्यक्तियों के अधिकारों पर सम्मेलन)

- Establishes two implementation mechanisms: the Committee on the Rights of Persons with Disabilities, established to monitor implementation.
  दो कार्यान्वयन तंत्र स्थापित करता है: विकलांग व्यक्तियों के अधिकारों पर समिति, कार्यान्वयन की निगरानी के लिए स्थापित।
- And the Conference of States Parties, established to consider matters regarding implementation.
  और कार्यान्वयन के संबंध में मामलों पर विचार करने के लिए राज्यों की पार्टियों का सम्मेलन स्थापित किया गया।
- The United Nations General Assembly adopted the Convention on 13 December 2006 and it was opened for signature on 30 March 2007.

संयुक्त राष्ट्र महासभा ने 13 दिसंबर, 2006 को कन्वेंशन को अपनाया और इसे 30 मार्च, 2007 को हस्ताक्षर के लिए रखा गया।

- States that ratify the Convention are legally bound to respect the standards in the Convention.
  राज्य जो सम्मेलन को अभिपुष्ट करते हैं वे वैधानिक रूप से सम्मेलन के मानकों का आदर करने के लिए बँधे हुए हैं।
- In India Disability is listed under the State list.
  भारत में अशक्तता को राज्य सूची के तहत सूचीबद्ध किया गया है।

Notes

8.4.2 Persons With Disability Act 1995 (अशक्तता व्यक्ति अधिनियम 1995)

Legal definitions of the terms used in the Act are given.
(अधिनियम में प्रयुक्त शर्तों की कानूनी परिभाषाएँ दी गई हैं।)

Disability means : □ ***Blindness*** - No vision at all. □ ***Low vision*** - Person capable of execution of a task with appropriate assistive devices. □ ***Leprosy cured*** - cured but loss of sensation in hands or feet as well as loss of sensation and paresis in the eye and eye lid □ ***Hearing Impairment*** - Loss of 60 decibels or more in the conversational range of frequencies. □ ***Locomotor Disability*** - Disability of the bone joints or muscles leading to substantial restriction of limb movements or any of cerebral palsy. □ ***Mental Illness*** - Any mental disorder other than mental retardation □ ***Mental Retardation*** - Condition of arrested or incomplete development of the mind of a person.

नि:शक्तता का अर्थ है : □ ***अंधता*** - दृष्टि बिल्कुल नहीं। □ ***कम दृष्टि*** - उपयुक्त सहायक उपकरणों के साथ किसी कार्य को करने में सक्षम व्यक्ति । □ ***कुष्ठ रोग*** - उपचारित लेकिन हाथों या पैरों में संवेदना का न होना, साथ-साथ आँख और पलक में संवेदना का अभाव एवं आंशिक पक्षाघात □ ***श्रवण बाधिता*** - बातचीत की आवृत्रि में 60 या अधिक डेसीबल की क्षति। □ ***गति प्रेरक अशक्तता*** - हड्डी के जोड़ों की या मांसपेशियों की अक्षमता जिससे अंगों की गति में पर्याप्त प्रतिबंध या सेरेब्रल का कोई थी कारण बनता है □ ***मानसिक बीमारी*** - मानसिक मंदता के अलावा कोई मानसिक विकार □ ***मानसिक मंदता*** - किसी व्यक्ति के दिमाग के रुके हुए या अपूर्ण विकास की स्थिति।

- A person with disability has to be certified by a medical authority that he or she is suffering from not less than 40% of the disability.
  विकलांग व्यक्ति को चिकित्सा प्राधिकरण द्वारा प्रमाणित किया जाना चाहिए कि वह कम से कम 40% अशक्तता से पीड़ित है।
- Government shall identify posts which can be reserved for persons with disabilities. These reservations shall not be less than 3% of which 1% will be reserved for each of the below mentioned disabilities.
  1. Blindness or low vision.
  1. Hearing Impairment.
  2. Locomotor disability or Cerebral palsy.
- सरकार उन पदों की पहचान करेगी जो विकलांग व्यक्तियों के लिए आरक्षित किए जा सकते हैं। ये आरक्षण 3% से कम नहीं होंगे, जिनमें से 1% नीचे उल्लिखित प्रत्येक विकलांग के लिए आरक्षित होंगे।
  1. अंधता या कम दृष्टि।
  1. श्रवण दोष / बाधिता।
  2. गति प्रेरक अशक्तता या प्रमस्तिष्क पक्षाघात।
- Person having eighty percent or more of one or more disabilities are considered persons with severe disability. Governments shall establish and maintain institutions for them.
  अस्सी प्रतिशत या एक से अधिक नि:शक्तता वाले व्यक्ति को गंभीर नि:शक्तता वाला व्यक्ति माना जाता है। सरकारें उनके लिए संस्थानों की स्थापना और रखरखाव करेंगी।

9

EDUCATION OF CHILDREN WITH SPECIAL NEEDS

(विशेष आवश्यकता वाले बच्चों की शिक्षा)

9.2 EDUCATIONAL CHALLENGES OF CHILDREN WITH SPECIAL NEEDS (विशेष आवश्यकता वाले बच्चों की शैक्षिक चुनौतियाँ)

9.2.1 Learning Characteristics of CWSN (CWSN के अधिगम अभिलक्षण)

- A child with motor disability involving his hands and legs/feet will learn like any other child in the class room.
  एक गति अशक्त बच्चा अपने हाथ व पैरों को शामिल कर कक्षा-कक्ष में किसी अन्य बच्चे के समान सीखेगा।
- A child who is totally blind learns using his hearing and tactile/kinesthetic senses. He also uses the sense of smell more than a sighted person does.
  एक बच्चा जो पूरी तरह से अंधा है, अपनी श्रवण शक्ति एवं स्पर्श / अतिबोधक संवेदनाओं का उपयोग कर सीखता है। वह देखने वाले व्यक्ति की अपेक्षा गंध की संवेदना का अधिक उपयोग भी करता है।
- Children with intellectual disability will be slow to learn and will have limited capacity to absorb what is taught. They will have difficulty in understanding abstract concepts.
  बौद्धिक अक्षमता वाले बच्चे सीखने में धीमे होंगे और जो पढ़ाया जाता है उसे अवशोषित करने की सीमित क्षमता होगी। उन्हें अमूर्त अवधारणाओं को समझने में कठिनाई होगी।
- A child with cerebral palsy will be able to learn but may have difficulty in coordination, mobility and speech.
  सेरेब्रल पाल्सी वाला बच्चा सीखने में सक्षम होगा लेकिन उसे समन्वय, गतिशीलता और भाषण में कठिनाई हो सकती है।
- Children with Autism will have difficulty in social relationship and communicating with others.
  ऑटिज्म से पीड़ित बच्चों को सामाजिक संबंधों और दूसरों के साथ संवाद करने में कठिनाई होगी।

9.2.2 Educational System and The Needs of CWSN (शैक्षिक प्रणाली और सीडब्ल्यूएसएन की जरूरतें)

- A teacher plays an important role.
  एक शिक्षक एक महत्वपूर्ण भूमिका निभाता है।
- Appropriate aids and appliances such as Braille for students with blindness.
  नेत्रहीन छात्रों के लिए उपयुक्त सहायक उपकरण और उपकरण जैसे ब्रेल आदि का प्रयोग।
- Hearing aids for those with hearing impairment and mobility aids (such as walker, crutches, wheel chair, calipers).
  श्रवण यंत्र जिन्हें श्रवण तथा गति चालक एवं शारीरिक अशक्तता के लिए प्रयोग किया जाता है (जैसे वॉकर, बैसाखी, व्हील चेयर, कैलीपर्स)।

- Writing aid (such as adapted pencils and note books) for those with motor and physical disabilities are provided to meet the challenges.
  चुनौतियों का सामना करने के लिए मोटर और शारीरिक अक्षमता वाले लोगों के लिए लेखन सहायता (जैसे अनुकूलित पेंसिल और नोटबुक) प्रदान की जाती है।

Notes

9.3 CURRICULAR ADAPTATIONS (पाठ्यचर्या अनुकूलन)

9.3.2 Adaptation of Curriculum to Meet the Needs of CWSN (सीडब्ल्यूएसएन की जरूरतों को पूरा करने के लिए पाठ्यचर्या का अनुकूलन)

Content adaptation: Generally adaptation includes accommodations and modifications.

विषय वस्तु अनुकूलन: सामान्यत: अनुकूलन समायोजनों एवं आधुनिकीकरणों को शामिल करता है।

- Accommodations refer to changes in input and output processes in teaching and learning. It does not change the task content or the evaluation system.
  शिक्षण एवं अधिगम में निवेश एवं निर्गम प्रक्रियाओं में परिवर्तनों को दिखाता है। यह कार्य विषय वस्तु या मूल्यांकन प्रणाली में परिवर्तन नहीं करता है।
- Accommodation may include for example alternative teaching modes such as learning by doing, video tape, talking book, Braille.
  समायोजन उदाहरण के लिए वैकल्पिक शिक्षण पद्धतियों को शामिल कर सकता है जैसे - करके सीखना, विडिओ टेप, बोलती पुस्तकें, ब्रेल एवं अन्य जबकि अन्य बच्चे पारंपरिक शिक्षण से सीखते हैं।
- Modifications refer to changes in the content or standards itself. For example, modification may mean less content to learn, substitution of content with another, different objectives to achieve or different evaluation pattern.
  संशोधन का तात्पर्य सामग्री या मानकों में परिवर्तन से है । उदाहरण के लिए - संशोधन का मतलब सीखने के लिए कम विषय वस्तु, का अन्य के साथ प्रतिस्थापन, प्राप्त करने के लिए विभिन्न उद्देश्य या विभिन्न मूल्यांकन पैटर्न हो सकता है।
- ***Curricular Adaptation - omission, substitution, expansion***
  पाठ्यचर्या अनुकूलन- विलोपन, प्रतिस्थापन, विस्तारण.
- These activities include modification, substitution or omission of content depending on the need.
  इन गतिविधियों में पाठ्यचर्या का विलोपन, प्रतिस्थापन, विस्तारण आवश्यकतानुसार होता है।
- Flexibility in time for learning.
  सीखने के लिए समय में लचीलापन।

9.3.3 Adaptation Of Evaluation Methods For CWSN (सीडब्ल्यूएसएन के लिए मूल्यांकन विधियों का अनुकूलन)

9.4 FACILITIES TO CATER TO LEARNING NEEDS OF CWSN (सीडब्ल्यूएसएन की सीखने की जरूरतों को पूरा करने के लिए सुविधाएं)

9.4.1 At School, Cluster, Block, District, State and National (स्कूल, क्लस्टर, ब्लॉक, जिला, राज्य और राष्ट्रीय स्तर पर)

The eleventh five year plan (2007 – 2012) of government has the following objectives for education of all children which include CWSN:-

सरकार की ग्यारवीं पंचवर्षीय योजना (2007-12) में सभी बच्चों की शिक्षा के लिए निम्नलिखित उद्देश्य हैं जिसमें CWSN शामिल हैं:

Notes

1. Reduce dropout rates of children from elementary school from 52.2% in 2003-4 to 20% by 2011-12.

   2003-04 में प्राथमिक विद्यालय के बच्चों की ड्रॉपआउट दर को 52.2 प्रतिशत से कम करके 2011-12 तक 20 प्रतिशत करना।

2. Develop minimum standards of educational attainment in elementary school, and by regular testing monitor effectiveness of education to ensure quality.

   प्राथमिक विद्यालय में शैक्षिक प्राप्ति के न्यूनतम मानकों का विकास करना एवं शिक्षा की प्रभाविता की नियमित जांच-निगरानी कर गुणवत्ता सुनिश्चित करना।

3. Increase literacy rate for persons of age 7 years or above to 85%.

   7 वर्ष या उससे अधिक आयु के व्यक्तियों के लिए साक्षरता दर बढ़ाकर 85% करना।

4. Lower gender gap in literacy to 10 percentage point

   साक्षरता में लिंग अंतर को 10 प्रतिशत अंक तक कम करना।

5. Increase the percentage of each cohort going to higher education from the present 10% to 15% by the end of the plan.

   उच्च शिक्षा के लिए जा रहे प्रत्येक दस्ते की प्रतिशतता को वर्तमान 10% से बढ़ाकर योजना के अंत तक 15% करना ।

- SSA, NIOS and RCI have played an important role in achieving these objectives.

  इन उद्देश्यों को प्राप्त करने में सर्व शिक्षा अभियान (SSA), एनआईओएस (NIOS) और आरसीआई (RCI) ने महत्वपूर्ण भूमिका निभाई है।

9.5 INCLUSIVE CLASS ROOMS (समावेशी कक्षा-कक्ष)

- Class room adjustment and management

  कक्षा-कक्ष का समायोजन और प्रबंधन।

- Use of suitable teaching learning material (tlm) and information and communication technology (ict)

  उपयुक्त शिक्षण अधिगम सामग्री तथा सूचना एवं सम्प्रेषण तकनीक का उपयोग।

9.6 HOME BASED EDUCATION (गृह आधारित शिक्षा)

- A CWSN reaching a school may not be possible.

  सीडब्ल्यूएसएन को स्कूल तक पहुँचना संभव नहीं हो सकता है।

- Training the family members to teach the child is one way of ensuring education to these children.

  बच्चे को पढ़ाने के लिए परिवार के सदस्यों को प्रशिक्षण देना इन बच्चों की शिक्षा सुनिश्चित करने का एक तरीका है।

- Hence home based education is one of the methods to educate children who are unable to reach the school.

  इसलिए घर आधारित शिक्षा उन बच्चों को शिक्षित करने का एक तरीका है जो स्कूल तक नहीं पहुँच पाते हैं।

9.6.2 Procedure for Home Based Education (गृह आधारित शिक्षा की प्रक्रिया/क्रियाविधि)

- A special educator, generally visits the home of the student periodically.

  एक विशेष शिक्षक, आमतौर पर समय-समय पर छात्र के घर जाता है।

- Then educational plan is developed with suitable goals and objectives.

  शैक्षिक योजना उपयुक्त लक्ष्यों और उद्देश्यों के साथ विकसित की गई है।

- Teaching strategies are taught through demonstration by the teacher to the family member who is identified as a trainer in the family.

Notes

शिक्षक द्वारा परिवार के सदस्य को प्रदर्शन के माध्यम से शिक्षण रणनीतियाँ सिखाई जाती हैं जिनकी पहचान परिवार में एक प्रशिक्षक के रूप में की जाती है।

- Systematic records are maintained by the teacher.
  व्यवस्थित रिकॉर्ड शिक्षक द्वारा बनाए रखा जाता है।
- Some children will require therapy for speech and motor aspects and it will be coordinated by the itinerant teacher.
  कुछ बच्चों के बोलने एवं गति पहलुओं के लिए थेरेपी अपेक्षित होगी तथा यह सैलानी शिक्षा द्वारा समन्वयित होगी।

10

DEVELOPMENT OF ADOPTIVE SKILLS (DAS), ASSISTIVE DEVICE (AS), SPECIAL THERAPIES (ST)
(अवधारणा कौशलों का विकास, सहायक उपकरण, विशेष उपचार)

10.2 ADAPTIVE SKILLS (अनुकूलित कौशल)

- Children need to adapt/ learn new skills which will make up for their disabilities.
  बच्चों को नए कौशलों को अपनाने / सीखने की जरूरत है जो उनकी अक्षमताओं की भरपाई करेंगे।
- These adaptive skills will help children in their school and day to day activities.
  ये अनुकूली कौशल बच्चों को उनके स्कूल और दिन-प्रतिदिन की गतिविधियों में मदद करेंगे।

10.2.2 Adaptive skills for children with hearing and speech impairment (श्रवण और बोलने की अक्षमता वाले बच्चों के लिए अनुकूलित कौशल)

- Non-verbal is the only way where they can communicate.
  गैर-मौखिक एकमात्र तरीका है जहाँ वे संवाद कर सकते हैं।
- Sign languages
  सांकेतिक भाषा
- Lip reading and following facial movements by standing in front of the mirror.
  आईने के सामने खड़े होकर होंठ पढ़ना और चेहरे की हरकतों का पालन करना।

10.2.3 Adaptations for multiple disability / cerebral palsy (CP) / (बहु-अशक्त / प्रमस्तिष्क पक्षाघात के लिए अनुकूलन)

- The team approach should be to use design and implement a comprehensive programme for each individual.
  उपागम शब्द का उपयोग प्रत्येक व्यक्ति के लिए एक समग्र कार्यक्रम की संरचना एवं क्रियान्वयन के लिए होना चाहिए।
- ☐ Special educator ☐ Physiotherapist ☐ Occupational therapist ☐ Psychologists Social workers ☐ Family members.
  ☐ विशेष शिक्षक ☐ फिजियोथेरेपिस्ट ☐ व्यावसायिक चिकित्सक ☐ मनोवैज्ञानिक ☐ सामाजिक कार्यकर्ता ☐ परिवार के सदस्य

10.2.4 Adaptations for learning difficulties (ld) (सीखने/अधिगम की कठिनाइयों के लिए अनुकूलन (एलडी))

- Dyslexia (problem in reading), Disgraphia (problem in writing), Dyscalculia (problem in calculating), Attention Deficit Hyperactive Disorder (ADHD) (problem in paying attention), Dysphasia (language disorder).
  डिस्लेक्सिया (पढ़ने में समस्या), डिसग्राफिया (लिखने में समस्या), डिसकैलकुलिया (गणना में समस्या), अटेंशन डेफिसिट हाइपरएक्टिव डिसऑर्डर (एडीएचडी) (ध्यान देने में समस्या), डिस्फेसिया (भाषा विकार)।

- □ Teacher should choose a learning task. □ It has to be stated in behavioral terms □ Teaching a skill by cutting down the main task into simpler ones □ Teaching step by step.

  □ शिक्षक को सीखने का कार्य चुनना चाहिए □ इसे व्यवहारिक शब्दों में बताया जाना चाहिए। □ मुख्य कार्य को सरल कार्यों में काटकर एक कौशल सिखाना। □ चरण दर चरण शिक्षण करना।

Notes

10.2.6 Visual Impairment (दृश्य हानि)

- Braille writing More optical devices □ Lens - Low vision can be corrected to a certain extent □ Special spectacles which enlarges the alphabets & facilitates in reading □ Large print books.

  ब्रेल लिपि अधिक दृष्टि युक्तियाँ। □ लेंस - कम दृष्टि को कुछ हद तक ठीक किया जा सकता है। □ विशेष चश्मा जो अक्षरों को बड़ा करता है और पढ़ने में सुविधा प्रदान करता है। □ बड़े प्रिंट वाली किताबें।

10.2.7 Locomotor disability (गति अशक्तता के लिए अनुकूलन)

- Massaging & regaining the muscle power in the weak muscles □ Strengthening of normal muscles. □ Providing splint or calipers for support.

  मसाज एवं कमजोर मांशपेशियों में पुन: शक्ति लाना □ सामान्य मांसपेशियों को मजबूत बनाना □ समर्थन के लिए खपची या कैलीपर्स प्रदान करना।

10.2.8 Role of Teachers (शिक्षकों की भूमिका)

- Teacher is the mediator between the child & knowledge given in the books.
  शिक्षक बच्चे और किताबों में दिए गए ज्ञान के बीच मध्यस्थ है।
- A teacher must be educated in recognizing these disabilities.
  इन अक्षमताओं को पहचानने के लिए एक शिक्षक को शिक्षित किया जाना चाहिए।
- Must help the child in attaining education in spite of his/her disabilities.
  बच्चे को उसकी अक्षमताओं के बावजूद शिक्षा प्राप्त करने में मदद करनी चाहिए।

10.3 Assistive devices (सहायक उपकरण/युक्तियाँ)

- Assistive devices are any devices that directly help persons with disabilities in undertaking activities of daily living (ADL), pursuing education, acquiring access to information, enjoying freedom of movement in the built environment, and working and engaging in leisure activities to improve physical performance.

  सहयोगी युक्तियों का उपयोग दैनिक जीवन की गतिविधियों का उत्तरदायित्व लेने में, शिक्षा ग्रहण करने में, सूचना अर्जित करने में, अपने वातावरण में स्वच्छंद विचरण का आनंद लेने में तथा कार्य करने एवं शारीरिक निष्पादन को सुधारने के लिए फुरसत की गतिविधियों में लगने में सहायता करने में होता है।

10.3.2 Assistive Devices For Impaired And Disability (बाधित एवं अशक्त लोगों के लिए सहयोगी युक्तियाँ:)

Type of Impairment/disability बाधिता/अशक्तता का प्रकार	Devices युक्तियाँ
Locomotor disability गति प्रेरक अशक्तता	Standing frame, splinters खड़े होने वाला ढांचा, स्पिलन्टर

Notes

Cerebral palsy प्रमस्तिष्क पक्षाघात	Walking aid, wheel chair टहलने वाला उपकरण, व्हील चेयर
Visual impairment दृष्टि बाधिता	Abacus, Braille, arithmetic frames गिनतारा ब्रेल, अंकगणितीय फ्रेम
Hearing impairment श्रवण बाधिता	Hearing aid, communication aids, communication boards, talking boards श्रवण यंत्र, संचार साधन, संचार बोर्ड, बोलने वाला बोर्ड
Speech impairment वाचन बाधिता	Lip reading, speech model, observation of lip movement through mirror usage ओष्ट पठन, स्पीच मॉडल, ओष्ठ की गति का प्रेक्षण
Learning disability अधिगम अशक्तता	Big and attractive alphabets, matching pictures and objects बड़े एवं आकर्षक वर्ण, मिलती जुलती तस्वीर एवं वस्तुएँ
Multiple disability बहु अशक्तता	Ramps, good seating arrangement, crutches, walker, wheelchair रैंप, बैठने की अच्छी व्यवस्था, व्हील चेअर
Intellectual disability बौद्धिक विकलांगता	This accompanied by any form of disability like hearing impairment, visual impairment requires assistive devices. Otherwise, there is no need. इसके साथ किसी भी प्रकार की विकलांगता जैसे श्रवण हानि दृश्य हानि के लिए सहायक उपकरणों की आवश्यकता होती है

GENDER ISSUES IN EDUCATION
(शिक्षा में लैंगिक मुद्दे)

11

11.2 CONCEPT OF GENDER (लिंग की अवधारणा)

11.2.1 Distinction Between Sex and Gender (लैंगिक और लिंग के मध्य अंतर)

- Sex of person indicates a boy or girl, a male or female, a man or woman. This distinction is based on the natural differences that exists in the body of males and a females.

  व्यक्ति का लिंग यह दर्शाता है कि एक व्यक्ति लड़का है या लड़की या स्त्री या पुरुष। यह अंतर पुरुषों और महिलाओं के शरीर में मौजूद प्राकृतिक अंतर पर आधारित है।
- Gender is what we make of boys and girls. It has got to do with their upbringing, socialization, culture and the role models we present for them.

  लिंग लड़के और लड़कियों के विकास के अवसर उपलब्ध करने के बारे में है। इसका संबंध उनके लालन, पालन, समाजीकरण, संस्कृति और आदर्श व्यक्ति से संबंधित है जो हम उनको देते हैं।
- Gender is what a society and culture makes of boys and girls.

  लिंग समाज व संस्कार द्वारा लड़के और लड़कियों को क्या बनाते हैं, से संबंध रखता है।

Let us now understand the major differences between sex and gender.

आइए अब हम लिंग और जेन्डर के मध्य मुख्य अंतरों को समझते हैं।

SEX लिंग	GENDER जेन्डर
Biological construct जैविक संरचना	Socio-cultural construct सामाजिक सांस्कृतिक संरचना
Nature made प्रकृति प्रदत्त	Society made समाज निर्मित
Constant स्थिर	Variable परिवर्तनीय
Individual व्यक्तिगत	Systemic व्यवस्थित
Non-hierarchical अस्तरीय	Hierarchical स्तरीय
Cannot be changed! अपरिवर्तनशील	Changeable परिवर्तनशील

Notes

11.2.2 Biological and Gender Attributes of A Person (एक व्यक्ति की जैविक और लैंगिक विशेषताएँ)

11.2.3 Gender as a Socio-Cultural Construction (लिंग सामाजिक-सांस्कृतिक संरचना की रूप में)

- Gender differences are culturally influenced and socially constructed.
  लिंग भेदभाव सांस्कृतिक रूप से प्रभावित और सामाजिक रूप से संरचित होते हैं।
- We see lot difference in gender roles and expectations across cultures.
  इसीलिए हम विभिन्न संस्कृति में लिंग की भूमिका व अपेक्षाओं में अत्यधिक भेदभाव देखते हैं।
- For instance, women in many parts of our country are generally expected to wear sarees and grow long hairs. In certain other cultures it is normal for women to wear skirts and to cut their hair short.
  उदाहरण के लिए हमारे देश के कई भागों में महिलाओं को साड़ी पहनने व लम्बे बाल रखने के लिए कहा जाता है। कुछ अन्य संस्कृतियों में स्त्रियों को स्कर्ट पहनना व छोटे बाल रखना सामान्य समझा जाता है।
- People do internalize gender roles and expectations as they grow up. Children learn to categorize themselves by gender very early in life.
  व्यक्ति जैसे-जैसे बड़े होते हैं वह लिंग की भूमिका और अपेक्षाओं को आत्मसात करते हैं। बच्चे जीवन की प्रारंभिक अवस्था से ही लिंग के द्वारा अपना वर्गीकरण करने लगते हैं।
- Gender is a socio-cultural construction
  लिंग एक सामाजिक-सांस्कृतिक सरंचना है।

11.3 GENDER DISCRIMINATION (लैंगिक भेदभाव)

- 'Discriminatory behaviors take many forms, but they all involve some form of exclusion or rejection'.
  'भेदभावपूर्ण व्यवहार कई रूप लेते हैं, लेकिन उन सभी में किसी न किसी रूप में बहिष्करण अस्वीकृति शामिल होती है।'
- Gender discrimination is discrimination on the basis of sex.
  लैंगिक भेदभाव लिंग के भेदभाव पर आधारित होता है।
- This is considered a form of prejudice and is illegal in certain circumstances.
  यह एक पूर्वाग्रह से ग्रसित रूप है और कुछ परिस्थितियों में यह अवैधानिक है।
- Gender discrimination can also affect boys and men.
  लैंगिक भेदभाव पुरुष और लड़कों को भी प्रभावित करता है।

11.3.2 Sources and Forms of Gender Discrimination (लैंगिक भेदभाव के स्रोतः और प्रकार)

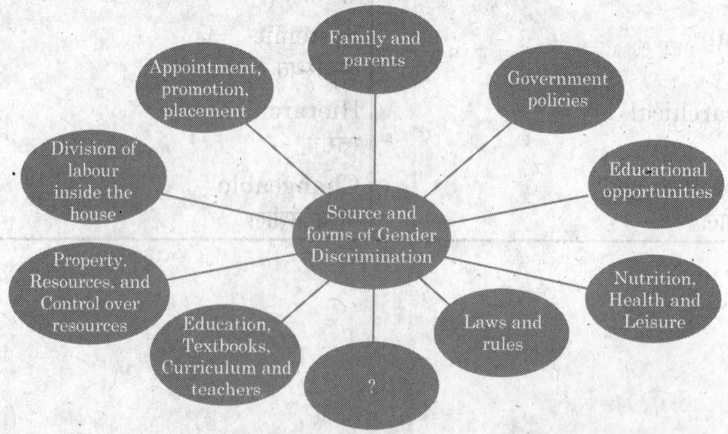

Figure: Sources of gender discrimination

Notes

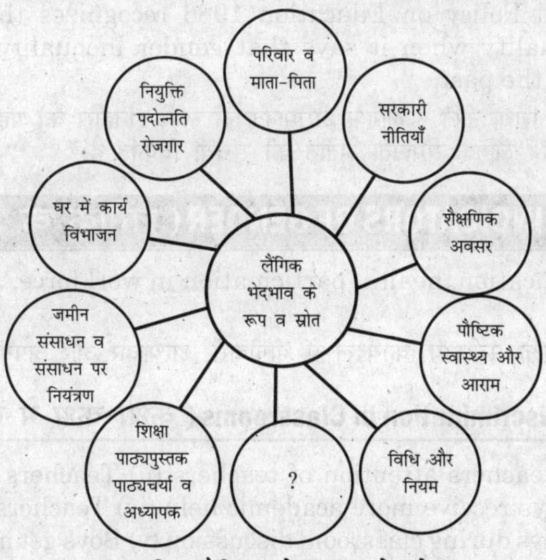

आकृतिः लैंगिक भेदभाव के स्रोत

11.3.3 Causes of Gender Discrimination (लैंगिक भेदभाव के कारण)

- According to Human Rights Inc., one of the main causes of gender discriminationis religion.
  मानवाधिकार आयोग के अनुसार जेंडर भेदभाव का मुख्य कारक धर्म है।
- Culture shapes the way we think and do things. The superiority of the male and the suppression of female are built-into certain cultures.
  संस्कृति हमारे सोचने और काम करने के तरीके को आकार देती है। पुरुष की श्रेष्ठता और स्त्री का दमन कुछ संस्कृतियों में अंतर्निहित है।
- Upbringing of children and the role models.
  बच्चों की परवरिश और रोल मॉडल।
- How the parents treat their children?
  माता-पिता अपने बच्चों के साथ कैसा व्यवहार करते हैं?
- The books children read, the stories they hear can also reinforce gender bias and biases practices.
  बच्चे जो किताबें पढ़ते हैं, जो कहानियाँ वे सुनते हैं, वे भी लैंगिक पूर्वाग्रह और पूर्वाग्रह प्रथाओं को मजबूत कर सकती हैं।

11.3.4 Origin and History of Gender Discrimination (लैंगिक भेदभाव का इतिहास और उद्‌भव)

- Materialist theories: These theories use cross-cultural data on the status of women and men to explain gender inequality.
  भौतिकवादी सिद्धांत: यह सिद्धांत विभिन्न संस्कृतियों में स्त्रियों और पुरुषों की स्थिति से संबंधित आंकड़ों का इस्तेमाल लैंगिक असमानता की व्याख्या करने के लिए करता है।
- Gender inequality is an outcome of how women and men are tied to the economic structure of society.
  लैंगिक असमानता इस बात का परिणाम है कि कैसे समाज के आर्थिक ढाँचे से महिलाएँ और पुरुष बँधे हुए हैं।
- The economic inequality, dependence, political confusion, and unhealthy social relations are at the roots of inequality between men and women.
  पुरुषों और महिलाओं के बीच असमानता की जड़ें आर्थिक असमानता, परनिर्भरता, राजनीतिक भ्रम/स्पष्टता और अस्वस्थ सामाजिक संबंध हैं।

Notes

- The National Policy on Education 1986 recognizes the long history of gender inequality when it says that gender inequality is a 'cumulative distortion' of the past.

  1986 की राष्ट्रीय शिक्षा नीति ने लैंगिक असमानता के लम्बे इतिहास को पहचाना और इसका जिक्र करते हुए कहा है "लैंगिक समानता अतीत की संचयी विकृति है।"

11.4 STATUS INDICATORS OF GENDER (लैंगिक के स्थिति संकेतक)

- Sex ratio, education, health, participation in workforce, atrocities and crime.

  लिंग अनुपात, शिक्षा, स्वास्थ्य, कार्यदल में भागीदारी, अत्याचार और अपराध।

11.4.7 Gender Discrimination in Classrooms (कक्षा कक्ष में लैंगिक भेदभाव)

- (i) Boys get teachers attention of teachers (ii) Teachers praise boys more often, (iii) Boys receive more academic help (iv) Teachers accept ideas and opinions of boys during classroom discussion (v) Boys get more opportunities to interact, display leadership skills.

  1. लड़के अध्यापकों का ध्यानाकर्षण करते हैं। 2. अध्यापक लड़कों की तारीफ अधिक करते हैं। 3. लड़के शिक्षा संबंधी अधिक सहायता प्राप्त करते हैं। 4. कक्षा में विचार के दौरान लड़कों के विचार और आइडिया को अधिक महत्व दिया जाता है। 5. लड़कों को चर्चा करने और नेतृत्व कौशल का प्रदर्शन करने का अधिक अवसर प्राप्त होता है।

Equity and Equality (समता और समानता)

Gender Equity is the process of being fair to men and women. To ensure fairness, measures must often be put in place to compensate for the historical and social disadvantages and create a level playing field. Equity is a means to bring about equality and equitable outcomes.

लैंगिक समता स्त्रियों और पुरुषों के प्रति निष्पक्ष होने की प्रक्रिया है। निष्पक्षता सुनिश्चित करने के लिए एतिहासिक व सामाजिक हानियों के लिए क्षतिपूर्ति हेतु माप की व्यवस्था अवश्य करनी चाहिए तथा एक समान अधिकार क्षेत्र की रचना करने की प्रक्रिया सुनिश्चित करना चाहिए। समता समानता और न्यायोचित परिणाम लाने का एक तरीका है ।

11.4.8 Role of Teachers in Creating A Gender Fair Society (लैंगिक निष्पक्ष समाज की रचना में अध्यापकों की भूमिका)

- National Policy on Education 1986 says Education will be used as an agent of basic change in the status of woman.

  राष्ट्रीय शिक्षा नीति 1986 के अनुसार स्त्रियों की दशा में मूलभूत परिवर्तन के लिए शिक्षा का उपयोग एक एजेंट के रूप में किया जाएगा।

- The problem is teachers themselves are in the grip of gender bias and lack gender sensitivity.

  अध्यापक स्वयं लैंगिक भेदभाव और लैंगिक असंवेदनशीलता के चंगुल में फँसे हुए हैं।

- Teachers, individually and collectively, facilitate the development of knowledge, skill, attitudes and values for a healthy and fruitful living of men and women in an equal society. This requires GENDER SENSITIVITY.

  अध्यापक व्यक्तिगत तथा सामूहिक रूप से एक समान अधिकार प्राप्त समाज में लाभप्रद व स्वस्थ रुप से स्त्रियों व पुरुषों के रहने के लिए ज्ञान, कौशल व्यवहार और मूल्यों के विकास करने के लिए वातावरण तैयार कर सकते हैं। इसके लिए लैंगिक संवेदनशीलता आवश्यक है।

- Teachers should conduct themselves in a gender fair manner both inside and outside the classroom.

  अध्यापक कक्षाकक्ष के भीतर व बाहर लड़के और लड़कियों के मध्य सामाजिक संबंधों को न्यायोचित रूप देने में विशिष्ट भूमिका निभा सकते हैं।

Notes

- They should consciously monitor their own conduct and the conduct of children to identify gender bias and discrimination in order to avoid such occurrences.
  वे स्वयं अपने और बच्चों के व्यवहार का लगातार अवलोकन करें ताकि लैंगिक भेदभाव तथा लैंगिक पक्षपातपूर्ण व्यवहार से बचा जा सके।
- They should strive to promote integration of boys and girls in group work and in seating arrangements.
  अध्यापक को लड़के व लड़कियों को सामूहिक कार्य में भागीदारी को बढ़ावा देने तथा बैठने की व्यवस्था में भेदभाव करने से बचना चाहिए।
- Teachers need to handle the curriculum in a gender-sensitive and genderfair manner.
  अध्यापक पाठ्यक्रम की, लैंगिक संवेदी होकर और न्यायोचित ढंग से चर्चा करें।
- Teachers should be proactive in removing 'gender gap in achievement'.
  उपलब्धि में लैंगिक अंतर को समाप्त करने का प्रयास करना चाहिए।
- Teachers should not miss any opportunity to bring to discussion the instances of gender bias and discrimination and help children to challenge the stereotyping of boys and girls.
  लैंगिक भेदभाव व पक्षपात की चर्चा विद्यार्थियों में अवश्य करें तथा इस को मिटाने के लिए लड़के और लड़कियों के प्रति रूढिबद्ध धारणा को बदलने के लिए विद्यार्थियों की सहायता करना चाहिए।

International Women's Day

International Women's Day is observed all over the world on 8th March every year. This day marks the struggle of women for equal treatment and opportunities for their development. It is also a day on which the men and women are once again reminded of their responsibility to create a gender just society. It is Clara Zetkin, a socialist leader from Germany, who was chiefly responsible for the observance of IWD. Do you observe this day in your school?

अन्तर्राष्ट्रीय महिला दिवस

प्रत्येक वर्ष 8 मार्च को पूरे विश्व में अन्तर्राष्ट्रीय महिला दिवस मनाया जाता है। यह दिन समान अधिकार के लिए तथा उनके विकास के अवसर के लिए महिलाओं के संघर्ष को निरूपित करता है। यह वह दिन है जब स्त्रियों और पुरूषों को जेन्डर समान समाज की रचना करने की उनके जिम्मेदारियों के प्रति उन्हें सचेत करता है। जर्मनी की एक साम्यवादी नेता Clora zetkin IWD इसे मनाने के लिए मुख्य रूप से जिम्मेदार है। क्या आप अपने विद्यालय में इस दिन कोई विशेष कार्यक्रम का आयोजन करते हैं?

12

EMPOWERING GIRL CHILDREN
(बालिका सशक्तीकरण)

12.2 THE CONCEPT OF EMPOWERMENTO (सशक्तीकरण की अवधारणा)

- Word empowerment is defined as to make powerful.
  सशक्तीकरण शब्द का अर्थ है शक्तिशाली बनाना ।
- Women Empowerment is conceptualized as a process of redistribution of social power and control over resources in favour of women.

  सशक्तीकरण की अवधारणा का विकास सामाजिक ताकत और संसाधनों पर नियंत्रण को महिलाओं के पक्ष में पुनः वितरित करने की प्रक्रिया के रूप में किया गया है।
- Enables them to gain greater access to knowledge and fiscal resources, greater autonomy in personal matters, to share power at domestic and political spheres of life.

  इस प्रकार यह उनको अधिक ज्ञान की पहुंच के लिए, तथा व्यक्तिगत मामलों में अधिक, स्वायत्तता तथा घरेलू और राजनीतिक क्षेत्रों में ताकत का बंटवारा करने के योग्य बनाता है।
- Empowerment is a dynamic process which aims at women's liberation, freedom of choice and equality in all spheres of life.

  सशक्तीकरण एक गत्यात्मक प्रक्रिया है जो महिलाओं की स्वतंत्रता, चुनाव करने की स्वतंत्रता और जिंदगी के सभी क्षेत्रों में समानता की ओर लक्ष्य करता है।
- We can see empowerment at two levels - 1. Individual empowerment and 2. Collective empowerment.

  हम सशक्तीकरण को दो स्तरों पर देख सकते हैं:- 1. व्यक्तिगत सशक्तीकरण और 2. सामूहिक सशक्तीकरण।
- Empowerment is a bottom-up process.
  सशक्तीकरण की प्रक्रिया धरातल से शुरू होकर ऊपर की ओर अग्रसर होती है।

12.2.2 Indicators of Empowerment of Women (महिलाओं की सशक्तीकरण का सूचक)

Notes

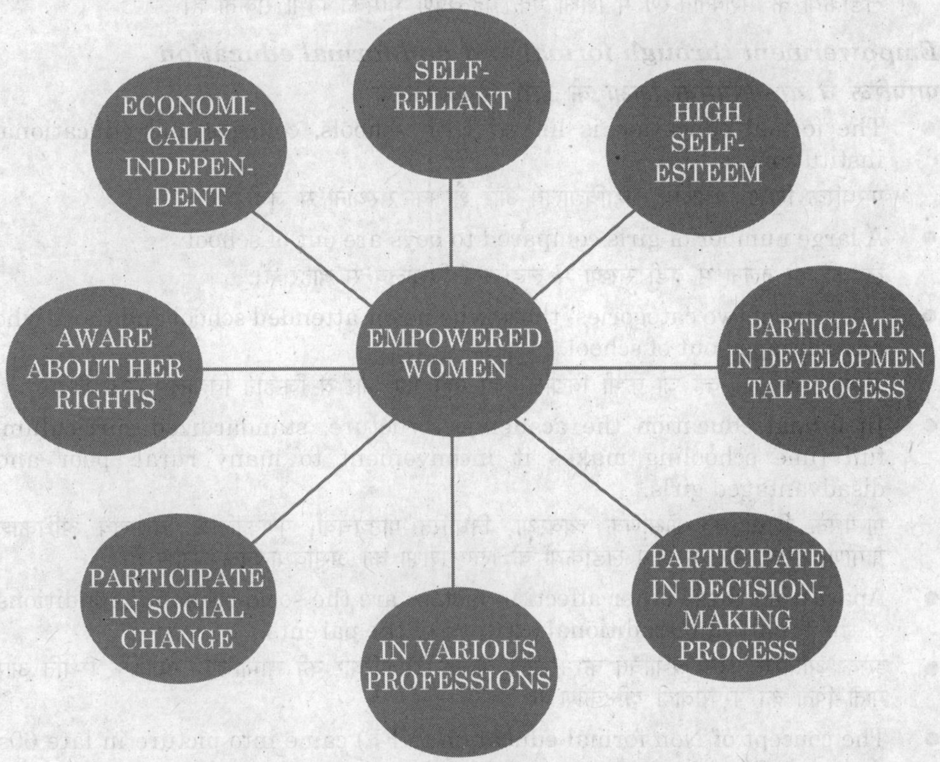

Fig. - Indicators of Empowered women

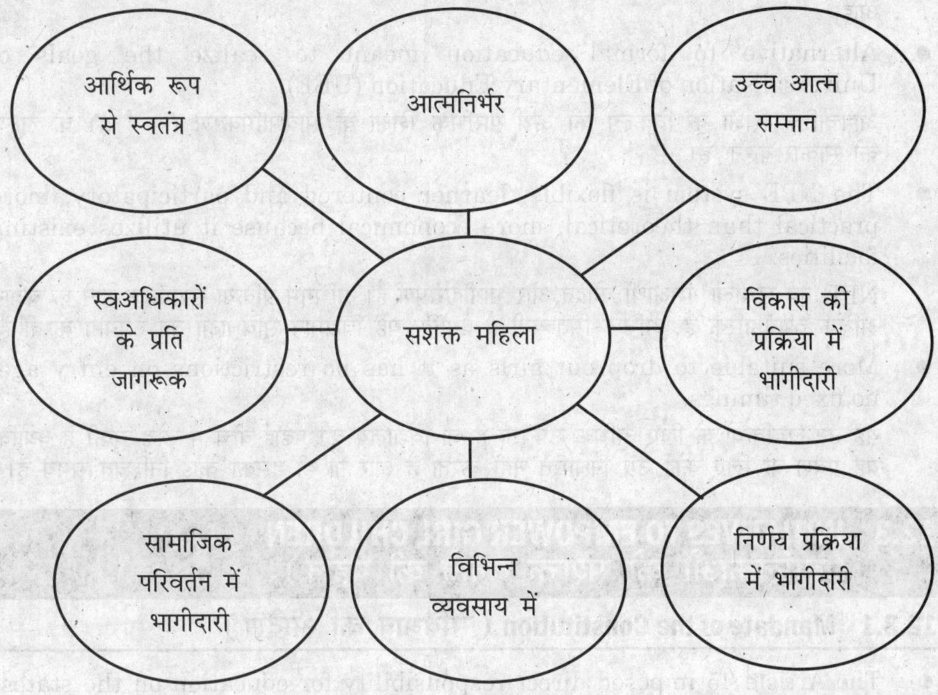

चित्र: सशक्त महिला के सूचक

- There is immense need for empowering girls.
  लैंगिक समानता समाज की लक्ष्य प्राप्ति के लिए लड़कियों को सशक्त बनाना सबसे अधिक महत्वपूर्ण कार्य है।

Notes

- Education can play an important role in empowering girls.
  लड़कियों के सशक्तीकरण में शिक्षा एक महत्वपूर्ण भूमिका निभा सकती है।

Empowerment through formal and non-formal education

पारंपरिक व गैर पारंपरिक शिक्षा के द्वारा सशक्तीकरण

- The formal education is linked with schools, colleges and educational institutions.
  पारंपरिक शिक्षा विद्यालय, महाविद्यालय और शैक्षिक संस्थानों से जुड़ी है।
- A large number of girls compared to boys are out of school
  लड़कों की तुलना में बड़ी संख्या में लड़कियाँ विद्यालय से बाहर हैं।
- They are of two categories- those who never attended school and those who have dropped out of school.
  इसके 2 वर्ग हैं- वह जो कभी विद्यालय ही नहीं गए और वे जिन्होंने विद्यालय छोड़ दिया।
- In formal education the academic structure, standardized curriculum, full time schooling makes it inconvenient to many rural, poor and disadvantaged girls.
  पारंपरिक शिक्षा की शैक्षणिक व्यवस्था, निर्धारित पाठ्यचर्या, पूर्णकालिक विद्यालय अधिकांश ग्रामीण, गरीब और असहाय लड़कियों के लिए शिक्षा को असुविधाजनक बनाता है।
- Apart from these other affecting factors are the socio-economic conditions of the family and traditional attitude of the parents.
- इसके अतिरिक्त अन्य प्रभावित करने वाले कारक हैं। परिवार की सामाजिक, आर्थिक स्थिति और माता-पिता का परंपरावादी दृष्टिकोण ।
- The concept of Non formal education (NFE) came into picture in late 60s and early 70s.
  60 के उत्तरार्ध और 70 के पूर्वार्ध में गैर-पारंपरिक शिक्षा (NFE) की अवधारणा उभरकर सामने आई।
- Alternative to formal education meant to realize the goals of Universalisation of Elementary Education (UEE).
  औपचारिक शिक्षा के विकल्प का अर्थ प्रारंभिक शिक्षा के सार्वभौमिकरण (यू ई ई) के लक्ष्यों को साकार करना है।
- The NPE system is flexible, learner centered and participatory, more practical than theoretical, more economical because it utilizes existing facilities.
  NPE तंत्र लचीला, शिक्षार्थी केंद्रित और भागीदारीपूर्ण है। अधिगम प्रक्रिया सैद्धांतिक होने के बजाय अधिक व्यावहारिक है, अधिक मितव्ययी है क्योंकि यह विद्यमान सुविधाओं का उपयोग करती है।
- More suitable to drop out girls as it has no restrictions on entry age, no fixed timings.
  यह उन लड़कियों के लिए अधिक उपयुक्त है जो विद्यालय की पढ़ाई बीच में छोड़ चुकी हैं क्योंकि यह प्रवेश के लिए कोई उम्र निर्धारित नहीं करता है और ना ही इसका कोई निश्चित समय है।

12.3 INITIATIVES TO EMPOWER GIRL CHILDREN (बालिकाओं को सशक्त बनाने की पहल)

12.3.1 Mandate of the Constitution (संविधान का आदेश)

- The Article 45 imposed direct responsibility for education on the states. The state is made responsible to provide free and compulsory education to all children until the age of 14 years within the period of 10 years.
  अनुच्छेद 45 शिक्षा की जिम्मेदारी प्रत्यक्षत: राज्य के ऊपर आरोपित करता है। राज्य को 14 वर्ष की आयु तक के बच्चों को 10 वर्ष के भीतर नि:शुल्क और अनिवार्य शिक्षा उपलब्ध कराने के लिए जवाबदेह बनाया गया है।

Notes

- The Article 15 imposed non discrimination on the grounds of sex in the matters of gaining access to public resort.

  अनुच्छेद 15 लोक संसाधनों तक पहुँच बनाने के संदर्भ में लिंग आधारित जेंडर भेदभाव पर प्रतिबंध लगाता है।

- Indian Parliament passed Right to Education Act (RTE, 2009) which ensures free and compulsory education to all children between 6-14 years.

  भारतीय संसद ने शिक्षा का अधिकार अधिनियम (RTE 2009) पास किया जो 6-14 आयु वर्ग के सभी बच्चों को नि:शुल्क और अनिवार्य शिक्षा को सुनिश्चित करता है।

12.3.2 Government Initiatives and Policies (सरकार के मुद्दे और नीतियाँ)

- National Policy on Education (NPE) formulated in 1986 and revised with Plan of Action in 1992.

  NPE का गठन 1986 में किया गया तथा 1993 में क्रियान्वयन योजना के साथ रिवाइज किया गया।

- It recognized the need to redress the traditional gender imbalances in educational access and achievement.

  इसने शैक्षणिक पहुँच और उपलब्धि में परंपरागत लैंगित असंतुलन का हल निकालने की आवश्यकता को पहचाना।

- The National Policy for Empowerment of Women formulated in 2001 defined some of key areas for action in women's education such as Equal access, special measures to eliminate discrimination, Universalisation of Education, gender sensitive curriculum, reduction of gender gap in education.

  सन् 2001 में महिलाओं के सशक्तीकरण के लिए राष्ट्रीय नीति बनाई गई, इसमें महिलाओं की शिक्षा को गति प्रदान करने के लिए कुछ महत्वपूर्ण क्षेत्रों को परिभाषित किया गया जैसे समान पहुँच, भेदभाव को समाप्त करने के लिए विशेष कार्यक्रम, शिक्षा का सार्वभौमिकरण, जेंडर संवेदनशील पाठ्यचर्या शिक्षा में लैंगिक अंतर को कम करना आदि।

- A number of programmes like national Literacy Mission, Shramika Vidyapeeth, promotion of women studies in universities, MahilaSamakhya programme, conituning education and learning through mass media.

  इस नीति के अंतर्गत कई कार्यक्रमों को प्रारंभ किया गया जैसे राष्ट्रीय साक्षरता मिशन, श्रमिक विद्यापीठ, विश्वविद्यालयों में महिला अध्ययन को बढ़ावा, महिला सामाख्या कार्यक्रम, सतत शिक्षा और मीडिया के द्वारा अधिगम।

12.3.3 Programmes for Rural Girls (ग्रामीण बालिकाओं के लिए कार्यक्रम)

- National Programme for Education of Girls at Elementary Level (NPEGEL).

  प्राथमिक स्तर पर बालिकाओं की शिक्षा हेतु राष्ट्रीय कार्यक्रम (NPEGEL).

- It is a Government of India intervention to reach "hardest to reach" girls, especially those who are out of school.

  यह भारत सरकार का एक कार्यक्रम उन लड़कियों के लिए है जिन तक पहुँच अत्यंत कठिन है, विशेषकर वे जो विद्यालय से बाहर हैं।

- The programme covered 3272 blocks in 24 states.

  24 राज्यों के 3272 ब्लाकों में इस कार्यक्रम को चलाया गया।

- Retention of girls in schools and improvement of learning quality.

  विद्यालय में लड़कियों को रोकने और अधिगम की गुणवत्ता को बेहतर बनाना।

Kasturbha Gandhi Balika Vidyalaya (KGBV).

कस्तूरबा गांधी बालिका विद्यालय (KGBV)

- Launched in 2004 under SSA in educationally backward blocks where female literacy rate is less than national average and gender gap is more than national average.
  सन् 2004 में SSA के अंतर्गत इस कार्यक्रम को शैक्षणिक रूप से पिछड़े ब्लॉकों में जहाँ महिला साक्षरता दर राष्ट्रीय औसत दर से कम है और लैंगिकता राष्ट्रीय औसत से अधिक है, में शुरू किया गया।
- KGBVs are residential schools with the capacity of 100 girls especially SC/ ST and minority groups.
  KGBV विशेष रुप से अनुसूचित जाति/अनुसूचित जनजाति और अल्पसंख्यक वर्ग के लिए बनाया गया है।
- Special features of these schools are as follows:
  (इन विद्यालयों में निम्नांकित विशेषताएं हैं)

1. Providing educational facility for girls living in thinly populated hilly areas
   कम जनसंख्या वाले पहाड़ी क्षेत्रों में रहने वाली लड़कियों के लिए शैक्षणिक सुविधा उपलब्ध कराना।
2. Provides opportunity of non enrolled girls including grown up girls in rural areas.
   ग्रामीण क्षेत्रों में विद्यालयों में प्रवेश ना लेने वाली और बड़ी लड़कियों के लिए अवसर उपलब्ध कराना।
3. Equip drop outs for mainstreaming to normal school through bridge course.
   विद्यालय बीच में छोड़कर जाने वालों को सामान्य विद्यालय के धारा में ब्रिज कोर्स के माध्यम से जोड़ने का प्रयास करना।
4. Helps to pursue education free from domestic core work and sibling care.
   घरेलू कार्यों और छोटे भाई बहनों की देखभाल से मुक्त मुफ्त शिक्षा प्राप्त करने में सहायता करना।
5. Providing residential facilities to create a free environment for learning.
   अधिगम के लिए मुक्त वातावरण की रचना हेतु आवासीय सुविधाएं उपलब्ध कराना।
6. Providing extra coaching for slow learners and repeaters.
   धीमी गति से सीखने वाले शिक्षार्थी और रिपीटर के लिए अतिरिक्त कोचिंग की व्यवस्था करना।
7. Providing life skill trainings.
   जीवन कौशल प्रशिक्षण उपलब्ध कराना।

Mahila Samakhya (MS): (महिला समाख्या)

- Initiated in 1989 in 10 districts of 3 states (Gujarat, Karnataka & Uttar Pradesh) as a pilot programme.
  1989 में 3 राज्यों (गुजरात, कर्नाटक और उत्तर प्रदेश) के 10 जिलों में पायलट प्रोग्राम के रूप में महिला समाख्या (MS) की शुरुआत की गई।
- Today the programme is implementing in 21707 villages in 83 district if 9 states.
  आज यह 9 राज्यों के 83 जिलों के 21707 गाँवों में यह प्रोग्राम चलाया जा रहा है।
- The programme has organic linkages with other educational schemes aimed at Universalisation of elementary education, such as SSA and DPEP. MS, an autonomous body, works like an non governmentalorganization (NGO). But the board has both GO and NGO representatives.
  यह कार्यक्रम अन्य शैक्षणिक कार्यक्रम जैसे SSA, DPEP, MS, के साथ जुड़कर प्राथमिक शिक्षा के सार्वभौमिकरण के लक्ष्य की ओर इंगित करता है। SSA, DPEP और MS स्वायत्त निकाय के रूप में एक गैर सरकारी संस्थान (NGO) की तरह कार्य करती है, परंतु इसमें सरकारी और गैर-सरकारी दोनों के प्रतिनिधि होते हैं।

- MahilaSanghas (village level women collectives) are important nodal points of all activities.
  महिला संघ (ग्रामीण स्तर पर महिला संगठन) सभी क्रियाकलापों का एक महत्वपूर्ण नोडल केंद्र है।

Notes

12.4 DEVELOPING LIFE SKILLS (जीवन कौशल विकसित करना)

- Ten core areas are identified to develop life skills. They are as follows:-
  जीवन कौशल विकास के 10 मुख्य क्षेत्रों की पहचान की गई है यह निम्नांकित हैं :-
- 1. Problem solving 2. Critical thinking 3. Effective communication skills 4. Decision making 5. Creative thinking 6. Interpersonal relationship skills 7. Self awareness building skills. 8. Empathy & 9. Coping with stress and 10. emotions.
  1. समस्या समाधान 2. विश्लेषणात्मक सोच 3. प्रभावकारी संप्रेषण कौशल 4. निर्णय निर्माण 5. सृजनात्मक सोच 6. अंतर्वैयक्तिक संबंध कौशल 7. स्व-जागरूकता निर्माण कौशल 8. दूसरों के प्रति संवेदना 9. तनाव 10. भावनाएँ।

12.4 ROLE OF AGENCIES IN EMPOWERING WOMEN AND GIRLS (महिलाओं और लड़कियों के सशक्तीकरण में एजेंसियों की भूमिका)

12.4.1 Role of the Government (सरकार की भूमिका)

- Providing finance to girl's education on priority basis.
  प्राथमिकता के आधार पर बालिकाओं की शिक्षा के लिए वित्तीय सहायता उपलब्ध कराना ।
- Ensuring equal access to enrolement and retention through proper policies and implementation strategies.
  उचित नीतियों और क्रियान्वयन व नीतियों के द्वारा प्रवेश के लिए समान पहुँच तथा विद्यालय ना छोड़ने की स्थिति सूचित करना।
- Involving all stake holders including educational experts, NGOs and women's organizations in planning, implementing and evaluation programmes, developing gender sensitive curriculum.
  सभी हितधारकों जिसमें शैक्षणिक विशेषज्ञ, NGO और महिलाओं की संस्थाओं को कार्यक्रम की योजना बनाने में, क्रियान्वीकरण और जांच प्रक्रिया में शामिल करना तथा जेंडर संवेदनशील पाठ्यचर्या का विकास करना शामिल है।
- Recruiting 50% female teachers.
  50% अध्यापिकाओं की भर्ती करना।

12.4.2 ROLE OF NON-GOVERNMENTAL ORGANIZATION (NGO) (गैर सरकारी संस्थाओं की भूमिका)

- Awareness generation among community and changing the traditional biased attitude towards girl's education
  बालिकाओं के शिक्षा के प्रति समुदाय में जागरूकता उत्पन्न करना और परंपरागत पक्षपातपूर्ण प्रवृत्ति को बदलना।
- Supporting Government initiatives by implementing the educational programmes of government, organizing gender sensitization programmes to all stake holder, mobilizing community support, and developing gender sensitive curriculum.
  सरकारी शैक्षणिक कार्यक्रमों का क्रियान्वयन करके सरकारी पहल की सहायता करना। सभी हितधारकों के लिए लैंगिक संवेदनशीलता कार्यक्रम का आयोजन करना, समुदाय का सहयोग प्राप्त करना, और लैंगिक संवेदनशील पाठ्यचर्या का विकास करना।

Notes

12.4.3 Role of Local Bodies, Communities, SDMC (स्थानीय निकाय, समुदाय SDMC की भूमिका)

- The members, as motivators can persuade parents to send their daughters to school.
  इसके सदस्य सभी माता-पिता को उनकी पुत्रियों को विद्यालय भेजने के लिए प्रेरित कर सकते हैं।
- They can support teachers in mobilizing community to participate in educational activities.
  वे शैक्षणिक गतिविधियों में समुदाय की भागीदारी सुनिश्चित करने के लिए अध्यापकों की सहायता कर सकती हैं।
- The School Development and Monitoring Committee (SDMC) is a forum for interaction between mothers, representatives and school staff.
  स्कूल डेवलपमेंट और मॉनिटरिंग कमेटी (SDMC) एक फोरम है जहाँ पर माता-पिता, प्रतिनिधि और विद्यालय स्टाफ आपस में बातचीत करते हैं।
- Also helps to mobilize local support and resources.
  यह स्थानीय सहायता तथा सुविधाओं को संगठित करने में सहायता करता है।

12.4.4 Role of Schools and Teachers in Empowering Girl Children (बालिकाओं के सशक्तीकरण में अध्यापक तथा विद्यालय की भूमिका)

- A teacher should encourage non stereotyped activities.
  एक अध्यापक को गैर रूढ़िवादी गतिविधियों को प्रोत्साहित करना चाहिए।
- Creating girl friendly atmosphere is more important to make them to participate.
  बालिकाओं की भागीदारी को बढ़ाने के लिए उनके लिए सुविधा संपन्न वातावरण उपलब्ध कराना अधिक महत्वपूर्ण है।
- Mobilize support from the community.
  समुदाय से सहायता प्राप्त करना।

RIGHT OF THE CHILD AND ENTITLEMENT
(बाल अधिकार एवं हकदारी)

13

13.2 CONCEPT OF RIGHTS OF THE CHILD (बच्चे के अधिकार की अवधारणा)

13.2.1 Meaning of Rights and Human Rights (अधिकार और मानव अधिकार का अर्थ)

- Necessary for every individual for leading a meaningful life as human beings.
  प्रत्येक व्यक्ति के अर्थपूर्ण जीवन के लिए आवश्यक व मूलभूत है ।
- World Human Rights day – 10 December.
  विश्व मानव अधिकार दिवस - 10 दिसंबर

13.2.2 Rights of the Child (बच्चे का अधिकार)

• To get proper health services. • To have freedom of expression • Not to be separated from parents against the will of the child. • To be cared for by the parents. • To have a name. • To get basic education in mother tongue• Right to life• To be protected from all forms of exploitation• To be protected from corporal punishment.

1. उचित स्वास्थ्य सेवाएं प्राप्त करना 2. अपना विचार रखने की स्वतंत्रता होना 3. बच्चों की इच्छा के विरुद्ध माता-पिता से अलग ना करना 4. माता-पिता के द्वारा बच्चों की देखभाल करना 5. नाम होना 6. मातृभाषा में आधारभूत शिक्षा प्राप्त करना 7. जीवन जीने का अधिकार 8. शोषण के सभी रूपों से सुरक्षा प्राप्त करना 9. शारीरिक दंड से सुरक्षा प्राप्त करना।

13.2.3 Un Initiatives on Rights of the Child (बच्चे के अधिकारों के लिए यूएन की पहल)

- The Universal Declaration on Human Rights 1948 recognized the Rights of the Child.
  1948 के सार्वभौमिक मानव अधिकार घोषणा में बच्चे के अधिकारों को पहचाना गया।
- In the year 1959, Declaration of the Rights of the Child was adopted by the General Assembly.
  1959 में आम सभा असेंबली द्वारा बच्चे के अधिकारों की घोषणा को अपनाया गया।
- The International Covenant on Civil and Political Rights was adopted by the General Assembly in 1966.
  1966 में ही इंटरनेशनल गवर्नमेंट आन इकोनामिक, सोशल एंड कल्चरल राइट्स को जनरल असेंबली द्वारा अपनाया गया।
- Convention on Rights of the Child (CRC) adopted in 1989 is a major initiative.
  इन सब में 1989 में कन्वेंशन ऑन राइट्स ऑफ द चाइल्ड को अपनाना एक बड़ा कदम था।

Notes

- Convention on the Rights of the Child (CRC) was drafted by the Commission on Human Rights.

  कन्वेंशन ऑन राइट्स ऑफ द चाइल्ड की रूपरेखा मानव अधिकार आयोग द्वारा तैयार की गई।
- The Convention was adopted by the General Assembly of the UN on 20th November 1989 and came into force on 2nd September 1990 after being adopted, ratified and signed by the member countries.

  20 नवंबर 1989 को यूएन जनरल असेंबली द्वारा इस संधि को अपनाया गया और सदस्य देशों की स्वीकृति व हस्ताक्षर के बाद 2 सितंबर 1990 से इसे लागू किया गया है।
- The principles and programmes of organizations such as, UNESCO, UNICEF, WHO and ILO aim towards the well being of the children of the world.

  कुछ संस्थाएँ जैसे यूनेस्को, यूनिसेफ, डब्ल्यूएचओ और आईएलओ के कार्यक्रम व सिद्धांत दुनिया के बच्चों की बेहतरी की ओर लक्षित हैं।

Protection of Rights of The Child: Commissions and Legal Provisions.
(बच्चों के अधिकारों की रक्षा : आयोग एवं वैधानिक प्रावधान)

- There is the National Commission on Protection of Child Rights (NCPCR) at the Centre and the State Commission on Protection of Child Rights (SCPCR) at the State level.

  भारत एक संघीय गणराज्य होने के कारण केंद्र में राष्ट्रीय बाल अधिकार सुरक्षा आयोग (NCPCR) है तथा राज्य स्तर पर राज्य बाल अधिकार सुरक्षा आयोग (SCPCR) का गठन किया गया है।
- The NCPCR was set up on March 5, 2007 to monitor the rights that have been guaranteed to children in our Constitution.

  राष्ट्रीय बाल अधिकार सुरक्षा आयोग का गठन 5 मार्च, 2007 को हमारे संविधान में बच्चों के अधिकारों के लिए दी गई गारंटी की जांच हेतु किया गया
- Special Judiciary is also set up for child labour abolition.

  बाल श्रम उन्मूलन के लिए विशेष न्यायपालिका का भी गठन किया गया है।

Role of Teachers in Protecting The Rights of The Child
(बच्चों के अधिकारों की सुरक्षा करने में अध्यापकों की भूमिका)

- Respect the dignity of the child
  (बच्चे के सम्मान का अधिकार)।
- Increase pupil participation.
  (विद्यार्थियों की भागीदारी बढ़ाना)।
- Create an atmosphere free of fear, trauma and anxiety
  (भयमुक्त, तनावमुक्त, चिंतामुक्त वातावरण बनाना)।
- Demonstrate Gender Equality
  (लैंगिक समानता का प्रदर्शन)।

1

INDIAN EDUCATION SYSTEM- I
(भारतीय शिक्षा प्रणाली- I)

1.2 ANCIENT INDIAN EDUCATION (प्राचीन भारतीय शिक्षा)

- Knowledge is the third eye of an individual.
  ज्ञान व्यक्ति का तीसरा नेत्र है। (Subhashitaratnasandoha, p.194)
- Education start with Upanayan Sanskar – co education.
  शिक्षा की शुरुआत उपनयन संस्कार से होती है – सह शिक्षा
- Scholarly women - Gargi, Atreyi, Kaushalya, Tara, Draupadi.
  विदुषी महिलाएँ – गार्गी, अतेयी, कौशल्या, तारा, द्रौपदी।
- Lower level education- every day mundane life activity and social interaction
  निचले स्तर की शिक्षा – हर दिन सांसारिक जीवन गतिविधि और सामाजिक संपर्क।
- Higher education- study of Grammar, History, Mythology, Mathematics, Vedas, Logic, Polity, Sciences of War Worship/Fine Arts.
  उच्च शिक्षा- व्याकरण, इतिहास, पौराणिक कथाओं, गणित, वेद, तर्क, राजनीति, युदधपूजा / ललित कला के विज्ञान का अध्ययन।
- Four stages - 1. Brahmascharyashram - learner observing celibacy, 2. Grihasthashram-married life, 3. Vanaprasthashram-retired life, 4. Sanyasashram-renunciation
  चार चरण-1. ब्रह्मचर्याश्रम – ब्रह्मचर्य का पालन करने वाला, 2. गृहस्थाश्रम – विवाहित जीवन, 3. वानप्रस्थाश्रम – सेवानिवृत जीवन, 4. संन्यासाश्रम – त्याग।
- Free to select subjects and guru, self-discipline.
  विषयों और गुरु का चयन करने के लिए स्वतंत्र, आत्म-अनुशासन।
- Education – Mechanical training of memory-For who studied Vedas because required to preserve and transmit, for generation.
  शिक्षा-स्मृति का यांत्रिक प्रशिक्षण -वेदों का अध्ययन करने वालों के लिए, क्योंकि अगली पीढ़ी के लिए वेदों के ज्ञान को संरक्षित और प्रसारित करना आवश्यक है।
- Lifelong continuous process of self-improvement.
  आत्म-सुधार की आजीवन सतत प्रक्रिया।

1.2.1 Concept of 'Guru' of the Yore (प्राचीन काल में 'गुरु' की अवधारणा)

- Gurukul System- required to stay hostel,Boarding school were free.
  गुरुकुल प्रणाली- छात्रावास में रहने के लिए आवश्यक, बोर्डिंग स्कूल नि:शुल्क थे ।
- Irrespective of richness or higher status.
  समृद्धि या उच्च स्थिति की परवाह किये बिना शिक्षा देते थे ।
- Finance-beg alms (Madhukari)- taught them humility.
  वित्त- भीख भिक्षा (मधुकरी)- उन्हें विनम्रता सिखाई जाती थी।
- Vidyadan as the best daan.
  विद्यादान सर्वश्रेष्ठ दान होता है।
- Others finance-donations from kings, philanthropists.
  अन्य वित्त-राजाओं से दान।

Notes

- Gurudakshina-gift to Gurukul at the end of the study.
  गुरुदक्षिणा-अध्ययन के अंत में गुरुकुल को उपहार।
- Guru-Real scholar, proven master, spiritually enlightened person.
  गुरु-वास्तविक विद्वान, सिद्ध गुरु, आध्यात्मिक रूप से प्रबुद्ध व्यक्ति।
- Sneh monitorial system - son of the teacher or older senior as teacher -
  स्नेह निगरानी प्रणाली - शिक्षक के पुत्र या वरिष्ठ शिक्षक के रूप में होते थे ।
- Manu's period-***(Chaturvarnya)*** became social order- family profession.
  मनु का काल - ***(चतुर्वर्ण्य)*** सामाजिक व्यवस्था - पारिवारिक पेशा बन गया।

1.2.2 Role and Responsibilities of Guru (गुरु की भूमिका और उत्तरदायित्व)

- Teacher, scholar, missionary, a friend-philosopher and a guide.
  शिक्षक, विद्वान, धर्म प्रचारक, एक मित्र-दार्शनिक और एक मार्गदर्शक।
- Teaching method-oral interaction.
  शिक्षण पद्धति-मौखिक बातचीत।
- Lectures, discourses, a debates and discussions, recitation.
  व्याख्यान, प्रवचन, एक वाद-विवाद और चर्चा, सस्वर पाठ।
- No terminal examinations- only continuous comprehensive.
  कोई टर्मिनल परीक्षा नहीं - केवल निरंतर व्यापक आकलन होता था।
- No degree-certificates-Guru would present the qualified student to prove himself.
  कोई डिग्री-सर्टिफिकेट नहीं- छात्र को स्वयं गुरु के सामने साबित करना होता था।

During buddihst period (बौद्ध काल के दौरान)

- Higher learning institutions-Monasteries and temples.
  उच्च शिक्षण संस्थान-मठ और मंदिर।
- Big establishments during King Ashoka.
  राजा अशोक के दौरान बडे प्रतिष्ठान बनाये थे।
- Admissions were through the entrance test.
  प्रवेश परीक्षा के माध्यम से प्रवेश होता था।
- Takshashila, Nalanda, Vikramshila, Vallabhi, Nadia, Kanchi, Banaras.
  तक्षशिला, नालंदा, विक्रमशिला, वल्लभी, नदिया, कांची, बनारस।

During islamic/midieval period-till british
(इस्लामिक/मध्ययुगीन काल से ब्रिटिश काल तक)

- Maqtabs- lower education
  मकतब में निम्न शिक्षा।
- Madarashas -higher education
  मदरसे में उच्च शिक्षा।
- Mosques- Religious Islamic education
  मस्जिद में धार्मिक इस्लामी शिक्षा।
- By the Mullahs and Moulawis
  मुल्लाओं और मौलवी द्वारा।

1.2.3 Professional Teacher (पेशेवर/व्यावसायिक शिक्षक)

Open and positive, Communicative, Listener, Dependable, Personable, Organized, Self-confident, Motivated, Constructive, Compassionate, Individually perceptive, Value based, Sensitive, Knowledgeable, Creative, Patient, Committed .

खुला और सकारात्मक, संचारी, श्रोता, भरोसेमंद, व्यक्तित्व, संगठित, आत्मविश्वासी, प्रेरित, रचनात्मक, अनुकंपा,व्यक्तिगत रूप से बोधगम्य, मूल्य आधारित, संवेदनशील, जानकार, रचनात्मक, रोगी, प्रतिबद्ध।

Notes

1.3 GENESIS OF THE INDIAN EDUCATION TODAY: PRE-INDEPENDENCE PERIOD (आज की भारतीय शिक्षा की उत्पत्तिः पूर्व-स्वतंत्रता काल)

- The missionaries and churches start teaching in English.
  मिशनरी और चर्च ने अंग्रेजी में पढ़ाना शुरू किया।
- Earlier temple-sanskrit and madarsa in Persian and Arabic.
  पहले मंदिर-फारसी और अरबी में संस्कृत और मदरसा।

Charter act-1813 (चार्टर अधिनियम - 1813)

- One lakh every year.
  हर साल एक लाख।
- Renewed in every 20 years.
  हर 20 साल में नवीनीकृत/ बदलनी थी।
- Promotion of literature & knowledge of the sciences.
  साहित्य और विज्ञान के ज्ञान को बढ़ावा देना।
- Financial arrangement by Queen.
  रानी द्वारा वित्तीय व्यवस्था दी गयी थी।
- East India Company was made responsible for education.
  ईस्ट इंडिया कंपनी को शिक्षा के लिए जिम्मेदार बनाया गया।

1.3.1 Macaulay's Minutes (1835) - Thomas Babington Macaulay (मैकाले रिपोर्ट (1835)- थॉमस बबिंगटन मैकाले)

- Lived for 4 years 1834-38
  भारत में 4 साल तक रहे 1834-38।
- Governor General-William Bentinck
  गवर्नर जनरल - विलियम बेंटिक
- Issued Memorandum-January 1835
  ज्ञापन जारी-जनवरी 1835।
- Rejected both the native languages- Arabic and Sanskrit-English language as a medium of instruction.
  शिक्षा के माध्यम के रूप में दोनों मूल भाषाओं को अस्वीकार कर दिया - अरबी और संस्कृत-अंग्रेजी भाषा को बढ़ावा दिया।
- Downward Filtration Theory-cannot teach all so teach high class only. They will teach others.
  अधोमुखी निस्पंदन सिद्धांत - सबको नहीं पढ़ा सकते इसलिए हाई क्लास को ही पढ़ाएँ। वे दूसरों को पढ़ाएंगे।
- "A single shelf of a good European library was worth the whole native literature of India and Arabia."- Thomas Babington Macaulay
  "एक अच्छे यूरोपीय पुस्तकालय का शेल्फ भारत और अरब के पूरे देशी साहित्य के लायक था।" - थॉमस बबिंगटन मैकाले।
- Making of a class of persons Indian in blood and colour, but English in tastes, in opinions, in morals
  ऐसे व्यक्तियों का वर्ग बनाना जो रक्त और रंग में भारतीय हो, लेकिन रुचि, मत, नैतिकता में अंग्रेज हो।

Notes

1.3.2 Wood's Dispatch (1854) (वुड्स डिस्पैच आयोग (1854)

- Known as Magna Carta of Education
  भारतीय शिक्षा के मैग्नाकार्टा के रूप में जाना जाता है।
- Governor General - Lord Dalhousie
  गवर्नर जनरल - लॉर्ड डलहौजी।
- Objective-Creation of a class of public servants
  उद्देश्य- लोक सेवकों के एक वर्ग का निर्माण।
- Primary education- Vernacular language
  प्राथमिक शिक्षा- स्थानीय भाषा।
- High school-Anglo vernacular language
  हाई स्कूल - एंग्लो वर्नाक्युलर भाषा।
- College- English language
  कॉलेज- अंग्रेजी भाषा।
- Department of Public Instruction- Bengal, Bombay, Madras, Punjab and the North Western province.
  सार्वजनिक निर्देश विभाग- बंगाल, बॉम्बे, मद्रास, पंजाब और उत्तर पश्चिमी प्रांत।
- First 3 universities (1857)– Calcutta, Bombay and Madras.
  पहले 3 विश्वविद्यालय (1857) - कलकत्ता, बॉम्बे और मद्रास।
- Network of graded schools- elementary schools, high schools, intermediate, colleges and university.
  ग्रेडेड स्कूलों का नेटवर्क- प्राथमिक स्कूल, हाई स्कूल, इंटरमीडिएट, कॉलेज और विश्वविद्यालय।
- Women education, training and professional development of teachers.
  महिला शिक्षा, प्रशिक्षण और शिक्षकों का व्यावसायिक विकास।
- Recommendations were not carried out for a long time.
  लंबे समय तक सिफारिशों पर अमल नहीं किया गया।
- It did not sincerely promote universal literacy.
  इसने सार्वभौमिक साक्षरता को ईमानदारी से बढ़ावा नहीं दिया।

1.3.3 Hunter Commission (1882) (हंटर आयोग-1882)

- Examine the implementation of the Dispatch of 1854.
  1854 के डिस्पैच के कार्यान्वयन की जाँच करें।
- 2 streams of high school: 1st university of education 2nd commercial, vocational and technical education.
  उच्च शिक्षा की 2 शाखाएँ: पहली - विश्वविद्यालय शिक्षा,दूसरी - वाणिज्यिक, व्यावसायिक और तकनीकी शिक्षा।
- First time- diversify school curriculum and introduce vocational education (totally ignored in reality)
  पहली बार- स्कूली पाठ्यक्रम में विविधता लाने और व्यावसायिक शिक्षा की शुरुआत की गई (वास्तव में पूरी तरह से अनदेखा किया)।

1.3.4 Universities Commission (1904) (विश्वविद्यालय आयोग-1904)

- Commission appointed
  आयोग नियुक्त -1902।
- Reorganization of university administration
  विश्वविद्यालय प्रशासन का पुनर्गठन।
- Secondary schools- under control of the Universities
  माध्यमिक विद्यालय- विश्वविद्यालयों के नियंत्रण में।

- Indian Universities Act of 1904- schools recognized by the Universities
  भारतीय विश्वविद्यालय अधिनियम 1904 -विश्वविद्यालयों द्वारा मान्यता प्राप्त स्कूल।

1.3.5 Sadler Commission (1917) - Culcutta university commission (सैडलर आयोग (1917)- कलकत्ता विश्वविद्यालय आयोग)

Notes

- Bifurcation of higher education at the intermediate examination
  इंटरमीडिएट की परीक्षा में उच्च शिक्षा का बंटवारा।
- Creation of Intermediate colleges (concept of +2)- Arts, Science, Medicine, Engineering, Teaching
  इंटरमीडिएट कॉलेजों का निर्माण (12 कक्षा की अवधारणा) - कला, विज्ञान, चिकित्सा, इंजीनियरिंग, शिक्षण।
- Setting up of a Board of Education
  शिक्षा बोर्ड की स्थापना।

1.3.6 The Hartog Committee (1929) (हार्टोग समिति-1929)

- Review the position of education (Growth of education in British India)
  शिक्षा की स्थिति की समीक्षा की (ब्रिटिश भारत में शिक्षा का विकास)।
- Middle school stage- more diversified curricula in the schools
  मध्य विद्यालय चरण - स्कूलों में अधिक विविध पाठ्यक्रम।
- End of Middle stage (boys)- industrial and commercial career
  मध्य चरण का अंत में लड़के को औधोगिक और व्यावसायिक कैरियर।
- Service conditions of the secondary teachers
  माध्यमिक शिक्षकों की सेवा शर्तें।

1.3.7 The Sapru Committee (1934)- (स्प्रू समिति-1934)

- U.P. Government-Causes of unemployment in U.P (United Province)
  यूपी में बेरोजगारी के कारण (संयुक्त प्रान्त)।
- Purpose of education- For exam and Degree only.
  शिक्षा का उद्देश्य- केवल परीक्षा और डिग्री के लिए।
- Suggestion-1. diversified courses at the secondary stage, 2. the intermediate stage be abolished, 3. the vocational training, 4. degree course- 3 years
  सुझाव-1. माध्यमिक स्तर पर विविध पाठ्यक्रम, 2. मध्यवर्ती चरण को समाप्त किया जाए, 3. व्यावसायिक प्रशिक्षण, 4. डिग्री पाठ्यक्रम-3 वर्ष।

1.3.8 The Abbot-Wood Report (1937)- (एबॉट-वुड रिपोर्ट -1937)

- Problems of vocational education.
  व्यावसायिक शिक्षा की समस्याएँ।
- Suggestion-hierarchy of vocational institutions.
  सुझाव-व्यावसायिक संस्थानों के पदानुक्रम।
- Polytechnic came into existence.
  पोलिटेक्निक अस्तित्व में आया।
- Agricultural high–schools.
  कृषि के लिए उच्च विद्यालय।

1.3.9 Zakir Hussain Committee's Report (1937) - Wardha Scheme- Basic education (जाकिर हुसैन समिति की रिपोर्ट (1937) - वर्धा योजना - बेसिक शिक्षा)

Notes

- December 2, 1937- 7 Provinces
  2 दिसंबर, 1937- 7 प्रांत।
- Free and compulsory education
  नि:शुल्क और अनिवार्य शिक्षा -7 वर्ष।
- Medium of instruction- Mother tongue
  शिक्षा का माध्यम- मातृभाषा।
- Manual and productive work
  शारीरिक और उत्पादक कार्य।
- Self sufficient-cover the remuneration of teachers.
  आत्मनिर्भर-शिक्षकों के पारिश्रमिक खुद से देंगे।
- Work-centric education.
  कार्य केंद्रित शिक्षा।

1.3.10 The Sargent Report (1944) - Dealing with Universalization of Elementary Education (सार्जेंट रिपोर्ट- (1944) प्रारंभिक शिक्षा के सार्वभौमीकरण से संबंधित)

- First comprehensive scheme- cover all stages
  पहली व्यापक योजना- सभी चरणों का आवरण किया।
- Pre-primary education - 3 to 6 years.
  पूर्व प्राथमिक शिक्षा - 3 से 6 वर्ष।
- Universal, compulsory and free primary basic education
  सार्वभौमिक, अनिवार्य और नि:शुल्क प्राथमिक शिक्षा।
- Basic Education- 6-11 (junior basic) & 11-14 (senior basic)
  बेसिक शिक्षा (जूनियर बेसिक) 6 - 11 वर्ष, सीनियर बेसिक 11-14 वर्ष।
- 6-11 (junior basic) -Student teacher ratio 30 : 1
  6 - 11 वर्ष बेसिक जूनियर छात्र शिक्षक अनुपात -30:1
- 11-14 (senior basic)- Student teacher ratio 25:1
  11-14 वर्ष सीनियर बेसिक छात्र शिक्षक अनुपात -25:1
- 2 Types of High schools- academic & technical.
  हाई स्कूल के 2 प्रकार-शैक्षणिक और तकनीकी।
- Medium of instruction (High school) - mother tongue.
  शिक्षा का माध्यम (हाई स्कूल)- मातृभाषा।
- Degree course should be for three years.
  डिग्री कोर्स तीन साल का होना चाहिए।
- Liquidation of adult illiteracy in about 20 years.
  लगभग 20 वर्षों में वयस्क निरक्षरता का उन्मूलन।
- Compulsory physical education
  अनिवार्य शारीरिक शिक्षा।
- Improvement of the salary scales
  वेतनमान में सुधार।

QUATES

Bhartrihari in Nitishataka says “without education we are beasts” -Bhartruhari: Nitishataka, 16

नीतिशतक में भर्तृहरि कहते हैं, "शिक्षा के बिना हम जानवर हैं" -भर्तृहरि : नीतिशतक, 16 ।

INDIAN EDUCATION SYSTEM – II

(भारतीय शिक्षा प्रणाली- II)

2

- Article 45, provided "It shall be the responsibility of the State (Govt.) to provide free and compulsory education to all the children till they attain 14 years of age within 10 years of coming into force of the constitution."
  अनुच्छेद 45, में यह कहा गया है - "यह राज्य (सरकार) की जिम्मेदारी होगी कि वह संविधान के लागू होने के 10 वर्षो के भीतर सभी बच्चों को 14 वर्ष की आयु प्राप्त करने तक मुफ्त और अनिवार्य शिक्षा प्रदान करे।"

2.2.1 Radhakrishanan Commission (1948-1949)
(राधाकृष्णन आयोग) (1948-1949)

- Known as University Education Commission.
  विश्वविद्यालय शिक्षा आयोग कहा जाता है।
- Changes in the aims and objectives of university education.
  विश्वविद्यालय शिक्षा के लक्ष्यों और उदेश्यों में परिवर्तन।
- University Grants Commission (UGC) established.
  विश्वविद्यालय अनुदान आयोग (यूजीसी) की स्थापना।

2.2.2 Mudaliar Commission (1952-53) (मुदलियार आयोग) (1952-1953)

- The Secondary Education Commission- Dr. A. Lakshmanaswami Mudaliar
  माध्यमिक शिक्षा आयोग - डॉ. ए.लक्ष्मणस्वामी मुदलियार
- Examine secondary education
  माध्यमिक शिक्षा की जांच करना।
- 2 types of institutions 1-Primary Teacher Training Institutions (after 12th) for 2 years, 2. Secondary Teacher Training Institution (graduates) for 1 year (planned to be extended to 2 years).
  2 प्रकार के संस्थान - (i) प्राथमिक शिक्षक प्रशिक्षण संस्थान (12वीं के बाद) 2 साल के लिए। (ii) माध्यमिक शिक्षक प्रशिक्षण संस्थान, (स्नातक) 1 वर्ष के लिए (2 वर्ष बढ़ाने की योजना है।)
- Free training with residential facilities.
  आवासीय सुविधाओं के साथ निशुल्क प्रशिक्षण।

2.2.3 National Committee on Women's Education, 1958 - (Durgabai Deshmukh Committee)
महिला शिक्षा पर राष्ट्रीय समिति, 1958, (दुर्गाबाई देशमुख समिति)

- Report published in 1959 ।
  1959 में प्रकाशित रिपोर्ट
- Co- education - middle school stage, separate institutions - high school stage
  सह शिक्षा - मध्य विद्यालय चरण, पृथक संस्थान, उच्च्च विद्यालय स्तर।

Notes

- Diversified curriculum suited to girls.
  लड़कियों के अनुकूल विविध पाठ्यक्रम।
- Training of women teachers and employment.
  महिला शिक्षकों का प्रशिक्षण और रोजगार।

2.2.4 Kothari Commission (1964-66) (कोठारी आयोग_1964-66)

- Set 12 Task Forces.
  12 कार्यबलों का गठन।
- 7 Working Groups.
  कार्य समूह।
- Science a basic component.
  विज्ञान एक बुनियादी घटक।
- Introducing S.U.P.W.
  S.U.P.W को आरंभ किया गया।
- Vocational education.
  व्यावसायिक शिक्षा।
- Scientific and technological research in universities.
  विश्वविद्यालय में वैज्ञानिक और तकनीकी अनुसंधान।
- Common school system 10+2+3.
  कॉमन विद्यालय प्रणाली 10+2+3
- Giving information about religions of the world.
  दुनिया के धर्मों के बारे में जानकारी देना।
- Groups for silent meditation.
  मौन ध्यान के लिए समूह।
- Providing free education to all.
  सभी को मुफ्त शिक्षा प्रदान करना।
- 3 Language formula - mother tongue at the primary level, regional languages at the secondary level.
  त्रिभाषा सूत्र : प्राथमिक स्तर पर मातृभाषा, माध्यमिक स्तर पर क्षेत्रीय भाषाएँ ।
- Quality teacher education
  गुणवत्तापूर्ण शिक्षक शिक्षा।

2.2.5 Yashpal Committee (1992)- Learning without burden (यशपाल समिति (1992) बिना बोझ के सीखना)

- Reduce academic burden.
  शैक्षणिक बोझ कम करना।
- Preparation of textbooks has to be decentralized to increase involvement of teachers, educators.
  शिक्षकों की भागीदारी बढ़ाने के लिए पाठ्यपुस्तकों की तैयारी का विकेंद्रीकरण करना होगा।
- Discouraged the competitions-Encourage collaboration.
  प्रतियोगिताओं को हतोत्साहित किया- सहयोग को प्रोत्साहित करना चाहिए।
- No test/interview for early childhood education.
  बचपन की शिक्षा के लिए कोई परीक्षा/साक्षात्कार नहीं।
- No heavy bags- No need for children to purchase the books individually and carry them daily to homes.
  बस्ते के बोझ से मुक्ति: बच्चों को अलग-अलग किताबें खरीदने और उन्हें रोजाना घरों तक ले जाने

की जरुरत नहीं है।

- No homework for primary classes.
  प्राथमिक कक्षाओं के लिए कोई गृहकार्य नहीं देना।
- Homework in upper primary & secondary classes- non-textual.
  उच्च प्राथमिक और माध्यमिक कक्षाओं में गृहकार्य-गैर-पाठ्यक्रम।
- Textbooks - available on a rotation basis.
  पाठ्यपुस्तकें- रोटेशन के आधार पर उपलब्ध।
- Real-life situations.
  वास्तविक जीवन की स्थितियों पर आधारित।
- History syllabus- VI&VIII & freedom struggle & post-independence.
  इतिहास पाठ्यक्रम: VI और VIII और स्वतंत्रता संग्राम और स्वतंत्रता के बाद।
- Education committees- village, block and district level.
  शिक्षा समितियाँ-गाँव, ब्लॉक और जिला स्तर।
- Rank attained in school grading.
  स्कूल ग्रेडिंग में रैंक प्राप्त हुई।
- Percentage of attendance
  उपस्थिति का प्रतिशत।
- Class Management, Proceeding of Teaching
  कक्षा प्रबंधन, शिक्षण की कार्यवाही।

Notes

2.3 NATIONAL POLICIES ON EDUCATION (NPE)1968, 1986, 2020 (शिक्षा पर राष्ट्रीय नीतियाँ (NPE) 1968, 1986, 2020)

2.3.1 National Policy of Education (NPE) 1968 (राष्ट्रीय शिक्षा नीति (NPE) 1968)

- Recommendations of Kothari.
  कोठारी की सिफारिशें।
- Free and Compulsory Education up to the age of 14
  नि:शुल्क और अनिवार्य शिक्षा: 14 वर्ष की आयु तक।
- Status, Emoluments and Education of Teachers: emphasizing teacher education (in-service).
  शिक्षकों की स्थिति, परिश्रमिक और शिक्षा: शिक्षक शिक्षा पर बल (सेवाकालीन)
- Development of languages: 3-Language formula.
  भाषाओं का विकास: 3-भाषा सूत्र।
- Equalization of Educational Opportunity.
  शैक्षिक अवसर की समानता।
- Spread of Literacy and Adult Education.
  साक्षरता और प्रौढ़ शिक्षा का प्रसार।
- Production of Books - low cost textbooks.
  पुस्तकों का उत्पादन -कम लागत वाली पुस्तकें।
- Games and Sports.
  क्रीड़ा और खेल।
- Part-time Education and Correspondence Courses - same status as full-time courses.
  अंशकालिक शिक्षा और पत्राचार पाठ्यक्रम- पूर्णकालिक पाठ्यकर्मो के समान स्थिति।
- National integration
  राष्ट्रीय एकीकरण।

Notes

2.3.2 National Policy of Education (NPE)–1986 - modified in 1992 (राष्ट्रीय शिक्षा नीति- 1986) (1992 में संशोधित)

- Common educational structure 10+2+3.
  सामान्य शैक्षिक संरचना 10+2+3
- National curricular framework with ten common core elements.
  दस सामान्य मूल तत्वों के साथ राष्ट्रीय पाठ्यचर्या की रुपरेखा बनाई।
- Equal educational opportunities for all.
  सभी के लिए समान शैक्षिक अवसर।
- Promotion of adult education.
  प्रौढ़ शिक्षा को बढ़ावा देना।
- Use of scientific and technological developments in education.
  शिक्षा में वैज्ञानिक और तकनीकी विकास का उपयोग।
- Operation Black Board for UEE.
  यू ई ई के लिए ऑपरेशन ब्लैक बोर्ड।
- Minimum levels of learning (MLL)
  सीखने के न्यूनतम स्तर।
- Navodaya Vidyalayas.
  नवोदय विद्यालय।
- Vocationalisation of education.
  शिक्षा का व्यवसायीकरण।
- Raising the status of the teacher (SCRET DIETS).
  शिक्षक की स्थिति को ऊपर उठाना (एससीआरईटी डीआईईटी एस)।
- Accountability in education.
  शिक्षा में जवाबदेही ।

2.3.3 Concerns of Elementary Education (प्रारंभिक शिक्षा की चिंताएँ)

- Low enrollment.
  कम नामांकन।
- High dropout rate.
  स्कूल से निकलवा लिया जाता है।
- Untrained teacher.
  अप्रशिक्षित शिक्षक।
- Student-teacher ratios.
  छात्र-शिक्षक अनुपात।
- Lack of instructional facilities.
  शिक्षण सुविधाओं का अभाव।
- Building positive mindset of teachers towards ICT.
  आईसीटी के प्रति शिक्षकों की सकारात्मक मानसिकता का निर्माण।
- Inequality - Gender disparity, Urban-Rural disparity, regional disparity.
  असमानता-लिंग असमानता, शहरी-ग्रामीण असमानता, क्षेत्रीय असमानता।

2.4 STRUCTURE OF ELEMENTARY EDUCATION OF 8 YEARS (8 वर्ष की प्रारंभिक शिक्षा की संरचना)

Notes

Stages of Schooling स्कूली शिक्षा के चरण	Pre-Primary पूर्व प्राथमिक	Primary प्राथमिक	Upper Primary उच्च प्राथमिक	Secondary माध्यमिक	Higher Secondary उच्च माध्यमिक
Grades ग्रेड	Nursery, LKG/KG नर्सरी	1 to 5 1 से 5	6 to 8 6 से 8	9 and 10 9 और 10	11 and 12 11 और 12
Length of program कार्यक्रम की अवधि	3 years 3 वर्ष	5 years 5 वर्ष	3 years 3 वर्ष	2 years 2 वर्ष	2 years 3 वर्ष
Age level आयु-स्तर	Entry at 3 to 6 years 3 से 6 वर्ष में प्रवेश	6 to 11 years 6 से 11 वर्ष	11 to 14 years 11 से 14 वर्ष	14 to 16 years 14 से 16 वर्ष	16 to 18 years 16 से 18 वर्ष

2.5.1 The National Curriculum Framework (NCF 2005) (राष्ट्रीय पाठ्यचर्या की रूपरेखा - 2005)

- NPE 1986,92 proposed a national framework
  एन.पी.ई 1986, 92 ने एक राष्ट्रीय रूपरेखा को प्रस्तावित किया।
- Curriculum Framework of 1975, 1988 and 2000
  1975, 1988 और 2000 की पाठ्यचर्या की रूपरेखा।
- 'Herbartian' lesson plan to 'Constructivist pedagogy'
  रचनावादी शिक्षाशास्त्र के लिए हर्बर्टीयन पाठ योजना।
- Implementing the 3- language formula.
  3-भाषा सूत्र को लागू करना।

Guiding Principles (मार्गदर्शक सिद्धान्त)

- Connecting knowledge to life outside the school.
  ज्ञान को विद्यालय के बाहर के जीवन से जोड़ना।
- Ensuring that learning shifts away from rote methods.
  यह सुनिश्चित करना कि सीखना रटने के तरीकों से हट जाए।
- Enriching the curriculum so that it goes beyond textbooks.
  पाठ्यचर्या को समृद्ध करना ताकि वह पाठ्यपुस्तकों से आगे निकल जाए।
- Making examinations more flexible.
  परीक्षाओं को अधिक लचीला बनाना।

2.5.2 Implications for Elementary School Curriculum (प्राथमिक विद्यालय पाठ्यचर्या के लिए निहितार्थ)

RTE Act (आर टी ई अधिनियम)

- Curriculum transaction: 200 hours
  पाठ्यचर्या समयावधि: 200 घंटे।
- Total homework - No homework up to Class II.
  कुल गृहकार्य - कक्षा II तक कोई गृहकार्य नहीं।

Notes

- Two hours a week from Class III.
  कक्षा III से सप्ताह में दो घंटे।
- One hour a day (about five to six hours a week) Middle school.
  दिन में एक घंटा (सप्ताह में लगभग पांच से छह घंटे) मिडिल स्कूल।
- Two hours a day (about 10 to 12 hours a week) in Secondary and Higher Secondary.
  माध्यमिक और उच्चतर माध्यमिक में दिन में दो घंटे (सप्ताह में लगभग 10 से 12 घंटे)।

3

EDUCATION AS A FUNDAMENTAL RIGHT
(शिक्षा मूलभूत अधिकार के रूप में)

United Nations संयुक्त राष्ट्र

- 'Declaration of Human Rights'- 1948- ('मानवाधिकारों की घोषणा'-1948)
- 'Declaration of the Rights of the Child'-1959 - ('बाल अधिकारों की घोषणा'-1959)

3.2 CONCEPT AND NEED OF UNIVERSALIZATION OF ELEMENTARY EDUCATION (प्रारंभिक शिक्षा के सार्वभौमिकरण की अवधारणा और आवश्यकता)

- Making elementary education available to each and every child in the country irrespective of his/her caste, creed, religion (I to VIII).
  देश में प्रत्येक बच्चे को उसकी जाति, पंथ, धर्म के बावजूद प्रारंभिक शिक्षा उपलब्ध कराना (I से VIII)।

3.2.1 Article 45 of the Constitution of India (भारतीय संविधान का अनुच्छेद-45)

Free and compulsory education to children- 6-14 years.

6 से 14 वर्ष के बच्चों के लिए निःशुल्क और अनिवार्य शिक्षा।

3.2.2 Reasons for Non-Achievement of Goals of UEE (यूईई के लक्ष्यों की अप्राप्ति के कारण)

- Population-explosion
  जनसंख्या विस्फोट
- Poverty
  गरीबी
- Agriculture based economy
  कृषि आधारित अर्थव्यवस्था
- Communication gap
  संवादहीनता
- Unemployment
  बेरोजगारी
- Lack of motivation
  प्रेरणा की कमी
- Dropouts, wastage and stagnation
  ड्रॉपआउट (बीच में विद्यालय छोड़ना या शिक्षा पूर्ण न पाना), अपव्यय और ठहराव
- Lack of awareness and ignorance
  जागरूकता की कमी और अज्ञानता
- Gender bias
  लैंगिक पक्षपात

Notes

- Lack of Stability in life
  जीवन में स्थिरता की कमी

3.2.3 86th Constitutional Amendment (2002)- 3 Changes (86 वाँ संवैधानिक संशोधन (2002) -3 परिवर्तन)

- Insertion of new article 21A (Part III)
  नए अनुच्छेद 21ए (भाग III) का सम्मिलन
- Fundamental Right to education-6-14 years.
  शिक्षा का मौलिक अधिकार-6-14 वर्ष।
- Substitution of new article for article 45 (Part IV)
  अनुच्छेद 45 (भाग IV) के लिए नए लेख का प्रतिस्थापन।
- Provision for early childhood care and education to children upto 6 years (DPSP).
  6 वर्ष तक के बच्चों के लिए प्रारंभिक बचपन देखभाल और शिक्षा का प्रावधान (डीपीएसपी)।
- **Article 51A :** 11th fundamental duty is added to provide opportunities for education to his/her child or ward as the case may be, between the ages of 6 to 14 years.
  अनुच्छेद 51A में 11वाँ मौलिक कर्त्तव्य जोड़ा गया है। 6 से 14 वर्ष की आयु के बीच अपने बच्चे को शिक्षा के अवसर प्रदान करना।

3.2.4 Right to Education Act (RTE)-2009- (शिक्षा का अधिकार अधिनियम (आरटीई)-2009)

- Passed On 26th of August 2009 in the Indian Parliament.
  26 अगस्त 2009 को भारतीय संसद में पारित किया गया।
- Came in force from 1st april 2010.
  1 अप्रैल 2010 से लागू हुआ ।
- Already framed and implemented by Chhatrapati Shahu Maharaj in Kolhapur State (Maharashtra)- 1902
  छत्रपति शाहू महाराज द्वारा कोल्हापुर राज्य (महाराष्ट्र) में पहले ही तैयार और कार्यान्वित किया जा चुका है -1902 ।
- Vitthalbhai Patel made primary education compulsory in all Municipal Councils of Bombay State by-1918
  1918 तक विट्ठलभाई पटेल ने बॉम्बे राज्य की सभी नगर परिषदों में प्राथमिक शिक्षा अनिवार्य कर दी थी ।
- Mahatma Gandhi's Basic System of Education or Wardha Scheme of Education also advocated for compulsory and free education for children-1937
  महात्मा गाँधी की शिक्षा की बुनियादी प्रणाली/शिक्षा की वर्धा योजना ने भी बच्चों के लिए अनिवार्य और मुफ्त शिक्षा की वकालत की-1937।
- India is a party to the UN Declaration on the Rights of the Child 1959.
  भारत बाल अधिकारों पर संयुक्त राष्ट्र की घोषणा 1959 में शामिल था।
- It adopted a National Policy on Children in 1974.
  भारत ने 1974 में बच्चों पर एक राष्ट्रीय नीति अपनाई।

3.2.5 Rights of the Child-1959 (बाल अधिकार-1959)

Right to Survival
उत्तरजीविता का अधिकार

Right to Health & Care
स्वास्थ्य और देखभाल का अधिकार

Right to Name of Nationality
राष्ट्रीयता के नाम का अधिकार

Right to Nutrition
पोषण का अधिकार

Right to Education
शिक्षा का अधिकार

Right to Protection from Exploitation
शोषण से सुरक्षा का अधिकार

Right to Expression
अभिव्यक्ति का अधिकार

Right to Protection from Neglect
उपेक्षा से सुरक्षा का अधिकार

Right to Live with Parents
माता-पिता के साथ रहने का अधिकार

Right to Information
सूचना का अधिकार

- Right to seek transfer to another school- If child want to get transferred.
  दूसरे स्कूल में स्थानान्तरण प्राप्त करने का अधिकार।
- Delay in issuance of transfer certificate shall be liable for disciplinary action.
  स्थानान्तरण प्रमाण पत्र जारी करने में विलम्ब होने पर अनुशासनात्मक कार्रवाई के लिए उत्तरदायी होगा ।
- No child shall be denied admission in a school for lack of age proof.
  उम्र के प्रमाण के अभाव में किसी भी बच्चे को स्कूल में प्रवेश से वंचित नहीं किया जाएगा।
- No chilel shall be denied admission even after the last date of admission.
  प्रवेश की अंतिम तिथि के बाद भी किसी बच्चे को प्रवेश से वंचित नहीं किया जाएगा।
- No child admitted in the school shall be held back.
  स्कूल में दाखिल किसी भी बच्चे को रोका नहीं जाएगा।
- No detentention policy (But this clause is removed in Amendment of RTE-2019)
  लेकिन आरटीई-2019 के संशोधन में यह खंड हटा दिया गया है।

Notes

Notes

3.3 ROLES AND RESPONSIBILITIES OF THE TEACHERS (शिक्षक की भूमिका एवं दायित्व)

- Regularity and Punctuality
- Identifying & enrolling children in his/her area of work
- Identifying the needs & capacities of children
- Identifying & nurturing the creativity & other abilities of the children
- Motivating the parents for enrolment of their children
- Encouraging the children for completing education
- Completing the curriculum within specified time
- Giving attention to the children with special needs
- Availing all facilities to children
- Protecting rights of children
- Co-ordinating with authorities in the implementation of RTE
- Participating in Governance & management of school
- Working as Mentor & using resources efficiently
- Acting as an agent of social change

अध्यापक के कर्तव्य	
	नियमितता तथा समयबद्धता
	बच्चों की पहचान करना तथा उन्हें उनके कार्यक्षेत्र में पंजीकृत करना
	बच्चों की आवश्यकताओं और योग्यताओं की पहचान करना
	बच्चों की सृजनात्मकता की पहचान करना और उनका पोषण करना
	अभिभावकों को अभिप्रेरित करना ताकि वे बच्चों का पंजीयन कराएँ
	बच्चों को अपनी शिक्षा पूर्ण करने के लिए प्रोत्साहित करना
	निर्धारित समय में पाठ्यचर्या को पूर्ण करना
	विशेष आवश्यकताओं वाले बच्चों पर विशेष ध्यान देना
	बच्चों को सभी सुविधाएँ प्रदान कराना
	बच्चों के अधिकारों की रक्षा करना
	शिक्षा का अधिकार अधिनियम, 2009 के पालन में अधिकारियों से समन्वय करना
	विद्यालय के अभिशासन तथा प्रबंधन में भागीदार बनना
	एक सेंटर के रूप में कार्य करते हुए संसाधनों का सही उपयोग करना
	सामाजिक परिवर्तन के कर्ता के रूप में कार्य करना

3.4 SCHOOL GOVERNANCE AND MANAGEMENT (विद्यालय प्रशासन और प्रबंधन)

- Necessary infrastructural and educational facilities- For school Recognition.
  विद्यालय की मान्यता के लिए आवश्यक ढांचागत और शैक्षिक सुविधाएँ होनी चाहिए।
- At least 50% women- In management committee.
  प्रबंधन समिति में कम से कम 50% महिलाएँ।
- Functions of Management committee- Monitor, Prepare and recommend the school development plan, Monitor the grants, achieving the goals of RTE
  प्रबंधन समिति के कार्य- विद्यालय विकास योजना की निगरानी, तैयारी और सिफारिश करना, अनुदान की निगरानी करना, आरटीई के लक्ष्यों को प्राप्त करना ।

3.5 CURRICULUM AND EVALUATION IMPERATIVES (पाठ्यचर्या और मूल्यांकन अनिवार्यताएँ)

- Needs and requirements of children of different abilities.
  विभिन्न क्षमताओं के बच्चों की आवश्यकता पूरी करनी चाहिए।

- No external examination.
  कोई बाहरी परीक्षा नहीं।
- CCE is to be implemented.
  सीसीई लागू करना।
- No detentention policy (But this clause is removed in Amendment of RTE-2019)
  नो डिटेंशन पॉलिसी (लेकिन आरटीई-2019 के संशोधन में यह क्लॉज हटा दिया गया है) ।

Notes

3.6 RULES OF THE RTE ACT (आरटीई अधिनियम के नियम)

- Rules to RTE Act are divided into 8 parts.
  आरटीई एक्ट के नियमों को 8 भागों में बाटा गया है।
- The limits of neighbourhood schools.
  पड़ोस (निकट) विद्यालयों की भौतिक सीमाएँ।
- Enrolments from weaker sections.
  कमजोर वर्गों से नामांकन।
- Conditions and procedures under which school recognition withdrawn.
  वे शर्तें और प्रकियाएँ जिनके तहत विद्यालय की मान्यता वापस ली जा सकती है।
- Composition and function of the school management committee.
  विद्यालय प्रबंधन समिति की संरचना और कार्य।
- Teacher qualifications norms.
  शिक्षक योग्यता मानदंड।

NOTE:- For details read last 2 pages of rte **(विवरण के लिए आरटीई के अंतिम 2 पृष्ठ पढ़ें)**

3.6.1 Preliminary (प्रारंभिक भाग)

"Child" means any child of the age of 6 to 14 years.
"बच्चे" का अर्थ है 6 से 14 वर्ष की आयु का कोई भी बच्चा।

3.6.2 Right of Children to Free and Compulsory Education (बच्चों को मुफ्त और अनिवार्य शिक्षा का अधिकार)

- **Special training**-those students whose Admission delayed.
  विशेष प्रशिक्षण-वे छात्र जिनके स्कूल में प्रवेश में देरी हुई हो।
- Minimum period of three months which may be extended (not exceeding 2 years).
  न्यूनतम तीन महीने अवधि जिसे बढ़ाया जा सकता है (2 वर्ष से अधिक नहीं)।
- Classes held on the premises of the school.
  विद्यालय परिसर में कक्षाएँ आयोजित कराई जाती हैं।
- Approved by the academic authority specified in section 29(1).
  धारा 29(1) में निर्दिष्ट शैक्षणिक प्राधिकरण द्वारा स्वीकृत।

3.6.3 Duties Of State Government (राज्य सरकार के कर्तव्य)

- Schools-I-V: within 1 Km.
  प्राथमिक कक्षाओं (1 से 5) के लिए स्कूल 1 किमी. के भीतर।
- Schools- VI to VIII: : within 3 Km.
  कक्षा 6 से 8 के लिए 3 किमी के भीतर।
- Transportation or residential facilities.

Notes

परिवहन या आवासीय सुविधाएँ।

- Free travel passes to girl's student.
  छात्रा को मुफ्त यात्रा पास।

3.6.4 Maintenance of Records (अभिलेखों का रखरखाव)

- Implementation of the mid-day meals.
  मध्याह्न भोजन का क्रियान्वयन ।
- SMC will make school development plan- 3 years plan
  एसएमसी स्कूल विकास योजना बनाएगी - 3 साल की योजना ।

3.6.5 Responsibilities of Schools and Teachers (स्कूलों और शिक्षकों के उत्तरदायित्व)

- Implement the provisions of RTE.
  आरटीई के प्रावधानों को लागू करें।
- De-recognition of school if fail.
  फेल होने पर स्कूल की मान्यता रद्द।

3.6.6 School Management Committee (स्कूल प्रबंधन समिति)

- Parent participation in SMS should be 75%.
  SMS में माता-पिता की भागीदारी 75% होगी।
- Monitor that the teachers are not burdened with non-academic duties (except with those of census and elections).

  निगरानी करना कि शिक्षकों पर गैर-शैक्षणिक कर्तव्यों का बोझ नहीं होना चाहिए (जनगणना और चुनाव को छोड़कर)।
- Grievance redressal mechanism for teachers-School Tribunals at the State, District and Block Level.
  शिकायत निवारण तंत्र-राज्य, जिला और ब्लॉक स्तर पर स्कूल ट्रिब्यूनल।
- Maintain the pupil teacher ratio.
  छात्र शिक्षक अनुपात बनाए रखें।

3.6.7 Teachers (शिक्षक)

Possess the minimum academic qualifications.
न्यूनतम शैक्षणिक योग्यता प्राप्त करें।

3.6.9 Protection of Rights of Children (बच्चों के अधिकारों का संरक्षण)

Right to Education Protection Authority (REPA) shall be setup.
शिक्षा का अधिकार संरक्षण प्राधिकरण (आरईपीए) की स्थापना की जाएगी।

Types of rights: Canadian organization – 3 category
(अधिकारों के प्रकार: कनाडाई संगठन-3 श्रेणी)

- **Provision :** standard of living, health care, education and services, and to play and recreation, balanced diet, a warm bed to sleep in, and access to schooling.

  प्रावधान : जीवन स्तर, स्वास्थ्य देखभाल, शिक्षा और सेवाएँ, और खेलने और मनोरंजन, संतुलित आहार, सोने के लिए एक गर्म बिस्तर, और स्कूली शिक्षा तक पहुँच।

Notes

- **Protection :** protection from abuse, neglect, exploitation and discrimination.
  संरक्षण: दुर्व्यवहार, उपेक्षा, शोषण और भेदभाव से सुरक्षा।
- **Participation**: involvement in libraries and community programs, youth voice activities.
  भागीदारी: पुस्तकालयों और सामुदायिक कार्यक्रमों, युवा गतिविधियों में भागीदारी।

Child Rights Information Network (CRIN) (बाल अधिकार सूचना नेटवर्क)

- Economic, social and cultural rights
  आर्थिक, सामाजिक और सांस्कृतिक अधिकार।
- Basic human needs such as food, shelter, education, health care, gainful employment.
  बुनियादी मानवीय जरूरतें जैसे भोजन, आश्रय, शिक्षा, स्वास्थ्य देखभाल, लाभकारी रोजगार मिलना चाहिए।
- Environmental, cultural and developmental rights
  पर्यावरण, सांस्कृतिक और विकासात्मक अधिकार।
- Called "third generation rights.
  तीसरी पीढ़ी के अधिकार ।
- Right to live in safe, healthy environments, right to cultural, political, and economic development.
  स्वस्थ वातावरण में रहने का अधिकार, सांस्कृतिक, राजनीतिक और आर्थिक विकास का अधिकार ।

4

ORGANIZATION STRUCTURE FOR UEE
(प्रारंभिक शिक्षा के सार्विकीकरण की संगठनात्मक संरचना)

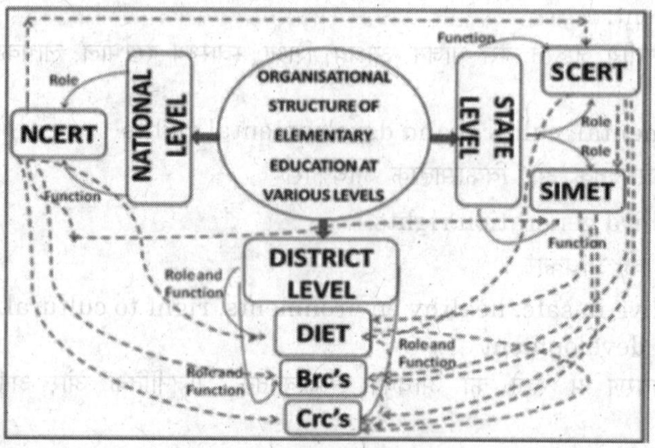

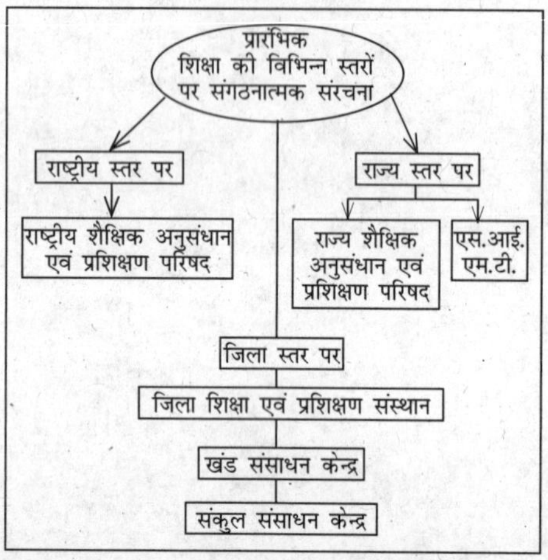

4.2 ORGANISATION-SETUP YEAR (संगठन-स्थापना वर्ष)

- Central Bureau of Text-book Research (1954)
  केंद्रीय पाठ्य-पुस्तक अनुसंधान ब्यूरो-1954
- Institute of Educational and Vocational Guidance (1954)
  शैक्षिक और व्यावसायिक मार्गदर्शन संस्थान - 1954
- National Institute of Basic Education (1956)
  राष्ट्रीय बुनियादी शिक्षा संस्थान -1956
- National Foundation Education Centre (1956)
  नेशनल फाउंडेशन एजुकेशन सेंटर - 1956
- All India Council for Secondary Education - Directorate of Extension Programmes for Secondary Education (1959)

Notes

अखिल भारतीय माध्यमिक शिक्षा परिषद-माध्यमिक शिक्षा के लिए विस्तार कार्यक्रम निदेशालय - 1956

- National Institute of Audio-visual Education (1959)
  राष्ट्रीय श्रव्य-दृश्य शिक्षा संस्थान - 1956
- National Council of Educational Research and Training-(NCERT) September 1, 1961 at Delhi
  राष्ट्रीय शैक्षिक अनुसंधान और प्रशिक्षण परिषद - (NCERT) 1 सितंबर, 1961 दिल्ली में।

NCERT has following four aims:

एनसीईआरटी के निम्नलिखित चार उद्देश्य हैं:

- Quality of school education
  स्कूली शिक्षा की गुणवत्ता
- Training Programmes
  प्रशिक्षण कार्यक्रम
- Spread the education
  शिक्षा का प्रसार
- Solve educational problem
  शैक्षिक समस्या का समाधान

Various bodies and full form

- National Institute of Education(NIE), New Delhi
- Central Institute of Educational Technology(CIET), New Delhi
- Pandit Sunderlal Sharma Central Institute of Vocational Education (PSSCIVE), Bhopal
- 5 Regional Institutes of Education (RIE)- Ajmer, Bhopal, Bhubaneswar, Mysore and Shillong
- University Grant Commission (UGC)

4.2.1 Role of NCERT (एनसीईआरटी की भूमिका)

- School education and teacher education.
  स्कूली शिक्षा और शिक्षक शिक्षा।
- Supports research programmes.
  अनुसंधान कार्यक्रमों का समर्थन करता है।
- Assistance is given to scholars for publication of their Ph.D.
  विद्वानों को उनके पीएच.डी. के प्रकाशन के लिए सहायता दी जाती है।
- NCERT has established NIE and RIEs
  एनसीईआरटी ने एनआईई और आरआईई की स्थापना की है।

Notes

4.2.2 Functions of NCERT (एनसीईआरटी के कार्य)

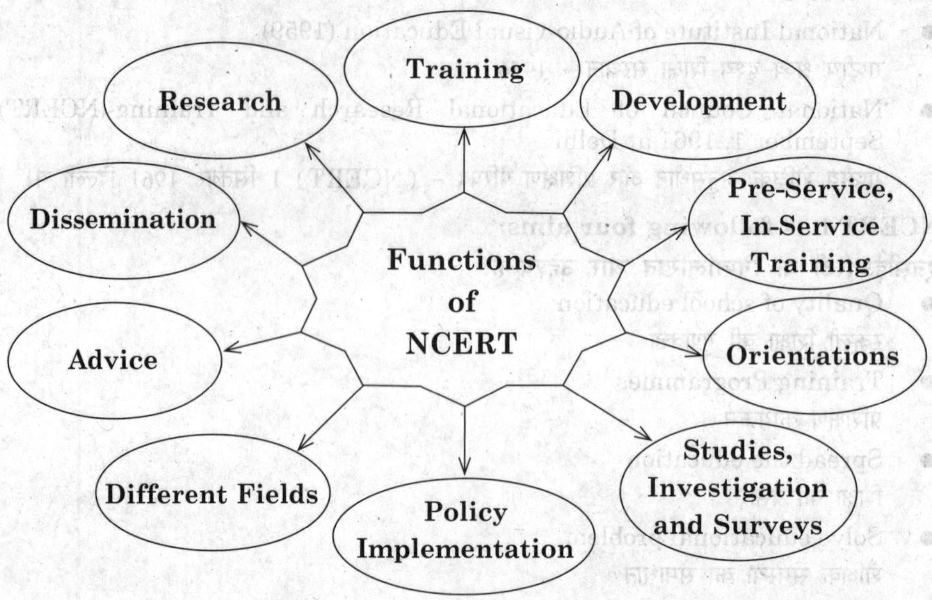

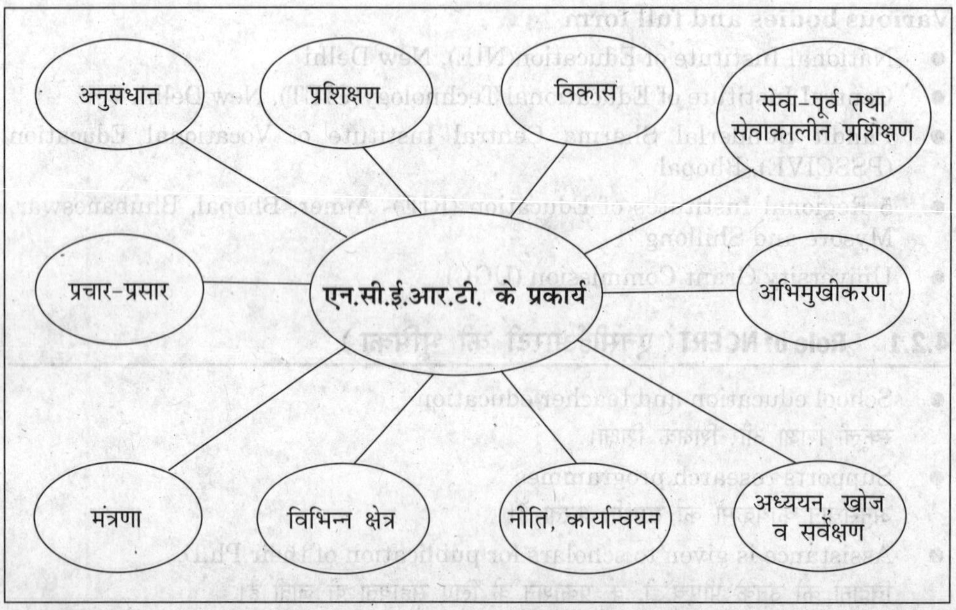

4.3 ORGANISATIONAL STRUCTURE OF ELEMENTARY EDUCATION AT STATE LEVEL- 2 INSTITUION (राज्य स्तर पर प्रारंभिक शिक्षा की संगठनात्मक संरचना - 2 संस्थान)

4.3.1 State Council Of Educational Research And Training (SCERT) (शैक्षिक अनुसंधान और प्रशिक्षण की राज्य परिषद) (एससीईआरटी)

- Education -concurrent list.
  शिक्षा समवर्ती सूची।
- SCERT councils are situated in around 36 locations.
  एससीईआरटी परिषदें लगभग 36 स्थानों पर स्थित हैं।

सेवाकालीन शिक्षा विभाग।

- Department of Elementary Teacher Education.
  प्रारंभिक शिक्षक शिक्षा विभाग।
- Department of Universal Elementary Education.
  सार्वभौमिक प्रारंभिक शिक्षा विभाग।
- Department of Educational Research, Policy Perspective and Innovations.
  शैक्षिक अनुसंधान विभाग, नीति परिप्रेक्ष्य और नवाचार।
- Department of Information Technology in Education.
  शिक्षा में सूचना प्रौद्योगिकी विभाग।
- Examination and Admission Cell.
  परीक्षा और प्रवेश विभाग।

Role of SCERT (एससीईआरटी की भूमिका)

- Academic wing of the state education.
  राज्य शिक्षा की अकादमिक शाखा के रूप में।
- An agent of change in school education, non- formal education and teacher education.
  स्कूली शिक्षा, अनौपचारिक शिक्षा और शिक्षक शिक्षा में बदलाव करते हैं।
- Controls and supervises.
  नियंत्रण और पर्यवेक्षण।
- Appointment and transfer of teachers, teacher educators and heads of teacher.
  शिक्षकों, शिक्षक-शिक्षकों और शिक्षकों के प्रमुखों की नियुक्ति और स्थानांतरण।
- Primary level-Minimum Levels of Learning (MLL)
  प्राथमिक स्तर-सीखने का न्यूनतम स्तर।

Functions of SCERT- (एससीईआरटी के कार्य)

- Curriculum revision and review of textbooks.
  पाठ्यचर्या संशोधन और पाठ्यपुस्तकों की समीक्षा।
- Conduct the workshops.
  कार्यशालाओं का संचालन करना।
- Pre-service and in-service training.
  सेवा पूर्व और सेवाकालीन प्रशिक्षण।
- Total Quality Management (TQM).
  कुल गुणवत्ता प्रबंधन।
- Guidance.
  दिशा निर्देश।
- Orientations.
  अभिविन्यास।

4.3.2 The State Institute of Educational Management and Training (SIEMAT) (राज्य शैक्षिक प्रबंधन और प्रशिक्षण संस्थान)

- Wing of SCERT – For SSA
  SCERT की शाखा- SSA के लिए।
- **SIEMAT** is a state level autonomous institution
  SIEMAT राज्य स्तरीय स्वायत्त संस्थान है।

Notes

Notes

SIEMAT राज्य स्तरीय स्वायत्त संस्थान है।

- Support institutions
  सहायता संस्थान।

SIEMAT performs (SIEMAT के कार्य)

- Acquisition of knowledge.
  ज्ञान अर्जित करना।
- Dissemination of knowledge.
  ज्ञान का प्रसार।
- Capacity to absorb knowledge.
  ज्ञान को अवशोषित करने की क्षमता।
- Provide technical support to educational institutions.
  शिक्षण संस्थानों को तकनीकी सहायता प्रदान करना।

4.4 ORGANISATIONAL STRUCTURE OF ELEMENTARY EDUCATION AT DISTRICT LEVEL (जिला स्तर पर आरंभिक शिक्षा की संगठनात्मक संरचना)

District Institutions of Education and Training (DIETs) (जिला शिक्षा एवं प्रशिक्षण संस्थान) (DIETS)

- Establish after NPE-1986
  नई शिक्षा नीति-86 के बाद स्थापित किया।
- District level for planning, implementing and monitoring.
  जिला स्तर पर योजना, कार्यान्वयन और निगरानी करना।

Structure of DIET-7 academic branches (सात शैक्षणिक शाखाएँ)

- Pre-Service Teacher Education Branch (PSTE)
  सेवा पूर्व शिक्षक शिक्षा शाखा।
- Work Experience Branch (WE)
  कार्य अनुभव शाखा।
- District Resource Unit (DRU)
  जिला संसाधन इकाई।
- In-service Programmes, Field Interaction and Innovation Co-ordination Branch (IFIC)
  सेवाकालीन कार्यक्रम, फील्ड इंटरेक्शन और नवाचार समन्वय शाखा।
- Curriculum, Material Development and Evaluation Branch (CMDE)
  पाठ्यचर्या, सामग्री विकास और मूल्यांकन शाखा।
- Educational Technology Branch (ET)
  शैक्षिक प्रौद्योगिकी शाखा।
- Planning and Management Branch (P & M)
  योजना और प्रबंधन शाखा।

4.5 ORGANISATIONAL STRUCTURE OF ELEMENTARY EDUCATION AT BLOCK LEVEL - Block Resource Centers (BRCs) (ब्लॉक स्तर पर प्रारंभिक शिक्षा की संगठनात्मक संरचना - ब्लॉक संसाधन केंद्र)

BRCs comprise a group of 100 villages

एक बीआरसी में 100 गाँवों का समूह शामिल है।

4.5.1 Role and Functions of BRCS- (BRCS की भूमिका और कार्य)

- Midday meal to children
  बच्चों को मध्याह्न भोजन देना।
- Provide uniform to children
  बच्चों को यूनिफॉर्म उपलब्ध कराना।
- Quality of construction of educational
  शिक्षा के निर्माण की गुणवत्ता।
- Awareness campaigns
  जागरूकता अभियान।
- Co-ordination and co-operation of other agencies like, NGOs, SHG (self help groups)
  एनजीओ,एसएचजी (स्वयं सहायता समूह) जैसी अन्य एजेंसियों का समन्वय और सहयोग।

4.6 ORGANISATIONAL STRUCTURE OF ELEMENTARY EDUCATION AT CLUSTER LEVEL - CLUSTER RESOURCE CENTERS (CRCs) (क्लस्टर स्तर पर प्रारंभिक शिक्षा की संगठनात्मक संरचना - क्लस्टर संसाधन केंद्र)

- Cluster is a group of eight to ten schools
  क्लस्टर आठ से दस स्कूलों का समूह है।
- CRC-cluster level & BRC-block leve
  सीआरसी-क्लस्टर स्तर और बीआरसी-ब्लॉक स्तर पर होती है।
- CRCs-Head Masters of the said school is called as Panchayat Education Officers (Rural) Cluster Education officers (urban areas)
  उक्त विद्यालय के हेड मास्टर्स को पंचायत शिक्षा अधिकारी (ग्रामीण) क्लस्टर या शिक्षा अधिकारी (शहरी क्षेत्र) कहा जाता है।

4.6.2 Functions of CRCS (CRCS के कार्य)

- Distribution of furniture
  फर्नीचर का वितरण।
- Disbursement of salaries
  वेतन का वितरण।
- Equipment and stationery
  उपकरण और स्टेशनरी।
- Planning for in-service training
  सेवाकालीन प्रशिक्षण की योजना बनाना।
- Supervision of schools
  स्कूलों का पर्यवेक्षण।

Notes

5

STRATEGIES FOR UEE-I
(प्रारंभिक शिक्षा के सार्विकीकरण के लिए व्यूह रचना -I)

5.2 UNIVERSALIZATION OF ELEMENTARYEDUCATION (UEE) प्रारंभिक शिक्षा का सार्विकीकरण/सार्वभौमिकरण शिक्षा (यूईई)

Universalization of education means availability of education everywhere according to the specific need of the children and place.
सार्वभौमिकरण का अर्थ है बच्चों और स्थान की विशिष्ट आवश्यकता के अनुसार हर जगह शिक्षा की उपलब्धता ।

School education of India
भारतीय स्कूली शिक्षा

- Preschool: 3-6 years
  पूर्वस्कूली/पूर्व विद्यालयी शिक्षा: 3-6 साल
- Elementary Education: Primary (I-V): 6-11+ Upper Primary (VI-VIII) : 11-14
  प्रारंभिक शिक्षा: प्राथमिक- (I-V): 6-11 + उच्च प्राथमिक (VI-VIII): 11-14 वर्ष
- Secondary (IX-X): 15-16 years
  माध्यमिक: (IX-X): 15-16 वर्ष
- Higher secondary (XI-XII): 17-18 years
  उच्चतर माध्यमिक: (XI-XII): 17-18 वर्ष

Tenth five year plan- Sarva Shiksha Abhiyan (SSA)- Universalization of Elementary Education(UEE)

पंचवर्षीय योजना - (सर्व शिक्षा अभियान)एसएसए (प्रारंभिक शिक्षा का सार्वभौमिकरण (यूईई)

Aspects-3 (पहलू-3)

- **Universal access and enrollment:** primary school at every kilometer-100% enrollment
  सार्वभौमिक पहुँच और नामांकन/सार्विक सुगम्यता तथा पंजीयन: प्राथमिक विद्यालय हर किलोमीटर पर 100-नामांकन।
- **Attendance and retention:** Daily attendance allowance, free travelling pass, free mid-day meal.
  उपस्थिति और प्रतिधारण/अवधारण: दैनिक उपस्थिति भत्ता, निःशुल्क यात्रा पास, निःशुल्क मध्याह्न भोजन।
- **Quality of education:** Minimum level of learning(MLL), pupil teacher ratio, basic facilities of drinking water and toilets, teacher's training.
  शिक्षा की गुणवत्ता: सीखने का न्यूनतम स्तर (एमएलएल), छात्र शिक्षक अनुपात, पेयजल और शौचालय की बुनियादी सुविधाएँ, शिक्षक प्रशिक्षण।

Notes

5.3 PROJECT MODE FOR UNIVERSALISATION OF ELEMENTARY EDUCATION IN VARIOUS STATES (विभिन्न राज्यों में प्रारंभिक शिक्षा के सार्वभौमिकरण के लिए परियोजना प्रणाली)

National Education Policy 1986- Universalization of Elementary Education with free and compulsory education.

राष्ट्रीय शिक्षा नीति -1986 निःशुल्क और अनिवार्य शिक्षा के साथ प्रारंभिक शिक्षा का सार्वभौमिकरण।

5.3.1 Uttar Pradesh Basic Education Project (उत्तर प्रदेश बेसिक शिक्षा परियोजना (UP-BEP)- 1993)

- launched by the UP State Government under assistance of World Bank.
  विश्व बैंक की सहायता से यूपी राज्य सरकार द्वारा शुरू किया गया।
- Responsibility to implement the Project- Sabhi ke liye Shiksha Pariyojana Parishad- UP education for all project board
  परियोजना को लागू करने की जिम्मेदारी -सभा के लिये शिक्षा परियोजना परिषद - सभी परियोजना बोर्ड के लिए यूपी शिक्षा।
- Minimum level of learning.
  सीखने का न्यूनतम स्तर।
- Skill development programme for youth.
  युवाओं के लिए कौशल विकास कार्यक्रम।
- Female empowerment and greater gender equality in education.
  महिला सशक्तीकरण और शिक्षा में अधिक से अधिक लैंगिक समानता ।
- Equal education opportunity to SC and ST
  एससी और एसटी को समान शिक्षा का अवसर।
- **Implementation:** 10 targeted districts out of 63 districts of Uttar Pradesh including Uttaranchal-Varanasi, Allahabad, Banda, Etawah, Sitapur, Aligarh, Saharanpur, Gorakhpur, Pauri and Nainital.
  क्रियान्वयन: उत्तरांचल - वाराणसी, इलाहाबाद, बांदा, इटावा, सीतापुर, अलीगढ़, सहारनपुर, गोरखपुर, पौड़ी और नैनीताल सहित उत्तर प्रदेश के 63 जिलों में से 10 लक्षित जिले।

5.3.2 Bihar Education Project (बिहार शिक्षा परियोजना) (BEP)

- Based on the achievements of UPBEP.
  यूपीबीईपी की उपलब्धियों के आधार पर।
- UNICEF+ Government of India+ Government of Bihar
  यूनीसेफ + भारत सरकार + बिहार सरकार।
- First comprehensive externally funded 'Education for All'.
  पहला व्यापक बाह्य वित्त पोषित 'सभी के लिए शिक्षा'।
- (1991-92) - Three districts of Ranchi, Rohtas and West Champaran
  (1991-92)- तीन जिले रांची, रोहतास और पश्चिमी चंपारण
- (1992-93) Extended to four more districts
  (1992-93) चार और जिलों तक विस्तारित
- Universalization of Primary Education.
  प्राथमिक शिक्षा का सार्वभौमीकरण।
- Women empowerment
  महिला सशक्तीकरण।
- Provide equal educational opportunity.

Notes

समान शैक्षिक अवसर प्रदान करना।

- Lower castes, ethnic communities
  निचली जातियां, जातीय समुदाय।
- Increase enrollment capacity- Girls and SC students
  नामांकन क्षमता में वृद्धि -लड़कियाँ और अनुसूचित जाति के छात्र।
- Construction of about 11,000 primary and upper primary classrooms.
  लगभग 11,000 प्राथमिक और उच्च प्राथमिक कक्षाओं का निर्माण।
- Recruitment 16,000 additional teachers.
  16,000 अतिरिक्त शिक्षकों की भर्ती।
- Implementation of Mahila Samakhya (To establish local accountability of the schools, to play an active role in management of ECCE and NFE centers, support teachers and participate in VEC.)
  महिला का कार्यान्वयन समाख्या (विद्यालयों की स्थानीय जवाबदेही स्थापित करना,ईसीसीई और एनएफई केंद्रों के प्रबंधन में सक्रिय भूमिका निभाना, शिक्षकों की सहायता करना और वीईसी में भाग लेना)।
- Organization of Village Education Committees.
  ग्राम शिक्षा समितियों का संगठन।
- Non-formal education through NGOs.
  गैर सरकारी संगठनों के माध्यम से अनौपचारिक शिक्षा।

5.3.3 Lok Jumbish- 1992 (लोक जुंबिश -1992)

- "People's movement for Education for All".
  "सभी के लिए शिक्षा के लिए जन आंदोलन"।
- Government of Rajasthan + Swedish International Development Authority (SIDA).
  राजस्थान सरकार + स्वीडिश इंटरनेशनल डेवलपमेंट अथॉरिटी (SIDA)
- Emphasis on girl's education.
  बालिका शिक्षा पर जोर।
- Enrollment of girls.
  लड़कियों का नामांकन
- Literacy levels up to 80% 15-35 years.
  साक्षरता का स्तर 80% तक - 35-15वर्ष।
- Prerak Dal- bottom level.
  प्रेरक दल - निचला स्तर।
- Bhavan Nirman Committee, Village education Committee, Cluster, Khand Stariya Shiksha Prabandhan Samiti (block level mgt).
  भवन निर्माण समिति, ग्राम शिक्षा समिति, कलस्टर,खंड स्टारिया शिक्षा प्रबंध समिति (ब्लॉक स्तर एमजीटी)।
- Adhyapika Munch- participation of women.
  अध्यापिका मंच -महिलाओं की भागीदारी।
- Review planning meetings.
  समीक्षा योजना बैठकें (RPMs)।
- Praveshotsav- event through which a positive environment
  प्रवेशोत्सव - ऐसी घटना जिसके माध्यम से एक सकारात्मक वातावरण बने।

Notes

Hostels for tribal's children	● To cater the educational needs of children of seasonal migrants as well as those living in remote habitat
Mahila Shikshan Vihar	● Residential courses for out of school girls in 15 +age group have been conducted here which provide quality education in a residential type of atmosphere in rural areas.
Balika Shikshan Shivir	● Residential camp of 6 to 8 months of school for girls in 9+age group to facilitate reentry to formal education
Muktangan	● It was a programme for tribal children's in Khandela Cluster of Kishnenganj block in Baran
Madrassa	● Strengthening to reach to children from minority communities in Kaman block of Bharatpur.
Institutionalization of Sahaj Shiksha Kendra	● It is a nonformal education programme to cater to the needs of working children.
School health programme	● This programme is focussing on efforts to generate awareness among the school children
Anganwadi centers	● For the strengthening the programme of pre-primary education and its linkages with primary education NGO 'Vihan' promoted by UP has taken up 245 Anganwadi centres

जनजातीय बच्चों के लिए होस्टल	मौसमी प्रवासियों की आवश्यकताओं की पूर्ति के लिए तथा उनके लिए जो सुदूर स्थानों पर रहते हैं।
महिला शिक्षण विहार	15 + आयु वर्ग की विद्यालय से बाहर लड़कियों के लिए आवासीय पाठ्यक्रम चलाए गए जिसमें ग्रामीण क्षेत्रों से आई लड़कियों को गुणवत्ता शिक्षा दी गई
बालिका शिक्षण विहार	9+ आयु वर्ग की लड़कियों के लिए जो विद्यालय छोड़ चुकी है 6 से 8 महीनें आवासीय कैम्प, ताकि उन्हें औपचारिक शिक्षा में पुनः दाखिल किया जा सके।
मुक्तांगन	यह कार्यक्रम उन जनजातीय बच्चों के लिए था जो किशनगंज ब्लॉक के खंडेला क्लस्टर में रहते थे।
मदरसे	भरतपुर कॉमन ब्लॉक के मुसलमान बच्चों के लिए चलाया गया
सहज शिक्षा केंद्रों का संस्थानीकरण	यह कार्यक्रम कार्यरत बच्चों की आवश्यकताओं की पूर्ति के लिए एक गैर-औपचारिक शिक्षा कार्यक्रम है।
विद्यालयी स्वास्थ्य कार्यक्रम	इस कार्यक्रम का उद्देश्य विद्यालयी बच्चों में स्वास्थ्य संबंधी जागरूकता उत्पन्न करना है।
आँगनवाड़ी केन्द्र	यह पूर्व प्राथमिक विद्यालय को मजबूत करने तथा इसका संबंध प्राथमिक शिक्षा से जोड़ने का कार्यक्रम है। उत्तर प्रदेश द्वारा समर्थित एन.जी.ओ. "विहान" ने 245 आँगनवाड़ी केन्द्रों का उत्तरदायित्व लिया।

5.3.4 Shikshakarmi Project (शिक्षाकर्मी परियोजना)

- Rajasthan Government + Swedish international development Authority (SIDA)
  राजस्थान सरकार + स्वीडिश इंटरनेशनल डेवलपमेंट अथॉरिटी (SIDA)
- Rajasthan Shiksha Karmi Board (RSKB)
  राजस्थान शिक्षाकर्मी बोर्ड (RSKB)
- Teacher absenteeism problem.
  शिक्षकों की अनुपस्थिति की समस्या।

Notes

- Single teacher school by a team of two local residents (Shiksha Karmi)
  दो स्थानीय निवासियों (शिक्षा कर्मी) की एक टीम द्वारा एकल शिक्षक विद्यालय।
- Appointment of local person educational qualification provided training & academic support.
  स्थानीय व्यक्ति की नियुक्ति शैक्षिक योग्यता प्रशिक्षण और शैक्षणिक सहायता प्रदान की।

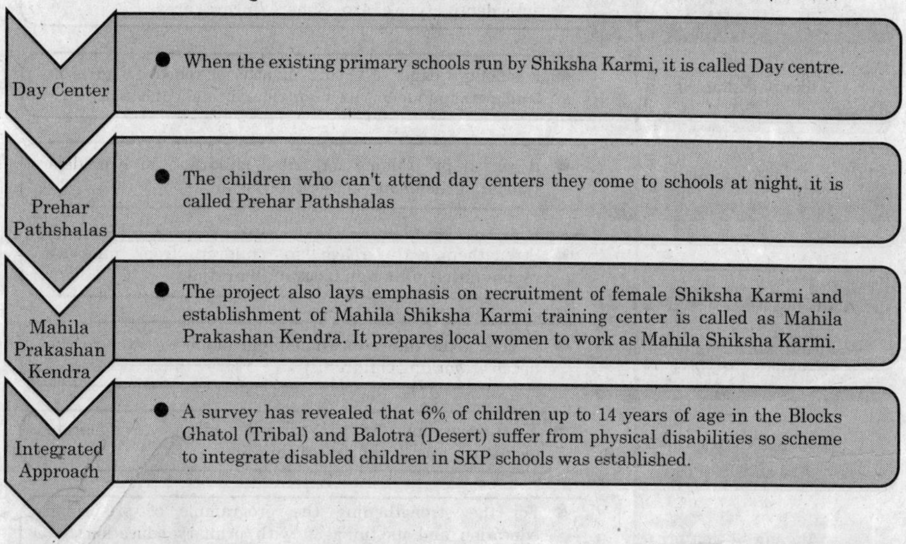

डे-केंद्र	जब विद्यमान प्राथमिक विद्यालय, शिक्षाकर्मियों द्वारा चलाए जाते हैं तो उन्हें डे-केन्द्र का नाम दिया जाता है।
परिहार पाठशाला	जब बच्चे किसी कारणवश डे-केन्द्रों पर पढ़ने नहीं आ सकते और वे रात के समय पढ़ने आते हो तो उन्हें परिहार पाठशाला कहा जाता है।
महिला प्रकाशन केन्द्र	इस परियोजना का बल महिला शिक्षाकर्मियों की भर्ती और महिला शिक्षाकर्मी प्रशिक्षण केन्द्र स्थापित करने पर होता है । इन केन्द्रों को महिला प्रकाशन केन्द्र कहते हैं । यह स्थानीय महिलाओं को शिक्षाकर्मी का प्रशिक्षण देते हैं।
संघटित उपागम	एक सर्वेक्षण से स्पष्ट हुआ है कि 14 वर्ष की आयु तक जनजातीय या रेगिस्तान ब्लॉकों में 60 प्रतिशत बच्चे शारीरिक निर्योग्यताओं से पीड़ित होते हैं। इनका ध्यान रखने के लिए शिक्षाकर्मी परियोजनाएँ में इन बच्चों को डाला गया ।

5.5 CASE STUDY: DIFFERENT PROJECTS IN MAHARASHTRA (केस अध्ययनः महाराष्ट्र में विभिन्न परियोजनाएँ)

5.3.5 Projects Specific to the State Like Maharashtra (महाराष्ट्र जैसे राज्य के लिए विशिष्ट परियोजनाएँ)

5.3.5.1 Schemes for Socially Deprived Children (सामाजिक रूप से वंचित बच्चों के लिए योजनाएँ)

- Socially backward class- Schedule cast, Schedule tribes, Nomadic caste
  सामाजिक रूप से पिछड़ा वर्ग -अनुसूचित जाति, अनुसूचित जनजाति, खानाबदोश जाति।
- Stipend up to 10th
  दसवीं कक्षा तक वजीफा (छात्रवृत्ति)
- Free uniform and book
  मुफ्त वर्दी तथा पुस्तकें
- Boarding houses
  छात्रावास
- Scholarship- National Board of talent research established by NCERT- after completing secondary Education to SC & ST

छात्रवृत्ति - एनसीईआरटी द्वारा स्थापित राष्ट्रीय प्रतिभा अनुसंधान बोर्ड -अनुसूचित जाति और अनुसूचित जनजाति को माध्यमिक शिक्षा पूरी करने के बाद।

- Allowance for attendance
  उपस्थिति के लिए भत्ता।
- Ashram schools
  आश्रम स्कूल।
- Book bank Scheme
  बुक बैंक योजना।

Notes

5.3.5.2 Schemes for Girls (लड़कियों के लिए योजनाएँ)

- Allowance for attendance-I- IV- one rupee per day-75%+
  उपस्थिति के लिए भत्ता -I-IV - एक रुपये प्रति दिन +75% होने पर।
- Free travelling scheme for girls by Ahilyabai Holkars- 1997
  अहिल्याबाई होल्कर द्वारा लड़कियों के लिए नि:शुल्क यात्रा योजना-1997
- Matruprabodhan Project- educate mother about children education, health and personal development
  मातृ प्रबोधन परियोजना -बच्चों की शिक्षा, स्वास्थ्य और व्यक्तिगत विकास के बारे में शिक्षित किया।
- Army School-Bhor at Nasik (Girls are also provided some stipend)
  आर्मी स्कूल -नासिक में भोर (लड़कियों को कुछ वजीफा भी प्रदान किया जाता है)।
- Samuh Nivasi School- For girls from remote areas.
  समूह निवासी स्कूल -दूरदराज के इलाकों की लड़कियों के लिए।

5.5.5.3 Schemes for Economically Backward Children (आर्थिक रूप से पिछड़े बच्चों के लिए योजनाएँ।)

- **Scholarship (1978)** -Rs. To 70 boys & Rs. 80 to girls
  छात्रवृत्ति (1978)- रु 70 लड़कों को और लड़कियों के लिए 80 रु.।
- **E.B.C. (1956)**- 75% attendance (yearly income of Rs.15000)- scholarship
  आर्थिक रूप से पिछड़े बच्चों के लिए (1956)-75% उपस्थिति (वार्षिक आय- 15000) छात्रवृत्ति।
- **Nutritive Diet (1995)**- by village development committee.
  पोषक आहार -(1995): ग्राम विकास समिति द्वारा।
- **Savitribai Phule Parent Adoption Scheme (1993)**- Principal, Officers can adopt poor girls. Minimum thirty rupees every month till 7th.
  सावित्री फुले अभिभावक दत्तक योजना (1993): प्रधानाचार्य, अधिकारी गरीब लड़कियों को गोद ले सकते हैं। कम से कम तीस रुपये हर महीने की 7 तारीख तक।
- **Book bank Scheme:** (school books free of cost) books are taken back after one year. The Students of l & ll std are provided new books per year. Higher classes in the book bank exchanged.
  बुक बैंक योजना: स्कूल की किताबें नि:शुल्क (किताबें एक साल बाद वापस ले ली जाती हैं।) I & II के छात्र को प्रति वर्ष नई पुस्तकें प्रदान की जाती हैं। बुक बैंक में उच्च कक्षाओं का आदान-प्रदान हुआ।

5.3.5.4 Schemes for Distant Area Children (1970) (दूरस्थ क्षेत्र के बच्चों के लिए योजनाएँ)

- **Nutritive Diet Scheme** (0 – 6 years)- Anganwadi & Balwadi. Midday meal (I to V).
  पोषक आहार योजना: 6 वर्ष तक के बच्चों को आंगनवाड़ी तथा बालवाड़ी द्वारा संतुलित आहार (1 से 5 तक)
- **Ashram Shala** -Poor children enrolled - 2 types (Basic Ashram Shala for Std I to VII) – (Para basic Ashram Shala for Std V to X).
  आश्रमशाला: गरीब बच्चों का नामांकन -2 प्रकार (I से VII तक बेसिक आश्रम शाला (V-X) तक परा बेसिक आश्रम शाला।

Notes

- **Vidya Niketan** (1981)- 1st institute for talented tribal students- Kelapur, Yavatmal district.

  विद्या निकेतन: प्रतिभाशाली आदिवासी छात्रों के लिए पहला संस्थान - केलापुर, यवतमाल जिला।
- The students were given free education. 10 seats are reserved for adivasi

  विद्यार्थियों को नि:शुल्क शिक्षा दी जाती थी। 10 सीटें आदिवासियों के लिए आरक्षित।
- **Kuranshala**- mobile school- nonformal education- by Smt. Tarabai Modak and Smt. Anutai Wagh.

  कुरानशाला : मोबाइल स्कूल –अनौपचारिक शिक्षा - श्रीमती ताराबाई मोदक वं श्रीमती अनुताई वाघ द्वारा।
- **Child Education Project** (1982)- Maharashtra+ UNICEF (pictures books are provided)

  बाल शिक्षा परियोजना - (1982) महाराष्ट्र + यूनिसेफ (चित्र पुस्तकें उपलब्ध कराई गई हैं)
- **The Project for Tribal Languages** - To remove difficulty language of schools and that of tribal. MSCERT prepare the text books in tribal languages.

  जनजातीय भाषाओं के लिए परियोजना : स्कूलों और आदिवासियों की भाषा में कठिनाई को दूर करने के लिए। MSCERT आदिवासी भाषाओं में पाठ्य पुस्तकें तैयार करता है।

5.3.5.5 Schemes for Out of The School Children (स्कूल से बाहर के बच्चों के लिए योजनाएँ)

- **Bridge School-** who leave their studies and did not come to school, forgot studies. given chance to complete their education. After 45 days they are sent for admission in regular Schools (Boarding).

  सेतु विद्यालय : जो पढ़ाई छोड़कर स्कूल नहीं आए, पढ़ाई भूल गए। उन्हें अपनी शिक्षा पूरी करने का मौका दिया जाता है। 45 दिनों की पढाई के बाद उन्हें नियमित स्कूलों (बोर्डिंग)में प्रवेश के लिए भेजा जाता है।
- **Indus Child Labour Project:** This scheme aim to root out the child labor tradition and bring them to main stream of education. Implemented in five districts of Maharashtra viz. Gondia, Amravati, Jalana, Aurangabad & Mumbai. MS CERT has taken responsibilities. society known as National child labor project (N.C.L.P). children of 5 – 8 years age to regular school. 9 to 13- vocational training centers. 14 to 17 professional training:

  इंडस बाल श्रम परियोजना : इस योजना का उद्देश्य बाल श्रम परंपरा को खत्म करना और उन्हें शिक्षा की मुख्य धारा में लाना है। इसे महाराष्ट्र के पांच जिलों में लागू किया गया। गोंदिया, अमरावती, जालना, औरंगाबाद और मुंबई। MSCERT ने इसकी जिम्मेदारी ली है। राष्ट्रीय बाल श्रम परियोजना (एनसीएलपी) के रूप में जाना जाने वाला समाज। 5 से 8 वर्ष की आयु के बच्चे नियमित स्कूल जाते हैं। 9 से 13 व्यावसायिक प्रशिक्षण केंद्र। 14 से 17 व्यावसायिक प्रशिक्षण।
- **Sakhar Shala** (second semester schools द्वितीय सेमेस्टर स्कूल): settlements of sugar cane cutters children. गन्ना काटने वाले बच्चों की बस्तियां में Sakhar Shala try to solve problems in continuing education by opening schools. functions only during the second part (oct to march).

  शक्कर शाला : शक्कर शाली स्कूल खोलकर सतत शिक्षा में आने वाली समस्याओं को हल करने का प्रयास करती है। साल के केवल दूसरे भाग(अक्टूबर से मार्च)के दौरान कार्य करता है।
- **Cape Project** (1981)- Primary Education for all: 6-14 years. Assistance with UNICEF. Part time Classes.

  केप परियोजना (1918): सभी के लिए प्राथमिक शिक्षा 14-6: वर्ष । यूनिसेफ के साथ सहायता। अंशकालिक कक्षाएं।
- **Remedial Teaching Classes:** Help students to reach minimum level of learning. M. Phule Hami Yojana remains deprived in studies because of their low concentration.

  रेमेडियल शिक्षण कक्षाएँ: छात्रों को सीखने के न्यूनतम स्तर तक पहुँचने में मदद करती हैं। एम. फुले हमी योजना कम एकाग्रता के कारण पढ़ाई से वंचित रह जाते है।

- **Vastishala**-primary schools (classes 1-4): Informal education in hilly, tribal and remote areas. Village Education Committee arrange qualified teachers (30 days training by DIET).

  वास्तीशाला: प्राथमिक विद्यालय (1-4) पहाड़ी, आदिवासी और दूरदराज के क्षेत्रों में अनौपचारिक शिक्षा/ग्राम शिक्षा समिति योग्य शिक्षकों की व्यवस्था करती है) (डाइट द्वारा 30 दिन का प्रशिक्षण)।

Notes

5.3.5.6 The Scheme for Special Target Group (Handicapped, Devdasi Children, Etc.) (विशेष लक्ष्य समूह (विकलांग, देवदासी बच्चे, आदि) के लिए योजना)

- **Schemes for children of Devdasi** (Varangana) - Nutritional meal, Attendance allowance, Book bank Yojana, Boarding schools- Anehalaya, Women's Provodhan program, Free pass Yojana.

  देवदासी (वरांगना) **के बच्चों के लिए योजनाएँ:** पोषाहार भोजन, उपस्थिति भत्ता, बुक बैंक योजना, बोर्डिंग स्कूल -स्नेहालय, महिला प्रबोधन कार्यक्रम, नि:शुल्क पास योजना।

- **Education for handicapped** - non-formal education, Distance Education, Moving schools, remedial education, part time education and vocational Education.

  विकलांगों के लिए शिक्षा: अनौपचारिक शिक्षा, दूरस्थ शिक्षा, चलती स्कूल उपचारात्मक शिक्षा / अंशकालिक शिक्षा और व्यावसायिक शिक्षा।

- **Education for disabled children** In 1885 a deaf & dumb school was established in Mumbai. But after sometime admitted to general school-integrated approach.

  विकलांग बच्चों के लिए शिक्षा: 1885 में मुंबई में एक मूक-बधिर स्कूल की स्थापना की गई। लेकिन कुछ समय बाद बच्चों को सामान्य स्कूलों में भर्ती करा दिया जाता है। इसे समेकित शिक्षा उपागम कहा जाता है।

5.4 D.P.E.P. (DISTRICT PRIMARY EDUCATION PROJECT) (जिला प्राथमिक शिक्षा परियोजना)

- Launched in 1994-95.

  इसे 1994-95 में शुरू किया गया।
- Universalization of elementary education.

  प्रारंभिक शिक्षा का सार्वभौमिकरण ।
- (Phase I) five states with the help of World Bank.

  चरण -I विश्व बैंक की सहायता - पाँच राज्य।
- 100% access to education.

  शिक्षा तक 100% पहुँच।
- 100% enrollment and retention.

  100% नामांकन और प्रतिधारण।
- Minimum level of learning (MLL)

  सीखने का न्यूनतम स्तर।
- Decrease dropout.

  ड्रॉपआउट पर नियंत्रण।

5.4.2 Major Components of DPEP- (डी.पी. ई.पी. के मुख्य घटक)

- **Civil Works:** construction of new schools, class rooms, toilets, bore wells, group residential school, teachers' quarters and women's hostel have been proposed.

  सिविल कार्य: नवीन विद्यालय, कक्षा कक्ष, शौचालय, बोरवेल, सामूहिक आवासीय विद्यालय, शिक्षक आवास एवं महिला छात्रावास का निर्माण प्रस्तावित है।

Notes

- **Programme:** approaches for providing school facilities.
  कार्यक्रम: स्कूल सुविधाएं प्रदान करने के लिए दृष्टिकोण।
- **Management:** Management Information System (MIS)
  प्रबंधन: प्रबंधन सूचना प्रणाली (एमआईएस)।
- **School Mapping and Micro Planning:** enrollment and participation in primary education. VECs monitors the educational system of the village.
  स्कूल मैपिंग और माइक्रो प्लानिंग: प्राथमिक शिक्षा में नामांकन और भागीदारी। वीईसी गांव की शिक्षा व्यवस्था पर नजर रखता है।

5.4.3 Execution Plan of DPEP (डी पी ई पी का कार्यान्वियन)

- Identified district.
  जिला चिन्हित किया गया ।
- New organizational arrangements like the BRCs and CRCs.
  बीआरसी और सीआरसी जैसी नई संगठनात्मक व्यवस्था ।
- providing contingency grants of Rs.2000/to each school and Rs.500/ to every teacher annually.
  प्रत्येक स्कूल को =2000/ रुपये और प्रत्येक शिक्षक को सालाना =500/ का आकस्मिक अनुदान प्रदान करना ।

5.4.4 Strategies and Activities (कार्यनीतियाँ तथा क्रियाकलाप)

- **Access:** Opening new L.P. Schools in tribal area, Multigrade Learning Centers in remote tribal area and Alternate school in remote and backward areas. (Tribal & coastal).
  पहुँच (अभिगम्यता): आदिवासी क्षेत्र में नए L-P स्कूल खोलना, दूरस्थ आदिवासी क्षेत्र में मल्टीग्रेड लर्निंग सेंटर और दूरस्थ और पिछड़े क्षेत्रों में, वैकल्पिक विद्यालय खोलना (आदिवासी - तटीय)।
- **Tribal and Coastal Education:** Enrollment campaign, free supply of Text books to tribal children.
  आदिवासी और तटीय के लिए शिक्षा: नामांकन अभियान, आदिवासी बच्चों को पाठ्य पुस्तकों की मुफ्त आपूर्ति।
- **Quality Improvement:** Teacher training.
  गुणवत्ता में सुधार: शिक्षक प्रशिक्षण।
- **Community Mobilization :** Creation of Village Education Committee, Panchayat Monitoring Cell (PMC).
  सामुदायिक लामबंदी/संघटन: ग्राम शिक्षा समिति, पंचायत निगरानी प्रकोष्ठ (पीएमसी) का निर्माण।
- **Research and Evaluation:** Action Research Programme.
  अनुसंधान और मूल्यांकन: कार्य अनुसंधान कार्यक्रम।
- **Planning and Management**
  योजना और प्रबंधन
- **Identification and Education of Disabled Children:** Supply of aids & appliances, Training to teachers.
  विकलांग बच्चों की पहचान और शिक्षा (IEDC): शिक्षकों को सहायता और उपकरणों की आपूर्ति, प्रशिक्षण।
- Girls Education
  बालिका शिक्षा।
- Distance Education
  दूरस्थ शिक्षा।
- Management Information System (MIS)

प्रबंधन सूचना प्रणाली (एमआईएस)

- Village Education Register and Retention Register
  ग्राम शिक्षा रजिस्टर और प्रतिधारण रजिस्टर।

5.6 GLOSSARY/ ABBREVIATIONS (शब्दावली/संकेताक्षर)

- The gross enrollment ratio is a related indicator. The primary GER indicates how many children, regardless of their age, are enrolled in primary school, relative to the population of primary school age.
  सकल नामांकन अनुपात संबंधित संकेतक है। प्राथमिक जीईआर इंगित करता है कि प्राथमिक विद्यालय की आयु की जनसंख्या के सापेक्ष कितने बच्चे प्राथमिक विद्यालय में नामांकित हैं,चाहे उनकी उम्र कुछ भी हो।
- $$\text{Primary GER} = \frac{\text{Number of children enrolled in primary school}}{\text{Number of children of primary school age}}$$
  $$\text{प्राथमिक जीईआर} = \frac{\text{प्राथमिक विद्यालय में पंजीकृत कुल बच्चों की संख्या}}{\text{प्राथमिक विद्यालय आयु वर्ग के बच्चों की संख्या}}$$
- The value of the GER can exceed 100 percent. An indicator of overage enrollment.
  जीईआर का मूल्य 100 प्रतिशत से अधिक हो सकता है। अधिक उम्र के नामांकन का सूचक।
- Primary NER =
  $$\frac{\text{No. of children of primary school age enrolled in primary school}}{\text{Number of children of primary school age}}$$
  $$\text{प्राथमिक एनईआर} = \frac{\text{प्राथमिक विद्यालयी आयु वर्ग के पंजीकृत कुल विद्यार्थी}}{\text{प्राथमिक विद्यालयी आयु वर्ग के कुल बच्चों की संख्या}}$$
- Value of the NER cannot exceed 100 %. If all children of primary school age are enrolled in primary school, the primary NER is 100 percent.
  एनईआर का मूल्य 100% से अधिक नहीं हो सकता। यदि प्राथमिक विद्यालय की आयु के सभी बच्चे प्राथमिक विद्यालय में नामांकित हैं, तो प्राथमिक एनईआर 100 प्रतिशत है।
- DPEP: District Primary Education Programme.
- UP-BEP: Uttar Pradesh Basic Education Project
- Primary GER: Gross Enrollment Ratio.
- UEE: Universalization of Elementary Education
- NER: Net Enrollment Ratio
- BEP: Bihar Education Project

Notes

6

STRATEGIES FOR UEE-II

(प्रारंभिक शिक्षा के सार्विकीकरण के लिए व्यूह रचना-II)

6.2 SARVA SHIKSHA ABHIYAN PROGRAMME (SSA) AND ITS ESSENTIAL FEATURES (सर्व शिक्षा अभियान कार्यक्रम और इसके मुख्य लक्षण)

- SSA was initiated in 2001.
  सर्व शिक्षा अभियान 2001 में शुरू किया गया था।
- Universal Elementary Education: improving enrolment, retention, quality of education.
  सार्वभौमिक प्रारंभिक शिक्षा: नामांकन, प्रतिधारण, शिक्षा की गुणवत्ता में सुधार।
- 86th Amendment (2002) made elementary education a fundamental right but operationalised after free and compulsory education passed by the Parliament August 2009.
  86वें संशोधन (2002) ने प्रारंभिक शिक्षा को एक मौलिक अधिकार बना दिया, लेकिन संसद द्वारा अगस्त 2009 में पारित मुफ्त और अनिवार्य शिक्षा के बाद इसे लागू किया गया।
- Actively involve Panchayati Raj Institutions, School Management Committees, village Education Committees, Parent-teachers associations.
  पंचायती राज संस्थाओं, स्कूल प्रबंधन समितियों, ग्राम शिक्षा समितियों, ग्राम शिक्षा समितियों, अभिभावक - शिक्षक संघों को सक्रिय रूप से शामिल करें।
- Opportunity for Public Private Partnership(OPP)
  सार्वजनिक निजी भागीदारी (ओपीपी) के लिए अवसर।

6.3 AIMS AND OBJECTIVES OF THE SSA (सर्व शिक्षा अभियान के लक्ष्य और उद्देश्य)

- Provide useful and relevant elementary education for all children in the 6 to 14 age group by 2010.
  2010 तक 6 से 14 आयु वर्ग के सभी बच्चों के लिए उपयोगी और प्रासंगिक प्रारंभिक शिक्षा प्रदान करना।
- To ensure that all children are in school, Education Guarantee Centre, Alternate School, 'Back-to-School' camp by 2003 (revised to 2005).
  यह सुनिश्चित करने के लिए कि 2003 तक सभी बच्चे स्कूल, शिक्षा गारंटी केंद्र,वैकल्पिक स्कूल, बैक-टू-स्कूल कैंप में हैं (2005) में संशोधित।
- All children complete five years of primary schooling by 2007.
  2007तक सभी बच्चे पाँच साल की प्राथमिक शिक्षा पूरी कर लें।
- All children complete eight years of elementary schooling by 2010.
  सभी बच्चे 2010 तक आठ साल की प्रारंभिक स्कूली शिक्षा पूरी कर लेंगे।
- Ensure Universal retention by 2010.
  2010 तक सार्वभौमिक प्रतिधारण सुनिश्चित करें।

- 2010 is the outer limit for such achievements.
  2010 ऐंसी उपलब्धियों की बाहरी सीमा है।

Sarva shiksha abhiyan: two aspects (सर्व शिक्षा अभियान : दो पहलू)

- Wide convergent framework for implementation of Elementary Education schemes.
  प्रारंभिक शिक्षा योजना के कायन्वियन के लिए व्यापक अभिसरण ढांचा।
- Budget provision for strengthening vital areas to achieve universalisation of elementary education.
  प्रारंभिक शिक्षा के सार्वभौमिकरण को प्राप्त करने के लिए महत्वपूर्ण क्षेत्रों को मजबूत करने के लिए बजट प्रावधान।

6.4 BROAD STRATEGIES OF THE SSA PROGRAMME (सर्वशिक्षा अभियान कार्यक्रम की व्यापक रणनीतियाँ)

- Institutional Reforms
  संस्थागत सुधार।
- Sustainable Financing
  सतत वित्तपोषण/अविछन्न निधियन।
- Community Ownership
  सामुदायिक स्वामित्व।
- Institutional Capacity Building
  संस्थागत/संस्थानिक क्षमता निर्माण।
- Improving Mainstream Educational Administration
  मुख्यधारा के शैक्षिक प्रशासन में सुधार।
- Community Based Monitoring with Full Transparency
  पूर्ण पारदर्शिता के साथ समुदाय आधारित निगरानी।
- Habitation as a Unit of Planning
  योजना की एक इकाई के रूप में बसावट।
- Accountability to Community
  समुदाय के प्रति जवाबदेही।
- Priority to Education of Girls
  लड़कियों की शिक्षा को प्राथमिकता।
- Focus on Special Groups
  विशेष समूहों पर ध्यान देना।
- Thrust on Quality
  गुणवत्ता पर जोर।
- Role of teachers: focus on their development needs
  शिक्षकों की भूमिका: उनके विकास की जरूरतों पर ध्यान देना।
- District Elementary Education Plans
  जिला प्रारंभिक शिक्षा योजना।

Public-private partnership in SSA (सर्व शिक्षा अभियान में सार्वजनिक-निजी भागीदारी)

- Government and government aided schools.
  सरकारी और सरकारी सहायता प्राप्त स्कूल।
- DIETs and other Government teacher-training institutes could be used to provide resource support to private unaided institutions.

Notes

Notes

निजी गैर-सहायता प्राप्त संस्थानों को संसाधन सहायता प्रदान करने के लिए DIETs और अन्य सरकारी शिक्षक-प्रशिक्षण संस्थानों का उपयोग किया जा सकता है।

6.5 FINANCIAL NORMS UNDER SARVA SHIKSHA ABHIYAN (सर्व शिक्षा अभियान के अंतर्गत वित्तीय मानदंड)

- Central government and State governments sharing - IX Plan (85:15), X Plan (75:25), Now 50:50.

  केंद्र सरकार और राज्य सरकारें साझा कर रही हैं IX - पंच वर्षीय योजनाएँ, (85:15) -योजना, (75:25) उसके बाद 50:50।
- Existing schemes of elementary education of the Department (except National Bal Bhawan and NCTE) will converge after the IX Plan.

  नौवीं योजना के बाद विभाग की प्रारंभिक शिक्षा की मौजूदा योजनाएँ (राष्ट्रीय बाल भवन और एनसीटीई को छोड़कर) एक हो जाएँगी।
- All funds to be used for upgradation, maintenance, repair of schools and Teaching Learning Equipment and local management to be transferred to VECs/ School Management Committees/ Gram Panchayat.

  उन्नयन रखरखाव, मरम्मत और शिक्षण अधिगम उपकरण और स्थानीय प्रबंधन के लिए उपयोग की जाने वाली सभी धनराशि को वीईसी/स्कूल प्रबंधन समितियों/ग्राम पंचायतों को हस्तांतरित किया जाना है।
- Distribution of scholarships and uniforms will continue to be funded under the State Plan. They will not be funded under the SSA programme.

  वितरण हेतु अनुदान दिया जाता रहेगा। उन्हें एसएसए कार्यक्रम के तहत वित्त पोषित नहीं किया जाएगा।

6.6 DEVELOPMENT OF SCHOOL AND OTHER RELATED FACILITIES (विद्यालय और अन्य संबंधित सुविधाओं का विकास)

States are now able to use the additional resources to finance infrastructure facilities, appoint teachers and provide teacher training.

राज्य अब अतिरिक्त संसाधनों का उपयोग बुनियादी सुविधाओं के वित्तपोषण शिक्षकों की नियुक्ति और शिक्षक प्रशिक्षण प्रदान करने में कर सकते हैं।

Interventions in SSA (सर्व शिक्षा अभियान में हस्तक्षेप)

- **AIE** - Alternative and innovative education (AIE)- developed for ensuring participation of children of marginalized and deprived groups in tribal and coastal areas.

  वैकल्पिक तथा नवाचारी शिक्षा (एआईई) - वैकल्पिक और नवीन शिक्षा (एआईई) आदिवासी और तटीय क्षेत्रों में हाशिए पर और - वंचित समूहों के बच्चों की भागीदारी सुनिश्चित करने के लिए विकसित की गई।
- **Civil works:** massive investment up to the limit of 33% of the total project budget. Provision of infrastructure for Resources Centers.

  लोक सेवा कार्य: कुल परियोजना बजट के 33% की सीमा तक भारी निवेश | संसाधन केंद्रों के लिए बुनियादी ढांचे का प्रावधान।
- **Innovative activities:** Early Childhood Care and Education, Girls Education, SC/ST Education and Computer Education.

  अभिनव गतिविधियाँ/नवाचार क्रियाकलाप: प्रारंभिक बचपन की देखभाल और शिक्षा, बालिका शिक्षा,अनुसूचित जाति / अनुसूचित जनजाति शिक्षा और कंप्यूटर शिक्षा।
- **R&E (Research and Evaluation):** provisions for regular school mapping/ micro planning for updating of household data. Setting up special task force for low female literacy districts. Incurring expenditure on Education

Management Information System.

अनुसंधान और मूल्यांकन: घरेलू डेटा के अद्यतन के लिए नियमित स्कूल मानचित्रण / सूक्ष्म नियोजन के प्रावधान / कम महिला साक्षरता वाले जिलों के लिए विशेष टास्क फोर्स का गठन / शिक्षा प्रबंधन सूचना प्रणाली पर व्यय करना।

- **School grant:** Rs.2,000 each was given to schools. Rs.1000 was given for improvement of school library facilities. Rest money school beautification, repair and maintenance of furniture etc.

  स्कूल अनुदान: प्रत्येक को 2,000 रुपये स्कूलों को दिए गए। स्कूल पुस्तकालय सुविधाओं में सुधार के लिए 1000 रुपये दिए गए। रेस्ट मनी स्कूल का सौंदर्यीकरण, फर्नीचर की मरम्मत और रखरखाव आदि।
- **Teacher grant:** Rs.500- (TLM).

  शिक्षक अनुदान - 500: (टीएलएम)
- **Teacher training**

  शिक्षक प्रशिक्षण
- **Distance education:** With the help of IGNOU- self- learning materials, audio-video.

  दूरस्थ शिक्षा: इग्नू की सहायता से स्व-शिक्षण सामग्री, ऑडियो-वीडियो।

6.7 MID-DAY-MEAL SCHEME AND ITS CONTRIBUTION IN SSA (Now Pradhanmantri Poshan SCHEME) (मध्याहन भोजन योजना और सर्वशिक्षा अभियान में उसका योगदान) (अब प्रधानमंत्री पोषण योजना)

- Four important factors- Access to Education, Enrolment of children, and Retention of the enrolled children and Achievement.

  चार महत्वपूर्ण कारक - शिक्षा तक पहुँच, बच्चों का नामांकन और नामांकित बच्चों का प्रतिधारण और उपलब्धि|
- Government of India launched the scheme of National Programme of Nutritional Support to Primary Education also known as Mid-Day-Meal Programme. Oct 2nd 1995

  भारत सरकार ने प्राथमिक शिक्षा के लिए पोषण सहायता के राष्ट्रीय कार्यक्रम की योजना 2 अक्टूबर 1995 में शुरू की, जिसे मध्याह्न भोजन कार्यक्रम के रूप में भी जाना जाता है।
- Wheat 3 kg per student per month (for 10 months in a year)- If 80% attendance. This system was called provision of 'dry rations'. State governments to provide cooked meals instead of 'dry rations'. Implemented from June 2002.

  गेहूं 3रु.किलो प्रति छात्र प्रति माह (वर्ष में 10 महीने के लिए) - यदि 80% उपस्थिति है। इस व्यवस्था को सूखा राशन का प्रावधान कहा जाता था। राज्य सरकारें सूखा राशन के बजाय पका हुआ भोजन उपलब्ध कराएं। जून 2002 से लागू किया गया।
- Supreme Court (28th November, 2001)- minimum contents of 300 calories of energy and 8-12 grams of protein for 200 days.

  सुप्रीम कोर्ट (28 नवंबर, 2001) न्यूनतम दिनों के लिए 300 कैलोरी ऊर्जा और 8-12 ग्राम प्रोटीन की न्यूनतम सामग्री।
- Dr. M. G. Ramachandran (upto 10). Tamil Nadu's midday meal programme is among the best.

  डॉ. एम. जी. रामचंद्रन (10 वीं तक)। तमिलनाडु का मध्याहन भोजन कार्यक्रम सर्वश्रेष्ठ में से एक है।
- Pondicherry started universal school feeding as early as 1930.

  पांडिचेरी ने 1930 की शुरुआत में सार्वभौमिक स्कूल फीडिंग शुरू कर दी थी।

Notes

Notes

पांडिचेरी ने 1930 की शुरुआत में सार्वभौमिक स्कूल फीडिंग शुरू कर दी थी।

- Gujarat – 1980s
  गुजरात – 1980 के दशक में।
- Kerala- cooked meals- 1995.
  केरल -पका हुआ भोजन - 1995
- Programme has become almost universal by 2005.
  2005 तक कार्यक्रम लगभग सार्वभौमिक हो गया है।
- Common Minimum Programme (2004)- support to the states for cooking.
  न्यूनतम साझा कार्यक्रम (2004) - खाना पकाने के लिए राज्यों को सहायता।

6.8 HARMONIZATION OF RTE ACT, 2009 AND SARVA SHIKSHA ABHIYAN (आरटीई अधिनियम 2009, और सर्व शिक्षा अभियान का सामंजस्य/सुमेलीकरण)

- Come into force from April 1, 2010.
  1अप्रैल 2010 से लागू।
- Inclusion of children with special needs.
  विशेष आवश्यकता वाले बच्चों को शामिल करना।
- Inclusive educational set up.
  समावेशी शैक्षणिक व्यवस्था।
- Assess the enrolment, dropout, retention of girls at primary and elementary level.
  प्राथमिक और प्रारंभिक स्तर पर लड़कियों के नामांकन बीच में छोड़ने, लड़कियों के प्रतिधारण का आकलन करना।
- To examine the physical and financial performance of SSA Scheme in relation to Training.
  प्रशिक्षण के संबंध में सर्व शिक्षा अभियान योजना के भौतिक और वित्तीय प्रदर्शन की जांच करना।
- Primary school for a population of 300 per kilometer.
  प्रति किलोमीटर पर 300 की आबादी के लिए प्राथमिक विद्यालय।
- Upper primary school for a population of 800 at every two kilometers.
  प्रत्येक दो किलोमीटर पर 800 की आबादी के लिए उच्च प्राथमिक विद्यालय।
- The RTE Act has implications for the overall approach and implementation strategies of SSA.
  आरटीई अधिनियम के एसएसए के समग्र दृष्टिकोण और कार्यान्वयन रणनीतियों के लिए निहितार्थ हैं।
- MHRD set up a Committee under the Chairpersonship of Shri Anil Bordia.
  श्री अनिल बोर्डिया की अध्यक्षता में एक समिति का गठन किया।

PLANNING AND MANAGEMENT OF UEE
(प्रारंभिक शिक्षा के सार्विकीकरण का आयोजन तथा प्रबंधन)

7

7.2 DECENTRALIZATION OF MANAGEMENT OF ELEMENTARY EDUCATION (प्राथमिक शिक्षा के प्रबंधन का विकेन्द्रीकरण)

7.2.1 Centralized VIS-À-VIS Decentralized System (केंद्रीकृत बनाम विकेन्द्रीकृत प्रणाली)

- Some matters might be dealt with locally, school officials are given some powers in day-to-day activities.
  कुछ मामलों को स्थानीय रूप से निपटाया जा सकता है, स्कूल के अधिकारियों को दिन-प्रतिदिन की गतिविधियों में कुछ अधिकार दिए जाते हैं।
- Important objective of decentralization is to ensure equity and inclusiveness of elementary education.
  विकेंद्रीकरण का महत्वपूर्ण उद्देश्य प्रारंभिक शिक्षा की समानता और समावेशिता सुनिश्चित करना है।
- The Plan of Action (POA), 1992 emphasized micro planning as a process of tracking every child's educational progress.
  कार्य योजना (पीओए 1992) ने प्रत्येक बच्चे की शैक्षिक प्रगति पर नजर रखने की प्रक्रिया के रूप में सूक्ष्म नियोजन पर बल दिया।

7.2.2 India's Experience with Decentralization (विकेंद्रीकरण के साथ भारत का अनुभव)

- 73rd and 74th constitutional amendments have created a congenial ambience for the local self-governments to play a more dynamic and proactive role.
  73वें और 74 वें संवैधानिक संशोधनों ने स्थानीय स्व- सरकारों के लिए अधिक गतिशील और सक्रिय भूमिका निभाने के लिए एक अनुकूल माहौल तैयार किया है।
- The ICDS (0-6 years) experience showed that involvement of the local people is crucial to improve the health and nutritional status.
  आईसीडीएस (6-0 वर्ष) के अनुभव से पता चला है कि स्वास्थ्य और पोषण की स्थिति में सुधार के लिए स्थानीय लोगों की भागीदारी महत्वपूर्ण है।
- Give support to educational professionals and administrators working at the urban local government and panchayati raj institution levels.
  पंचायती राज संस्था स्तरों पर कार्यरत शैक्षिक पेशेवरों और प्रशासकों को सहायता देना।
- ICDS is known internationally as one of the most successful programmes because of the involvement of the local community-Early Childhood Care and Education (ECCE).
  आईसीडीएस को अंतरराष्ट्रीय स्तर पर सबसे सफल कार्यक्रमों में से एक के रूप में जाना जाता है- प्रारंभिक बचपन देखभाल और शिक्षा (ईसीसीई)।

Notes

- Active cooperation of the local community- Panchayati Raj Institutions, School Management Committees, Village and Urban Ward/Slum level Education Committees, Parents-Teachers' Associations, Tother Meacher Associations, Tribal Autonomous Development Councils.

  स्थानीय समुदाय का सक्रिय सहयोग -पंचायती राज संस्थाएं, स्कूल प्रबंधन समितियां, गांव और शहरी वार्ड/स्लम स्तर की शिक्षा समितियां, माता-पिता- शिक्षक संघ, मातृ शिक्षक संघ, आदिवासी स्वायत्त विकास परिषद।

7.3. PLANNING AT MICRO LEVEL - planning at the grass roots level (सूक्ष्म स्तर पर योजना-जमीनी स्तर पर योजना बनाना)

- The participation of the beneficiaries, the local people, in identifying needs.

  जरूरतों की पहचान करने में लाभार्थियों, स्थानीय लोगों की भागीदारी।
- Generating available resources in terms of (i) material inputs (ii) co-operative action (iii) creation of more resources through supportive efforts

  (i) सामग्री इनपुट (ii) सहकारी कार्रवाई (iii) सहायक प्रयासों के माध्यम से अधिक संसाधनों का निर्माण के संदर्भ में उपलब्ध संसाधनों का सृजन।
- Preparation of village plan, keeping in view the available resources.

  उपलब्ध संसाधनों को ध्यान में रखते हुए ग्राम योजना तैयार करना।

7.3.3 Steps for Involving Community in Micro Planning Processes (सूक्ष्म आयोजना प्रक्रियाओं में समुदाय को शामिल करने के लिए चरण)

- **Empowerment of community**- Conduct awareness campaigns- Meena Campaign, Maa-beti Mela, Mahila Sanmelan, Kishori Mela, Bal-Shishu Mela, Prabhat pheris, enrolment drive.

  समुदाय का सशक्तीकरण -जागरुकता अभियान चलाना -मीना अभियान, माँ-बेटी मेला, महिला सम्मेलन, किशोरी मेला, बाल -शिशु मेला, प्रभाती फेरी, नामांकन अभियान।
- **Identification of planning teams**- core planning team has to be formed.

  अभ्यांतर/नियोजन टीमों की पहचान-कोर प्लानिंग टीम का गठन किया जाना है।
- Capacity building of core planning teams

  कोर प्लानिंग टीमों का क्षमता निर्माण।
- Identification of issues requiring intervention

  हस्तक्षेप की आवश्यकता वाले मुद्दों की पहचान।
- Data requirement and sources of data

  डेटा की आवश्यकता और डेटा के स्रोत।
- **Micro-planning exercises:** setting targets on enrollment, dropout, retention, passing rates. Deciding and sequencing the activities.

  माइक्रो-प्लानिंग/सूक्ष्म आयोजन अभ्यास: नामांकन, ड्रॉपआउट, प्रतिधारण, उत्तीर्ण दरों पर लक्ष्य निर्धारित करना। गतिविधियों का निर्णय और अनुक्रमण।
- ***Logical frame of action*** has to be prepared. National Policy on Education in 1986 (innovative schemes)- Operation Blackboard, Teacher Education, Non Formal Education, Mahila Samakhya, National Programme for Nutritional Support for Primary Education.

  कार्रवाई का तार्किक ढांचा तैयार करना होगा। 1986 में शिक्षा पर राष्ट्रीय नीति (नवीन योजनाएँ) - ऑपरेशन ब्लैकबोर्ड, शिक्षक शिक्षा, अनौपचारिक शिक्षा, महिला समाख्या, प्राथमिक शिक्षा के लिए पोषाहार सहायता के लिए राष्ट्रीय कार्यक्रम।

7.3.4 Roles and Responsibilities of DEO, DRC (DIET), BEOs, BRCs and CRCs (डीईओ, डी आर सी (डाइट) बीईओज, बी आर सी और सी आर सी की भूमिका एवं जिम्मेदारी)

Notes

- **District Level-** District Elementary Education Officer (DEO)- Initiate campaigns to register the birth, Take steps to enroll, Monitor teacher vacancies and teacher training, Set up Grievance Redressal Committees (headed by Chairperson of the Education Committee/ PRI).

  जिला स्तर -जिला प्रारंभिक शिक्षा अधिकारी (डीईओ) - जन्म पंजीकरण के लिए अभियान शुरु करें, नामांकन के लिए कदम उठाएं, शिक्षक रिक्तियों और शिक्षक प्रशिक्षण की निगरानी करें, शिकायत निवारण समितियां स्थापित करें (शिक्षा समिति/पीआरआई के अध्यक्ष की अध्यक्षता में।)

- **Spatial And Social Mapping-** identify children who cannot access school for social, cultural, economic reasons. Process of school mapping- environment building in the village, formation of a village education committee, training of members, preparation of a rough spatial map, conduct of a household survey, enrolment status, preparation of a village/ school education register, presentation of the map and analysis to the people, get peoples' suggestions.

  स्थानिक और सामाजिक मानचित्रण - उन बच्चों की पहचान करें जो सामाजिक, सांस्कृतिक, आर्थिक कारणों से स्कूल नहीं जा सकते। विद्यालय मानचित्रण की प्रक्रिया - गाँव में पर्यावरण निर्माण, ग्राम शिक्षा समिति का गठन, सदस्यों का प्रशिक्षण, रफ स्थानिक मानचित्र तैयार करना, घरेलू सर्वेक्षण करना, नामांकन की स्थिति, गाँव/विद्यालय शिक्षा रजिस्टर तैयार करना, लोगों के लिए नक्शा और विश्लेषण, लोगों के सुझाव प्राप्त करें।

- **Resource Centres For Planning-** The DIETs and DPEPs have a Planning and Management Unit.

  योजना के लिए संसाधन केंद्र- DIETS और DPEPs में एक योजना और प्रबंधन इकाई है।

- **Appraisal:** The district plan before it is finalized goes through a process called "appraisal". finding out- data provided as evidence is based on real situation, justification of needs etc. DEO has to implement the plans in collaboration with private schools, NGOs and other stakeholders.

  मूल्यांकन: जिला योजना को अंतिम रूप देने से पहले मूल्यांकन नामक प्रक्रिया से गुजरती है। सबूत के रूप में उपलब्ध कराए गए डेटा का पता लगाना, वास्तविक स्थिति, जरूरतों के औचित्य आदि पर आधारित है। डीईओ को निजी स्कूलों, गैर सरकारी संगठनों और अन्य हितधारकों के सहयोग से योजनाओं को लागू करना है।

- **Implementation:** Partnership with NGOs is conceived in three ways:

  through direct

  through direct funding

  funding by identified National and State Resource Institutions

  funding by Village Education Committees

  कार्यान्वयन: गैर सरकारी संगठनों के साथ साझेदारी की कल्पना तीन तरीकों से की जाती है:

  प्रत्यक्ष वित्त पोषण के माध्यम से

  पहचान किए गए राष्ट्रीय और राज्य संसाधन संस्थानों द्वारा वित्त पोषण

  ग्राम शिक्षा समितियों द्वारा वित्त पोषण

7.3.4.1 Monitoring and Supervision of Schools (स्कूलों की निगरानी और पर्यवेक्षण)

- **Role of the Community-** VECs/Ward Education Committees- all children come to school regularly, enroelment, retention of education of girl children, quality education, local level teachers are recruited, school timing, alternative schooling centers, TLM.

  समुदाय की भूमिका -वीईसी / वार्ड शिक्षा समितियां - सभी बच्चे नियमित रुप से स्कूल आते हैं, नामांकन,बालिकाओं की शिक्षा को बनाए रखना, गुणवत्तापूर्ण शिक्षा, स्थानीय स्तर के शिक्षकों की भर्ती,स्कूल का समय, वैकल्पिक स्कूली शिक्षा केंद्र, टीएलएम ।

- **Role of BEO-** visit every school, condition of school buildings, infrastructure, hygiene levels, give feed-back to the DEO

  बीईआ की भूमिका -हर स्कूल का दौरा करें, स्कूल भवनों की स्थिति, बुनियादी ढांचे, स्वच्छता के स्तर, डीईओ को फीडबैक दें।

Notes

7.4 MANAGEMENT AND GOVERNANCE ISSUES IN ELEMENTARY EDUCATION (प्रारंभिक शिक्षा में प्रबंधन और शासन के मुद्दे/समस्याएँ)

7.4.1 Issues Related with Governance (अभिशासन से संबंधित मुद्दे/समस्याएँ)

- Right of entry into the school system is upheld must be established.
  स्कूल प्रणाली में प्रवेश के अधिकार को कायम रखा जाना चाहिए।
- Requiring each school to publish its admission policy.
  प्रत्येक स्कूल को अपनी प्रवेश नीति प्रकाशित करने की आवश्यकता है।
- What assurance will the local bodies have that the funding will be secured and will continue?
  स्थानीय निकाय को क्या आश्वासन मिलेगा कि फंडिंग सुरक्षित रहेगी और जारी रहेगी?
- How will central resources be allocated to the various local bodies?
  विभिन्न स्थानीय निकाय को केंद्रीय संसाधन कैसे आवंटित किए जाएँगे?
- What freedom will local authorities be granted in the use of the funds?
  धन के उपयोग में स्थानीय अधिकारियों को क्या स्वतंत्रता दी जाएगी?
- If local bodies are to be responsible for securing their own funds to finance primary education, what sources can they tap?
  यदि स्थानीय निकायों को प्राथमिक शिक्षा के वित्त पोषण के लिए अपने स्वयं के धन को सुरक्षित करने के लिए जिम्मेदार होना है, तो वे किन स्रोतों का उपयोग कर सकते हैं?
- Who will oversee and audit the finances of local authorities?
  स्थानीय अधिकारियों के वित्त की देखरेख और लेखा परीक्षा कौन करेगा?

7.4.2 Teacher Recruitment and Management (शिक्षक भर्ती और प्रबंधन)

- The states are free to follow their own norms as long as these are consistent with the norms established by NCTE.
  जब तक राज्य के मानदंड एनसीटीई द्वारा स्थापित मानदंडों के अनुरूप हैं, तब तक राज्य अपने स्वयं के मानदंडों का पालन करने के लिए स्वतंत्र हैं।
- Governments have to ensure that there are no single teacher schools.
  सरकारों को यह सुनिश्चित करना होगा कि किसी भी विद्यालय में एकल शिक्षक न हो।
- At least 50% of the teachers are women is to be strictly followed.
  शिक्षकों में कम से कम 50% महिलाएँ हों जिनका कड़ाई से पालन किया जाना है।

7.4.3 Role of School Management Committee (स्कूल प्रबंधन समिति की भूमिका)

- A School Management Committee (SMC) has to be constituted within six months of the date of recognition.
  मान्यता की तारीख से छह महीने के भीतर एक स्कूल प्रबंधन समिति (एसएमसी) का गठन किया जाना है।
- SMC has to be reconstituted every two years.
  हर दो साल में एसएमसी का पुनर्गठन करना होता है।
- 75% of the strength of the SMC- Parents.
  एस एम सी की संख्या का 75% माता-पिता होंगे।
- 25% of the strength of the SMC- 1/3 local authority, 1/3 teachers from the school, 1/3 local educationists.
  एस एम सी की संख्या का 25% - 1/3 स्थानीय प्राधिकरण, स्कूल से 1/3 शिक्षक, 1/3 स्थानीय शिक्षाविद् होंगे।

Notes

- Protection of Child Rights.
  बाल अधिकारों का संरक्षण।
- Preparation of School Development Plan by SMC.
  स्कूल विकास योजना तैयार करना।
- **Role of SMC Vis-À-Vis Relevant Government Departments-** SMC maintains vibrant partnerships with the departments and organizations concerned with children belonging to SC, ST, and educationally backward sections.
  संगत सरकारी विभागों के सन्दर्भ में विद्यालय प्रबंधन समिति की भूमिका- एसएमसी एससी, एसटी और शैक्षिक रूप से पिछड़े वर्गों के बच्चों से संबंधित विभागों और संगठनों के साथ जीवंत भागीदारी बनाए रखता है।

7.5 SCHOOL MANAGEMENT VIS-À-VIS THE RTE ACT 2009 (स्कूल प्रबंधन बनाम आरटीई अधिनियम 2009)

- The school is run by a society registered under the Societies Registration Act, 1860, or a public trust constituted under a law.
  स्कूल सोसायटी पंजीकरण अधिनियम 1860 के तहत पंजीकृत सोसायटी या कानून के तहत गठित एक सार्वजनिक ट्रस्ट द्वारा चलाया जाता है।
- The school is not run for profit to any individual, group.
  स्कूल किसी व्यक्ति, समूह के लाभ के लिए नहीं चलाया जाता है।
- The school conforms to the values enshrined in the Constitution.
  स्कूल संविधान में निहित मूल्यों के अनुरूप है।
- The school buildings or other structures or the grounds are used only for the purposes of education and skill development.
  स्कूल भवनों या अन्य संरचनाओं या मैदानों का उपयोग केवल शिक्षा और कौशल विकास के उद्देश्यों के लिए किया जाता है।
- The school is open to inspection by any officer authorized by the state government/Local Authority.
  स्कूल राज्य सरकार/स्थानीय प्राधिकरण द्वारा अधिकृत किसी भी अधिकारी द्वारा निरीक्षण के लिए खुला है।
- The school has the required infrastructure according to the norms.
  स्कूल में मानदंडों के अनुसार आवश्यक बुनियादी ढांचा है।
- Under the Part IV Section 7 (1, 2, 3) a government, aided and unaided private school has to admit children belonging to weaker sections and disadvantaged group.
  भाग IV धारा (3, 2, 1) 7 के तहत एक सरकारी, सहायता प्राप्त और गैर-सहायता प्राप्त निजी स्कूल को कमजोर वर्ग और वंचित समूह के बच्चों को प्रवेश देना होता है।
- Qualified trained teachers as prescribed by NCTE, NCERT and the SCERT.
  एनसीटीई, एनसीईआरटी और एससीईआरटी द्वारा निर्धारित योग्य प्रशिक्षित शिक्षक।
- For a teacher who does not possess the minimum qualifications at the time of commencement of the RTE Act, the management of such school shall enable such teacher to acquire such minimum qualifications within a period of five years from the commencement of the Act.
  एक शिक्षक के लिए जिसके पास आरटीई अधिनियम के प्रारंभ के समय न्यूनतम योग्यताएँ नहीं हैं, ऐसे स्कूल का प्रबंधन ऐसे शिक्षक को अधिनियम के प्रारंभ से पाँच वर्ष की अवधि के भीतर ऐसी न्यूनतम योग्यता प्राप्त करने के लिए सक्षम करेगा।

Notes

7.6 NETWORKING FOR EFFECTIVE MANAGEMENT AND CAPACITY BUILDING (प्रभावी प्रबंधन और क्षमता निर्माण के लिए नेटवर्किंग)

- UN Development Programme (UNIP) has defined "capacity" as "the ability of individuals, institutions and societies to perform functions, solve problems, and set and achieve objectives in a sustainable manner."
  संयुक्त राष्ट्र विकास कार्यक्रम (यूएनडीपी) ने "क्षमता" को 'व्यक्तियों, संस्थानों और समाजों के कार्यों को करने, समस्याओं को हल करने और एक स्थायी तरीके से लक्ष्य निर्धारित करने और प्राप्त करने की क्षमता' के रूप में परिभाषित किया है।
- Capacity building- establishing human and institutional capacity.
  क्षमता निर्माण-मानव और संस्थागत क्षमता स्थापित करना।
- INTRAC- International NGO Training and Research Centre.
  -INTRAC अंतर्राष्ट्रीय एनजीओ प्रशिक्षण और अनुसंधान केंद्र।

7.6.1 Information and Communications Technologies for Management of UEE (यू ई ई के प्रबंधन के लिए सूचना और संचार प्रौद्योगिकी)

- The ability of users to communicate, collaborate and exchange information online is especially important for schoolnet.
  ऑनलाइन संचार, सहयोग और सूचनाओं का आदान-प्रदान करने के लिए उपयोगकर्ताओं की क्षमता स्कूलनेट के लिए विशेष रूप से महत्वपूर्ण है।
- PDA- Personal digital assistant.
  पीडीए व्यक्तिगत डिजिटल सहायक।
- Phenomenon of differential access to ICDs is often labelled the "digital divide."
  आईसीटी तक अंतर पहुँच की घटना को अक्सर "डिजिटल डिवाइड" कहा जाता है।
- Three drivers of ICT usage- language (Used on the Internet), literacy (specifically a culture of reading), learning (level of educational attainment).
  आईसीटी उपयोग के तीन चालक -*भाषा* (इंटरनेट पर प्रयुक्त), *साक्षरता* (विशेषरूप से पढ़ने की -संस्कृति) *सीखना* (शैक्षिक प्राप्ति का स्तर।)।
- Using ICTs to enhance administrative and teaching efficiency.
  प्रशासनिक और शिक्षण दक्षता बढ़ाने के लिए आईसीटी का उपयोग करना।

7.6.2 What is a School NET? (स्कूल नेट क्या है?)

- A network of educational authorities, schools, teachers, parents, community and wider educational resources is known as school net.
  शैक्षिक प्राधिकरणों, स्कूलों, शिक्षकों, माता-पिता, समुदाय और व्यापक शैक्षिक संसाधनों के एक नेटवर्क को स्कूल नेट के रूप में जाना जाता है।
- School net- internationally recognized generic name to refer to ICT based e - management of school education administrative system.
  शिक्षा प्रशासनिक प्रणाली के आईसीटी आधारित ई-प्रबंधन को संदर्भित करने के लिए स्कूल नेट-अंतरराष्ट्रीय स्तर पर मान्यता प्राप्त सामान्य नाम।
- Developing and supporting the use of ICTs in schools.
  स्कूलों में आईसीटी के उपयोग का विकास और समर्थन करना।

7.6.3 Functions of School NET (स्कूल नेट के कार्य)

- ***Technology services***
  प्रौद्योगिकी सेवाएँ।

Notes

- ***Content services-*** Internet content (ideally organized and searchable), Content development at a professional level.

  विषय वस्तु संबंधी सेवाएँ- (इंटरनेट सामग्री आदर्श रूप से संगठित और खोजने योग्य), पेशेवर स्तर पर सामग्री विकास।
- ***Collaborative projects.***

  सहयोगात्मक परियोजनाएँ।
- ***Professional development.***

  व्यावसायिक विकास।
- ***Experimentation, innovation and advocacy.***

  प्रयोग, नवाचार और पक्षपोषण।
- ***Management of school and resources.***

  स्कूल और संसाधनों का प्रबंधन।

7.6.4 School Net as Education Management Information Systems (शिक्षा प्रबंधन सूचना प्रणाली के रूप में स्कूल नेट)

ICT skills are seen as encompassing a range and types of skills, from basic applications competence, such as the ability to send an e-mail message, to higher-order skills such as the ability to locate, evaluate, analyze and synthesize information from a variety of sources (referred to as information literacy). These higher-order skills apply across all areas of management.

आईसीटी कौशल को बुनियादी अनुप्रयोगों की क्षमता, जैसे कि ई-मेल संदेश भेजने की क्षमता से लेकर उच्च-क्रम के कौशल जैसे कि एक से जानकारी का पता लगाने, मूल्यांकन, विश्लेषण और संश्लेषित करने की क्षमता तक, एक श्रेणी और प्रकार के कौशल को शामिल करने के रूप में देखा जाता है। स्रोतों की विविधता (सूचना साक्षरता के रूप में संदर्भित।) ये उच्च-क्रम कौशल प्रबंधन के सभी क्षेत्रों में लागू होते हैं।

7.7 FINANCING PATTERN (वित्त व्यवस्था संबंधी प्रारूप)

- ***Central and State governments-*** 85:15 (IX Plan), 75:25 (X Plan), 50:50 (Now).

  केंद्र और राज्य सरकारें - 85:15 (IX योजना) 75:25 (X योजना), 50:50 (अब)
- The Government of India releases funds to the state governments/Union Territories.

  भारत सरकार राज्य सरकारों / संघ राज्य क्षेत्रों को निधियाँ जारी करती है।
- The state government releases installments (except first) only after the previous installments of national and state government shares have been transferred to the State Implementation Society.

  राज्य सरकार राष्ट्रीय और राज्य सरकार के शेयरों की पिछली किश्तों को राज्य कार्यान्वयन समिति को हस्तांतरित किए जाने के बाद ही किश्तें (पहली को छोड़कर) जारी करती है।
- The National Programme for Nutritional Support to Primary Education ***(Mid-Day-Meal)*** is not part of SSA.

  प्राथमिक शिक्षा के लिए पोषण संबंधी सहायता के लिए राष्ट्रीय कार्यक्रम ***(मिड-डे मील)*** सर्व शिक्षा अभियान का हिस्सा नहीं है।
- All other existing schemes of elementary education of the national government (except National Bal Bhawan and NCTE) have been amalgamated into SSA after the IX Plan.

  राष्ट्रीय सरकार की प्रारंभिक शिक्षा की अन्य सभी मौजूदा योजनाएँ (राष्ट्रीय बालिका को छोड़कर) भवन और एनसीटीई को नौवीं योजना के बाद एसएसए में मिला दिया गया है।

8

PREPARING TEACHERS FOR ELEMENTARY EDUCATION

(प्रारंभिक शिक्षा के लिए शिक्षकों को तैयार करना)

8.2 PEDAGOGICAL ISSUES AND CONCERNS OF THE PRIMARY AND UPPER PRIMARY SUB-STAGE OF ELEMENTARY EDUCATION (प्रारंभिक शिक्षा के प्राथमिक और उच्च प्राथमिक स्तरों से संबंधित शिक्षा शास्त्रीय मुद्दे और समस्याएँ)

The development of self-esteem and ethics, and the need to cultivate children's creativity, are of primary importance.

स्वाभिमान और नैतिक मूल्य शास्त्र का विकास तथा बच्चों में सृजनात्मकता उत्पत्र करने की आवश्यकता मुख्य रूप से महत्वपूर्ण है।

The following are some of the issues-
निम्नलिखित कुछ मुद्दे हैं।

- **Curriculum design:**
  पाठ्यचर्या प्रारूप
- **Systemic reforms:**
  क्रमबद्ध सुधार
- **Panchayati Raj Institutions** (PRIs): Practice - "known to the unknown", from "concrete to abstract", and from "local to global".
  पंचायती राज संस्थाएँ (पीआरआई): अभ्यास- "अज्ञात को ज्ञात", "ठोस से सार", और "स्थानीय से वैश्विक" तक।
- **Critical pedagogy:**
  विवेचनात्मक अध्ययन
- **Curricular Concerns-Protection of environment, Peace Education, Democracy as a way of life.**
  (पाठ्यचर्यात्मक मामले - पर्यावरण संरक्षण, शांति के लिए शिक्षा, लोकतंत्र - एक जीवन शैली के रूप में)
- **Pedagogical considerations:**
  शिक्षाशास्त्रीय विचार/मामले

8.3 THRUSTS OF NCF, 2005 FOR SCHOOL EDUCATION AT THE ELEMENTARY STAGE (प्रारंभिक स्तर पर स्कूली शिक्षा के लिए एनसीएफ, 2005 के आवश्यक पहलू)

- This document is based on earlier government reports on education as 'Learning withoutBurden', National Policy of Education 1986-92.

  यह दस्तावेज शिक्षा पर इससे पूर्व दी गई रिपोर्टों जैसे, लर्निंग विदाउट बर्डन (बिना बोझ के सीखना), राष्ट्रीय शिक्षा नीतियाँ 1986 व 1992।

Notes

8.3.1 Main Features of the NCF 2005 (राष्ट्रीय पाठ्यचर्या फ्रेमवर्क की मुख्य विशेषताएँ)

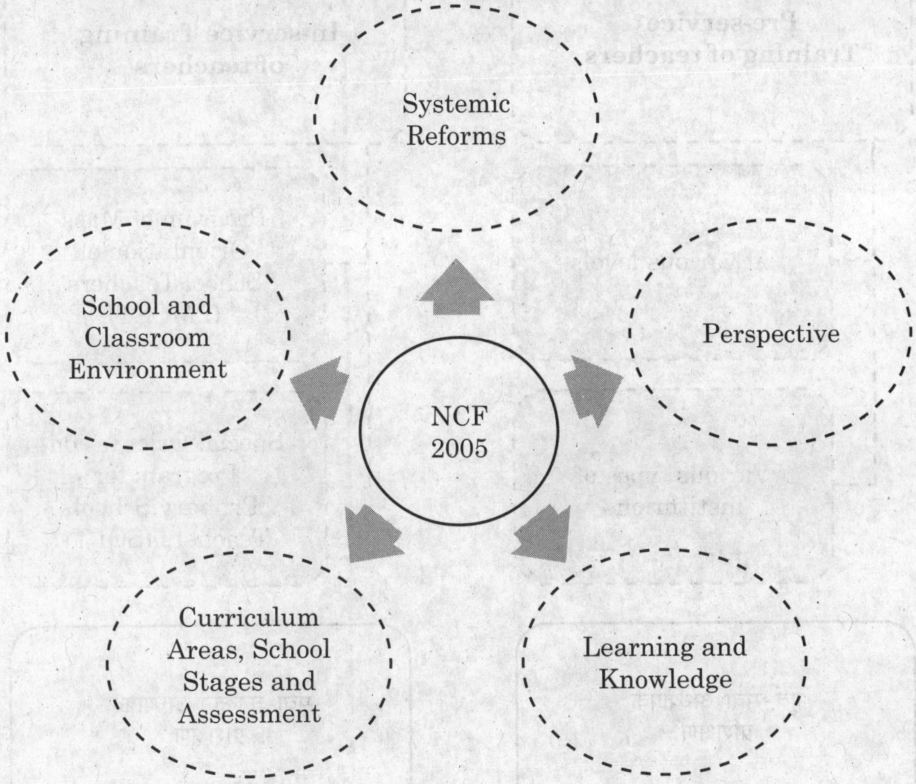

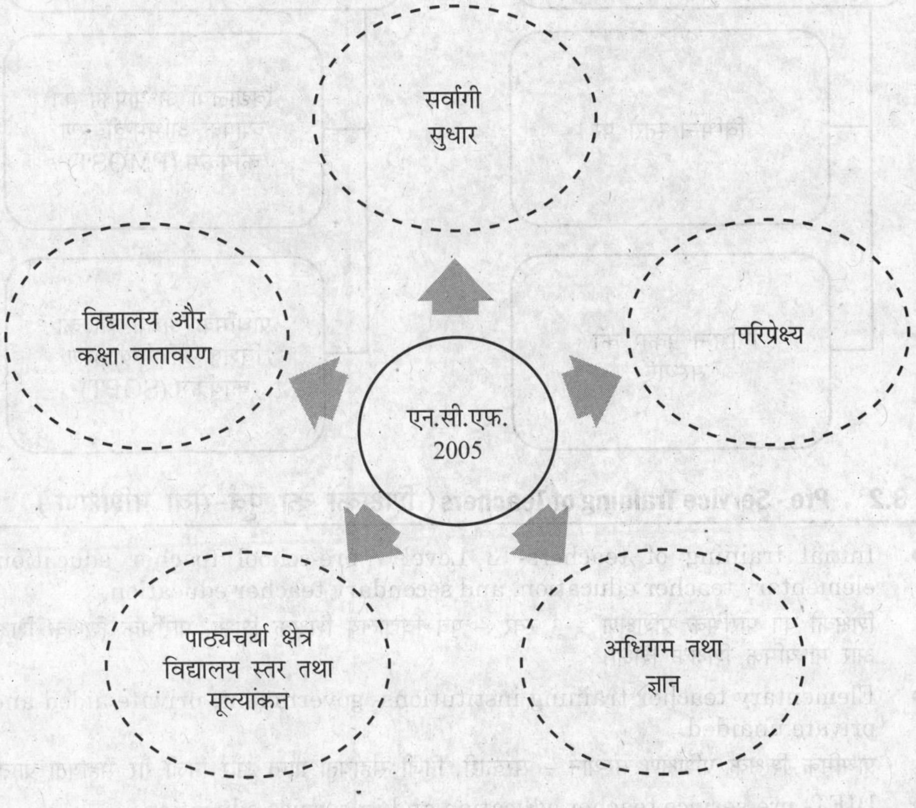

Notes

Training of Teachers (शिक्षकों का प्रशिक्षण)

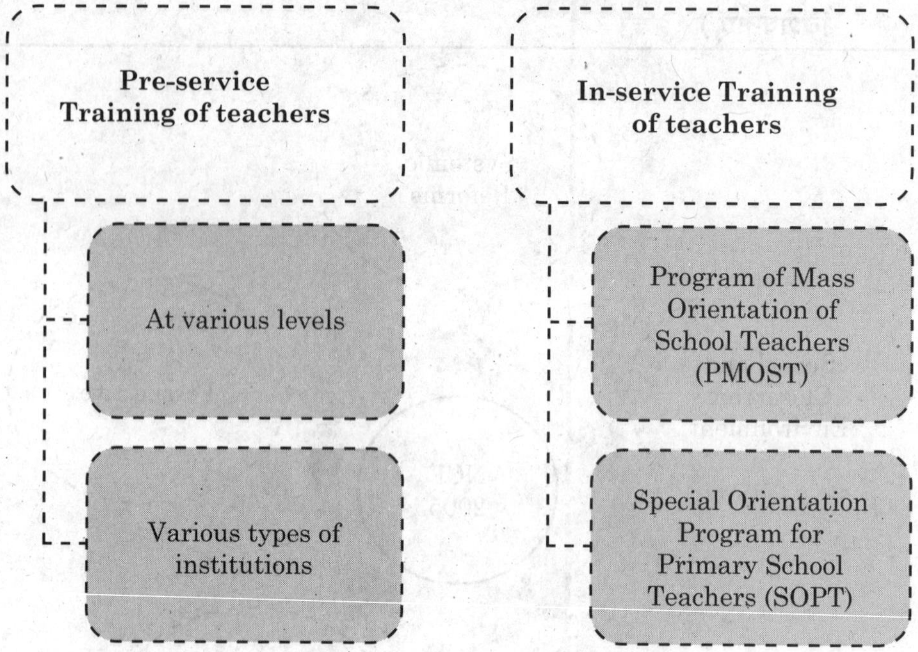

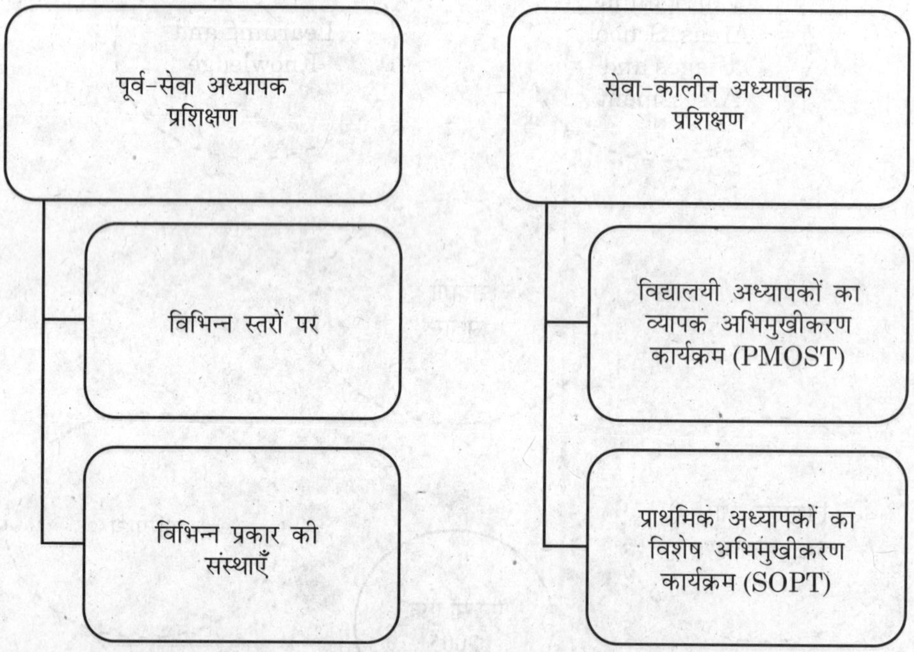

8.3.2 Pre - Service Training of Teachers (शिक्षकों का पूर्व-सेवा प्रशिक्षण)

- Initial training of teachers- 3 Level - pre-school teacher education, elementary teacher education, and secondary teacher education.
  शिक्षकों का प्रारंभिक प्रशिक्षण - 3 स्तर - पूर्व-विद्यालय शिक्षक शिक्षा, प्रारंभिक शिक्षक शिक्षा और माध्यमिक शिक्षक शिक्षा।
- Elementary teacher training institutions- government, private aided and private unaided.
  प्राथमिक शिक्षक प्रशिक्षण संस्थान - सरकारी, निजी सहायता प्राप्त और निजी गैर सहायता प्राप्त।
- DIET- pre-service teacher education and in-service education.
  DIET. सेवापूर्व शिक्षक शिक्षा और सेवाकालीन शिक्षा।

Notes

8.3.3 In Service Training of Teachers (अध्यापकों का सेवाकालीन प्रशिक्षण)

- **Program of Mass Orientation of School Teachers (PMOST):** This was a 10 days program in operation from 1986-90 covering about 1.8 million teachers implemented by the NCERT in collaboration with the SCERTs in different states. objectives of this scheme were to sensitize teachers to the emerging concerns in education, UEE, use of learner - center approach, action research.

  विद्यालयी अध्यापकों का व्यापक अभिमुखीकरण कार्यक्रम (पी.एम.ओ.एस.टी): यह 1986-90 संचालन में 10 दिनों का कार्यक्रम था, जिसमें विभिन्न राज्यों में एससीईआरटी के सहयोग से एनसीईआरटी द्वारा कार्यान्वित लगभग 1.8 मिलियन शिक्षकों को शामिल किया गया था। इस योजना का उद्देश्य शिक्षकों को शिक्षा, यू. ई. ई. शिक्षार्थी-केंद्र दृष्टिकोण के उपयोग, क्रिया अनुसंधान में उभरती चिंताओं के प्रति संवेदनशील बनाना था।

- **A Special Orientation Program for Primary School Teachers (SOPT):** launched from the year 1993-94 to improve the quality of primary/elementary education as part of the strategy to achieve UEE. MLL, Operation Blackboard. 0.45 million teachers every year.

  प्राथमिक विद्यालय के शिक्षक के लिए एक विशेष अभिविन्यास कार्यक्रम : 1993-94 में आरंभ किया गया (प्रारंभिक शिक्षा के गुणवत्ता में सुधार लाने के उददेश्य से), मुख्य उद्देश्य था प्राथमिक अवस्था के लिए निर्धारित अधिगम के न्यूनतम स्तर का कार्यान्वयन, ऑपरेशन ब्लैकबोर्ड, 4.5 लाख अध्यापकों को प्रशिक्षित किया गया।

8.3.4 Teacher Training for Special Needs (विशेष आवश्यकताओं के लिए अध्यापक प्रशिक्षण)

Provided training by 5 RIEs of the NCERT.

एनसीईआरटी के 5 RIE द्वारा प्रशिक्षण प्रदान किया गया।

Teachers absorbed into special schools.

शिक्षकों को विशेष स्कूलों में भर्ती कराया गया।

Trained under the guidance of the National Institutes for the Handicapped.

विकलांगों के लिए राष्ट्रीय संस्थानों के मार्गदर्शन में प्रशिक्षित।

Courses accredited by the Rehabilitation Council of India.

भारतीय पुनर्वास परिषद द्वारा मान्यता प्राप्त पाठ्यक्रम।

8.3.5 Curriculum for Teacher Education at Elementary Level (प्रारंभिक स्तर पर अध्यापक - शिक्षा के लिए पाठ्यचर्या)

- The primary teacher expected to teach mainly literacy, numeracy and life skills.

  प्राथमिक अध्यापक से मुख्य रूप से साक्षरता, अंकगणित और जीवन कौशल सिखाने की अपेक्षा की जाती है।

- The curriculum for primary teacher education is developed by state governments/State Boards of Teacher Education and is reviewed from time to time.

  प्राथमिक शिक्षक शिक्षा के लिए पाठ्यक्रम राज्य सरकारों / राज्य शिक्षक शिक्षा बोर्डों द्वारा विकसित किया जाता है और समय-समय पर इसकी समीक्षा की जाती है।

- The NCERT has developed model curricula for elementary education. State governments and universities may adopt/adapt.

  एनसीईआरटी ने प्रारंभिक शिक्षा के लिए मॉडल पाठ्यक्रम विकसित किया है। राज्य सरकारें और विश्वविद्यालय अपना सकते हैं/अनुकूलित कर सकते हैं।

Notes

8.3.6 Institutional Infrastructure for Training (प्रशिक्षण के लिए संस्थागत आधारभूत संरचना)

- **National level:** NCERT, the NUEPA, the Central Institute of English and Foreign Languages (CIEFL), Hyderabad, and the Central Institute of Indian Languages (CIIL), Mysore.
  राष्ट्रीय स्तर: NCERT, NUEPA, सेंट्रल इंस्टीट्यूट ऑफ इंग्लिश एंड फॉरेन लैंग्वेजेज (CIEFL). हैदराबाद और सेंट्रल इंस्टीट्यूट ऑफ इंडियन लैंग्वेजेज (CIIL), मैसूर।
- **Regional level 5 RIE:** Shillong (newest), Ajmer, Bhopal, Mysore, Bhubaneswar.
  क्षेत्रीय स्तर 5 आरआईई: शिलांग (नवीनतम), अजमेर, भोपाल, मैसूर, भुवनेश्वर।
- **State level:** SCERTs, State Institute of Education (SIE), State Institute of Science Education, IASE, CTEs, and SIETs.
  राज्य स्तर: एससीईआरटी, राज्य शिक्षा संस्थान (एसआईई), राज्य विज्ञान शिक्षा संस्थान, आईएएसई. सीटीई और एसआईईटी ।
- **Districts Level:** DIET
  जिला स्तर: DIET

8.3.7 Recruitment of Teachers (अध्यापकों की भर्ती)

- Recruitment is made on the basis of the academic and professional background of the candidate.
  भर्ती उम्मीदवार की शैक्षणिक और व्यावसायिक पृष्ठभूमि के आधार पर की जाती है।
- A combination of the two procedures: Performance in a competitive examination and academic credentials.
  दो प्रक्रियाओं का एक संयोजन: एक प्रतियोगी परीक्षा और शैक्षणिक साख में प्रदर्शन।

8.4. SALIENT ASPECTS OF NATIONAL CURRICULUM FRAMEWORK FOR TEACHER EDUCATION (NCFTE), 2009-10 FOR ELEMENTARY TEACHERS (प्रारंभिक अध्यापकों की शिक्षा के लिए "राष्ट्रीय अध्यापक शिक्षा पाठ्यचर्या फ्रेमवक" 2009-10 के प्रमुख पक्ष)

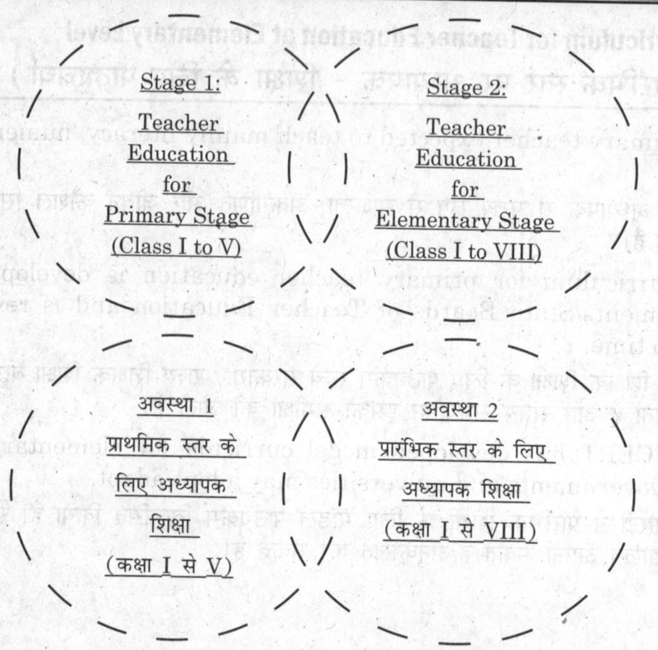

Stage 1: Teacher Education for Primary Stage (Class I to V)

चरण 1: प्राथमिक स्तर के लिए अध्यापक शिक्षा (कक्षा I से V)

8.4.1. Rationale (तर्काधार)

The teacher profile is changing particularly from teaching to facilitator of learning, so a flexible framework for elementary education with ample scope for adaptation to local environment is suggested by NCFTE.

अध्यापक की रूपरेखा अध्यापन का विशेषज्ञ से हटकर अधिगम के सुसाध्यक के रूप में प्रवर्तित होती जा रही है। अत: राष्ट्रीय अध्यापक शिक्षा पाठ्यचर्या फ्रेमवर्क में प्रारंभिक शिक्षा के लिए एक लचीला ढांचा प्रस्तुत किया है जिसमें स्थानीय वातावरण के साथ अनुकूलन की काफी गुंजाइश है।

8.4.2. Course Content (पाठ्यक्रम विषयवस्तु)

- Rights of children, human rights education, values and their broad features, perspectives of educational.
  बच्चों के अधिकार, मानवाधिकार शिक्षा, मूल्य और उनकी व्यापक विशेषताएँ, शिक्षा के दृष्टिकोण।
- Psychology of Teaching and Learning, Health and Physical, Education, Education of Children with Special Needs.
  शिक्षण और सीखने का मनोविज्ञान, स्वास्थ्य और शारीरिक शिक्षा, विशेष आवश्यकता वाले बच्चों की शिक्षा।
- School Organization.
  स्कूल संगठन।

8.4.3. Training (प्रशिक्षण)

Action Research is included in the training to improve the way. The NCFTE proposes that the states can include additional areas for making the course content relevant and region specific.

अध्यापक के मुद्दों को सुलझाने के तरीकों को सुधारने के लिए प्रशिक्षण में क्रियात्मक शोध का समावेश किया गया है। राष्ट्रीय अध्यापक शिक्षा पाठ्यचर्या फ्रेमवर्क (NCFTE) में यह सुझाया गया है कि विभिन्न राज्य पाठ्यक्रम की विषयवस्तु को संगतता प्रदान करने तथा क्षेत्र - विशिष्ट बनाने के लिए अतिरिक्त क्षेत्र जोड़ सकते हैं।

8.4.4. Transacting Curriculum (पाठ्यचर्या संचालन)

- Three components of curriculum transaction; Theory, Pedagogy and Practicum.
  पाठ्यचर्या लेनदेन के तीन घटक: सिद्धांत, शिक्षाशास्त्र और प्रयोगिक कार्य।
- **Theory:** lecture-discussion, seminars, media supported teaching,
  सिद्धांत: व्याख्यान-चर्चा, सेमिनार, मीडिया समर्थित शिक्षण।
- **Pedagogy:** Pedagogy is about how you teach.
  शिक्षाशास्त्र: अध्यापन इस बारे में है कि आप कैसे पढ़ाते हैं।
- **Practicum:** practical activities centering on different school experiences, work education, school-community interaction, action research projects.
  प्रायोगिक क्रियाकलाप: विभिन्न स्कूल अनुभवों, कार्य शिक्षा, स्कूल - समुदाय बातचीत, क्रिया। अनुसंधान परियोजनाओं पर केंद्रित व्यावहारिक गतिविधियाँ।

8.4.5 The Role of Teacher Educators (अध्यापक-शिक्षकों की भूमिका)

They need continuous planning, analyzing, monitoring and evaluating throughout the course.

उन्हें पूरे पाठ्यक्रम में निरंतर योजना. विश्लेषण, निगरानी और मूल्यांकन की आवश्यकता होती है।

Notes

Notes

8.4.6 Evaluation (मूल्यांकन)

8.4.7 Tools for Evaluation (मूल्यांकन के उपकरण)

- Paper-pencil tests comprising objective-based questions.
  पेपर-पेंसिल परीक्षण जिसमें वस्तुनिष्ठ आधारित प्रश्न शामिल हैं।
- Oral examinations
  मौखिक परीक्षा
- Practice teaching
  शिक्षण का अभ्यास करें।

Stage 2: Teacher Education for Elementary Stage (Class I to VIII):
चरण 2: प्रारंभिक चरण के लिए शिक्षक/अध्यापक शिक्षा (कक्षा I से VIII)

8.4.8 Rationale (तर्काधार)

Compulsory education till age 14 (14 साल की उम्र तक अनिवार्य शिक्षा।)

8.4.9 Course Content (पाठ्यक्रम विषयवस्तु)

8.4.10 Training (प्रशिक्षण)

8.5 MODELS OF ELEMENTARY TEACHER EDUCATION, INCLUDING INTEGRATED MODELS: प्रारंभिक अध्यापक शिक्षा के प्रतिरूप (समेकित प्रतिरूपों समेत)

The Education Commission (1964-66) stated that "New courses required to meet special needs should also be developed"
शिक्षा आयोग (1964-66) में उल्लेखित है कि विशेष आवश्यकताओं की पूर्ति हेतु नए पाठ्यक्रमों का निर्माण होना चाहिये।

I
Primary School Stage
(Classes I to V)

II
Elementary School Stage
(Classes I to VIII)

III
Exclusively for Upper Primary School Stage

प्राथमिक विद्यालय अवस्था
(कक्षा I से V)
(Classes I to V)

प्रारंभिक विद्यालय अवस्था
(कक्षा I से VIII)
(Classes I to VIII)

केवल उच्च प्राथमिक विद्यालय अवस्था
(कक्षा VI से VIII)
(Classes VI to VIII)

Notes

8.5.1 Current Status of Elementary Teacher Education
(प्रारंभिक शिक्षा की वर्तमान स्थिति)

Diploma in Elementary Education (D. El. Ed)

प्रारंभिक शिक्षा में डिप्लोमा (डी. एल. एड.)

- Two Year.
  दो वर्ष।
- **Theory:** Comprising of nine papers for D. El. Ed. first year and eight papers for D. El. Ed. second year.
  थ्योरी: डी. एल. के लिए नौ पेपरों का मिश्रण (प्रथम वर्ष के लिए) और आठ पेपर (द्वितीय वर्ष के लिए)
- **Practical:** Microteaching, Practice Teaching, Social Service, Music, Arts and Physical education.
  प्रैक्टिकल: सूक्ष्म शिक्षण, अभ्यास शिक्षण, समाज सेवा, संगीत, कला और शारीरिक शिक्षा।
- **Internship:** Six month duration.
  इंटर्नशिप : छह महीने की अवधि।

8.5.2 Upgrading Elementary Teacher Education
(प्रारंभिक अध्यापक शिक्षा में सुधार लाना)

This is particularly relevant with the current initiatives like NCF 2005, RTE-2009, Human Rights and Child Rights, Fundamental Duties, Multiple Intelligence, Participatory Learning.

यह वर्तमान प्रयासों जैसे राष्ट्रीय पाठ्यचर्या फ्रेमवर्क 2005, शिक्षा का अधिकार अधिनियम 2009, मानवाधिकार तथा बच्चों के अधिकारों, मौलिक कर्तव्यों, मल्टीपल इंटेलीजेन्स, सहभागी अधिगम इत्यादि के संदर्भ में विशेष रूप से संगत है।

I. Foundation course

II. Content-cum-methodology in different subjects

III. School Experience programme

IV. Practical work

I. आधारीय पाठ्यक्रम

II. विभिन्न विषयों में प्रविधि-संबद्ध विषयवस्तु

III. आधारीय पाठ्यक्रम

IV. प्रायोगिक कार्य

Curriculum Framework for Quality Teacher Education (1998) and *Approach Paper for Elementary Teacher Education Curriculum Renewal in 2003* by the NCTE.

गुणवत्ता अध्यापक शिक्षा के पाठ्यचर्यात्मक ढांचे (1998) और प्रारंभिक अध्यापक शिक्षा पाठ्यचर्या नवीकरण (2003)

Notes

8.5.4 The New Initiatives (नई पहलें)

- **Innovative Courses to suit to Changing Needs:** Jamia Millia Islamia have started a few innovative courses, TISS also is also conducting M.Ed. program in Elementary Education at Mumbai.

  बदलती जरूरतों को पूरा करने के लिए नवाचार पाठ्यक्रम :- जामिया मिलिया इस्लामिया ने कुछ नवाचारी पाठ्यक्रम आरंभ किया जिनमें एक विशेष पाठ्यक्रम "प्रारंभिक शिक्षा में एम.एड है"।

- **One Year B. Ed. Courses for Elementary School Teaching for Graduates.**

  स्नातकों के लिए प्रारंभिक शिक्षा में अध्यापन के लिए एक वर्षीय बी.एड पाठ्यक्रम

- **The Bachelor of Elementary Education (B. El. Ed.) program of the University of Delhi.** - 1998

  दिल्ली विश्वविद्यालय का प्रारंभिक शिक्षा का स्नातक कार्यक्रम (B. El. Ed.) -1998

Teaching in elementary schools (Classes I to VIII): MCD/NDMC/Sarvodaya Vidyalayas in Delhi, Kendriya Vidyalayas, Navodaya Vidyalayas and Private Schools.

Leading the elementary school systems in various capacities

Teaching and research in elementary education in the government and non-government sectors.

Post-graduate and research studies in education and related disciplines.

Serving as teacher-educators in various State Institutes and University Departments/Colleges offering training in elementary/secondary education.

प्रारंभिक विद्यालयों में पढ़ाना (कक्षा I से VIII तक) एम.सी.डी./एन.डी.एम.सी./सर्वोदय विद्यालय (दिल्ली में) केन्द्रीय विद्यालय, नवोदय विद्यालय तथा निजी विद्यालयों में।
प्रारंभिक विद्यालय प्रणाली के विभिन्न रूपों में नेतृत्व प्रदान करना।
प्रारंभिक शिक्षा में सरकारी और गैर-सरकारी निजी में अध्यापन व शोध
शिक्षाशास्त्र तथा संबंधित विषयों में स्नातकोत्तर तथा शोध
विभिन्न राज्य संस्थानों तथा विश्वविद्यालयों के विभागों/तथा विश्वविद्यालय में जहाँ प्रारंभिक/माध्यमिक शिक्षा में प्रशिक्षण दिया जाता हो।

Bridge courses to switch over from one stage to another
(एक अवस्था से दूसरी अवस्था में स्थानांतरण के लिए सेतु पाठ्यक्रम)

Uttar Pradesh make B. Ed. passed candidates eligible for primary school special BTC programme of 6 month duration.

उत्तर प्रदेश में B-Ed किया हुआ उम्मीदवार अगर चाहे तो 6 महीने का BTC प्रोग्राम कर प्राथमिक विद्यालय में शिक्षक बन सकता है।

8.6 TEACHER AS A REFLECTIVE PRACTITIONER (अध्यापक एक विमर्शी व्यवसायी के रूप में)

Notes

8.6.1. Meaning of Reflective Practice (विमर्शी प्रक्रिया का अर्थ)

"Reflection is a generic term for those intellectual and affective activities in which individuals engage to explore their experiences in order to lead to a new understanding and appreciation" Boud, and Walker, (1985)

"प्रतिबिंब उन बौद्धिक और भावात्मक गतिविधियों के लिए एक सामान्य शब्द है जिसमें व्यक्ति एक नई समझ और प्रशंसा की ओर ले जाने के लिए अपने अनुभवों का पता लगाने के लिए संलग्न होते हैं"। बॉड और वॉकर, (1985)।

- Taking action to improve on what one has learned.
  किसी ने जो सीखा है उस पर सुधार करने के लिए कार्रवाई करना।
- Thinking about and critically analyzing one's actions with the goal of improving one's professional practice.
  अपने पेशेवर अभ्यास में सुधार लाने के लक्ष्य के साथ अपने कार्यों के बारे में सोचना और आलोचनात्मक विश्लेषण करना।

A reflective practitioner is a person who

एक चिंतनशील अभ्यासी वह व्यक्ति होता है जो–

- Learns from the experiences by critically reviewing the actions.
  कार्यों की आलोचनात्मक समीक्षा करके अनुभवों से सीखता है।
- A teacher who uses inquiry based approach to improve instruction
  एक शिक्षक जो निर्देश में सुधार के लिए पूछताछ आधारित दृष्टिकोण का उपयोग करता है।

8.6.2. What Educationists Say About Reflection (चिंतन/विमर्श के बारे में शिक्षाविद् क्या कहते हैं)

- *"In reflective practice, practitioners engage in a continuous cycle of selfobservation and self-evaluation in order to understand their own actions and the reactions they prompt in themselves and in learners (Brookfield, 1995; Thiel, 1999).*
  एक विपर्शी व्यवहार की अवस्था में व्यक्ति अपने आपको आत्मप्रेक्षण तथा स्वमूल्यांकन के चक्कर में लगाए रहते हैं ताकि वे अपने व्यवहारों और अपने ऊपर तथा अपने अध्येताओं के ऊपर इन व्यवहारों की अनुक्रियाओं को समझ सके (ब्रुकफील्ड, 1995; थील, 1999)।
- The goal of reflective practice is not necessarily to address a specific problem or question defined at the outset, as in practitioner research, but to observe and refine practice in general on an ongoing basis."(Cunningham 2001).
  यह आवश्यक नहीं है कि विमर्शी चिंतन का लक्ष्य किस समस्या विशेष को संबंधित करना अथवा आरंभ में ही कि प्रश्न को परिभाषित हो जैसा कि पेशेवर शोध में होता है, अपितु व्यवहार का प्रेक्षण करना तथा उसे परिष्कृत करना है जो सामान्यत: चलता रहता है। (कनिंघम, 2001)
- "Engaging in reflective practice requires individuals to assume the perspective of an external observer in order to identify the assumptions and feelings underlying their practice and then to speculate about how these assumptions and feelings affect practice."(Imel 1992).
  किसी विमर्शी चिंतन या व्यवहार में लगे रहने की अवस्था में व्यक्तियों से अपेक्षा है कि वे अपने आपको बाह्य प्रेक्षक के रूप में समझें ताकि अपने व्यवहार के मूल में उपस्थिति मान्यताओं/धारणाओं तथा भावनाओं को पहचान सकें और तब अंदाजा लगा सकें कि किस भाँति ये धारणाएँ तथा भावनाएँ व्यवहार को प्रभावित करती हैं (इमेल, 1992)।

Notes

8.6.3. The Origin of Reflective Practice - John Dewey
(विमर्श प्रक्रिया की उत्पत्ति - जॉन डेवी)

- "Active, persistent, and careful consideration of any belief or supposed form of knowledge in the light of the grounds that support it and the further conclusions to which it tends."

  किसी विमर्शी चिंतन या व्यवहार में लगे रहने की अवस्था में व्यक्तियों से अपेक्षा की जाती है कि वो अपने आपको बाह्य प्रेक्षक के रूप में समझें ताकि अपने व्यवहार के मूल में उपस्थिति मान्यताओं/ धारणाओं तथा भावनाएँ व्यवहार को प्रभावित करती हैं।
- **Open mindedness** refers to a teacher's ability to look at every aspect

  खुले दिमाग का तात्पर्य शिक्षक की हर पहलू को देखने की क्षमता से है।
- Responsibility

  जिम्मेदारी
- **Whole-heartedness** is approaching the work with enthusiasm.

  पूरे मन से जोश के साथ काम के करीब पहुँच रहे हैं।

8.6.4. Reflection : Experience with Feelings-Boud, Keogh and Walker (1985)
विमर्श (चिंतन) : भावनाओं के साथ अनुभूति

- Three aspects.

  तीन पहलू।
- **Returning to experience:** recalling or detailing salient events.

  अनुभव पर लौटना: प्रमुख घटनाओं को याद करना या उनका विवरण देना।
- **Attending to/connecting with feelings:** using helpful feelings and removing or containing obstructive ones.

  भावनाओं के साथ जोड़ना: सहायक भावनाओं का उपयोग करना और बाधक भावनाओं को दूर करना।
- **Evaluating experience:** re-examining experience.

  अनुभव का मूल्यांकन: अनुभव का पुनः परीक्षण।

8.6.5. Modern Concept of Reflective Practice
विमर्शी (चिंतनात्मक) प्रक्रिया की आधुनिक अवधारणा

- Donald Schon (1983) introduced the term **Knowledge-in-action** which refers to the kind of knowledge that is revealed in the way we carry out tasks and approach problems.

  डोनाल्ड शोयन (1983) ने क्रिया में ज्ञान (नॉलेज इन एक्शन) नामक मुहावरे का प्रयोग किया जिसका संबंध उस ज्ञान से है जो उस समय प्रकट होता है जब हम किसी कार्य को करने में लगे हो।

Three key aspects.
तीन मुख्य पहलू।

- **Reflection-in-action** refers to the reflection that happens while the action occurs. Ability to reflect while you are teaching.

  कार्य करते समय विमर्श करना : इसका अर्थ है कि विमर्श करते समय जो कार्य घटित होते हुए होता है। अध्यापन करते हुए मनन करने की योग्यता।
- **Reflection-on-action** encompasses reflecting upon the experience before it begins and after it is finished. It suggests that you analyze the successes and failures of your actions.

  कार्य के बारे में विमर्श करना : इसका अर्थ है कि किसी अनुभव (कार्य) के आरंभ होने से पूर्व और उसकी समाप्ति के पश्चात उस पर चिंतन करना। अर्थात आप अपनी क्रियाओं की सफलताओं तथा असफलताओं पर विश्लेषण कर रहे हैं।

Notes

- **Reflection-for-action** happens when knowledge gained from reflection influences future action. Proactive about your teaching.
  कार्य के लिए विमर्श करना : यह उस समय होता है जब चिंतन के आधार पर प्राप्त ज्ञान भविष्य में की जाने वाली क्रिया को प्रभावित करता है। अध्यपन के विषय में प्रोएक्टिव।

8.6.6. Zeichner and Liston's Model of Reflective Teaching-1996 (विमर्शी अध्यापन के लिए ट्साइखनेर तथा लिस्टन का प्रतिरूप -1996)

- Five key features of a teacher as reflective practitioner.
  विमर्शी के रूप में एक शिक्षक की पाँच प्रमुख विशेषताएँ।

(I) Examines, frames, and attempts to solve the dilemmas of classroom practice,
कक्षा पद्धति से संबंधित दुविधाओं की जांच परख करता है, उन्हें रूपांतरित करता है तथा हल करने का प्रयास करता है।

(II) Aware of the questions, assumptions and values she/he brings to teaching,
शिक्षण में लाए गए प्रश्नों, मान्यताओं और मूल्यों से अवगत कराता है।

(III) Attentive to the institutional and cultural context in which s/he teaches,
वह संस्थागत और सांस्कृतिक संदर्भ के प्रति चौकस है जिसमें वह पढ़ाता है।

(IV) Takes part in curriculum development.
पाठ्यक्रम विकास में भाग लेता है।

(V) Takes responsibility for his/her own professional development.
अपने स्वयं के पेशेवर विकास की जिम्मेदारी लेता है।

- Academic tradition
  अकादमिक परंपरा
- Social efficiency
  सामाजिक दक्षता
- **Social reconstructionist** tradition stresses reflection about the social and political context of schooling.
  सामाजिक पुनर्निर्माणवादी परंपरा स्कूली शिक्षा के सामाजिक और राजनीतिक संदर्भ के बारे में प्रतिबिंब पर जोर देती है।
- **Generic tradition** represents what the general reflecting teachers do in their work without attention to the quality or substance of that thinking.
  सामान्य परंपरा यह दर्शाती है कि सामान्य प्रतिबिंबित करने वाले शिक्षक उस सोच की गुणवत्ता या सार पर ध्यान दिए बिना अपने काम में क्या करते हैं।

8.6.7. Methods of Reflection (चिंतन की विधियाँ)

- **A Narrative-** A story of an experience or event written in the first person
  एक आख्यान (वृतांत) - यह उत्तम पुरुष में लिखी गई किसी अनुभव या घटना की कथा है।
- **A Reflective Journal-** A reaction to the event or experience looked upon in different ways linking the experience.
  एक विमर्शी दैनिकी (रोजनामचा) - यह किसी घटना या अनुभव के प्रति अनुक्रिया है जिसे विभिन्न रूप में देखा गया है।
- **Praxis: the practical side and application of something such as a professional skill, as opposed to its theory.**
  प्रयोग: व्यावहारिक पक्ष और किसी पेशेवर कौशल जैसी किसी चीज का अनुप्रयोग, जैसा कि इसके सिद्धांत के विपरीत है।

9

EDUCATION OF DISADVANTAGED STUDENTS
(सुविधावंचित विद्यार्थियों की शिक्षा)

9.2 ISSUES ON ACCESS AND RETENTION (अभिगम्यता तथा अवधारणा संबंधी मुद्दे)

100 percent enrollment and retention has still remained a dream.
100 प्रतिशत पंजीयन तथा अवधारणा अभी भी एक स्वप्न मात्र है।

9.2.1 Education of SC Children (अनुसूचित जाति के बच्चों की शिक्षा)

- Establishing norms of behaviour within the school for teachers, school staff and students.
  शिक्षकों, स्कूल स्टाफ और छात्रों के लिए स्कूल के भीतर व्यवहार के मानदंड स्थापित करना।
- Timely detection of the forms of discrimination practiced.
  प्रचलित भेदभाव के रूपों का समय पर पता लगाना।
- Finding ways of listening to children's voices is crucial to this exercise.
  इस अभ्यास के लिए बच्चों की आवाज सुनने के तरीके खोजना महत्वपूर्ण है।
- Complaint boxes in the school.
  स्कूल में शिकायत पेटियां।
- The 'Nali-Kali' model of multilevel learning, pioneered in Karnataka in the mid nineties is worth adopting as it allows children to sit in groups based on levels of learning rather than based on caste, gender.
  नब्बे के दशक के मध्य में कर्नाटक में अग्रणी बहुस्तरीय शिक्षा का 'नाली-काली मॉडल अपनाने लायक है क्योंकि यह बच्चों को जाति, लिंग के आधार पर सीखने के स्तर के आधार पर समूहों में बैठने की अनुमति देता है।

9.2.2 Education of ST Children (अनुसूचित जनजातियों के बच्चों की शिक्षा)

- Article 46 of the Constitution which states that the state will promote their educational and economic development.
  संविधान का अनुच्छेद 46 जिसमें कहा गया है कि राज्य उनके शैक्षिक और आर्थिक विकास को बढ़ावा देगा।
- Textbooks in mother tongue for children.
  बच्चों के लिए मातृभाषा में पाठ्यपुस्तकें।
- Bridge Language Inventory for use of teachers.
  शिक्षकों के उपयोग के लिए ब्रिज लैंग्वेज इन्वेंटरी।
- Establishment of Aganwadis and Balwadis or crèches in each school.
  प्रत्येक विद्यालय में आंगनबाड़ियों और बालवाड़ी या शिशुगृह की स्थापना।
- Up-gradation of EGS to regular schools.
  नियमित विद्यालयों में ईजीएस का उन्नयन।
- Free textbooks to all children up to Class-VIII.
  आठवीं कक्षा तक के सभी बच्चों को मुफ्त पाठ्यपुस्तकें।

Quality Improvement Programme for Ashram Schools (आश्रम विद्यालयों के लिए गुणवत्ता सुधार कार्यक्रम)

- Provide education to neglect tribal communites of students.
  समुदायों के अब तक उपेक्षित वर्ग को शिक्षित करना।
- The progamme was carried out by Homi Bhabha Centre for Science Education 1993-97 in three districts located in Shayadri ranges (western part of the state of Maharashtra).
  इस कार्यक्रम का संचालन 1993-1997 के मध्य होमी भाभा विज्ञान शिक्षा केंद्र ने तीन जिलों में किया जो श्यादरी पर्वत श्रंखला (महाराष्ट्र का पश्चिमी भाग) में स्थित है।
- Capacity building.
  क्षमता निर्माण।
- Teacher training.
  शिक्षक/अध्यापक प्रशिक्षण।
- Enhancement of Child-child Interaction.
  बालकों के मध्य अन्योन्यक्रिया।

Notes

9.2.3 Children with Special Needs (CWSN) : (विशेष आवश्यकता वाले बच्चों की शिक्षा)

- Persons with Disabilities (Equal Opportunities, Protection of Rights & Full Participation) Act, 1995.
  पर्सन विद डिसएबिलिटी (समान अवसर, अधिकारों की सुरक्षा तथा पूर्ण भागीदारी) अधिनियम 1995।

9.2.4 Education of geographically remote children (भौगोलिक दृष्टि से सुदूर बच्चों की शिक्षा)

- Four broad focus.
  चार स्पष्ट क्षेत्र
- **i.** Full time community schools for small unserved habitations.
  (i) छोटे उपेक्षित आवास स्थलों के लिए पूर्णकालिक समुदाय विद्यालय।
- **ii.** Mainstreaming of children through bridge courses of different duration.
  (ii) विभिन्न समय अवधि के सेतु पाठ्यक्रमों के द्वारा बच्चों को मुख्यधारा में लाना।
- **iii.** Specific strategies for special groups like child labour, street children, adolescent girls.
  (iii) विशेष समूह (बाल श्रमिक, गली मोहल्लों में घूमते फिरते बच्चे, वयस्क लड़कियाँ) के बच्चों के लिए विशेष कार्यनीतियाँ।
- **iv.** Innovative programmes.
  (iv) नवाचारी कार्यक्रम।
- The EGS and AIE would accord a priority to setting up of EGS centers (primary level) in unserved habitations where no school exists within a radius of 1 km and at least 15 children (and 10 in case of hilly areas) in the age group of 6-14 who are not going to schools, are available.
  शिक्षा गारंटी योजना तथा वैकल्पिक तथा नवाचारी शिक्षा के अंतर्गत उन अपेक्षित निवास स्थलों/ प्राथमिकता के आधार पर शिक्षा गारंटी योजना केंद्र (शिक्षा स्तर) स्थापित करने चाहिए जहाँ एक किलोमीटर की दूरी तक कोई विद्यालय नहीं है और जहाँ 6 से 14 वर्ष की आयु वर्ग के 15 बच्चे (पर्वतीय क्षेत्र में 10) रहते हैं, परंतु वह स्कूल नहीं जा रहे।

Notes

9.2.5 Urban Deprived Children (शहरी सुविधा वंचित बच्चों की शिक्षा)

- Children which also needs special intervention lives in urban low income areas, usually referred as "urban poor".

  जिन बच्चों को विशेष हस्तक्षेप की आवश्यकता होती है वे शहरी निम्न आय वाले क्षेत्रों में रहते हैं, जिन्हें आमतौर पर "शहरी गरीब" कहा जाता है।

- Urban poor children: slums and resettlement, Child workers/labourers, Street children, Children of sex workers, Children of migrant workers, Children in remand homes, juvenile homes, Child beggars, Children of urban poor with disability.

  शहरी गरीब बच्चे: मलिन बस्तियों और पुनर्वास, बाल श्रमिक/मजदूर, सड़क के बच्चे, सेक्स वर्कर के बच्चे, प्रवासी श्रमिकों के बच्चे, रिमांड होम के बच्चे, किशोर गृह, बाल भिखारी, शहरी गरीबों के बच्चे, विकलांग ।

9.2.6 Working Children (श्रमजीवी बच्चों की शिक्षा)

9.2.7 Education of Minority Children (अल्पसंख्यक बच्चों की शिक्षा)

9.3 ACADEMIC SUPPORT SYSTEM (शैक्षिक सहायता प्रणाली)

- Indian Space Research Organization (ISRO)- In October 2004 it has launched a dedicated satellite called EDUSAT.

  भारतीय अंतरिक्ष अनुसंधान संगठन (इसरो) अक्टूबर 2004 में इसने एडुसेट नामक एक समर्पित उपग्रह लॉन्च किया।

- Open Educational Resources (OER) made available free of cost.

  मुक्त शैक्षिक संसाधन (ओईआर) निःशुल्क उपलब्ध कराया गया।

A Project on Open Educational Resource for Schools (OER4S)

स्कूलों के लिए मुक्त शैक्षिक संसाधन पर एक परियोजना (OER4S)

- Homi Bhabha Centre for Science Education (HBCSE)

  होमी भाभा विज्ञान शिक्षा केंद्र (HBCSE)

- Tata Institute of Fundamental Research (TIFR)

  टाटा मौलिक अनुसंधान संस्थान (TIFR)

- Maharashtra Knowledge Corporation Limited (MKCL)

  महाराष्ट्र ज्ञान निगम मर्यादित (एमकेसीएल)

- Indian Consortium for Educational Transformation (I-CONSENT)

  इंडियन कंसोर्टियाम फॉर एजुकेशनल ट्रांसफोरमेशन (I - CONSENT)

- HBCSE + TIFR = science and mathematics free knowledge resource (www.gnowledge.org).

- एचबीसीएसई + टीआईएफआर = विज्ञान और गणित मुक्त ज्ञान संसाधन (www.gnowledge.org)।

- Funded by the Rajiv Gandhi Science and Technology Commission of the Government of Maharashtra and is implemented jointly by HBCSE, Maharashtra Knowledge Corporation Limited (MKCL) and (I-CONSENT).

  महाराष्ट्र सरकार के राजीव गाधी विज्ञान और प्रौद्योगिकी आयोग द्वारा वित्त पोषित और एचबीसीएसई, महाराष्ट्र ज्ञान निगम मर्यादित (एमकेसीएल) और इंडियन कंसोर्टियाम फॉर एजुकेशनल ट्रासफोरमेशन (I-CONSENT) द्वारा संयुक्त रूप से कार्यान्वित किया गया है।

9.4 INCLUSIVE EDUCATION (समावेशी शिक्षा)

Notes

- Inclusive schools put the values upon which America was founded (pluralism, tolerance, and equality).
  समावेशी स्कूलों ने उन मूल्यों को रखा जिन पर अमेरिका की स्थापना हुई थी (बहुलवाद, सहिष्णुता और समानता)।
- According to UNESCO, inclusive education is seen as "a process of addressing and responding to the diversity of needs of all learners through increasing participation in learning, cultures and communities, and reducing exclusion from education and from within education."
  यूनेस्को के अनुसार, समावेशी शिक्षा को "सीखने, संस्कृतियों और समुदायों में भागीदारी बढ़ाने और शिक्षा से और शिक्षा के भीतर से बहिष्कार को कम करने के माध्यम से सभी शिक्षार्थियों की जरूरतों की विविधता को संबोधित करने और प्रतिक्रिया देने की प्रक्रिया" के रूप में देखा जाता है।

9.4.1 International Scenario (अंतर्राष्ट्रीय परिदृश्य)

The Right of Child to Education (शिक्षा के लिए बच्चे का अधिकार)

- The first international declaration that proclaimed this issue was Charter of the United Nations (1942).
  इस मुद्दे की घोषणा करने वाली पहली अंतर्राष्ट्रीय घोषणा संयुक्त राष्ट्र का चार्टर (1942) थी।
- The Universal Declaration of Human Rights (1948).
  मानवाधिकारों की सार्वभौमिक घोषणा (1948)।
- United Nations' Declaration of Rights of child (1959).
  संयुक्त राष्ट्र की बाल अधिकारों की घोषणा (1959)।
- International Covenant on Civil and Political Rights (UN, 1966).
  नागरिक और राजनीतिक अधिकारों पर अंतर्राष्ट्रीय प्रतिज्ञापत्र (यूएन, 1966)।
- United Nations Convention on Rights of the Child (held in 1992)-107 countries.
  बाल अधिकारों पर संयुक्त राष्ट्र सम्मेलन (1992 में आयोजित) - 107 देश।
- Salamanca statement - UNESCO (1994)
  सैलेमां का स्टेटमेंट - यूनेस्को (1994)

9.4.2 Advantages of Inclusive Education (समावेशी शिक्षा के लाभ)

- **The efficient use of resources.**
  संसाधनों का कुशल उपयोग।
- **Cost effectiveness.**
  लागत प्रभावशीलता।
- **Decentralization.**
  विकेन्द्रीकरण।

9.4.3 An Inclusive School and Classroom (एक समावेशी विद्यालय की कक्षा)

- SSA framework provides Rs.1200 per disabled child per year.
  सर्व शिक्षा अभियान के ढांचे के अंतर्गत प्रत्येक नि:शक्त बच्चे को प्रत्येक वर्ष 1200 रुपए दिए जाते हैं।
- 45-day Rehabilitation Council of India recognized teacher training.
  45 दिन का भारतीय पुनर्वास परिषद से मान्यता प्राप्त अध्यापक प्रशिक्षण।

Notes

9.5 PROTECTING CHILD RIGHTS IN SCHOOLS
(विद्यालयों में बाल अधिकारों को सुरक्षित करना)

- The National Commission for Protection of Child Rights (NCPCR) was set up in March 2007 under the Commission for Protection of Child Rights Act, 2005, an Act of Parliament (December 2005).

  राष्ट्रीय बाल अधिकार संरक्षण आयोग (एनसीपीसीआर) की स्थापना मार्च 2007 में बाल अधिकार संरक्षण आयोग अधिनियम, 2005, संसद के एक अधिनियम (दिसंबर 2005) के तहत की गई थी।
- This is a universally accepted definition of a child and comes from the United Nations Convention on the Rights of the Child (UNCRC).

  यह एक बच्चे की सार्वभौमिक रूप से स्वीकृत परिभाषा है और यह बाल अधिकारों पर संयुक्त राष्ट्र सम्मेलन (यूएनसीआरसी) से आता है।

The Constitution of India guarantees all children certain rights, which have been specially included for them.
(भारत का संविधान सभी बच्चों को कुछ अधिकारों की गारंटी देता है)

- Right to free and compulsory elementary education for all children in the 6-14 year age group (Article 21 A).

  6 से 14 वर्ष के सभी बच्चों को नि:शुल्क और अनिवार्य प्रारंभिक शिक्षा का अधिकार (अनुच्छेद 21 A)।
- Right to be protected from any hazardous employment till the age of 14 years (Article 24).

  14 वर्ष की आयु तक खतरनाक नियोजन (नौकरी) से सुरक्षा का अधिकार (अनुच्छेद 24)
- Right to be protected from being abused and forced by economic necessity to enter occupations unsuited to their age or strength (Article 39(e)).

  कुप्रयोग किए जाने तथा आर्थिक आवश्यकताओं के कारण ऐसे व्यवसायों में जाने से जो उनकी आयु या ताकत के लिहाज से उपयुक्त न हों, उनसे सुरक्षा का अधिकार (अनुच्छेद 39(e))
- Right to equal opportunities and facilities to develop in a healthy mannerand in conditions of freedom and dignity and guaranteed protection of childhood and youth against exploitation and against moral and material abandonment (Article 39 (f)).

  एक स्वस्थ तरीके से बढ़ने के लिए समान अवसरों तथा सुविधाओं का अधिकार. जिसमें स्वतंत्रता तथा सम्मान परिस्थितियाँ हों और बचपन की निश्चित सुरक्षा हो ताकि शोषण न किया जा सके और न ही नैतिक तथा भौतिक परित्याग हो सके
  (अनुच्छेद 39 (f))
- Right to equality (Article 14).

  समानता का अधिकार (अनुच्छेद 14)
- Right against discrimination (Article 15).

  अनुचित भेदभाव या अनुचित पक्षपात के विरुद्ध अधिकार।
- Right to personal liberty and due process of law (Article 21).

  वैयक्तिक स्वतंत्रता तथा उचित कानूनी प्रक्रिया का अधिकार (अनुच्छेद 21)
- Right of weaker sections of the people to be protected from social injustice and all forms of exploitation (Article 46).

  समाज के कमजोर वर्गों को सामाजिक अन्याय तथा सभी प्रकार के शोषणों से बचाए जाने का अधिकार (अनुच्छेद 46)।

INTERNATIONAL SCENARIOS IN ELEMENTARY EDUCATION
(प्रारंभिक शिक्षा में अंतर्राष्ट्रीय परिदृश्य)

10

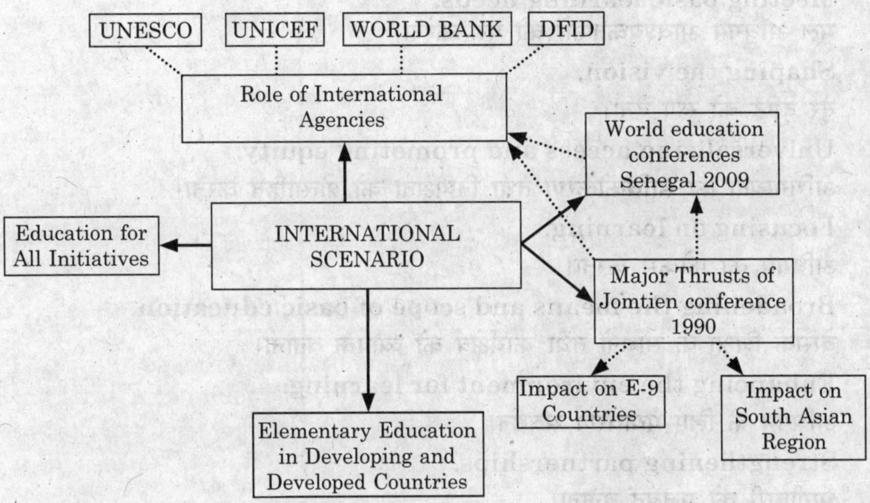

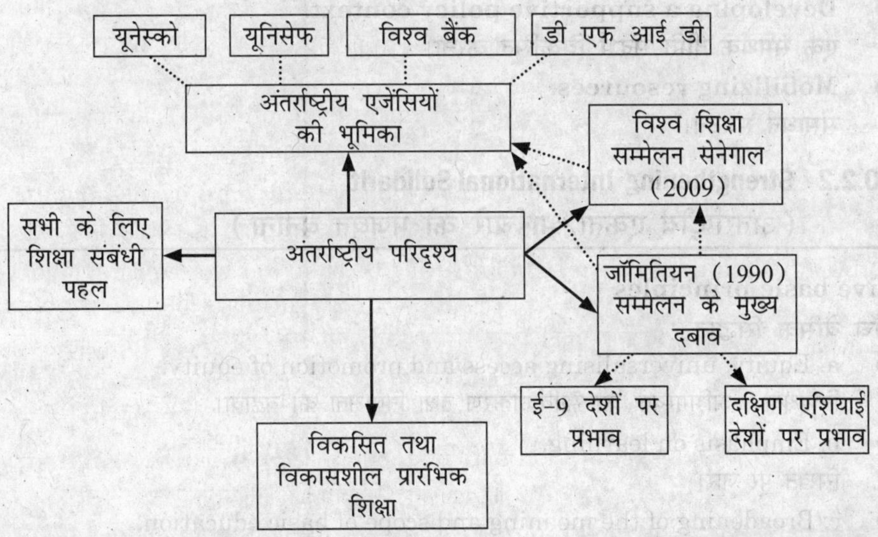

10.2 JOMTIEN CONFERENCE -1990 (जोमटियन सम्मेलन-1990)

- There was a conference on **Education for All** in Jomtien, Thailand from 5 to 9 March 1990.

  5 से 9 मार्च 1990 तक जोमटियन, थाईलैंड में **सभी के लिए शिक्षा** पर एक सम्मेलन हुआ।
- 155 member states of United Nations assembled in Jomtien.

  संयुक्त राष्ट्र के 155 सदस्य देश जोमटियन में एकत्रित हुए।

Notes

- Education is a fundamental right.
  शिक्षा एक मौलिक अधिकार है।

10.2.1 Major Thrusts of Jomtien Converence (जोमटियन सम्मेलन की प्रमुख चुनौतियाँ)

In the conference of the World Declaration on Education, nine articles are drafted according to the ***purpose, expanded vision, commitment and requirements*** for Education for All.

शिक्षा पर विश्व घोषणा के सम्मेलन में, सभी के लिए शिक्षा के उद्देश्य, विस्तारित दृष्टि, प्रतिबद्धता, और आवश्यकताओं के अनुसार नौ लेख तैयार किए गए हैं।

- **Meeting basic learning needs.**
  मूल अधिगम आवश्यकताओं को पूरा करना।
- **Shaping the vision.**
  दूर दृष्टि को रूप देना।
- **Universalizing access and promoting equity.**
  अभिगम्यता का सार्विकीकरण तथा निष्पक्षता को प्रोत्साहित करना।
- **Focusing on learning.**
  अधिगम का फोकस करना।
- **Broadening the means and scope of basic education.**
  बेसिक शिक्षा के साधनों तथा कार्यक्षेत्र को व्यापक बनाना।
- **Enhancing the environment for learning.**
  अधिगम के लिए पर्यावरण संवर्धन।
- **Strengthening partnerships.**
  भागीदारी को मजबूत बनाना।
- **Developing a supportive policy context.**
  एक समर्थक नीति संदर्भ विकसित करना।
- **Mobilizing resources.**
  संसाधन संघटन।

10.2.2 Strengthening International Solidarit (अंतर्राष्ट्रीय एकता/भाईचारे को मजबूत बनाना)

Five basic principles
पाँच बेसिक सिद्धांत

- a. Equity: universalising access and promotion of equity.
  निष्पक्षता : अभिगम्यता का सार्विकीकरण तथा निष्पक्षता को बढ़ावा।
- b. Emphasis on learning.
  सिखने पर जोर।
- c. Broadening of the meaning and scope of basic education.
  बेसिक शिक्षा के अर्थ और कार्यक्षेत्र का विस्तार।
- d. Improvement in the learning environment.
  सीखने के माहौल में सुधार।
- e. Strengthening of partnerships.
  साझेदारी को मजबूत करना।

Major goals and targets (मुख्य उद्देश्य)

- Universal access to and 80 per cent completion rate in primary education by 2000.

वर्ष 2000 तक प्राथमिक शिक्षा की सार्वत्रिक अभिगम्यता तथा 80 प्रतिशत पूर्ति दर।

- Reduction in adult illiteracy rate to half its 1990 level by 2000
  वर्ष 2000 तक 1990 के दशक की तुलना में प्रौढ़ निरक्षतरता दर को आधा करना।

Notes

Impact of the Jomtien (जोमटियन का प्रभाव)

- Broaden the scope of 'basic education'- early child care and development for pre-school.
  बेसिक शिक्षा के कार्यक्षेत्र को और व्यापक बनाना- पूर्व बाल्यकाल बाल देखभाल तथा विकास सम्मिलित है।
- Priority to EFA
  EFA को प्राथमिकता।

10.2.3 Impact of Jomtien on E-9 Counties (जोमटियन सम्मेलन का ई-9 देशों पर प्रभाव)

- **E-9 Counties:** The high population countries more than 50 per cent of the world's population.
  ई-9 काउंटी: उच्च जनसंख्या वाले देश विश्व की जनसंख्या के 50 प्रतिशत से अधिक हैं।
- Bangladesh, Brazil, China, Egypt, India, Indonesia, Mexico, Nigeria and Pakistan.
  बांग्लादेश, ब्राजील, चीन, मिस्र, भारत, इंडोनेशिया, मैक्सिको, नाइजीरिया और पाकिस्तान।
- Recife, Brazil- 31 January to 2 February 2000 - reviewed the progress.
  रेसिफ, ब्राजील - 31 जनवरी से 2 फरवरी 2000 ने प्रगति की समीक्षा की।
- The EFA Summit of Heads of State of the E-9 countries, New Delhi, December 1993.
  ई-9 देशों के राष्ट्राध्यक्षों का ईएफए शिखर सम्मेलन, नई दिल्ली, दिसंबर 1993।
- Massive reduction in adult illiteracy.
  वयस्क निरक्षरता में भारी कमी।
- Early childhood education.
  बचपन में मिली शिक्षा।
- Universal elementary education.
  सार्वभौमिक प्रारंभिक शिक्षा।
- Improved gender equity in school.
  स्कूल में बेहतर लिंग समानता।
- Expansion of partnerships with NGOs.
  गैर सरकारी संगठनों के साथ साझेदारी का विस्तार।

10.2.4 Impact on South Asian Region (दक्षिण एशिया क्षेत्र पर प्रभाव)

10.3 ELEMENTARY EDUCATION INITIATIVE IN DEVELOPING COUNTRIES (विकासशील देशों में प्रारंभिक शिक्षा)

Barriers in elementary education (प्रारंभिक शिक्षा में बाधाएँ)

- **Inadequate Budgets**
  अपर्याप्त बजट
- **Lack of schools and teaching staff**
  स्कूलों और टीचिंग स्टाफ की कमी
- **Cost of attending school**
  स्कूल जाने की लागत

Notes

- **High illiteracy rates**
  उच्च निरक्षरता दर

10.4 ROLE OF INTERNATIONAL AGENCIES IN UEE (प्रारंभिक शिक्षा के सार्विकीकरण में अंतर्राष्ट्रीय एजेंसियों की भूमिका)

10.4.1 UNESCO (यूनेस्को)

- The United Nations Educational, Scientific and Cultural Organization or UNESCO, was established at London Conference in November 1945.
  संयुक्त राष्ट्र शैक्षिक, वैज्ञानिक और सांस्कृतिक संगठन या यूनेस्को की स्थापना नवंबर 1945 में लंदन सम्मेलन में हुई थी।
- Headquarter is in Paris.
  मुख्यालय पेरिस में है।
- UNESCO is one of the sponsors of Jomtien conference.
  यूनेस्को जोमटियन सम्मेलन के प्रायोजकों में से एक है।
- Three UNESCO documents.
  तीन यूनेस्को दस्तावेज।
- A *Plan of Action* which attempts to mobilize.
  एक *कार्य योजना* जो जुटाने का प्रयास करती है।
- And rationalize action nationally, regionally and internationally.
  और राष्ट्रीय, क्षेत्रीय और अंतरराष्ट्रीय स्तर पर कार्रवाई को युक्तिसंगत बनाना।
- *Guidelines for the Preparation of National Action Plans for Education for All* aiming at supporting countries in their development of national EFA plans.
  सभी के लिए शिक्षा के लिए राष्ट्रीय कार्य योजना तैयार करने के लिए दिशानिर्देश राष्ट्रीय ईएफए योजनाओं के विकास में देशों का समर्थन करना।
- A document on *Development Partner Co-operation in the Support of Education for All: Rationale and Strategies* which forms part of the discussion in this report.
  शिक्षा के समर्थन में विकास भागीदार सहयोग पर एक दस्तावेज *सभी के लिए:* तर्क और रणनीतियाँ जो इस रिपोर्ट में चर्चा का हिस्सा हैं।

10.4.2 UNICEF (यूनिसेफ)

- UNICEF is the commonly used name for United Nations agency called the United Nation International Children's Emergency Fund.
  यूनिसेफ का पूरा नाम संयुक्त राष्ट्र अन्तराष्ट्रीय बाल आपातकालीन फंड (निधि) है।
- Gender-equality goals established in the Millennium Development Goals and Education for All.
  यूनिसेफ मिलेनियम डिक्लेरेशन तथा सबके लिए शिक्षा में निर्धारित शैक्षिक तथा लिंग समानता संबंधी लक्ष्यों की प्राप्ति के लिए।

10.4.3 World Bank (विश्व बैंक)

- The Bank supports EFA through specific operations in almost 90 countries.
  विश्व बैंक दुनिया भर के लगभग 90 देशों के सबके लिए शिक्षा कार्यक्रम की बहुआयामी प्रयासों द्वारा सहायता करता है।
- Promote early childhood development and EFA.
  पूर्व बाल्यकाल विकास को बढ़ाना।

- Help providing education to HIV affected pupils.
  विभिन्न देशों में सबके लिए शिक्षा संभावना को सुरक्षा प्रदान करना।

10.4.4 Department for International Development (अंतरराष्ट्रीय विकास विभाग)

- DFID is the part of the UK government- promote development and reduce extreme poverty.
  DFID यूके सरकार का हिस्सा है- विकास को बढ़ावा देना और अत्यधिक गरीबी को कम करना।
- Support countries to reach the *Millennium Development Goals (MDGs) by* 2015.
  सहस्राब्दी विकास लक्ष्यों (एमडीजी) तक पहुँचने के लिए देशों का समर्थन करें।
- DFID supports India's poorer states, for example Bihar, Madhya Pradesh, Orissa and West Bengal.
  DFID भारत के गरीब राज्यों का समर्थन करता है, उदाहरण के लिए बिहार, मध्य प्रदेश, उड़ीसा और पश्चिम बंगाल ।
- DFID has also established Trust Funds with World Bank, the Asian Development Bank and UNICEF.
  DFID ने विश्व बैंक, एशियाई विकास बैंक और यूनिसेफ के साथ ट्रस्ट फंड भी स्थापित किया है।
- Works with Small Industries Development Bank of India (SIDBI).
  भारतीय लघु उद्योग विकास बैंक (SIDBI) के साथ काम करता है।

10.4.5 Swedish International Development Agency (SIDA) (स्वीडन की अंतरराष्ट्रीय विकास एजेंसी)

- Promoting the idea of "international development cooperation".
  अंतरराष्ट्रीय विकास सहयोग के विचार का समर्थन करती है।
- Supporting over 2,000 projects in over 100 countries.
  100 देशों में लगभग 200 परियोजना की सहायता करती है।
- India has been a recipient of Swedish bilateral development assistance since 1964.
  भारत को इस एजेंसी से 1964 से लेकर आज तक स्वीडिश द्विपक्षीय विकास सहायता के अंतर्गत सहायता मिल रही है।
- The Shiksha Karmi Project (SKP) is being implemented since 1987.
  शिक्षा कर्मी प्रोजेक्ट 1987 से चल रहा है।

10.5 WORLD EDUCATION FORUM, DAKAR, SENEGAL 2000 (विश्व शिक्षा मंच, डकार, सेनेगल - 2000).

- 155 countries and 150 organizations EFA by 2000.
  2000 तक 155 देश और 150 संगठन ईएफए
- **four "pillars"-**
  चार स्तम्भ है.

☐ learning to know
  जानना सीखना

☐ learning to do
  करना सीखना

☐ learning to be
  बनना सीखना

☐ learning to live together
  साथ रहना सीखना

Notes

SOME FULL FORMS

- ADEA-Association for the Development of Education in Africa
- AfDB-African Development Bank
- CDF-Comprehensive Development Framework
- CREMIS-Caribbean Regional Educational Management Information System
- DFID-Department for International Development
- ECCD-Early Childhood Care and Development
- EU-European Union
- FRESH-Focusing Resources on Effective School Health
- EFA-Education for All
- HIPC-Highly Indebted Poor Countries Initiative
- HIV-Human Immunodeficiency Virus
- IBE UNESCO-International Bureau of Education
- ICT-Information and Communication Technologies
- IIEP UNESCO-International Institute for Educational Planning
- NGO-Non-governmental organization
- OIASESC-Organization of Ibero-American States for Education, Science and Culture
- SIDA-Swedish International Development Co-operation Agency
- UNAIDS-Joint United Nations Programme on HIV/AIDS
- UNDAF-United Nations Development Assistance Framework
- UN/DESA-United Nations Department of Economic and Social Affairs
- UNDP-United Nations Development Programme
- UNESCO-United Nations Educational, Scientific and Cultural Organization
- UNFPA-United Nations Population Fund
- UNGEI-United Nations Girls' Education Initiative
- UNICEF-United Nations International Children's Emergency Fund
- WGEFA-Working Group on Education for All
- WHO-World Health Organization

LEARNING AND TEACHING DURING EARLY SCHOOLING (प्रारंभिक विद्यालयी शिक्षा के दौरान अधिगम और शिक्षण)

1

1.2 LEARNING PROCESS (अधिगम प्रक्रिया)

1.2.1 Concept and Process of Learning (अधिगम की अवधारणा और प्रक्रिया)

- Learning is the process of being modified, more or less permanently, by what happens in the world around us, by what we do, or by what we observe.
  अधिगम अधिक या कम स्थायी के द्वारा, संसार में हमारे चारों ओर क्या घटित हो रहा है, इसके द्वारा, हमें क्या करना और हमें क्या अवलोकन करना है, इन सब के द्वारा रूपांतरित होने की एक प्रक्रिया है।
- Learning is the process by which behaviour is originated or changed through training procedure.
  अधिगम वह प्रक्रिया है जिसके द्वारा प्रशिक्षण प्रक्रिया के माध्यम से व्यवहार की उत्पत्ति या परिवर्तन होता है।
- Learning is a process by which the individual acquires various habits, knowledge and attitude that are necessary to meet the demands of the life in general.
  अधिगम एक ऐसी प्रक्रिया है जिसके द्वारा व्यक्ति विभिन्न आदतों, ज्ञान और दृष्टिकोण को प्राप्त करता है जो सामान्य रूप से जीवन की माँगों को पूरा करने के लिए आवश्यक हैं।

The characteristics of learning process are:

सीखने की प्रक्रिया की विशेषताएँ हैं :

- Learning is a continuous process, Learning is goal directed, Learning is intentional, Learning is an active process, Learning is individualistic, Learning is transferable.
  अधिगम एक सतत प्रक्रिया है, अधिगम लक्ष्य निर्देशित है, अधिगम सुविचारित है, अधिगम एक सक्रिय प्रक्रिया है, अधिगम व्यक्तिवादी है, अधिगम हस्तांतरणीय है।

1.2.2 Factors affecting Learning (अधिगम को प्रभावित करने वाले कारक)

- Learning and maturation, Readiness to learn, Learning Environment, Learning and Motivation.
  अधिगम और परिपक्कता, अधिगम की तत्परता, अधिगम वातावरण, अधिगम और प्रेरणा।

1.3 HOW CHILDREN LEARN (बच्चे कैसे सीखते है?)

According to Bandura (1977), following four distinct processes are involved in observational learning:-
बंडुरा (1977) के अनुसार प्रेक्षण अधिगम में निम्नलिखित चार अलग-अलग प्रक्रियाएँ शामिल हैं:-

Attention Process:-We pay attention to significant features of the behaviour we want to learn.

ध्यान प्रक्रिया:- हम उस व्यवहार की महत्वपूर्ण विशेषताओं पर ध्यान देते हैं जिसे हम अधिगम चाहते हैं।

Notes

Retention Process:- The ability to store information is also an important part of the learning process.

स्मृति की प्रक्रिया:- सूचनाओं को संगृहीत करने की क्षमता भी सीखने की प्रक्रिया का एक महत्वपूर्ण हिस्सा है।

Motor Reproduction Process:- After we have retained the observed behaviour through rehearsal of the visual images, the behaviour has to be transformed into physical actions.

पुन: निर्माण की गतिक प्रक्रिया:- दृश्य छवियों के पूर्वाभ्यास के माध्यम से देखे गए व्यवहार को बनाए रखने के बाद, व्यवहार को शारीरिक क्रियाओं में बदलना पड़ता है।

Motivational Process: You must have come across some children who have learnt very well through observational learning as they can vividly describe the steps of action and can perform it perfectly.

प्रेरक प्रक्रिया:- आपने कुछ ऐसे बच्चों को देखा होगा जिन्होंने प्रेक्षणात्मक अधिगम के माध्यम से बहुत अच्छी तरह से सीखा है क्योंकि वे क्रिया के चरणों का स्पष्ट रूप से वर्णन कर सकते हैं और इसे पूरी तरह से कर सकते हैं।

- TRIAL AND ERROR (developed by the American psychologist E.L.Thorndike)

  प्रयत्न और त्रुटि (अमेरिकी मनोवैज्ञानिक ई. एल. थ्रोनडाइक द्वारा विकसित)

- **Law of Exercise:-** Repetition of the activity makes the student to retain the activity for longer period. This essentially constituted of two laws: law of use and the law of disuse. The first relates to the strengthening of the connection of stimulus (cause) and response(the behaviour) by repetition and the second, the opposite of the first, relates to the weakening of connection when not used frequently.

  अभ्यास का नियम:- किसी कार्य को बार-बार करने से वह कार्य लंबे समय के लिए स्मरण हो जाता है। इसमें मुख्यत: दो नियम हैं- उपयोग करने का नियम और उपयोग ना करने का नियम। पहला उद्दीपन के संबधों की क्षमता से संबंधित है और प्रतिक्रियाओं को बार-बार करने से संबंधित है और दूसरा पहले के विपरीत है यानी संबंध कमजोर करने से है।

  Law of Effect:- if the consequence to a behaviour is satisfying, then the behaviour is likely to be learnt.

  प्रभाव का नियम:- यदि किसी व्यवहार का परिणाम संतोषजनक है, तो व्यवहार के सीखे जाने की संभावना है।

  Law of Readiness:- Effective learning takes place when the student is ready to learn.A child who is ready for a specific type of learning is far more likely to profit from such learning experiences than another who is not ready.

  तैयारी का नियम:- प्रभावी अधिगम तब होता है जब छात्र सीखने के लिए तैयार होता है। एक बच्चा जो एक विशिष्ट प्रकार के सीखने के लिए तैयार होता है, ऐसे सीखने के अनुभवों से लाभ पाने की संभावना दूसरे की तुलना में अधिक होती है जो तैयार नहीं है।

- Participation/Doing

  सहभागिता

- Learning Through Discovery/Inquiry

  खोज पूछताछ के द्वारा अधिगम

  The method is based on the following principles:

  डिस्कवरी/पूछताछ के माध्यम से अधिगम विधि निम्नलिखित सिद्धांतों पर आधारित है:

- Principles of activity • Principle of logical thinking • Principle of proceeding from known to unknown • Principle of purposeful experiences • Principle of searching for alternatives.

  • सक्रियता का सिद्धांत
  • तर्कपूर्ण चिंतन का सिद्धांत
  • ज्ञात से अज्ञात की ओर जाने का सिद्धात
  • उद्देश्यपूर्ण अनुभवों का सिद्धांत
  • विकल्पों की खोज का सिद्धांत

Notes

- Problem Solving
  समस्या को सुलझाना
- Problem solving has the following steps:-
  समस्या समाधान के निम्नलिखित चरण होते हैं:-
  1. Identifying and defining the problem
  समस्या की पहचान करना और परिभाषित करना।
  2. Analysis of the problem
  समस्या का विश्लेषण।
  3. Stating clearly the relationships between different concepts.
  विभिन्न अवधारणाओं के बीच संबंधों को स्पष्ट रूप से बताते हुए।
  4. Formulating hypotheses.
  परिकल्पना तैयार करना।
  5. Testing the hypotheses.
  परिकल्पना का परीक्षण।
  6. Verification of the result.
  परिणाम का सत्यापन।
- Learning as Meaning Making.
  अधिगम सार्थकता के रूप में।

1.4 PROCESS OF TEACHING (शिक्षण की प्रक्रिया)

1.4.1 Teaching for Behaviour Modification (व्यवहार रूपांतरण के लिए शिक्षण)

- When we change or modify the observable behaviour of a child, we are directly or indirectly trying to help child to learn.
  जब हम एक बच्चे के अवलोकन युक्त व्यवहार को रूपांतरित करते हैं या बदलते हैं, तो हम प्रत्यक्ष या अप्रत्यक्ष रूप से बच्चे की सीखने में मदद करते हैं।
- Observable behaviours are mainly of two types: elicited behaviour and emitted behaviour.
  अवलोकनीय व्यवहार मुख्य रूप से दो प्रकार के होते हैं: अर्जित व्यवहार और उत्सर्जित व्यवहार।
- When we make a child to behave in a desired way by adopting some means, we are trying to elicit or draw out the behaviour from the child. For example, when we make child run by offering a chocolate, we are trying to elicit or draw out the behaviour of running from the child.
  जब हम बच्चे को एक सामाजिक नियम व आदर्श के अनुसार किसी अलग ढंग से व्यवहार करवाना चाहते हैं तो हम उसको उसी तरह से सिखाते हुए वांछनीय व्यवहार परिवर्तन की चेष्टा करते हैं। उदाहरण- जब हम बच्चे को चॉकलेट देते हुए कहते हैं भागो, तो हम बच्चे से भागने की क्रिया करने की अपेक्षा करते हैं और चाहते हैं कि वह भागे।
- On some occasions you might have experienced that an individual without any visible external cause demonstrates a particular behaviour normally you had not noticed earlier in him/her. We categorize such behaviour as emitted behaviour.
  कुछ मौकों पर आपने अनुभव किया होगा कि बिना किसी बाहरी कारण के एक व्यक्ति एक विशेष व्यवहार का प्रदर्शन करता है जिसे आपने पहले नहीं देखा था। हम ऐसे व्यवहार को उत्सर्जित व्यवहार के रूप में वर्गीकृत करते हैं।
- The process of habituating the child (or for that matter any organism, human being, or animal) to repeat and modify both the types of behaviours is called conditioning by the psychologists.

Notes

व्यवहारों को दोहराने और संशोधित करने के लिए बच्चे (या उस मामले के लिए किसी भी जीव, मनुष्य या जानवर) को आदत डालने की प्रक्रिया को मनोवैज्ञानिकों द्वारा अनुकूलन कहा जाता है।

- There are two major types of conditioning depending on the two types of behaviours: Classical conditioning i.e. conditioning of elicited behaviours, and Operant conditioning for conditioning the emitted behaviours.
  दो प्रकार के व्यवहारों के आधार पर अनुकूलन के दो प्रमुख प्रकार हैं: शास्त्रीय अनुकूलन (यानी प्राप्त व्यवहारों का अनुकूलन), और संक्रिया अनुकूलन (स्वाभाविक व्यवहार का अनुकूलन)।

Classical conditioning (शास्त्रीय अनुकूलन)

- Ivan Pavlov, a Russian physiologist, did pioneering work on classical conditioning (around 1890s).
  एक रूसी शरीर विज्ञानी इवान पावलोव ने शास्त्रीय अनुकूलन (लगभग 1890 के दशक) पर अग्रणी काम किया।
- He noticed that in his laboratory, hungry dogs began to salivate when they were about to be fed, even before they could see or smell the food.
  उन्होंने देखा कि उनकी प्रयोगशाला में, भूखे कुत्तों ने भोजन को देखने या सूँघने से पहले ही, जब उन्हें खाना खिलाया जाना था, लार देना शुरू कर दिया।
- Strangely, they seemed to be salivating at the mere sight of their keeper or even when they heard his footsteps.
  अजीब तरह से, वे अपने रक्षक की दृष्टि से या यहाँ तक कि जब उन्होंने उसके कदमों की आवाज सुनी, तब भी वे लार टपका रहे थे।
- This simple observation led Pavlov to a series of carefully designed experiments involving ringing of a bell or sounding a buzzer-neither of which ordinarily leads to salivation - and immediately presenting dogs with food, a stimulus that does lead to salivation.
  इस सरल अवलोकन ने पावलोव को सावधानीपूर्वक किए गए प्रयोगों की एक श्रृंखला के लिए प्रेरित किया जिसमें घंटी बजना या बजर बजना शामिल है जिनमें से कोई भी आमतौर पर लार की ओर नहीं जाता है और तुरंत कुत्तों को भोजन के साथ पेश करता है, एक उत्तेजना जो लार की ओर ले जाती है।
- After considerable number of such combined presentations of sounding of bell and then food, the dogs salivated with sounding of the bell even if food is not presented.
  घंटी बजने और फिर भोजन की इतनी संयुक्त प्रस्तुतियों के बाद, कुत्तों ने घंटी बजाने के साथ लार प्रस्तुत की, भले ही भोजन प्रस्तुत न किया गया हो।
- In Pavlov's experiments, the bell is referred to as a conditioned stimulus (CS), the food is a natural or an unconditioned stimulus (UCS); and salivation in response to food is an unconditioned response (UCR), whereas salivation in response to the bell or buzzer is a conditioned response (CR).
  पावलोव के प्रयोगों में घंटी एक अनुकूल उद्दीपन है, खाना एक प्राकृतिक या स्वाभाविक उद्दीपन और खाने को देखकर लार का टपकना एक स्वाभाविक प्रतिक्रिया है, वही घंटी के बजने पार लार का टपकना एक अस्वाभाविक या अनुकूलन प्रतिक्रिया है।
- Initially, ringing of the bell or sounding of the buzzer is a neutral stimulus (one that does not lead to a response) for salivation.
  प्रारंभ में, घंटी बजना या बजर बजना लार के लिए एक तटस्थ उद्दीपन (एक जो प्रतिक्रिया की ओर नहीं ले जाती है) है।

Operant conditioning (संक्रिया अनुकूलन)

- By B.F. Skinner (around 1940s) with rats and pigeons.
  बी.एफ. स्किनर द्वारा (लगभग 1940 के दशक में) चूहों और कबूतरों के साथ।
- Operant conditioning is to strengthen (Skinner calls 'reinforce') the behaviour emitted by an organism (Emitted behaviour is called operant) so that the probability of its occurrence increases.

सक्रिय अनुकूलन शारीरिक इंद्रियों (निकाला गया व्यवहार संक्रिया कहलाता है) के द्वारा निकाले गए व्यवहार का पुनर्बलन है।

- This increase is the result of reinforcement.
  इससे इसकी ग्रहण करने की शक्ति बढ़ती है।
- Skinner differentiated between two of his most important terms: reinforces and reinforcement. For example, a reward or food is the reinforces and presenting food when a response is emitted is the reinforcement.
  स्किनर अपने दो महत्वपूर्ण पदों–सुदृढ़ करना एवं पुनर्बलन में अंतर करता है। उदाहरण- एक इनाम या भोजन सुदृढ़ करता है और जब किसी प्रतिक्रिया या परिणाम को निकालने के लिए भोजन प्रस्तुत किया जाता है वह पुनर्बलन है।
- Positive reinforcement (reward) and Negative reinforcement (Relief). punishment is not reinforcement.
  सकारात्मक पुनर्बलन(इनाम) और नकारात्मक /ऋणात्मक पुनर्बलन (आराम) दंड एक पुनर्बलन नहीं है।
- Repetition is important for learning follows from all theories of behaviour modification.
  व्यवहार संशोधन के सभी सिद्धांतों से सीखने के लिए दोहराव महत्वपूर्ण है।
- Repetition without reinforcement does not enhance learning.
  सुदृढ़ीकरण के बिना दोहराव सीखने में वृद्धि नहीं करता है।
- Variations in presenting the reinforcers help modification of behaviour.
  प्रबलकों को प्रस्तुत करने में भिन्नता व्यवहार के संशोधन में सहायता करती है।
- Punishment is not very effective for eliminating undesirable behaviour.
  व्यवहार को समाप्त करने के लिए दंड बहुत प्रभावी नहीं है।
- Interest in work and in improvement is conducive to learning.
  काम और सुधार में रुचि सीखने के लिए अनुकूलन है।

1.4.2 Teaching for Development of Cognition
(संज्ञानात्मक विकास के लिए शिक्षण)

Table 1 Piaget's Stages of Cognitive Development

संज्ञानात्मक विकास की पियाजे की चार अवस्थाएँ

Stage **अवस्था**	**Approximate Age** **सन्निकट आयु**	**Some Major Characteristics** **कुछ मुख्य विशेषताएँ**
Sensorimotor संवेदी गत्यात्मक काल	0-2 years 0 से 2 वर्ष की आयु तक	• Intelligence related motor activities, बुद्धिमत्ता संबंधित गत्यात्मक क्रियाकलाप।

		• Concerned with present and nearby incidents and objects, वर्तमान और नजदीक की घटनाओं व वस्तुओं से संबंध। • No language and no thought, ना ही कोई भाषा और ना ही कोई विचार। • No idea of objective reality, किसी वस्तु की वास्तविकता का कोई विचार नहीं।
Preoperational पूर्व-संकिया काल या	2-7 years 2 से 7 वर्ष की आयु तक	• Egocentric thought, अह केन्द्रित विचार
Pre-conceptual पूर्व- अवधारणा काल या	2-4 years 2 से 4 वर्ष की आयु तक	• Reason dominated by perception, ग्रहण बोध के आधार पर तर्क वितर्क
Intuitive सहज बोधनीय काल	4-7 years 4 से 7 वर्ष की आयु तक	• Intuitive rather than logical solutions तर्कपूर्ण समाधान की अपेक्षा सहज बोध से समाधान करना
Concrete Operations स्थूल संक्रिय काल	7-11 or 12 years 7 से 11 या 12 वर्ष की आयु तक	• Inability to conserve. संरक्षित करने के अयोग्य • Ability to conserve. संरक्षण करने की योग्यता • Logic of class and relations, वर्ग व संबंधों के बारे में तर्क देना • Understanding of numbers, संख्याओं को समझना। • Thinking bound to concrete objects and experiences स्थूल वस्तुओं और अनुभवों को समझना
		• Development of reversibility in thought. विचारों में विरोधाभास का विकास।

Formal Operations औपचारिक संक्रिया काल	11 or 12-14 or 15 years 11 या 12 से 14 या 15 वर्ष की आयु तक	• Complete generality of thought, विचारों में सम्पूर्ण सामान्यीकरण • Propositional thinking, वैचारिक अभिव्यक्ति की सोच • Ability to deal with hypothetical ideas and situations. परिकल्पित विचारों एवं स्थितियों के साथ संबंध बनाने की योग्यता • Development of strong idealism. सशक्त आदर्शवाद का विकास

Notes

- During the first two years of life, the child performs activities mostly driven by sense organs and some motor activities. For an infant at this stage, objects existwhen they can be seen, heard, touched, tasted or smelled and when they are removed from the infant's immediate sensory experience, they cease to exist.

  जीवन के पहले दो वर्षों के दौरान, बच्चा अपने क्रियाकलापों का प्रदर्शन अधिकांशत: अपनी ज्ञानेंद्रियों के द्वारा करता है और कुछ गत्यात्मक क्रियाकलाप भी करता है। इस अवस्था में शिशु किसी वस्तु को देखकर, सुनकर, छूकर, स्वाद या गंध के द्वारा उस वस्तु की अनुभूति करता है और जब वो वस्तु उससे दूर कर दी जाती है तो तुरंत उसकी ज्ञानेन्द्रियाँ उस वस्तु के ना होने का अनुभव कर लेती हैं।

- And at a later stage, the child can imitate the actions in absence of the actions or objects (called deferred imitation).

  और बाद के चरण में, बच्चा क्रियाओं या वस्तुओं की अनुपस्थिति में क्रियाओं का अनुकरण कर सकता है। जिसे आस्थगित अनुकरण कहा जाता है)

- Piaget defines operations' as mental activities subject to certain rules of logic. With development of language ability, the child tries to reason out in a crude way during the pre-operation period. These reasoning are mostly pre-logical-egocentric and intuitive.

  पियाजे संक्रिय को तर्क के कुछ नियमों के अधीन मानसिक क्रियाकलापों के रूप में परिभाषित करता है। भाषा की क्षमता के विकास के साथ, बच्चा पूर्व संचालन अवधि के दौरान कच्चे तरीके से तर्क करने की कोशिश करता है। ये तर्क ज्यादातर पूर्व तार्किक है- अहंकारी और सहज ज्ञान युक्त।

- It is during the concrete operation period i.e. from 7-11 or 12 years of age, children make a fundamentally important transition from a pre-logical form of thought to logical thinking that apply to real, concrete objects and events. Three important mental abilities develop during this period with manipulation of concrete objects and events:-conservation, classification and seriation.

  यह ठोस संचालन अवधि के दौरान यानी 7-11 या 12 साल की उम्र से है, बच्चे वास्तविक, ठोस वस्तुओं और घटनाओं पर लागू होने वाले तार्किक सोच के पूर्व- तार्किक रूप से मौलिक रूप से महत्वपूर्ण संक्रमण करते हैं। इस अवधि के दौरान ठोस वस्तुओं और घटनाओं के हेरफेर के साथ तीन महत्वपूर्ण मानसिक क्षमताएँ विकसित होती हैं- संरक्षण, वर्गीकरण और श्रेणीक्रम।

- Conservation is the realization that quantity or amount does not change when nothing has been added to or taken away from and object or collection of objects, despite changes in form or arrangement in space.

Notes

संरक्षण यह अहसास है कि अंतरिक्ष में रूप या व्यवस्था में परिवर्तन के बावजूद, मात्रा या राशि में परिवर्तन नहीं होता है। जब कुछ भी नहीं जोड़ा जाता है या हटा दिया जाता है और वस्तुओं का संग्रह किया जाता है।

- Classification is to group objects according to their similarities and differences.
  वर्गीकरण वस्तुओं को उनकी समानता और अंतर के अनुसार समूहित करना है।
- Seriationis the ability to arrange similar objects in a definite order (increasing or decreasing).
  क्रमांकन समान वस्तुओं को एक निश्चित क्रम (बढ़ते या घटते) में व्यवस्थित करने की क्षमता है ।
- The stage of formal operation is the final stage of cognitive development. It is formal because the subject matters with which children can now deal are mostly imaginary or hypothetical, abstract and free from concrete objects and events. Like "If, then..." logic like "If A>B and B>C, then what is the relation between A and C?"
  औपचारिक संचालन का चरण संज्ञानात्मक विकास का अंतिम चरण है। यह औपचारिक है क्योंकि जिन विषयों से बच्चे अब निपट सकते हैं वे ज्यादातर काल्पनिक या, अमूर्त और ठोस वस्तुओं और घटनाओं से मुक्त हैं। जैसे अगर, तो... तर्क जैसे अगर ए झ बी और बी झ सी, तो ए और सी के बीच क्या संबंध है?
- Further **Vygotsky** states that a child progresses through three stages in developing language functions:-
  आगे वायगोत्स्की कहते हैं कि एक बच्चा विकासशील भाषा के कार्यों में तीन चरणों से आगे बढ़ता है:-
  (i.) Social (External) Speech (before age 3 or 4 years), used largely to control others or to express simple concepts;
  सामाजिक (बाहरी) भाषण (3 या 4 साल की उम्र से पहले), बड़े पैमाने पर दूसरों को नियंत्रित करने या सरल अवधारणाओं को व्यक्त करने के लिए उपयोग किया जाता है;
  (ii.) Egocentric Speech (3 - 7 years) is mostly talking about self and is usually spoken out loud. It has a role in controlling and directing the child's own behaviour;
  अहम केंद्रित भाषण (3-7 वर्ष) ज्यादातर स्वयं के बारे में बात कर रहा है और आमतौर पर जोर से बोला जाता है। बच्चे के स्वयं के व्यवहार को नियंत्रित करने और निर्देशित करने में इसकी भूमिका होती है;
  (iii.) Inner Speech (above 7 years) is marked by unspoken verbalizations that control thought and behaviour. Vygotsky argues strongly for language related activities in schools and inclusion of cultural elements in the curricular interactions in and outside of the classroom.
  इनर स्पीच (7 साल से ऊपर) को अनकही वाक्पटुता द्वारा चिह्नित किया जाता है जो विचार और व्यवहार को नियंत्रित करता है। वायगोत्स्की स्कूलों में भाषा संबंधी गतिविधियों और कक्षा के अंदर और बाहर पाठ्यचर्या संबंधी बातचीत में सांस्कृतिक तत्वों को शामिल करने के लिए दृढ़ता से तर्क देते हैं।
- In strategy of teaching we have to strike an optimal balance (in Piaget's language 'equilibration') between using previous experience, old learning and behaviour (assimilation), and making new changes (accommodation).
  आपकी शिक्षण व्यूह रचना में एक अच्छी साम्यवस्था बनाने की आवश्यकता है (भाषा में पियाजे का समीकरण) पूर्व अनुभवों, पुराने अधिगम और व्यवहार के बीच संतुलन के रूप में धारण करना।

1.4.3 Teaching for Behaviour Modification (अनुभव के निर्माण के लिए शिक्षण)

- Constructs his/her own knowledge on the basis of interaction with his/her environment.
  अपने पर्यावरण के साथ अंत:क्रिया के आधार पर अपने स्वयं के ज्ञान का निर्माण करता है।
- Connecting new idea with the previous knowledge/experience helps in constructing new knowledge.
  नए विचार को पिछले ज्ञान/अनुभव के साथ जोड़ने से नए ज्ञान के निर्माण में मदद मिलती है।

Notes

- Focusing on the interrelationships among concepts, new ideas/knowledge is constructed.
  अवधारणाओं के अंतर्संबंधों पर ध्यान केंद्रित करते हुए, नए विचारों, ज्ञान का निर्माण किया जाता है।
- Forming mental images both at the initial stage of learning and mental representations of interrelationships is the key process in construction of knowledge.
  सीखने के प्रारंभिक चरण में मानसिक छवियों का निर्माण और अंतर्संबंधों का मानसिक प्रतिनिधित्व ज्ञान के निर्माण में महत्वपूर्ण प्रक्रिया है।
- Interacting in social groups or on social themes help to make learning more meaningful.
  सामाजिक समूहों में या सामाजिक विषयों पर बातचीत सीखने को अधिक सार्थक बनाने में मदद करती है।

Role of a teacher in the construction of knowledge:-
ज्ञान के निर्माण में शिक्षक की भूमिका:-

- Facilitating students in their efforts to learn without directly instructing them on any new concepts.
  छात्रों को किसी भी नई अवधारणा पर सीधे निर्देश दिए बिना सीखने के उनके प्रयासों में सुविधा प्रदान करना।
- Being sensitive to the previous experiences of each and every student in the class.
  कक्षा में प्रत्येक छात्र के पिछले अनुभवों के प्रति संवेदनशील होना ।
- Providing authentic (real-world and contextual) tasks.
  प्रामाणिक (वास्तविक दुनिया और प्रासंगिक) कार्य प्रदान करना ।
- Focussing on realistic approaches to solve real-world problems.
  वास्तविक दुनियां की समस्याओं को हल करने के लिए यथार्थवादी दृष्टिकोण पर ध्यान केंद्रित करना ।
- Allowing students to ask questions and encouraging them to raise intelligent questions.
  छात्रों को प्रश्न पूछने की अनुमति देना और उन्हें बुद्धिमत्तापूर्ण प्रश्न उठाने के लिए प्रोत्साहित करना।
- Supporting cooperative and collaborative learning in the classroom.
  कक्षा में सहकारी और सहयोगी शिक्षा का समर्थन करना ।
- Encouraging self-analysis and self-assessment of their learning progress.
  उनकी सीखने की प्रगति के आत्म-विश्लेषण और आत्म-मूल्यांकन को प्रोत्साहित करना।

2 APPROACHES TO LEARNING AND TEACHING
(शिक्षण और अधिगम के उपागम)

2.2.1 Teacher-centered Approach (*शिक्षक-केंद्रित उपागम*)

- Knowledge is transmitted from the teacher to the students.
  ज्ञान, शिक्षक से बच्चे में पहुँचता है।
- The focus is on teaching/instructing/directing rather than on learning.
  अधिगम की अपेक्षा ध्यान शिक्षणधसूचना प्रेषणधनिर्देशन पर केंद्रित किया जाता है।
- The needs and interests of the individual students are rarely taken into account while teaching.
  औसत विद्यार्थियों को ध्यान में रखते हुए विषयवस्तु एवं शिक्षण विधि अध्यापक के द्वारा सुनिश्चित की जाती है।
- Emphasis is given on passive listening] reading and writing and reproducing things taught.
  शिक्षक के द्वारा निर्देशित या पढ़ाई गई वस्तु को सकारात्मक रूप से सुनने, पढ़ने, लिखने आदि पर बल दिया जाता है।
- Students' participation in classroom activities is dictated by the teacher.
  कक्षा क्रियाकलापों में विद्यार्थी की सहभागिता अध्यापक द्वारा तय की जाती है।
- The teacher concentrates on the right answer.
  अध्यापक मुख्यत: ठीक उत्तर पर ही ध्यान देते हैं।
- Extrinsic modes of motivation like praise and repbuff, reward and punishment are generally used.
  उत्साहवर्धन के बाह्य तरीके जैसे तारीफ करना, पीठ थपथपाना, ईनाम और सजा आदि सामान्य रूप से अध्यापक के द्वारा प्रयोग किया जाते हैं।
- Teacher is mostly concerned with completion of the course contents.
  अध्यापक मुख्यत: विषयवस्तु को पूरा करने से ही संबंध रखते हैं।
- In a large size classroom where there is large number of students, teaching in mass becomes the only feasible method.
  बड़े आकार की कक्षा में, जहाँ बहुत अधिक संख्या में बच्चे हैं, शिक्षण केवल सुविधा प्रदान करने की विधि बन जाती है।
- There are quite a large number of new, unfamiliar or abstract concepts for the learner which cannot be learnt easily when left to the students themselves.
  यहाँ बच्चे के लिए पर्याप्त संख्या में नई, अपरिचित या अमूर्त अवधारणाएँ हैं जिनको आसानी से नहीं सीखा जा सकता है। इनको बच्चों पर नहीं छोड़ा जा सकता है।

2.2.2 Subject-centered Approach (*विषय–केंद्रित उपागम*)

- Text book is the only source and main source for the teacher.
  पाठ्य पुस्तक शिक्षक के लिए एकमात्र और मुख्य स्रोत है।
- The focus is on the content/subject matter and hence transaction of the textbooks in the class is 'be all and end all' of the classroom activities.

सामग्री/विषयवस्तु पर ध्यान केंद्रित किया जाता है और इसलिए कक्षा में पाठ्यपुस्तकों का आदान-प्रदान ही सभी कक्षा क्रियाकलायों का मूल होता है।

Notes

- The teacher projects himself as a model for the students as he has the mastery over the subject matter.
  शिक्षक खुद को छात्रों के लिए एक मॉडल के रूप में पेश करता है क्योंकि उसे विषय वस्तु पर महारत हासिल है।
- Real life situations are rarely taken into account while presenting the subject matters in the classroom.
  कक्षा में विषयवस्तु को प्रस्तुत करते समय वास्तविक जीवन की स्थितियों को शायद ही कभी ध्यान में रखा जाता है।
- There is stress on quantity oriented output rather than quality.
  गुणात्मक के बजाय संख्यात्मक उत्पादन पर जोर है।
- Textual questions are used for evaluation which lacks variety.
  मूल्यांकन के लिए पाठ्य प्रश्नों का उपयोग किया जाता है जिनमें विविधता का अभाव होता है।
- There is no novelty in the teaching-learning process. Time is mostly utilized for memorizing and reproducing and not for meaningful learning.
  शिक्षण-अधिगम प्रक्रिया में कोई नवीनता नहीं है। समय का उपयोग ज्यादातर याद रखने और पुनरुत्पादन के लिए किया जाता है न कि सार्थक सीखने के लिए।

2.2.3 Learner Centered Approach (*अध्येता-केंद्रित उपागम*)

- The needs of individual students form the basis of all learning methods and strategies under this approach.
  इस उपागम के तहत व्यक्तिगत छात्रों की जरूरतें सभी सीखने के तरीकों और रणनीतियों का आधार बनती हैं।
- Teacher is a facilitator in the teaching-learning process and not an instructor.
  शिक्षक अधिगम प्रक्रिया में शिक्षक एक सुविधा प्रदान करने वाले की भूमिका निभाता है न कि उपदेशक की।
- Situation is created for facilitating learning process.
  सीखने की प्रक्रिया को सुविधाजनक बनाने के लिए स्थिति बनाई गई है।
- Students learn from interaction with their peers.
  छात्र अपने साथियों के साथ बातचीत से सीखते हैं।
- Opportunities are provided to the students for questioning, exploration and experimentation.
  छात्रों को पूछताछ, अन्वेषण और प्रयोग के अवसर प्रदान किए जाते हैं।
- Learning process and assessment go together.
  सीखने की प्रक्रिया और मूल्यांकन एक साथ चलते हैं।
- Learning process and assessment go together.
  इससे छात्रों की रचनात्मकता का विकास होता है।
- Emphasis on ABL (Activity based learning). It nurtures the creativity of the students.
  एबीएल (गतिविधि आधारित शिक्षा) पर जोर।

2.2.4 Competency Based Approach (*योग्यता आधारित उपागम*)

- Competency refers to some specific essential skill, knowledge, attitude and behaviour which one can achieve. (achievability).
  योग्यता कुछ विशिष्ट आवश्यक कौशल, ज्ञान, दृष्टिकोण और व्यवहार को संदर्भित करती है जिसे कोई प्राप्त कर सकता है। (उपलब्धता)।

Notes

- It is clearly defined and hence, can be measured (measurability).
  यह स्पष्ट रूप से परिभाषित है और इसलिए, इसे मापा जा सकता है (मापनीयता)।
- The wording of the statement of competency is such that it can be clearly understood by everyone concerned including the teacher and the learner (communicability).
  योग्यता के कथन का शब्दांकन ऐसा है कि इसे शिक्षक और शिक्षार्थी (संप्रेषणीयता) सहित संबंधित सभी लोग स्पष्ट रूप से समझ सकते हैं।
- It can have different standard or level depending on the characteristic levels of the learner (appropriateness).
  शिक्षार्थी के विशिष्ट स्तरों (उपयुक्तता) के आधार पर इसके विभिन्न मानक या स्तर हो सकते हैं।

Minimum Levels of Learning

As a follow up of the recommendation of the National Policy on Education 1986. ***Minimum Levels of Learning (MLLs)*** *were laid down for primary school level in three school subjects i.e. Language, Mathematics and Environmental Studies for the grades I to V. The MLLS were spelled out in terms of competencies arranged in a hierarchical manner linking the subject areas across the grades. The mastery on each competency was required from each student before moving to the next competency in the hierarchy. Therefore, mastery learning strategies employing various methods were recommended with the aim of attaining the minimum level as defined by the competencies. For attainment of each competency, the cyclical method of 'Plan-Teach-Test-Reteach-Retest' is followed till the child attains the competency at the mastery level.*

The MLL programme continued in 1990s and subsequently lost its importance for several reasons. But, the use of competencies in classroom learning and competency based assessment still continues (NCERT, 1991).

अधिगम का निम्नतम स्तर (MLL)

राष्ट्रीय शिक्षा नीति 1986 की सिफारिशों के अनुपालन में प्राथमिक विद्यालय के कक्षा I से V तक के तीन विषयों भाषा, गणित और पर्यावरण अध्ययन के लिए अधिगम का निम्नतम स्तर का निर्धारण किया गया है। MLL का निर्धारण योग्यता स्तर को चरणबद्ध रूप से प्राप्त करने के लिए क्रमिक रूप से व्यवस्थित किया गया है। प्रत्येक विद्यार्थी को प्रत्येक योग्यता स्तर में मास्टरी हासिल करने के पश्चात ही उससे अगले स्तर की योग्यता प्राप्त करने के लिए अनुमति दी जाती है। इसलिए विभिन्न प्रकार की विधियों का इस्तेमाल करने की सिफारिश निम्नतम अधिगम स्तर प्राप्त करने के लक्ष्य को ध्यान में रखकर की गई है और इसे योग्यता आधारित अधिगम द्वारा परिभाषित किया जाता है। प्रत्येक योग्यता की प्राप्ति के लिए योजना शिक्षण परीक्षण पुनः शिक्षण पुनः परीक्षण चक्रीय विधि का अनुसरण किया जाता है। यह तब तक जारी रखा जाता है, जब तक बच्चा योग्यता के मास्टरी स्तर को हासिल नहीं कर लेता है।

MLL कार्यक्रम 1990 तक जारी रहा लेकिन बाद में कई कारणों से इसकी महत्ता समाप्त हो गई। परन्तु कक्षा अधिगम में योग्यताओं का प्रयोग और योग्यता आधारित मूल्यांकन अभी भी जारी है। (NCERT, 1991)

- The competency based approach keeps the learner away from rote memorization.
  योग्यता आधारित उपागम शिक्षार्थी को रटने से दूर रखता है।

Notes

- What the students learn today cannot be forgotten tomorrow as competencies are achieved by the students at the level of mastery under your guidance.
  छात्र आज जो सीखते हैं उसे कल भुलाया नहीं जा सकता क्योंकि आपके मार्गदर्शन में छात्रों द्वारा महारत के स्तर पर दक्षता हासिल की जाती है।
- The assessments of competencies are directly linked with the objectives of learning eñperience and are eñpected to be continuous and competence based.
  दक्षताओं का आकलन सीखने के अनुभव के उद्देश्यों से सीधे जुड़ा हुआ है और निरंतर और क्षमता आधारित होने की उम्मीद है।
- Suitable activities like storytelling, role playing, dialogue, practice riddle, word play, magic, quiz and puzzle help the students.
  कहानी सुनाना, भूमिका निभाना, संवाद, अभ्यास पहेली, शब्द खेल, जादू, प्रश्नोत्तरी और पहेली जैसी उपयुक्त गतिविधियाँ छात्रों की मदद करती हैं।
- The assessment results can be used for further improvement of the students.
  मूल्यांकन के परिणामों का उपयोग छात्रों के और सुधार के लिए किया जा सकता है।
- Remedial coaching is helpful for the low achievers and enrichment programme for the high achievers.
  उपचारात्मक शिक्षण कम उपलब्धि प्राप्त करने वालों के लिए सहायक है और उच्च उपलब्धि प्राप्त करने वालों के लिए संवर्धन कार्यक्रम है।

2.2.5 Constructivist Approach (संरचनात्मक उपागम)

It includes following processes:- ***(इसमें निम्नलिखित प्रक्रियाएँ शामिल हैं)***

I. Relate their previous experiences to the new situation. II. Make sense of. III. Contribute their own ideas. (new) IV. Ask questions to one another. (inquire) V. Think about merits and demerits. (judgment).

I. पुराने अनुभवों को नई परिस्थितियों से संबंधित करना II. समझना। III. अपने स्वयं के विचारों का योगदान करें। (नया) IV. एक दूसरे से प्रश्न पूछें (पूछताछ)। V. गुण और दोष के बारे में सोचें। (निर्णय)।

- Knowledge is built upon the prior knowledge of the learner. Students actively construct their own knowledge by connecting new ideas to the existing ideas.
  ज्ञान शिक्षार्थी के पूर्व ज्ञान पर निर्मित होता है। छात्र नए विचारों को मौजूदा विचारों से जोड़कर सक्रिय रूप से अपने स्वयं के ज्ञान का निर्माण करते हैं।

Constructivism

Constructivism is a school of philosophy whose genesis is traced to Giambattista Vico an Italian philosopher of early eighteenth century. In recent times it has emerged as a philosophy of education largely due to the contributions by the Swiss psychologist Jean Piaget (1896-1980) and the Russian psychologist Lev Vygotsky (1896-1934).

Radical Constructivism based on Piaget's Theory of Cognitive Development stresses that knowledge is actively constructed by the learner, not passively received from the environment. 'Coming to know 'is a process of adaptation based on and constantly modified by the learner's experience of the world.

Vygotsky's work on cognitive development inspired the Social Constructivism which emphasizes on the construction of knowledge through individual adaptation of environment supported by the social interaction. This social interaction may be in the form of peer activity, interaction with teachers, parents, and other adults.

Notes

रचनावाद

रचनावाद दर्शनशास्त्र का एक विद्यालय है जो अठारहवीं शताब्दी के पूर्व में इटालियन दर्शनशास्त्री Giambattista vico से संबंधित है जहाँ आनुवांशिकी का अध्ययन किया जाता है। वर्तमान में यह स्विस मनोवैज्ञानिक जीन पियाजे (1896-1980) एवं रसियन मनोवैज्ञानिक लेव वायगोतस्की (1896-1934) के योगदान से बहुत विस्तृत रूप में शिक्षा दर्शन के रूप में विकसित हो चुका है।

तत्व रचनावाद पियाजे के संज्ञानात्मक विकास के सिद्धान्त पर आधारित है। इसके अनुसार ज्ञान अधिगमकर्ता द्वारा सक्रिय रहकर सृजन होता है न कि निष्क्रिय रहकर वातावरण द्वारा प्राप्त किया जाता है। "जानने के लिए आना" अपनाने की एक प्रक्रिया है जो कि बालक के अनुभाविक संसार एवं उसमें निरंतर सुधारों पर आधारित है।

वायगोतस्की ने समाज रचनावाद से प्रभावित संज्ञानात्मक विकास पर कार्य किया जो कि व्यक्तिगत रूप से सामाजिक अनुर्क्रिया की सहायता से वातावरण द्वारा ज्ञान के निर्माण पर बल देता है। यहाँ सामाजिक अन्तर्क्रिया समवाय गतिविधि के रूप में, अध्यापकों, अभिभावकों एवं अन्य वयस्कों के साथ अन्तक्रिया के रूप में ही रचनावादी कक्षा कक्षों की कुछ गतिविधियों को नीचे दिया गया है:-

- Activities encouraged in constructivist classrooms:- Experimentation, Project Work, Field Trips, Visuals, Class Discussion.

  रचनावादी कक्षाओं में प्रोत्साहित की जाने वाली गतिविधियाँ:- प्रयोग, परियोजना कार्य, क्षेत्र भ्रमण, दृश्य, कक्षा चर्चा।
- Characteristics of Constructivist Approach:- ■ The activities are interactive and student centred. ■ The teacher facilitates a process of learning in which the students are encouraged to do the task actively as responsible members. ■ Opinion, ideas given by the students are accepted and honoured. ■ Students make meaning from their own experience. ■ Process is as important as product. ■ Focus is on learning, not teaching.

  रचनावादी उपागम की विशेषताएँ:- गतिविधियां इंटरेक्टिव और छात्र केंद्रित हैं। शिक्षक सीखने की एक प्रक्रिया को सुगम बनाता है जिसमें छात्रों को जिम्मेदार सदस्यों के रूप में सक्रिय रूप से कार्य करने के लिए प्रोत्साहित किया जाता है। छात्रों द्वारा दिए गए विचारों को स्वीकार और सम्मानित किया जाता है। विद्यार्थी अपने अनुभव से अर्थ निकालते हैं। प्रक्रिया उतनी ही महत्वपूर्ण है जितना कि उत्पाद ध्यान सीखने पर है, शिक्षण पर नहीं।
- *Constructivist Assessment:- Oral discussion, Mind mapping, hands on activities, Pre-testing etc. are some strategies.*

  रचनावादी आकलन:- मौखिक चर्चा, माइंड मैपिंग, गतिविधियों पर हाथ, पूर्व परीक्षण आदि कुछ रणनीतियाँ हैं।

Indicators संकेतक	**Teacher Centered Approach** शिक्षक केंद्रित उपागम	**Learner Centered Approach** शिक्षार्थी केंद्रित उपागम	**Constructivist Approach** रचनावादी उपागम
1. Purpose उद्देश्य	The teacher's approach is to complete the course in time, शिक्षक का दृष्टिकोण पाठ्यक्रम को समय पर पूरा करना है।	Each and every child should learn by doing a task. प्रत्येक बच्चे को कार्य करके सीखना।	Student empowerment is the central point. Constructivist class rooms help the students to construct knowledge on their own. छात्र सशक्तीकरण का केंद्रीय बिंदु है, रचनावादी कक्षाएँ छात्रों को स्वयं ज्ञान का निर्माण करने में मदद करती है।

2. Style of learning and teaching **सीखने और सिखाने की शैली**	Only one style of learning prevails. The teacher passes the information and students cram the same. सीखने की केवल एक ही शैली प्रचलित है। शिक्षक जानकारी देता है और छात्र उसे रटते हैं।	Teacher provides learning situations that give children an opportunity to learn through observation, exploration and question. शिक्षक सीखने की परिस्थितियाँ प्रदान करता है जो बच्चों को अवलोकन, अन्वेषण और प्रश्न के माध्यम से सीखने का अवसर देती हैं।	Leaming task is completed by their own ways. Collaborative leaning works there. सीखने का कार्य उन्हीं के तरीकों से पूरा होता है। सहयोगात्मक शिक्षण वहाँ काम करता है।
3. Practice work **अभ्यास कार्य**	The textual questions are answered and learnt by rote. मूल पाठ विषयक प्रश्नों के उत्तर दिए जाते हैं तथा रटकर सीखा जाता है।	Children participate in different activities. बच्चे विभिन्न गति-विधियों में भाग लेते हैं।	The class is fully interactive. Interaction takes place among teacher and student, students and teacher, students and students. कक्षा पूर्णरूपेण अंतर्क्रियात्मक होती है। विद्यार्थी एवं अध्यापक पारस्परिक क्रिया होती है।
4. Transactional modality **कार्य संपादन का रूप**	One-way transmission is done; students passively sit and listen to the teacher एक मार्गीय संचालन होता है, विद्यार्थी निष्क्रिय रूप से बैठते हैं एवं अध्यापक को सुनते हैं।	Children interact with the teacher and with the peers in course of learning and teaching process. शिक्षण एवं अधिगम प्रक्रिया के दौरान बच्चे अध्यापक एवं समवाय समूह के साथ पारस्परिक क्रिया करते हैं।	The students perform tasks in groups. and the teacher acts as facilitator. विद्यार्थी समूह में कार्य करते हैं एवं अध्यापक सहायक का कार्य करता है।

Notes

5. Sharing **आदान-प्रदान प्रक्रिया**	There is no sharing of ideas among the students. The students rotate round the ideas given by the teacher. Group work is rarely done. विद्यार्थियों में परस्पर विचारों का कोई आदान-प्रदान नहीं होता है। विद्यार्थी शिक्षक द्वारा प्रदत्त विचारों को ही घुमाते हैं। विरले ही कभी समूह कार्य किया जाता है।	Children work both individually and also in groups through discussing, sharing and co-operation. विचार-विमर्श (आदान-प्रदान) एवं सहयोग विद्यार्थी व्यक्तिगत एवं सामूहिक रूप से कार्य करते हैं।	The students do learning tasks individually and present in the group through sharing of ideas they construct knowledge. विद्यार्थी व्यक्तिगत रूप से कार्य के द्वारा करते हैं तथा उसे समूह में प्रस्तुत करते हैं।
6. Classroom environment **कक्षाकक्ष वातावरण**	There is little freedom to raise advice and the students are suppressed. सलाह देने के लिए बहुत ही कम स्वतंत्रता प्रदान की जाती है और विद्यार्थियों का दमन किया जाता है।	The class room environment is democratie. कक्षा कक्ष का वातावरण प्रजातांत्रिक होता है।	The class room environment is democratic. कक्षाकक्ष का वातावरण प्रजातांत्रिक होता है।
7. Questioning **प्रश्न पूछना**	They never ask question as they are not allowed to do. विद्यार्थी कभी प्रश्न नहीं पूछते हैं क्योंकि उन्हें इसकी अनुमति नहीं होती।	The students are free to ask questions. विद्यार्थी प्रश्न पूछने के लिए स्वतंत्र है।	Students are encouraged to ask questions and they are given a paragraph to frame questions. विद्यार्थियों को प्रश्न पूछने के लिए प्रोत्साहित किया जाता है और उन्हें प्रश्न बनाने के लिए एक गद्यांश दिया जाता है।
8. Project work **परियोजना कार्य**	The students are not acquainted with project work. विद्यार्थी परियोजना कार्यों से अवगत नहीं होते हैं।	The students are given project work to performs with help of the teacher. विद्यार्थियों को अध्यापकों की सहायता से पूरा करने को परियोजना कार्य दिये जाते हैं।	Individually the students do project work given by the teacher. अध्यापक द्वारा दिये गये परियोजना कार्य को विद्यार्थी व्यक्तिगत रूप से पूरा करता है

METHODS OF LEARNING AND TEACHING (शिक्षण और अधिगम की विधियाँ)

3

3.2 EFFECTIVE METHOD OF TEACHING LEARNING (*शिक्षण अधिगम की प्रभावी विधि*)

Characterstics (विशेषताएँ)

Creates interest in children, Matches the mental ability and needs of the students, emphasis on students' experiences, Provides a scope for peer learning, learning something by doing, Encourages students to think independently and construct knowledge of their own, Develops creative thinking, Inexpensive and flexible.

बच्चों में रुचि पैदा करता है, छात्रों की मानसिक क्षमता और जरूरतों से मेल खाता है, छात्रों के अनुभवों पर जोर देता है, सहकर्मी के साथ सीखने की गुंजाइश प्रदान करता है, कुछ करके सीखता है, छात्रों को स्वतंत्र रूप से सोचने और अपने स्वयं के ज्ञान का निर्माण करने के लिए प्रोत्साहित करता है, रचनात्मक सोच विकसित करता है, सस्ता और लचीला।

3.2.1 Classification of Methods (*विधियों का वर्गीकरण*)

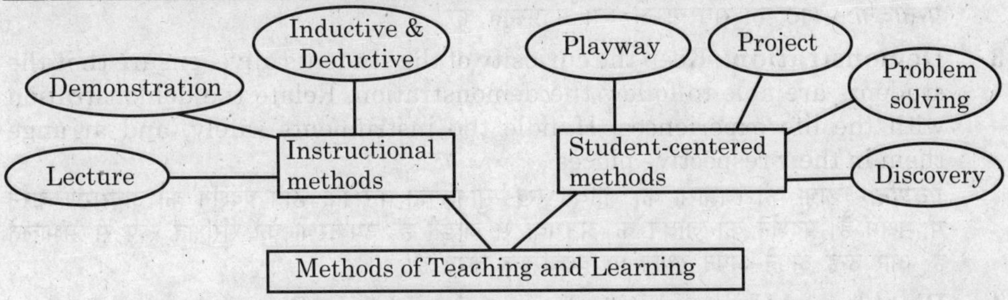

Fig : Two Categories of Methods of Classroom Transaction

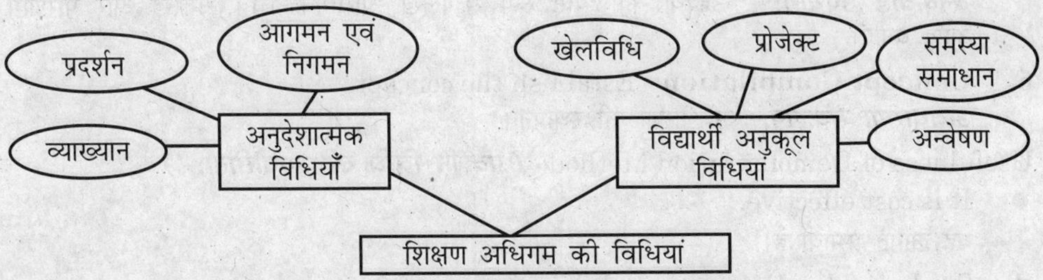

आकृति : कक्षा संचालन की विधियों का वर्गीकरण

3.3 INSTRUCTIONAL METHODS (*अनुदेशात्मक विधियाँ*)

3.3.1 Lecture Method (*व्याख्यान विधि*)

- Teacher instructs or gives lecture on a topic
  शिक्षक किसी विषय पर निर्देश देता है या व्याख्यान देता है

Notes

- Provides information, concepts, facts, events, theories, laws, principles etc.
  जानकारी, अवधारणाएँ, तथ्य, घटनाएँ, सिद्धांत, कानून, सिद्धांत आदि प्रदान करता है।
- Students are passive listeners.
  विद्यार्थी निष्क्रिय श्रोता होते हैं।
- Present more information than students can absorb, no accurate means of checking student progress.
  छात्रों की आत्मसात करने की तुलना में अधिक जानकारी प्रस्तुत हो सकती है, छात्र प्रगति की जाँच का कोई सटीक साधन नहीं है।
- Students learn through listening and memorization.
  छात्र सुनकर और याद करके सीखते हैं।

3.3.2 Demonstration Method (*प्रदर्शन विधि*)

- Teacher-centred method as the teacher demonstrates the pictures/ charts/ models/experiments and explains the principles, concepts involved in these demonstrated materials or processes.
  शिक्षक केंद्रित विधि शिक्षक के रूप में चित्र/चार्ट/मॉडल/प्रयोग प्रदर्शित करता है और इन प्रदर्शित सामग्री या प्रक्रियाओं में शामिल सिद्धांतों, अवधारणाओं की व्याख्या करता है।

Steps involved in the demonstration method:- (विधि में शामिल चरण:-)

1. **Planning:-** Suitability of lesson, Collect necessary tools, equipments, and materials, Rehearse the experiment, Be ready with explanatory notes and questions.
   योजना:- पाठ की उपयुक्तता, आवश्यक उपकरण, उपकरण और सामग्री एकत्र करें, प्रयोग का पूर्वाभ्यास करें, व्याख्यात्मक नोट्स और प्रश्नों के साथ तैयार रहें।
2. **Introduction:-** Introduce the lesson as a 'problem' or an issue.
   प्रस्तावना:- पाठ को समस्या के रूप में प्रस्तुत करें।
3. **Demonstration:-** Keep the curiosity of the students alive, ensure that the students are able to follow the demonstration, Relate the demonstration with the life experiences, Handle the instruments safely, and arrange them in their respective places.
   प्रदर्शन:- छात्रों की जिज्ञासा को जीवित रखें, सुनिश्चित करें कि छात्र प्रदर्शन का अनुसरण करने में सक्षम हैं, प्रदर्शन को जीवन के अनुभवों से जोड़ते हैं, उपकरणों को सुरक्षित रूप से संभालते हैं, और उन्हें अपने-अपने स्थान पर व्यवस्थित करते हैं।
4. **Blackboard Usage:-** Write the objectives clearly, Draw relevant pictures, diagram and results etc.
   ब्लैकबोर्ड उपयोग: - उद्देश्यों को स्पष्ट रूप से लिखें, प्रासंगिक चित्र, आरेख और परिणाम आदि बनाएँ।
5. **Concept Compilation:-** Establish the concept.
   अवधारणा संकलन:- अवधारणा की स्थापना।

Usefulness of Demonstration Method:- ***(प्रदर्शन विधि की उपयोगिता:-)***

- It is cost effective.
  यह लागत प्रभावी है।
- Students clearly understand the concepts of the lesson.
  छात्र पाठ की अवधारणाओं को स्पष्ट रूप से समझते हैं।
- Dubts of the students are cleared by the teacher during demo.
  डेमो के दौरान शिक्षक द्वारा छात्रों की शंकाओं का समाधान किया जाता है।
- Students get opportunities for:- ■ Observation ■ Note making ■ Questioning ■ Drawing ■ Involving in Experiments.
  विद्यार्थियों को निम्नलिखित के अवसर मिलते हैं:- अवलोकन, नोट बनाना, प्रश्न करना, आरेखण प्रयोगों में शामिल होना।

- It stimulates learning and attempts to retain student interest.
  यह सीखने को प्रोत्साहित करता है और छात्रों की रुचि बनाए रखने का प्रयास करता है।

Notes

3.3.3 Inductive and Deductive Method *(आगमनात्मक और निगमनात्मक विधि)*

- In inductive method, One proceeds from particular events to generalized conclusions.
  आगमनात्मक विधि में, व्यक्ति विशेष घटनाओं से सामान्यीकृत निष्कर्षों की ओर अग्रसर होता है।
- A formula or generalization is arrived at through a convincing process of identifying the similar elements and the conditionsof these similarities in a number of concrete cases.
  कई ठोस मामलों में समान तत्वों और इन समानताओं की स्थितियों की पहचान करने की एक ठोस प्रक्रिया के माध्यम से एक सूत्र या सामान्यीकरण प्राप्त किया जाता है।
- In deductive Method, the teacher uses the established formula, principle, or generalizations to solve the problem.
  निगमनात्मक विधि में शिक्षक समस्या को हल करने के लिए स्थापित सूत्र, सिद्धांत या सामान्यीकरण का उपयोग करता है।
- Students proceed from general to particular, from abstract to concrete. Facts are deduced or analyzed by the application of the established formula.
  विद्यार्थी सामान्य से विशेष की ओर, अमूर्त से ठोस की ओर बढ़ते हैं। स्थापित सूत्र के अनुप्रयोग द्वारा तथ्यों का अनुमान या विश्लेषण किया जाता है।

3.4 STUDENT FRIENDLY METHODS (विद्यार्थी अनुकूल विधियाँ/विद्यार्थी केंद्रित विधियाँ)

3.4.1 Play Way Method *(खेल कूद विधि)*

Work कार्य	Play खेल
It is considered difficult. इसे कठिन समझा जाता है।	It gives pleasure. यह आनंददायक है।
It is imposed by others. इसे दूसरों के द्वारा थोपा जाता है।	Voluntary acceptance with involvement. स्वैच्छिक रूप से स्वीकार भागीदारी के साथ करते हैं।
Physical work brings tiredness. शारीरिक कार्य थकावट उत्पन्न करता है।	Physical work turns into an enjoyable experience. शारीरिक कार्य आनंददायक अनुभव प्रदान करता है।
More concentration on work makes tired. कार्य में अधिक ध्यान केंद्रित करने से थकावट होती है।	More concentration but no tiredness. अधिक ध्यानमग्न परन्तु बिना थकावट के।
It is controlled. यह नियंत्रित होता है।	There is freedom. स्वतंत्रता अधिक होती है।

Notes

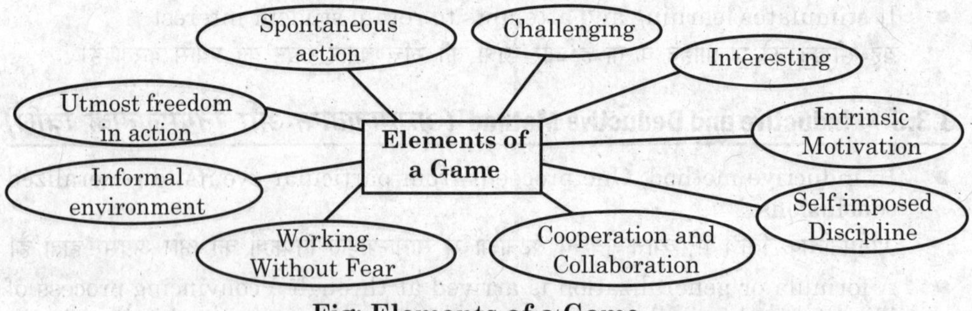

Fig: Elements of a Game

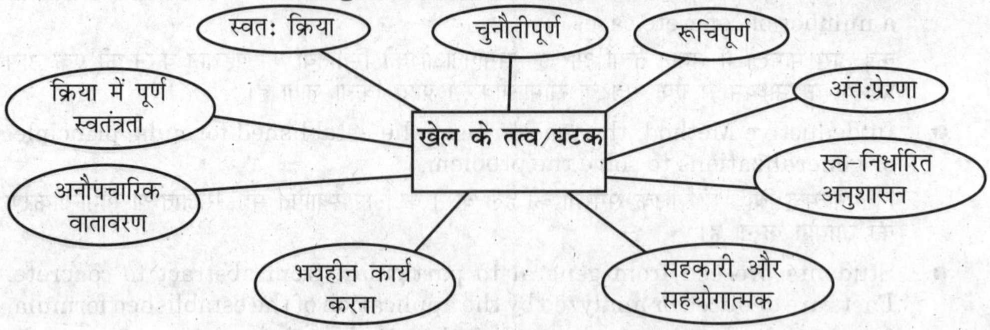

आकृति : खेल के तत्व

*Principles of Play-way Method :- (**खेल कूद विधि के सिद्धांत**)*

- Principle of unfolding innate potentials, Principle of natural instincts, Principle of complete freedom, Principle of activity, Principle of fulfillment of desires, Principle of pleasure, Principle of creativity, Principle of responsibility.
  सहज क्षमता को प्रकट करने का सिद्धांत, प्राकृतिक प्रवृत्ति का सिद्धांत, पूर्ण स्वतंत्रता का सिद्धांत, गतिविधि का सिद्धांत, इच्छाओं की पूर्ति का सिद्धांत, आनंद का सिद्धांत, रचनात्मकता का सिद्धांत, जिम्मेदारी का सिद्धांत।

Role of Teachers in Play way Method :-
(खेलने के तरीके में शिक्षकों की भूमिका)

- Help the students to initiate games suggested by them or in developing new games.
  छात्रों को उनके द्वारा सुझाए गए खेलों को शुरू करने या नए खेल विकसित करने में मदद करें।
- Create a learning environment to make the children feel that learning is a joyful experience.
  बच्चों को यह महसूस कराने के लिए सीखने का माहौल बनाएँ कि अधिगम एक खुशी का अनुभव है।
- Prepare relevant teaching learning materials.
  प्रासंगिक शिक्षण शिक्षण सामग्री तैयार करें।
- Arrange the learning activities from simple concept to complex.
  सीखने की गतिविधियों को सरल अवधारणा से जटिल तक व्यवस्थित करें।
- Be a guide, supervisor and a leader for the students.
  छात्रों के लिए एक मार्गदर्शक, पर्यवेक्षक और एक नेता बनें।
- Evaluate the students through play way activities. Evaluation should not be ignored.
  प्ले वे गतिविधियों के माध्यम से छात्रों का मूल्यांकन करें। मूल्यांकन की उपेक्षा नहीं की जानी चाहिए।

Notes

- Note that Montessori, Kindergarten teaching methods were developed based on the play way Method.
  ध्यान दें कि मोंटेसरी, किंडरगार्टन शिक्षण विधियों को खेल कूद विधि के आधार पर विकसित किया गया था।

3.4.2 Project Method *(परियोजना विधि)*

- According to John Alford Stevenson, "A project is a problematic act carried to the completion in its natural settling".
  जॉन अल्फोर्ड स्टीवेन्सन के अनुसार, "एक परियोजना एक समस्यात्मक कार्य है जिसे उसके प्राकृतिक निपटान में पूरा किया जाता है।
- Ballord defines, "A project is a bit of real life that has been imported into the school".
  बैलॉर्ड परिभाषित करता है, "एक परियोजना वास्तविक जीवन का एक अंश है जिसे विद्यालय में लाया जाता है।"
- Dr. William Head Kilpatrick defines that, "A project is a whole hearted purposeful activity proceeding in a social environment".
  डॉ. विलियम हेड किलपैट्रिक ने परिभाषित किया है कि, "एक परियोजना एक सामाजिक वातावरण में आगे बढ़ने वाली एक पूरे दिल से उद्देश्यपूर्ण गतिविधि है।"
- A project is an educational method where students working individually or in small groups analyze and develop "real-life" problem or tackle a present day theme within a preset time limit, working independently and with the division of tasks clearly defined.
  एक परियोजना एक शैक्षिक पद्धति है जहाँ व्यक्तिगत रूप से या छोटे समूहों में काम करने वाले छात्र 'वास्तविक जीवन' समस्या का विश्लेषण और विकास करते हैं या एक पूर्व निर्धारित समय सीमा के भीतर वर्तमान दिन की थीम से निपटते हैं, स्वतंत्र रूप से काम करते हैं और कार्यों का स्पष्ट रूप से विभाजन करके व्यक्तिगत रूप से कार्य करते हैं।

The steps are (चरण हैं:-)

1.Providing a situation 2. Selecting a problem 3. Planning the project 4. Executing 5. Evaluating.

1. एक स्थिति प्रदान करना 2. एक समस्या का चयन करना 3. परियोजना की योजना बनाना 4. निष्पादन 5. मूल्यांकन ।

Some examples of Project:-
(परियोजना के कुछ उदाहरण)

- By visiting various public institutions the students can prepare a report on various functions of those institutions i.e. Post Office, Hospital, Bank. Police Station etc.
  विभिन्न सार्वजनिक संस्थानों में जाकर छात्र उन संस्थानों के विभिन्न कार्यों अर्थात डाकघर, अस्पताल, बैंक, थाना आदि पर एक रिपोर्ट तैयार कर सकते हैं।
- Report on the occupations or food habits of the people in their locality.
  अपने इलाके में लोगों के व्यवसाय या भोजन की आदतों पर रिपोर्ट करें।

3.4.3 Problem Solving Method : IDEAL model of Bransford (Bransford & Stein, 1984) *(समस्या समाधान विधि: ब्रैंसफोर्ड का आदर्श मॉडल) (ब्रांसफोर्ड एंड स्टीन, 1984)*

Steps: *(चरण हैं)*

- (1) Identify the problem.
  (1) समस्या को पहचानना।
  (2) Define the problem through thinking about it and sorting out the relevant information.

Notes

(2) सोचविचार कर समस्या को परिभाषित करना और प्रासंगिक सूचना को छाँटना।

(3) Explore solutions through looking at alternatives, brainstorming, and checking out different points of view.

(3) विकल्पों को देखने, विचार मंथन करने और विभिन्न दृष्टिकोणों की जाँच करना।

(4) Act on the strategies.

(4) रणनीतियों पर कार्य करना।

(5) Look back and evaluate the effects of your activity.

(5) पश्चावंलोकन करें और अपने क्रियाकलाप के प्रभाव का मूल्यांकन करें।

3.4.4 Discovery Method (Heuristic Method) *खोज विधि (ह्यूरिस्टिक विधि)-*

- The word Heuristic is derived from the Greek word 'Heurisca' which means 'to find out'.
  ह्यूरिस्टिक शब्द ग्रीक शब्द ह्युरिस्का से बना है। जिसका अर्थ है- पता लगाना।
- Also known as the 'Inquiry Method'.
  इसे पूछताछ विधि के रूप में भी जाना जाता है।
- According to Prof. Henry Edward Armstrong who introduced this method for teaching science, "Heuristic method is a method of teaching which involves our placing of children as far as possible in the attitude of a discoverer".
  प्रो. हेनरी एडवर्ड आर्मस्ट्रांग के अनुसार, जिन्होंने विज्ञान पढ़ाने के लिए इस पद्धति की शुरुआत की, "ह्यूरिस्टिक विधि शिक्षण की एक विधि है जिसमें एक खोजकर्ता के दृष्टिकोण में जितना संभव हो सके बच्चों को रखना शामिल है।"
- Children work as discoverers or inventors.
  बच्चे खोजकर्ता या आविष्कारक के रूप में काम करते हैं।
- Problems are provided to the students.
  छात्रों को समस्या बताई जा रही है।
- The students are expected to take observations and conduct experiments as per the instructions.
  छात्रों से अपेक्षा की जाती है कि वे निर्देशों के अनुसार अवलोकन करें और प्रयोग करें।
- Conclusions are drawn by the students.
  निष्कर्ष छात्रों द्वारा निकाला जाता है।

Stages of Discovery Method ***(खोज विधि के चरण)***

1.Identification of a problem 2. Experimentation and observation 3. Problem solving 4. Evaluation.

1.एक समस्या की पहचान 2. प्रयोग और अवलोकन 3. समस्या का समाधान 4. मूल्यांकन।

Characteristics of Discovery Method ***(खोज विधि की विशेषताएँ)***

- A problem with its objective mentioned clearly is assigned to the class and each child is made to feel responsible for finding out something for himself/herself.
  स्पष्ट रूप से उल्लिखित उद्देश्य कें साथ एक समस्या कक्षा को सौंपी जाती है और प्रत्येक बच्चे को अपने लिए कुछ खोजने के लिए जिम्मेदार महसूस कराया जाता है।
- Each child tries to acquire information about the problem from different sources. The students can seek guidance from the teacher.
  प्रत्येक बच्चा विभिन्न स्रोतों से समस्या के बारे में जानकारी प्राप्त करने का प्रयास करता है। छात्र शिक्षक से मार्गदर्शन प्राप्त कर सकते हैं।
- Help is provided whenever the students feel the need.
  जब भी छात्रों को आवश्यकता महसूस होती है, सहायता प्रदान की जाती है।

LEARNER AND LEARNINGCENTRED APPROACHES
(शिक्षार्थी और अधिगम-केंद्रित उपागम)

4

4.2 APPROACHES TO LEARNING (अधिगम उपागम)

4.2.1 Learner-centred Approach (शिक्षार्थी-केंद्रित उपागम)

- Learner is at the centre of all activities in learner-centred approach
  शिक्षार्थी केंद्रित उपागम में सभी गतिविधियों के केंद्र में शिक्षार्थी है।
- The teacher plays the role of a facilitator of the learning process and an organizer of the learning situation.
  शिक्षक सीखने की प्रक्रिया के सूत्रधार और सीखने की स्थिति के आयोजक की भूमिका निभाता है।
- It is essential to know in details the characteristics of each and every learner :-(a) Health and Physical Development (b) Mental abilities (c) Personality (d) Learning Styles (e) Motivation (f) Home and cultural background.
  प्रत्येक शिक्षार्थी की विशेषताओं को विस्तार से जानना आवश्यक है: - (ए) स्वास्थ्य और शारीरिक विकास (बी) मानसिक क्षमताएँ (सी) व्यक्तित्व (डी) सीखने की शैली (ई) प्रेरणा (च) घर और सांस्कृतिक पृष्ठभूमि।

4.2.2 Learning-centred Approach (अधिगम- केंद्रित उपागम)

- Learning-centred education focuses on the learning process.
  अधिगम केन्द्रित शिक्षा अधिगम प्रक्रिया पर केन्द्रित होती है।
- learning-centred education helps students acquire competency in skill areas and creates lifelong learners.
  अधिगम-केंद्रित शिक्षा छात्रों को कौशल क्षेत्रों में योग्यता हासिल करने में मदद करती है और आजीवन शिक्षार्थियों का निर्माण करती है।
- It begins with understanding the educational contexts from which a student comes.
  यह उन शैक्षिक संदर्भों को समझने से शुरू होता है जिनसे एक छात्र आता है।
- It continues with the teacher evaluating the student's progress towards learning objectives.
  यह शिक्षक द्वारा सीखने के उद्देश्यों की दिशा में छात्र की प्रगति का मूल्यांकन करने के साथ जारी है।
- Strives to be individualistic, flexible, competency-based, varied in methodology and not always constrained by time or place.
  व्यक्तिवादी, लचीला, योग्यता आधारित, कार्यप्रणाली में विविधतापूर्ण होने का प्रयास करता है और हमेशा समय या स्थान से विवश नहीं होता है।
- The teachers attempt to maximize student productivity, knowledge acquisition and increasing skills and development of personal and professional abilities.
  शिक्षक छात्र की उत्पादकता, ज्ञान प्राप्ति और कौशल बढ़ाने और व्यक्तिगत और व्यावसायिक

Notes

क्षमताओं के विकास को अधिकतम करने का प्रयास करते हैं।

- The teacher and students evaluate learning together.
  शिक्षक और छात्र एक साथ सीखने का मूल्यांकन करते हैं।

Some examples of learning-centred educational practices are:-
अधिगम केन्द्रित शिक्षा पद्धतियों के कुछ उदाहरण इस प्रकार हैं:-

- Collaborative group learning, both inside and outside the classroom. • Individual student inquiry and discovery. • Inquiry and discovery by students and teachers together • Problem-based inquiry learning. • Hands-on, experiential learning activities. • On-site field experiences. • Self-paced performance on contextual tasks.
  • कक्षा के अंदर और बाहर सहयोगात्मक समूह शिक्षार्थी, • व्यक्तिगत विद्यार्थी का अन्वेषण और पूछताछ • छात्रों और शिक्षकों द्वारा एक साथ पूछताछ और अन्वेषण, • समस्या आधारित पूछताछ अधिगम, • व्यावहारिक, • शिक्षार्थी स्थानों का अनुभव, • प्रासंगिक कार्यों का स्वनिर्धारण प्रदर्शन।

Table: Comparison among Three Approaches of Education
सारणी: शिक्षा के तीन उपागमों के मध्य तुलना

Aspects **पहलू**	**Teacher-centred** **अध्यापक केंद्रित**	**Learner-centred** **शिक्षार्थी केंद्रित**	**Learning-centred** **शिक्षार्थी केंद्रित**
Nature of Knowledge **ज्ञान की प्रकृति**	Knowledge exist prior to the learner ज्ञान शिक्षार्थी में पहले से उपस्थित होता है।	Knowledge is discovered by the learner ज्ञान विद्यार्थी द्वारा खोजा जाता है।	Knowledge is constructed by the learner ज्ञान शिक्षार्थी के द्वारा संरचित किया जाता है।
Roles of teacher and learner **अध्यापक और शिक्षार्थी की भूमिका**	Teacher active and. learner passive अध्यापक सक्रिय विद्यार्थी निष्क्रिय होता है।	Teacher makes learner active अध्यापक विद्यार्थी को सक्रिय बनाता है।	Learner acts and teacher facilitating learning विद्यार्थी कार्य करता है। अध्यापक उत्साहित करता है।
Dominant Teacher function **अध्यापक के कार्य की प्रबलता**	Instruction, Direction अनुदेशन, निर्देशन	Designing learning tasks and teaching शिक्षार्थी कार्य डिजाइन और अध्यापन।	Facilitating learning supporting शिक्षार्थी को सुगम बनाना और सहायता करना।
Situation **परिस्थिति**	Not situation specific (situation independent) परिस्थिति विशेष नहीं (स्वतंत्र परिस्थिति)	Lerner friendly शिक्षार्थी अनुकूल	Natural and contextual to learning शिक्षार्थी संदर्भित और स्वाभाविक शिक्षार्थी
Control **नियंत्रण**	Entirely teacher controlled (Rigid and totalitarian) संपूर्ण रूप से अध्यापक नियंत्रित (अनभ्य व निरंकुश)	Shared teacher and learner control (Partially flexible) अध्यापक व शिक्षार्थी नियंत्रित (आंशिक रूप से लचीला)	Dominantly learner controlled(Flexible and democratic) शिक्षार्थी नियंत्रित प्रभुत्तव (लचीला व प्रजातांत्रिक)

Notes

Inputs निविष्ट	Bits of facts and knowledge कुछ ज्ञान और तथ्य	Competencies and experiences क्षमतायें और अनुभव	Techniques and strategies of learning शिक्षार्थी तकनीकी और रणनीतियाँ
Methods and approach विधि और उपागम	Mostly lecturing and demonstration, Authoritarian approach अधिकांशत: व्याख्यान व प्रदर्शन, तानाशाही	Play-way and joyful methods खेल विधि और आनंददायक विधियाँ	Activity-based scaffolding क्रियाकलाप आधारित समर्थन
Curriculum पाठ्यक्रम	Prescribed निर्दिष्ट	Developmental विकासात्मक	Emergent उद्‌भावी
Evaluation मूल्यांकन	Objective-based summative वस्तुनिष्ठ आधारित संकलनात्मक	Activity-based formative क्रियाकलाप आधारित रचनात्मक	Authentic assessment and self-analytical विशुद्ध मूल्यांकन और स्व-विश्लेषणात्मक
Discipline अनुशासन	Imposed लादा गया	Shared, Participatory साझा, सक्रिय भागीदारी	Self-controlled स्व-नियंत्रित

4.2.3 Cooperative Learning *(सहकारी शिक्षा)*

- Key features:- Students work in groups to master academic materials Groups are heterogeneous consisting of high, average and low achievers. Whenever possible teams include a mix of racial, cultural and gender of students. Reward systems are group-oriented rather than individually oriented.
- मुख्य विशेषताएँ: - छात्र शैक्षिक सामग्री में महारत हासिल करने के लिए समूहों में काम करते हैं- समूह विषम होते हैं जिनमें उच्च, औसत और निम्न उपलब्धि वाले होते हैं। जब भी संभव हो टीमों में छात्रों के नस्लीय, सांस्कृतिक और लिंग का मिश्रण शामिल होता है। पुरस्कार प्रणाली व्यक्तिगत रूप से समूह उन्मुख होती है।
- There are five basic and essential elements to cooperative learning (Brown & Ciuffetelli Parker, 2009):-

  सहकारी अधिगम के लिए पाँच बुनियादी और आवश्यक तत्व हैं (ब्राउन एंड सिउफेटेली पार्कर, 2009):-

  1. **Positive interdependence:-**Students must fully participate and put forth effort within their group. Each group member has a task/role / responsibility.

     सकारात्मक अन्योन्याश्रयता / अंतनिर्भरता: - छात्रों को पूरी तरह से भाग लेना चाहिए और अपने समूह के भीतर प्रयास करना चाहिए। समूह के प्रत्येक सदस्य का एक कार्य/भूमिका/जिम्मेदारी होती है।
  2. **Promoting Face-to-Face Interactions :-** Members promote each other's success. Students explain to one another what they have or are learning.

     आमने-सामने बातचीत को बढ़ावा देना:- सदस्य एक-दूसरे की सफलता को बढ़ावा देते हैं। छात्र एक दूसरे को समझाते हैं कि उनके पास क्या है या सीख रहे हैं।
  3. **Individual Accountability:-**Each student demonstrates master of the content being studied. Each student is accountable for their learning and work.

Notes

व्यक्तिगत जवाबदेही / जिम्मेदारी:- प्रत्येक छात्र अध्ययन की जा रही विषयवस्तु का प्रदर्शन करने में सिद्धहस्त होता है। प्रत्येक छात्र अपने सीखने और काम के लिए जवाबदेह होता है।

4. **Social Skills:**-i) Leadership (ii) Decision-making (iii) Trust building (iv) Communication (v). Conflict- management skills.

   सामाजिक कौशल:- (i) नेतृत्व क्षमता (ii) निर्णय लेना (iii) विश्वसनीय (iv) सम्प्रेषण (v) विवाद- प्रबंधन क्षमता।

5. **Group Processing:**-Every group must assess their effectiveness and decide how it can be improved.

   समूह प्रसंस्करण:- प्रत्येक समूह को अपनी प्रभावशीलता का आकलन करना चाहिए और यह तय करना चाहिए कि इसे कैसे सुधारा जा सकता है।

Guidelines for Using Cooperative Learning
(सहकारी शिक्षा का उपयोग करने के लिए दिशा-निर्देश)

- Limit group size to three to five students.
  समूह का आकार तीन से पांच छात्रों तक सीमित करें।
- Compose groups heterogeneously.
  समूहों को विषम रूप से लिखें।
- Give each student in the group a specific role, responsibility or task.
  समूह में प्रत्येक छात्र को एक विशिष्ट भूमिका, जिम्मेदारी या कार्य दें।
- Consider room arrangement, task materials and time frame.
  कमरे की व्यवस्था, कार्य सामग्री और समय सीमा पर विचार करें।
- Grade individual students' contributions.
  ग्रेड व्यक्तिगत छात्रों के योगदान।

Table: Teacher's Role in the Cooperative Learning Model

सारणी: सहकारी अधिगम मॉडल में अध्यापक की भूमिका

Phases चरण	Role of the Teacher अध्यापक की भूमिका
Phase 1: Present goals and learning set चरण 1- लक्ष्य व अधिगम सेट की प्रस्तुति।	Teacher goes over objectives for the lesson and establishes the learning set. अध्यापक पाठ के उद्देश्यों को समझता है और अधिगम सेट की स्थापना करता है।
Phase 2: Present information चरण 2- सूचना प्रस्तुति।	Teacher presents information to students either verbally or with a text material. अध्यापक विद्यार्थियों को मौखिक या लिखित सामग्री के द्वारा सूचना उपलब्ध कराता है।
Phase 3: Organize students into learning teams चरण 3-अधिगम टीम के लिए विद्यार्थियों का संगठन	Teacher explains to students how to form learning teams and helps to groups make efficient transition अध्यापक विद्यार्थियों को बताता है कि अधिगम समूह कैसे बनाना है और प्रभावकारी रूपांतरण से सहयोग देता है।
Phase 4 : Assist team work and study चरण 4-समूह कार्य और अध्ययन में सहयोग	Teacher assists learning teams as to do their work अध्यापक अधिगम समूह को उनके कार्य संपादन में सहयोग देता है।
Phase 5: Test on the materials चरण 5-सामग्री परीक्षण	Teacher lists knowledge of learning materials or groups present results of their work अध्यापक अधिगम सामग्री की ज्ञान की सूची बनाता है या समूह अपने कार्य का परिणाम प्रस्तुत करते है।

Notes

Phase 6 : Provide recognition चरण 6-पहचान दिलाना	Teacher finds ways to recognize both individual and group effort and achievement अध्यापक व्यक्तिगत और समूह के प्रयास और उपलब्धि को पहचान दिलाने के तरीके तलाशते हैं।

4.3 SCTIVITY-BASED APPROACH (क्रियाकलाप आधारित उपागम)

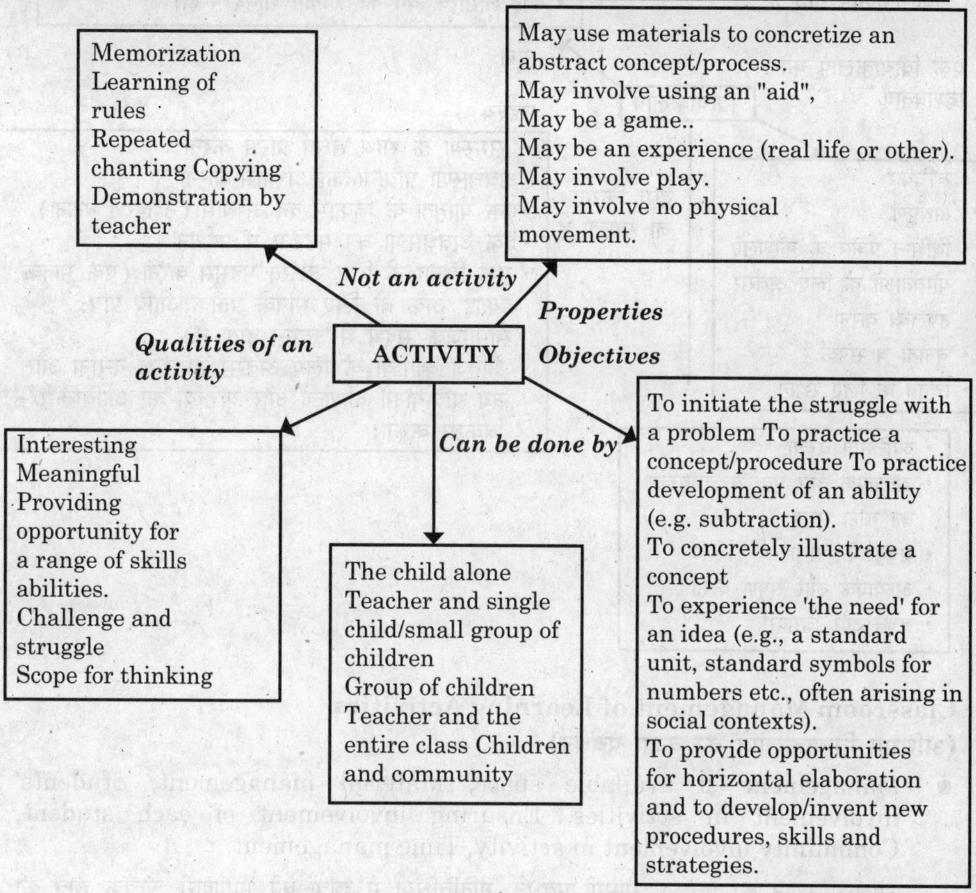

Fig : A schema for 'activity'

Notes

- कंठस्थीकरण
- नियमों का ज्ञान
- बारम्बार वाचन
- प्रतिलिपिकरण
- अध्यापक-प्रदर्शन

क्रियाकलाप नहीं है

क्रियाकलाप

एक क्रियाकलाप की विशेषताएँ

- रूचिकर
- अर्थपूर्ण
- विभिन्न प्रकार के कौशलों/योग्यताओं के लिए अवसर उपलब्ध करना
- चुनौती व संपर्क
- चिंतन के लिए स्थान

गुण

- अमूर्त अवधारणा/प्रक्रिया को स्थूल बनाने के लिए सामग्रियों का उपयोग कर सकते हैं।
- एक सहायक एक उपयोग कर सकते हैं।
- एक खेल हो सकता हैं।
- एक अनुभव हो सकता है (वास्तविक जीवन या अन्य)।
- नाटक शामिल किया जा सकता है।
- कोई शारीरिक वेग का उपयोग शायद न हो।

उद्देश्य

- समस्या के साथ संघर्ष प्रारंभ करना
- अवधारणा प्रक्रिया का अभ्यास करना
- एक योग्यता के विकास का अभ्यास (उदाहरण घटाना)
- एक अवधारणा का मूर्तरूप में प्रदर्शन
- एक विचार के लिए जरूरत महसूस करना (एक मानक इकाई, अंक के लिए मानक प्रतीक आदि प्रायः सामाजिक संदर्भ में उत्पन्न होता है)
- क्षैतिज व्याख्या के लिए अवसर उपलब्ध कराना और नये प्रक्रियाओं कौशलों और युक्तियों का आविष्कार/विकास करना।

द्वारा किया जा सकता है

- व्यक्तिगत बच्चा
- अध्यापक और एक बच्चा/बच्चों का छोटा समूह
- बच्चों का समूह
- अध्यापक और संपूर्ण कक्षा
- बच्चे और बिरादरी

Classroom Management of Learning Activities
(अधिगम क्रियाकलापों का कक्षा प्रबंधन)

- Management of available space, Material management, Students' involvement in activities, Ensuring involvement of each student, Community involvement in activity, Time management.

  उपलब्ध स्थान का प्रबंधन, सामग्री प्रबंधन, गतिविधियों में छात्रों की भागीदारी, प्रत्येक छात्र की भागीदारी सुनिश्चित करना, गतिविधि में समुदाय की भागीदारी, समय प्रबंधन।

MANAGEMENT OF CLASSROOM PROCESSES
(कक्षा-कक्ष प्रक्रिया का प्रबंधन)

5

5.2 MANAGEMENT OF LEARNING SITUATIONS (अधिगम परिस्थितियों का प्रबंधन)

5.2.1 Creating a Learner Friendly Environment (अध्येता स्नेही वातावरण का सृजन)

Physical Environment of the Classroom (कक्षा का भौतिक वातावरण)

- Safe, secured, attractive and functional, keeping in mind the grade, age appropriateness, the type of classroom activities the teacher and students will perform etc.
  कक्षा सुरक्षित, अनुकूल, आकर्षक और क्रियात्मक होनी चाहिए, ग्रेड, बच्चों की आयु व उनके स्तर को ध्यान में रखकर बनाना चाहिए, शिक्षक तथा विद्यार्थी द्वारा लिए जाने वाले क्रियाकलापों के प्रकार को ध्यान में रखकर बनाना चाहिए।
- Infrastructural facilities and their proper maintenance.
  पर्याप्त ढांचागत सुविधाएं और उनका समुचित रखरखाव हो।
- The classroom space i.e. walls and floor should be decorated in a child friendly manner.
  क्लासरूम स्पेस यानी दीवारों और फर्श को चाइल्ड फ्रेंडली तरीके से सजाया जाना चाहिए।
- Encourage students for beautification of the classroom walls with paintings and activity charts.
  पेंटिंग और गतिविधि के साथ कक्षा की दीवारों के सौंदर्यीकरण के लिए छात्रों को प्रोत्साहित करें।

Human relationship in the classroom (कक्षा में मानवीय संबंध)

- Teacher-Student' and 'Student - Student' relation should be based based on mutual understanding, respect and co-operation.
  'शिक्षक - छात्र' और 'छात्र-छात्र' का संबंध आपसी समझ, सम्मान और सहयोग पर आधारित होना चाहिए।
- Be understanding and sensitive to the emotional and academic needs of the students.
  छात्रों की भावनात्मक और शैक्षणिक आवश्यकताओं के प्रति समझदार और संवेदनशील बनें।
- Be always proactive to students' cause.
  छात्रों के हित के लिए हमेशा सक्रिय रहें।
- Be patient and sympathetic.
  धैर्य और सहानुभूति रखें।
- Encourage co-operation and collaboration among students.
  छात्रों के बीच सहयोग और मैत्री को प्रोत्साहित करें।

Notes

5.2.2 Management of Individualized Learning (व्यक्तिगत अधिगम का प्रबंधन)

- Requires individual efforts and interest to perform a task.
  किसी कार्य को करने के लिए व्यक्तिगत प्रयासों और रुचि की आवश्यकता होती है।
- The teacher gives clear instruction to every learner on the carefully designed set of learning activities to be successfully completed, at his/her own pace.
  शिक्षक प्रत्येक शिक्षार्थी को सीखने की गतिविधियों के सावधानीपूर्वक तैयार किए गए सेट पर अपनी गति से सफलतापूर्वक पूरा करने के लिए स्पष्ट निर्देश देता है।
- Communicate assignments / activity clearly.
  असाइनमेंट / गतिविधि को स्पष्ट रूप से संप्रेषित करें।
- Monitor student's work.
  छात्र के काम की निगरानी करें।
- Checking students' assignments.
  छात्रों के असाइनमेंट की जाँच करें।
- Provide appropriate feedback.
  उचित प्रतिक्रिया दें।

5.2.3 Management of Group Learning (सामूहिक अधिगम का प्रबंधन)

- Several learners can provide more time/effort/resources available than one.
  कई शिक्षार्थी एक से अधिक समय/प्रयास/संसाधन उपलब्ध करा सकते हैं।
- More and a variety of ideas can be generated through brainstorming in the groups.
  समूहों में विचार-मंथन के माध्यम से अधिक से अधिक विविध प्रकार के विचार उत्पन्न किए जा सकते हैं।
- Errors can be identified and corrected more easily
  त्रुटियों की पहचान की जा सकती है और उन्हें अधिक आसानी से ठीक किया जा सकता है।
- Teacher works as a facilitator and guide.
  शिक्षक एक सूत्रधार और मार्गदर्शक के रूप में कार्य करता है।

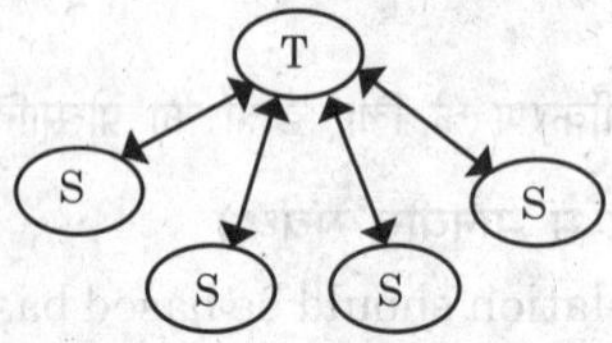

(a) *teacher controlled*

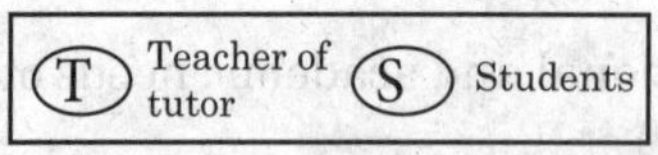

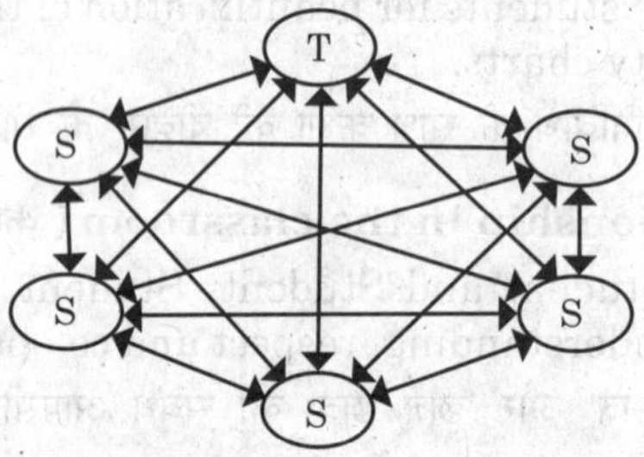

(b) *group controlled*

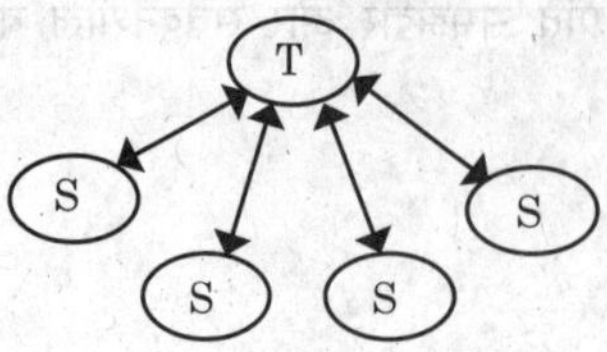

(ए) शिक्षक नियंत्रित

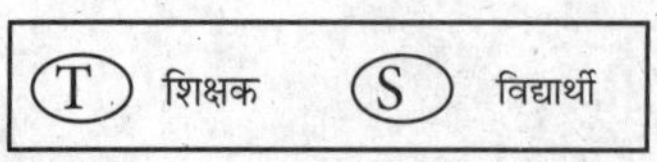

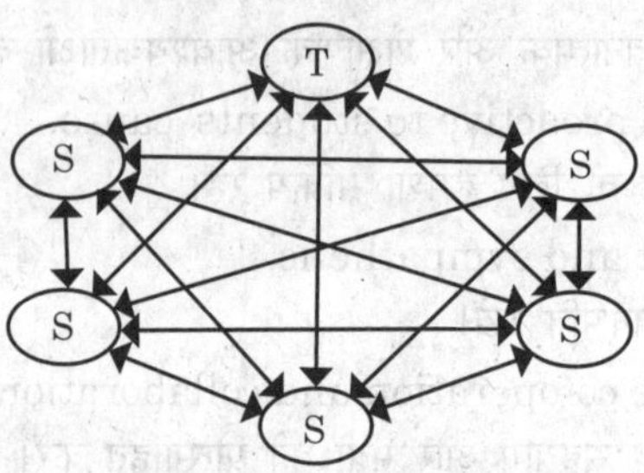

(बी) समूह नियंत्रित

5.3 MANAGEMENT OF TIME AND SPACE FOR CLASSROOM LEARNING (कक्षा अधिगम के लिए समय और स्थान का प्रबंधन)

Notes

5.3.1 Management of Time (समय का प्रबंधन)

- According to the Right to Education Act, 2009, 800 instructional hours per academic year for class I to V and 1000 instructional hours per academic year for class VI to VIII is mandated for all schools.
  शिक्षा का अधिकार अधिनियम, 2009 के अनुसार, कक्षा I से V के लिए प्रति शैक्षणिक वर्ष 800 शिक्षण घंटे और कक्षा VI से VIII के लिए प्रति शैक्षणिक वर्ष 1000 शिक्षण घंटे सभी स्कूलों के लिए अनिवार्य हैं।
- The teacher will spend minimum 45 hours in teaching including preparation hours in a week.
  शिक्षक एक सप्ताह में तैयारी के घंटों सहित कम से कम 45 घंटे शिक्षण में बिताएँगे।
- Prepare yourself for the classroom activities. Make sure that you clearly know what the next step is going to be.
  कक्षा की गतिविधियों के लिए खुद को तैयार करें। सुनिश्चित करें कि आप स्पष्ट रूप से जानते हैं कि अगला कदम क्या होने वाला है।
- Keep all materials ready, and remind students what you expect from them.
  सभी सामग्री तैयार रखें, और छात्रों को याद दिलाएँ कि आप उनसे क्या उम्मीद करते हैं।
- While giving verbal instruction, be clear and specific.
  मौखिक निर्देश देते समय, स्पष्ट और विशिष्ट रहें।
- Begin your lesson as soon as possible.
  जितनी जल्दी हो सके अपना पाठ शुरू करें।

5.3.2 Management of Classroom Space (कक्षा के स्थान का प्रबंधन)

- You may use different sitting arrangements e.g. linear rows, semi-circle, circle, face to face etc.
  आप बैठने की विभिन्न व्यवस्थाओं का उपयोग कर सकते हैं, जैसे रैखिक पंक्तियाँ, अर्धवृत्ताकार, वृत्ताकार, आमने-सामने आदि।
- Arrange all furniture in the room and make such sitting arrangement in such a way that the students can move in room comfortably.
  कमरे में सभी फर्नीचर की व्यवस्था करें और बैठने की ऐसी व्यवस्था करें कि छात्र आराम से कमरे में चल सकें।
- Wall space and bulletin boards can make a classroom lively and attractive.
  दीवार की जगह और बुलेटिन बोर्ड कक्षा को जीवंत और आकर्षक बना सकते हैं।
- Designate space that will contain few exemplars of high quality student work.
  ऐसे स्थान को निर्दिष्ट करें जिसमें उच्च गुणवत्ता वाले छात्र कार्य के कुछ उदाहरण हों।
- Store materials that will be used often (e.g. books, paper, pencil, eraser, colour pencils, lab equipment) in places where students can access them easily.
  अक्सर उपयोग की जाने वाली सामग्री (जैसे किताबें, कागज, पेंसिल, इरेजर, रंगीन पेंसिल, लैब उपकरण) को ऐसी जगहों पर स्टोर करें जहाँ छात्र उन्हें आसानी से एक्सेस कर सकें।
- Use boxes to keep supplies neatly organized rather than spreading them out on tables or shelves.
  टेबल या अलमारियों पर फैलाने के बजाय बड़े करीने से व्यवस्थित रखने के लिए बक्से का उपयोग करें।

Notes

5.3.3 Sitting Arrangement in Activity Based Classroom (क्रियाकलाप आधारित कक्षा में बैठने की व्यवस्था)

Sitting arrangement for whole class teaching:- (सम्पूर्ण कक्षा अध्यापन के लिए बैठने की व्यवस्था)

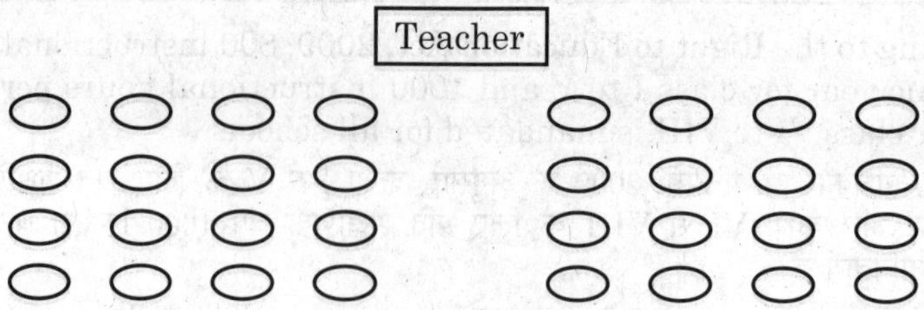

fig : Sample of sitting Arrangment for uper class Teaching

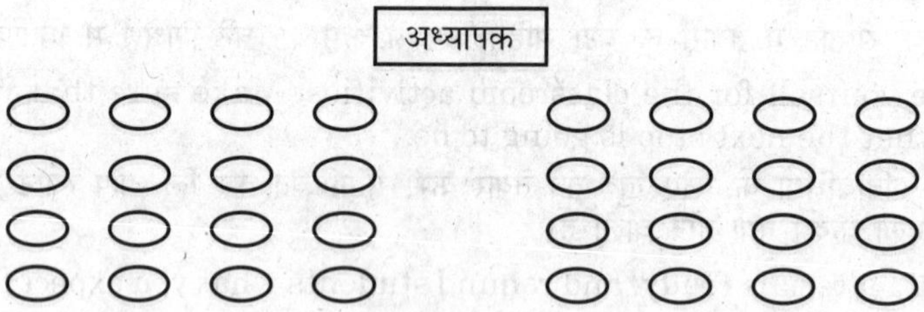

आकृति : सम्पूर्ण कक्षा अध्ययन के लिए बैठने की व्यवस्था

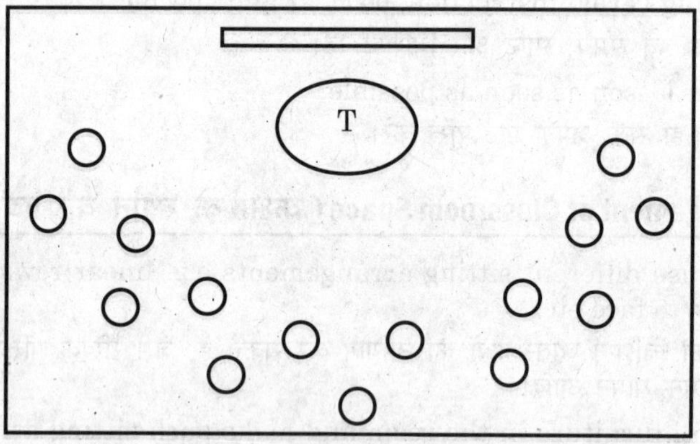

fig : Sitting Arrangements for Teacher Demonstrations

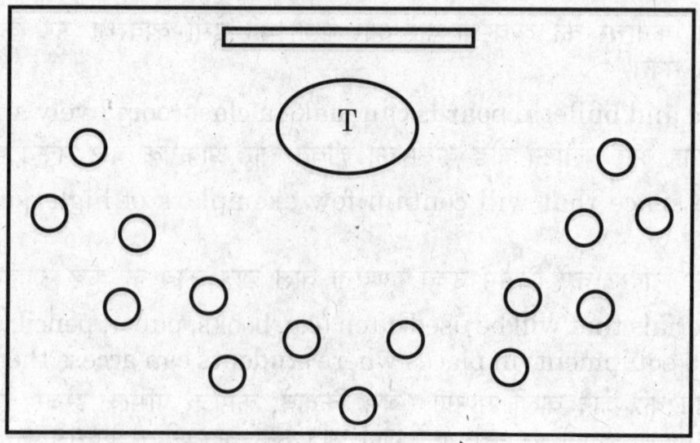

आकृति : अध्यापक प्रदर्शन के लिए बैठक व्यवस्था

Notes

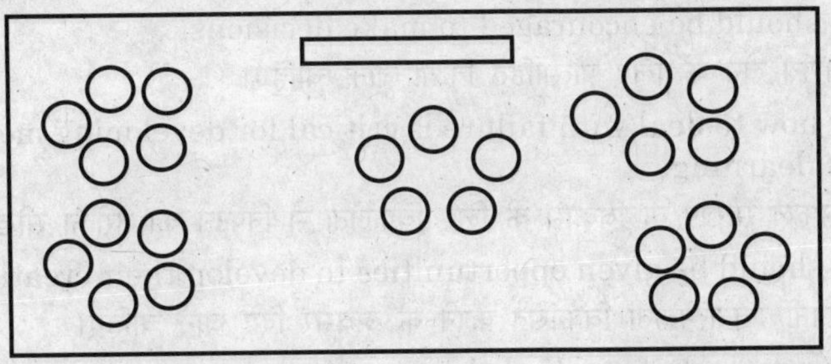

fig : Sample of sitting arrangement for Group Activity

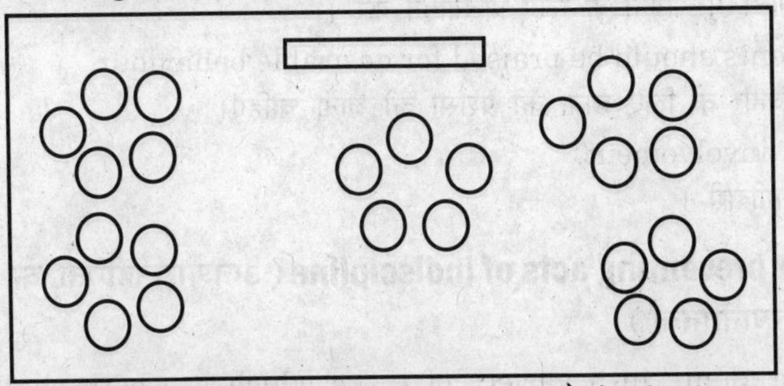

आकृति : सामूहिक क्रियाकलाप के लिए बैठने की व्यवस्था

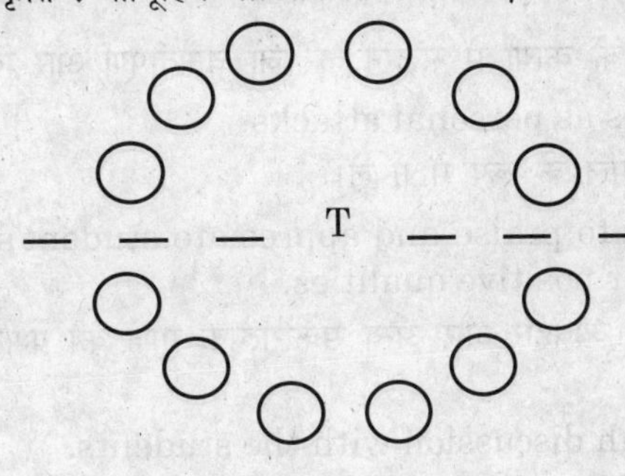

fig : Sample of sitting arrangement for Group Competition

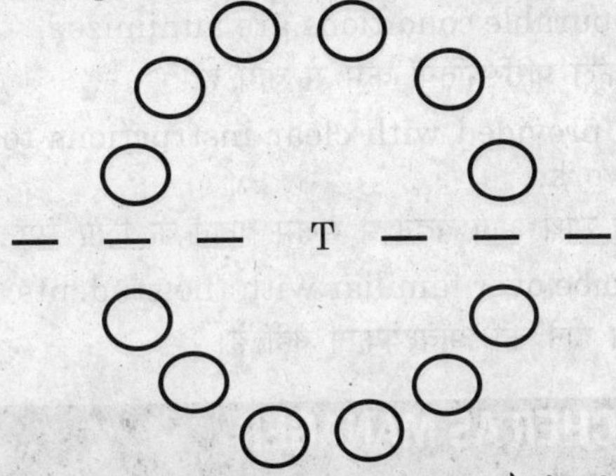

आकृति : सामूहिक प्रतियोगिता के लिए बैठने की व्यवस्था

5.4 MANAGEMENT FOR MOTIVATION AND DISCIPLINE (प्रेरणा और अनुशासन के लिए प्रबंधन)

Strategies to enhance the motivation level :- (विद्यार्थी को प्रेरित करने के लिए प्रबंधन)

- Students should be given an opportunity to use their abilities and talents to achieve success.
  छात्रों को सफलता प्राप्त करने के लिए अपनी क्षमताओं और प्रतिभा का उपयोग करने का अवसर दिया जाना चाहिए।

Notes

- Students should be encouraged to make decisions.
  छात्रों को निर्णय लेने के लिए प्रोत्साहित किया जाना चाहिए।
- Learning how to deal with failure is critical for developing motivation and successful learning.
  प्रेरणा और सफल सीखने के विकास के लिए विफलता से निपटने का तरीका सीखना महत्वपूर्ण है।
- Students should be given opportunities to develop their creativity.
  छात्रों को अपनी रचनात्मकता विकसित करने के अवसर दिए जाने चाहिए।
- Encourage students for self-evaluation.
  छात्रों को आत्म-मूल्यांकन के लिए प्रोत्साहित करें ।
- The students should be praised for desirable behaviour.
  वांछनीय व्यवहार के लिए छात्रों की प्रशंसा की जानी चाहिए।
- Students' involvement.
  छात्रों की भागीदारी ।

Strategies for preventing acts of indiscipline (अनुशासनहीनता के कृत्यों को रोकने के लिए रणनीतियाँ)

- Engage students in a variety of tasks which are both challenging and interesting.
  छात्रों को विभिन्न प्रकार के कार्यों में संलग्न करें जो चुनौतीपूर्ण और दिलचस्प दोनों हैं।
- Do not take offences as personal attacks.
  अपराधों को व्यक्तिगत हमले के रूप में न लें।
- Develop the ability to praise and appreciate student's achievement, good behaviour and other positive qualities.
  छात्र की उपलब्धि, अच्छे व्यवहार और अन्य सकारात्मक गुणों की प्रशंसा और सराहना करने की क्षमता विकसित करना।
- Evolve rules through discussion with the students.
  छात्रों के साथ चर्चा के माध्यम से नियम विकसित करें।
- Ensure that unfavourable conditions are minimized.
  सुनिश्चित करें कि प्रतिकूल परिस्थितियाँ कम से कम हों।
- Students must be provided with clear instructions to enable them to go ahead with their work.
  छात्रों को अपने काम के साथ आगे बढ़ने में सक्षम बनाने के लिए स्पष्ट निर्देश दिए जाने चाहिए।
- There is no need to be over familiar with the students.
  छात्रों से अधिक परिचित होने की आवश्यकता नहीं है।

5.5 ROLE OF TEACHER AS MANAGER (प्रबंधक के रूप में अध्यापक की भूमिका)

- Teacher has to plan meticulously the learning activities, provision of material, sitting arrangements, assessment strategies in advance.
  शिक्षक को पहले से ही सीखने की गतिविधियों, सामग्री के प्रावधान, बैठने की व्यवस्था, मूल्यांकन रणनीतियों की सावधानीपूर्वक योजना बनानी होगी।
- Provide a learning friendly environment in the classroom.
  कक्षा में सीखने के अनुकूल वातावरण प्रदान करें।
- The teacher must ensure that every child in the class realize the right to participation, right to organization and right to information.
  अध्यापक को यह सुनिश्चित करना चाहिए कि कक्षा के प्रत्येक बच्चे को भागीदारी के अधिकार, संगठन के अधिकार और सूचना के अधिकार का एहसास हो।

- Giving assignments, monitoring the progress of activities, evaluating the performance and providing feedback to students irrespective of their quality of performance will certainly add to gradual increment in their learning.
  असाइनमेंट देना, गतिविधियों की प्रगति की निगरानी करना, प्रदर्शन का मूल्यांकन करना और छात्रों को उनके प्रदर्शन की गुणवत्ता के बावजूद फीडबैक प्रदान करना निश्चित रूप से उनके सीखने में क्रमिक वृद्धि को जोड़ देगा।

Notes

5.5.1 Right to Education Act and the Teacher (शिक्षा का अधिकार अधिनियम और अध्यापक)

- It is important to be well conversant with every section of the Act. Chapter IV of the RTE Act in its Sections 24 and 29 lays down the specific responsibilities of the teacher, violation of which may attract legal penalties.
  अधिनियम की हर धारा का अच्छी तरह जानकारी होना जरूरी है। आरटीई अधिनियम का अध्याय IV इसकी धारा 24 और 29 में अध्यापक की विशिष्ट जिम्मेदारियों को निर्धारित करता है, जिसका उल्लंघन करने पर वैधानिक कार्रवाई हो सकती है।

Section 24:

भाग 24–

1. A teacher appointed fulfilling the minimum qualifications as laid down by the academic authority authorized by the Central Government shall perform the following duties, namely

1. केंद्रीय सरकार द्वारा अधिकृत शैक्षणिक प्राधिकरण द्वारा निर्धारित निम्नतम शैक्षणिक योग्यता वाला नियुक्त अध्यापक निम्नांकित कर्तव्यों का पालन करेगा–

   (a) Maintain regularity and punctuality in attending school;
   विद्यालय में उपस्थित होने में नियमितता और समय पालन।

   (b) Conduct and complete the curriculum in accordance with the provisions of the sub-section (2) of the section 29 (stated below);
   धारा 29 की उपधारा (2) के उपबंधों के अनुसार पाठ्यक्रम संचालित करना और उसे पूरा करना।

   (c) Complete the entire curriculum within the specified time;
   विनिर्दिष्ट समय के भीतर संपूर्ण पाठ्यक्रम पूरा करना।

   (d) Assess the learning ability of each child and accordingly supplement additional instructions, if any, as required;
   प्रत्येक बालक की शिक्षा ग्रहण करने के सामर्थ्य का निर्धारण करना और तदनुसार यथा अपेक्षित अतिरिक्त शिक्षण, यदि कोई हो, जोड़ना।

   (e) Hold regular meetings with parents and guardians and apprise them about the regularity in attendance, ability to learn, progress made in learning and any other relevant information about the child;
   माता-पिता और संरक्षकों के साथ नियमित बैठकें करना और बालक के बारे में उपस्थिति में नियमितता, शिक्षा ग्रहण करने का सामर्थ्य, शिक्षण में की गई प्रगति और किसी अन्य सुसंगत जानकारी के बारे में उन्हें अवगत कराना।

   (f) Perform such other duties as may be prescribed.
   ऐसे अन्य कर्तव्यों का पालन करना, जो विहित किए जाएं।

2. A teacher committing default in performance of duties specified in sub-section (1) shall be liable to disciplinary action under the service rules applicable to him/her. Provided that before taking such disciplinary action, reasonable opportunity of being heard shall be afforded to such teacher.

उपधारा (1) में विनिर्दिष्ट कर्तव्यों के पालन में व्यक्तिक्रम करने वाला/वाली कोई शिक्षक/शिक्षिका, उसे लागू सेवा नियमों के अधीन अनुशासनिक कार्रवाई के लिए उत्तरदायी होगा / होगी।

Notes

3. The grievances, if any, of the teacher shall be redressed in such manner as may be prescribed.

शिक्षक की शिकायतों का, यदि कोई हो, ऐसी रीति में दूर किया जाएगा जो विहित की जाए।

Section 29:

भाग 29–

lays down some considerations for framing curriculum and evaluation procedure which have direct implication for a teacher. These are:

इस भाग में प्रारंभिक शिक्षा के लिए पाठ्यक्रम और उसकी मूल्यांकन प्रक्रिया से संबंधित उपबंध निर्धारित किए गए हैं जिसका अध्यापकों के लिए प्रत्यक्ष निहितार्थ है। ये निम्नांकित है:–

- *Take enough care for all round development of the child (sub-sec. 2b);*
  बालक के सर्वांगीण विकास पर पर्याप्त ध्यान दिया जाए (उपखंड, 2इ)।
- *Building up child's knowledge, potentiality and talent (sub-sec.2c);*
  बालक के ज्ञान, अन्त: शक्ति योग्यता का निर्माण करना (उपखंड, 2ब)।
- *Development of physical and mental abilities to the fullest extent (sub-sec.2d);*
  पूर्णतम मात्रा तक शारीरिक और मानसिक योग्यताओं का विकास (उपखंड 2क)।
- *Learning through activities: experiment, observation, enquiry, discussion, exploration in a child-friendly and child-centered manner (sub-sec.2e);*
  बाल अनुकूल और बाल केंद्रित रीति में क्रियाकलापों, प्रकटीकरण और खोज के द्वारा शिक्षण (उपखंड, 2म)।
- *Medium of instruction shall, as far as possible, be in child's mother tongue (sub-sec.2f);*
  शिक्षा का माध्यम जहाँ तक साध्य हो बालक की मातृभाषा में हो (उपखंड 2f)।
- *Making the child free of fear, trauma and anxiety and helping the child to express views freely (sub-sec.2g);*
  बालक को भय, मानसिक अभिघात और चिन्तामुक्त बनाना और बालक को स्वतंत्र रूप से मत व्यक्त करने में सहायता करना (उपखंड 2ह)।
- *Comprehensive and continuous evaluation of the understanding of knowledge of a child and his or her ability to apply the same (sub-sec.2h).*
- बालक को समझने की शक्ति और उसे उपयोग करने की उसकी योग्यता का व्यापक और सतत मूल्यांकन (उपखंड 2*h*)।

The RTE Act, 2009 specifically states against any physical punishment. The provision is:

RTE Act 2009 में विशिष्ट रूप से शारीरिक दंड के विरुद्ध उपबंध निर्धारित किया गया है।

Section 17:

भाग 17–

1. No child is subjected to physical punishment or mental harassment.
1. किसी बालक को शारीरिक दंड या मानसिक उत्पीड़न नहीं किया जाएगा।
2. Whoever contravenes the provisions of sub-section (1) shall be liable to disciplinary action under the service rules applicable to such person.
2. जो कोई उपधारा (1) के उपबंधों का उल्लंघन करेगा ऐसे व्यक्ति को लागू सेवा के अधीन अनुशासनिक कार्यवाई का दायी होगा।

TEACHING AND LEARNING MATERIALS
(शिक्षण और अधिगम सामग्री)

6

6.2 NEED FOR TEACHING LEARNING MATERIALS (शिक्षण अधिगम सामग्री की आवश्यकता)

- The TLMs need to be attractive to the children.
  शिक्षण अधिगम सामग्री को बच्चों के लिए आकर्षक बनाने की आवश्यकता है।
- Familiarity of TLMs will help to introduce new concepts.
  शिक्षण अधिगम सामग्री की जानकारी नई अवधारणाओं को पेश करने में मदद करेगी।
- Novelty of the material also attracts the children.
  सामग्री की नवीनता भी बच्चों को आकर्षित करती है।
- The material should have utilitarian value. No material is a good or bad TLM, it is in the proper use that makes the material good or bad.
  सामग्री का उपयोगितावादी मूल्य होना चाहिए। कोई भी सामग्री अच्छी या बुरी टीएलएम नहीं है, यह उचित उपयोग में है जो सामग्री को अच्छा या बुरा बनाती है।
- Materials of multiple utility like dice, sticks, marbles, cubes and flash cards can have multiple uses.
  कई उपयोगी सामग्री जैसे पासा, डंडे, मार्बल, क्यूब्स और फ्लैश कार्ड के कई उपयोग हो सकते हैं।
- Ease of handling the materials which includes sturdiness (strong enough for rough handling), light weight, and safety (harmless for use by children) is an important characteristic.
  सामग्री को सँभालने में आसानी जिसमें मजबूती (किसी न किसी तरह से सँभालने के लिए पर्याप्त मजबूत), हल्का वजन, और सुरक्षा (बच्चों द्वारा उपयोग के लिए हानिकारक) शामिल है, यह एक महत्वपूर्ण विशेषता है।

6.3 CATEGORIES OF TEACHING LEARNING MATERIALS (शिक्षण अधिगम सामग्री की श्रेणियाँ)

6.3.1 Types of TLMs (शिक्षण अधिगम सामग्री के प्रकार)

(i) Real Objects / Experiences :- Size, cost and safety should be considered.

वास्तविक वस्तुएँ / अनुभव:- आकार, लागत और सुरक्षा पर विचार किया जाना चाहिए।

(ii) Prepared TLM :- Maps, globes, charts, scales, measuring tapesare etc. science models.

तैयार शिक्षण अधिगम सामग्री: मानचित्र, ग्लोब, चार्ट, स्केल, मापने वाले टेप आदि विज्ञान मॉडल।

Audio aids: Radio broadcasts, Cassette and CD player.

श्रव्य सहायक सामग्री: रेडियो प्रसारण, कैसेट और सीडी प्लेयर।

Visual aids: Black board, Charts, Pictures, Graphs, Models, Film strips, Slides etc.

दृश्य सहायक सामग्री: ब्लैक बोर्ड, चार्ट, चित्र, रेखांकन, मॉडल, फिल्म स्ट्रिप्स, स्लाइड आदि।

Notes

Still another way of categorizing TLMs is based on **projected, non- projected or experiential.**

शिक्षण अधिगम सामग्री को वर्गीकृत करने का एक और तरीका अभी भी **अनुमानित, गैर-अनुमानित या अनुभवात्मक पर आधारित है।**

(i) Projected aids: Movies, epidiascope, magic lantern, micro-projectors and projection with the overhead projectors, LCD projector are examples of projected aids.

प्रक्षेपित सहायक सामग्री: चलचित्र, एपिडायस्कोप, मैजिक लालटेन, माइक्रो-प्रोजेक्टर और ओवरहेड प्रोजेक्टर के साथ प्रोजेक्शन, एलसीडी प्रोजेक्टर प्रेक्षिपित सहायक सामग्री के उदाहरण हैं।

(ii) Non-Projected aids: Chalk board, felt board, bulletin board, photographs, posters, maps, charts, globes, specimens, and text book illustrations, come under non-projected aids.

अप्रक्षेपित सहायक सामग्री: चॉक बोर्ड, फेल्ट बोर्ड, बुलेटिन बोर्ड, फोटोग्राफ, पोस्टर, मानचित्र, चार्ट, ग्लोब, नमूने, और पाठ्य पुस्तक चित्रण आदि अप्रक्षेपित सहायक सामग्री के अंतर्गत आते हैं।

(iii) Experiential Aids: Field trips, educational tours, visit to important institutions and industries, observing experiments, demonstrations and natural phenomena are a few examples of experiential aids.

अनुभवात्मक सहायता: क्षेत्र यात्राएं, शैक्षिक भ्रमण, महत्वपूर्ण संस्थानों और उद्योगों का दौरा, प्रयोगों का अवलोकन, प्रदर्शन और प्राकृतिक घटनाएँ अनुभवात्मक सहायता के कुछ उदाहरण हैं।

6.3.3 Activity Based Learning Materials (क्रियाकलाप आधारित अधिगम सामग्री)

- The materials need to be chosen from their world of real life activities.
  सामग्री को उनके वास्तविक जीवन की गतिविधियों की दुनिया से चुना जाना चाहिए।
- The materials need to be relevant to the learning of particular concept(s) dealt in the learning activity.
  सामग्री को सीखने की गतिविधि में निपटाए गए विशेष अवधारणा (ओं) के सीखने के लिए प्रासंगिक होना चाहिए।
- Direct experiences like participating in exhibitions, field trips, study tours, visiting important institutions/organizations (like bank, post office, police station, railway station, museum, science laboratory) are also activities that promote meaningful and relevant learning.
  प्रत्यक्ष अनुभव जैसे प्रदर्शनियों में भाग लेना, फील्ड ट्रिप, स्टडी टूर, महत्वपूर्ण संस्थानों / संगठनों (जैसे बैंक, पोस्ट ऑफिस, पुलिस स्टेशन, रेलवे स्टेशन, संग्रहालय, विज्ञान प्रयोगशाला) का दौरा करना भी ऐसी गतिविधियाँ हैं जो सार्थक और प्रासंगिक सीखने को बढ़ावा देती हैं।

6.4 MANAGEMENT OF TEACHING LEARNING MATERIALS (शिक्षण अधिगम सामग्री का प्रबंधन)

6.4.1 Collecting, Preparing and Storing of TLMS (शिक्षण अधिगम सामग्री को एकत्रित करना, तैयारी करना और भंडारण करना)

- Either collect no cost materials or purchase the required materials available in the market.
  या तो बिना लागत वाली सामग्री एकत्र करें या बाजार में उपलब्ध आवश्यक सामग्री को खरीद लें।
- Use waste materials.
  अपशिष्ट पदार्थों का प्रयोग करें।
- flash cards on different themes, number and alphabet cards, models made of paper, clay, thermocol, and/or wood, charts, graphs, pictures, toys are

prepared by teachers and students in most of the schools.

फ्लैश कार्ड, संख्या और वर्णमाला कार्ड, कागज, मिट्टी, थर्मोकोल, और/या लकड़ी से बने मॉडल, चार्ट, ग्राफ, चित्र, खिलौने अधिकांश स्कूलों में शिक्षकों और छात्रों द्वारा तैयार किए जाते हैं।

- Keep sufficient raw materials like paper, drawing sheets, card board, paste, paints, clay, plasticine, thermocole sheets etc.
  पर्याप्त कच्चा माल जैसे कागज, ड्राइंग शीट, कार्ड बोर्ड, पेस्ट, पेंट, मिट्टी, प्लास्टिसिन, थर्मोकोल शीट आदि रखें।
- Involve students in planning and preparing the materials.
  सामग्री की योजना बनाने और तैयार करने में छात्रों को शामिल करें।
- Focus more on preparing such materials which are durable, usable in multiple ways on different occasions and in more than one subject/content area.
  ध्यान केंद्रित करें जो टिकाऊ हों, विभिन्न अवसरों पर और एक से अधिक विषय / सामग्री क्षेत्र में कई तरह से प्रयोग करने योग्य हों।
- Identify talented students, resourceful colleagues, and local artisans and seek their guidance in developing the materials.
  प्रतिभाशाली छात्रों, साधन संपन्न सहयोगियों और स्थानीय कारीगरों की पहचान करें और सामग्री विकसित करने में उनका मार्गदर्शन प्राप्त करें।
- The storing place should be inside the classroom or nearer to the classroom
  भंडारण की जगह कक्षा के अंदर या कक्षा के नजदीक होनी चाहिए ।
- TLMs used for one time / several times may be kept separately
  एक बार / कई बार उपयोग किए जाने वाले शिक्षण अधिगम सामग्री को अलग से रखा जा सकता है।
- The rack where the materials are stored need not be too high, rather should be within the reach of the students.
  जिस रैक में सामग्री संगृहीत की जाती है, वह बहुत ऊँची नहीं होनी चाहिए, बल्कि छात्रों की पहुँच के भीतर होनी चाहिए।

6.4.2 Using and Maintaining TLMS (शिक्षण अधिगम सामग्री का उपयोग और रखरखाव)

- Ensure availability of sufficient TLMs.
  पर्याप्त शिक्षण अधिगम सामग्री की उपलब्धता सुनिश्चित करें।
- If you are planning to use the locally available perishable materials, entrust some students to collect those from the locality and come with them to the class.
  यदि आप स्थानीय रूप से उपलब्ध खराब होने वाली सामग्री का उपयोग करने की योजना बना रहे हैं, तो कुछ छात्रों को इलाके से उन्हें इकट्ठा करने और उनके साथ कक्षा में आने का काम सौंपें।
- Before the commencement of the period, collect all the materials from the school store or from other sources.
  अवधि शुरू होने से पहले सभी सामग्री स्कूल स्टोर या अन्य स्रोतों से एकत्र करें।
- Ensure that the TLMs selected are relevant to the topic and within the understanding level of the students.
  सुनिश्चित करें कि चयनित शिक्षण अधिगम सामग्री विषय के लिए प्रासंगिक हैं और छात्रों की समझ के स्तर के भीतर हैं।
- Use wall activities, floor activities, materials prepared inside and outside
  सीखने के स्रोतों के रूप में दीवार की गतिविधियों, फर्श की गतिविधियों, कक्षा के अंदर और बाहर।
- the classroom like garden, playground etc. as sources of learning.
  तैयार की गई सामग्री जैसे बगीचे, खेल के मैदान आदि का उपयोग करें।
- Once in a month the TLM stock should be checked and the store cleaned up properly.

Notes

Notes

महीने में एक बार शिक्षण अधिगम सामग्री स्टॉक की जांच की जानी चाहिए और स्टोर की ठीक से सफाई की जानी चाहिए।

- For better maintenance, keep a record (stock book) of TLMs in your class.
  बेहतर रखरखाव के लिए अपनी कक्षा में शिक्षण अधिगम सामग्री का रिकॉर्ड (स्टॉक बुक) रखें।

6.4.3 TLM Corner and its Use (शिक्षण अधिगम सामग्री कोना एवं उसके उपयोग)

6.5 TEXTBOOKS AS TLM (शिक्षण अधिगम सामग्री के रूप में पाठ्यपुस्तकें)

- Most essential part of school education.
  विद्यालय शिक्षा का सबसे जरूरी हिस्सा।
- Concepts within a topic are arranged in a specific order as per the syllabus
  एक विषय के भीतर अवधारणाओं को पाठ्यक्रम के अनुसार एक विशिष्ट क्रम में व्यवस्थित किया जाता है।
- Most befitted TLM.
  सबसे उपयुक्त सहायक शिक्षण सामग्री।

6.5.1 Textbooks for Learning (अधिगम के लिए पाठ्यपुस्तकें)

- Following the recommendations of the NCF 2005, the textbooks have now been developed very systematically indicating teachers' activities and learners' activities in and out of the classroom.
  एन. सी. एफ. 2005 की सिफारिशों के बाद, पाठ्यपुस्तकों को अब बहुत व्यवस्थित रूप से विकसित किया गया है जो कक्षा के अंदर और बाहर शिक्षकों की गतिविधियों और शिक्षार्थियों की गतिविधियों को दर्शाता है।
- The concepts related to a topic are organized in a comprehensive way in the textbook which gives sufficient idea for organizing a lesson.
  किसी विषय से संबंधित अवधारणाओं को पाठ्यपुस्तक में व्यापक रूप से व्यवस्थित किया जाता है जो एक पाठ के आयोजन के लिए पर्याप्त विचार देता है।
- The concepts are presented with a variety of activities like song, story, pictures, puzzles and discussions which create interest among the students to learn more.
  अवधारणाओं को गीत, कहानी, चित्र, पहेली और चर्चा जैसी विभिन्न गतिविधियों के साथ प्रस्तुत किया जाता है जो छात्रों में अधिक जानने के लिए रुचि पैदा करते हैं।
- To strengthen the concepts taught, a number of practice activities are given for the students to do.
  सिखाई गई अवधारणाओं को मजबूत करने के लिए, छात्रों को करने के लिए कई अभ्यास गतिविधियाँ दी जाती हैं।
- According to NCF-2005, any good textbook should function as a guide to construct understanding through active engagement with text, ideas, things, environment and people rather than "transferring knowledge as a finished product".
  राष्ट्रीय पाठ्यक्रम रूपरेखा 2005 के अनुसार, कोई भी पाठ्यपुस्तक का उपयोग एक संरचनात्मक समझ विकसित करने के लिए लिखित विचारों, वस्तुओं और व्यक्तियों के सक्रिय संलग्नता के द्वारा किया जा सकता है।

6.5.2 Learning Beyond the Textbooks (पाठ्यपुस्तकों से अतिरिक्त अधिगम)

- learning becomes meaningful, contextual, and relevant when it is acquired in real life or familiar situations.
  अधिगम सार्थक, अर्थपूर्ण और प्रासंगिक हो जाता है जब इसे वास्तविक जीवन या परिचित स्थितियों में प्राप्त किया जाता है।

- story books, comic strips, story cards, newspapers, magazine articles etc. develop reading comprehension easily.
  कहानी की किताबें, कॉमिक स्ट्रिप्स, कहानी कार्ड, समाचार पत्र, पत्रिका लेख आदि आसानी से पढ़ने की समझ विकसित करते हैं।
- Library, Newspapers and Periodicals, Electronic Media, Activities in and out of school, Visiting Local Institutions, Visiting Local Market and Working Places.
  पुस्तकालय, समाचार पत्र और पत्रिकाएँ, इलेक्ट्रॉनिक मीडिया, स्कूल के अंदर और बाहर की गतिविधियाँ, स्थानीय संस्थानों का दौरा, स्थानीय बाजार और कार्य स्थलों का दौरा।

Notes

7 MANAGEMENT OF MULTI-GRADE AND MULTI-LEVEL SITUATIONS

(बहु-कक्षा और बहु-स्तरीय स्थितियों का प्रबंधन)

7.2 MULTI-GRADE SITUATION (बहु-कक्षा स्थिति)

- Single teacher is teaching students of two or three classes simultaneously in one room. It is called Multi-Grade Situation (MGS).
  एक कमरे में एक साथ दो या तीन कक्षाओं के छात्रों को एक ही शिक्षक पढ़ा रहा है। इसे बहु-कक्षा स्थिति (MGS) कहा जाता है।
- The teaching strategy, a teacher adopts in a Multi-Grade Situation,is known as Multi-Grade Teaching (MGT).
  शिक्षण रणनीति, एक शिक्षक एक बहु-ग्रेड स्थिति में अपनाता है, जिसे मल्टी-ग्रेड टीचिंग (MGT) के रूप में जाना जाता है।
- Very common in remote and rural areas with low population.
  कम आबादी वाले दूरदराज और ग्रामीण इलाकों में बहुत आम है।

Norm for Provision of Teachers in the RTE, 2009

(As per the Sl. No. 1 of the Schedule read with Sections 19 and 25 of the Act)

(a) For Class I to V

Admitted Children	No. of Teachers
Up to 60	Two
Between 61 to 90	Three
Between 91 to 120	Four
Between 121 to 200	Five
Above 150 children	Five + 1Head teacher
Above 200 children	Pupil-Teacher Ratio shall not exceed 40 (excluding Head teacher).

शिक्षा का अधिकार अधिनियम 2009 के तहत शिक्षकों के प्रावधान हेतु मानदण्ड (नॉर्म्स)

(शैड्यूल के क्रमांक 1 के अनुसार अधिनियम के अनुभाग 19 तथा 25 के साथ पढ़ें)

(अ) कक्षा I-V तक के लिए-

नामांकित बच्चे	**शिक्षकों की संख्या**
60 तक	2
61-90	3
91-120	4
121-200	5
150 बच्चों से अधिक	5+1 प्रधानाध्यापक
200 से ऊपर बच्चे	छात्र अध्यापक अनुपात 40 से अधिक नहीं होना चाहिए (प्रधान अध्यापक को छोड़कर)

(b) For Class VI to VIII

(1) At least one teacher per class so that there shall be at least one teacher cach for-
   (i) Science and Mathematics;
   (ii) Social Studies;
   (iii) Languages.
(2) At least one teacher for every thirty-five children.
(3) Where admission of children is above 100-
   (i) a full time head teacher:
   (ii) part time instructors for-
      (a) Art Education;
      (b) Health and Physical Education;
      (c) Work Education.

(ब) कक्षा VI से VIII तक के लिए-

(1) प्रत्येक कक्षा हेतु कम से कम एक शिक्षक ताकि निम्नलिखित विषयों में प्रत्येक के लिए एक शिक्षक उपलब्ध हो
   (i) विज्ञान तथा गणित
   (ii) सामाजिक अध्ययन
   (iii)भाषा
(2) प्रत्येक 35 बच्चों के लिए एक शिक्षक।
(3) जहाँ बच्चों का प्रवेश 100 से अधिक हो-
   (i) पूरे समय के लिए एक मुख्य शिक्षक
   (ii) निम्न के लिए अंशकालीन निर्देशक:
   (अ) कला शिक्षा
   (ब) स्वास्थ्य एवं शारीरिक शिक्षा
   (स) कार्य-शिक्षा

Notes

7.2.1 Problems/Issues in MGT (बहु कक्षा स्थिति में समस्याएँ/मुद्दे)

- Increases the workload of the teachers.
  शिक्षकों का कार्यभार बढ़ाता है।
- Students are from different grades with differing learning abilities.
  छात्र अलग-अलग ग्रेड के हैं और अलग-अलग सीखने की क्षमता रखते हैं।
- No individual attention to the students.
  कोई व्यक्तिगत ध्यान नहीं है।
- Teacher finds less time to teach in each grade/class.
  शिक्षक को प्रत्येक वर्ग/कक्षा में पढ़ाने के लिए कम समय मिलता है।
- Difficult to prepare for teaching and in creating teahing-learning environment.
  शिक्षार्थी वातावरण बनाने में कठिनाई।

7.2.2 Strategies for Management of Multi-grade Teaching (बहु-श्रेणी शिक्षण के प्रबंधन के लिए रणनीतियाँ)

- **Classroom organization** (utilization of space available in the classroom, suitable seating arrangements of children, proper placing of blackboard and teacher's table and chair, displaying of learning materials)
  कक्षा-कक्ष का संगठन (कक्षा में उपलब्ध स्थान का उपयोग, बच्चों के बैठने की उपयुक्त व्यवस्था, ब्लैकबोर्ड और शिक्षक की मेज और कुर्सी का उचित स्थान, शिक्षण सामग्री का प्रदर्शन)।

Notes

- **Space Management** (Students sit comfortably in groups,Proper light and ventilation, adequate space available for free movement etc.)
  स्थान की व्यवस्था (छात्र समूहों में आराम से बैठते हैं, उचित प्रकाश और वेंटिलेशन, मुक्त आवाजाही के लिए पर्याप्त जगह उपलब्ध है आदि)।
- **Seating Arrangement** (separately according to their grades, Everyone can see blackboard,convenient to have face-to-face interaction).
  बैठने की व्यवस्था (अलग-अलग उनके ग्रेड के अनुसार, हर कोई ब्लैकबोर्ड देख सकता है, आमने- सामने बातचीत करने के लिए सुविधाजनक)।
- **Grouping of Students** (Grade-based, Ability-based,Mixed Ability)
  छात्रों का समूह (ग्रेड-आधारित, योग्यता-आधारित, मिश्रित योग्यता)।

Planning for Learning Situation :- (सीखने की स्थिति के लिए योजना)

- Understand what type of grouping is needed to facilitate multi-grade teaching.
  समझें कि बहु-कक्षा शिक्षण को सुविधाजनक बनाने के लिए किस प्रकार के समूहीकरण की आवश्यकता है।
- Prepare weekly or monthly scheme of lessons.
  पाठों की साप्ताहिक या मासिक योजना तैयार करना।
- Ensure proper seating arrangement of different grade students in the same classroom.
  एक ही कक्षा में विभिन्न ग्रेड के छात्रों के बैठने की उचित व्यवस्था सुनिश्चित करें।
- Prepare/collect required TLMs in adequate number.
  आवश्यक शिक्षण अधिगम सामग्री पर्याप्त संख्या में तैयार / संग्रह करें।
- Form small groups as per the requirements of the lesson.
  पाठ की आवश्यकताओं के अनुसार छोटे समूह बनाएँ।
- Specify activities for introduction, practice, reinforcement and evaluation.
  परिचय, अभ्यास, सुदृढ़ीकरण और मूल्यांकन के लिए गतिविधियों को निर्दिष्ट करें।
- Determine the amount of time to be spent on each activity.
  प्रत्येक गतिविधि पर खर्च किए जाने वाले समय की मात्रा निर्धारित करें।
- Determine teaching time for each group.
  प्रत्येक समूह के लिए शिक्षण समय निर्धारित करें।
- Ensure conduct of individual activities.
  व्यक्तिगत गतिविधियों का संचालन सुनिश्चित करना।
- Devise evaluation strategies for assessing learner performance.
  शिक्षार्थी के प्रदर्शन का आकलन करने के लिए मूल्यांकन रणनीति तैयार करना।

7.2.3 Planning Time Schedule for Multi-grade Teaching (बहु-श्रेणी शिक्षण के लिए समय अनुसूची की योजना बनाना)

Distribution of 1 Grade III *1 घंटे का समय का विवरण*	*hour time* *कक्षा I*	*Grade I* *कक्षा II*	*Grade II* *कक्षा III*
First 20 minutes 1 घंटे का समय का विवरण	Teacher शिक्षक	Monitor मॉनीटर	Self-study स्व-अध्ययन
Second 20 minutes दूसरे 20 मिनट	Self-study स्व-अध्ययन	Teacher शिक्षक	Monitor मॉनीटर

Last 20 minutes अंतिम 20 मिनट	Monitor मॉनीटर	Self-study स्व-अध्ययन	Teacher शिक्षक

Notes

Teaching-learning of the same subject in different grades (एक ही विषय को अलग-अलग कक्षाओं में पढ़ाना सीखना)

- The teacher can determine easily how much help he/she can render to which grade and at what time during the teaching-learning process.
  शिक्षक आसानी से यह निर्धारित कर सकता है कि शिक्षण-अधिगम प्रक्रिया के दौरान वह किस कक्षा में और किस समय कितनी सहायता कर सकता है।
- Most of the time common TLMs can be used.
  अधिकांश समय सामान्य शिक्षण अधिगम सामग्री का उपयोग किया जा सकता है।
- A high achiever student of one grade / group can help the low achievers.
  एक कक्षा / समूह का उच्च उपलब्धि प्राप्त करने वाला छात्र निम्न उपलब्धि प्राप्त करने वालों की सहायता कर सकता है।
- The teaching-learning activities of one group also facilitate activities of the other grades.
  एक समूह की अध्यापन-अधिगम गतिविधियाँ भी अन्य कक्षाओं की गतिविधियों को सुगम बनाती हैं।

Teaching-learning of different subjects in different Grades: (विभिन्न ग्रेडों में विभिन्न विषयों का शिक्षण अधिगम)

- In the beginning of the period a common warm-up activity may be undertaken.
  अवधि की शुरुआत में एक सामान्य वार्म अप गतिविधि की जा सकती है।
- Then in each grade a monitor may be selected/appointed and be given the responsibility to maintain discipline in the class.
  फिर प्रत्येक ग्रेड में एक मॉनिटर का चयन/नियुक्ति की जा सकती है और उसे कक्षा में अनुशासन बनाए रखने की जिम्मेदारी दी जा सकती है।
- The seating arrangements for each grade students may be made separately.
  प्रत्येक कक्षा के छात्रों के बैठने की व्यवस्था अलग से की जा सकती है।
- While teaching is imparted in one grade, the other grades are to be engaged in made meaningful learning activities.
  जहाँ एक कक्षा में शिक्षण दिया जाता है, वहीं दूसरी कक्षा को सार्थक शिक्षण गतिविधियों में लगाया जाता है।
- When required the teacher should supervise the activities in the grades and provide due feedback.
  जब आवश्यक हो शिक्षक को ग्रेड में गतिविधियों का पर्यवेक्षण करना चाहिए और उचित प्रतिक्रिया प्रदान करनी चाहिए।

एक कक्षा शिक्षण तथा बहुकक्षा शिक्षण स्थितियों में अंतर

Mono-grade **एक कक्षा**	**Multi-grade** **बहु-कक्षा**
One teacher for one Class एक कक्षा के लिए एक शिक्षक।	One teacher for several classes. बहुत सी कक्षाओं के लिए एक शिक्षक।
One Classroom for each grade. प्रत्येक कक्षा हेतु एक कक्षा-कक्ष।	One room accommodating more than one grade. एक से अधिक कक्षाओं को एक कक्ष में समाहित करना।

Notes

Co-operation and interaction between children is less. बच्चों के बीच सहयोग तथा अन्त:क्रिया कम।	Co-operation and interaction among children is high. बच्चों में सहयोग तथा अन्त:क्रिया अधिक।
Variety of experiences of children is limited within their group. So only limited experiences are shared. बच्चों के अनुभवों की भिन्नता एक समूह के भीतर ही सीमित रहती है। अत: केवल सीमित अनुभवों का आदान-प्रदान होता है।	Variety of experiences of children is unlimited as they are in multi-groups. So experience sharing is high. Students help themselves. There is some body. बच्चों के अनुभवों की भिन्नता असीमित होती है क्योंकि वे कई समूहों में रहते हैं। इसलिए अनुभवों का आदान-प्रदान अधिक होता है।
There is a feeling of children that teacher will help them at any time. So there is a scope to take help from the teacher at the time of facing a problem. As a result teacher dependency syndrome develops. बच्चों की भावना होती है कि शिक्षक किसी भी समय उनकी सहायता करेगा। अत: यहाँ पर एक अवसर है कि समस्या आने पर शिक्षक से सहायता ले सकते हैं। परिणामस्वरूप शिक्षक निर्भरता सिन्ड्रोम विकसित हो जाता है।	(Students of higher grade / student of the same grade with higher ability) to help lower age group children in the presence of the teacher. Hence, teacher dependency syndrome gets reduced. विद्यार्थी स्वयं अपनी सहायता करते हैं। वहाँ पर कोई (ऊँची कक्षा का विद्यार्थी/ उसी कक्षा का उच्च योग्यता का विद्यार्थी) निम्न आयु वर्ग के बच्चों की सहायता शिक्षक के सामने करने के लिए होता है। अत: शिक्षक निर्भरता सिन्ड्रोम कम हो जाता है।
Mostly the situation is formal. अधिकांशत: स्थिति औपचारिक रहती है।	The situation is totally informal. स्थिति पूर्णत: अनौपचारिक होती है।
The classroom situation is likely to be teacher dominated. कक्षा-स्थिति शिक्षक प्रधान ही रहती है।	The classroom is mostly managed by students. So teacher domination is the least. कक्षा का प्रबंधन मुख्यत: विद्यार्थियों द्वारा पूरा होता है। अत: शिक्षक प्रधानता बहुत कम होती है।
There is a belief that three levels of students are in class i.e. above average, average and below average. यह माना जाता है कि कक्षा में तीन स्तर (औसत से ऊपर, औसत तथा औसत से नीचे) के विद्यार्थी होते हैं।	There is no level like above average, average, and below average students. Even grade feeling is not there. All children feel as if they are of the same grade or group यहाँ पर औसत से ऊपर औसत तथा औसत से नीचे की तरह के कोई स्तर नहीं होते। यहाँ तक कि अलग-अलग कक्षा की भावना भी इसमें नहीं होती। सभी विद्यार्थी महसूस करते हैं कि वे एक ही कक्षा/समूह के हैं।
No scope for friendship between higher and lower age/grade children. उच्च आयु वर्ग/कक्षा के बच्चों तथा निम्न आयु वर्ग / कक्षा के बच्चों के बीच मित्रता के अवसर नहीं होते।	More scope for friendship between higher age/grade children with lower grade children. उच्च आयुवर्ग / कक्षा के बच्चों तथा निम्न आयुवर्ग/ कक्षा के बच्चों के बीच मित्रता के अधिक अवसर होते हैं।
More emphasis on level wise grouping स्तर के अनुसार समूहन पर अधिक बल।	More emphasis or scope for social grouping. सामाजिक समूहन पर अधिक बल।

Teacher is bound to remain present in the class for all times. So there is a structured learning. शिक्षक कक्षा में हर समय उपस्थित रहने के लिए प्रतिबद्ध पाया जाता है इसलिए यहाँ पर संरचनात्मक अधिगम होता है।	There is a scope for self-learning as the teacher is not present fully in a class. In spite of that learning takes place. यहाँ पर स्व-अधिगम के अधिक अवसर होते हैं, क्योंकि शिक्षक पूर्ण रूप से कक्षा में उपस्थित नहीं रहता। फिर भी अधिगम क्रिया होती है।

Notes

7.3 MULTI-LEVEL SITUATION (बहुस्तरीय स्थिति)

7.3.1 Issues of Multi-level Situation (बहु-स्तरीय स्थिति के मुद्दे)

- Difficult to prepare teaching objectives for all types of learners.
  सभी प्रकार के शिक्षार्थियों के लिए शिक्षण उद्देश्यों को तैयार करना कठिन है।
- Ignorance of choice, interest, attitude, liking while grouping of students.
  छात्रों का समूह बनाते समय पसंद, रुचि, दृष्टिकोण, पसंद की अज्ञानता।
- Using common textbooks as the centre of instruction does not benefit
  सामान्य पाठ्यपुस्तकों को शिक्षा के केंद्र के रूप में उपयोग करने से कोई लाभ नहीं होता है।
- Preparing appropriate teaching-learning materials and other resource materials.
  उपयुक्त शिक्षण-अधिगम सामग्री और अन्य संसाधन सामग्री तैयार करना।

7.3.2 Strategies for Management of Multi-level Situation (बहु-स्तरीय स्थिति के प्रबंधन के लिए रणनीतियाँ)

- Individual student's needs are to be identified before imparting teaching-learning.
  शिक्षण-अधिगम प्रदान करने से पहले व्यक्तिगत छात्र की जरूरतों की पहचान की जानी चाहिए।
- All children, irrespective of levels, allowed learning at their own pace.
  सभी बच्चों ने, चाहे वे किसी भी स्तर के हों, अपनी गति से सीखने की अनुमति दी।
- Allowing student's liking and voluntary participation in the group.
  समूह में छात्र की पसंद और स्वैच्छिक भागीदारी की अनुमति देना।
- Heterogeneous grouping found suitable to facilitate individual pace of learning is undertaken.
  सीखने की व्यक्तिगत गति को सुविधाजनक बनाने के लिए उपयुक्त पाए जाने वाले विषम समूहीकरण किए जाते हैं।
- Peer learning allowed to facilitate individual learning.
  प्रत्येक स्तर के लिए समय का प्रभावी प्रबंधन होना चाहिए।

8

PLANNING LEARNING ACTIVITIES
(अधिगम गतिविधियों की योजना बनाना)

8.2.1 Curricular and Co-curricular Activities (पाठ्यचर्या और पाठ्य सहगामी क्रियाएँ)

Types and Purposes of Co-curricular Activities in School
विद्यालय में पाठ्य सहगामी क्रियाओं के प्रकार और प्रयोजन

Aspects of Personality Development **व्यक्तित्व विकास के पहलू**	**Exemplars of Co-curricular Activities** **पाठ्य-सहगामी क्रियाओं के उदाहरण**	**Purpose** **प्रयोजन/उद्देश्य**
Physical Development शारीरिक विकास	Outdoor and indoor games and sports Athletic events Gardening आउट डोर तथा इनडोर खेल एथलेटिक घटनाएँ बागवानी	To facilitate Normal growth and development of body Development of health habits Sound physical health and fitness शरीर के सामान्य विकास हेतु स्वास्थ्य संबंधी आदतों का विकास अच्छा शारीरिक स्वास्थ्य तथा फिटनेस।
Motor Development मोटर विकास	Clay modelling क्ले मॉडलिंग Basket making टोकरी बनाना Toy making खिलौने बनाना Knitting बुनाई करना Cardboard work गत्ते का काम Book binding बुक बाइडिंग Kitchen and flower gardening रसोई बागवानी तथा फूल बागवानी	To facilitate Coordination of muscles and nerves मांसपेशियों तथा नाड़ियों के बीच समन्वयन Development of aesthetic taste and sensibility सौन्दर्यात्मक भाव तथा संवेदनशीलता का विकास

Language Development भाषा विकास	Debate Story and Essay writing Recitation Wall and school magazine Newspaper reading वाद–विवाद कहानी तथा निबंध लेखन सस्वर पाठ दीवार तथा विद्यालय पत्रिका अखबार पढ़ना	To develop Language skills and speech Thought and expression Creativity Literary sense and taste Composition skill भाषा कौशल व भाषण का विकास विचार तथा अभिव्यक्ति रचनात्मकता रचना कौशल साहित्यिक रुचि तथा भावना
Aesthetic and Cultural Development सौन्दर्यात्मक तथा सांस्कृतिक विकास	Music संगीत Dance नृत्य Acting अभिनय Drawing चित्रकारी Painting पेन्टिंग Fancy dress फैन्सी ड्रेस Flower festival फूलों का त्योहार Exhibition प्रदर्शनी School decoration Folk songs विद्यालय की सजावट लोक गीत	To develop Understanding of cultural heritage and tradition सांस्कृतिक विरासत तथा परम्परा को समझना Familiarity with cultural elements and ethos सांस्कृतिक तत्वों तथा इथोस/लोकाचार के साथ परिचय Cultural tastes सांस्कृतिक रुचि Cultural awareness and interest Aesthetic sensibility सांस्कृतिक जागरूकता और रुचि सौन्दर्यात्मक संवेदनशीलता नागरिक जीवन के समृद्ध अनुभवों का अधिग्रहण

Notes

Notes

Civic Development नागरिकता का विकास	Celebration of social festivals, national days, school festivals Students' self-Government Mock Parliament Mock Court Running of cooperative store in school Visit to gram panchayat, municipality office, assembly, high court सामाजिक त्योहारों को मनाना राष्ट्रीय दिवस, विद्यालय उत्सव विद्यार्थी स्व-सरकार नकली संसद नकली अदालत विद्यालय में सहकारी दुकान चलाना ग्राम पंचायत, नगरपालिका, उच्च न्यायालय, विधान सभा का दौरा करना	To facilitate Acquisition of rich experiences of civic life Understanding of democratic way of living Understanding of duties, obligations and rights Civic training Development of courage, courtesy and mannerism जीवन के लोकतांत्रिक तरीके को समझना कर्तव्यों, दायित्वों और अधिकारों को समझना नागरिक प्रशिक्षण साहस/शिष्टाचार तथा ढंग (मेनरिज्म) का विकास
Social Development सामाजिक विकास	Moming assembly Red cross Forest-aid Village survey Cleanliness work Awareness campaign प्रातः कालीन सभा रेडक्रास वन संरक्षण एड गाँव का सर्वेक्षण सफाई का कार्य जागरूकता अभियान	To facilitate Socialization Art of social living Sharing of responsibility with others Team work and leadership Loyalty to group and nation Rendering of social service सामाजिक विकास हेतु सुविधा समाज में रहने की कला दूसरों के साथ जिम्मेदारी बांटना टीम में कार्य तथा नेतृत्व समूह व राष्ट्र के प्रति सामाजिक कार्य करना

Development of Hobby हौबी का विकास	*Recreational and leisure time activities* Stamp collection Coin collection Collection of pictures, stones, match box etc Album making Photography. मनोरंजनात्मक तथा अवकाश समय की क्रियाएँ, टिकटों का एकत्रीकरण सिक्के जमा करना चित्रों, पत्थरों, माचिस के डब्बे आदि एकत्रित करना एलबम बनाना फोटोग्राफी भ्रमण	To facilitate Worthy use of leisure time Development of mental and moral hygiene Fostering of youthful enthusiasm Promotion of creativity Reducing monotony of academic work खाली समय का सही प्रयोग करने में सुविधा मानसिक तथा नैतिक स्वास्थ्य का विकास युवा उत्साह को बढ़ावा देना रचनात्मकता की उन्नति करना। शिक्षण की एकरसता को कम करना।
Development of Outlook दृष्टिकोण का विकास	Excursion Picnic Visit to museum, zoo, aquarium Trips to places of geographical, historical and cultural interest पिकनिक संग्रहालय, चिड़ियाघर तथा एक्वेरियम का दौरा ऐतिहासिक, सांस्कृतिक तथा भौगोलिक महत्त्व के स्थानों की यात्रा	To facilitate Promotion of contextual learning Broadening of horizon of knowledge and outlook in rich practical experiences through direct observation. संदर्भित ज्ञान की उन्नति ज्ञान व दृष्टिकोण का विस्तार प्रत्यक्ष अवलोकन द्वारा प्रयोगात्मक अनुभवों को सुदृढ़ करना।

8.3.2 Planning of Co-curricular Activities (पाठ्य सहगामी क्रियाओं का नियोजन)

- Judicious selection of activities
  गतिविधियों का निर्णायक चयन।
- Provision of time and space for conduct of the activities
  गतिविधियों के संचालन के लिए समय और स्थान का प्रावधान।
- Provision for motivation
  प्रेरणा के लिए प्रावधान।
- Provision of advice/feedback
  सलाह/प्रतिक्रिया का प्रावधान।

8.4 SCHEME OF LESSONS (पाठ की योजना)

- Planning of curricular activities in a particular subject for a particular class, in detail, thereby spreading the same over the week, month and the whole session is referred to as the 'Scheme of Lessons'.
  किसी विशेष कक्षा के लिए किसी विशेष विषय में पाठ्यचर्या गतिविधियों की योजना, विस्तार से, इस प्रकार सप्ताह, महीने और पूरे सत्र में इसे पाठ्यक्रम की योजना के रूप में जाना जाता है।

Notes

- Schemes of lessons are subject-specific, class-specific and major competence-specific.
  पाठों की योजनाएँ विषय-विशेष, वर्ग-विशिष्ट और प्रमुख योग्यता-विशिष्ट हैं।
- Broadly called it as Syllabus.
  मोटे तौर पर इसे सिलेबस कहा जाता है।

8.4.1 Need and Purpose (आवश्यकता और उद्देश्य)

- Needed for streamlining the teaching and instructional activities.
  शिक्षण और निर्देशात्मक गतिविधियों को सुव्यवस्थित करने के लिए आवश्यक।
- Timely and successful completion of the teaching and learning.
  शिक्षण और अधिगम का समय पर और सफल समापन।
- Effective conduct of related instructional activities prescribed.
  संबंधित शिक्षण गतिविधियों का प्रभावी संचालन निर्धारित।
- Road-map for you and helps you to proceed systematically and effectively.
  आपके लिए रोड-मैप आपको व्यवस्थित और प्रभावी ढंग से आगे बढ़ने में मदद करता है।

Types of scheme of lessons are prepared in schools
(पाठों की योजना के प्रकार विद्यालयों में तैयार किए जाते हैं)

- Monthly Scheme of Lessons (पाठों की मासिक योजना)
- Yearly Scheme of Lessons (पाठों की वार्षिक योजना)

8.4.2 Preparation of Scheme of Lesson (पाठ की योजना तैयार करना)

- The actual number of working days available week-wise and month-wise in an academic session / year for teaching and learning activities relating to the subject concerned.
  संबंधित विषय से संबंधित शिक्षण और सीखने की गतिविधियों के लिए शैक्षणिक सत्र/वर्ष में सप्ताहवार और महीनेवार उपलब्ध कार्य दिवसों की वास्तविक संख्या।
- The total number of required periods for the teaching of the prescribed course contents and facilitating learning of the subject.
  निर्धारित पाठ्यक्रम सामग्री के शिक्षण और विषय के सीखने की सुविधा के लिए आवश्यक अवधियों की कुल संख्या।
- The total number of units prescribed in the syllabus for the session.
  सत्र के लिए पाठ्यक्रम में निर्धारित इकाइयों की कुल संख्या।
- The total number of possible sub-units to be covered during the session.
  सत्र के दौरान कवर की जाने वाली संभावित उप-इकाइयों की कुल संख्या।
- Unit wise concept load (number of concepts within the unit).
  इकाईवार अवधारणा भार (इकाई के भीतर अवधारणाओं की संख्या)।
- The number of working days in a month to be actually devoted to teaching of the subject excluding the days for examination, holiday, field visit etc.
  परीक्षा, अवकाश, क्षेत्र भ्रमण आदि के दिनों को छोड़कर विषय के शिक्षण के लिए वास्तव में समर्पित किए जाने वाले माह में कार्य दिवसों की संख्या।
- The total number of periods allotted separately for 'teaching' and 'learning activities' in the school time table (weekly).
  स्कूल टाइम टेबल (साप्ताहिक) में 'शिक्षण' और 'सीखने की गतिविधियों' के लिए अलग-अलग आवंटित अवधियों की कुल संख्या।
- The number of units identified to be taught month-wise keeping in view the quantity and
  पाठ्यक्रम सामग्री की मात्रा और गुणवत्ता को ध्यान में रखते हुए माहवार पढ़ाए जाने के लिए पहचान की गई इकाइयों की संख्या।

Notes

- Quality of the course contents.

पाठों की मासिक रूपरेखा निम्नलिखित प्रारूप में बनाई जा सकती है:

Subject :

Class :

Name of the Textbook :

Month	Proposed Unit (s) to be covered	Date / Day	No. of periods required (Unit-wise)	Whether completed	If not, the reasons

विषय :

कक्षा :

पाठ्य पुस्तक का नाम:

माह	पूर्ण की जाने वाली इकाइयाँ	तिथि/दिन	आवश्यक कालांशों की संख्या (इकाईवार)	पूर्ण हुआ या नहीं	यदि नहीं तो कारण

8.5 UNIT PLAN (इकाई योजना)

- For example in Science if the topic is 'Matter, the subtopics can be 'Solids', 'Liquids' and 'Gases'. These subtopics can be considered as Units and contents specific to the subtopics are dealt with in each Unit.

  उदाहरण के लिए विज्ञान में यदि विषय 'पदार्थ' है, तो उप-विषय 'ठोस', 'तरल पदार्थ' और 'गैस' हो सकते हैं। इन उप-विषयों को इकाइयों के रूप में माना जा सकता है और प्रत्येक इकाई में उप-विषयों के लिए विशिष्ट सामग्री पर विचार किया जाता है।
- All the units together form united and integrated whole of a meaningful and purposeful content materials and experiences.

  सभी इकाइयाँ एक साथ मिलकर एक सार्थक और उद्देश्यपूर्ण सामग्री और अनुभवों को एकीकृत करती हैं।
- The contents of a unit are always woven or organized around a central or common principle, process, problem or purpose.

  एक इकाई की सामग्री हमेशा एक केंद्रीय या सामान्य सिद्धांत, प्रक्रिया, समस्या या उद्देश्य के आसपास बुनी या व्यवस्थित होती है।
- A unit consists of well-integrated meaningful wholes capable of providing useful learning experiences.

  उपयोगी सीखने के अनुभव प्रदान करने में सक्षम एक इकाई में अच्छी तरह से एकीकृत सार्थक पूर्णांक होते हैं।

Notes

- It represents a whole and complete sub-division of the contents of a syllabus.
  यह एक पाठ्यक्रम की सामग्री के एक संपूर्ण और पूर्ण उप-विभाजन का प्रतिनिधित्व करता है।

Preparation of Unit Plan (इकाई योजना की तैयारी)

- Formation of proper units and sub-units if not prescribed in the syllabus.
  पाठ्यक्रम में निर्धारित नहीं होने पर उचित इकाइयों और उप इकाइयों का गठन।
- Formulation of learning objectives pertaining to the units.
  इकाइयों से संबंधित सीखने के उद्देश्यों का निर्माण।
- Selection of methods and techniques (teaching-learning strategies) to be used.
  उपयोग की जाने वाली विधियों और तकनीकों (शिक्षण-अधिगम रणनीतियों) का चयन।
- Determination of methods of assessment.
  मूल्यांकन के तरीकों का निर्धारण।

Unit Plan contains the following information (इकाई योजना में निम्नलिखित जानकारी शामिल है):

- The major as well as minor ideas/concepts dealt in the Unit.
  इस इकाई में प्रमुख और साथ ही छोटे विचारों/ अवधारणाओं पर चर्चा की गई।
- The total number of periods required, sub-unit wise, to teach the unit.
  इकाई को पढ़ाने के लिए आवश्यक अवधियों की कुल संख्या, उप-इकाईवार।
- The method and strategies to be used, sub-unit wise, for transaction of the unit.
  इकाई के लेन-देन के लिए उप इकाईवार उपयोग की जाने वाली विधि और रणनीतियाँ ।
- Teaching-learning materials to be used during the transaction of each sub-unit.
  प्रत्येक उप-इकाई के संचालन के दौरान उपयोग की जाने वाली शिक्षण-अधिगम सामग्री ।
- Sub-unit wise evaluation strategies to be used for evaluation of learning outcomes of the unit.
  इकाई के सीखने के परिणामों के मूल्यांकन के लिए उपयोग की जाने वाली उप-इकाईवार मूल्यांकन रणनीतियाँ।

Subject :
Class :
Name of the Unit :
Learning Objectives :

Major idea/ concept of the Unit	Sub-unit ideas/ sub-Concepts	Sub-unit wise number of periods required	Total No. of periods required for the unit	Course contents to be covered	Methods/ strategies to be used	TEMS 10 be used	Evaluation devices to be adopted

इकाई योजना उक्त सूचनाओं को शामिल करते हुए निम्नलिखित प्रारूप में बनाई जा सकती है।

विषय :
कक्षा :
इकाई का नाम :
अधिगम उद्देश्य :

बृहद विचार / इकाई की अवधारणा	उपइकाई / विचार/ उपधारणाएँ	उप इकाईयार आवश्यक कालांशों संख्या	प्रति इकाई आवश्यक कुल कालांशों की संख्या	विषय वस्तु	विधियाँ प्रविधि	शिक्षण अधि गम सामग्री	प्रयुक्त की जाने वाली मूल्याँकन विधियों

Notes

8.6 LESSON PLAN (पाठ योजना)

8.6.1 Characteristics of Lesson Plan (पाठ योजना की विशेषताएँ)

- Objective-based, Comprehensive, Flexible, Implementable.
  उद्देश्य आधारित, व्यापक, लचीला, कार्यान्वयन योग्य।

8.6.2 What a Lesson Plan Contains (पाठ योजना में क्या शामिल है)

A lesson plan contains the description of the activities to be performed by a teacher and the students in the classroom during the transaction of a lesson. These activities may be divided into three phases namely,

एक पाठ योजना में एक पाठ के संचालन के दौरान एक शिक्षक और कक्षा में छात्रों द्वारा की जाने वाली गतिविधियों का विवरण होता है। इन गतिविधियों को तीन चरणों में विभाजित किया जा सकता है, अर्थात,–

- Preparatory activities prior to teaching-learning (pre-active phase),
  शिक्षण-अधिगम (पूर्व-सक्रिय चरण) से पहले प्रारंभिक गतिविधियाँ,
- Activities undertaken during teaching-learning (interactive phase),
  शिक्षण-अधिगम (अंतर्क्रिया चरण) के दौरान की जाने वाली गतिविधियाँ,
- Activities performed after teaching-learning (post-active phase).
  शिक्षण-अधिगम के बाद की जाने वाली गतिविधियाँ (क्रिया- पश्चात चरण)।

Preparatory Activities:- Prior to actual teaching Learning of the lesson. Includes following:-

प्रारंभिक गतिविधियाँ:- वास्तविक शिक्षण से पहले पाठ का सीखना। इसमें निम्नलिखित शामिल हैं: -

- Specification of learning outcomes.
  सीखने के परिणामों की विशिष्टता।
- The methods and strategies to be used in the teaching-learning of the lesson.
  पाठ के शिक्षण-अधिगम में उपयोग की जाने वाली विधियाँ और रणनीतियाँ।
- The details of activities such as group activity, discussion, written work, and observation etc. for the three stages of the plan are specified.
  योजना के तीन चरणों के लिए समूह गतिविधि, चर्चा, लिखित कार्य और अवलोकन आदि जैसी गतिविधियों का विवरण निर्दिष्ट किया गया है।
- The type of TLMs to be used and learning activities to be undertaken.
  उपयोग किए जाने वाले टीएलएम के प्रकार और किए जाने वाले अधिगम की गतिविधियाँ।
- Special Provision for Teaching-Learning(Such provisions may include management of class jointly by two teachers, provision of monitor (multi-grade situation), provision of community help in teaching, use of video etc.)
  शिक्षण-अधिगम के लिए विशेष प्रावधान (इस तरह के प्रावधानों में दो शिक्षकों द्वारा संयुक्त रूप से कक्षा का प्रबंधन, मॉनिटर का प्रावधान (बहु-ग्रेड स्थिति), शिक्षण में सामुदायिक सहायता का

Notes

प्रावधान, वीडियो का उपयोग आदि शामिल हो सकते हैं)।

- Sequencing and Time Scheduling of Activities.
  गतिविधियों का अनुक्रमण और समय निर्धारण।

Activities during Teaching-Learning:- Related to actual teaching-learning phase.

शिक्षण-अधिगम के दौरान गतिविधियाँ:- वास्तविक शिक्षण-अधिगम चरण से संबंधित।

- Introduction of the lesson.
  पाठ का परिचय।
- Presentation
  प्रस्तुतीकरण
- Assessment
  मूल्यांकन

Post Teaching-learning Activities:-

शिक्षण अधिगम पश्चात क्रियाएँ:-

- Review the classroom activities informally inside or outside the classroom in order to know their effect on realization of the set learning objectives.
  निर्धारित अधिगम उद्देश्यों की प्राप्ति पर उनके प्रभाव को जानने की गतिविधियों की अनौपचारिक रूप से समीक्षा करें।
- Give home assignments for strengthening and enriching the students' learning.
  छात्रों के सीखने को मजबूत और समृद्ध करने के लिए गृह कार्य दें।

(a) Preparatory Activities

School	Learning Outcomes	Teaching-learning materials
Date	1.	
Class	2.	
Subject	3.	
Topic	4.	
Period	5.	
Time: 40 minutes	6.	
Method adopted	7.	

(अ) पूर्व तैयारी गतिविधियाँ

विद्यालय	अधिगम प्रतिफल	शिक्षण अधिगम सामग्री
तिथि	1.	
कक्षा	2.	
विषय	3.	
शीर्षक/पाठ	4.	
कालांश	5.	
समय 40 मिनट	6.	
विधि	7.	

Notes

(b) Activities during teaching-learning:

Steps	Specific Outcomes	Teacher's activities	Student's activities	Special information
Introduction	Warm up activities			
Presentation Subject Topic	Competency/ sub-competency No. 1 (Activity 1)			
	Competency/ sub-competency No. 2 (Activity 2)			
	Summary			
Assessment	Individual and group activity			

(ब) शिक्षण अधिगम प्रक्रिया के दौरान गतिविधियाँ

चरण	विशिष्ट प्रतिफल	शिक्षक क्रियाएँ	शिक्षार्थी क्रियाएँ	विशेष सूचना
प्रस्तावना	तैयारी हेतु गतिविधियाँ			
प्रस्तुतीकरण	दक्षता / उपदक्षता न. 1 क्रियाकलाप न. 1 दक्षता / उपदक्षता नं. 2 क्रियाकलाप न. 2 सारांश			
मूल्यांकन	- व्यक्तिगत क्रिया - मूल्यांकन सामूहिक क्रिया			

(c) Post-teaching-learning activity:

- *(i) Home Assignment*
- *(ii) Revision*

(स) शिक्षण अधिगम पश्चात् गतिविधियाँ

(*i*) गृह कार्य

(*ii*) पुनरावृत्ति

8.7 LESSON NOTE/LESSON DIARY (पाठ नोट/पाठ डायरी)

- The main components of a detailed lesson plan are recorded in brief.
  पाठ के मुख्य घटकों को संक्षेप में दर्ज किया गया है।
- It is a brief write-up you plan to teach a lesson in one period in any class.
  यह एक संक्षिप्त लेखन है जिसे आप किसी भी कक्षा में एक अवधि में एक पाठ पढ़ाने की योजना बना रहे हैं।

The following basic information need to be recorded in a lesson note:-
निम्नलिखित बुनियादी जानकारी को एक पाठ नोट में दर्ज करने की आवश्यकता है: –

- Date, class, period, subject and topic, Specific learning outcomes, Required TLMs, Specific learning activities (if collected from Activity Bank, the serial numbers of the activities), Main questions facilitating teaching and assessment, and Tentative time required for each major activity

Notes

तिथि, कक्षा, अवधि, विषय और शीर्षक, विशिष्ट अधिगम के परिणाम, आवश्यक टीएलएम, विशिष्ट शिक्षण गतिविधियाँ (यदि गतिविधि बैंक से एकत्र की जाती है, गतिविधियों की क्रम संख्या), शिक्षण और मूल्यांकन की सुविधा देने वाले मुख्य प्रश्न, और प्रत्येक प्रमुख गतिविधि के लिए आवश्यक संभावित समय।

Date :

Period :

Class : ***Subject :*** ***Topic :***

Brief outline of the contents presented and discussed	Completed or not completed	Reasons for non-completion	Any new idea emerged in the class

तिथि

अवधि विषय शीर्षक

कक्षा

प्रस्तुत की गई तथा चर्चित विषय/वस्तु की रूप/रेखा	पूर्ण हुआ या नहीं	पूर्ण न होने के कारण	कक्षा में उत्पन्न कोई नया विचार

ITEGRATED LEARNING AND TEACHING PROCESSES

(समेकित/एकीकृत अधिगम और शिक्षण प्रक्रियाएँ)

9

9.2 CONCEPT OF INTEGRATED LEARNING (समेकित अधिगम की अवधारणा)

- Jacobs defines integrated or interdisciplinary as "a knowledge view and curricular approach that consciously applies methodology and language from more than one discipline to examine a central theme, issue, problem, topic, or experience"
  समेकित उपागम ज्ञान तथा पाठ्यक्रम का ऐसा उपागम है जो एक से अधिक विषयों से सीखने की विधि और भाषा का प्रयोग किसी एक मुख्य पाठ, अनुभव समस्या या मुद्दे की जाँच हेतु जानबूझकर प्रयोग में लाया जाता है। (जैकोब्स)

Integrated curriculum or integrated teaching include the following:
समेकित पाठ्यक्रम या समेकित पाठ्यक्रम की सभी परिभाषाओं में निम्न बातें सम्मिलित हैं:

- More than one curricular subject area are combined together.
  एक से अधिक पाठ्य विषयों को मिलाया जाता है।
- Since the integrated materials relate to the direct and real world experiences of the learners, the transaction goes beyond the contrived, abstract and unfamiliar textbook materials.
  समेकित सामग्री विद्यार्थियों के वास्तविक जगत अनुभवों से संबंधित होती है, अत: शिक्षण अमूर्त तथा अपरिचित पुस्तकों के अतिरिक्त भी हो जाता है।
- The concepts selected from different subject for preparing an integrated lesson are interrelated with each other so as constitute a meaningful whole for the learner.
  शिक्षार्थी के सार्थक पूर्ण ज्ञान हेतु विभिन्न विषयों की चुनिंदा अवधारणाओं को लेकर समेकित पाठ योजना बनाई जाई जाती है, जो कि एक दूसरे से संबंधित होते हैं।
- The integration of the related concepts is invariably around a theme familiar to the learners like 'Water', 'Fire', 'Environment', 'Election'.
  विभिन्न अवधारणाओं के समेकन में यह ध्यान रखा जाता है कि शिक्षार्थियों से पूर्व परिचित हो। जैसे- पानी, आग, पर्यावरण, चुनाव।
- Emphasis on projects.
  प्रोजेक्ट कार्य पर बल।
- Flexible schedules, Flexible student groupings.
  कार्यक्रम में लचीलापन, विद्यार्थी समूहों में लचीलापन।

9.3 PROCESS AND TYPES OF INTEGRATION (समेकन की प्रक्रिया तथा प्रकार)

9.3.1 Integration Within Subject Area (विषय क्षेत्र के अंदर समेकन)

- It is a process of combining different concepts of several topics within the same subject during the process of classroom transaction.

Notes

यह एक ही विषय के विभिन्न पाठों की भिन्न-भिन्न अवधारणाओं को कक्षा शिक्षण के दौरान साथ जोड़ा जाता है।

- In language teaching, we can combine reading, writing and oral communication skills through story telling.

  भाषा शिक्षण में 'कहानी सुनाने' द्वारा हम पढ़ना लिखना और मौखिक संचार कौशलों को सम्मिलित कर सकते हैं।

- In Mathematics the concepts of percentage, decimal fractions, calculation of interests can be combined to learn profit and loss.

  गणित में प्रतिशत, दशमलव भिन्न, ब्याज की गणना आदि अवधारणाओं को लाभ व हानि सीखने के साथ जोड़ा जा सकता है।

9.3.2. Integration Between Subject Areas (विषय क्षेत्रों के बीच समेकन)

Multidisciplinary Integration: In multidisciplinary integration the subject area outcomes remain distinct, but due to some meaningful linkages they are connected together during the process of transaction.

बहुविषयी समेकनः- इस प्रकार के समेकन में विषय क्षेत्र के परिणाम स्पष्ट रहते हैं। परंतु कुछ सार्थक संबंधों के कारण शिक्षण प्रक्रिया के दौरान वो आपस में सम्मिलित रहते हैं।

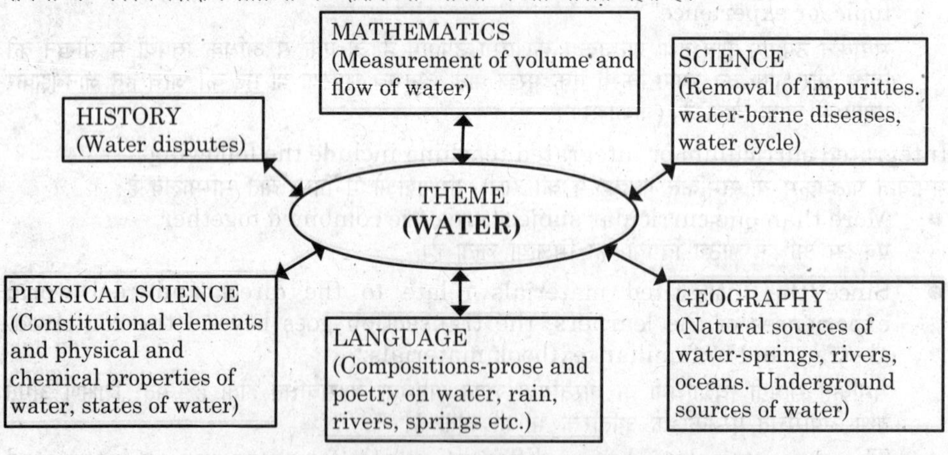

Fig. : Example of Multidisciplinary Integration

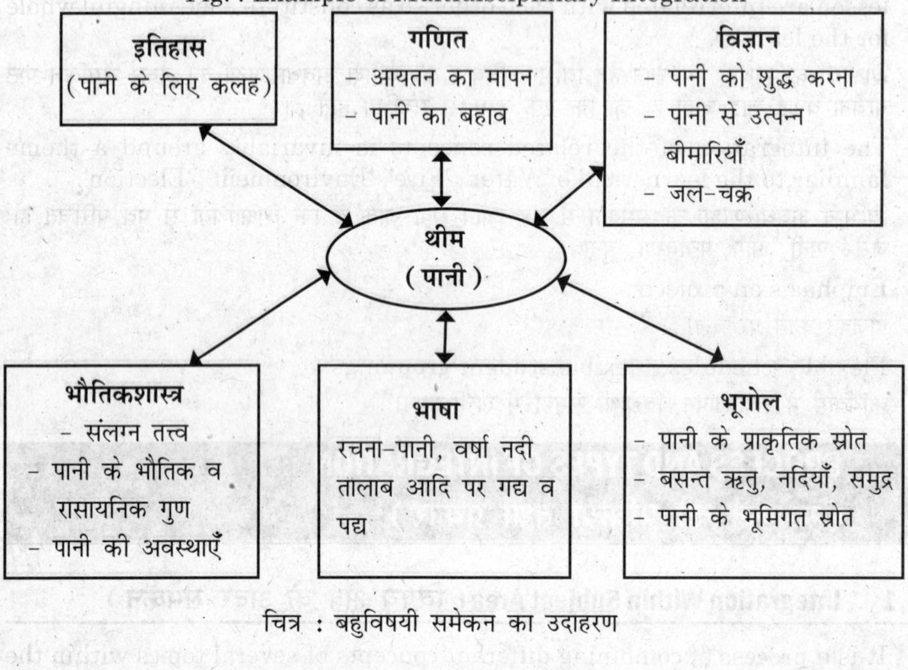

चित्र : बहुविषयी समेकन का उदाहरण

Notes

Interdisciplinary Integration: Interdisciplinary integration is a process of integrating the interdependent or common knowledge and skills from more than one subject areas during transaction process. For example, concepts of mathematics and science are acquired by integrating to singing, sculpting, and painting and dancing.

अन्तरविषयी समेकन:- शिक्षण अधिगम प्रक्रिया के दौरान एक से अधिक विषयों के अत:संबंधित ज्ञान व कौशलों को सम्मिलित करना अन्तरविषयी समेकन कहलाता है। उदाहरण के लिए विज्ञान तथा गणित अवधारणाओं को संगीत, नृत्य, चित्रकारी तथा पेंटिंग आदि को सम्मिलित करके पढ़ाया जा सकता है।

9.3.3 Integration Beyond Subject Areas (विषय-क्षेत्रों के बाहर समेकन)

- Integration beyond Subject Areas or Trans-disciplinary integration is a process where the students' day to day experiences are connected to the different subject areas to acquire knowledge and skills.

  विषय क्षेत्रों के बाहर समेकन या बहिर्विषयी समेकन में विद्यार्थियों के दिन प्रतिदिन के अनुभवों का उनके ज्ञान तथा कौशलों को अर्जित करने में विभिन्न विषय क्षेत्रों में सम्मिलित किया जाता है।

9.3.4 Comparing And Contrasting The Three Approaches To Integration (समेकन के तीन उपागमों की तुलना)

Table - Comparison of Three Types of Inegration

तालिका : समेकन के तीन उपागमों की तुलना

	Multidisciplinary बहुविषयी	Interdisciplinary अन्तर विषयी	Trans-disciplinary बहिर्विषयी
Organizing Center केन्द्रों का संगठन	• Standards of the disciplines organized around a theme एक मुख्य थीम के आस-पास विषयों के स्तर संगठित किए जाते हैं।	• Interdisciplinary skills and embedded concepts in disciplinary standards अन्तर विषयी कौशल तथा अवधारणाएं विषय-स्तरों में अन्तर्निहित रहती है।	• Real-life context वास्तविक जीवन संदर्भित • Student questions विद्यार्थी प्रश्न
Conception of Knowledge ज्ञान ग्रहण करना	• Knowledge best learned through the structure of the disciplines ज्ञान प्राप्ति का उत्तम साधन विषयों की संरचना है। • A right answer एक सही उत्तर • One truth एक सत्य	• Disciplines connected by common concepts and skills Knowledge considered to socially constructed be सामान्य अवधारणाओं तथा कौशलों द्वारा विषय जुड़े रहते हैं। • Many right answers सामाजिक रूप से ज्ञान का सृजन	• All knowledge interconnected and interdependent सम्पूर्ण ज्ञान अन्तर संबंधित तथा अन्तर आधारित • Many right answers कई सही उत्तर • Knowledge considered to be indeterminate and ambiguous ज्ञान अनिश्चित तथा अस्पष्ट

Notes

Role of Disciplines विषयों की भूमिका	• Procedures of discipline considered important most विषय की विधियाँ सबसे महत्त्वपूर्ण • Distinct skills and concepts of discipline taught विषयों में स्पष्ट अवधारणाएं तथा कौशलों का शिक्षण	• Interdisciplinary skills and concepts stressed अंतरविषयी कौशल तथा अवधारणाओं पर बल	• Disciplines identified if desired, but real-life context emphasized वास्तविक जीवन- संदर्भों पर बल यदि चाहे तो विषयों की पहचान
Role of Teacher शिक्षक की भूमिका	• Facilitator सहायक • Specialist विशेषज्ञ	• Facilitator सहायक • Specialist/ generalist विशेषज्ञ	• Co-planner सह-आयोजक • Co-learner सह-शिक्षार्थी
Starting Place प्रारम्भ स्थान	• Disciplinary standards and-procedures विषयों के स्तर तथा विधियाँ	• Interdisciplinary bridge अन्तरविषयी संबध • KNOW/DO/BE जानो / करो/बनो	• Student questions and concerns विद्यार्थी प्रश्न और मुद्दे • Real-world context वास्तविक जगत-संदर्भ
Degree of Integration समेकन का अंश	• Moderate मध्यम	• Medium/intense तीव्र	• Paradigm shift रूपावली प्रतिरूप
Assessment मूल्यांकन	• Discipline-based विषय आधारित	• Interdisciplinary skills/ concepts stressed अन्तरविषयी कौशल/ अवधारणाओं पर बल	• Interdisciplinary skills/ concepts stressed अन्तरविषयी कौशल/ अवधारणाओं पर बल

9.4 PLANNING FOR INTEGRATED LEARNING (समेकित अधिगम हेतु योजना बनाना)

9.4.1 Integration Within Subject Areas (विषय क्षेत्रों के अंदर समेकन)

- The learning objectives of one topic may have some sort of relation with those of another topic of the same subject.
  एक पाठ के अधिगम उद्देश्य का कुछ संबंध उसी विषय के दूसरे पाठ के अधिगम उद्देश्य से है।
- If such related concepts could be regrouped, the learners can have more holistic and meaningful learning of the issue or topic that is being discussed in the class.
  यदि ऐसी अवधारणाओं का समूह बना लें तब शिक्षार्थियों के पाठ संबंधी पूर्ण तथा सार्थक अधिगम हो जाएगा।
- To avoid repetition in learning and to make learning meaningful, it is better to link different competencies even in the same subject.
  एक ही विषय के अंदर की विभिन्न दक्षताओं को आपस में जोड़ना पूर्ण तथा सार्थक अधिगम और सीखने के दोहराव को दूर करने के लिए बेहतर है।

Notes

Table - Integration in Class-II EVS

तालिका : कक्षा II पर्यावरण अध्ययन में समेकन

Topic **पाठ**	Competencies **दक्षताएँ**	Process of integrating the competencies **दक्षताओं के समेकन की प्रक्रिया**
"Village Festival" (Integration of my family with my neighbourhood "गाँव के त्योहार" (मेरा परिवार तथा पास-पड़ोस का समेकन)	• Identifying the work of different family members. • परिवार के विभिन्न सदस्यों के कार्य • Activities of the students to help the family. • परिवार की मदद हेतु विद्यार्थियों की गतिविधियाँ • Identifying the importance of neighbourhood. • पास-पड़ोस के महत्त्व की पहचान • Recognizing the different social institutions. • विभिन्न सामाजिक संस्थानों को पहचानना	• What do you see in the village festival? • गाँव के त्योहार में आप क्या देखते हैं? • Who organizes the work? • कार्य का संगठन कौन करता है? • Do all the members of village do same thing in the festival? • परिवार के सदस्यों के नाम बताओ और दिन भर में वे क्या करते हैं? • State the name of family members and what they do in day time. • वे सब एक ही प्रकार का काम करते हैं या भिन्न-भिन्न? • Do they all do same or different work?If different, who does what? • यदि निम्न कार्य तो कौन क्या कार्य करता है? • What do you do at home? • आप घर पर क्या करते हैं? • Who helps you in doing your work? How do you help others at home? • आपके कार्य में कौन आपकी मदद करता है? आप परिवार में और लोगों की मदद किस प्रकार करते हैं? • Describe the help you receive from outside your family. • अपने परिवार के बाहर से मिलने वाली मदद का वर्णन करो। • Name the persons, places or the organizations from which you get support. उन व्यक्तियों, स्थानों और संस्थाओं के नाम बातएँ जहाँ से आपको सहायता मिलती है। • Discuss in group to name the places he/she has seen: market, hospital, post office etc. • विद्यार्थियों द्वारा बाजार, हस्पताल, डाकघर आदि देखे गए स्थानों की समूह में चर्चा करें। • Discuss group wise about the functions of different places and institutions. • समूहवार विभिन्न स्थानों तथा संस्थानों के कार्यों की चर्चा करें।

Notes

9.4.2. Integrating Different Subject Areas (Multidisciplinary Integration
विभिन्न विषय-क्षेत्रों में समेकन (बहुविषयी समेकन)

- Bring together topics, themes, issues or big ideas and learning outcomes from more than one subject area keeping the subject specific outcomes distinct;

  विषय विशेष के अधिगम प्रतिफलों को ध्यान में रखकर एक से अधिक विषयों के पाठों, थीम, मुद्दे, मुख्य विचार तथा अधिगम प्रतिफलों को एक साथ जोड़ें।
- Knowledge and skills are learned through individual subject areas but at times connect to cross-curricular topics, themes, issues or big ideas;

  ज्ञान तथा कौशलों को विषय-क्षेत्रों द्वारा सीखा जाता है परंतु ये विभिन्न पाठों के मध्य, थीम, मुद्दे तथा मुख्य विचारों से भी संबंध रखते हैं।
- The students are guided to see linkages between subject areas.

  विद्यार्थियों को विभिन्न विषय क्षेत्रों के बीच संबंधों को समझने हेतु मार्गदर्शन दें।

Table - Integration of Concepts in Language, EVS and Mathematics (Class II)

तालिका : भाषा, पर्यावरण अध्ययन व गणित की अवधारणाओं का समेकन

Topic पाठ	Competencies दक्षताएँ	Process of integrating different subjects **विभिन्न विषयों के समेकन की प्रक्रिया**
The Story of Aaruni आरूणी की कथा	*Language:* **भाषा:** -Reading the story with correct pronunciation, कहानी को शुद्ध उच्चारण के साथ पढ़ना -Make question to get the answer. उत्तर प्राप्ति हेतु प्रश्न बनाना -Read the picture and describe the story. चित्र को देखकर कहानी का वर्णन करो।	-Make students sit in a circle and tell the story following appropriate story telling method. विद्यार्थियों को गोल घेरे में बैठाएँ उपयुक्त कथा वाचन की विधि द्वारा उन्हें कहानी सुनाएँ। -Make small size groups of students for them to prepare questions, inter group interaction and correction. विद्यार्थियों के छोटे-छोटे समूह बनाकर उन्हें प्रश्न तैयार करने, एक दूसरे समूह के बीच अन्तर्क्रिया करने तथा प्रश्नों में सुधार करने का निर्देश दें। -Make the students to arrange the pictures sequentially (supplying the situational pictures) to describe the story चित्रों को क्रम से लगाकर कहानी कहने को कहें (स्थितिपरक चित्रों को प्रदान करे)। -Make the students to describe their feeling in rainy season. विद्यार्थियों को वर्षा के मौसम में उनकी भावनाओं का वर्णन करने को कहें।

Notes

आरूणी की कथा	*EVS:* **पर्यावरण अध्ययन:** - Describe about different season and specially rainy season, विभिन्न मौसम विशेषकर वर्षा के मौसम का वर्णन करना। Name the crops cultivated during rainy season, वर्षा के मौसम में उगाई जाने वाली फसलों के नाम बताना। - Name the instruments used for cultivation, फसल उगाने में प्रयुक्त होने वाले उपकरणों के नाम बताना। -Differentiate between the ground water and rain water भूमिगत तथा वर्षा जल में अंतर करना। -Say the causes of water pollution and common diseases during rainy season. वर्षा के मौसम में होने वाली बीमारियों तथा जल प्रदूषण के कारणों को बताना। -Mathematics: **गणित** -Geometrical shapes of the crop fields फसल के खेतों के ज्यामितीय आकार -Measures (Non-standard unit) of water i.e. container जल के मापक (अमानक इकाई) डिब्बा -Subtraction through objects वस्तुओं द्वारा घटा करना	*Ask the students to* **विद्यार्थियों को–** -describe the crops cultivated in this season. इस मौसम में उगाई जाने वाली फसलों का वर्णन करने को कहें। -list out the use of instruments for cultivation (Traditional and modern technology) फसल उगाने में प्रयोग होने वाले यंत्रों (पारम्परिक तथा आधुनिक) की सूची बनाएं। -differentiate the quality of ground water and rain water. भूमिगत तथा वर्षा के जल की गुणवत्ता में अंतर बताएं। -discuss rain water pollution and common diseases. वर्षा के जल का प्रदूषण तथा सामान्य बीमारियों का वर्णन करें। *Further ask the students to:* **बच्चों को पुन कहें:** -discuss on geometrical shapes relating to the crop fields. फसल के खेतों से संबंधित एक ज्यामितीय आकृति का वर्णन करें। -discuss about the different measures of water(both standard and non-standard measures). जल के विभिन्न मापकों (मानक तथा अमानक) की चर्चा करें। -draw freehand sketch of a map of different sizes of the crop fields. विभिन्न आकार के फसल खेतों का नक्शा बनाएँ। -List different types of non-standard units found to be used in their locality. आपके मुहल्ले में प्रयोग किए जाने वाले विभिन्न प्रकार के अमानक मापकों की सूची बनाएँ।

9.4.3 Inter-disciplinary Integration (Between /Among The Subject Areas) अंतरविषयी समेकन (विभिन्न विषय-क्षेत्रों के बीच समेकन)

- Interdisciplinary integration is somewhat similar to multidisciplinary integration.
  अन्तरविषयी समेकन तथा बहुविषयी समेकन लगभग समान हैं।

Notes

- In multidisciplinary integration some linkages among different subjects are identified and connected for integrated planning but in interdisciplinary integration interdependent or common knowledge and skills from different subjects are identified and integrated for planning and transaction purposes.
बहुविषयी समेकन में विभिन्न विषयों के बीच संबंधों को ढूँढ़ा जाता है तथा उसे समेकित योजना में जोड़ा जाता है परंतु विभिन्न विषयों में निहित सामान्य ज्ञान तथा कौशलों को ढूँढ़कर समेकित योजना तथा शिक्षण हेतु प्रयोग किया जाता है।

Following steps may be followed for planning interdisciplinary integration:-
अन्तर्विषयी समेकित योजना हेतु निम्नलिखित कदम उठाए जा सकते हैं:-

- Topics, themes, issues or big ideas and learning outcomes are identified from more than one subject area.
पाठ, थीम, मुद्दे या मुख्य विचार तथा अधिगम प्रतिफलों को एक से अधिक विषय क्षेत्रों से ढूँढ़ता है।
- The common learning outcomes are identified.
सामान्य अधिगम प्रतिफलों की पहचान करना।
- Knowledge and skills are learnt beyond the immediate lessons.
तात्कालिक पाठों के बाहर तक के ज्ञान तथा कौशलों को सीखना।
- The students are guided to acquire the curricular knowledge and skills through integrated approach of learning.
अधिगम के समेकित उपागम द्वारा विद्यार्थियों का पाठ्य-ज्ञान तथा कौशल अर्जित करने हेतु मार्गदर्शन करना।

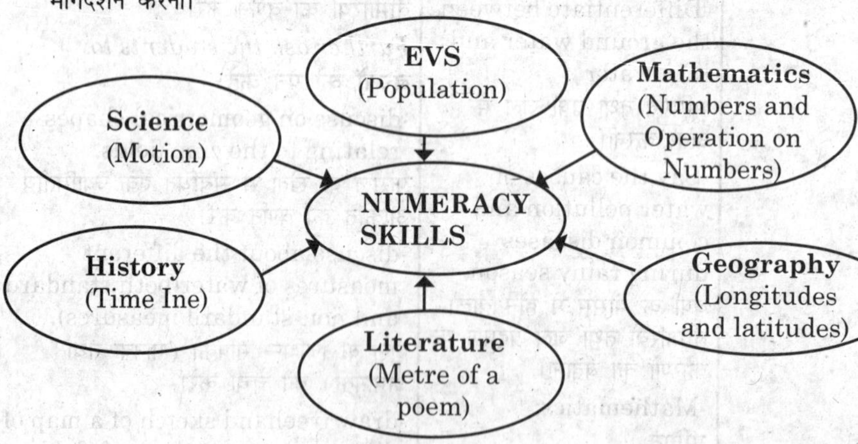

Fig : Numeracy Skills in Different Subject Area Competencies

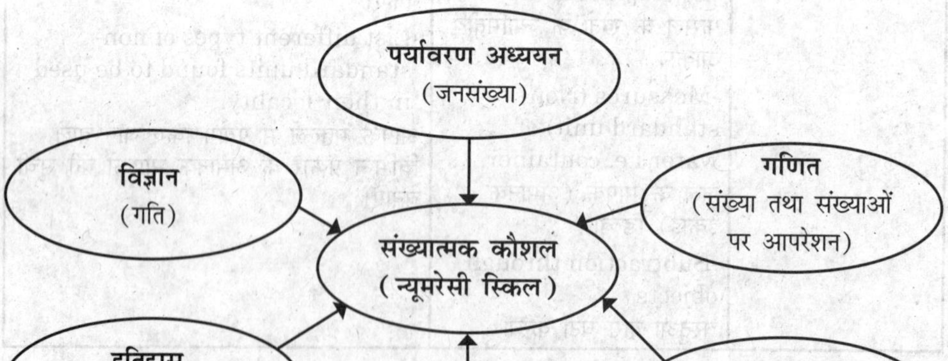

विभिन्न विषय-क्षेत्रों की दक्षताओं में संख्यात्मक कौशल

Notes

9.4.4 Tran Disciplinary Integration (Beyond Subject Area)
बहिर्विषयी समेकन (विषय-क्षेत्रों के बाहर)

- Have the list of competencies/learning outcomes of each subject of each class, normally available in the school, ready with you.
  आप अपने पास प्रत्येक कक्षा के प्रत्येक विषय संबंधी दक्षताएं / अधिगम प्रतिफलों की सूची, जो साधारणत: पाठ्यचर्या में उपलब्ध होती है, तैयार रखें।
- Plan the co-scholastic activities with regular intervals. These should include participation in local festivities, observation of important social and cultural functions, visit to market and other important places/institutions.
  नियमित अंतराल के साथ पाठ्य सहगामी क्रियाकलापों की योजना बनाएँ। स्थानीय त्योहारों में सहभागिता, महत्वपूर्ण सामाजिक तथा सांस्कृतिक कार्यक्रमों का अवलोकन, स्थानीय बाजार तथा अन्य महत्वपूर्ण स्थानों/ संस्थानों का भ्रमण, विद्यालय में विभिन्न सांस्कृतिक गतिविधियों का संचालन, खेल-कूद तथा अन्य मनोरंजक आयोजनों में सम्मिलित होना आदि इनमें शामिल है।
- Before the students join the events, list the skills/competencies/learning outcomes the students can acquire from the events.
  विद्यार्थियों द्वारा इन कार्यक्रमों में भाग लेने से पूर्व, इन कार्यक्रमों से अर्जित होने वाली दक्षताएँ/ कौशल/अधिगम प्रतिफलों की सूची बनाएँ।
- After the students come back from the events, have a discussion with the student regarding the new knowledge or experience.
  जब विद्यार्थी कार्यक्रमों में सम्मिलित होकर वापस आ जाएँ तो उनके द्वारा प्राप्त नए ज्ञान तथा कौशलों, पूर्वनियोजित प्रतिफलों के अलावा, पर चर्चा करें।
- After the discussion request the students to prepare a brief report of their experiences gained from the event.
  चर्चा करने के बाद विद्यार्थियों से उनके द्वारा प्राप्त अनुभवों की संक्षेपित रिपोर्ट लिखने के लिए कहें।

In brief, trans-disciplinary integration helps in :- (संक्षेप में बहिर्विषयी समेकन सहायक है:-)

(i) Making learning more meaningful while reinforcing the curricular learning outcomes,
पाठ्य अधिगम प्रतिफलों के पुनर्बलन के दौरान अधिगम को अधिक अर्थ पूर्ण बनाने में।

(ii) acquiring more skills and competencies than planned,
नियोजित दक्षताओं/कौशलों की तुलना में अधिक मात्रा में इनकी प्राप्ति में।

(iii) making learning more contextual and real life related
अधिगम को अधिक संदर्भित तथा वास्तविक जीवन संबंधित बनाने में।

(iv) realizing that every situation, be in school or outside the school is a source of learning, and
यह समझने में कि प्रत्येक परिस्थिति विद्यालय के भीतर या बाहर अधिगम का एक स्रोत है।

(v) strengthening the belief that learning is a continuous process.
अधिगम एक निरन्तर प्रक्रिया है जो विद्यालय और पाठ्यक्रम तक सीमित नहीं है। इस विश्वास को मजबूत करने में।

Trans-disciplinary integration is one way to actualize the main guiding principle of the NCF 2005 i.e. 'connecting knowledge to life outside the school'.
बहुर्विषयी समेकन राष्ट्रीय पाठ्यक्रम रूपरेखा, 2005 को यथार्थ करने का एक मार्ग है। अर्थात ज्ञान को विद्यालय के बाहर जीवन से जोड़ना।

Notes

9.5 INTEGRATED TEXT BOOK AND MATERIALS (समेकित पाठ्य पुस्तक तथा सामग्री)

Table - Advantages and Limitations of Textbooks
तालिका : पाठ्य-पुस्तकों के लाभ और सीमाएँ

Advantages लाभ/ फायदे	Limitations सीमाएँ
•A textbook can be used as a syllabus. एक पाठ्य पुस्तक को पाठ्यक्रम के रूप में प्रयोग किया जा सकता है। •Some learners need a textbook to focus. कुछ शिक्षार्थी को ध्यान विषय केन्द्रित करने हेतु पाठ्यपुस्तकों की आवश्यकता होती है। •A textbook serves as a time regulator. पाठ्य पुस्तकें समय-निर्देशक का कार्य करती हैं। •Patterns (structure) in learning can help knowledge retention. पाठ्य पुस्तकों के अधिगम पैटर्न (संरचना) ज्ञान के धारण में सहायक होते हैं।	•Topics in the textbook may not be relevant or interesting. पाठ्य पुस्तक के पाठ उपयुक्त तथा रुचिकर शायद न हों। •Textbooks may present idealized worldviews and distort real issues. पाठ्य पुस्तकें आदर्श विश्व-विचार प्रस्तुत कर सकती हैं और वास्तविक मुद्दों को बिगाड़ कर प्रस्तुत कर सकती हैं। •Textbooks may not suit students' individual learning styles. पाठ्यपुस्तकें विद्यार्थियों की व्यक्तिगत अभिगम शैली के लिए उपयुक्त न हों।
•Textbooks provide ready-made learning materials. पाठ्यपुस्तकें रेडीमेड अधिगम सामग्री प्रदान करती हैं। •Students can prepare for lessons. ahead of time. विद्यार्थी पाठ को समय से पूर्व तैयार कर सकते हैं। •A class without a textbook may seem unprofessional to students. विद्यार्थियों को बिना पाठ्य पुस्तक के कक्षा अव्यावसायिक प्रतीत होती है। •Well-designed textbooks assure quality lesson plans. ठीक प्रकार से डिजाइन की गई पाठ्य-पुस्तकें गुणवत्तापूर्ण पाठ योजना का विश्वास देती हैं। •A textbook provides support for inexperienced teachers एक पाठ्य पुस्तक अनुभवहीन शिक्षको को सहायता प्रदान करती है।	•Textbooks may inhibit teacher's creativity. पाठ्यपुस्तकें शिक्षक की रचनात्मकता को रोक सकती हैं। •The teacher may not agree with the content, structure, or methodology of the textbook, but is forced to use it. शिक्षक पाठ्यपुस्तकों की विषय वस्तु, संरचना या पाठ्यपुस्तक की विधि से सहमत न हों परन्तु उन्हें प्रयोग करने के लिए बाध्य हों। •The textbook may inauthentic language. पाठ्य पुस्तक अप्रमाणिक भाषा में हो।

- The concepts from different subject areas are arranged around a theme which is familiar and/or joyful to the student in his/her real life.
  विभिन्न विषय क्षेत्रों की अवधारणाओं को एक ऐसे विषय के इर्द-गिर्द व्यवस्थित किया जाता है जो छात्र के वास्तविक जीवन में परिचित हो।
- Each lesson is profusely illustrated with pictures, diagrams, examples, etc.
  प्रत्येक पाठ चित्रों, डायग्राम तथा उदाहरणों से परिपूर्ण होता है।
- Each lesson has inbuilt provision of learning activities which have to be performed by the learner while going through the text.
  प्रत्येक पाठ में अधिगम क्रियाओं हेतु अवसर अन्तर्निहित होते हैं, जो विद्यार्थी को पाठ पढ़ाते समय करनी होती हैं।

Notes

- There are interactive elements inbuilt within the text which enables a student to interact with others and also with him/her. Examples of such provisions in the text are "frame and ask questions", "have dialogue with the teacher", "participate in group work with peers", "think for a while" etc.

  पाठ में विभिन्न तत्व अन्तर्क्रिया हेतु अन्तर्निहित रहते हैं जो एक विद्यार्थी को दूसरे के साथ तथा स्वयं के साथ क्रिया करने योग्य बनाते हैं। पाठ में ऐसे अवसरों के उदाहरण है: "प्रश्न बनाकर पूछें हैं, "शिक्षक के साथ वार्तालाप करे", "अपने संगी साथियों के साथ समूह में कार्य करें|" "थोडी देर के लिए सोचें" आदि।

- A variety of practice / problems spread across the text (and not always placed at the end of the text).

  विभिन्न प्रकार के अभ्यास- समस्याएं पूरी पाठ्य वस्तु में बिखरी रहती हैं (न कि सदैव पाठ के अन्त में रखी जाती है)।

10

CONTEXTUALIZING LEARNING PROCESSES FOR DISADVANTAGED LEARNERS

(सुविधावंचित शिक्षार्थियों हेतु संदर्भित अधिगम प्रक्रियाएँ)

10.2 SOCIO-CULTURAL CONTEXTS OF LEARNING (अधिगम के सामाजिक-सांस्कृतिक संदर्भ)

10.2.1 Socio-Cultural Context for Meaningful Learning (सार्थक अधिगम हेतु सामाजिक-सांस्कृतिक संदर्भ)

- ***According to NCF (2005):*** "The child's community and local environment form the primary context in which learning takes place and in which knowledge acquires its significance. It is in interaction with the environment that the child constructs knowledge and derives meaning."

  एनसीएफ (2005) के अनुसार: "बच्चे के समुदाय तथा स्थानीय वातावरण प्राथमिक संदर्भ का निर्माण करता है जिसमें अधिगम क्रिया होती है और जिसमें ज्ञान की महत्ता अर्जित होती है। बच्चा अपने वातावरण के साथ अन्तर्क्रिया द्वारा ज्ञान की रचना करता है तथा उसका अर्थ निकालता है।"
- **Use of child's knowledge as the base for learning:** Suppose you have to teach 'sources of water. The text book tells that dug wells, tube wells, rivers are the different sources of water. In your area the pupils have not seen any of these sources of water. They have seen pond, stream, jheel, and/or canal etc. So you have to start your lesson with these sources of water.

  बच्चे के ज्ञान को अधिगम के रूप में प्रयोग करें: मान लीजिए आपको पानी के स्रोत बढ़ाने हैं। पाठ्य-पुस्तक बताती है कि कुएं, ट्यूबवेल्स, नदियाँ पानी के स्रोत हैं। आपने तालाब, झील, झरना, नहर आदि देखे हैं। अत: आपको अपना पाठ पानी के स्रोतों से प्रारंभ करना चाहिए।
- Make your classroom situation contextual.

  अपनी कक्षा को संदर्भित बनाएँ।
- Use materials available in your locality.

  अपने स्थानीय वातावरण में उपलब्ध सामग्री का प्रयोग करें।
- Ensure students' active participation.

  विद्यार्थियों की सक्रिय सहभागिता निश्चित करें।
- Cite examples by going beyond the text book.

  पाठ्य-पुस्तक के बाहर के उदाहरण प्रस्तुत करें।
- Encourage students to ask question and argue.

  विद्यार्थियों को प्रश्न पूछने तथा तर्क करने हेतु प्रोत्साहित करें।
- Focus on 'learning as a process' not on 'learning outcomes'.

  अधिगम प्रक्रिया पर बल न कि अधिगम प्रतिफलों पर।

10.2.2 Local Knowledge and Text Book Knowledge
(स्थानीय ज्ञान तथा पाठ्य-पुस्तक का ज्ञान)

Notes

Let's see how a teacher can contextualize the text book knowledge:-
आइए देखते हैं कि एक शिक्षक पुस्तकीय ज्ञान को कैसे संदर्भित कर सकता है:-

- Teachers have to read the text book again and again so as to identify plug points to cite local examples.
  शिक्षकों को पाठ्य पुस्तक को बार-बार पढ़ना पड़ता है ताकि स्थानीय उदाहरणों का हवाला देते हुए पूर्व संदर्भ की पहचान की जा सके।
- Find learning indicators from the text book so that he/she will be able to design meaningful activities for the children.
  यदि एक शिक्षक पाठ्य-पुस्तक में से अधिगम संकेतों को पकड़ लेता है तो वह बच्चों के लिए सार्थक क्रियाओं के विकास में समर्थ हो जाएगा।
- Gathering the students' knowledge on different learning points.
  विभिन्न अधिगम बिंदुओं पर विद्यार्थियों का ज्ञान एकत्रित करना।
- Linking children's knowledge/experiences with text book knowledge.
  बच्चे के ज्ञान/अनुभवों को पाठ्य पुस्तक के ज्ञान से जोड़ना।
- Preparing own text if needed (alternative text).
  यदि आवश्यक हो तो स्वयं विषय-वस्तु का निर्माण।

10.3 EDUCATION OF THE DISADVANTAGED CHILDREN
(सुविधावंचित बच्चों की शिक्षा)

- Promote Girl education. some suggested action points:-
  बालिका शिक्षा को प्रोत्साहन देना। कुछ महत्त्वपूर्ण सुझाव:-

1. Continuous interaction with parents, especially mothers, is to be made for the enrolment, regular attendance and performance of girl children.
   बालिकाओं के नामांकन नियमित उपस्थिति तथा निष्पादन हेतु अभिभावकों विशेषकर माताओं से निरंतर अन्तर्क्रिया की आवश्यकता है।
2. Ensuring separate toilets for girls.
   बालिकाओं हेतु अलग शौचालय की व्यवस्था सुनिश्चित करें।
3. Girls in schools are being provided with several incentives like free school uniforms.
   विद्यालय में लड़कियों के लिए प्रोत्साहन जैसे मुक्त स्कूल ड्रेस, पाठ्य-पुस्तक तथा पढ़ने-लिखने की सामग्री।
4. Involving girls in all activities.
   बालिकाओं को सभी क्रिया-कलापों में शामिल करना।
5. create more scopes for group and peer learning in which girls can participate without any restriction.
   समूह तथा साथी अधिगम हेतु अधिक अवसर देने चाहिए, जिनमें बालिकाएँ बिना किसी रोक-टोक के भाग ले सकें।
6. Bias-free classroom interactions and learning assessment.
   भेद-भाव मुक्त अधिगम आकलन।

Girls' Education in SarvaShikshaAbhiyan (SSA)
सर्वशिक्षा अभियान (एसएसए) में बालिका शिक्षा

- SSA's focus on gender parity is rooted in the National Policy on Education (NPE) 1986/92 and the Programme of Action (POA), which brought in centre-stage the issue of gender and girls' education.

Notes

सर्वशिक्षा अभियान का लैंगिक समानता पर बल देने का मूल आधार राष्ट्रीय शिक्षा नीति (1986/92 तथा प्रोग्राम ऑफ एक्शन (POA) है। इसमें लिंग तथा बालिका शिक्षा के मुद्दे को केन्द्रीय स्तर पर लाया गया।

- NPE states that education should be a transformative force, build women's self- confidence, and improve their position in society and challenge inequalities.

  राष्ट्रीय शिक्षा नीति के अनुसार- शिक्षा परिवर्तन पर बल होना चाहिए जो महिलाओं में आत्म-विश्वास पैदा करे और समाज में उनकी स्थिति सुधारे तथा असमानताओं को चुनौती दे।

- SSA envisages bringing all children including the girls within the age group of 6 -14 years into the folds of schools and ensuring their completion of elementary education.

  सर्वशिक्षा अभियान की परिकल्पना में 6-14 वर्ष के सभी बच्चों (बालिकाओं सहित) को विद्यालय तक लाना तथा उनका प्रारंभिक शिक्षा को पूरा करना निश्चित हो।

- It further aims at bridging all gaps due to gender considerations in enrolment, retention and achievement.

  पुनः इसका उद्देश्य उन सभी रिक्तियों को भरना है जो लैंगिक मान्यताओं के कारण, नामांकन, धारण तथा संप्राप्ति में उत्पन्न हो गई हैं।

Special Schemes for Girls under SSA (सर्वशिक्षा अभियान के तहत बालिकाओं हेतु विशेष कार्यक्रम)

(a) National Programme for Education of Girls at Elementary Level (NPEGEL) / प्रारंभिक स्तर पर बालिकाओं की शिक्षा हेतु राष्ट्रीय कार्यक्रम

- NPEGEL is a separate, gender-distinct but integral component of SSA meant for "most difficult to reach" girls.

  यह कार्यक्रम अलग तथा लिंग विशिष्ट है, परंतु SSA का अंतरंग भाग है। जो "बालिकाओं की पहुँच के लिए कठिन" से तात्पर्य रखता है।

- Implemented in:- Educationally Backward Blocks (EBBS) where the level of rural female literacy is less than the nationalaverage and the gender gap in literacy is above the national average.

  शैक्षिक रूप से पिछड़े ब्लॉक (EBBS) जहाँ ग्रामीण महिला साक्षरता दर राष्ट्रीय औसत से कम है तथा साक्षरता में लिंग अंतर राष्ट्रीय औसत से अधिक है।

(b) Kasturba Gandhi BalikaVidyalaya (KGBV) / कस्तूरबा गांधी बालिका विद्यालय

- KGBV provides for setting up residential schools at the upper primary level for girls belonging predominantly to the SC, ST, OBC and minority communities.

  अनुसूचित जाति, अनुसूचित जनजाति तथा अन्य पिछड़ा जाति और अल्पसंख्यक समूहों की बालिकाओं के लिए आवासीय अपर प्राइमरी विद्यालयों की स्थापना करना इस कार्यक्रम का उद्देश्य है।

- Such residential schools are set up only in those educationally backward blocks which do not have residential schools at the upper primary level for girls under any other scheme.

  ऐसे आवासीय विद्यालय केवल उन्हीं शैक्षिक रूप से पिछड़े ब्लॉकों में जहाँ उच्च प्राथमिक स्तर पर बालिकाओं हेतु किसी योजना के अंतर्गत आवासीय विद्यालय नहीं है, स्थापित होते हैं।

10.3.2 Education of Children of Minority Groups (अल्पसंख्यक समूह के बच्चों की शिक्षा)

(i) Linguistic Minority, (ii) Religious Minority, and (iii) Ethnic / Racial Minority.

(i) भाषायी अल्पसंख्यक, (ii) धार्मिक अल्पसंख्यक, (iii) प्रजातीय अल्पसंख्यक

Notes

What does the Constitution say about the Rights of the Minority Groups?
अल्पसंख्यक समूहों के अधिकारों के बारे में संविधान क्या कहता है?

- Article 15 and 19 dealing with Fundamental Rights speak of prohibition of discrimination on the grounds of religion, race, caste, sex, and place of birth or any of them and guarantees equality of opportunity for all citizens in matters relating to employment.

  अनुच्छेद 15 और 19 जो मूलभूत अधिकारों से संबंधित हैं के अनुसार धर्म, जाति, प्रजाति, लिंग, और जन्म स्थान या इनमें से किसी के भी आधार पर भेदभाव करना निषेध है और सभी नागरिकों हेतु रोजगार संबंधी विषयों हेतु समानता के अवसर प्रदान करना है।
- Article 29 and 30 focus on protection of rights of the minorities as regards language, script, culture and establishment and administration of educational institution.

  अनुच्छेद 29 व 30 अल्पसंख्यकों के अधिकारों की भाषा, लिपि, संस्कृति तथा शैक्षिक संस्थाओं की स्थापना तथा प्रशासन के संबंध में रक्षा करता है।
- Article 350 (A) seeks to provide facilities for instruction in mother-tongue vat primary stage.

  अनुच्छेद 350 (अ) के अनुसार प्राथमिक स्तर पर मातृ भाषा में शिक्षण हेतु सुविधाएँ प्रदान करना है।

Education of Children of Linguistic Minority Groups: Some of the steps:-
भाषायी अल्पसंख्यक समूहों के बच्चों की शिक्षा :- कुछ चरण :-

- Separate Schools for children of linguistic minority groups.

  भाषायी अल्पसंख्यक समूहों के बच्चों के लिए विद्यालय।
- Provisions of textbooks and reading materials.

  पाठ्य-पुस्तक तथा पढ़ने की सामग्री का प्रावधान।
- Engagement of language teachers.

  भाषा शिक्षकों को शामिल करना।
- Participation in multi-lingual activities.

  बहु-भाषी गतिविधियों में सहभागिता।
- Scope for Assessment in minority language.

  अल्पसंख्यक भाषा में आकलन के लिए अवसर।

Education of Children of Religious Minority Groups:- Some of the steps:-
धार्मिक अल्पसंख्यक समूहों के बच्चों की शिक्षा :- कुछ चरण:-

- Provision of access to schools and other educational institutes.

  विद्यालयों तथा अन्य शैक्षिक संगठनों में पहुँच का प्रावधान।
- Modernizing religious educational institutions.

  धार्मिक संस्थानों के आधुनिकीकरण।
- Integration in school activities.

  विद्यालय की गतिविधियों में समान रूप से भागीदारी सुनिश्चित करना।
- Orientation of teachers, head teachers and educational administrators.

  शिक्षकों, मुख्य शिक्षकों तथा शैक्षिक प्रशासकों का प्रशिक्षण/अभिविन्यास।

10.3.3 Education of the Children with Special Needs (CWSN) (विशेष आवश्यकता वाले बच्चों की शिक्षा)

- **Children with Loco-motor Impairment:-** no critical comment on their disabilities,should be involved in all learning activities as an equal partner with his/her peers, suitable seating adjustments, due consideration in assessment.

  शारीरिक बाधित:- उनकी अक्षमताओं पर कोई आलोचनात्मक टिप्पणी नहीं, सभी सीखने की गतिविधियों में अपने साथियों के साथ एक समान भागीदार के रूप में शामिल होना चाहिए, उपयुक्त बैठने का समायोजन, मूल्यांकन में उचित विचार।

Notes

- **Children with Visual Impairment:-** adjust such children in front rows, need to write in bold letters and read aloud for them, Opportunities need to be provided to them for participation in physical education programmes.
  दृष्टि दोष वाले बच्चे:- आगे की पंक्ति में बैठाएँ, बड़े अक्षरों में लिखें तथा जोर से पढ़ें, शारीरिक शिक्षा के कार्यक्रमों में भाग लेने के अवसर देना।
- **Children with Hearing and Speech Impairment:-** should be seated in the front row, use a reasonable level of pitch while speaking, lip movements should be visible to such children while reading or speaking, Additional visuals use.
  श्रवण तथा वाणी दोष वाले बच्चे:- आगे की पंक्ति में बैठाएँ, उपयुक्त स्तर पर स्वर रखें, होंठों की गति ऐसे बच्चों को पढ़ने और सुनने के दौरान दिखाई दे, अतिरिक्त दृश्य सामग्री का उपयोग।
- **Children with Learning Disability:-** provide more concrete experiences, These children require repetition and practice, learning task has to be presented in small steps, seek their attention, Immediate reward should be given.
  अधिगम अक्षमता वाले बच्चे:- अमूर्त अनुभव प्रदान करने की आवश्यकता है, न बच्चों को अधिक पुनरावृत्ति तथा अभ्यास की आवश्यकता होती है, अधिगम कार्य को छोटे-छोटे टुकड़ों में प्रस्तुत करें, इनका ध्यान आकर्षित करने की आवश्यकता है, तुरंत प्रोत्साहन आवश्यक है।

10.4 EDUCATION OF TRIBAL CHILDREN IN THEIR SOCIO-CULTURAL CONTEXTS (सामाजिक-सांस्कृतिक संदर्भ में जनजाति के बच्चों की शिक्षा)

10.4.1 The Issues (मुद्दे)

Low literacy rate, Low intake and high drop outs, Low levels of comprehension, Low achievement level, Experience of failure, and low self-esteem,More disadvantages for the girls,More disadvantages for the girls, Extreme poverty of the family, Inaccessibility to schooling facilities.
कम साक्षरता दर, कम नामांकन तथा उच्च ड्रॉप आउट, समझने का निम्न स्तर, निम्न संप्राप्ति स्तर, असफलता का अनुभव तथा निम्न आत्म छवि। बालिकाओं हेतु अधिक सुविधावंचित, पारिवारिक जागरूकता तथा सहायता की कमी, परिवार की अति निर्धनता, विद्यालय सुविधाओं तक पहुँच में कमी।

10.4.2 Strategies for Resolving Pedagogic Issues (शिक्षण विधियों संबंधी मुद्दों को सुलझाने हेतु प्रविधियाँ)

- Using mother tongue as medium of instruction.
  मातृ-भाषा को शिक्षण के माध्यम के रूप में प्रयोग करना।
- Integrating local knowledge in learning teaching process.
  अधिगम शिक्षण प्रक्रिया में स्थानीय ज्ञान का समावेश।
- Using socio-cultural components in learning-teaching process.
  सामाजिक-सांस्कृतिक तत्वों का शिक्षण अधिगम प्रक्रिया में उपयोग।
- Using folk materials in classroom learning.
  कक्षा अधिगम में लोक-सामग्री का उपयोग।
- Adapting textbook with socio-cultural knowledge.
  सामाजिक-सांस्कृतिक ज्ञान वाली पाठ्य-पुस्तकों को अपनाना।
- Learning of children's mother tongue by the teacher.
  शिक्षक द्वारा बच्चों को मातृ-भाषा सिखाना।
- Learning cultural knowledge from the community.
  समुदाय से सांस्कृतिक ज्ञान प्राप्त करना।

Notes

- Involving communities in school activities.
  विद्यालय क्रिया-कलापों में समुदाय को शामिल करना।

10.4.3 Understanding the Socio-Cultural Components (सामाजिक-सांस्कृतिक तत्वों को समझना)

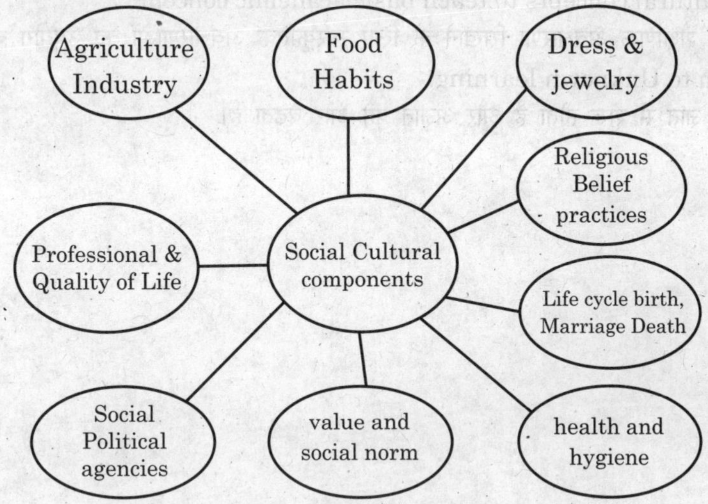

Fig : Socio-Cultural Components of a Society

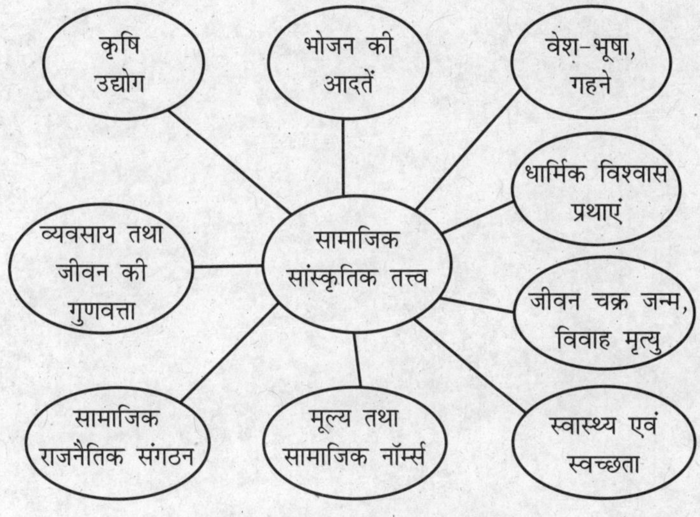

चित्र : एक समाज के सामाजिक-सांस्कृतिक तत्त्व

10.4.4 Planning and Managing Multi-Lingual Classroom (बहुभाषी कक्षा की योजना एवं प्रबंध)

- Multi-lingual Education (MLE) has been initiated in some selected schools in the tribal areas of Odisha and Andhra Pradesh under the SarvaShiksha Abhiyan (SSA).
  सर्व-शिक्षा अभियान के तहत ओडिशा और आंध्र प्रदेश के आदिवासी क्षेत्रों के कुछ चुनिंदा स्कूलों में बहुभाषी शिक्षा (एमएलई) शुरू की गई है।
- Use local knowledge and customs.
  स्थानीय ज्ञान और रीतियों का प्रयोग।

Notes

- Teacher has to play an innovative role to facilitate learning of each child.
  शिक्षक को प्रत्येक बच्चे के सीखने की सुविधा के लिए एक नवाचारपूर्ण भूमिका अदा करनी पड़ती है।
- Close rapport among the students and teacher.
  शिक्षक तथा विद्यार्थियों में घनिष्ट भावनात्मक संबंध।
- Use cultural concepts to teach basic academic concept.
  बुनियादी शैक्षणिक अवधारणा सिखाने के लिए सांस्कृतिक अवधारणाओं का उपयोग करें।
- Known to Unknown learning.
  अधिगम ज्ञात से शुरू होता है और अज्ञात की ओर बढ़ता है।

ICT IN LEARNING
(अधिगम में सूचना एवं संचार प्रौद्योगिकी)

11

ICTs comprises of the following three components

आई.सी.टी. के तीन भाग हैं:-

- ***Information and Communication Infrastructure (ICI)*** which includes physical telecommunications systems, networks (cellular, broadcast, cable, satellite, postal) and the services that utilize those (Internet, voice, mail, radio, and television);

  इनफॉर्मेशन एंड कम्यूनिकेशन इन्फ्रास्ट्रक्चर :- इसमें फिजिकल टेली कम्यूनिकेशन सिस्टम आता है । इसके अतिरिक्त नेटवर्क (सेल्यूलर ब्राडकास्ट, केबल, सेटेलाइट, पोस्टल) तथा सेवाएँ जो इनका उपयोगी करती हैं (इंटरनेट, वॉयस-मेल, रेडियो तथा टेलिविजन)।

- ***Information Technology (IT)*** that refers to the hardware and software of information collection, storage, processing, and presentation

  इनफॉर्मेशन टेक्नोलॉजी :- सूचनाओं को एकत्रित करने, जमा करने, कार्यान्वित करने तथा प्रदर्शित करने के हार्ड वेयर और सॉफ्टवेयर आई.टी कहलाते हैं।

- ***Communication Technology (CT)*** like telephones, e-mail, chatting, etc.

  कम्यूनिकेशन टेक्नोलॉजी:- जैसे- टेलीफोन, ई-मेल, चौटिंग आदि।

11.3 TOOLS OF ICT (आई.सी.टी उपकरण)

- ICT may be in the form of audio, visual and audio-visual.

  आईसीटी श्रव्य, दृश्य और श्रव्य-दृश्य तीनों रूप में हो सकता है।

- ICT in education encompasses a great range of rapidly evolving technologies such as Desktop, Notebook, Handheld Computers, Tablets, Digital Cameras, Local Area Networking, Bluetooth, the Internet, Cloud Computing, the World Wide Web, and DVDs and applications such as word processors, spreadsheets, tutorials, simulations, email, digital libraries, computer-mediated conferencing, videoconferencing, virtual environment, simulator, emulator etc.

  वर्तमान में शिक्षा में आई.सी.टी तीव्र गति से विकसित हो रही टेक्नोलॉजी शामिल है। जैसे - डेस्कटॉप, नोटबुक, हेंडहेल्ड कम्प्यूटर्स, टैबलेटस, डिजिटल कैमरा, लोकल एरिया नेटवर्किंग, ब्लूटूथ, इंटरनेट, क्लाउड कम्प्यूटिंग, वर्ल्ड वाइड वेब, और डी.वी.डी तथा एप्लीकेशन्स, ई-मेल, डिजिटल लाइब्रेरी, कंप्यूटर मीडिएट, वीडियोकांफ्रेंसिंग, वर्चुअल वातावरण, सिम्युलेटर, एमुलेटर आदि।

11.3.1 Classification of Tools (उपकरणों का वर्गीकरण)

- ***Informative Tools:-***Like Multimedia encyclopaedias or resources available on the World Wide Web (www or Web).

  सूचनात्मक उपकरण:- जैसे मल्टीमीडिया विश्वकोश या वर्ल्ड वाइड वेब (www या वेब) पर उपलब्ध संसाधन ।

- ***Situating Tools:-***-Like You Tubes, video clips, specially prepared DVDs etc.

Notes

परिस्थितिजन्य उपकरण:- जैसे यू ट्यूब, वीडियो क्लिप, विशेष रूप से तैयार डीवीडी आदि।

- ***Constructive Tools:-*** Mind tools, which includes computer applications such as databases, spreadsheets, semantic networking programs, expert systems, modelling tools, micro worlds.

  रचनात्मक उपकरण:- माइंड टूल्स, जिसमें कंप्यूटर एप्लिकेशन जैसे डेटाबेस, स्प्रेडशीट, सिमेंटिक नेटवर्किंग प्रोग्राम, विशेषज्ञ सिस्टम, मॉडलिंग टूल, माइक्रो वर्ल्ड शामिल हैं।

- **Communicative Tools :-** e-mail, electronic bulletin boards, chat, teleconferencing, and electronic whiteboards.

  संचार साधन :-ई-मेल, इलेक्ट्रॉनिक बुलेटिन बोर्ड, चौट, टेलीकांफ्रेंसिंग और इलेक्ट्रॉनिक व्हाइटबोर्ड।

11.3.2 Use of ICT Tools (आई.सी.टी उपकरणों का उपयोग)

- Can use the tools of ICT in different phases of pedagogical process i.e. during the introduction, presentation as well as in the assessment phase. In the classroom during your instructional process.

  शैक्षणिक प्रक्रिया के विभिन्न चरणों में यानी परिचय, कक्षा में आपकी शिक्षण प्रक्रिया के दौरान प्रस्तुति के साथ-साथ मूल्यांकन चरण में आई.सी.टी के उपकरणों का उपयोग कर सकते हैं।

- ICT can provide the supportive or facilitative approaches in the classroom.

  आई.सी.टी कक्षा में सहायक तथा सहजकर्ता के रूप में उपागम प्रदान कर सकते हैं।

- Also helps in assessment.

  आकलन में भी सहायक होता है।

Teaching Style शिक्षण शैली	Main Characteristics मुख्य विशेषताएँ	Use of ICT Tools आई.सी.टी. उपकरणों का उपयोग
Teacher-centred approach शिक्षक केन्द्रित उपागम	• Teacher as the source of knowledge. शिक्षक ज्ञान संसाधक के रूप में। • Teacher tends to be more active and students receive the information passively शिक्षक कक्षा में अधिक सक्रिय रहता है और विद्यार्थी मात्र ज्ञान को निष्क्रय रूप से प्राप्त करते हैं।	A wide range of ICT tools can be used to aid the teacher's presentation and performance. Hand-outs, overhead projector(OHP) slides, models etc. can be used to capture and retain the learner's attention. शिक्षक के प्रस्तुतीकरण तथा निष्पादन हेतु आई.सी.टी. के कई उपकरणों का उपयोग किया जाता है। हैन्ड आउट्स ओवर हैड प्रोजेक्टर (OHP), स्लाइड्स माडल्स आदि का प्रयोग शिक्षार्थियों के ध्यान केन्द्रित करने तथा उसे स्थाई बनाने हेतु प्रयोग किए जा सकते हैं।

Notes

Learner-centred approach शिक्षार्थी केन्द्रित उपागम	● Learner as knowledge seeker, with teacher as facilitator and guide. शिक्षार्थी - ज्ञान खोजकर्ता शिक्षक सहजकर्ता तथा निर्देशक के रूप में अधिगम प्रक्रिया के दौरान ● The learner tends to be active, talking and doing things in the process of learning. शिक्षार्थी सक्रिय, चर्चा तथा क्रियाओं में संलग्न रहता है। ● The teacher designs and manages the setting as well as the process of learning. शिक्षक अभिगम क्रिया का डिजाइन बनाता है तथा उसका प्रबंध भी करता है।	● ICT can be used extensively to help the learner make the sense of the tasks assigned and learn what is required. Work sheets, informative and communicative tools of ICT need to be available to the learners on an individual basis or in small group. आई.सी.टी. को विद्यार्थियों में दिए गए कार्य की अनुभूति तथा जो आवश्यकता है उसको सीखने में मदद करने के लिए पूरी तरह से उपयोग में लाया जा सकता है।
Combination of the two approaches दोनों उपागमों को संयुक्त करना	● In some cases, the teacher dispenses knowledge and the learner has to take things on trust. At other times, the teacher simply creates the conditions for the learner to explore and discover knowledge. कभी-कभी शिक्षक ज्ञान प्रदान करता है और शिक्षार्थी को विश्वास के आधार पर उन्हें स्वीकार करना पड़ता है। कुछ अन्य समय में शिक्षक सहजता से शिक्षार्थी के लिए कुछ परिस्थितियाँ उत्पन्न करता है जिसमें वह ज्ञान की खोज तथा विस्तार करता है।	● ICT can be used to aid the teacher's presentation as well as to assist learners in their exploration. आई.सी.टी. को शिक्षक के प्रस्तुतीकरण तथा शिक्षार्थी को उनके ज्ञान विस्तृत करने में सहायक के रूप में उपयोग किया जा सकता है।

11.4 INTEGRATION OF ICT (आई.सी.टी का एकीकरण)

- At the first stage, teachers and students need to discover ICT tools and their general functions and uses.

  प्रथम अवस्था में शिक्षक तथा विद्यार्थियों को आई.सी.टी उपकरण, उनके कार्य तथा उपयोग की जानकारी एकत्रित करने की आवश्यकता है।

- The second stage involves learning how to use ICT tools, and beginning to make use of them in different disciplines.

  दूसरी अवस्था में आई.सी.टी उपकरणों का कैसे उपयोग होता है तथा विभिन्न विषयों में उनका प्रयोग प्रारंभ करना शामिल है।

Notes

- At the third stage, there is an understanding of how and when to use ICT tools to achieve a particular purpose, such as in completing a given project.

  तीसरी अवस्था में किसी उद्देश्य की प्राप्ति हेतु आईसी.टी उपकरणों को कैसे और कहाँ उपयोग करना है की समझ विकसित करना है। उदाहरण के लिए - दिए गए प्रोजेक्ट को पूरा करना।

- The fourth stage is when the learning situation is transformed through the use of ICT.

  चौथी अवस्था में आई.सी.टी के प्रयोग द्वारा अधिगम वातावरण में परिवर्तन आ जाता है।

11.4.1 Integration of ICT in the Learning Process (अधिगम प्रक्रिया में आई.सी.टी का एकीकरण)

- **The ASSURE model**. (Analyze learners; State the objective; Select method, media and materials;Require learning participation; Evaluate and revise)

  असुरे मॉडल:- (शिक्षार्थी का विश्लेषण, उद्देश्य वर्णन, चयन विधि, मीडिया और सामग्री, अधिगम सहभागिता की आवश्यकता, मूल्यांकन तथा पुनरावृत्ति)

- **The ICARE model**. (Introduction; Connect; Activity; Reflect and Extend)

  आई केयर मॉडल:- (परिचय, जोड़ना, क्रिया-कलाप, प्रदर्शन, विस्तार)

- These models show guidelines for incorporating various resources and tools into teaching and learning.

  यह मॉडल शिक्षण-अधिगम में विभिन्न आई.सी.टी संसाधन तथा उपकरण के समावेश निर्देश प्रदान करते हैं।

COMPUTER ASSISTED LEARNING
(कंप्यूटर सह-अधिगम)

12

12.2 THE COMPUTER (कंप्यूटर)

12.2.1 What is Computer (कंप्यूटर क्या है?)

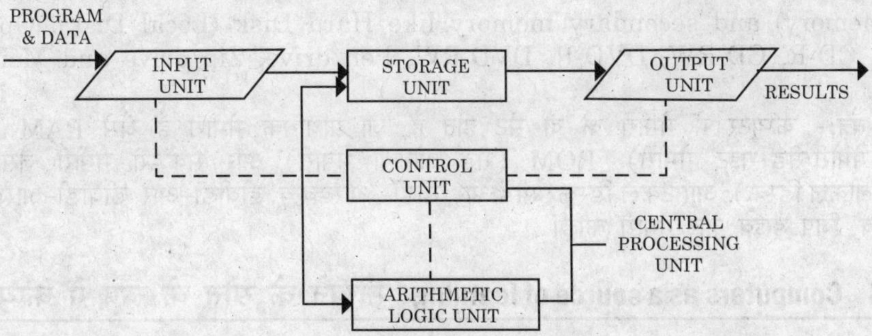

चित्र : कम्प्यूटर संबंधी संक्रियाएँ

12.2.2 Functional Units (कार्यात्मक इकाइयाँ)

- The computer system is divided into three separate units for its operation. They are (i) arithmetic logical unit, (ii) control unit, and (iii) central processing unit.

  कंप्यूटर तंत्र तीन अलग-अलग इकाइयों में अपनी संक्रियाओं के लिए बँटा हुआ है। वह है:- (i) गणितीय तार्किक इकाई, (ii) कंट्रोल इकाई, तथा (iii) सेंट्रल प्रोसेसिंग यूनिट

(i) Arithmetic Logical Unit (ALU) / गणितीय तार्किक इकाई

The major operations performed by the ALU are addition, subtraction, multiplication, division, logic and comparison. Data is transferred to ALU from the storage unit when required.

ALU द्वारा किए जाने वाले प्रमुख ऑपरेशन जोड़, घटाव, गुणा, भाग, तर्क और तुलना हैं। जरूरत पड़ने पर डेटा को स्टोरेज यूनिट से ALU में ट्रांसफर किया जाता है।

(ii) Control Unit (CU) / कंट्रोल यूनिट

The control unit determines the sequence in which computer programs and instructions are executed.

कंट्रोल यूनिट उस क्रम का निर्धारण करती है जिसमें कंप्यूटर के प्रोग्राम तथा निर्देश चलेंगे।

(iii) Central Processing Unit (CPU) / सेंट्रल प्रोसेसिंग यूनिट

The ALU and the CU of a computer system are jointly known as the central processing unit. You may call CPU as the brain of any computer system that takes all major decisions, makes all sorts of calculations and directs different parts of the computer functions by activating and controlling the operations.

Notes

कंप्यूटर तंत्र में ALU तथा CU को इकट्ठे सेंट्रल प्रोसेसिंग यूनिट के नाम से जाना जाता है। CPU को किसी भी कंप्यूटर तंत्र का दिमाग कहा जाता है जो कि सभी मुख्य फैसले लेता है, सभी प्रकार की गणना करता है तथा कंप्यूटर कार्य के सभी भागों को दिशा-निर्देश देता है, कार्यों को क्रियान्वित करके तथा कंट्रोल करके।

12.2.3 Major Components of The Computer (कंप्यूटर के मुख्य भाग)

1. Input Devices:- Keyboard, Mouse etc.
इनपुट डिवाइस: - कीबोर्ड, माउस आदि।

2. Central Processing Unit (CPU):- This unit is responsible for all events inside the computer. It controls all internal and external devices, performs arithmetic and logic operations.
सेंट्रल प्रोसेसिंग यूनिट (CPU) :- कंप्यूटर में मुख्य इकाई सेंट्रल प्रोसेसिंग यूनिट होती है। यह इकाई कंप्यूटर के अंदर होने वाली सारी क्रियाओं के लिए जिम्मेदार है। यह अंदर तथा बाहर के सभी यंत्रों पर नियंत्रण रखता है, गणितीय एवं तार्किक संक्रिया करता है।

3. Storage Devices:- Computer has two sets of memory, which are primary memory like RAM (Random Access Memory/Read-Write Memory), ROM (Read-only-memory) and secondary memory like Hard Disk (Local Disk), Optical Disks: CD-R, CD-RW, DVD-R, DVD-RW, Pen drive, Zip drive and Memory Cards.
स्टोरेज तंत्र:- कंप्यूटर में मेमोरी के दो सेट होते हैं, जो प्राथमिक मेमोरी हैं जैसे RAM (रैंडम एक्सेस मेमोरी/रीड-राइट मेमोरी), ROM (रीड ओनली मेमोरी) और सेकेंडरी मेमोरी जैसे हार्ड डिस्क (लोकल डिस्क), ऑप्टिकल डिस्क: सीडीआर, सीडी- आरडब्ल्यू, डीवीडी-आर, डीवीडी-आरडब्ल्यू, पेन ड्राइव, जिप ड्राइव और मेमोरी कार्ड।

12.2.4 Computers as a source of learning (सीखने के स्रोत के रूप में कंप्यूटर)

- The Internet and the Web
  (इंटरनेट और वेब)
- Internet based learning
  (इंटरनेट आधारित अधिगम)

12.4 COMPUTER ASSISTED LEARNING (कंप्यूटर की सहायता से सीखना)

12.4.1 Modes of Computer Assisted Learning (कंप्यूटर सह अधिगम के साधन)

- **Drill and Practice Session:-** This is the question-answer type program where the computer generates large numbers of exercises, evaluates responses, gives immediate feedback as to the correctness of the responses and sometimes hints on how to obtain the correct answers if the responses are incorrect.
  ड्रिल और अभ्यास सत्र:- यह प्रश्न उत्तर प्रकार का कार्यक्रम है जहाँ कंप्यूटर बड़ी संख्या में अभ्यास उत्पन्न करता है, प्रतिक्रियाओं का मूल्यांकन करता है, प्रतिक्रियाओं की शुद्धता के बारे में तत्काल प्रतिक्रिया देता है और कभी- कभी यह संकेत देता है कि यदि प्रतिक्रियाएँ गलत होने पर सही उत्तर कैसे प्राप्त करें।
- **Tutorial Mode:-** In this type of program, information and explanatory material is presented in small segments followed by questions. If the students respond incorrectly, feedback according to the nature of their mistake is given. If the answer is correct, another segment of the explanatory material is generated.

Notes

ट्यूटोरियल मोड:- इस प्रकार के कार्यक्रम में सूचना और व्याख्यात्मक सामग्री को छोटे-छोटे खंडों में प्रस्तुत किया जाता है और उसके बाद प्रश्न पूछे जाते हैं। यदि छात्र गलत उत्तर देते हैं, तो उनकी गलती की प्रकृति के अनुसार प्रतिक्रिया दी जाती है। यदि उत्तर सही है, तो व्याख्यात्मक सामग्री का एक और खंड उत्पन्न होता है।

- **Data Analysis:** This type of CAL allows experimental data to be analysed and the result is printed out either in numerical or graphical form.

  डेटा विश्लेषण:- इस प्रकार का सी. ए. एल प्रयोगात्मक डेटा का विश्लेषण करने की अनुमति देता है और परिणाम संख्यात्मक या ग्राफिकल रूप में मुद्रित होता है।

- **Simulation:-** Computerised simulations are models or imitations of processes. Simulations present life-like situations that allow students to learn through experience and to take risks without suffering the consequences of poor choices.

  सिमुलेशन:- कम्प्यूटरीकृत सिमुलेशन मॉडल या प्रक्रियाओं की नकल हैं। सिमुलेशन जीवन जैसी स्थितियों को प्रस्तुत करते हैं जो छात्रों को अनुभव के माध्यम से सीखने और खराब विकल्पों के परिणामों को भुगतने के बिना जोखिम लेने की अनुमति देते हैं।

- **Modelling:** Modelling involves creating, adapting or choosing a theoretical model to correspond with a natural phenomenon or a manmade system. This type of program is encountered more often at the higher levels of education.

  मॉडलिंग:- मॉडलिंग में एक प्राकृतिक घटना या एक मानव निर्मित प्रणाली के अनुरूप एक सैद्धांतिक मॉडल का निर्माण, अनुकूलन या चयन करना शामिल है। शिक्षा के उच्च स्तर पर इस प्रकार के कार्यक्रम का अधिक बार सामना करना पड़ता है।

- A proper planning is necessary for the computer assisted learning in the classroom.

  कक्षा में कंप्यूटर सह-अधिगम के लिए एक उचित योजना आवश्यक है।

13

BASICS OF ASSESSMENT AND EVALUATION

(आकलन एवं मूल्यांकन के आधार)

13.2 ASSESSMENT OF STUDENT'S PROGRESS (शिक्षार्थियों की प्रगति का आकलन)

13.2.1 Measurement, Assessment and Evaluation (मापन, आकलन एवं मूल्यांकन)

***Measurement:* (मापन)**

- In simple terms measuring any aspect is to state the particular attribute (age, weight, height, length, time) in terms of quantity and quantity is expressed through the number of unit of measurement (like year for age, gram or kilogram for weight, meter for height or length, hours/minutes/second for time etc.).

  सीधे शब्दों में किसी भी पक्ष को उसकी मात्रा या गुणवत्ता में मापना उस विशेष गुण (आयु, वजन, ऊंचाई, लंबाई, समय) को मापन की इकाइयों में व्यक्त किया जाता है (जैसे आयु के लिए वर्ष, वजन के लिए ग्राम या किलोग्राम, लंबाई या ऊँचाई के लिए मीटर, समय के लिए घंटे, मिनट, सेकंड इत्यादि)।

- Measurement relates to the description of any particular aspect or characteristic of an object or process in terms of certain amount or quantity.

  मापन किसी वस्तु या प्रक्रिया के विशेष पक्ष या गुण के खास मात्रा या गुणवत्ता का वर्णन है।

- Measurement of any aspect of an object or phenomenon is its quantitative description.

  किसी वस्तु या प्रक्रिया के किसी पक्ष का मापन उसका मात्रात्मक वर्णन होता है।

***Assessment:* (आकलन)**

- Assessment goes beyond measurement which is limited to collection of numerical data.

  आकलन मापन से परे जाता है जो कि सांख्यिक आँकड़े एकत्र करने तक सीमित है।

- Besides including the numerical scores, assessment is based on data related to qualitative aspects of learning.

  सांख्यिक स्कोरों को सम्मिलित करने के अलावा, निर्धारण अधिगम के गुणात्मक पक्ष से संबंधित आंकड़ों पर भी आधारित है।

- The information or data for assessment of learning can be gathered from various sources using various tools and procedures like achievement tests, participation of students in classroom and other activities, his/her performance on project work and other assignments and such other various situations where the student can show his/her learning performance.

  अधिगम के आकलन से संबंधित सूचना या आँकड़े विभिन्न स्तरों से अलग प्रकार के क्षेत्र एवं प्रक्रियाओं द्वारा एकत्र किए जा सकते हैं जैसे उपलब्धि परीक्षा कक्षा तथा अन्य क्रियाओं में विद्यार्थियों की भागीदारी, उनका परियोजना कार्य में निष्पादन तथा अन्य कार्य तथा ऐसी विभिन्न परिस्थिति जहाँ विद्यार्थी अपना अधिगम निष्पादन दिखा सकते हैं।

Notes

Evaluation: **(मूल्यांकन)**

- Based on all dimensions related to learning of the child (Qualitative and Quantitative).

  बच्चे के अधिगम से संबंधित हर प्रकार की सूचना; (मात्रात्मक एवं गुणात्मक)

- Assessment refers to the collection of data and the gathering of evidence from different sources through different tools, whereas evaluation refers to bringing meaning to the collected data through interpretation, analysis and reflection.

  आकलन का अर्थ है कि विभिन्न यंत्रों का प्रयोग करें, विभिन्न स्रोतों से आँकड़े एवं प्रमाण एकत्रित करना, जबकि मूल्यांकन का अर्थ है एकत्रित आंकड़ों में से प्रतिपादन, विश्लेषण एवं चिंतन द्वारा कोई अर्थ निकालना।

Quantitative Information and /or Qualitative Information +Value Judgement Evaluation

(Collected through tests) *(Collected though observation, analysis of behaviour, portfolio, Project work etc.)*

मात्रात्मक सूचना तथा/या गुणात्मक सूचना+मूल्य निर्णय मूल्यांकन

परीक्षणों द्वारा एकत्रित (अवलोकन, व्यवहार के विश्लेषण, पोर्टफोलियो, परियोजना कार्य इत्यादि द्वारा एकत्रित)

Concept of Evaluation

Measurement *refers to the process by which the attributes or dimensions of some object or phenomena are quantified.*

Assessmentis *a process by which information is obtained relative to some known objective or goal.*

Evaluation *refers to the value judgement made on the phenomenon, taking into consideration the quantitative and / or the qualitative information collected on it over a particular period of time.*

मूल्यांकन की अवधारणा

मापन वह प्रक्रिया है जिसके द्वारा किसी वस्तु या प्रतिभास या घटना की विशेषताओं या आयामों को मात्रा प्रदान की जाती है।

आकलन वह प्रक्रिया है जिसके द्वारा किसी पदार्थ या लक्ष्य से संबंधित कोई सूचना प्राप्त की जाती है।

मूल्यांकन से अभिप्राय है किसी घटना के बारे में एक विशिष्ट समय अवधि में उसके बारे में एकत्रित मात्रात्मक एवं गुणात्मक सूचनाओं के आधार पर मूल्य निर्धारण करना।

13.3 THE PROCESS OF ASSESSMENT (आकलन की प्रक्रिया)

13.3.1 Expected Learning Outcomes, Classroom Processes and Assessment (प्रत्याशित अधिगम परिणाम, कक्षा प्रक्रियाएँ एवं आकलन)

- After studying the concepts included in the topic/subject, the student shall perform or demonstrate in the expected manner as stated in the objectives. Hence, learning objectives are also called 'Expected Learning Outcomes'.

  विषय में सम्मिलित अवधारणाओं को पढ़ने के बाद, विद्यार्थी जैसे उद्देश्यों में कथित है वैसा निष्पादन या प्रदर्शन अपेक्षित तरीके से कर पाएँगे। इसलिए अधिगम उद्देश्यों को 'अपेक्षित अधिगम परिणाम' भी कहा जाता है।

Notes

- To make the task of assessment easy and more accurate, the expected learning outcomes need to be 'specific', 'measurable', 'achievable', 'realistic' and 'timebound' (SMART).

  आकलन का कार्य आसान तथा अधिगम ठीक बनाने के लिए अपेक्षित अधिगम परिणामों को 'विशिष्ट', 'मापन योग्य', 'उपलब्धि योग्य', 'वास्तविक' एवं 'समय बद्ध' होना चाहिए।

13.3.2 Formative and Summative Assessment (रचनात्मक एवं योगात्मक आकलन)

Formative Assessment (रचनात्मक आकलन)

- Builds on students' prior knowledge and experience in designing what is taught.

  बच्चों के पूर्व ज्ञान एवं अनुभव का उपयोग आगे बढ़ाने के लिए रूपरेखा तैयार करने के लिए किया जाता है।
- Is conducted at regular intervals on informal basis.

  अनौपचारिक आधार पर नियमित कालांशों में किया जाता है।
- Is diagnostic and remedial.

  निदानात्मक एवं उपचारात्मक है।
- Ensures provision for effective feedback.

  प्रभावशाली पुनर्बलन सुनिश्चित करता है।
- Provides a platform for the active involvement of students in their own learning.

  बच्चों को उनके अपने अधिगम हेतु सक्रिय भागीदारी हेतु आधार प्रदान करता है।
- Provides feedback enabling teachers to adjust their classroom interaction strategies to the emerging needs of the students.

  शिक्षकों को पुनर्बलन प्रदान करता है ताकि वे बच्चों की उभरती हुई आवश्यकताओं के अनुसार अपने कक्षा सम्पादन को अनुकूल बनाने के योग्य हो जाएँ।
- Encourages intrinsic motivation and self-esteem of students, both of which have crucial influences on learning performance.

  विद्यार्थियों में आंतरिक प्रेरणा तथा आत्मसम्मान को बढ़ावा देता है, जिन दोनों का अधिगम निष्पादन पर महत्वपूर्ण प्रभाव पड़ता है।
- Recognizes the need for students to be able to assess themselves and understand how to improve. Incorporates varied learning styles to decide how and what to teach.

  बच्चों को स्वयं का आकलन करने की तथा समझने की कि कैसे सुधार करना है आवश्यकता को पहचानता है।
- Encourages students to understand the criteria that will be used to judge their work.

  बच्चों को यह समझने के लिए उत्साहित करता है कि उनके कार्य संबंधित निर्णय लेने के लिए क्या मानक रखे जाएँगे।
- Offers an opportunity to students to improve their work after they get the feedback.

  पुनर्बलन मिलने के बाद बच्चों को उनका कार्य सुधारने का अवसर प्रदान करता है।

Summative Assessment (योगात्मक आकलन)

- Is the assessment of learning performance which is conducted at the end of a course or a unit of a course.

  अधिगम निष्पादन का यह आकलन कोर्स के अंत में या कोर्स की इकाई के अंत में किया जाता है।
- Generally is taken by students at the end of a course or academic year to demonstrate the "sum" of what they have learned.

अक्सर विद्यार्थियों द्वारा कोर्स के अंत में या शैक्षिक वर्ष के अंत में दिया जाता है ताकि जो उन्होंने सीखा है उसका कुल योग दिखा पाएँ।

- Utilises the most traditional assessment methods of evaluating students' work.

  आकलन की सबसे पारम्परिक विधियों का प्रयोग विद्यार्थियों के कार्य के मूल्यांकन हेतु किया जाता है।

- The results are used for ranking or grading the students which are required in planning any large scale academic intervention, inter and intra school comparison in terms of achievement.

  इसके परिणामों का प्रयोग विद्यार्थियों की रैंकिंग या ग्रेडिंग के लिए किया जाता है। जिनकी आवश्यकता बड़े स्तर पर शैक्षिक दखल तथा उपलब्धि के संदर्भ में विद्यालयों के अंदर तथा अत: विद्यालय तुलना हेतु किया जाता है।

Differences between Formative and Summative Assessment

रचनात्मक और योगात्मक आकलन के बीच अंतर

Formative Assessment रचनात्मक आकलन	**Summative Assessment** योगात्मक आकलन
Used to determine how much the students have learned and what they still have to learn यह जानने के लिए किया जाता है कि बच्चों ने क्या सीख लिया है तथा क्या अभी सीखना बाकी है।	Used to determine a student's overall performance in a certain prescribed course एक निर्धारित कोर्स में बच्चे के कुल निष्पादन को जानने के लिए किया जाता है।
Allows teachers to assess their teaching methods and make changes to help students understand the lesson during the school year शिक्षक अपनी शिक्षण विधियों का आकलन कर सकते हैं तथा उनमें बदलाव कर शैक्षिक वर्ष के दौरान बच्चों को उनके पाठ समझने में सहायता कर सकते हैं।	Allows teachers to change their teaching methods for the next school year, if students did not perform well अगर बच्चों का निष्पादन अच्छा नहीं होता तो शिक्षक अगले शैक्षिक सत्र हेतु अपनी शिक्षण विधियों में बदलाव कर सकते हैं।
Grades do not carry much weight इनमें ग्रेडों का अधिक महत्त्व नहीं होता।	Grades are the basis for determining the readiness of the student to take statewide tests and in evaluating his overall academic performance इनमें ग्रेड विद्यार्थी की राज्यस्तर पर परीक्षा की तैयारी का आधार बनते हैं तथा उन्हें अपने पूर्ण शैक्षिक निष्पादन का पता चलता है।
Frequently administered during the teaching-learning process शिक्षण-अधिगम प्रक्रिया के दौरान कई बार किया जाता है।	Administered at the terminal stage of a course. कोर्स के अंतिम चरण में किया जाता है।
Less formal, conducted at the school level by the classroom teacher कम औपचारिक, कक्षा शिक्षक द्वारा विद्यालय स्तर पर किया जाता है।	More formal, may be conducted at the school level with instruction from district/ state authorities अधिक औपचारिक, विद्यालय स्तर पर जिला या राज्य के अधिकारियों से निर्देश के अंतर्गत किया जा सकता है।

Notes

Can be flexible as per the needs of the students बच्चों की आवश्यकताओं के अनुसार लचीला हो सकता है।	Inflexible, one test for all students, uniform way of conducting and uniform standard of interpreting test scores. लचीला नहीं है, सब बच्चों के लिए एक ही परीक्षा होती है. आयोजन का तरीका तथा टैस्ट के अंकों को समझने का तरीका एक ही तरह का अपनाया जाता है।
Process oriented प्रक्रिया द्वारा निर्धारित।	Outcome oriented परिणाम द्वारा निर्धारित।

- To sum up, summative and formative assessments are often referred to, in a learning context, as assessment of learning and assessment for learning respectively.

  सार में, रचनात्मक एवं योगात्मक आकलनों को अक्सर, अधिगम के संदर्भ में अधिगम के लिए आकलन तथा अधिगम का आकलन कहा जाता है।

13.4 CONTINUOUS AND COMPREHENSIVE EVALUATION (CCE) (सतत् एवं व्यापक मूल्यांकन)

CCE is a process of ensuring learning performance of students through both formative and summative evaluation in different areas such as cognitive, affective and psycho-motor to promote all round development of the students

सतत् एवं व्यापक मूल्यांकन मूल्यांकन एक प्रक्रिया है जिसके द्वारा विभिन्न क्षेत्रों में जैसे मानसिक, भावनात्मक तथा क्रियात्मक बच्चों के पूर्ण विकास हेतु रचनात्मक एवं योगात्मक दोनों प्रकार के मूल्यांकन द्वारा विद्यार्थियों का अधिगम सुनिश्चित करता है।

13.4.1 Concept, Process and the Need of CCE :- (अवधारणा, प्रक्रिया तथा आवश्यकता)

The features of CCE are:- (सतत् एवं समग्र मूल्यांकन की विशेषताएँ हैं:-)

- The 'continuous' aspect of CCE takes care of 'continual' and periodicity' aspect of evaluation

  सतत् एवं व्यापक मूल्यांकन के 'सतत् पक्ष' मूल्यांकन की निरन्तरता एवं आवर्तन का ध्यान रखता है।

- Continual, means assessment of students in the beginning of instructions (placement evaluation) and assessment during the instructional process (formative evaluation) done informally using multiple techniques of evaluation.

  निरन्तरता से अभिप्राय है कि शिक्षण के शुरू में तथा शिक्षण कार्य के दौरान रचनात्मक मूल्यांकन अनौपचारिक रूप से मूल्यांकन के बहु-तकनीकों का प्रयोग करके किया जाता है।

- The 'comprehensive' component of CCE takes care of assessment of all round development of the child's personality. It includes assessment in Scholastic as well as Co-Scholastic aspects of the student's growth.

  सतत् एवं व्यापक मूल्यांकन का समग्र भाग बच्चे के व्यक्तित्व के हर भाग का ध्यान रखता है। इसमें विद्यार्थी की बढ़त के शैक्षिक एवं सहशैक्षिक दोनों पक्ष सम्मिलित हैं।

- Scholastic aspects include subject specific areas, whereas Co-Scholastic aspects include Personal-Social Qualities, Co-Curricular Activities, Attitudes and Values.

  शैक्षिक पक्षों में विषय विशेष क्षेत्र सम्मिलित हैं जबकि सहशैक्षिक में व्यक्तिगत सामाजिक विशेषताएँ, सह-पाठ्यचर्यी गतिविधियाँ, अभिवृत्तियाँ एवं मूल्य हैं।

The objectives of CCE are:
सतत् एवं व्यापक मूल्यांकन के उद्देश्य हैं :

- To help develop cognitive, psychomotor and affective aspects of the students' personality:
- विद्यार्थी के व्यक्तित्व के मानसिक, क्रियात्मक एवं भावात्मक पक्षों के विकास में सहायता करना।
- To lay emphasis on thought process and de-emphasize memorization;
- विचार करने की प्रक्रिया पर जोर देना या करने की प्रक्रिया पर दबाव कम करना।
- To make evaluation an integral part of teaching-learning process;
- मूल्यांकन को शिक्षण-अधिगम प्रक्रिया का एक आवश्यक भाग बनाना।
- To use evaluation for improvement of students achievement and teaching- learning strategies on the basis of regular diagnosis followed by remedial instructions;
- मूल्यांकन को विद्यार्थियों की नियमित निदान तथा उपचारात्मक परीक्षण के आधार पर उपलब्धि तथा शिक्षण अधिगम विधियों के सुधार हेतु प्रयोग करना।
- To use evaluation as a quality control device to bridge the gap between actual performance and desired performance, and to maintain desired standard of performance;
- मूल्यांकन को वास्तविक निष्पादन एवं वांछित निष्पादन के बीच में रह गई कमियों को दूर करने के लिए एक गुणवत्ता नियंत्रण यंत्र की तरह प्रयोग करना तथा निष्पादन का एक वांछित स्तर रखने के लिए भी।
- To take appropriate decisions about the student, the process of learning and the learning environment;
- विद्यार्थी, अधिगम की प्रक्रिया एवं अधिगम पर्यावरण के बारे में उपयुक्त निर्णय लेने के लिए।
- To make the process of learning and teaching a learning-centered activity.
- अधिगम प्रक्रिया को एक अधिगम केंद्रित क्रिया बनाने के लिए।

13.4.2 Use of Quantitative and Qualitative Data for CCE

(सतत् एवं व्यापक मूल्यांकन हेतु मात्रात्मक एवं गुणात्मक आँकड़ों का उपयोग)

Quantitative **मात्रात्मक**	**Qualitative** **गुणात्मक**
• Achievement Tests उपलब्धि परीक्षण	• Observation, Interview, portfolio, case study. project, assignment अवलोकन, साक्षात्कार, पोर्टफोलियो, केस अध्ययन, परियोजना कार्य
• Surveys सर्वेक्षण (सर्वे)	• Focus Group Discussion केन्द्रित (फोकस) समूह चर्चा
• Questionnaires प्रश्न श्रृंखला	• Field notes, Diaries क्षेत्र नोट्स, डायरी
• Pre/post Tests पूर्व/पश्चात परीक्षण	• Video, Audio recordings, photographs वीडियो, ऑडियो रिकॉर्डिंग, चित्र
• Existing Database उपलब्ध डाटा बेस	• Documents (reports, meeting minutes, etc.) दस्तावेज (रिपोर्ट, सभा के मिनट, इत्यादि)

Notes

Table : Differences between Quantitative and Qualitative Data

Quantitative data मात्रात्मक आँकड़े	Qualitative data गुणात्मक आँकड़े
Explains 'who', 'what', 'when' 'how much', and 'how many व्याख्या करते हैं 'कौन', 'क्या', कहाँ कितना तथा कितने।	Explains '*how*' and '*why*' वर्णन करते हैं 'कैसे ' तथा 'क्यों'।
Deals with numbers संख्याओं के साथ काम करते हैं।	Deals with descriptions वर्णनों के साथ काम करते हैं।
Data can be observed and measured exactly आँकड़ों को सही-सही देखा तथा मापा जा सकता है।	Data can be observed and assessed approximately/indirectly आँकड़ों का अवलोकन कर लगभग/अप्रत्यक्ष विधि से निर्धारण किया जा सकता है।
Usually gathered by surveys from large number of respondents भारी मात्रा में उत्तर देने वालों से सर्वेक्षण के द्वारा एकत्र किए जाते हैं।	Data can be collected individually or from the group of respondents आँकड़े व्यक्ति या उत्तर देने वालों के समूह से एकत्र किए जाते हैं।
It is useful when pieces of information required can be counted mathematically and analyzed using statistical methods यह तब उपयोगी होते हैं जब आवश्यक सूचना के टुकड़ों को गणितीय विधि से गिना जा सकता है तथा सांख्यिकी का प्रयोग कर उनका विश्लेषण किया जा सकता है।	It is useful when a broader understanding and explanation is required on a particular topic for which quantitative data alone is not sufficient यह तब उपयोगी होता है जब एक विशेष प्रकरण पर व्यापक समझ एवं वर्णन की आवश्यकता होती है जिसके लिए केवल मात्रात्मक आँकड़े पर्याप्त नहीं होते।
It is used when accurate' and 'precise' data are required इसका प्रयोग तब होता है जब बिल्कुल सही और सटीक आँकड़ों की आवश्यकता होती है।	When information is needed on "what students think about a particular situation, and what are their priorities'; it is useful. It is also useful while seeking to understand why students behave in a certain way". जब सूचना इस पर चाहिए कि विद्यार्थी एक विशेष परिस्थिति के बारे में क्या सोचते हैं तथा उनकी प्राथमिकताएँ क्या हैं? यह ये जानने के लिए भी उपयोगी है कि विद्यार्थी एक विशेष प्रकार का व्यवहार क्यों करते हैं।
Ensures objectivity, reliability and the ability to generalize; but hardly provides any in-depth description वस्तुनिष्ठता, विश्वसनीयता तथा सामान्यीकरण की योग्यता सुनिश्चित करता है लेकिन गहन वर्णन कभी-कभी ही दे पाता है।	It can't be generalized इसका सामान्यीकरण नहीं किया जा सकता।
Data can be generated through the same tool irrespective of context एक ही यंत्र से आँकड़े पैदा किए जा सकते हैं संदर्भ के निरपेक्ष।	Context is important in qualitative data गुणात्मक आँकड़ों में संदर्भ महत्त्वपूर्ण है।

LEARNING AND ASSESSMENT
(अधिगम एवं आकलन)

14

14.2 LEARNING AND ASSESSMENT (अधिगम एवं आकलन)

- Assessment Of Learning
  अधिगम का आकलन
- Assessment for Learning
  अधिगम हेतु आकलन
- Assessment as learning
  अधिगम की तरह आकलन

14.2.1 Assessment Of Learning (अधिगम का आकलन)

- Assessment of learning refers to those assessments - oral, performance and written, or combination of two or more of these modes - that occur at or near the end of an instructional unit or term.
  अधिगम के आकलन से अभिप्राय दो प्रकार के आकलन से है – मौखिक, निष्पादन एवं लिखित, या इनमें से दो या अधिक विधियों का मिश्रण जिसे किसी शिक्षण इकाई या सत्र के अंत में आयोजित किया जाता है।
- Using this type of assessment you can judge the ability of your students to synthesize and demonstrate the concepts or experiences they have acquired during the period of instruction.
  इस प्रकार के आकलन का प्रयोग करके आप अपने विद्यार्थियों की योग्यता की जाँच कर सकते है-अवधारणाओं या अनुभवों का संश्लेषण एवं निष्पादन करवा कर जो कि उन्होंने शिक्षण सत्र में धारण किए हैं।
- The results of assessment of learning are universally regarded as important indicators for monitoring students learning growth.
  अधिगम के आकलन के परिणाम को हर स्थान पर विद्यार्थियों के अधिगम की बढ़त की जाँच के लिए महत्वपूर्ण सूचक माना जाता है।

14.2.2 Assessment for Learning (अधिगम हेतु आकलन)

- Assessment of learning in which the results of the assessment are available and shared at the end of a content unit/topic or at the end of a term.
  अधिगम का आकलन जिसमें आकलन के परिणाम हर विषयवस्तु की इकाई/प्रकरण के अंत में उपलब्ध हैं तथा बाँटे जाते हैं।
- Assessment for learning (AFL) comprises two phases-initial or diagnostic assessment and formative assessment.
  अधिगम हेतु आकलन के दो चरण होते हैं पहला निदानात्मक आकलन तथा दूसरा सृजनात्मक आकलन।
- **Diagnostic Assessment** is assessment made before the learning of a unit commences in order to determine what a student does and does not know about a topic.

निदानात्मक आकलन :- इकाई के अधिगम के शुरू होने से पहले यह जानने के लिए किया जाता है कि विद्यार्थी को प्रकरण के बारे में क्या ज्ञात है, क्या नहीं।

- It is descriptive in nature and is not judgmental and hence not evaluative

  यह प्रकृति में वर्णनात्मक है और निर्णयात्मक नहीं है और इसलिए मूल्यांकन इसमें मूल्यांकन नहीं होता है।

- Since the learner has to be provided feedback in order to improve the ongoing process of learning, the assessment is frequent and continuous in the learning process.

  चूँकि सीखने की प्रक्रिया में सुधार के लिए शिक्षार्थी को फीडबैक प्रदान करना होता है, इसलिए सीखने की प्रक्रिया में आकलन लगातार और निरंतर होता है।

Feedback in Assessment FOR Learning (अधिगम के लिए आकलन में प्रतिक्रिया/पुनर्निवेशन)

- The main purpose of an assessment for learning is to provide feedback to both the teacher and student regarding the student's progress towards achieving the learning objective(s).

  अधिगम हेतु आकलन का मुख्य उद्देश्य शिक्षक एवं विद्यार्थी दोनों को विद्यार्थी के अधिगम उद्देश्यों और प्रगति पर पुनर्निवेशन प्रदान करता है।

- Giving constructive feedback - verbal and written - is a vital aspect of assessment for learning.

  मौखिक एवं लिखित सृजनात्मक पुनर्निवेशन देना अधिगम हेतु आकलन का अति महत्वपूर्ण भाग है।

- Always give specific feedback on what a student has done well.

  सकारात्मकता पर जोर दे – जो विद्यार्थी ने अच्छा किया है उसपर विशिष्ट पुनर्निवेशन दें।

- Seek students' views and value their contribution.

  विद्यार्थी के विचार जानें तथा उनकी भागीदारी को मूल्यवान समझें।

- Encourage the student to make corrections. Don't simply write the correct answers, spellings and so on.

  विद्यार्थी को सुधार कार्य के लिए प्रोत्साहित करे केवल सही उत्तर दे, वर्तनी इत्यादि लिखकर न दे।

14.2.3 Assessment as learning (अधिगम की तरह आकलन)

- When we gather new experiences while assessing our own performance or performance of others, the processes of learning and assessment lose the line of demarcation between them. In such instances assessment becomes a learning process.

  जब हम अपने या दूसरे के निष्पादन का आकलन करते हुए नए अनुभव एकत्रित करते हैं तो अधिगम एवं आकलन की प्रक्रियाओं में अंतर की रेखा खो जाती है। ऐसे पलों में आकलन अधिगम की प्रक्रिया बन जाती है।

- It is the most important skill for a student to grasp and is crucial for independent progress in learning.

  विद्यार्थी के लिए यह कौशल सीखना अति महत्वपूर्ण है तथा अधिगम में स्वतंत्र प्रगति हेतु अति आवश्यक है।

- It is completely student controlled.

  यह पूर्ण रूप से विद्यार्थी द्वारा नियंत्रित होता है।

- Assessment as learning begins only when students become aware of the goals of instruction and the criteria for performance and strive to achieve the goals.

  अधिगम के रूप में आकलन केवल तब शुरू होता है जब विद्यार्थी शिक्षण के उद्देश्यों तथा निष्पादन के नियमों से अवगत हो जाते हैं तथा उद्देश्यों की प्राप्ति के लिए प्रयासरत हो जाते हैं।

- According to Lorna M. Earl (2006), assessment as learning is based on the conviction that the students are capable of becoming adaptable, flexible, and independent in their learning and decision-making.
  लोरना एम. अर्ल (2006) के अनुसार, अधिगम के रूप में आकलन इस विश्वास पर आधारित है कि विद्यार्थी अपने अधिगम एवं निर्णय लेने में अनुकूलन, लचक एवं स्वतंत्रता के योग्य है।

Notes

14.3 DESIGNING ASSESSMENT PLAN (आकलन हेतु योजना का प्रारूप बनाना)

Following points should be considered :-
निम्न बिंदुओं का ध्यान रखना चाहिए–

- Approaches to Assessment.
  आकलन की पद्धतियाँ।
- Purpose of assessment.
  आकलन का उद्देश्य।
- Clarity in Learning Outcomes.
  अधिगम के परिणामों में स्पष्टता।
- Vision of Effective Assessment.
  प्रभावशाली आकलन का दर्शन।
- Provision of Time.
  समय का प्रदान।
- Students' Involvement.
  विद्यार्थियों को सम्मिलित करना।
- Provision of Feedback.
  पुनर्निवेशन प्रदान करना।
- System of Continuous Monitoring.
  लगातार जाँच का तंत्र।

15 TOOLS AND STRATEGIES OF ASSESSMENT
(आकलन के उपकरण एवं युक्तियाँ)

15.2 CONSTRUCTION AND USE OF ACHIEVEMENT TEST
(उपलब्धि परीक्षण की संरचना एवं उपयोग)

15.2.1 Teacher Made Test (अध्यापक-निर्मित परीक्षण)

- Essential for making the assessment more continuous and comprehensive.
  परीक्षण आकलन को सतत और व्यापक बनाना।
- To reflect on the day-to-day teaching-learning activities of the school.
  विद्यालय के दिन-प्रतिदिन के शिक्षण-अधिगम क्रियाकलापों पर विचार करना।
- To develop more efficient learning-teaching strategies.
  अधिक सुगम शिक्षण-अधिगम रणनीतियों का विकास करना।
- To know the ability of individual student.
  प्रत्येक विद्यार्थियों की क्षमता को जानना।
- To diagnose the students' strengths and weaknesses, and this helps the teacher to plan for compensatory (remedial) and enrichment programmes.
  विद्यार्थियों के सबल और निर्बल पक्षों की पहचान करना और इसका उपयोग सुधारात्मक और समृद्धिकरण कार्यक्रमों में करना।

Table : Characteristics of Teacher Made Tests

सारणी : अध्यापक निर्मित परीक्षा की विशेषताएँ

Characteristics विशेषताएँ	Teacher made Achievement Tests अध्यापक निर्मित उपलब्धि परीक्षा
Direction for administration परीक्षण देने के लिए निर्देश	Explains '*how*' and '*why*' कोई समान दिशा-निर्देश निर्दिष्ट नहीं है। जो अध्यापक इसे इस्तेमाल करता है उसके ऊपर निर्भर करता है।
Learning outcomes and Sampling of contents अधिगम निष्कर्ष और विषयवस्तु का नमूना	Well adapted to outcomes and contents of local curriculum, The classroom teacher decides the quantum of content to be covered for a particular test: स्थानीय पाठ्यक्रम विषयवस्तु और निष्कर्ष के अनुसार हो, कक्षा अध्यापक निर्धारित करता है कि एक विशेष परीक्षा में कितना विषयवस्तु का समावेश करना है।
Construction संरचना	Depends upon the classroom teacher and his/ her capacity, often prepares the blue print, less scope for item analysis and try-out of the test items कक्षा अध्यापक और उसकी क्षमता के ऊपर निर्भर करता है, प्राय: एक नमूना तैयार करता है, पद विश्लेषण के लिए कम क्षेत्र और परीक्षण पदों का पूर्व परीक्षण करना।

Notes

Frequency of use उपयोग की आवृत्ति	It depends upon the purpose of the test to serve यह परीक्षण पद के उद्देश्य प्राप्ति के ऊपर निर्भर करता है।
Purpose उद्देश्य	To provide feedback, functions as a learning exercise, motivates the students to develop good study habits, पृष्ठपोषण उपलब्ध कराना, अधिगम अभ्यास का कार्य करना, विद्यार्थियों को अच्छे पठन-पाठन की आदतों का विकास करने के लिए प्रेरित करना।
Use उपयोग	Score comparisons and interpretations limited to that particular school not for comparison with other schools; best suited for measuring particular objectives set by the teacher. उस विशेष विद्यालय के प्राप्तांक की तुलना और व्याख्या करने के लिए दूसरे विद्यालय से तुलना करने के लिए नहीं. अध्यापक द्वारा निर्धारित विशेष उद्देश्य के मापन के लिए सबसे अधिक उपयुक्त है।

- Objective Test, Essay Test, Oral Test, Written Test, Performance Test (When answer to each item requires the student to do some activities like measuring length, weight and capacity, drawing figures, painting, arranging the blocks to produce desired designs, preparing models etc.)
  वस्तुनिष्ठ परीक्षण, निबंध परीक्षा, मौखिक परीक्षा, लिखित परीक्षा, निष्पादन परीक्षा (जब प्रत्येक पद के उत्तर देने में विद्यार्थियों को कुछ क्रियाकलाप करने की आवश्यकता होती है जैसे लंबाई का मापन, भार धारिता, चित्रांकन, पेंटिंग ब्लॉकों को क्रमबद्ध रूप से व्यवस्थित करके वंचित डिजाइन, मॉडल तैयार करना आदि)।

Constructing a Good Test (एक अच्छे परीक्षण की संरचना करना)

- A good test requires adequate and extensive planning.
  एक अच्छे परीक्षण बनाने के लिए व्यापक और पर्याप्त योजना की आवश्यकता होती है।
- For writing the test items, the teacher has to prepare a table of specification (normally called as a blue print i.e. a two-way arrangement of course content and course objectives).
  परीक्षण पदों को लिखने के लिए अध्यापक को एक विशिष्ट सारणी तैयार करनी होगी (इसे प्राय: रूपरेखा कहते हैं अर्थात विषयवस्तु और लक्ष्य का व्यवस्थीकरण)।
- After the test items are written they are edited by reviewing each item on the basis of its appropriateness, usefulness, clarity to do the task, language, etc.
  परीक्षण आइटम लिखे जाने के बाद, प्रत्येक आइटम की उसकी उपयुक्तता, उपयोगिता, कार्य करने की स्पष्टता, भाषा आदि के आधार पर समीक्षा करके उन्हें संपादित किया जाता है।
- Preparing a scoring process along with the test item contributes to develop a good test.
  परीक्षण आइटम के साथ स्कोरिंग प्रक्रिया तैयार करना एक अच्छे परीक्षण को विकसित करने में योगदान देता है।

15.2.2 Unit Test (इकाई परीक्षण)

- It is based on limited competencies/specific objectives.
  यह एक सीमित दक्षताओं/क्षमताओं पर निर्भर करता है।
- Testing students with it is very informal in nature i.e. unit testing is conducted within the normal classroom time without affecting other activities of the school.
  इसके द्वारा बच्चों का परीक्षण बहुत ही अनौपचारिक होता है। अर्थात इकाई परीक्षण सामान्य कक्षाकक्ष के समय, विद्यालय के अन्य क्रियाकलापों में बाधा उत्पन्न किए बिना, आयोजित किया जाता है।
- Marks secured on the unit test are less important than the diagnosis of strengths and weaknesses of students.

Notes

इकाई परीक्षण के लिए अधिकतम अंक अध्यापक द्वारा निर्धारित किया जाता है। इकाई परीक्षण में अर्जित अंक, विद्यार्थियों के सबल और निर्बल पक्षों की पहचान करने से, अधिक महत्वपूर्ण नहीं है।

- The teacher also decides the time to answer the questions, total number of items to be included in the test. It is purely a teacher made test.
  अध्यापक यह भी निर्धारित करता है कि प्रश्नों के उत्तर देने के लिए कितना समय विद्यार्थियों को देना है तथा परीक्षण में कुल कितने पद शामिल करना है। यह पूर्णत: अध्यापक निर्मित परीक्षण है।
- Varieties of test items (oral, written, performance) can be used in the unit test.
  इकाई परीक्षण में विभिन्न प्रकार के पदों (मौखिक, लिखित, निष्पादन) का समावेश किया जा सकता है। परन्तु एक इकाई परीक्षण में पदों की संख्या सीमित होती है।
- It does not rank the students on the basis of their performance rather it acts as a tool for further learning.
  इसके द्वारा, विद्यार्थियों के निष्पादन के आधार पर श्रेणीबद्ध नहीं किया जाता है वरन यह सीखने के एक उपकरण के रूप में कार्य करता है।

15.3 CONSTRUCTION OF DIFFERENT TYPES OF TEST ITEMS (विभिन्न प्रकार के परीक्षण पदों की रचना करना)

15.3.1 Extended- Response Type of Item ("विस्तृत-उत्तर" प्रकार के मद)

- Students are given sufficient freedom in responding to the items.
  विद्यार्थियों को उत्तर देने के लिए पर्याप्त स्वतंत्रता दी जाती है।
- It also helps the teacher in evaluating complex skills like organization of ideas, analytical skill along with understanding of concepts and principles.
  यह विद्यार्थियों के कठिन कौशलों और विचारों को व्यवस्थित करने, विश्लेषणात्मक कौशल के साथ-साथ अवधारणाओं और सिद्धांतों की समझ का आकलन करने में सहायता करता है।

15.3.2 Restricted Response Type Items (प्रतिबंधात्मक उत्तर प्रकार के पद)

- When we put any restriction on an essay item, such that the response to is controlled or become brief, the item generated is a restricted response item.
  जब हम किसी निबंधात्मक पद पर कोई प्रतिबंध लगाते हैं, जिससे कि उत्तर को नियंत्रित किया जा सके या संक्षिप्त बनाया जा सके तो ऐसे पद को प्रतिबंधित उत्तर पद कहते हैं।
- Such restrictive types of items are useful in managing time, and more objectively scoring of the responses.
  इस प्रकार के प्रतिबंधात्मक पद समय प्रबंधन में उपयोगी होते हैं तथा उत्तरों का मूल्यांकन वस्तुपरक ढंग से किया जा सकता है।

15.3.3 Objective Type Items (वस्तुनिष्ठ प्रकार के पद)

- Short answer type, Completion type, True-false or alternate response items, Multiple Choice Items, Matching Type Items.
  लघु उत्तर प्रकार के पद, पूर्तिकरण प्रकार के पद, सत्य-असत्य या विकल्पी प्रकार के पद, बहु विकल्पीय पद, मिलान प्रकार के पद।

Notes

15.3.4 Open ended Items (मुक्त पद)

Closed-ended Items बंद पद	Open-ended Items मुक्त पद
1. Fill up the blank in 5 + ___ = 9 रिक्त स्थान भरो 5 + ___ = 9	1. Which numbers when added give 9? किन संख्याओं को जोड़ने पर 9 प्राप्त होता है?
2. Write the word by suffixing 'ing' to play. खेल शब्द के अंत में "रहे हैं" जोड़ कर लिखें।	2. Write down as many words adding 'ing' like playing, looking etc. अधिक से अधिक शब्द लिखें जिसके अंत में 'रहे हैं' हो।
3. Draw a triangle with two adjacent sides of 5 cm and 9 cm with measure of included angle to be 60°. एक त्रिभुज की रचना करें जिसकी आसन्न भुजायें क्रमश: 5 सेमी व 9 सेमी है तथा उनके बीच के कोण की माप 60 डिग्री है।	3. How many ways can you draw a triangle? एक त्रिभुज को आप कितने तरीके से आरेखित कर सकते हैं।
4. Which is the main material used in building pucca houses besides cement and mortar? सीमेन्ट और गारा के अतिरिक्त पक्का मकान बनाने में किस मुख्य सामग्री का इस्तेमाल किया जाता है।	4. How many ways can you use a brick? एक ईंट का इस्तेमाल कितने तरीकों से कर सकते हैं।
5. Who controls the teachers and students in a school ? अध्यापक और विद्यार्थियों को विद्यालय में कौन नियंत्रित करता है।	5. If you were the headmaster what would you do to improve your school? यदि आप मुख्य अध्यापक हैं तो आप अपने विद्यालय के स्तर को किस प्रकार सुधारेंगे।

15.4 CONSTRUCTION AND USE OF QUALITATATIVE TOOLS AND TECHNIQUES (गुणात्मक उपकरणों एवं तकनीकों की रचना और उपयोग)

15.4.1 Observation (अवलोकन)

- Observing students in natural setting (also in simulated setting) is a useful technique for gathering data about student's performance in different curricular and co-curricular activities and about their affective behaviour.
  विद्यार्थियों का प्राकृतिक वातावरण में (तथा निर्मित वातावरण में भी) व्यवस्थित रूप से अवलोकन करना, विद्यार्थियों के शैक्षणिक और सहगामी क्रियाओं के निष्पादन के बारें में तथा उनके प्रभावित व्यवहार के बारे में आँकड़े एकत्रित करने के लिए एक उपयोगी तकनीक है।
- Student's progress and behaviour in areas like speaking, handwriting, singing, dancing, dramatization, punctuality, effective use of time, cordial relationship, giving respect to the elders cannot be evaluated through paper-pencil tests.
  विद्यार्थियों की विभिन्न क्षेत्रों में प्रगति और व्यवहार जैसे बोलना, हस्तलेखन, गायन, नृत्य, नाट्य कला, समयबद्धता, समय का सदुपयोग, सोहार्दपूर्ण संबंध, बड़ों का आदर करना आदि का मूल्यांकन पेपर- पेंसिल परीक्षण माध्यम से नहीं किया जा सकता है।
- Use clear and unambiguous terms in the observation tools.
  अवलोकन उपकरणों में स्पष्ट और असंदिग्ध शब्दों का उपयोग करें।
- Carefully record and summarize the observation immediately otherwise there is a chance of forgetting.

Notes

अवलोकन के पश्चात शीघ्रता से उसका अभिलेखन और सारांश लिखें अन्यथा भूलने का पूरा अवसर हो सकता है।

15.4.2 Check List (जाँच सूची)

***TOOL-1** (Check list on participation of a student in school activities)*
उपकरण-1 (एक विद्यार्थी की विद्यालय क्रियाकलापों में सहभागिता के लिए जाँचसूची)

Activities	***put a tick mark if the student is active.***
क्रियाकलाप	**यदि विद्यार्थी यदि ने सही कार्य किये हैं तो ✓ का निशान लगाएँ।**
1. Student is active in class projects.	______
कक्षा परियोजना में विद्यार्थी सक्रिय है।	______
2. The student relates to his peers.	______
विद्यार्थी अपने सहपाठियों से संबंध रखता है।	______
3. The student participates in group discussion.	______
विद्यार्थी समूह चर्चा में भाग लेता है।	______
4. Student is active in sports activities.	______
विद्यार्थी खेल क्रियाकलाप में सक्रिय है।	______
5. Student is active in club activites.	______
विद्यार्थी क्लब क्रियाकलाप में सक्रिय है।	______

15.4.3 Rating Scale (निर्धारण मापनी)

***TOOL-2** (rating scale on participation of a student in school activities)*
Please encircle the number on the right of each question indicating the level of active involvement of the student as per your observation and judgment.
उपकरण –2 (विद्यालय क्रियाकलापों में विद्यार्थी के सहभागिता के लिए निर्धारण मापनी)
आपके अवलोकन और जाँच के आधार पर विद्यार्थी के सक्रिय भागीदारी स्तर से संबंधि त प्रश्नों के दांयी ओर दिये गये संख्या को वृत्त से घेरे।

1- Unsatisfactory, 2- Below average, 3-Average,
4- Above average, 5- Outstanding
1. असंतोष जनक, 2. औसक से नीचे, 3. औसत 4. औसत से उपर, 5. उत्कृष्ट

1. Student is active in class projects.	*1*	*2*	*3*	*4*	*5*
1. विद्यार्थी कक्षा परियोजना में सक्रिय में है।	1	2	3	4	5
2. The student relates to his peers.	*1*	*2*	*3*	*4*	*5*
2. विद्यार्थी अपने सहपाठियों के संपर्क में है।	1	2	3	4	5
3. The student participates in group discussion.	*1*	*2*	*3*	*4*	*5*
3. विद्यार्थी खेल क्रियाकलापों में सक्रिय है।	1	2	3	4	5
4. Student is active in sports activities.	*1*	*2*	*3*	*4*	*5*
4. विद्यार्थी समूह चर्चा में भाग लेता है।	1	2	3	4	5
5. Student is active in club activities.	*1*	*2*	*3*	*4*	*5*
5. विद्यार्थी क्लब क्रियाकलापों में सक्रिय है।	1	2	3	4	5

15.4.4 Questionnaire (प्रश्नावली)

- In a questionnaire, some items on the issue/topic are placed in a written form.
  एक प्रश्नावली में, मुद्दों/विषयों पर कुछ पद लिखित रूप में रखा जाता है।
- The respondents have to answer the questions.
  उत्तरदाता को उत्तर देना होता है।
- The facts or information provided as the response to questions can be verified or cross checked.

उत्तर के रूप में जो सूचना या तथ्य उपलब्ध कराए गए हैं उसका सत्यापन या प्रति जाँच किया जा सकता है।

- A Questionnaire is useful in providing adequate, accurate, unbiased data as required.

  एक प्रश्नावली पर्याप्त सटीक, बिना पक्षपात के वांछित आँकड़ें उपलब्ध करने में बहुत उपयोगी है।

15.4.5 Interview (साक्षात्कार)

- - Ask such questions which will satisfy your purpose. - Allow time for the respondent to answer. - Try to build trust and confidence in the respondent. - Make rapport with the respondent, this will ensure stability of the interview. - Bring clarity in the questions.

  ऐसे प्रश्न करें जो आपके प्रयोजन को संतुष्ट करें - उत्तरदाता को उत्तर देने के लिए पर्याप्त समय दें -उत्तरदाता में विश्वास और साहस उत्पन्न करने का प्रयास करना चाहिए - उत्तरदाता के साथ संबंध बनाए यह साक्षात्कार की स्थिरता को सुनिश्चित करता है-प्रश्नों में स्पष्टता लाएँ।

15.4.6 Portfolio (पोर्टफोलियो)

- A student portfolio is a collection of pieces of student's work selected to serve a particular purpose.

  पोर्टफोलियो विद्यार्थी का किसी विशेष उद्देश्य की प्राप्ति के लिए किए गए कार्य के चुने हुए हिस्सों का संकलन होता है।

- Student's portfolios are often used as an effective instrument for assessing the students.

  पोर्टफोलियो का विद्यार्थी के आकलन करने के लिए प्रभावकारी उपकरण के रूप में इस्तेमाल किया जाता है।

- Develops skill among students in evaluating the strength and weakness of their own work.

  छात्रों के बीच अपने काम की ताकत और कमजोरी का मूल्यांकन करने में कौशल विकसित करता है।

- Creates opportunity for parents to assess the performance of their children.

  माता-पिता को अपने बच्चों के प्रदर्शन का आकलन करने का अवसर प्रदान करता है।

- For example, from the collection of creative writing of the students for a period of time(say 6 months), the teacher can assess the progress of students in grammar, organization of ideas and their progressive development over that period of time.

  उदाहरण के लिए, समय की अवधि (जैसे 6 महीने) के लिए छात्रों के रचनात्मक लेखन के संग्रह से, शिक्षक उस अवधि में व्याकरण, विचारों के संगठन और उनके प्रगतिशील विकास में छात्रों की प्रगति का आकलन कर सकता है।

15.4.7 Project (परियोजना)

- **According to Ballard**, "A project is a bit of real life that has been imparted into the school".

  बेलार्ड के अनुसार, "एक परियोजना वास्तविक जीवन का एक छोटा सा हिस्सा है जिसे विद्यालय में निवेश किया गया है।"

- **For example** Seasonal variation in the bird population-place where they are found, how they fly (direct, gliding, dipping etc), description of their body (size, shape, colour, parts of the body etc), gait, call, food and food habits, nest, eggs (number, size, colour) etc.

  उदाहरण :- मौसम परिवर्तन के साथ पक्षियों की संख्या में परिवर्तन, स्थान जहाँ वे पाए जाते हैं, वे कैसे उड़ते हैं (सीधे, बिना पंख हिलाए डूबकर आदि) उनके शरीर का विवरण (आकार, रूप, रंग, शरीर के हिस्से) चाल, आवाज, भोजन, और भोजन करने की आदतें, घोंसला, अंडे (संख्या, आकार, रंग) आदि।

Notes

15.4.8 Case study (केस अध्ययन)

- Case studies are in-depth investigation of an individual, a family, a school, or a group of children.

  केस अध्ययन एक व्यक्ति, एक परिवार, एक विद्यालय या बच्चों के एक समूह का गहन अन्वेषण है।

- In education, case studies are typically conducted to determine the background, environment, and characteristics of children with problems.

  शिक्षा में समस्याग्रस्त बच्चों की पृष्ठभूमि वातावरण और उनकी विशेषताओं का निर्धारण करने के लिए आयोजित किया जाता है।

USING THE RESULTS OF ASSESSMENT FOR IMPROVING LEARNING (अधिगम के सुधार हेतु आकलन के परिणामों का उपयोग)

16

16.2 RECORDING AND REPORTING OF ASSESSMENT RESULTS (आकलित परिणामों का अभिलेखन और प्रतिवेदन)

16.2.1 Need for Recording and Reporting (अभिलेखन और रिपोर्टिंग की आवश्यकता)

- To ensure all-round development of every learner to his/her potential.
  प्रत्येक शिक्षार्थी का उसकी क्षमता के अनुसार सर्वांगीण विकास सुनिश्चित करना।
- The student gets to know what they are doing and why they are doing.
  छात्र यह जानकारी प्राप्त करते हैं कि वे क्या कर रहे हैं और क्यों कर रहे हैं।
- It indicates students' strength and weakness in learning.
  यह सीखने में छात्रों की ताकत और कमजोरी को इंगित करता है।
- It promotes greater understanding of the student's personal and social development.
  यह छात्र के व्यक्तिगत और सामाजिक विकास की अधिक समझ को बढ़ावा देता है।
- The learning performance record helps the teachers and counsellors to provide varied information collected to understand the potential of the students.
  सीखने का प्रदर्शन रिकॉर्ड शिक्षकों और परामर्शदाताओं को छात्रों की क्षमता को समझने के लिए एकत्र की गई विविध जानकारी प्रदान करने में मदद करता है।

16.2.2 Process of Recording Learning Progress (अभिलेखन अधिगम प्रगति की प्रक्रिया)

16.3 USING ASSESSMENT RESULTS FOR IMPROVING LEARNING (अधिगम को सुधारने के लिए आकलित परिणाम का उपयोग)

16.3.1 Analysing Assessment Results to Identify Strengths and Weaknesses (क्षमता और कमजोरी की पहचान करने के लिए आकलित परिणाम का विश्लेषण करना)

- (i) Subject-wise analysis, (ii) Topic-wise analysis, (iii) Learning outcome wise analysis, and (iv) Term-wise analysis.
  (i) विषय के हिसाब से विश्लेषण।
  (ii) विषय-वस्तु के हिसाब से विश्लेषण।
  (iii) अधिगम प्राप्तियों के हिसाब से विश्लेषण।
  (iv) उपसत्र के हिसाब से विश्लेषण।

Notes

16.3.2 Follow-Up Programmes (कार्यक्रम का अनुवर्तन करना)

- Counselling, remediation through diagnosis and enrichment programmes may be taken up by the teacher.

  अध्यापक द्वारा परामर्श, निदान और संवर्धन कार्यक्रमों के माध्यम से उपचार किया जा सकता है।
- The teacher may have his/her own reflection on the learning performance of the students and the tools and techniques he/she has used to assess the learning performance.

  शिक्षक का छात्रों के सीखने के प्रदर्शन और सीखने के प्रदर्शन का आकलन करने के लिए उपयोग किए गए उपकरणों और तकनीकों पर अपना स्वयं का प्रतिबिंब हो सकता है।

SOCIETY AND EDUCATION
(समाज और शिक्षा)

1

1.2 SOCIETY: MEANING AND ITS INSTITUTION (समाजः अर्थ एवं उसकी संस्थाएँ)

- Society is a "web of relationship" and these relations are fundamental for understanding human behavior and different institutions of society.

  समाज रिश्तों का एक नेटवर्क है और यह रिश्ते मानवीय व्यवहार और समाज की विभिन्न समस्याओं को समझाने के लिए मूलाधार हैं।
- Society is attached with sanction (reward and punishment).

  समाज विस्तृत रूप से जाने जाते हैं साथ ही साथ दंड विधानों (पुरस्कार और सजा) से जुड़े हैं।
- "society" is rooted in Latin word societas, means friend and ally.

  ''सोसाइटी'' शब्द लैटिन शब्द सोसाइटस से उत्पन्न जिसका अर्थ है दोस्त और बंधु है।
- Society- first is 'social action' and another is 'interaction'.

  समाज में इकाई के रूप में 2 तरीकों का अनुकरण करते हैं, पहला है ''सामाजिक क्रिया'' और दूसरा है ''पारस्परिक क्रिया''।
- American sociologist Maclver and Page consider, "society as a system of usage and procedures, of authority and mutual aid, of many groupings and divisions, off controls of human behavior of liberties".

  अमेरिकी समाजशास्त्री मैकाइवर और पेज ने समाज को सत्ता के अनुप्रयोगों और प्रक्रियाओं की एक प्रणाली तथा बहुत से समूहों के आपसी साधन तथा मानवीय व्यवहार एवं स्वतंत्रताओं के नियंत्रण के भागों के रूप में विचार किया है।
- Talcott Parsons, American sociologist, used term social system for society and considered 'interaction' is the basic unit to explain the human behaviors.

  अमेरिकी समाजशास्त्री टालकॉट पारसन्स ने समाज के लिए सामाजिक प्रणाली शब्द का प्रयोग किया है तथा मानवीय व्यवहार को वर्णित करने की मौलिक इकाई 'पारस्परिक क्रिया' को माना है।

Individual and Society (व्यक्ति और समाज)

- Social institution refers to 'a set of norms' applied to various aspects of human behavior regulated by well established, easily recognized and relatively stable norms for smooth functioning of society and social relations. There are some important institutions like family, education, religion, economy, polity which play different roles following the norms and values of one particular society.

  सामाजिक संस्था मानव व्यवहार के विविध पहलुओं में प्रयुक्त 'मानदंडों के एक समुच्चय' का निर्देश देती है जो समाज तथा सामाजिक रिश्तों के सुचारू कार्यान्वयन के लिए अच्छी तरह स्थापित, सहज, धर्म, अर्थव्यवस्था, राजनीति जैसी कुछ महत्वपूर्ण संस्थाएँ हैं जो एक विशेष समाज के मानदंडों एवं मूल्यों का अनुकरण करते हुए विभिन्न भूमिकाएँ निभाती हैं।

Notes

- **Family**-Family is a basic unit of any community and society which acts as joining institution between individual and society.

  परिवार-परिवार किसी भी समुदाय समाज की एक मौलिक इकाई है जो व्यक्ति एवं समाज के बीच संस्था को जोड़ने का कार्य करता है।

- It discharges many functions to society and individual from regulating marital bond, legitimate reproduction, care for young, controls human behavior and functioning as an economic unit at least for consumption. It discharges this role with other associated institutions, like marriage and kinship.

  इसका लगभग विश्वभर में सार्वभौमिक अस्तित्व है। वैवाहिक बंधन को नियंत्रित कर, प्रजनन को वैध ठहराकर, युवाओं की देखभाल कर, मानवीय व्यवहार को नियंत्रित करता है और उपयोग के लिए कम से कम एक आर्थिक इकाई के रूप में कार्य को व्यक्ति एवं समाज के लिए छोड़ देता है।

- **Religion**- French sociologist Emile Durkhiem defined religion as unified system of beliefs and practices related to sacred things.

  धर्म-फ्रांसीसी समाजशास्त्री एमाइल दुर्खीम ने धर्म को पवित्र चीजों से संबंधित मान्यताओं एवं आदतों को एकीकृत प्रणाली के रूप में परिभाषित किया है।

- **Economy**- Karl Marx, there is consensus that religion is functional role in society. However, sometimes its rigidity also becomes dysfunctional.

  अर्थव्यवस्था-कार्ल मार्क्स की इस बात पर सर्वसम्मति है कि समाज में धर्म की कार्यात्मक भूमिका है जबकि कभी-कभी इसकी दृढ़ता अकार्यात्मक भी हो जाती है।

- **Education**-First universal function of education is to socialize the members of society and transmit the culture to the next generation.

  शिक्षा-शिक्षा का पहला सार्वभौमिक कार्य है समाज के सदस्यों का समाजीकरण करना और अगली पीढ़ी को संस्कृति संप्रेषित करना।

- Second is to fulfill society's needs pertaining to human resource. Major socializing agencies are community, family, peer group and formal educational institutions

  दूसरा कार्य है मानव संसाधन से संबंधित समाज की जरूरतों को परिपूर्ण करना। समाजीकरण करने वाली मुख्य एजेंसियाँ हैं समुदाय, परिवार, साथी और औपचारिक शैक्षिक संस्थाएँ।

- **Policy**- Political institutions are defined as a system of control through its organizations and legal or legitimate use of force. According to T. B. Bottomore, polity is mainly concern with division of power and authority in society

  नीति-राजनीतिक संस्थाएँ अपने संगठनों एवं शक्ति के वैधानिक प्रयोग के माध्यम से नियंत्रण की एक प्रणाली के रूप से परिभाषित होती है। टी.बी. बोटेमोर के अनुसार राजनीति मुख्यत: शक्ति के विभाजन और समाज में सत्ता से संबंधित है।

- John Dewey writes that 'we are apt to look at the school from an individualistic standpoint, as something between teacher and pupil, or between teacher and parent'. The result of this changing situation led to deviation of it role and responsibility

  जॉन डेवी लिखते हैं कि हम विद्यालय को एक व्यक्तिवादी दृष्टिकोण से देखने में प्रबल हैं जैसे शिक्षक एवं छात्र के बीच, शिक्षक एवं अभिभावक के बीच कुछ है। यह बदलती स्थिति इसके परिणाम, इसकी भूमिका एवं उत्तरदायित्व के विचलन का मार्गदर्शन करती है।

- If we consider society as a social system then we may divide it into five sub-systems known as family, education, religion, economy, and politics. Each sub-system plays its own functions to sustain and maintain the society as a whole.

  यदि हम समाज को एक सामाजिक प्रणाली के रूप में मानते हैं तो हम इसे पाँच प्रणालियों में बाँट सकते हैं जो परिवार, शिक्षा, धर्म, अर्थव्यवस्था एवं राजनीति के रूप में जाने जाते हैं।

1.3 EVOLUTION OF INDIAN SOCIETY (भारतीय समाज का विकास)

Notes

- The deep fathomless Indian history often traced with oldest and largest civilization (Indus valley civilization). The archeological evidence reveals that this was one of the organized civic life with developed town planning, a system of writing, having knowledge of copper and gold, standardization of weights and measures and much other evidence of economic and political institutions.

  गहरा अथाह भारतीय इतिहास प्राय: प्राचीनतम एवं वृहद सभ्यता (सिंधु घाटी सभ्यता) से खोजा जाता है। पुरातात्विक साक्ष्य प्रकट करते हैं कि विकसित शहरी योजना लेखन प्रणाली के साथ तांबा और सोने की जानकारी रखने वाला एवं आंखों के मानकीकरण वाला तथा अन्य आर्थिक सामाजिक संस्थानों के साक्ष्य के साथ यह सबसे संगठित सभ्य जीवन था।

- Vedic period known for development of four Veda the hymns and ritual practices and Vedic model for pedagogical inspiration.

  वैदिक काल चार वेदों, भवनों और धार्मिक आदतों तथा शिक्षाशास्त्रीय प्रेरक के लिए वैदिक प्रतिमान के विकास के लिए जाना जाता है।

- Historically India has been a place of numerous groups of immigrants from various parts of the world particularly Europe and Asia such as Sakas, Parthian, Kushan, Mongol, Mughal, Portuguese, British, French, Dutch and others. These groups also carried their cultures to this subcontinent.

  ऐतिहासिक रूप से भारत विश्व के विभिन्न भागों विशेष रूप से यूरोप एवं एशिया से आए हुए बहुसंख्यक प्रवासियों जैसे शक, पार्शियन, कुशन, मंगोल, मुगल, पुर्तगाली, ब्रिटिश, फ्रेंच, डच एवं अन्य सांस्कृतिक संपर्क में लंबे समय से एक दूसरे को प्रभावित किया और इस उपमहाद्वीप को विविध संस्कृतियों का एक दरिया का स्थान सृजित कर दिया।

Unity in Diversity (अनेकता में एकता)

- Megasthnese (315 BC), Fa Hsien (405-11 AD), Marco Polo (1288 AD), Ibn Batuta (1325-51 AD) and others.

  मेगस्थनीज (315 ई.पू.), फाहियान (405-11 ई.), मार्को पोलो (1288 ई.), इब्नबतूता (1325-51 ई.) और अन्य।

- **RACES**-B.S. Guha identified all six major racial elements in the Indian population, namely Negrito, Proto-Austroloid, Mongoloid, Mediterranian, Western Brachecephals and Nordic. In which first three are oldest inhabitants of this subcontinent, however, the concept pure is no more social reality due frequent social mobility. Now a day the term 'ethnic group' widely used.

  वंश-बी.एस. गुहा ने भारतीय जनसंख्या में सभी छह प्रमुख जातीय तत्वों को पहचाना है जिनके नाम हैं नीग्रिटो, प्रोटो-एस्ट्रोलॉयड, भूमध्यसागरीय और नॉर्डिक। जिसमें से प्रथम तीन इस उपमहाद्वीप के प्राचीनतम निवासी हैं फिर भी निरंतर सामाजिक गतिशीलता के कारण संकल्पना की शुद्धता सामाजिक वास्तविकता नहीं है। आजकल 'नृजातीय समूह' शब्द विस्तृत रूप से प्रयुक्त होने लगा है।

- **CASTE**-Anthropological Survey of India reveals that there are more than 4600 castes or sub-castes based community identified in India. It differs with Varna, it is very imaginary classification and reference taken from text. However, it regulates not only social status but also economic and political behavior in society.

  जातियाँ-भारत का मानव वैज्ञानिक सर्वे उद्‌घाटित करता है कि भारत में 4600 से अधिक जातियों या उप जातियों पर आधारित समुदाय चयनित किए गए हैं। यह वर्ण से भिन्न है, मूल पाठ से लिया गया सबसे काल्पनिक वर्गीकरण और संदर्भ है। यद्यपि यह ना केवल सामाजिक स्थिति बल्कि समाज में आर्थिक एवं राजनीतिक व्यवहार को भी नियंत्रित करता है।

Notes

- **Religion:** Most of the major religions of the world like Buddhism, Christianity, Hinduism, Islam, Jainism, Jews, Zoroastrian and many bewildering variety of cults, sects and their followers live together in Indian society.

  धर्म-विश्व में प्रमुख धर्मों में से अधिकांश जैसे बौद्ध, ईसाई, हिंदू, मुस्लिम, जैन, यहूदी, जरथुस्ट और बहुत से पंथों, संप्रदायों के विस्मयकारी प्रकार उसके अनुयायी भारतीय समाज में एक साथ रहते हैं।

- **Commodities**-there are more than 700 distinct tribal and ethnic communities comprising almost 7.5 percent of Indian Population.

  समुदाय-जाति एवं उपजाति समूह के अलावा 7 सौ से अधिक पृथक जनजाति और मानव जनजाति समुदाय भारतीय जनसंख्या के लगभग 7.5 प्रतिशत को समाविष्ट करता है

- **Language And Other Cultural Diversity**-According to Grierson, India has 179 languages and 544 dialects but this estimate still need to authenticate. However, Indian constitution has listed 22 regional languages which exclude bhil, Gondi, Kumauni, Tulu, Kurukh and others.

  भाषा एवं अन्य सांस्कृतिक विविधता-ग्रियर्सन के अनुसार भारत में 179 भाषाएँ एवं 554 बोलियाँ हैं किंतु इस आकलन को प्रामाणिक ठहराना जरूरी है। यद्यपि भारतीय संविधान में 22 क्षेत्रीय भाषाएँ सूचीबद्ध हैं जिसमें भील, गोंडी, कुमाऊनी, टुलू, कुरुख और अन्य शामिल नहीं हैं।

- M.N. Srinivas viewed the feature of unity inherent in Hinduism which represents more than three fourth populations

  एम.एन. श्रीनिवास ने हिंदू धर्म में अंतर्निहित एकता के लक्षण को देखा है जो 3/4 से अधिक जनसंख्या को प्रस्तुत करता है।

- **One Political Entity**-Politically, almost whole subcontinent was under one kingdom such as Chadra Gupta Murya and Gupta period in ancient India. Since Mughol Period and British period clearly marked as one political regime. Therefore, Indian sub-continent from ancient period to modern period more or less has political unity except few aberrations.

  एक राजनीतिक इकाई-राजनीतिक रूप से लगभग संपूर्ण उपमहाद्वीप एक बादशाह जैसे प्राचीन भारत में चंद्रगुप्त मौर्य एवं गुप्तकाल के अंतर्गत था। चूँकि मुगल काल एवं ब्रिटिश काल स्पष्टत: एक राजनीतिक शासन प्रणाली के रूप में चिह्नित थे। इसीलिए प्राचीन काल से आधुनिक काल तक भारतीय उपमहाद्वीप में थोड़े विक्षेप के अतिरिक्त कम या अधिक राजनीतिक एकता रही है।

- **Territorial Integrity Of Indian Subcontent**-Geographically, whole subcontinent has one identity separated by Himalayas and Indian Sea. Though it varies within as Northern Himalayan, Aravalli ranges, Peninsular India and united by mighty river system which encompasses entire sub-continent.

  भारतीय उपमहाद्वीप की क्षेत्रीय एकता-भौगोलिक रूप से संपूर्ण उपमहाद्वीप की हिमालय एवं भारतीय सागर से एक पृथक पहचान है। यद्यपि यह इसके अंतर्गत पूरी हिमालय अरावली श्रेणियां प्रायद्वीपीय भारत के रूप में रूपांतरित होता है तथा मजबूत नदी तंत्र जो संपूर्ण उपमहाद्वीप को समाहित कर लेता है के द्वारा संगठित होता है।

- **Varna System**- Single Varna model and Varna ashram system encompassing whole India into one society. Varna model of social classification is not restricted to any particular region rather explains all the social groups of India and their specific role and status.

  वर्ण प्रणाली- एक वर्ण प्रारूप और वर्णाश्रम प्रणाली संपूर्ण भारत को एक समाज के रूप में समेटते हैं। सामाजिक वर्गीकरण का वर्ण प्रारूप किसी क्षेत्र विशेष में प्रतिबंधित नहीं है अपितु भारत के सभी सामाजिक समूह और उनकी विशिष्ट भूमिका तथा स्थिति को व्यक्त करता है।

- Anthropological Survey of India (1991) observed caste based categories among Indian Muslims. These show the cultural assimilation of this subcontinent.

Notes

भारत के पुरातत्व सर्वेक्षण (1991) में भारतीय मुसलमानों में जाति आधारित श्रेणियों को आलोकित किया गया है। यह इस उपमहाद्वीप के सांस्कृतिक सर्वांगीकरण को दिखाता है।

- Through the complementarily of homogeneity and heterogeneity, education plays significant role in nation building which Durkhiem called organic solidarity.

  समानता एवं विषममांगता के सम्मान से शिक्षा राष्ट्र निर्माण में एक सार्थक भूमिका निभाती है जिसे दुर्खीम जैविक एकात्मता कहते हैं।

- One thread, single Varna model and Varna Ashram system encompassing whole India.

  एक वर्ण प्रारूप संपूर्ण भारत को आविष्ट करने वाली वर्णाश्रम व्यवस्था जैसे समय के लक्षणों को पाते हैं।

- A. R. Desai (1976) in his book 'Social Background of Indian Nationalism' also explains the emergence and evolution of Indian Nationalism during independence movement. During freedom struggle, above mentioned different identities considered as hurdles, however, they joined together under one umbrella called Indian congress.

  ए.आर. देसाई 1970 से अपनी पुस्तक 'भारतीय राष्ट्रवाद की सामाजिक पृष्ठभूमि' में स्वतंत्रता संघर्ष के दौरान भारतीय राष्ट्रवाद के उद्‌भव एवं विकास की व्याख्या भी करते हैं। स्वतंत्रता संघर्ष के दौरान ऊपर वर्णित विभिन्न पहचान बाधाओं के रूप में मानी गई जबकि एक छाते के नीचे एक साथ जुटी तो भारतीय राष्ट्रीय कांग्रेस कहलाई।

1.4 SOCIETY AND EDUCATION LINKAGES (समाज और शिक्षा संबंध)

- Emile Durkheim emphasis the role of education system in the preservation of society and culture

  एमाइल दुर्खीम समाज एवं संस्कृति के संरक्षण में शिक्षक की भूमिका पर बल देते हैं।

- John Dewey wrote extensively on this theme and his two contributions are very appropriate here The School and Society (1899), Democracy and Education (1916). He argues that school is a miniature and reflection of society rather individual

  जॉन डीवी ने इस विषय पर व्यापक रूप से लिखा है और उनके दो योगदान यहाँ बहुत उपयुक्त हैं- विद्यालय और समाज (1899), प्रजातंत्र एवं शिक्षा (1916)। वह तर्क देते हैं कि विद्यालय एक लघु चित्र है और व्यक्ति के बजाय समाज का प्रतिबिंब है।

- Many other thinkers or practices has been contributed and discussed the relationship between education and society such as Leo Tolstoy, Antonio Gramsci, Paulo Freire, Brasil Bernstein, Ivan Illich, Pierre Bourdieu, Rabindranth Tagore, Sarvepalli Radhakrishnan, M. K. Gandhi etc.

  कई अन्य विचारकों या प्रथाओं ने योगदान दिया है और शिक्षा और समाज के बीच संबंधों पर चर्चा की है जैसे कि लियो टॉल्स्टॉय, एंटोनियो ग्राम्शी, पाउलो फ्रेयर, ब्रासील बर्नस्टीन, इवान इलिच, पियरे बॉर्डियू, रबींद्रनाथ टैगोर, सर्वपल्ली राधाकृष्णन, एम.के. गांधी आदि।

- E.B. Tylor, British social anthropologist, defined culture as 'a complex whole which includes knowledge, belief, art, law, morals, customs, and any other capabilities and habits acquired by man as a member of society'.

  ई.बी. टेलर ने संस्कृति को इस प्रकार प्रिभाषित किया है एक जटिल संपूर्णता जिसमें समाज के एक सदस्य के रूप में व्यक्ति द्वारा अर्जित ज्ञान, मान्यताएँ, कला, नियम, नैतिकता, रीतियाँ और अन्य योग्यताएँ एवं आदतें शामिल हैं।

- Rabindranath Tagore writes "In finding the solution to our problem, we shall have helped to solve the world problem as well....If India can offer to the world her solution, it will be a contribution to humanity."

Notes

रविंद्रनाथ टैगोर लिखते हैं, हमारी समस्या का समाधान ढूंढकर हमें विश्व की समस्या का समाधान करने में मदद करनी चाहिए। यदि भारत विश्व को उनके समाधान के लिए आगाह कर सकता है तो यह मानवता के लिए एक योगदान होगा।

- UN Millennium Development Goals (2000) targeted eight goals in which two are significant here-

  संयुक्त राष्ट्रीय सहस्राब्दि विकास लक्ष्य (2000) ने 8 लक्ष्यों को चिह्नित किया जिसमें से दो यहाँ सार्थक हैं-

- First is to achieve universal primary education and secondly, gender equity. These have been accepted by 189 countries of the world including India. Following this goal Sarva Sikhsa Abhiyan (SSA) as a national flagship programme launched. For female literacy many initiative taken as Mahila Sankhya, Kasturba Gandhi Balika Vidyalaya (KGBV) etc.

  पहला है सार्वभौमिक प्रारंभिक शिक्षा प्राप्त करना और दूसरा लैंगिक समानता। इससे विश्व में भारत के साथ-साथ 189 देशों द्वारा स्वीकृत किया जा चुका है। इन लक्ष्यों का अनुकरण करते हुए एक राष्ट्रीय पताका के रूप में सर्व शिक्षा अभियान (SSA) को प्रवर्तित किया गया है। महिला साक्षरता के लिए महिला संस्थान कस्तूरबा गांधी बालिका विद्यालय (KGBV) आदि जैसे बहुत से पहल किए गए हैं।

- The Percentages of the population with no schooling varied greatly among less developed countries from less than 10 % to over 65 %, while more developed countries had muchless variation, ranging from less than 2 % to 17 % (World Development Report 2000).

  बिना विद्यालय जनसंख्या का प्रतिशत कम विकसित देशों में बहुत परिवर्तित होता है जो 10 % से 65% परसेंट के बीच है। जबकि अधिक विकसित देशों में यह परिवर्तन बहुत कम है जो 2% से 17 % से कम है। (विश्व विकास रिपोर्ट 2000)

1.5 SCHOOL AS A ORGAN OF SOCIETY (समाज के एक अंग के रूप विद्यालय)

- Pierre Bourdieu, French sociologist, viewed education perpetuate the culture of dominant class, this phenomenon he called 'cultural reproduction'

  फ्रांस के समाजशास्त्री पियरे बोर्डेयू, ने देखा कि शिक्षा प्रभावी संस्कृति को स्थाई करती है, इस परिदृश्य को उन्होंने सांस्कृतिक पुनरुत्पादन कहा।

- Paulo Freire observed the teaching process, teaching method and language makes a difference between oppressors and oppressed.

  पोल्या फ्रेयरे ने देखा कि शिक्षण प्रक्रिया शिक्षण विधि एवं भाषा दमन कार्यों एवं दलित के बीच एक अंतर पैदा करती है।

- Karl Marx considered economy the basic structure for getting power and dominance in society.

  कार्ल मार्क्स ने अर्थव्यवस्था को समाज में शक्ति प्राप्त करने और प्रभावी होने के लिए मौलिक संरचना माना है।

- In 1933, under Nazi German education system schools were designed to mold children to get them unquestioningly accepts Nazi doctrines.

  1933 में नाजी जर्मन शिक्षा प्रणाली के अंतर्गत विद्यालयों को बच्चों को निर्विवाद रूप से निजी सिद्धांतों को स्वीकार करने के लिए बनाया गया था।

- USSR, after 1917, used education to continue their communist agenda and educational institutions become the place of political socialization rather the search of truth.

  1917 के बाद सोवियत संघ द्वारा उनके साम्यवादी एजेंडे को जारी रखने के लिए शिक्षा का प्रयोग किया गया तथा शैक्षणिक संस्थान सत्य की खोज की अपेक्षा राजनीतिक समाजीकरण के स्थान हो गए।

COMMUNITY AND SCHOOL
(समुदाय और विद्यालय)

2

2.2 UNDERSTANDING COMMUNITY (SOCIETY VIA-A-VIS COMMUNITY) (समुदाय की समझ : समाज और समुदाय आमने सामने)

- It was Aristotle who first defined the word "community" as a group established by men having shared values.

  वे अरस्तू थे जिन्होंने सर्वप्रथम समुदाय शब्द को साझा मूल्य वाले लोगों द्वारा स्थापित एक समूह के रूप में परिभाषित किया।
- One is geographic community, which is defined according to its members' place of residence, such as a village or district.

  समुदायों के तीन विभिन्न प्रकार हैं। पहला है- भौगोलिक समुदाय जो इसके सदस्यों के रहने के स्थान जैसे एक गाँव या जिले के अनुसार परिभाषित होता है।
- Ethnic, racial, and religious communities, in which membership is based on ethnic, racial, or religious identification, and commonly cuts across membership based on geographic location.

  दूसरा है, मानवजातीय और धार्मिक समुदाय जो सदस्यता मानवजातीय, जातीय या धार्मिक पहचान पर आधारित होता है तथा सामान्यत: भौगोलिक स्थिति पर आधारित सदस्यता को अमान्य करता है।
- The third one is communities based on shared family or educational concerns, which include parents associations and similar bodies that are based on families' shared concern for the welfare of students. (Bray 1996)

  तीसरा है, साझा परिवार या शैक्षिक संबंधों पर आधारित समुदाय जिसमें अभिभावक संघ और विद्यार्थियों के कल्याण के लिए संबंधित शिक्षा परिवार पर आधारित समान संस्थाएँ शामिल हैं। (Bray, 1996)
- The variation in the local communities may exist because of

  (i) Population (e.g. village community, town community or a city community),

  (ii) Language,

  (iii) Religion,

  (iv) Social composition

  (v) Overall economic conditions of the population and cultural way of life.

  स्थानीय समुदायों में विविधता इन कारणों से हो सकती है- (i) जनसँख्या, (गाँव, समुदाय, शहरी समुदाय) (ii) भाषा, (iii) धर्म, (iv) सामाजिक गठन, (v) जनसंख्या की समग्र आर्थिक स्थितियाँ और जीवन का सांस्कृतिक तरीका।
- According to Delor Commission (1996) – the main parties contributing to the success of educational reforms are first of all the local community including parents, the school head, and teachers.

  डेलोर आयोग (1996) के अनुसार शैक्षिक सुधारों की सफलता में योगदान देने वाले प्रमुख पक्ष हैं सर्वप्रथम स्थानीय समुदाय जिनमें माता-पिता, विद्यालय प्रमुख और शिक्षक शामिल है।

Notes

- What ways community characteristics influence the education? Community characteristics both structural and functional determine the extent, nature and quality of education of the children belonging to a community.

  किन तरीकों से सामुदायिक लक्षण शिक्षा को प्रभावित करते हैं? संरचनात्मक, दोनों समुदाय के लक्षण, एक समुदाय से संबंध, बच्चे की शिक्षा की गुणवत्ता, प्रकृति और विस्तार को निश्चित करते हैं?

- Some of the important structural and functional characteristics of community that influence education are socio demographic and caste composition, occupational patterns, belief system, custom and traditions, gender roles, perceptions about the significance of education attitude towards disabled, underprivileged and marginalized people and decision making process in the community.

  समुदाय के कुछ महत्वपूर्ण संरचनात्मक एवं कार्यात्मक लक्षण जो शिक्षा को प्रभावित करते हैं वह है सामाजिक जनसंख्या तथा जातीय संगठन, व्यावसायिक पैटर्न, विश्वास प्रणाली, रीति और परंपराएँ, लिंग भूमिकाएँ, अशक्तों के प्रति सचेत मनोवृति के अभिप्राय के बारे में प्रत्यक्ष ज्ञान, असहाय और सीमान्त लोग तथा समुदाय में निर्णय निर्माण प्रक्रिया आदि।

2.3 COMMUNITY IN THE CONTEXT OF ELEMENTRY EDUCATION (प्रारंभिक शिक्षा के संदर्भ में समुदाय)

- Community involvement and local level planning have been important policy postulates since Education Commission of (1964–66). Under the National policy on Education 1986 , revised programme of Action 1992 and 73 and 74th constitutional Amendment

  1964-66 के शिक्षा आयोग से सामुदायिक स्थानीय स्तर की योजना महत्वपूर्ण नीति धारण करती है। राष्ट्रीय शिक्षा नीति 1986 के अंतर्गत 73वें और 74वें संविधान संशोधन में संशोधित कार्य योजना 1992 प्रस्तुत किया गया है।

- Shiksha Karmi project of Rajasthan to tackle the chronic problem of teacher absenteeism titled" Filling the Vacuum"

  शिक्षक की अनुपस्थिति की पुरानी समस्या से जूझने के लिए 'रिक्त स्थान को भरना' शीर्षक से राजस्थान का शिक्षाकर्मी परियोजना एक ऐसा ही उदाहरण है।

- Shiksha Karmi Project (SKP) is the project to tackle the teacher absenteeism in remote and inaccessible villages by the selection of two ordinary villagers to replace the (formally qualified but chronically absent) primary school teachers who would be responsible for teaching the children. The scheme explicitly relies on the extraordinary potential of ordinary people .The term ordinary in the sense that they may themselves have only a formal education up to class v in case of woman and class viii for man.

  शिक्षाकर्मी परियोजना सुदूर एवं दुर्गम गांवों में शिक्षक की अनुपस्थिति से जुड़ने के लिए एक परियोजना है जिसमें दो साधारण ग्रामीणों को प्राथमिक विद्यालयों के शिक्षक को औपचारिक रूप से योग किंतु लंबे समय से अनुपस्थिति को हटाकर चयनित किया जाता है जो बच्चों को पढ़ाने के लिए उत्तरदायी होंगे। योजना सामान्य लोगों की असामान्य अत:शक्ति पर स्पष्टतया भरोसा करती है। सामान्य शब्द उस अर्थ में कि औरत के संबंध में वह केवल कक्षा पांच तक औपचारिक शिक्षा जबकि पुरुषों के मामले में कक्षा 7 तक की औपचारिक शिक्षा प्राप्त की जाती है।

- Propel which is an action research project that propels rural community to design the primary schools

  प्रोपेल जो एक क्रिया शोध परियोजना है वह ग्रामीण समुदाय को प्राथमिक विद्यालयों की रूपरेखा बनाने में आगे बढ़ाता है।

- Lok Jumbish: Project of Rajasthan whose Rajput historicity attracts the tourists, but the backward state, where the traditional Rajasthani society actively discourages women from stepping outside the homestead.

Notes

लोक जुंबिश जिसकी राजपूत ऐतिहासिकता पर्यटकों को आकर्षित करती है किंतु पिछड़ा राज्य जहाँ पारंपरिक राजस्थानी समाज औरतों को घर से बाहर निकलने को सक्रिय रूप से हतोत्साहित करता है।

- SSA (Sarva Shiksha Abhiyan) also places emphasis on decentralization and community ownership of schools. Community based approach is adopted for planning at the habitation level and monitoring of school activities.

  सर्व शिक्षा अभियान भी विकेंद्रीकरण विद्यालय पर समुदाय के मालिकाना हक पर बल देता है। अधिवास पर योजना और विद्यालयों की गतिविधियों की देखभाल के लिए समुदाय आधारित उपागम अपनाया गया है।

- The different indicators of community ownership are

  सामुदायिक मालिकाना के विभिन्न सूचक हैं-

  - Give and take relationship gets established between community and school.

    समुदाय एवं विद्यालय के बीच लेन देन का संबंध स्थापित होता है।
  - Caring for the school in case of exigencies by the community.

    आपातकाल में समुदाय के द्वारा विद्यालय की देखभाल होती है।
  - Involvement of community in all activities of school.

    विद्यालय की संपूर्ण गतिविधियों में समुदाय की सहभागिता।
  - Community is involved in the teaching - learning activities on decision making on transfer of activities and overall say on qualitative and quantitative aspect of school.

    विद्यालय के शिक्षण अधिगम गतिविधियों, निर्णय निर्माण, गतिविधियों के स्थानांतरण और संपूर्ण गुणात्मक एवं मात्रात्मक पहलू में समुदाय सम्मिलित रहता है।

2.4 COMMUNITY AND SCHOOL INTERFACE (समुदाय एवं विद्यालय अंतरापृष्ठ)

- The Delors Commission observes: "when teachers are themselves a part of the community where they teach, their involvement is more clearly defined.

  डेलोर आयोग अवलोकन करता है जब शिक्षक स्वयं समुदाय का एक अंग है जहां वह पढ़ाते हैं तो उनकी सहभागिता अधिक स्पष्टता से परिभाषित होती है।

2.4.1 Influence of Commodity on Language Development of Learners (अधिगमकर्ताओं के भाषा विकास पर समुदाय का प्रभाव)

- The development of oral language is one of the child's most natural— and impressive—accomplishments.

  मौखिक भाषा का विकास बच्चे की सबसे प्राकृतिक और प्रभावी उपलब्धि है।

- Children learn the specific variety of language (dialect) that the people around them speak.

  बच्चे भाषा उस विशिष्ट प्रकार को सीखते हैं जो उसके आसपास लोग बोलते हैं।

- The point of learning language and interacting socially, then, is not to master rules, but to make connections with other people and to make sense of experiences (Wells, 1986).

  भाषा अधिगम और सामाजिक अंत: क्रिया करना ये प्रधान नियम नहीं हैं किंतु अन्य लोगों के साथ संबंध बनाने और अनुभवों की समझ बनाने में ये प्रधान नियम हैं। (वेल्स 1986)

- General, children say their first words between 12 and 18 months of age.

  समान्यत: बच्चे 12 से 18 माह की आयु के बीच अपना पहला शब्द बोलता है।

- They begin to use complex sentences by the age of 4 to 4 & 1/2 years.

Notes

वे चार से 4½ वर्ष की आयु में जटिल वाक्यों का प्रयोग शुरू कर देते हैं।

- One child may say her first word at 10 months, another at 20 months. One child may use complex sentences at 5& 1/2 years, another at 3 years.

  एक बच्चा अपना पहला शब्द 10 महीने में कह सकता है जबकि दूसरा 20 महीने में एक बच्चा 5½ वर्षों में जटिल वाक्यों का प्रयोग कर सकता है जबकि दूसरा 3 वर्षों में।
- PaNiya is one type of tribes of tribal communities in Gudulur, Tamil Nadu are socialized in their tribal language. But when they were exposed to spoken and written form of Tamil in school having different grammatical structures, this leads to a psychosociolinguistic drift.

  तमिलनाडु के गुडुलूर में जनज़ातीय समुदाय की जनजातियों का एक प्रकार, है पानिया जो अपनी जनजातीय भाषा में सामाजिक है। किंतु जब भी विद्यालय में विभिन्न व्याकरणिक संरचना वाले तमिल के मौखिक एवं लिखित रूप को अभिव्यक्त करते थे तो यह एक मनो-सामाजिक भाषा प्रवाह का नेतृत्व करता था।
- Community language learning (CLL) is an approach in which students work together to develop what aspects of a language they would like to learn.

  सामुदायिक भाषा अधिगम एक उपागम है जिसमें विद्यार्थी भाषा के जिन पहलुओं को सीखना चाहते हैं उसे विकसित करने के लिए एक शब्द कार्य करते हैं।

Nuturing Language Development (भाषा विकास का पोषण)

- Understand that every child's language or dialect is worthy of respect as a valid system for communication. It reflects the identities, values, and experiences of the child's family and community.

  समझना कि प्रत्येक बच्चे की भाषा या बोली संप्रेषण के एक वैध प्रणाली के रूप में आदर के योग्य है। यह बच्चे के परिवार और समुदाय की पहचानों, मूल्यों और अनुभवों को प्रदर्शित करता है।
- There should be a balance between individual activities and those that nurture collaboration and discussion, such as dramatic play, block-building, and book-sharing

  व्यक्तिगत गतिविधियाँ और वे गतिविधियाँ जो सहयोग और विचार विमर्श का पोषण करती हैं उनके बीच एक संतुलन होना चाहिए। जैसे नाटक खंड बनाना तथा पुस्तक साझा करना।

2.4.2 Influence of Community on Cultural Development of Learners (अधिगमकर्ताओं के सांस्कृतिक विकास पर समुदाय का प्रभाव)

- According to Article 29 of the convention on the Rights of the child, Edu- cation of the child shall be directed to the development of respect for the child's parents his /her own cultural identity, language and values.

  अनुच्छेद 29 के अनुसार बच्चे की शिक्षा बच्चों के अभिभावकों को अपनी सांस्कृतिक पहचान भाषा और मूल्यों के प्रति आदि के विकास के लिए निर्देशित होनी चाहिए।
- Folk arts are traditional cultural expressions through which a group maintains and passes on its shared way of life

  लोक कलाएँ परंपरा संस्कृति की अभिव्यक्ति है जिसके माध्यम से एक समूह सादा जीवन के तरीके को बनाए रखता है और आगे बढ़ता है।
- Culture represents a tremendous spectrum of human expression that can be studied in a number of ways and a number of reasons. Its primary characteristics

  सांस्कृतिक अभिव्यक्ति एक अद्भुत फलन को प्रस्तुत करती है जिससे कई तरीकों से और कई कारणों से पढ़ा जा सकता है। इसका प्राथमिक लक्षण है कि इसके घटक समुदाय पारंपरिक निष्पादन में मानव सत्ताओं के बीच गत्यात्मक अंत:क्रियाओं से प्रत्यक्षत: आते प्रतीत होते हैं।

Notes

- National Policy on Education (1986) and the Programme of Action (1992) envisage a cultural perspective of education for the development of child's personality and discover his/her inherent potentials. The objective of the cultural perspective of education to inspire the teachers and students to collect folk song, folk tale, riddles, local history, folk game and myths from the community which have rich learning potentials for the child' cultural development and overall personality development and it is a source of self-learning in the community by sharing experiences with others.

  शिक्षा की राष्ट्रीय नीति 1986 और कार्य योजना 1992 बच्चे के व्यक्तिगत विकास के लिए शिक्षा के सांस्कृतिक परिप्रेक्ष्य पर विचार करती है और उनके अंतर्निहित क्षमताओं को खोजती है। शिक्षा के सांस्कृतिक परिप्रेक्ष्य का उद्देश्य शिक्षकों और विद्यार्थियों को लोक गीत, लोक कहानियाँ, पहेलियाँ,स्थ. ान, इतिहास के सांस्कृतिक विकास और संपूर्ण व्यक्तित्व विकास के लिए समृद्ध अधिगम संभावनाएँ हैं और यह समुदाय में अनुभूतियों को अन्य के साथ साझा करने का स्वयं अधिगम का एक साधन है।

- A traditional game played among the tribal girls in the villages of Kalahandi in which the girls assemble in the village street during their leisure hours and play. This way the games goes on ,that the girls repeat the names of fishes and names of different paddy. This game continues till each one plays a role.

  कालाहांडी के गाँव में जनजातीय लड़कियों के बीच एक पारंपरिक खेल खेला जाता है। जिसमें लड़कियाँ अपने फुर्सत के क्षणों के दौरान गाँव की गलियों में जुड़ती हैं और खेलती हैं। यह खेल उस तरीके से खेला जाता है कि लड़कियाँ मछलियों और विभिन्न धानों के नाम दोहराती हैं। यह खेल प्रत्येक को यह भूमिका निभाने तक जारी रहता है।

- Life skills are individual skills/abilities that each one of us passes and yet need to enhance in order to meet the challenges of life.

  जीवन कौशल अनुकूल एवं सकारात्मक मेवाड़ के लिए योग्यताएं हैं जो व्यक्ति को दैनिक जीवन की मांगों और चुनौतियों का सामना करने में समर्थ बनाती हैं।

- Creative thinking is a novel way of seeking of doing things that is characteristic of four components----

  सृजनात्मक चिंतन को जाने वाली वस्तुओं का पता लगाने का विलक्षण तरीका जिससे चार घटकों के लक्षण हैं।

  fluency,

  लचीलापन

Notes

flexibility,
मौलिकता
originality and
विस्तार
elaboration.
प्रवाहता

- Life Skill-Based Education (LSBE) refers to an interactive process of teaching and learning, which enable learners to acquire knowledge and to develop attitudes, and skills which are needed to make decision and take positive actions to support the adoption of healthy behaviors.

  जीवन कौशल आधारित शिक्षा शिक्षण अधिगम की एक अंत:क्रियात्मक प्रक्रिया का प्रस्ताव करती है जो अधिगमकर्ताओं को ज्ञान अर्जित करने और मनोवितीय तथा कौशल विकसित करने में समर्थ करता है जो कि स्वयं व्यवहार के आयोजन में सहायता करने में निर्णय करने और सकारात्मक कदम उठाने के लिए जरूरी है।

- SSA which is an instrument to achieve the target of Universalization of Elementary education also emphasizes on the participation of community in the planning and management of school education.

  सर्व शिक्षा अभियान प्रारंभिक शिक्षा के सार्वभौमिकरण के लक्ष्य को प्राप्त करने का एक उपकरण है। विद्यालय शिक्षा की योजनाएँ व्यवस्थापन में समुदाय की भागीदारी पर प्रकाश डालता है।

- Community generally denotes a group of people who have common interest and work together. We all live in a community and some of the common factors that bind us to our community are

  समुदायिक समानता लोगों के एक समूह को सूचित करती है जिनकी सामान्य सूचियाँ हैं तथा एक साथ कार्य करते हैं। हम सभी एक समुदाय में रहते हैं तथा कुछ सामान्य कारक हैं जो हमें हमारे समुदाय से बांधे रखते हैं।

  - language
    भाषा
  - territory
    क्षेत्र
  - customs
    प्रथाएँ
  - tradition and culture
    परंपरा
  - occupation
    संस्कृति व्यवसाय
  - common goal
    सामान्य लक्ष्य

CONTRIBUTION OF COMMUNITY IN SCHOOL EDUCATION

(विद्यालयी शिक्षा में समुदाय का योगदान)

3

3.5 GOVERNMENT'S INITIATIVES TO INVOLVE COMMUNITY IN SCHOOL EDUCATION (विद्यालयी शिक्षा में समुदाय को शामिल करने के लिए सरकार की पहल)

- The National Policy on Education (NPE 1986/1992) and the constitutional revival of Panchayti Raj Institutions (through the 73rd and 74th constitutional amendments),

  राष्ट्रीय शिक्षा नीति (1986/1982) तथा पंचायती राज संस्थाओं का सर्वाधिक पुनरुद्धार (73वें एवं 74वें संविधान संशोधन के द्वारा) से स्थानीय स्वशासी निकायों ने विद्यालय के समर्थन में स्थानीय सृजन एवं संस्था ने सुधारों को लागू करने में समुदाय को सशक्त कर विद्यालय बनाने में सुधार के लिए एक संदर्भ सृजित किया।
- Right of Children to Free and Compulsory Education Act 2009 also make sit mandatory for all the schools to constitute the School Management Committee and also specifies the functions of Village Education Committee/Ward Committees in the planning and management of elementary education,

  बच्चों के लिए निशुल्क एवं अनिवार्य शिक्षा का अधिकार कानून 2009 सभी विद्यालयों के लिए विद्यालय व्यवस्था समिति स्थापित करने को भी अनिवार्य करता है तथा प्रारंभिक शिक्षा को योजना एवं व्यवस्थापन में ग्रामीण शिक्षा समिति वार्ड समिति के कार्य को विशेष रूप से उल्लेख करता है जिसको इकाई विस्तार से विचारित किया जाएगा।

3.9 HOW CAN COMMUNITY IDENTIFY AND MOBILISE LOCAL RESOURCES (समुदाय कैसे स्थानीय संसाधनों को पहचानता और कार्य प्रवृत्त कर सकता है)

- Micro planning can be done with the help of

  सूक्ष्म योजना निम्नलिखित की सहायता से हो सकती है-
  - Surveys
    सर्वेक्षण
  - Participatory Learning and Action (PLA) techniques
    सहयोगी अधिगम एवं कार्यिक तकनीकें
  - focus group discussion
    समूह केंद्रित चर्चा
  - views
    दृष्टिकोण
  - house to house surveys
    घर-घर सर्वेक्षण
  - observation
    अवलोकन

Notes

3.9.1 Participatory Learning and Action (PLA) Techniques (सहयोगी अधिगम एवं कार्य तकनीकें) (PLA)

- PLA techniques rely on the use of symbols to communicate information. This approach is effective because people who are not literate can also participate.

  सहयोगी अधिगम कार्य तकनीकी सूचना संप्रेषित करने के लिए प्रतीकों के प्रयोग पर आश्रित हैं यह उपागम प्रभावी है क्योंकि जो लोग शिक्षित नहीं हैं वह भी हिस्सा ले सकते हैं।

3.10 INTERFACE OF COMMUNITY AND SCHOOL EDUCATION (समुदाय का अंतरपृष्ठ एवं विद्यालय शिक्षा)

- PEEP i.e. Universal enrolment and retention in the formal education system through quality teaching and improved school infrastructure.

  प्राथमिक समृद्ध परियोजना के मुख्य उद्देश्य हैं सार्वभौमिक नामांकन तथा गुणवत्ता शिक्षा के माध्यम से औपचारिक शिक्षा प्रणाली में आप धारण तथा विद्यालय की सर्वाधिक आधारभूत संरचना।

- NHG meant a collection of households living spatially close to each other ranging from 50 to 250.

  पड़ोसी समूह (NHG) का तात्पर्य 50 से 250 लोगों का प्रत्येक के साथ स्थानिक रूप से नजदीक रहने वाले घरों का संग्रह है।

- SSA is a significant tool to implement the RTE which has created structures at the village/ward, block, cluster and school level and assigned them the responsibility to get engaged with the educational activities.

  शिक्षा के अधिकार के कार्यान्वयन में सर्व शिक्षा अभियान एवं सार्थक उपकरण की जिसने गांव, वार्ड प्रखंड कलेक्टर एवं विद्यालय स्तर पर संरचनाएं सृजित की हैं तथा उन्हें शैक्षिक गतिविधियों के साथ संलिप्त होने के लिए उत्तरदायित्व निहित किए हैं।

- During the 1950s and 60s, considerable effort was made, particularly in Tamil Nadu, in mobilizing community support for education.

  1950 एवं 1960 के दशक के दौरान विशेष रूप से तमिलनाडु में शिक्षक के लिए समुदाय के समर्थन को गतिशील बनाने में विचारणीय प्रयास किया गया था।

Notes

Salient features of the RTE Act 2009

शिक्षा का अधिकार कानून 2009 के मुख्य लक्षण:-

- The Act makes education a fundamental right of every child between the ages of 6 and 14 and specifies minimum norms in elementary schools.

  यह कानून शिक्षा को 6 से 14 वर्ष के बीच प्रत्येक बच्चे का एक मौलिक अधिकार बनाता है तथा प्रारंभिक विद्यालयों में नियुक्त नियमों को विशेष रूप से उल्लेखित करता है।

- The government schools shall provide free education to all the children. Free education is to be given to provide equal opportunity to all the children to attend school and the expenses should not become a hindrance in pursuing or completing elementary education.

  सरकारी विद्यालय सभी बच्चों को मुफ्त शिक्षा प्रदान करेंगे। शिक्षा सभी बच्चों को विद्यालय आने के समान अवसर प्रदान करने के लिए दी जाती है तथा प्रारंभिक शिक्षा को आगे बढ़ने या पूर्ण करने में लागत खर्च एक बाधा नहीं होनी चाहिए।

- The State shall provide school in the 'neighbourhood' within three years from the enactment of act. Children in every habitation will have access to primary school within a walking distance of 1km and to upper primary school within 3 km.

  कानून के लागू होने के 3 वर्ष के अंदर राज्य पर उसमें विद्यालय प्रदान करेंगे। प्रत्येक अधिवास में बच्चों के लिए 1 किलोमीटर के अंदर प्राथमिक विद्यालय एवं 3 किलोमीटर के अंदर उच्च विद्यालय होंगे।

- Private schools shall admit at least 25% of the children in their schools from poor families.

  निजी विद्यालय गरीब परिवार के कम से कम 25% बच्चों को अपने विद्यालय में प्रवेश देंगे।

- The Act also provides that no child shall be held back or required to pass a board examination until the completion of elementary education i.e VIIIth standard.

  यह कानून यह भी प्रदान करता है कि कोई बच्चा रोका नहीं जाएगा या प्रारंभिक शिक्षक जो आठवीं कक्षा तक है की पूर्णता तक बोर्ड परीक्षा पास करना अपेक्षित नहीं है।

- The act also mentions that each child is given age appropriate education which implies that children will be enrolled in the class that corresponds to their age. For example if nine year old has not been to school or dropped out earlier, he/she will be enrolled in class IV. To enable the 9 year to cope in class IV 'special training/ bridge course' will be provided on the premises to bring the child upto the age appropriate level.

  कानून यह भी उल्लेख करता है कि प्रत्येक बच्चे को उपयुक्त आयु की शिक्षा दी जाती है जो अंतर्निहित करता है कि बच्चे अपनी आयु के अनुरूप कक्षा में नामांकित होंगे। उदाहरणार्थ यदि 9 वर्ष का बच्चा विद्यालय नहीं गया या पहले विद्यालय छोड़ चुके हैं उनके कक्षा चार में नाम अंकित होंगे। कक्षा चार में बने रहने के लिए 9 वर्ष के योग्य बनाने के लिए विशेष परीक्षण ब्रिज कोर्स विद्यालय में प्रदान किए जाएँ ताकि बच्चे को उसकी आयु के अनुरूप लाया जाए।

- Schools shall have adequate number of teachers and classrooms-there is a provision for a teacher for every 30 children at primary level

  विद्यालय में पर्याप्त संख्या में कक्षा कक्ष एवं शिक्षक होने चाहिए। प्राथमिक स्तर पर प्रत्येक 30 बच्चों पर एक शिक्षक का प्रावधान है।

- RTE reiterates that access not only denote physical access but also ensuring social access by way of addressing exclusionary practices in the school, especially those based on caste, class, gender and special needs.

PROVISIONS FOR COMMUNITY PARTICIPATION UNDER RTE AND SSA (सर्व शिक्षा अभियान एवं शिक्षा के अधिकार के अंतर्गत समुदाय की भागीदारी के लिए प्रावधान)

4

4.2 COMMUNITY PARTICIPATION IN EDUCATION (शिक्षा में समुदाय की भागीदारी)

- Under SSA various structures have been created like the Village Education Committees/ Ward committees, Parent Teacher Association, Self help groups, School Management Committees and have been given specific duties in the monitoring and supervision of the school administration and management.

  सर्व शिक्षा अभियान के अंतर्गत ग्राम शिक्षक समितियों, वार्ड समितियों, अभिभावक शिक्षक संघ, स्वयं सहायता समूह, विद्यालय व्यवस्थापन समिति जैसी विशेष रचनाएं सृजित की जा चुकी हैं और विद्यालय प्रशासन और प्रबंधन की निगरानी और पर्यवेक्षण में विशिष्ट कर्तव्य दिए गए हैं।

4.3 INTRODUCING SARVA SHIKSHA ABHIYAN (SSA) (सर्व शिक्षा अभियान को प्रस्तुत करना)

- Sarva Shiksha Abhiyan is Government of India's flagship programme for achievement of Universalisation of Elementary Education. SSA was launched in 2001. It is a tool to implement Right of Children to Free and Compulsory Education Act 2009 which came into force in April 2010.

  सर्व शिक्षा अभियान प्रारंभिक शिक्षा के सार्वभौमीकरण को प्राप्त करने के लिए भारत सरकार का ध्वजवाहक कार्यक्रम है। सर्व शिक्षा अभियान 2001 में प्रारंभ किया गया था। यह बच्चों के मुफ्त एवं अनिवार्य शिक्षा कानून 2009 को लागू करने का एक उपकरण है जो अप्रैल 2010 में प्रभावी हुआ।

- SSA is being implemented in partnership with State Governments to cover the entire country and address the needs of around 192 million children in 1.1 million habitations.

  सर्व शिक्षा अभियान संपूर्ण देश को कवर करने तथा 1.1 मिलियन आदिवासियों में रहने वाले लगभग 192 मिलियन बच्चों की जरूरतों को पूर्ण करने के लिए राज्य सरकार की सहभागिता से कार्यान्वित हो रहा है।

4.3.1 Right of Children to Free and Compulsory Education Act 2009 (बच्चों के अधिकार के लिए मुफ्त एवं अनिवार्य शिक्षा कानून 2009)

- Right of Children to Free and Compulsory Education Act 2009 which came into force in April 2010.

  बच्चों के लिए मुफ्त एवं अनिवार्य शिक्षा का अधिकार कानून 2009 का कार्य में भारत में शिक्षा के क्षेत्र में मील का पत्थर है जो अप्रैल 2010 में लागू हुआ।

Notes

शिक्षा का अधिकार दोहाराता है कि पहुंच केवल भौतिक पहुंच को नहीं दर्शाता बल्कि विद्यालय में बहिष्कारिक कार्यों के द्वारा सामाजिक पहुंच को भी सुनिश्चित करता है विशेषत: जो जाति, वर्ण, लिंग इन विशेष जरूरतों पर आधारित है।

- School mapping exercises will have to incorporate social mapping which means that the children from socio economic backward groups are enrolled. Community and other civil organisation will help in the identification of such children and help in their enrolment. Involvement of civil society organisation and community is desirable to reach to the children living in remote areas, unsaved population in villages, squatter settlements, in orphanage and on street.

  विद्यालय नक्शा कार्य सामाजिक नक्शा कार्य के साथ संयुक्त होना चाहिए जिसका तात्पर्य है कि पिछड़ा सामाजिक आर्थिक समूह के बच्चे नामांकित होते हैं। समुदाय एवं अन्य सेवी संगठन ऐसे बच्चों को पहचान एवं उनके नामांकन में मदद करेंगे। सिविल सोसाइटी संगठन एवं समुदाय का सम्मिलित सुदूर क्षेत्रों में रहने वाले बच्चों गाँव में रहने वाली असुरक्षित जनसंख्या, आबादी क्षेत्रों, अनाथालय इन गलियों में रहने वाले बच्चों तक पहुँचने के लिए इच्छित हैं।

- RTE makes it mandatory for the State to provide free and compulsory education to all the children of 6-14 years of age

  शिक्षा का अधिकार 6-14 वर्ष के सभी बच्चों के लिए मुफ्त एवं अनिवार्य शिक्षा प्रदान करना राज्यों के लिए अनिवार्य बनाता है। शिक्षा की योजना एवं व्यवस्थापन में समुदाय एवं अभिभावकों की सहभागिता की देखरेख करता है।

4.3.2 Community Participation Under RTE/SSA (शिक्षा का अधिकार/सर्वशिक्षा अभियान के अंतर्गत समुदाय की भागीदारी)

- To implement RTE different type of community based institutions has been involved such as Parent Teacher Association (PTA), Mother Teacher Association (MTA), Village and Urban Slum Level Education Committee (VEC) and members of Panchayati raj institutions. Almost all States/UTs have formed VEC/PTA/SDMC/MTA/SMC/VEDC under SSA.

  शिक्षा के अधिकार को लागू करने में विभिन्न प्रकार की समुदाय आधारित संस्थाएँ जैसे अभिभावक शिक्षक संघ, माता शिक्षा संघ, ग्रामीण/नगरीय छुग्गी स्तरीय शिक्षा समिति तथा पंचायती राज संस्थानों के सदस्य शामिल रहे हैं। लगभग सभी राज्य संघ शासित प्रदेशों में ग्राम शिक्षा समिति, अभिभावक शिक्षक संघ, विद्यालय व्यवस्थापन समिति का गठन कर लिया है।

- RTE and SSA would be implemented with the support of community and it is believed that community can contribute in different ways by providing financial support as well as academic and administrative help.

  शिक्षा का अधिकार व सर्वशिक्षा अभियान समुदाय के समर्थन से लागू होना चाहिए तथा यह विश्वास किया जा सकता है कि यह समुदाय वित्तीय समर्थन के साथ-साथ शैक्षिक प्रशासनिक सहायता प्रदान कर विभिन्न तरीकों से योगदान कर सकता है।

4.6 SCHOOL MANAGEMENT COMMITTEES (SMC)/PARENT TEACHER ASSOCIATIONS (PTA) (विद्यालय प्रबंधन समितियाँ/अभिभावक शिक्षक संघ)

- RTE states that three fourths (75%) members of the SMC from the parents/guardians. From them 50% will be women. Weaker sections will be represented in the SMC in proportion to their population in the village/ward.

  शिक्षा का अधिकार कहता है कि एसएमसी के तीन चौथाई सदस्य 75% अभिभावकों में से होंगे उनमें से 50% औरतें होंगी। कमजोर वर्ग का एसएमसी में प्रतिनिधित्व गांव वार्ड में उनकी जनसंख्या के अनुपात में होगा।

- Rest one fourth (25%) will be represented as 1/3rd local authorities; 1/3rd school teachers; 1/3rd academicians/students).

  शेष एक चौथाई पच्चीस (25%) प्रतिनिधि इस प्रकार होंगे 1/3 स्थानीय सत्ता, 1/3 विद्यालय के शिक्षक, 1/3 विद्यार्थी।

Notes

4.6.1 Key Functions of SMC/PTA (SMC/PTA के मुख्य कार्य)

- Making School Development Plan(SDP) as per the RTE guidelines/norms

  शिक्षा के अधिकार के निर्देशानुसार विद्यालय विकास योजना बनाना।
- Supervising and supporting implementation of SDP

  विद्यालय विकास योजना का पर्यवेक्षण एवं कार्यान्वयन को समर्थन देना।
- Supervision/monitoring of finance, management, academic progress

  वित्त, प्रबंधन, शैक्षिक प्रगति या पर्यवेक्षण निरीक्षण।
- Ensuring regular attendance and punctuality of teachers

  शिक्षकों की नियमित उपस्थिति एवं समयनिष्ठा सुनिश्चित करना।
- To sanction restricted and casual leave to primary, upper primary head masters

  प्राथमिक, उच्च प्राथमिक विद्यालय के मुख्य अध्यापकों, प्रतिबंधों एवं आकस्मिक छुट्टी प्रदान करना।
- Auction of all useless equipments, furniture and the money to be given to school education fund

  अनुपयोगी उपकरण फर्नीचरों को नीलाम करना एवं धन को विद्यालय के शिक्षक कोष में देना।
- Regular auctioning of crops grown in the school lands and giving the money to the School education Fund

  विद्यालय की भूमि में उपजी हुई फसलों की नियमित नीलामी एवं धन को विद्यालय के शिक्षा कोष में देना।
- Organizing programmes for mobilizing enrollment and bridge courses for bringing children back to school

  नामांकन को गतिशील करने के लिए कार्यक्रम आयोजित करना एवं बच्चों को वापस विद्यालय लाने के लिए ब्रिज कोर्स चलाना।
- Supervise the construction activities

  संरचना की गतिविधियों का पर्यवेक्षण करना।
- Ensuring that the parents enroll and send all the children to school regu larly

  सुनिश्चित करना कि अभिभावक नामांकन करवाएं एवं सभी बच्चों को नियमित विद्यालय भेजें।
- Monitor children's growth in the achievement in different subjects.

  विभिन्न विषयों में उपलब्धि में बच्चों की वृद्धि की निगरानी करें।
- Supervise and review all development-academic, administrative and financial activities of the school.

  विद्यालय की शैक्षिक, प्रशासनिक एवं वित्तीय गतिविधियों के सभी विकास का पर्यवेक्षण एवं पुनःअवलोकन करना।
- Ensuring that all the incentives from the government reach to the students.

  सुनिश्चित करना कि सरकार के सभी इन्सेंटिव विद्यार्थियों तक पहुंचे।
- Keeping proper accounts of the fund available and sharing its deployment and utilization with common people.

  उपलब्ध कोषों का उचित रखरखाव एवं सामान्य लोगों के साथ उसके वितरण एवं उपयोगिता को साझा करना।

- Creating and maintaining an educational database.

  एक शैक्षिक डेटाबेस सृजित करना एवं बनाए रखना।

Notes

4.7 INITIATIVES TOWARDS COMMUNITY PARTICIPATION ACROSS THE STATES (राज्यों में समुदाय की भागीदारी के प्रति पहल)

Andhra Pradesh (आंध्र प्रदेश)

- Bal Mitra kendras for girls have been started to cater to the needs of girls. Parents play important role in selection of teachers, monitoring the centers and contribution to teachers' salaries.

  लड़कियों की जरूरतों का प्रबंध करने के लिए बाल मित्र केन्द्र प्रारंभ किये गये हैं। शिक्षकों के चयन केन्द्रों के निरीक्षण एवं शिक्षकों के वेतन में योगदान में अभिभावक महत्वपूर्ण भूमिका निभाते हैं।

Assam (आसाम)

- Substituting teachers as per necessity.

  जरूरत के अनुरूप शिक्षकों को प्रतिस्थापित करना।
- Motivating parents of disabled children for their enrolments in schools

  विकलांग बच्चों के अभिभावकों को विद्यालय में उनके नामांकन के लिए प्रेरित करना।
- Mobilisation of fund for the development of school.

  विद्यालय के विकास के लिए कोष को गतिशील करना।

Bihar (बिहार)

- Sanctions and supervision of incentive allowance to students for regular attendance

  नियमित उपस्थिति के लिए विद्यार्थियों को पहल, भत्ता का आवंटन।
- Construction work based on cost effective technology.

  पर्यवेक्षण लागत प्रभावी तकनीक पर आधारित संरचना कार्य।

Dadar & Nagar Haveli (दादर एवं नागर हवेली)

- Provision of drinking water facility.

  पेयजल सुविधा का प्रावधान।
- Shala Pravesh Utsavs (Enrolment Drives)

  शाला प्रवेश उत्सव (नामांकन अभियान)।

Gujarat (गुजरात)

- Early Child care Centers are being run and managed by committees of Sakhi, Sahayogini and Anganwadis. These communities monitor the centers and mobilize local resources in cash and kind.

  प्रारंभिक शिशु देखरेख केन्द्र सखी, सहयोगिनी एवं आंगनबाड़ी की समितियों के द्वारा चलाए जा रहे एवं व्यवस्थित हो रहे हैं। ये समुदाय केन्द्रों का निरीक्षण करते हैं एवं स्थानीय संसाधनों को नकद एवं वस्तुओं में गतिशील करते हैं।
- Education materials like aassanpatta(mats for sitting), books, note books, pen-pencils and snacks to children in Alternative schooling system.

  आसन पट्टा (बैठने के लिए दरियाँ) पुस्तक, कापियाँ, पेन-पेन्सिल जैसी शैक्षिक सामग्रियाँ एवं बच्चों को वैकल्पिक विद्यालयी प्रणाली में देना।

Notes

Haryana (हरियाणा)

- Attendance of children and regularity of teachers is monitored by the community.

  बच्चों की उपस्थिति एवं शिक्षकों की नियमितता का निरीक्षण समुदाय द्वारा किया जाता है।
- Incentives reach to the needy are also supervised by the community.

  जरूरतमंद तक पहल पहुँचे का भी पर्यवेक्षण समुदाय द्वारा किया जाता है।

Himachal Pradesh (हिमाचल प्रदेश)

- Quality and regular delivery of mid day meal is monitored by the community

  मध्याह्न भोजन का नियमित वितरण एवं गुणवत्ता का निरीक्षण समुदाय द्वारा किया जाता है।

Jharkhand (झारखण्ड)

- Village Education Committee looks after the school management, teacher attendance, student attendance, construction work, girls enrolment, estimates of out of school children, teacher appointments etc.

  ग्राम शिक्षा समिति विद्यालय प्रबंधन, शिक्षक की उपस्थिति, विद्यार्थियों की उपस्थिति, रचना कार्य, लड़कियों का नामांकन, विद्यालय नहीं जाने वाले बच्चों का अनुमान, शिक्षक की नियुक्ति आदि कार्य करती है।
- Parent teacher association meet on regular basis to monitor the progress and problems of children as well as teachers.

  बच्चों के साथ-साथ शिक्षकों की समस्याओं एवं प्रगति का निरीक्षण करने के लिए नियमित तौर पर अभिभावक शिक्षक संघ का आयोजन होता है।
- Social audit by organizing Aam sabha (General meeting) quarterly.

  आम सभा के त्रैमासिक आयोजन द्वारा सामाजिक लेखा परीक्षण।
- Substitution by local teachers in absence of regular teachers to facilitate smooth running of the school.

  विद्यालय को सहजता से चलाने के लिए नियमित, शिक्षकों की अनुपस्थिति में स्थानीय शिक्षकों के द्वारा प्रतिस्थापन।
- Constitution of child cabinet to promote interaction among students.

  विद्यार्थियों के बीच अंत:क्रिया को प्रोन्नत करने के लिए 'चाइल्ड कैबिनेट' की स्थापना।
- Identification of Children with Special Needs for enrolment in schools.

  विद्यालयों में नामांकन के लिए विशेष आवश्यकता वाले बच्चों की पहचान।

Karnataka (कर्नाटक)

- Sanghas are running balwadis with no financial assistance from Mahila samakhya except the initial setting up and training to the volunteers. These Sanghas consisting of women are playing active role in enrolling children into primary schools.

  प्रारंभिक स्थापना एवं स्वयं सेवियों के प्रशिक्षण के अलावा महिला समाख्या से बिना वित्तीय सहायता के संघ बलवाड़ी चला रहे हैं। औरतों वाले ये संघ प्राथमिक विद्यालयों में बच्चों के नामांकन में सक्रिय भूमिका निभा रहे हैं।

Madhya Pradesh (मध्य प्रदेश)

- Jan Shiksha Adhinayam act 2002, brings the community to the center stage for ensuring quality and equity in education.

  जन शिक्षा अधिनियम कानून 2002 शिक्षा में गुणवत्ता एवं समानता लाने के लिए समुदाय को केन्द्र में लाता है।

Notes

- Updation of Village Education Register Notes.

  ग्राम शिक्षा पंजिका का नवीकरण।

- Appointments of Volunteers for Non Residential Bridge Courses, Human Development Center in urban slums and Shishu Shiksha Kendras.

  गैर आवासीय ब्रिज कोर्स, शहरी झुग्गियों में मानव विकास केन्द्र एवं शिशु शिक्षा केन्द्रों के लिए स्वयं सेवकों की नियुक्ति करना।

Manipur (मणिपुर)

- Appointment of Education volunteers in EGS/AIE centers.

  EGS/AIE केन्द्रों में शिक्षा स्वयं सेवियों की नियुक्ति।

Mizoram (मिजोरम)

- Preparation of habitation Plans.

  अधिवास योजना तैयार करना।

- Maintaing Village Education Registers.

  ग्राम शिक्षा पंजिका रखना।

Nagaland (नागालैण्ड)

- Disbursement of salaries to teachers- following the principle of 'No Work No Pay'.

  'कार्य नहीं वेतन नहीं' सिद्धान्त का अनुकरण करते हुए शिक्षकों के वेतन का वितरण।

Orissa (उड़ीसा)

- Mobilisation of parents for regular attendance in schools.

  विद्यालयों में नियमित उपस्थिति के लिए अभिभावकों को संघटित करना।

- Initiatives for enrolment of girls.

  लड़कियों के नामांकन के लिए पहल।

- Identification of out of school children and their enrolment.

  विद्यालय नहीं जाने वाले बच्चों की पहचान एवं उनका नामांकन।

- Temporary appointment of teachers in case of the shortage in schools

  विद्यालयों में शिक्षकों की कमी के मामले में शिक्षकों की अस्थायी नियुक्ति।

Rajasthan (राजस्थान)

- Regular monitoring of the attendance of children is done by the community. Monitoring is done for child tracking register prepared by teachers in each Gram Panchayat.

  बच्चों की उपस्थिति का नियमित निरीक्षण समुदाय द्वारा किया जाता है। प्रत्येक ग्राम पंचायत में शिक्षकों द्वारा बच्चों के लिए तैयार किये गये ट्रैकिंग रजिस्टर का निरीक्षण किया जाता है।

- In Bhuteda Gram Panchayat of Jaipur district, one of the toilets in the school was not built but was shown in the blocks official records. The monitoring committee highlighted the issue and the correction was made.

  जयपुर जिला के भुटेडा ग्राम पंचायत में विद्यालय में एक भी शौचालय नहीं बना था किन्तु प्रखण्ड अधिकारियों के रिकार्ड में बना दिखाया गया था। निरीक्षण समिति ने मुद्दे को उठाया और इसमें सुधार किया गया था।

- In Bhuteda, in Upper primary Schools two teachers were removed from the school on the complaint of the community members as the teachers were irregular.

Notes

भुटेडा में उच्च प्राथमिक विद्यालयों में समुदाय के सदस्यों की शिकायत के आधार पर दो शिक्षकों को विद्यालय से हटा दिया गया था क्योंकि वे अनियमित थे।

West Bengal (पश्चिम बंगाल)

- Development of Educational Plans for children in pre primary, primary, upper primary schools within their jurisdiction

  पूर्व प्राथमिक, प्राथमिक, उच्च प्राथमिक विद्यालयों में उनके न्याय क्षेत्र के अन्तर्गत बच्चों के लिए शैक्षिक योजनाओं का विकास।

- Maintenance of the micro level database for the children in the age group of 6-4 years Maintenance of accounts (vouchers, cashbooks, reports etc.

  6–14 वर्षों की आयु समूह के बच्चों के लिए सूक्ष्म स्तरीय डाटाबेस का रख रखाव। खातों का रख रखाव (वाउचर, कैश बुक, रिपोर्ट आदि)।

ENTITLEMENTS OF THE CHILD AND SCHOOL PROVISIONS

(बाल अधिकार और विद्यालय के प्रावधान)

5

5.2 RIGHTS BASED APPROACH TO EDUCATION (शिक्षा के लिए अधिकार मूलक उपागम)

- There has been a global effort to create awareness about the central role of education in achieving individual and societal development.

  व्यक्तिगत और सामाजिक विकास की प्राप्ति में शिक्षा के केंद्र की भूमिका के बारे में जागरूकता फैलाने में विश्वस्तरीय प्रयास किए गए हैं।

- Article 26 of the 1948 UN declaration of Human Rights proclaimed that everyone has a right to education and that education should be free and compulsory.

  1948 के संयुक्त राष्ट्र के मानव अधिकारों की घोषणा पत्र के अनुच्छेद 26 में घोषणा की गई कि प्रत्येक को शिक्षा का अधिकार है और वह शिक्षा निश्चित तथा अनिवार्य होनी चाहिए।

- This would strengthen the spirit of human rights and ensure the fundamental right for quality education to all. Article 13 of the International Covenant on Economic, Social and Cultural Rights (ICESCR) clearly states "Education is both a human right in itself and an indispensable means of realizing other human rights".

  यह व्यक्ति के पूर्ण विकास की ओर शिक्षा प्रकियाओं में सभी प्रयासों को दिशा देने की आवश्यकता पर बल देता है। यह मानव अधिकारों की भावना को दृढ़ता प्रदान करेगा और सभी को गुणत्तापूर्ण शिक्षा के मौलिक अधिकार को सुनिश्चित करेगा। आर्थिक सामाजिक एवं सांस्कृतिक अधिकारों पर अंतर्राष्ट्रीय संधि (ICESCR) का अनुच्छेद 13 स्पष्ट रूप से कहता है, ''मानव अधिकार स्वयं में तथा अन्य मानवधिकारों को कार्यान्वित करने के अनिवार्य साधन दोनों ही शिक्षा है।''

- Women's empowerment, protecting children from hazards and exploitative labour, promoting human rights and development, environmental protection and population control (Chinobo, 2005).

  इस प्रकार यह देखा गया कि शिक्षा नारी सशक्तीकरण बच्चों को जोखिमों तथा शोषण से बचाने, मानव अधिकारों को प्रोन्नत करने तथा विकास पर्यावरणीय सुरक्षा और जनसंख्या नियंत्रण में महत्वपूर्ण भूमिका का निर्वाह करती है।

5.2.1 Child Rights in the Context of Education (शिक्षा के परिप्रेक्ष्य में बाल अधिकार)

Defining 'the child' (बालक की परिभाषा)

- The United Nations Convention on the Rights of the Child (UNCRC) has given the definition of the child which is ratified by most countries. The definition according to international law is "A child means every human being below the age of 18 years".

Notes

बालक अधिकारों पर संयुक्त राष्ट्रीय संघ (UNCRC) ने बालक की परिभाषा दी है तथा जिसकी अधिकांश देशों ने पुष्टि की है। अंतर्राष्ट्रीय कानून के अनुसार परिभाषा है "बालक का अर्थ है 18 वर्ष की आयु से कम का प्रत्येक मानव।"

- UN Convention on Child Right (CRC). It focuses on the human rights for children because they are a vulnerable group and need special guidance from adults and their protection.

  यह अधिकार बालकों के लिए मानव अधिकारों पर केंद्रित है क्योंकि वे संवेदनशील समूह होते हैं और उन्हें वयस्कों से विशेष मार्गदर्शन तथा सुरक्षा की आवश्यकता होती है।

- You should have an understanding of the various features of CRC, which are:

  सी आर सी के विविध लक्षणों की समझ होनी चाहिए। जो हैं-

  (i) Applies to both girls and boys up to the age of 18, even if they are married and have children of their own.

  18 वर्ष तक की आयु के लड़कों तथा लड़कियों दोनों पर लागू होते हैं, उस दिशा में भी यदि वह शादीशुदा है तथा उनके अपने बच्चे भी हैं।

  (ii) The convention is guided by the principles of 'Best Interest of the Child' and 'Non-discrimination' and 'Respect for the views of the child'.

  "बालक का सर्वोत्तम हित तथा 'भेदभाव रहित' और 'बालक के विचारों को सम्मान' के सिद्धांत द्वारा यह संधि निदेशित है।

  (iii) It emphasizes the in importance of the family and the need to create an environment that is conducive to the healthy growth and development of the children.

  यह परिवार के महत्व तथा ऐसे वातावरण के निर्माण पर जो बालकों के स्वास्थ्य वृद्धि तथा विकास के लिए हितकारी हो पर जोर देती है।

- CRC draws attention to four sets of civil, political, social, economic and cultural rights. These are:

  सी आर सी ने नागरिक, राजनैतिक, सामाजिक, आर्थिक तथा सांस्कृतिक अधिकारों के चार समूह की ओर ध्यान आकर्षित किया है।

  - Survival
    उत्तरजीविता
  - Development
    विकास
  - Protection
    सुरक्षा
  - Participation
    भागीदारी

- These rights are interdependent but because of their nature are categorized into Immediate Rights and Progressive Rights.

  यह अधिकार परस्पर निर्भर होते हैं परंतु उनकी प्रकृति के कारण उन्हें तात्कालिक अधिकारों और प्रगतिशील अधिकारों में वर्गीकृत किया गया है।

- Immediate Rights are the [civil and political rights] which include the issues related to:

  (a) discrimination, (b) punishment, (c) right to fair hearing in criminal cases, (d) separate system of juvenile justice, (e) right to life, (f) right to nationality and (g) right to re-unification with the family.

Notes

तात्कालिक अधिकार (नागरिक तथा राजनैतिक अधिकार) वे अधिकार होते हैं जिसमें (a) भेदभाव, (b) दंड, (c) आपराधिक मामले में निष्पक्ष सुनवाई का अधिकार, (d) बाल अपराधों के लिए पृथक न्याय व्यवस्था, (e) जीवन का अधिकार, (f) राष्ट्रीय का अधिकार, (g) परिवार के साथ पूर्ण एकत्रित होने का अधिकार से संबंधित मुददों को सम्मिलित किया जाता है।

- The Progressive Rights include mainly health, education and other economic, social and cultural rights.

  प्रगतिशील अधिकारों में मुख्यत: स्वास्थ्य, शिक्षा तथा अन्य आर्थिक, सामाजिक और सांस्कृतिक अधिकारों को सम्मिलित किया जाता है।

- CRC. As practicing teachers you must ensure that children under your supervision are protected from all forms of: ◆ Exploitation ◆ Abuse ◆ Inhuman or degrading treatment ◆ Neglect

  अध्यापक के रूप में कार्य करते हुए आपको यह सुनिश्चित करना चाहिए कि आपकी देखरेख में बालक सभी प्रकार के ◆ शोषण ◆ दुरुपयोग ◆ अमानवीय अथवा अपमानजनक व्यवहार ◆ नगण्यता (महत्वहीनता) से सुरक्षित है।

5.2.2 Right to Education as a Human Right (मानव अधिकार के रूप में शिक्षा का अधिकार)

- The Indian constitution also guaran-tees rights for children which are as follows:-

  बालकों के अधिकारों को भारतीय संविधान भी प्रत्याभूत करता है जो निम्न हैं:

  1. Rights to free and compulsory elementary education for all children in the 6-14 years age group (Article 21A)

     6 से 14 वर्ष की आयु वर्ग के सभी बालकों के लिए निशुल्क एवं अनिवार्य शिक्षा का अधिकार (अनुच्छेद 21A)

  2. Right to be protected from any hazardous employment till the age of 14 years (Article 24)

     14 वर्ष की आयु तक के बालकों को किसी भी प्रकार के जोखिम वाले रोजगार आजीविका से सुरक्षा का अधिकार (अनुच्छेद 24)

  3. Right to be protected from being abused and forced by economic necessity to enter occupations unsuited to their age or strength (Article 39[e])

     दुरुपयोग होने से तथा आर्थिक आवश्यकताओं के दबाव में उनकी आयु का सामर्थ्य के अन्य उपयुक्त व्यवसाय में प्रवेश से सुरक्षा का अधिकार (अनुच्छेद 39(e))

  4. Right to equal opportunities and facilities to develop in a healthy manner and in conditions of freedom and dignity and guaranteed protection of childhood and youth against exploitation and against moral and material abandonment (Article 39 [f]).

     स्वस्थ तरीके से विकसित होने हेतु समान अफसरों एवं सुविधाओं का स्वतंत्रता की परिस्थितियों में और प्रतिष्ठा और बचपन की प्रत्याभूतित व (गारंटीड) सुरक्षा तथा शोषण के विरुद्ध युवा एवं नैतिकता के विरुद्ध सामग्रियों के परित्याग का अधिकार (अनुच्छेद 39(f))

5.2.3 Right of Children to Free Andcompulsory Education Act 2009 (नि:शुल्क और अनिवार्य शिक्षा का बाल अधिकार अधिनियम 2009)

- The Government of India launched Sarva Shiksha Abhiyan (SSA) in 2000 to extend the mission of UEE in all 38 states and union territories. The basic feature of SSA was to achieve UEE within a specified timeframe emphasizing quality education and involving grass root level institutions.

Notes

सभी राज्य तथा केंद्र शासित प्रदेशों में (UEE) अभियान का विस्तार करने के लिए साल 2000 में भारत सरकार ने सर्व शिक्षा अभियान प्रारंभ किया। सर्व शिक्षा अभियान का मूल्य कार्यों (UEE) के लक्ष्य को निश्चित समय सीमा में प्राप्त करना गुणवत्ता शिक्षा पर जोर देना तथा जमीनी स्तर की संस्थाओं को इस अभियान में शामिल करना था।

- The earlier Directive Principle became a fundamental right through the 86th Constitutional Amendment Act 2002. The Act seeks to make free and compulsory education a fundamental right for all children in the age group of 6-14 years.

  86वें संविधान संशोधन कानून 2002 के द्वारा प्रारंभिक नीति निर्देशक सिद्धांत एवं मौलिक अधिकार बन गए इस कानून ने 6 से 14 वर्ष आयु वर्ग के सभी बालकों के लिए निशुल्क एवं अनिवार्य शिक्षा का मौलिक अधिकार बना दिया।

- Free education' means that any child admitted in the school will not be required to pay any kind of fee or expenses (tuition fee, uniform, books, study material) that may prevent them from pursuing and completing elementary education.

  निःशुल्क शिक्षा का अर्थ है कि विद्यालय में प्रवेश लेने वाले प्रत्येक बालक को किसी भी प्रकार का शुल्क (वर्दी, पुस्तक की अध्ययन सामग्री) देने की आवश्यकता ना पड़े जो उन्हें प्राथमिक शिक्षा जारी रखने और उसे पूर्ण करने से रोक सकती है।

- The RTE Act 2009, along with Article 21A inserted in the Fundamental Rights of the Constitution of India has become operational from 1st April 2010.

  आरटीई कानून 2009 को 1 अप्रैल, 2010 से भारत के सर्वाधिक मौलिक अधिकारों में अनुच्छेद 21 के साथ सम्मिलित कर क्रियान्वित किया जा चुका है।

5.3.2 Access, Equity and Quality (अभिगम्यता, समानता और गुणवत्ता)

- The RTE Act provides children access to elementary schools within the "defined area or limits of neighborhood" .The RTE Act also makes it mandatory for all States and Union Territories to arrive at a clear picture of the availability of schools within defined areas or limits of neighborhoods.

  आर.टी.ई. कानून सभी राज्य और संघीय क्षेत्रों को परिभाषित क्षेत्र अथवा पड़ोस की सीमाओं के अंतर्गत विद्यालय की उपलब्धता की स्पष्ट तस्वीर तक पहुंचने के लिए अनिवार्य बनाता है।

- One of the major goals of SSA is to bridge the gender and social category gaps, and reach out to all children in an equitable manner.

  एस.एस.ए. का एक मुख्य लक्षण लिंग तथा सामाजिक अंतर को पाटना तथा सभी बालकों में एक समान व्यवहार को पहुँचाना है।

- The issue of gender parity cuts across all categories of disadvantaged and deprived children. Central to the efforts of SSA for UEE is reaching out to the girls. You are familiar with the SSA interventions through its schemes of NPEGEL (National Programme for Education of Girls at Elementary level) KGBV (Kasturba Gandhi Balika Vidyalaya) and Mahila Samakhya (MS).

  लैंगिक समानता का मुद्दा सभी प्रतिकूल परिस्थितिग्रस्त तथा वंचित बालकों से बिल्कुल अलग हो जाता है। UEE के लिए SSA के प्रयासों के केंद्र में कन्या प्रोत्साहन है। आप SSA के हस्तक्षेप के माध्यम से इसकी NPEGEL (प्राथमिक स्तर पर लड़कियों की शिक्षा के लिए राष्ट्रीय कार्यक्रम) KGBV (कस्तूरबा गांधी बालिका विद्यालय) और महिला समाख्या (MS) योजनाओं से परिचित होंगे।

- Some support measures that need to be looked at are:

  Transport facilities, Escorting children to school Providing counseling, Helping them to balance domestic burdens with school, Academic support based on the nature of their difficulty Parental/community support.

Notes

कुछ प्रोत्साहन उपाय जिन पर ध्यान देने की आश्यकता वे हैं:

यातायात सुविधाएँ, बालकों के विद्यालय के मार्ग में रखवाली, परामर्श की सुविधा प्रदान करना, विद्यालय के साथ घरेलू काम में संतुलन बनाने में उनकी सहायता करना, उनकी कठिनाई की प्रकृति के अनुसार शैक्षिक सहायता देना।

- These eight factors are based on child-centric assumptions which also formed the basis of NPE1986/92 and NCF2005.

  8 कारक बाल केंद्रित विचारधारा पर आधारित है जो कि NPE 1986/92 तथा NCF 2005 का भी आधार था।

  (1) Conformity with constitutional values.
  संवैधानिक मूल्यों के साथ सामंजस्य

  (2) All-round development of the child
  बच्चों का सर्वांगीण विकास

  (3) Building up the child's knowledge, potentiality and talent.
  बच्चे के ज्ञान, शक्ति और प्रतिभा को निखारना

  (4) Development of physical and mental abilities to the fullest extent.
  शारीरिक और मानसिक योग्यताओं का अधिकतम विकास करना

  (5) Learning through activities, discovery and exploration in a child friendly and child centered manner.
  बाल केंद्रित और बाल सुविधा से युक्त वातावरण में क्रियाकलापों, खोजबीन तथा छानबीन करके सीखना।

  (6) The child's mother tongue serving 'as far as practicable' as the medium of instruction
  जहाँ तक संभव हो सके बच्चों की मातृभाषा में शिक्षण अधिगम निर्देशन हो।

  (7) Making the child free of fear, trauma and anxiety and helping the child to express views freely
  बच्चे को भयमुक्त, चिंता मुक्त बनाना तथा उनकी अपनी बात मुक्त रूप से कहने के लिए प्रोत्साहित करना।

  (8) Comprehensive and continuous evaluation of the child's knowledge and the ability to apply it.
  बच्चे के ज्ञान व उसके अनुप्रयोग करने की योग्यता का सतत् व व्यापक मूल्यांकन करना।

5.3.3 Facilities for Mid-Day Meal (मिड-डे मील (मध्याह्न भोजन) की सुविधा)

- You are aware that the mid day meals (MDM) scheme is one of the world's largest school nutrition programme that extends to nearly 12 crore children across 12.65 lakh schools and EGS centres across the country. The scheme must be operational in your school too.

  आप जानते हैं कि मध्याह्न भोजन दुनिया का सबसे बड़ा विद्यालय पोषण कार्यक्रम है जिसका लाभ देश के 12.58 विद्यार्थियों और इजीएस केंद्रों के लगभग 12 करोड़ बच्चों को मिल रहा है। आपके विद्यालय में भी यह योजना संचालित हो रही होगी।

- The history of MDM scheme dates back to 1925 when the programme was launched for the disadvantaged children in the Madras Municipal Corporation.

  मध्याह्न भोजन का इतिहास सन 1925 से प्रारंभ है जब मद्रास नगर निगम ने सुविधा वंचित बच्चों के लिए इस कार्यक्रम को चलाया।

- Subsequently in 1995 the scheme was launched as a centrally sponsored scheme in 1995 covering 2408 blocks in the country.

Notes

तत्पश्चात सन 1995 में इस कार्यक्रम को केंद्रीय रूप से प्रायोजित कार्यक्रम के रूप में देश के 2408 ब्लॉकों में चलाया गया।

- During 2010-11, 11.36 crore children in elementary schools have been covered spanning 12.63 lakh institutions in the entire country.

  2010-11, में पूरे देश के 12.63 लाख संस्थाओं के 11.36 करोड़ प्राथमिक विद्यालय के बच्चों को सम्मिलित किया गया।

5.3.4 Facilities for Drinking Water, Toilets, Playgrounds, Sports (पेयजल, शौचालय, खेल के मैदान व खेल की सुविधाएँ)

- The community members contribute either through 'Shramdan' or through community 'contribution'.

  समुदाय के लोग या तो श्रमदान या समुदाय के योगदान के द्वारा सहायता करते हैं।

- Some other provisions in the school made mandatory through RTE Act 2009 are:

  कुछ और प्रावधान जिससे आरटीई अधिनियम 2009 को विद्यालयों के लिए आवश्यक बनाया गया है, निम्नलिखित हैं:-

  (i) Kitchen Sheds
  रसोईघर।

  (ii) Boundary wall fencing.
  विद्यालय के चारों ओर चारदीवारी या बाड़ लगाकर इसे सुरक्षित बनाना।

  (iii) Incorporation of child friendly features.
  बच्चों के अनुकूल सुविधाओं का समावेश।

- An example is the concept of BaLA (Building as Learning Aid). BALA has been used in several states to maximize the pedagogic potential of build spaces in the school premises.

  एक उदाहरण बाला (बिल्डिंग एज लर्निंग एड) की अवधारणा है। कई राज्यों में स्कूल परिसर में निर्माण स्थलों की शैक्षणिक क्षमता को अधिकतम करने के लिए BALA का उपयोग किया गया है।

- Schools implementing BALA have created colourful classroom with geometrical patterns on floors, educational mural on walls, fans painted in VIBGYOR colors.

  जिन विद्यार्थियों में BALA का क्रिया अभिकरण किया गया वहां पर रंग बिरंगे कक्षा कक्ष फर्श पर ज्यामिति आकृतियों की रचना दीवारों पर शैक्षणिक चित्र पंखों पर VIBGYOR रंगों से पेंट किया गया है।

5.4.1 Child-centered Approach: The Concept (बाल केंद्रित उपागम-अवधारणा)

- Activity based approach being practiced in Tamil Nadu, Nalli-Keli programme of Karnataka, Hoshangabad Science Teaching Programme of Karnataka. Central to these approaches is a focus on holistic development of the child by active engagement thus fostering, critical thinking and problem solving skills

  क्रियाकलाप आधारित उपागम तमिलनाडु नल्लीकुली कार्यक्रम कर्नाटक, होशंगाबाद विज्ञान शिक्षण कार्यक्रम कर्नाटक में चलाया जा रहा है। इन उपागमों के केंद्र में बच्चों को सक्रिय रूप से भागीदारी बनाकर उसके समग्र विकास पर केंद्रित है जिससे उसमें तार्किक सोच और समस्या समाधान कौशल का पोषण किया जा सके।

Notes

5.4.2 Understanding the Learner (शिक्षार्थी को समझना)

1. Physical development and health of the learner. Learning experiences specific to the learner's development stage can then be provided.

   विद्यार्थी का स्वास्थ्य और शारीरिक विकास तभी विद्यार्थी के विकास के स्तर के आधार पर अधिगम अनुभव उपलब्ध कराया जा सकता है।

2. Mental abilities and potential of the learner. Learners differ in their linguistic, spatial, mathematical, musical, kinesthetical abilities. Suitable learning experiences can then be provided to build upon the existing levels.

   विद्यालय की मानसिक योग्यताएँ एवं शक्तियाँ विद्यार्थियों की भारतीय, स्थानिक, गणितीय, संगीत, गत्यात्मक योग्यता अलग-अलग होती है। इनके आधार पर वर्तमान स्तर को उच्च बनाने के लिए उचित अधिगम अनुभव उपलब्ध कराया जा सकता है।

3. Culture. Learning is greatly influenced by cultural experiences of the learner, i.e., experiences gained at home, in the community, in school and with peers.

   संस्कृति शिक्षार्थी के सांस्कृतिक अनुभव से उसका अधिगम अधिकांशत: प्रभावित होता है जैसे घर में, समुदाय में, विद्यालय में, सहपाठियों के साथ अर्जित अनुभव।

4. Teacher needs to understand the cultural context and provide learning experiences accordingly.

   अध्यापक को इन सांस्कृतिक संदर्भों की समझ जरूरी है और तदनुसार एवं विद्यार्थी को उचित अधिगम अनुभव उपलब्ध कराता है।

5. Under RTE provisions no child can be detained or declared "fail" in any class, because no evaluation, even an examination can be the basis of detaining a child in any class.

   अधिनियम के प्रावधानों के अनुसार किसी भी बच्चे को किसी भी कक्षा में रोका नहीं जाएगा और ना ही उसको अनुत्तीर्ण घोषित किया जाएगा क्योंकि कोई भी मूल्यांकन यहां तक कि परीक्षा भी किसी भी बच्चे को किसी कक्षा में रोकने का आधार नहीं बन सकती है।

   [22:08, 09/02/2022] Shilpi: Child centered pedagogy as envisioned under the RTE Act is consistent with NCF 2005, which provides for continuous and comprehensive evaluation. The prevalent system of examination is incompatible with the concept of child centered pedagogy.

   RTE अधिनियम में संकल्पित बाल केंद्रित शिक्षण अधिगम NCF-2005 के अनुरूप है जो सतत तथा व्यापक मूल्यांकन के लिए अवसर उपलब्ध कराता है।

6

TEACHER AND SCHOOL
(अध्यापक और विद्यालय)

6.2.1 Changes in School System (विद्यालयी प्रणाली में परिवर्तन)

- National Policy on Education (NPE) through which our country had initiated the march for achieving the goal of UEE. The efforts for education for all were intensified in the 1980s and 1990s through several programme such as Operation Black Board (OBB), Shiksha Karmi Project (SKP), Andhra Pradesh Primary Education Project (APPEP), Bihar Education Project (BEP), U.P Basic Education Project (UPBEP), Mahila Samakhya (MS), Lok Jumbish Project (LJP).

  राष्ट्रीय शिक्षा नीति के बारे में अवश्य ही सुना होगा जिसके द्वारा हमारे देश ने UEE के लक्ष्य को प्राप्त करने की शुरुआत की। सबके लिए शिक्षा हेतु किए जा रहे प्रयासों में 1980 और 1990 के दशकों में विभिन्न कार्यक्रम जैसे ऑपरेशन ब्लैक बोर्ड, शिक्षाकर्मी परियोजना (KSP), आंध्र प्रदेश प्राथमिक शिक्षा परियोंजना (APPEP), बिहार शिक्षा परियोजना (BEP), उत्तर प्रदेश बेसिक शिक्षा परियोजना (UPBEP), महिला समाख्या (MS), लोक जुंबिश परियोजना (LJP) के द्वारा त्रीवता लाई गई।

- District Primary Education Programme (DPEP) was launched in 90's as drive for Education for All in 12 states spreading over 72 districts with the main objective to mold the Primary Education of country according to the child centered approaches and making it all inclusive.

  जिला प्राथमिक शिक्षा कार्यक्रम (DPEP) का आरंभ 90 के दशक में राष्ट्र की प्राथमिक शिक्षा को बाल केंद्रित उपागमों के अनुसार गढ़ने और उसे पूर्ण समेकित बनाने के मुख्य उद्देश्य के साथ सर्व शिक्षा अभियान के रूप में लाने के लिए 12 राज्यों के 72 जिलों में किया गया। 2002 में शिक्षा के सार्वभौमिकरण के लिए भारत के मुख्य कार्यक्रम के रूप में सर्व शिक्षा अभियान को लागू किया गया।

- Its overall goals include universal access and retention, bridging of gender and social category gaps in education and enhancement of learning levels of children

  इसके संपूर्ण लक्ष्य के अतंर्गत शिक्षा की सार्वभौमिक पहुँच और इसका प्रशिक्षण लिंगभेद और सामा. जिक वर्गों के मध्य की दूरी को मिटाना और बालकों के अधिगम स्तर को बढ़ाना सम्मिलित है।

6.2.2 Challenges before a Teacher (शिक्षक के समक्ष चुनौतियाँ)

- As Tagore has said, "where the mind is without fear" should be true for the schools.

  टैगोर ने कहा था कि 'जहाँ मन भयमुक्त होता है' विद्यालय के संबध में सत्य होना चाहिए ।

- National Curriculum Framework (NCF), 2005 talks of constructivist approach to teaching and learning.

  राष्ट्रीय पाठ्यक्रम रूपरेखा 2005 शिक्षण अधिगम की सृजनात्मक उपागम की बात करता है।

Notes

- The teacher in this process is a co-constructor of knowledge teachers need to be facilitator and creator of knowledge and thinking professionals.

  इस प्रकिया में शिक्षक ज्ञान का सह निर्माता होता है। शिक्षकों को ज्ञान और चिंतन वाले अध्यवसायी और निर्माता बनने की आवश्यकता है।

6.3 SSA INTERVENTION IN SCHOOL SYSTEM FOR ITS DEVELOPMENT (विद्यालय प्रणाली में इसके विकास हेतु सर्व शिक्षा अभियान का हस्तक्षेप)

- The interventions made by SSA for development of school system are enlisted below

  सर्व शिक्षा अभियान द्वारा विद्यालय व्यवस्था के विकास के लिए किए जाने वाले हस्तक्षेप की सूची निम्न प्रकार है।

  1. The places where EGS centers are running they may be upgraded after successful running of two years.

     वह स्थान जहाँ पर ESG केंद्र चला रहे हैं उन्हें सफलतापूर्वक चलाने के 2 वर्ष पश्चात उनका स्तर बढ़ा देना चाहिए।
  2. An upper primary school for every two primary schools.

     प्रत्येक दो प्राथमिक विद्यालयों के लिए एक उच्च प्राथमिक विद्यालय होना चाहिए।
  3. Every primary school will have at least two teachers with the provision that there would be two class rooms with verandah to every Primary school.

     प्रत्येक प्राथमिक विद्यालय में कम से कम 2 शिक्षक इस प्रावधान के साथ होंगे कि प्रत्येक प्राथमिक विद्यालय में दो कक्षा कक्ष बरामदे के साथ हो। जहाँ तक संभव हो प्राथमिक एवं उच्च प्राथमिक विद्यालय में प्रत्येक शिक्षक के लिए एक कमरा होगा।
  4. Provision of free textbooks to all girls/SC/ST children at primary & upper primary level with an upper ceiling of ₹150/- per child.

     किसी भी स्तर के शिक्षण अधिगम के लिए पाठ्यपुस्तक मेरुदंड होती है। अधिकतम ₹150 प्रति बालकों की दर से प्राथमिक एवं उच्च प्राथमिक स्तर के सभी एससी-एसटी बालिकाओं के लिए निःशुल्क पाठ्यपुस्तक का प्रावधान होगा।
  5. Children at primary level are still at concrete operational stage of cognitive development. This means that Teaching Learning aids are mandatory for concept development. Therefore, there have been provisions made for Teaching Learning Equipment (TLE).

     प्राथमिक स्तर पर बालक बौद्धात्मक विकास की मूर्त संक्रियात्मक अवस्था में होते हैं। इसका तात्पर्य है कि अवधारणा विकास के लिए शिक्षण अधिगम सामग्री का होना अनिवार्य है इसलिए शिक्षण अधिगम उपकरणों के लिए प्रावधान बनाया गया है।
  6. TLE should be explored as per local context and need. Financial provision under SSA for TLE is ₹10,000/- per school. Procurement is through the involvement of teachers and parents and VEC/ SMC.

     स्थानीय संदर्भ एवं आवश्यकताओं के अनुरूप TLE की खोज की जानी चाहिए। SSA के अंतर्गत ₹10000 राशि का प्रति विद्यालय TLE के लिए प्रावधान किया गया है। TLE की प्राप्ति शिक्षकों और अभिभावकों और VEC/SMC के माध्यम से होगी।
  7. As the educational requirements at the upper primary level are greater there is a provision of ₹50,000 per school.

     शिक्षकों को एकजुट होकर कार्य करना होता हैं जैसे कि उच्च प्राथमिक स्तर पर जरुरतें अधिक होती हैं। इसके लिए ₹ 50000 प्रति विद्यालय का प्रावधान किया गया है।

Notes

8. If there are TLE which the School Committee feels should purchased from city or from distant places, it may recommend district level procurement for the same.

   यदि किसी TLE जिससे विद्यालय समिति शहर अथवा किसी दूर स्थान से क्रय किए जाने की आवश्यकता महसूस होती है इसके लिए जिला स्तरीय प्राप्ति केंद्र से इसकी अनुशंसा की जा सकती है।

9. A school involves the building as well. To control the expenditure on the civil works a ceiling of 33% of SSA programme funds is provided for improvement of school facilities and BRC/CRC construction.

   विद्यालय में भवन भी शामिल होता है। विद्यालय सुविधा के सुधार एवं BRC/CRC के निर्माण के लिए प्रदान किए जाने वाले SSA कार्यक्रम फंड का 33% भाग निर्माण संबंधित कार्य पर होने वाले खर्चों पर नियंत्रण के लिए होगा।

10. A running grant for teachers/ schools is provided for meeting the repairing of equipments. The amount is ₹2000/- per year per primary/upper primary school which is to be spent only by VEC/SMC

    प्राथमिक उच्च प्राथमिक विद्यालय को ₹ 2000 की राशि दी जाती है जिसका खर्च VEC/SMC द्वारा उपयोगिता में प्रदर्शिताओं के साथ किया जाना चाहिए।

11. Similar transparency in utilization is expected from teacher grant of Rs. 500 in one academic session.

    यह कार्य SMC/VEC के माध्यम से संपन्न हो सकेगा। SSA ने विद्यालय समिति द्वारा विशिष्ट प्रस्ताव के अनुसार अधिकतम ₹ 5000 प्रति वर्ष की सीमा को भी स्वीकृति दी है।

12. SSA has given lot of attention to provision for disabled children and financial provision of ₹1200/- per child for integration of disabled children. Other district level and resource institutions to be encouraged to participate for the education of disabled children.

    SSA ने विकलांग बालकों के लिए प्रावधान पर बहुत ध्यान दिया है और विकलांग बालकों के समावेशन हेतु ₹1200 प्रति बालक का प्रावधान किया है। विकलांग बालकों की राशि के लिए जनपद स्तरीय और संसाधन संस्थाओं को भागीदारी हेतु प्रोत्साहित किया जाना चाहिए।

6.4 TEACHING AS A PROFESSION (शिक्षण एक व्यवसाय के रूप में)

(a) It involves specialized skills and training and is not mere regurgitation of subject content. Teaching involves careful planning and management towards effective learning in students. In spite of common perception that teaching is simple - it involves lot of scientific processes -analysis, synthesis, etc. for its success.

    इसमें विशिष्टीकृत कौशलों और परीक्षणों को शामिल किया जाता है और यह विषयवस्तु की केवल पुनरावृत्ति नहीं है। विद्यालयों में प्रभावशाली अधिगम के लिए सावधानीपूर्वक योजना निर्माण और व्यवस्था करना शिक्षण में निहित होते हैं। सामान्य मान्यता है कि शिक्षण कार्य सरल होता है लेकिन इसमें बहुत सी वैज्ञानिक प्रकिया विश्लेषण संश्लेषण आदि को इसकी सफलता के लिए शामिल किया जाता है।

(b) It involves code of ethics which are essential for success of the profession. Teaching being a noble profession has well integrated value system and is oriented towards altruistic service.

    इसमें नीतिगत (नैतिक) आचरण बिंदुओं को शामिल किया जाता है जो कि व्यवसाय की सफलता के लिए आवश्यक होते हैं। शिक्षण एक आदर्श व्यवसाय होने के कारण इसमें मूल्य प्रणाली एकत्रित होती है और यह परोपकारी सेवा में रुचि रखने वाला होता है।

Notes

(c) There is long training period at entry level and recurrent in-service training to keep abreast with the latest development. Teaching in school involves pre-service and continuous in-service training.

प्रवेश स्तर पर लंबी अवधि का परीक्षण होता है और आधुनिकतम विकास के साथ बराबरी रखने के लिए समय-समय पर सेवाकालीन प्रशिक्षण होते हैं। पूर्व सेवाकालीन और सतत सेवाकालीन प्रशिक्षण विद्यालय में शिक्षण के अंतर्गत शामिल होते हैं।

(d) A profession has clearly defined membership of a particular group with views to protect and forward the interests of the group.

एक व्यवसाय ने हितों की रक्षा और आगे बढ़ाने के विचारों के साथ एक विशेष समूह की सदस्यता को स्पष्ट रूप से परिभाषित किया है।

(e) A profession essentially renders a social service. Though this may be not be free but the goal is always for the social progress and development.

व्यवसाय मुख्यत: समाज सेवा प्रदान करता है। यद्यापि यह नि:शुल्क नहीं भी हो सकती किंतु इसका उद्देश्य सदैव सामाजिक उन्नति और विकास ही होता है।

(f) A profession has its own professional organization.

एक व्यवसाय के अपने व्यवसायिक संगठन होते हैं।

(g) There is systematic body of knowledge. Teaching also has a systematic body of knowledge derived from all spheres of knowledge. It has been derived from social, psychological, historical, political and economical sphere of life. Besides these philosophical, religious and spiritual beliefs affect teacher as profession.

ज्ञान का व्यवस्थित निकाय होता है। शिक्षण में भी ज्ञान का व्यवस्थित निकाय होता है जो ज्ञान के सभी क्षेत्रों से व्युत्पन्न होता है। इसकी व्युत्पत्ति जीवन के सामाजिक, मनोवैज्ञानिक, ऐतिहासिक, राजनैतिक और आर्थिक क्षेत्रों से होती है। इनके अतिरिक्त दार्शनिक, धार्मिक और आध्यात्मिक अवस्थाएँ भी शिक्षक को प्रभावित करती हैं।

- This pre-entry training is called pre-service training.

  यह प्रवेश पूर्व शिक्षण सेवा पूर्व प्रशिक्षण कहलाता है।

- The training organized after entry into profession to keep abreast with the latest development and professional growth is called in service training.

  कक्षा में प्रवेश के पश्चात आधुनिकतम विकास और व्यवसाय वृद्धि अधिकतम के लिए प्रशिक्षण की व्यवस्था सेवाकालीन प्रशिक्षण कहलाता है।

6.5 ROLE OF TEACHER IN EDUCATION SYSTEM (शिक्षा व्यवस्था में शिक्षक की भूमिका)

- The Education Commission (1964-66) professed, "The destiny of India is now being shaped in her classrooms". On a similar note the National Policy on Education (1986) emphasized, "The status of the teacher reflects the socio-cultural ethos of the society; it is said that no people can rise above the level of its teachers."

  शिक्षा आयोग (1946-66) ने घोषणा की है "भारत के भाग्य का निर्माण अब इसकी कक्षाओं में होगा।" राष्ट्रीय शिक्षा नीति (1986)में भी इसी प्रकार की टिप्पणी पर बल देते हुए कहा गया है "शिक्षक की स्थिति समाज के सामाजिक सांस्कृतिक लोकाचार को प्रकाशित करती है"।

- Way back in 1948-49, University Education Commission had expressed that "People in this country have been slow to recognize that education is a profession for which intensive preparation is necessary as it is in any other profession"

पूर्व में 1948-49 में, विश्वविद्यालय शिक्षा आयोग ने कहा था कि, शिक्षा एक व्यवसाय है जिसके लिए उसी प्रकार की गहन तैयारी की आवश्यकता होती है जैसे कि अन्य किसी व्यवसाय के लिए इस बात को मान्यता देने में इस देश के लोगों की गति बहुत धीमी रही है।

Notes

6.5.1 Multifarious Role of Teacher (शिक्षक की विविध भूमिकाएँ)

- Teacher acts as a School-community bridge. School is a subsystem of community in which it is located

  शिक्षक विद्यालय में समुदाय के बीच सेतु का कार्य करता है। विद्यालय स्थानीय समुदाय का तंत्र होता है अत: इसे समुदाय से पृथक नहीं किया जा सकता।
- When Nehru had emphasized on scientific temper it was for a teacher to inculcate it in children.

  जब नेहरू द्वारा वैज्ञानिक मनोवृत्ति पर बल दिया गया था वह अध्यापकों के लिए ही था कि वह विद्यार्थी में वैज्ञानिक दृष्टिकोण का बीजारोपण करें।
- NPE had reiterated the fact that education has an enculturing role and furthers the goals of democracy enshrined in our constitution

  NPE में पुनः इस तथ्य को दोहराया गया कि शिक्षक की सांस्कृतिक भूमिका होती है और हमारे संविधान में स्थापित प्रजातंत्र के लक्ष्य को प्राप्त करने का कार्य करती है।
- Recognition for their role in educational development is expressed in form of President's award for Teachers

  शिक्षा के विकास से उनकी भूमिका की पहचान को शिक्षकों को राष्ट्रपति पुरस्कार के रूप में प्रदर्शित किया जाता है।

6.5.2 Role Outlined by SSA (एस.एस.ए. द्वारा निर्धारित भूमिका)

- **Removal of disparities**- A teacher is a key figure in the school and can help to either perpetuate or obliterate discriminatory practices.

  अस्मिता का उन्मूलन-एक शिक्षक की विद्यालय में महत्वपूर्ण भूमिका होती है और शिक्षक भेदभाव वाली परंपराओं को या तो स्थाई बना सकता है या फिर मिटा सकता है।
- **Inclusive Classrooms**- Sensitization of teachers from the stage of pre service training onwards is proposed. Differently able children should be included with other children in the classroom.

  समावेशी कक्षा कक्ष-शिक्षकों को सेवा पूर्ण प्रशिक्षण के समय से ही जागरूक किया जाना प्रस्तावित है। अलग-अलग सक्षम बच्चों को कक्षा में अन्य बच्चों के साथ शामिल किया जाना चाहिए।
- In service training within the mandated 20 days should be organized to deal with the specific problems of inclusion at the Block level.

  ब्लॉक स्तर पर समावेश की विशेष समस्याओं को हल करने के लिए 20 दिवसीय अनिवार्य सेवाकालीन विशेष प्रशिक्षण आयोजन किया जाना चाहिए।
- **Managing the School Development Plan**-A teacher has to manage the school development with the help of community members through SMC.

  स्कूल विकास योजना का प्रबंधन- एक शिक्षक को विद्यालय प्रबंधन समिति (SMC) के माध्यम से समुदाय के सदस्यों की मदद से स्कूल के विकास का प्रबंधन करना होता है।

6.6 PROFESSIONAL DEVELOPMENT OF TEACHERS (शिक्षकों का व्यावसायिक विकास)

- If we carefully examine the alternatives a teacher may use for his/her development in the profession there are two main trends.

शिक्षक अपने व्यवसाय के विकास में दो मुख्य प्रचलनों का प्रयोग कर सकते हैं।

- In-service programmes on need based and continued education basis organized by Institutions with help from experts.

  आवश्यक आधारित और नियंत्रण शिक्षा आधारित विशेषज्ञों की मदद से संस्थाओं द्वारा आयोजित सेवाकालीन कार्यक्रम।

- Self-learning, peer learning and learning from interaction in the community.

  स्वाध्याय सहपाठी अधिगम और समुदाय में अंत:क्रिया से अधिगम।

- There are many models of in-service training.

  सेवा कालीन प्रशिक्षण के कई प्रतिरूप होते हैं।

- **Face to Face Institutional Model:** where training is offered mostly in training institution using direct classroom teaching of teachers. The transactional strategies adopted are lecture, demonstration, discussion, project work, etc. The limitation is that it cannot address large trainings in short time.

  सम्मुख संस्थानिक प्रतिरूप: जहाँ शिक्षकों के प्रत्यक्ष कक्षा संस्थानिक शिक्षण का उपयोग करते हुए ज्यादातर प्रशिक्षण संस्थान में प्रशिक्षण दिया जाता है। व्याख्यान, प्रदर्शन, चर्चा, परियोजना कार्य आदि अपनाई गई कार्यनीतियाँ हैं। सीमा यह है कि यह कम समय में बड़े प्रशिक्षुओं को संबोधित नहीं कर सकती है।

- **Cascade Model:** wherein training is provided in three or two tiers system. At first level key resource persons are trained, they train resource persons and they in turn train teachers. A large number can be trained this way but there is transmission loss of training effectiveness in tier system

  पदानुक्रमिक/सोपानिकी प्रतिरूप: जहाँ पर दो या तीन श्रेणी प्रणाली में प्रशिक्षण प्रदान किया जाता है। प्रथम स्तर पर मुख्य संसाधन व्यक्ति को प्रशिक्षित किया जाता है वह संसाधन व्यक्तियों को प्रशिक्षित करते हैं और वे बारी-बारी से शिक्षकों को प्रशिक्षित करते हैं। इस प्रकार बड़ी संख्या में लोगों को प्रशिक्षित किया जा सकता है किन्तु श्रेणी प्रणाली में संचार के कारण प्रशिक्षण की प्रभावशीलता में कमी आ जाती है।

Notes

6.6.1 Various Efforts at National Level (राष्ट्रीय स्तर पर विभिन्न प्रयास)

- 1986, NCERT launched a training programme named Programme of Mass Orientation of School Teachers (PMOST) with main objective of orienting teachers about the new thrust areas of NPE, 1986.

  1986 में NCERT, ने प्रोग्राम ऑफ मास और इंटरनेशनल स्कूल टीचर (PMOST) नामक प्रशिक्षण कार्यक्रम शिक्षकों को NPE 1986 के नए मुख्य विषय क्षेत्र के परिचित कराने के मुख्य उद्देश के साथ प्रारंभ किया।

- In the year 1993-94 NCERT again launched a programme SOPT (Special Orientation Program for Primary Teachers) to orient teachers on competencies as per Minimum Levels of learning (MLL) and use of Operation Blackboard material,

  1993-94 में एन.सी.ई.आर.टी ने पुणे के एक कार्यक्रम SPOT (स्पॉट ओरियंटेशन प्रोग्राम फॉर प्राइमरी टी. चर्स) शिक्षकों को नियुक्त आम अधिगम स्तर के अनुसार योगदान से परिचित कराने और ऑपरेशन ब्लैक बोर्ड की सामग्री के प्रयोग हेतु इसी प्रकार की गतिविधि आधारित और अधिगम की बाल केंद्रित विधाओं से परिचित कराने हेतु प्रारंभ किया।

- Besides District Institutes of Education and Training (DIETs) at district level under DPEP programme , Block Resource Centers (BRC) and Cluster Resource Centers (CRC) were set up across the country, with the explicit mandate to provide in-service training to primary school teachers in learner-centered pedagogic methods and school based support to teachers

Notes

प्राथमिक विद्यालय के शिक्षकों को अधिगम केंद्र शिक्षण विधि को सेवाकालीन प्रशिक्षण प्रदान करने और शिक्षकों को विद्यालय आधारित समर्थन देने की स्पष्ट अनिवार्यता के साथ देशभर में (DPEP) कार्यक्रम के अंतर्गत जनपद स्तर पर जिला शिक्षा एवं प्रशिक्षण संस्थानों के अतिरिक्त ब्लॉक रिसोर्स सेंटर (BRC) तथा क्लस्टर रिसोर्स सेंटर (CRC) की स्थापना की गई।

- SSA had also emphasized on continuous in-service teacher education requiring each teacher to receive 20 days of training in a year.

  एस.एस.ए. ने प्रत्येक अध्यापक को सतत सेवाकालीन अध्यापक शिक्षा में 1 वर्ष में 20 दिवसीय प्रशिक्षण प्राप्त करने को आवश्यकता पर भी जोर दिया।

- **Distance Education Programme**- Sarva Shiksha Abhiyan (DEP SSA) has been entrusted the responsibility of using distance mode for professional development of teachers under SSA.

  दूरस्थ शिक्षा कार्यक्रम-SSA के अंतर्गत शिक्षकों के व्यावसायिक विकास के लिए दूरस्थ विधि के उपयोग का दायित्व सर्व शिक्षा अभियान (DEP-SSA) को सौंपा गया है।

- The enormity of numbers and the problem of displacement of teachers were addressed by DEP-SSA. DEP-SSA is looking after the in-service teachers training using distance education strategies for reaching the large number of teachers. IGNOU and NIOS are started the D.El.Ed Programme for the untrained in-service teachers for certification as per NCTE norms.

  शिक्षकों के विस्थापन की समस्या तथा संख्या की भयावहता DEP-SSA द्वारा संबोधित किए गए हैं। ADEP-SSA सेवाकालीन शिक्षक प्रशिक्षण को देखभाल हेतु अधिक संख्या में शिक्षकों तक पहुँचने के लिए दूरस्थ शिक्षा विधियों का प्रयोग किया जाता है। IGNOU और NIOS ने अप्रशिक्षित अत:सेवा शिक्षकों के लिए NCTE के मानदंडों के अनुसार प्रमाण हेतु D-El-Ed कार्यक्रम प्रारंभ किया गया।

6.6.2 Community as a Resource (संसाधन के रूप में समुदाय)

- During the Pre-independence days Mahatma Gandhi had introduced 'The Basic Education' or 'Buniyad Shiksha' which was indigenous in foundation and promoted education in community.

  स्वतंत्रता पूर्व के दिनों में महात्मा गांधी ने बेसिक शिक्षा की बुनियादी शिक्षा को प्रस्तुत किया जो कि कि स्वदेशी बुनियाद रखने और समुदाय में शिक्षा की प्रगति के लिए था।

- It had all the characteristic of using the community as a resource for the school education. He advocated the use of a local craft like 'CHARKHA for Khadi' as a central theme and a teacher can then relate to local history, geography, economics, anthropology and sociology.

  विद्यालय शिक्षा के समुदाय का संसाधन रूप में प्रयोग करने के समय सभी विशेषताएँ थीं। उन्होंने स्थायी हस्तकला जैसे खादी के लिए चरखा केंद्रीय विषयवस्तु के रूप में रखे जाने की पैरवी की और जिससे एक शिक्षक इस विषयवस्तु से स्थानीय इतिहास, भूगोल अर्थशास्त्र, मानवशास्त्र और समाजशास्त्र को संबद्ध कर सकता है।

6.7 TEACHER LEADERSHIP IN COMMUNITY (समुदाय में शिक्षक नेतृत्व)

- A teacher is responsible for the educational activities in the school and he can plan it and get funds through the approval of the SMC.

  विद्यालय में सभी गतिविधियों के लिए शिक्षक का उत्तरदायित्व होता है और वह इसकी योजना बना सकता है और SMC के अनुमोदन के माध्यम से राशि प्राप्त कर सकता है।

TEACHER LEADERSHIP
(शिक्षक का नेतृत्व)

7

- An educational institution is greatly influenced by two distinct societal forces: culture and climate.

  एक शैक्षिक संस्थान दो भिन्न सामाजिक शक्तियों: संस्कृति एवं परिवेश से अत्यधिक प्रभवित होता है।
- Culture represents the expectations of the community and self-image of the institution. It combines the events and effects of past leadership, present leadership, crises and history of the institution

  संस्कृति समुदाय की अपेक्षाओं एवं संस्थान की आत्म छवि को प्रस्तुत करती है। यह घटनाओं एवं पिछले नेतृत्व के प्रभावों, वर्तमान नेतृत्व अभाव तथा संस्थान के इतिहास को जोड़ती है।
- Climate is the 'feel of the organization' reflecting the shared perceptions and attitudes of the community.

  दूसरी तरफ परिवेश संगठन की भावना है जो साझा ज्ञान एवं समुदाय की मनोवृत्तियों को प्रतिबिंबित करता है।
- The individual perception of the 'feel of the organisation' comes from what the people believe, about the activities that occur in the organization

  संगठन की भावना का व्यक्तिगत ज्ञान संगठन में होने वाली गतिविधियों के बारे में लोगों की मान्यता से आता है।

7.2 CONCEPT OF LEADERSHIP (नेतृत्व की संकल्पना)

- Leadership is an act of knowing oneself of having a vision of having well-communicted colleauges who aknowledge their leadership potential in making trust-building and effective dicisions–Warren Bennis's

  वॉरेन बेनिस (1975) के अनुसार नेतृत्व स्वयं को जानने का एक कार्य है जिसमें एक दृष्टि है जो अच्छी तरह संप्रेषित सहयोगियों ने विश्वास बनाने वाली तथा प्रभावी निर्णय में अपने नेतृत्व क्षमता को स्वीकार करता है।
- **Alan Keith (2009)** states that "Leadership is ultimately about creating a way for people to contribute to making something extraordinary happen."

  एलन कीथ (2009) कहते हैं, "नेतृत्व अतत: लोगों के लिए कुछ विलक्षण करने में योगदान करने का एक तरीका सृजित करने के बारे में है।"
- Leadership is defined in contemporary settings (2003) as "a dynamic relationship based on mutual influence and common purpose between leaders and collaborators in which both are moved to higher levels of motivation and moral development as they affect real, intended change."

  समकालीन व्यवस्था (2003) में नेतृत्व- ''नेताओं और समन्वयकरियों के बीच आपसी प्रभाव एवं सामान्य उद्देश्य पर आधारित एक गतिशील संबंध के रूप में है जिसमें दोनों उच्च स्तरों के प्रेरणा एवं नैतिक विकास की ओर जाते हैं जैसे वे अभी परिवर्तन को वास्तव में प्रभावित करते हैं।''

- Burns (1978) and Rost (1991) have presented comprehensive Indian descriptions and explanations of leadership. Since ancient times, Hindu gurus, as teachers and leaders, have continued a tradition of transforming learners. By applying knowledge in a unique.

  बर्न्स (1978) और रोस्ट (1991) ने व्यापक भारतीय आख्यानों एवं नेतृत्व की व्याख्या को प्रस्तुत किया है। प्राचीन काल में हिंदू गुरु शिक्षकों एवं नेताओं के रूप में अधिगमकर्ताओं के रूपांतरण की परंपरा को जारी रखा है। एक अद्वितीय शैक्षिक प्रणाली जो सिद्धांत एवं अभ्यास को समंजित करता है में ज्ञान को अपनाकर हिंदू गुरुओं के नेतृत्व दूसरों का नेतृत्व करने से पहले अधिगमकर्त्ताओं का आंतरिक परिवर्तन के लिए निर्देशित किया है।

- As teachers and leaders, they communicated a lived experience in a powerful way (Cenkner, 1977).

  शिक्षक और नेताओं के रूप में उन्होंने शक्तिशाली तरीके से एक जीवंत अनुभव को संप्रेषित किया। (Cenkner 1977)

7.3 LEADERSHIP VS. MANAGEMENT (नेतृत्व बनाम प्रबंधन)

- Management may be construed as the process of setting and achieving the goals of the institution through the functions of planning, organizing, directing and controlling.

  प्रबंधन को योजना, संगठन, निर्देशन एवं नियंत्रण कार्यों के माध्यम से संस्थान के लक्ष्य को प्राप्त करने और व्यवस्था की प्रकिया के रूप में अनुमानित किया जा सकता है।

- J.P. Kotter (1992) has emphasized on the importance of maintaining equilibrium between management and leadership. Using management and leadership axes, he has developed a model to demonstrate the typical outcomes of:

  जेपी कॉटलर (1992) ने प्रबंधन नेतृत्व के बीच साम्य बनाए रखने के महत्त्व पर प्रकाश डाला है। प्रबंधन अक्षों का उपयोग कर विशेष परिणामों को निरुपित करने का एक मॉडल उन्होंने विकसित किया है-

Strong management and strong leadership	Well organized/well motivated, successful team
Strong management and weak leadership	Administratively sound but little inspiration
Strong leadership and weak management	Inspired and motivated, but disorganized
Weak management and weak leadership	Ineffective, dull and sometimes negative work environment

मजबूत प्रबंधन एवं मजबूत नेतृत्व	सुसंगठित/प्रेरित, सफल टीम
मजबूत प्रबंधन एवं कमजोर नेतृत्व	प्रशासनिक रूप से मजबूत किंतु थोड़ा प्रेरण
मजबूत नेतृत्व एवं कमजोर प्रबंधता	प्रेरित किंतु असंगठित
कमजोर प्रबंधन एवं कमजोर नेतृत्व	अप्रभावी सुस्त एवं कभी-कभी नकारात्मक कार्य वातावरण

- Williams (2008) demonstrates the management-leadership continuum and the complementary and overlapping nature of the two processes. Figure 1 below distinguishes the complementary functions and indicates some of principal behavioural and role differences between managing and leading.

  विलियम (2008) प्रबंधन-नेतृत्व सततता एवं दो प्रकियाओं की प्रशंसात्मक तथा अतिव्यापी प्रकृति का निरुपण करता है। तस्वीर एक नीचे प्रशंसात्मक कार्यों को विभेदित करती है तथा कुछ मुख्य व्यवहारात्मक तथा भूमिका के अन्तरों को प्रबंध एवं नेतृत्व के बीच सूचित करता है।

• MANAGING प्रबंधन	• LEADING हृदय नेतृत्व
• CONTROL नियंत्रण	• MOTIVATION प्रेरणा
• CO-ORDINATE समन्वय	• MOBILIZATION गतिशीलता
• CALCULATION गणना	• PASSION धैर्य
• PLANNING AND DIRECTION योजना एवं निर्देशन	• PACE AND DIRECTION गति एवं निर्देशन
• MANAGING RISK जोखिम का प्रबंध	• TAKING RISK जोखिम लेना
• MANAGING RESOURCES संसाधनों का प्रबंध	• LEADING TALENT प्रतिभा का नेतृत्व करना

7.4 STYLES OF LEADERSHIP (नेतृत्व की शैलियाँ)

- There are mainly four types of leadership styles: Autocratic style, Laissez Faire Style, Easygoing Style and Democratic Style

  मुख्यत: चार प्रकार की नेतृत्व शैलियाँ हैं: निरंकुश शैली, हस्तक्षेप की शैली, सुस्त शैली एवं प्रजातांत्रिक शैली।

7.4.1 Autocratic Leadership (निरंकुश नेतृत्व)

- Autocratic leadership style means all decision-making powers are centralized in the leader, as with dictators. Leaders do not entertain any suggestions or initiatives from subordinates.

  निरंकुश नेतृत्व शैली का अर्थ है निर्णय निर्माण की सभी शक्तियाँ नेता में केंद्रित हैं जैसे तानाशाह में होती हैं। नेता अधीनस्थों के सुझावों या पहलों को नहीं मानता है।

7.4.2 Laissez Faire Leadership (अहस्तक्षेप वाला नेतृत्व)

- A Laissez faire leader allows the employees to make their decisions. The leader often busies him/her in paper work so as to stay away from group members.

  एक हस्तक्षेप वाला नेता कर्मचारियों को उनके निर्णय करने की अनुमति देता है। नेता प्राय: अपने को कागजी कार्यों में व्यस्त रखता है ताकि वह समूह के सदस्यों से दूर रहे।

7.4.3 Easygoing Leadership (सुस्त नेतृत्व)

- Easygoing leadership means it is loose and unstructured. It has little use for procedures, rules, regulations and systems. The philosophy adhered to is that the job concerned with the school and community will get done even without a structure if the members are relaxed, happy and pleased with their jobs.

  सतत नेतृत्व का अर्थ है खुला या असंरचित। इसका प्रविधियों, नियमों, कानूनों और प्रणालियों के लिए बहुत थोड़ा उपयोग है। इससे जुड़ा दर्शन यह है कि विद्यालय और समुदाय से संबंधित कार्य बिना एक संरचना के हो जाएँगे, यदि सदस्य शिथिल, खुश और अपने कार्य से संतुष्ट हैं।

Notes

7.5.2 Transformational Functions (रुपान्तरात्मक कार्य)

- What are the factors then that prompt this change? Leithwood, et. al (1999) enumerates the following as the factors:

  लेथवुड 1999 कारकों के रूप में निम्नलिखित कौन आते हैं।
- The ability to inspire others.

  अन्य को प्रेरित करने की योग्यता।
- The ability to motivate others.

  अन्य को अभिप्रेरित करने की योग्यता।
- The ability to enable others to see beyond their self-interest.

  अन्य को उनके स्वार्थ से अलग देखने में समर्थ करना।
- Enabling others to share the vision of the better or ideal school.

  बेहतर या आदर्श विद्यालय के दृष्टिकोण को साझा करने के लिए अन्य को समर्थ करना।

RELATIONSHIP WITH EDUCATION AGENCIES

(शिक्षा एजेंसियों के साथ संबंध)

8

8.2 BRIEF HISTORY OF EDUCATIONAL LAWS AND POLICIES (शैक्षिक कानूनों और नीतियों का संक्षिप्त इतिहास)

- Perceived a lot of challenges in making elementary education a constitutional right. Article 45 was, therefore, inserted in the Constitution. It said, "The State shall endeavour to provide, within a period of ten years from the commencement of this Constitution, for free and compulsory education for all children until they complete the age of fourteen years."\

  प्रारंभिक शिक्षा को संवैधानिक अधिकार बनाने में काफी चुनौतियों का अनुभव किया इसलिए संविधान में अनुच्छेद 45 जोड़ा गया था। यह कहता है – ''यह संविधान के प्रारंभ से 10 वर्षों की अवधि के अंदर सभी बच्चों को जब तक कि 14 वर्षों की आयु पूरी नहीं कर लेते मुफ्त एवं अनिवार्य शिक्षा प्रदान करने का प्रयास करेंगे।
- The commitment towards universalization of primary education was again made in the National Policy of Education (1968 and 1986) and the Programme of Action (1992). A number of schemes and programmes were launched in pursuance of universalization of elementary education. These included the scheme of Operation Blackboard (OB); Non Formal Education (NFE);
- Teacher Education (TE); Mahila Samakhya (MS); State specific Basic Education Projects like the Andhra Pradesh Primary Education Project (APPEP), Bihar Education Project (BEP, Lok Jumbish (LJP) in Rajasthan, Education For All Project in Uttar Pradesh; Shiksha Karmi Project (SKP) in Rajasthan; National Programme of Nutritional Support to Primary Education (MDM); District Primary Education Programme (DPEP).
- In a landmark judgment in 1993, the Supreme Court said that "Every child has the right to free education until he/she completes the age of fourteen years"

  1993 में एक प्रमुख निर्णय में उच्चतम न्यायालय ने कहा है कि प्रत्येक बच्चा जब तक 14 वर्ष की आयु पूर्ण नहीं कर लेता उसे मुफ्त शिक्षा का अधिकार है।
- In pursuance of this, in 2001, the Government launched the Sarva Shiksha Abhiyan. In 2002, the 86th Amendment to the Constitution was passed. It said, "The State shall provide free and compulsory education to all children of the age 6 to 14 years in such manner, as the State may, by law, determine." To give effect to the amendment, the Right to Education was passed by the parliament in 2009. The Act came into force from 1st April 2010.

  इसके पालन में 2001 में सरकार ने सर्वशिक्षा अभियान प्रारंभ किया। 2002 में 86वां संविधान संशोधन पास हुआ था। यह कहता है राज्य 6 से 14 वर्षों के सभी बच्चों को मुफ्त एवं अनिवार्य शिक्षा इस तरीके से प्रदान करेंगे जैसे राज्य के कानून निश्चित करते हैं। संशोधन को प्रभावी बनाने के लिए संसद द्वारा 2009 में शिक्षा का अधिकार कानून पास किया गया था। वह कानून 1 अप्रैल 2010 में लागू हुआ।

Notes

8.3 SARVA SHIKSHA ABHIYAN (SSA) (सर्वशिक्षा अभियान)

- The SSA is a partnership between the Central, State and local government. The SSA aims to effectively involve the Panchayati Raj Institutions, School Management Committees, Village and Urban Slum level Education Committees, Parents' Teachers' Associations, Mother Teacher Associations, Tribal Autonomous Councils and other grass root level structures in the management of elementary schools.

  सर्व शिक्षा अभियान केंद्र, राज्य एवं स्थानीय सरकार के बीच एक भागीदारी है। और सर्व शिक्षा अभियान प्रारंभिक विद्यालयों के प्रबंध में पंचायती राज्य संस्थाओं, विद्यालय प्रबंधन समितियों, गांव एवं शहरी झुग्गी स्तरीय शिक्षा समितियों, अभिभावक शिक्षक संघों, माता शिक्षक संघों, जनजातीय स्वस्थ परिषद एवं अन्य सतही संरचनाओं को प्रभावी रूप से सम्मिलित करने पर लक्षित करता है।

- A number of schemes were started under the NPE such as, National Programme of Nutritional Support for Primary Education (NPNSPE), Mahila Samakhya, District Primary Education Programme, Education Guarantee Scheme (EGS), Alternative Education, Janshala. These schemes and programmes were integrated into the SSA framework.

  नई शिक्षक नीति के अंतर्गत बहुत सी योजनाएँ शुरू की गई हैं। जैसे-प्राथमिक शिक्षा के लिए पोषण समर्थन का राष्ट्रीय कार्यक्रम, महिला समाख्या, जिला प्राथमिक शिक्षा कार्यक्रम, शिक्षा गारंटी योजना, वैकल्पिक शिक्षा, जनशाला। यह योजनाएँ एवं कार्यक्रम सर्व शिक्षा अभियान के रूप में एकीकृत हैं।

- The basic features of SSA are:

  सर्वशिक्षा अभियान के मूलभूत लक्षण हैं:

- Institutional Reforms - As part of the SSA, the Central and the State governments are expected to undertake reforms in order to improve efficiency of the delivery system.

  संस्थागत सुधार- सर्व शिक्षा अभियान के अंग के रूप में केंद्र एवं राज्य सरकारें वितरण प्रणाली की कार्य क्षमता सुधारने के क्रम में सुधारों का दायित्व लेने की अपेक्षा रखती है।

- Community Ownership - The programme aims to strengthen community ownership of school-based interventions through effective decentralization. SSA envisages cooperation between teachers, parents and PRIs, as well as accountability and transparency to the community.

  समुदाय का स्वामित्व- कार्यक्रम प्रभावी विकेंद्रीकरण के माध्यम से विद्यालय आधारित बाधाओं का समुदाय के स्वामित्व को सशक्त करने पर केंद्रित करता है। सर्व शिक्षा अभियान शिक्षकों और अभिभावकों के बीच सहयोग के साथ से समुदाय के प्रति उत्तरदायित्व और स्पष्टता का सामना करता है।

- Institutional Capacity Building -The SSA conceives a major capacity building role for national, state and district level institutions like NIEPA / NCERT / NCTE / SCERT / SIEMAT / DIET.

  संस्थागत क्षमता निर्माण- सर्व शिक्षा अभियान राष्ट्रीय राज्य एवं जिला स्तरीय संस्थाओं जैसे- NCERT / NIEPA / NCTE / SCERT / SIEMAT / DIET के लिए एक प्रमुख क्षमता निर्माण भूमिका पर विचार करता है।

- Improving Mainstream Educational Administration – SSA aims for improvement of mainstream educational administration by institutional development, infusion of new approaches and by adoption of cost effective and efficient methods.

  मुख्यधारा के शैक्षिक प्रशासन को सुधारना- सर्व शिक्षा अभियान, संस्थानिक विकास, नए दृष्टिकोण अनुप्रेरणा एवं लागत प्रभावी तथा कुशल तरीकों को अपनाकर मुख्यधारा के शैक्षणिक प्रशासन के सुधार के लिए केंद्रित करता है।

Notes

- Habitation as a Unit of Planning - The SSA works on a community based approach to planning with habitation as a unit of planning. Habitation plans are the basis for formulating district plans.

  योजना की एक इकाई के रूप में अधिवास- सर्व शिक्षा अभियान योजना की एक इकाई के रूप में निवास के साथ योजना के लिए एक समुदाय आधारित उपागम पर कार्य करता है। निवास की योजना जिले की योजनाओं को सूत्रबंद करने के लिए मूलाधार हैं।

- Role of teachers - SSA recognizes the critical and central role of teachers and advocates a focus on their development needs. Setting up of Block Resource Centres/Cluster Resource Centres, recruitment of qualified teachers, opportunities for teacher development through participation in curriculum-related material development, focus on classroom process and exposure visits for teachers are all designed to develop the human resource among teachers.

  शिक्षकों की भूमिका- शिक्षा अभियान शिक्षकों की विवेचनात्मक एवं केंद्रीय भूमिका को मान्यता प्रदान करता है और उनके विकास की जरूरतों पर लक्ष्य करने का समर्थन करता है। प्रखंड संसाधन केंद्रों/क्लस्टर संसाधन केंद्रों को स्थापित करता है, योग्य शिक्षकों की भर्ती करना, पाठ्यचर्या संबंधित सामग्री विकास में भागीदारी के माध्यम से शिक्षक के विकास के लिए अफसरों को प्रदान करना, कक्षा कक्ष प्रकिया पर केंद्रित करना एवं शिक्षकों के लिए प्रदर्शन यात्राएं करना यह सभी शिक्षकों के बीच मानवीय संसाधन को विकसित करने के लिए प्रारूपित किए गए हैं।

- District Elementary Education Plans - As per the SSA framework, each district is expected to prepare a District Elementary Education Plan reflecting all the investments being made and required in the elementary education sector. Every district is expected to create an Annual Work Plan and Budget that will list the prioritized activities to be carried out in that year.

  जिला प्रारंभिक शिक्षा योजनाएँ- सर्व शिक्षा अभियान के ढांचे के अनुसार प्रत्येक जिले को प्रारंभिक शिक्षा सेक्टर में अपेक्षित एवं सभी निवेशकों को प्रदर्शित करते हुए एक जिला प्रारंभिक शिक्षा योजना तैयार करना अपेक्षित है। प्रत्येक जिले को एक व्हाट्सएप कार्य योजना एवं बजट से जीत कराना अपेक्षित है जो उस वर्ष में होने वाली प्राथमिकता वाली गतिविधियों को सूचीबद्ध करेगा।

- SSA has been made the vehicle for the implementation of the RTE Act. Based on the Anil Bordia Committee Report, the SSA vision, strategies and norms are now being harmonized with the RTE.

  सर्व शिक्षा अभियान शिक्षा के अधिकार कानून के क्रियान्वयन का वाहक बना है जो अनिल बोर्डिया समिति की रिपोर्ट पर आधारित है। सर्व शिक्षा अभियान के दृष्टिकोण, रणनीतियाँ एवं नियमित शिक्षा के अधिकार के साथ संबंधित हो गए हैं।

8.4 BODIES ESTABLISHED UNDER SSA (सर्व शिक्षा अभियान के अंतर्गत स्थापित निकाय)

- **Block Resource Centres (BRCs):** They work closely with the District Education officer (DEO) and Block Education Officer (BEO). A BRC has a special staff of 5-7 who coordinate with the Cluster Resource Centres (CRCs) in carrying out their roles.

  प्रखंड संसाधन केंद्र (BRCs)- यह जिला शिक्षा अधिकारी और प्रखंड शिक्षा अधिकारी के साथ निकटता से कार्य करते हैं। एक बीआरसी में 5-7 विशिष्ट कर्मचारी होते हैं जो क्लस्टर संसाधन केंद्र (CRC) के साथ सामान लेकर उनकी भूमिकाओं को आगे बढ़ाते हैं।

- Role of BRCs: **BRCs की भूमिका:**
  - ❑ Conduct in-service training for elementary school teachers.
    प्रारंभिक विद्यालय शिक्षा के लिए अंतःसेवी प्रशिक्षण का आयोजन करना।

Notes

- Provide support to the Cluster Resource Centres (CRC) to manage and improve the functioning of schools

  विद्यालय के कार्यों को व्यवस्थित करने एवं सुधार में CRC को सहायता प्रदान करना।
- Collaborate with NGOs, local authorities and qualified resource persons in implementing the provisions under RTE Act

  शिक्षा के अधिकार कानून के अंतर्गत प्रधानों के कार्यन्वयन में NGO स्थानीय संस्थाओं और योग्य संसाधन सेविका के साथ सहयोग करना।
- BRC staff members are required to monitor and supervise schools on a regular basis. The findings by the BRC staff are shared with members of the CRC, helping them in planning, training and improving the quality of education

  बीआरसी कर्मचारी सदस्यों को नियमित तौर पर विद्यालयों का निरीक्षण एवं पर्यवेक्षण करना अपेक्षित है। बीआरसी कर्मचारियों द्वारा खोजे गए तथ्य सीआरसी सदस्य के साथ साझा होते हैं जो उन्हें योजना प्रशिक्षण एवं शिक्षा की गुणवत्ता सुधारने में सहायता देते हैं।

Cluster Resource Centres (CRCs): They are the direct interface of all the educational agencies conducting programmes with the schools and work closely with the District Education officer (DEO) and Block Education Officer (BEO). CRCs are mainly located in a well equipped school campus, with each Centre catering to 15-20 elementary schools under one coordinator. Additional staff is provided to CRCs who cover a larger number of schools or are located in hard to reach areas.

CRCs मुख्यता: सुसज्जित विद्यालय प्रांगण में स्थित होते हैं जिसमें प्रत्येक केंद्र 15 से 20 विद्यालयों को एक समन्वयक के अंतर्गत पोषित करते हैं। CRCs को अतिरिक्त कर्मचारी प्रदान किए जाते है जो अधिक विद्यालयों या सुदूर स्थित विद्यालयों को आवृत करते हैं।

- Role of CRCs:

  CRCs की भूमिका:

  (a) Visit schools regularly and provide academic support to the teachers at the classroom level

  विद्यालय को नियमित करना एवं कक्षा कक्ष स्तर पर शिक्षकों को शैक्षिक सहायता प्रदान करना।

  (b) Ensure admission of children in age appropriate classes in schools

  विद्यालय में बच्चों की आयु के उपयोग कक्षाओं में नामांकन सुनिश्चित करना।

  (c) Conduct training programmes for teachers, especially in areas of remedial teaching and special education

  शिक्षकों के लिए प्रशिक्षण कार्यक्रम का आयोजन करना विशेषतया उपचार शिक्षण और विशेष शिक्षा के क्षेत्रों में।

  (d) Encourage enrolment and retention of children in schools from the cluster

  क्लस्टर से विद्यालय में बच्चों के नामांकन एवं धारण को प्रोत्साहित करना।

  (e) Interact and take initiatives to improve the management of the school in partnership with the School Management Committee (SMC), teachers, parents, community and qualified resource persons

  विद्यालय के प्रबंध समिति शिक्षकों, अभिभावकों, समुदाय एवं योग्य संसाधन सेवाओं की भागीदारी से विद्यालयों को प्रबंध को सुधारने में अंतर किया करना एवं पहल करना।

Notes

8.5 EXAMPLES OF INTERACTIONS OF SCHOOL WITH GOVERNMENT AGENCIES (सरकारी एजेंसियों के साथ विद्यालय की पारस्परिक क्रियाओं के उदाहरण)

Receipt of Grants : For its effective funtioning, a school various grants from the SSA. Below is a summary of some important grants that a school receives from SSA

Type of Grant	Details	Amount
Teach Grant	Teacher grant is provided to all teachers on annual basis to facilitate child centred, joyful classroom, low cost, locally available material.	Rs. 500 per teacher per year in primary and upper primary stage
School Grant (To be spent only by VEC/SMC)	School grant is provided to all Government and Government aided schools on annual basis for the replacement of non functional equipment and for other recurring cost such as consumables, play material games, sports equipment etc.	Rs. 5000 /- per year per primary school and Rs. 7000 /- per year per upper primary school. Primary and Upper Primary Schools are treated as separate schools even if they are functioning in the same premises
School Maintenance Grant (To be utilized only through SMC/VEC)	SMG is provided for annual maintenance and repair of existing school buildings and other facilities to upkeep the infrstructure	Schools upto 3 classrooms are eligible to a maximum of Rs. 5000 per school per year school more than 3 classrooms are eligible to a grant of Rs 10000 per school per year (subject to the condition that the overall eligibility is Rs. 7500 per school per year)
Furniture (Procurement to be done by VEC/SMC or equivalent bodies)	Furniture may be provided to existing Government Upper Primary Schools whic already do not have furniture subject to the following conditions: These funds should not be utilized for new upper primary schools sanctioned under SSA since 2001 as they already have a provision for Rs. 50000 /- at starting stage	Rs. 5000 /- per child in Government Upper Primary Schools as one time grant

Notes

Libraries	Provision is available only for Government schools that already do not have a library. These funds are not availavble to new primary and upper primary schools as they can utilize the TLE Grant for this purpose	Rs. 3000 /- for primary school and Rs. 10000 /- for upper primary school as a one-time grant In case of composite elementary schools, a one-time grant of Rs 13000 /- shall be provided.

- **Collection and use of DISE data:** DISE (District Information System of Education) is a school based statistical system. It was initiated by National Institute of Educational Planning and Administration (NIEPA) in 1995 with assistance from UNICEF. DISE provides school based data on variables such as enrolment (Boys/ Girls/SC/ST), infrastructural facilities (library, girls/boys and common toilet, playground, drinking water facility etc), number of teachers and para teachers, student flows, medium of instruction etc.

  DISE डाटा का संग्रहण एवं उपयोग- शिक्षा की जिला सूचना प्रणाली एक विद्यालय आधारित सांख्यिकीय संख्या प्रणाली है। यह National institute of educational planning and administration (NIEPA) द्वारा 1995 में UNICEF की सहायता से शुरू किया गया था। DISE विद्यालय आधारित परिवर्तनों जैसे, नामांकन (लड़के /लड़कियां sc/st) आधारभूत सुविध. ाओं (पुस्तकालय लड़कियां/ लड़के और साझा शौचालय, खेल का मैदान, पेयजल सुविधा आदि), शिक्षकों की संख्या और पारा शिक्षकों, विद्यार्थियों का प्रवाह, निर्देश का माध्यम आदि पर डाटा उपलब्ध कराता है।

- DISE play a key role for preparation of Annual Work Plan and Budget for the Districts and State. Filling the Data Capturing Format is a crucial activity for each school that provides DISE data.

  DISE डाटा का एक मूल्यवान साधन है जो प्रत्येक विद्यालय का विद्यार्थियों, शिक्षकों और विद्यालय की आधारभूत संरचना की विस्तृत सूचना रखता है। DISE के माध्यम से संग्रहित द टाइम सूचना जिलों और राज्यों के लिए वार्षिक कार्य योजना और बजट तैयार करने में एक मुख्य भूमिका निभाते हैं।

- Recruitment and Trainings: (भर्ती और प्रशिक्षण)
- The District Institute of Education and Training (DIETs), Cluster Resource Centre (CRC) and Block Resource Centre (BRC) are expected to function as academic resource centres. The faculty in DIET provides pre-service and in service training. The coordinators in BRCs and CRCs provide in-service training and onsite support to schools.

  शिक्षा एवं प्रशिक्षण की जिला संस्थान DIET क्लस्टर संस्थान केंद्र CRC तथा प्रखंड संस्था संसाधन केंद्र BRC से शैक्षिक संस्थानों केंद्रों के रूप में कार्य करना अपेक्षित है। DIET में संकाय सेवा पूर्व एवं अत:सेवी प्रशिक्षण प्रदान करता है। BRC और CRC में समन्वयक अंत:सेवी प्रशिक्षण तथा विद्यालयों को सहायता प्रदान करते हैं।

8.6 OTHER IMPORTANT EDUCATIONAL AGENCIES (अन्य महत्वपूर्ण शैक्षिक एजेंसियाँ)

- **National Council of Educational Research and Training (NCERT):** It is an autonomous organization set up 1961 by the Government of India, assisting and advising the Central and State Governments on policies and

Notes

programmes to improve the quality of school education.

यह भारत सरकार द्वारा 1961 में स्थापित एक एकता संगठन है, जो विद्यालयी शिक्षा की गुणवत्ता सुधारने के लिए केंद्र एवं राज्य सरकार को नीतियां एवं कार्यक्रम पर सहायता एवं सलाह देता है।

- NCERT has following objectives:

एनसीईआरटी के निम्नलिखित उदेश्य हैं।

(a) To prepare and publish resource materials such as, textbooks, journals for schools and teachers

संसाधन सामग्रियों को तैयार करना एवं प्रकाशित करना जैसे पाठ्यपुस्तक के विद्यालय में शिक्षकों के लिए पत्रिकाएं।

(b) To develop new and innovative educational techniques and practices

नए एवं अभिनव शिक्षण तकनीकों तथा अभ्यासों को विकसित करना।

(c) To organize courses on training of teachers

शिक्षकों के प्रशिक्षण पर पाठ्यक्रमों को आयोजित करना।

- NCERT came out with the National Curriculum Framework (NCF) in 1988. It was published in response to the desire expressed in the "National Policy on Education", 1986 that the implementation of education policy and emergent trends in education should be reviewed periodically. Subsequently two NCFs have been published in 2000 and 2005. The NCF provides a framework for designing of curriculum, creation of textbooks and classroom pedagogy.

NCERT 1988 में राष्ट्रीय पाठ्यचर्या ढांचा (NCF) के साथ प्रकट हुआ। यह राष्ट्रीय शिक्षा नीति 1986 में अभिव्यक्त इच्छा के जवाब में प्रकाशित हुआ था कि शिक्षा नीति का क्रियान्वयन और शिक्षा में उभरते झुकावों को समय-समय पर पुनरावलोकित होनी चाहिए। बाद में दो एनसीएफ 2000 और 2005 में प्रकाशित हो चुके हैं। एनसीएफ पाठ्यचर्या के प्रारूप, पाठ्य पुस्तकों के सृजन और कक्षा कक्ष शिक्षण शास्त्र के लिए एक ढांचा प्रदान करता है।

- The National Council for Teacher Education (NCTE): It was established in 1973 as an advisory body on all matters pertaining to teacher education for the Central and State Governments. On 17th August, 1995 NCTE was given a statutory status under the National Policy on Education (NPE) formulated in 1986. This step was taken to empower the NCTE in overhauling the system of teacher education. Under the Right to Education, NCTE has been appointed as the authority to lay down the minimum qualifications for a person to be appointed as a teacher.

अध्यापक शिक्षण के लिए राष्ट्रीय परिषद (NCTE) - यह 1973 में केंद्रीय एवं राज्य सरकारों के लिए अध्यापक शिक्षा से संबंधित सभी मुददों पर एक सलाहकार निकाय के रूप में स्थापित किया गया था। 1986 में राष्ट्रीय शिक्षा नीति के अंतर्गत 17 अगस्त 1995 को एनसीटीई को एक वैधानिक स्थान दिया गया था। वह कदम अध्यापक शिक्षा की प्रणाली को पूरी तरह सुधार करने के लिए एनसीटी को सख्त करने के लिए उठाया गया था। शिक्षा के अधिकार के अंतर्गत एक व्यक्ति को एक शिक्षक के रूप में नियुक्त होने के लिए नियुक्त योग्याएं निधारित करने में एनसीटी को सत्ता के रूप में नियुक्त किया गया है।

- **Role of NCTE: (NCTE की भूमिका)**

a) Achieve planned and coordinated development of the teacher education system through.

अध्यापक शिक्षा प्रणाली का नियोजित एवं समन्वित विकास प्राप्त करने के माध्यम से

(I) Curriculum planning of in-service training programmes.

सेवाकालीन प्रशिक्षण कार्यक्रम की पाठ्यचर्या की योजना बनाना।

(II) Monitoring of training programmes.

प्रशिक्षण कार्यक्रमों का निरीक्षण करना।

(III) Initiating innovations in teacher education.

अध्यापक शिक्षा में नवीन पहलों को करना।

b) Regulation and proper maintenance of norms and standards in the teacher education system.

अध्यापक शिक्षा प्रणाली में नियमों एवं मानकों का नियंत्रण और उचित रखरखाव।

c) Research and training of persons for equipping them to teach at pre-primary, primary, secondary and senior secondary stages in schools, and non-formal education, part-time education, adult education and distance (correspondence) education courses.

व्यक्तियों को विद्यालयों में पूर्व प्राथमिक, माध्यमिक एवं उच्च माध्यमिक स्तर पर पढ़ाने के लिए उन्हें सुसज्जित करने के शोध एवं प्रशिक्षण तथा गैरऔपचारिक शिक्षा अंशकालिक शिक्षा बेसिक शिक्षा एवं दूरस्थ शिक्षा कार्यक्रमों में पढ़ाने के लिए उन्हें सुसज्जित करना।

- **National Commission for Protection of Child Rights:** The National Commission for Protection of Child Rights (NCPCR) was set up in March 2007 under the Commission for Protection of Child Rights Act, 2005. The NCPCR at the national level and the State Commission for Protection of Child Rights (SCPCR) at the state level ensure that all laws, policies, programmes and administrative mechanisms are in adherence to the Rights of Children as enshrined in the Constitution of India.

  बाल अधिकारों की सुरक्षा के लिए राष्ट्रीय आयोग-बाल अधिकारों की सुरक्षा के लिए राष्ट्रीय आयोग (NCPCR) की स्थापना बाल अधिकारों की सुरक्षा के लिए आयोग कानून, 2005 के अंतर्गत मार्च 2007 में किया गया था। राष्ट्रीय स्तर पर (NCPCR) और राज्य स्तर पर बाल अधिकारों की सुरक्षा के लिए राज्य आयोग (SCPCR) सुनिश्चित करता है कि सभी कानूनों, नीतियों, कार्यक्रमों और प्रशासनिक अभिकरण भारत के संविधान में जैसा स्थापित है। बच्चों के अधिकारों के पालन में लगे हैं।

- Under the Right to Education (RTE) Act, the role of NCPCR is:

  शिक्षा के अधिकार कानून के अंतर्गत NCPCR की भूमिका है:

(a) Monitoring of child's right to education.

बच्चों की शिक्षा के अधिकार का निरीक्षण करना।

(b) Inquire into complaints relating to child's right to free and compulsory education.

मुफ्त एवं अनिवार्य शिक्षा के बच्चों के अधिकार से संबंधित शिकायतों की जांच करना।

(c) Advise the education agencies and other partners implementing educational programmes on matters relating to children in need of special care and protection, including children in distress, marginalized and disadvantaged children, children in conflict with law, juveniles, children without family and children of prisoners.

विशेष देखभाल और सुरक्षा की जरूरत वाले बच्चों के साथ-साथ विपत्ति वाले बच्चों, हाशिये पर रखे एवं असहाय बच्चों, कानून द्वारा विवादित बच्चों, किशोरों, बिना परिवार वाले बच्चों एवं कैदियों के बच्चों से संबंधित मुद्दों पर शैक्षिक कार्यक्रमों को कार्यान्वित करने वाली शिक्षा एजेंसियों एवं अन्य सहभागियों को सलाह देना।

(d) Recommend measures and norms to be implemented by schools such as, prohibiting discrimination, prohibiting physical punishment and mental harassment of any child in school

Notes

विद्यालयों द्वारा कार्यान्वित होने वाले मानकों एवं नियमों की सिफारिश करना जैसे भेदभाव रोकना, शारीरिक दण्ड रोकना तथा विद्यालय में किसी बच्चे के मानसिक उत्पीड़न को रोकना।

- **State Council of Educational Research and Training (SCERT):** The main function of this Council is to bring qualitative improvement in the field of school education. The main aim of their activities is to acquaint the teachers with the innovations brought out in the field of school education through teachers training programmes and workshops.

  शैक्षिक शोध एवं प्रशिक्षण की राज्य परिषद (SCERT): इस परिषद का मुख्य कार्य विद्यालय शिक्षा के क्षेत्र में गुणात्मक सुधार लाना है। इनकी गतिविधियों का मुख्य उद्देश्य शिक्षकों को शिक्षक प्रशिक्षण कार्यक्रमों और कार्यशालाओं के माध्यम से विद्यालय शिक्षा के क्षेत्र में नवाचारों को लाने से परिचित कराना है।

- The main activities of SCERT are :

  NCERT की मुख्य गतिविधियाँ हैं

  - ❑ Organize in-service training programmes for teachers, administrators and teacher educators

    शिक्षकों, प्रशासकों एवं शिक्षक प्रशिक्षकों के लिए अंत:सेवी प्रशिक्षण कार्यक्रमों का आयोजन करना।

  - ❑ Implement new educational techniques and methodologies

    नई शिक्षण तकनीकों एवं शिक्षण विधियों को कार्यान्वित करना।

  - ❑ Coordinate with DIETs and impart guidance

    DIET के साथ समन्वय करना और मार्गदर्शन प्रदान करना।

  - ❑ Develop Teaching Learning Material (TLM) for various training programmes to get it printed.

    विविध प्रशिक्षण कार्यक्रमों के लिए शिक्षण अधिगम सामग्री विकसित करना ताकि यह मुद्रित हो।

  - ❑ Co-ordinate with various State councils of Education, NCERT, NIEPA

    शिक्षा पर NCERT, NIEPA के साथ समन्वय करना।

- **State Commission for Protection of Child Rights:** At the State level, the State Commission for Protection of Child Rights is the main agency to inquire into complaints of violation of child right. The State Commissions for Protection of Child Rights (SCPCR) are to be established in each state as per the provisions of the Commissions for Protection of Child Rights Act, 2005.

  बाल अधिकारों की सुरक्षा के लिए राज्य आयोग राज्य स्तर पर, बच्चों के अधिकार के उल्लंघन की शिकायतों की जांच करने वाली मुख्य एजेंसी- 'बाल अधिकारों की सुरक्षा के लिए राज्य आयोग' है। बाल अधिकारों की सुरक्षा के लिए आयोग कानून, 2005 के अनुसार प्रत्येक राज्य में SCPCR स्थापित हुआ है। उनसे प्रत्येक राज्य में बच्चों के अधिकारों की सुरक्षा करना, प्रोन्नत करना अपेक्षित है। आयोग में एक अध्यक्ष और 6 सदस्य होते हैं जो बाल कल्याण में पूर्ण पारंगत होते हैं। कम से कम एक महिला सदस्य होनी चाहिए।

- **District Elementary Education Officer:** The District Elementary Education officer is in charge of the administration of elementary education in the district. Some of his/her main functions are:

  जिला प्रारंभिक शिक्षा अधिकारी-यह जिले में प्रारंभिक शिक्षा के प्रशासन का प्रभारी है। उसके कुछ कार्य इस प्रकार हैं:

  (a) Maintain a record of all children in their jurisdiction till they complete 14 years of age.

Notes

अपने न्यायक्षेत्र के अंतर्गत 14 वर्ष तक के सभी बच्चों का रिकार्ड रखना।

(b) Ensure that schools in the district fulfil the required norms and standards, through monitoring and onsite inspection.

निरीक्षण एवं विद्यालय जांच के माध्यम से सुनिश्चित करना कि जिले में विद्यालय अपेक्षित नियमों एवं मानकों को पूर्ण करें।

(c) Oversee functioning of schools and teachers in the district

जिले में विद्यालयों एवं शिक्षकों के कार्यों का अवलोकन करना।

(d) Oversee Appointments and Transfers of Teachers, Rationalization of Teacher

शिक्षकों की नियुक्ति एवं स्थानान्तरण, शिक्षकों के अनुपात को देखना।

(e) Look into Promotions, complaints, fifth class examination, Seniority and Confirmation and Priority Cases

प्रोन्नतियों, शिकायतों, पाँचवीं कक्षा की परीक्षा, वरिष्ठता एवं स्थायीकरण तथा प्राथमिकता वाले मामलों को देखना।

(f) Oversee Recognition of Private Schools

निजी विद्यालयों की मान्यता को देखना।

(g) Oversee Medical Re-imbursement of Teachers

शिक्षकों के चिकित्सा प्रतिपति को देखना।

(h) Oversee Grants-in-Aid to Aided Schools

सहायता प्राप्त विद्यालयों के अनुहारों को देखना।

- **District institutes of Education and Training (DIETs):** Under the National Policy on Education (NPE) on teacher education, the Central government allocated funds to set up DIETs in October 1989, to provide academic and resource support at the grass-roots level for the success of the various strategies and programmes being undertaken in the areas of elementary and adult education.

  शिक्षा एवं प्रशिक्षण की जिला संस्थाएँ (DIETS)-अध्यापक शिक्षा पर राष्ट्रीय शिक्षा नीति के अंतर्गत केंद्रीय सरकार ने अक्टूबर 1989 में DIETS स्थापित करने के लिए कोष आवंटित किया जिन्हें प्रारंभिक एवं वयस्क शिक्षा के क्षेत्रों में उत्तरदायित्व लेने तथा विविध रणनीतियों एवं प्रारम्भिक शिक्षा में डिप्लोमा (डी.एल.एड.) शिक्षा एजेंसियों के साथ संबंध कार्यक्रमों की सफलता के लिए सतही स्तर पर शैक्षिक एवं संसाधन की सहायता प्रदान करना है।

- Placed under the District Board of Education (DBE), DIETs are closely linked with education agencies and NGOs at the National, State, Divisional and District levels whose objectives and interests converge with its own.

  जिला शिक्षा बोर्ड के अंतर्गत स्थित DIET: राष्ट्रीय राज्य मंडल, जिला स्तरों पर शिक्षा एजेंसियों तथा NGOs के साथ निकटता से जुड़े हैं जिनके उद्देश्य एवं हित उनके स्वयं से अभिमुख है।

- DIETs function throughout the year and are mainly residential institutions.

  DIET के कार्य वर्षभर और मुख्यत: आवासीय संस्थाओं से होते हैं।

- **Role of DIETs : (DIET की भूमिका)**

  a) Promote universalization and enhance the quality of Primary/Elementary and Adult education by providing training and orientation through pre-service and in-service education to the following groups

  सार्वभौमिकरण को प्रोन्नत करना एवं सेवा पूर्व एवं अंत:सेवी शिक्षा के माध्यम से प्रशिक्षण एवं अनुकूलन प्रदान कर प्रारंभिक और व्यवस्थित शिक्षा की गुणवत्ता को बढ़ाना।

Notes

- Elementary school teachers Head Master, Heads of School Complexes and officers of Education Department up to Block level

  प्रारंभिक विद्यालय शिक्षकों को प्रधान अध्यापक विद्यालय समूह के प्रमुख तथा प्रखंड स्तर के शिक्षक विभाग के अधिकारियों को एवं वयस्क शिक्षा के प्रशिक्षकों एवं पर्यवेक्षकों को।
- Instructors and supervisors of Non-formal and Adult Education

  जिला शिक्षा बोर्ड एवं ग्राम शिक्षा समिति के सदस्य समुदाय के नेताओं, युवकों एवं शिक्षा के क्षेत्र में कार्यरत अन्य स्वयंसेवियों को।
- Members of District Board of Education (DBE) and Village Education Committee (VECs) Community leaders, youth and other volunteers working in the field of education

  DIET के अतिरिक्त अन्य केंद्रों पर ऊपर वर्णीत समूह के लिए उपयुक्त कार्यक्रमों को आयोजित करने में साधनसेवियों को लगाना।
- Engage resource persons to conduct suitable programmes for the groups mentioned above, at centres other than the DIET c) Provide academic and resource support to the elementary and adult education systems in the district

  जिले में प्रारंभिक एवं व्यस्त शिक्षा प्रणाली को शैक्षिक एवं संसाधन की सहायता प्रदान करना।
- Action based research to deal with specific problems of the district in achieving the objectives in the areas of elementary and adult education

  प्रारंभिक एवं वयस्क शिक्षा के क्षेत्रों में उददेश्यों को प्राप्त करने में जिले की विशिष्ट समस्याओं के साथ लड़ने के लिए कार्य आधारित शोध करना।

8.7 ROLE OF VOLUNTARY AGENCIES (स्वैच्छिक एजेंसियों की भूमिका)

The role of voluntary agencies is:

स्वैच्छिक एजेंसियों की भूमिका है:

(a) Capacity building and regular training of School Management Committees (SMCs) and Panchayati Raj Institutions (PRIs)

विद्यालय प्रबंधन समितियों (SMCS) एवं पंचायती राज संस्थाओं के क्षमता निर्माण एवं नियमित प्रशिक्षण।

(b) Research on education policies, planning, implementation and impact of the programmes being run by the SSA.

शिक्षा नीतियों, नियोजन कार्यान्वयन पर शोध एवं SSA द्वारा चलाये जा रहे कार्यक्रमों का प्रभाव देखना।

(c) Monitoring and evaluation of schools, training centres, training programmes, curriculum and assessment mechanisms.

विद्यालयों, प्रशिक्षण केंद्रों, प्रशिक्षण कार्यक्रमों, पाठ्यचर्या एवं मूल्यांकन तकनीकों का निरीक्षण एवं मूल्यांकन।

(d) Prevention of harassment of teachers and enabling them toproperly discharge their duties.

शिक्षकों के उत्पीड़न को रोकना और उन्हें अपने कर्तव्यों के उचित निर्वाह में समर्थ करना।

(e) Implementation of programmes such as, Education Guarantee Scheme (EGS), Alternative education, Remedial teaching, Non residential bridge courses (NBRCs) and residential bridge courses (RBCs) in rural, urban and tribal areas.

कार्यक्रमों का क्रियान्वयन जैसे- शिक्षा गारंटी योजना (EGC), वैकल्पिक शिक्षा, उपचारी शिक्षा, गैर आवासीय ब्रिज कोर्स तथा आवासीय ब्रिज कोर्स (ग्रामीण, शहरों एवं जनजातीय क्षेत्रों में।

(f) Mobilize the society and community to increase enrolment and retention of children in schools particularly, of the girl child, minorities, children from weaker and disadvantaged sections of the society.

विद्यालयों में बच्चों के धारण और नामांकन को बढ़ाने के लिए समाज एवं समुदाय को गतिशील करना, विशेष रूप से लड़कियों, अल्पसंख्यक तथा समाज के कमजोर अशक्त खंडों के बच्चों के।

(g) Promote programmes related to health, hygiene and sanitation amongst children, in communities and schools.

समुदाय एवं विद्यालय में बच्चों के बीच स्वास्थ्य, सफाई, स्वच्छता कार्यक्रम को प्रोन्नत करना।

(h) Provide specialized support to facilitate integrated education of disabled children, children with special needs.

अशक्त बच्चों, विशिष्ट जरूरत वाले बच्चों की एकीकृत शिक्षा को सुसाध्य करने में विशिष्ट सहायता प्रदान करना।

(i) Ensure that schools and communities practice non-discrimination and are secular in nature.

सुनिश्चित करना कि विद्यालयों एवं समुदाय के कार्य भेदभाव रहित हो तथा प्रकृति में धर्मनिरपेक्ष हो।

(j) Guide schools/communities/parents in proper redressal of their grievances.

उनकी शिकायतों के उचित समाधान में विद्यालयों/समुदायों/अभिभावकों का मार्गदर्शन करना।

COMMUNITY MOBILIZATION
(सामुदायिक संचालन)

9

9.2 COMMUNITY MOBILIZATION (समुदाय संचालन)

Where there is a mechanism of local self-government, important decisions are usually made at the local level by the local people themselves. This is the best possible way for development of community. This is called community mobilization where people plan and do things. They take charge of transforming theircommunity and their lives.

जहाँ पर स्थानीय स्वशासन का तंत्र है वहाँ पर अधिकांश निर्णय स्थनीय लोगों द्वारा स्थनीय स्तर पर ही लिए जाते हैं। समुदाय के विकास हेतु यह सर्वोत्तम उपाय है जहां लोग स्वयं योजना बनाते हैं और लागू करते हैं इसी को समुदाय संचालन कहते हैं। वे अपने समुदाय और लोगों को परिवर्तित करने की जिम्मेदारी ले लेते हैं।

9.2.2 Why is Community Mobilization Important? (सामुदायिक संचालन क्यों महत्वपूर्ण है?)

Community mobilization is very importantfor the success of any intervention/ programme asit helps in:

सामुदायिक संचालन किसी भी कार्यक्रम की सफलता हेतु बहुत महत्वपूर्ण है क्योंकि यह सहायक है:

- Creating demand for interventions.
  इंटरवेंशन की मांग करने में।
- Increasing the effectiveness and efficiency of interventions.
  इंटरवेंशन की समर्थ तथा प्रभाविकता को बढ़ाने में।
- Reaching the most vulnerable.
  सबसे कमजोर वर्गों के लोगों तक पहुंचने में।
- Addressing the underlying issues affecting education: gender disparities, lack ofawareness.
  शिक्षा को प्रभावित करने वाले मुद्दों को संबंधित करने में : लिंग भेद, जागरूकता की कमी।
- Increasing community ownership and sustainability.
  सामुदायिक स्वामित्व तथा उसकी निरंतरता को बढ़ाने में।

9.2.4 Community Mobilizer: Role and Skills (समुदाय संचालनः भूमिका और कौशल)

A mobilizer is a person who mobilizes i.e gets things moving. She/he is a catalyst that creates an atmosphere to achieve a common goal of importance to the community by:

एक संचालक वह व्यक्ति है जो संचालन करता है अर्थात चीजों को सक्रिय बनाता है। वह सामुदायिक के लिए महत्वपूर्ण सामान्य लक्ष्य को प्राप्त करने हेतु वातावरण बनाने में निम्न रूप से एक उत्प्रेरक का कार्य करता है

Notes

- Bringing the people together.
  व्यक्तियों को साथ मिलाकर।
- Building trust.
  आपसी विश्वास स्थापित करके।
- Encouraging participation.
  सहभागिता को बढ़ावा देकर।
- Facilitating discussion and decision making.
  चर्चा एवं निर्णय लेने में सहजकर्ता के रूप में।
- Helping things to run smoothly.
  सरलता से कार्यों के होने में सहायता करके।
- Facilitation in the community mobilization process.
  सामुदायिक संचालन की प्रक्रिया में सहजीकरण।

ATTITUDE दृष्टिकोण:	Willengness to examine a situation. एक स्थिति को जांचने की स्वेच्छा Respect for all community members. सभी समुदाय सदस्यों के प्रति सम्मान Non judgemental and accepting approach अनिर्णयात्मक तथा उपागम को स्वीकारना An understanding of community differences. सामुदायिक भिन्नता की समझ A belief in community capacity to take effective action. प्रभावी कार्य करने हेतु समुदाय की क्षमता पर विश्वास
SKILLS कौशल:	Good communication skill, especially listening. अच्छे संप्रेषण, विशेषकर सुनना Good facilitating skills to enable communication to conduct their own analysis and problem solving सब विश्लेषण तथा समस्या समाधान में समुदाय को समक्ष बनाने हेतु सहजीकरण कौशल An ability to ensure representation of every member of teh community in design making and planning निर्णय लेने तथा योजना बनाने में समुदाय के प्रत्येक व्यक्ति की सहभागिता सुनिश्चित करना
KNOWLEDGE ज्ञान:	Sound knowledge of community mobilization process and a through understanding of its principles सामुदायिक संचालन की प्रक्रिया तथा उसके सिद्धांतों का पूर्ण ज्ञान Understanding of the community ,its ethics and sensitives. समुदाय की समझ: इसकी नैतिकता और संवेदनशीलता

- The communication process has the following components: Sender, Receiver, Message, Channel and Medium, Feedback and Noise.
  संप्रेषण प्रक्रिया के निम्न तत्व हैं:
  भेजने वाला, प्राप्तकर्ता, संदेश, मार्ग और माध्यम, पृष्ठ पोषण तथा शोर।
- Noise can be physical (Eg.- noise coming from the construction work), psychological (happens when the listener's mind is distracted and he cannot fo-

Notes

cus on what the speaker says or has written), physiological (hap-pens when the speaker or the listener has a physical difficulty due to which effective communication does not happen. e.g: the receiver may have a hearing problem.) or semantic (happens when the speaker uses words that the receiver cannot understand).

शोर किसी भी प्रकार की बाधा जो संदेश की स्पष्टता या गुणवत्ता को कम करता है। शोर भौतिक हो सकता है (उदाहरण के लिए निर्माण कार्य से आने वाला शोर) मनोवैज्ञानिक (जब सुनने वाले का ध्यान भटक जाता है और बोलने वाले ने क्या कहा या लिखा वह उस पर ध्यान केंद्रित नहीं कर पाता) जैवकीय (जब वक्ता की किसी शारीरिक कठिनाई के कारण प्रभावी संप्रेषण नहीं हो पाता) या सिमेंटेक (जब वक्ता ऐसे शब्दों का प्रयोग करता है जो प्राप्तकर्ता नहीं समझ सकता) हो सकता है।

9.3.1 Community Participation and Mobilization Under SSA (सर्व शिक्षा अभियान के अंतर्गत सामुदायिक सहभागिता तथा संचालन)

- In keeping with the vision of the Constitution (Seventy-third and Seventy-fourth Amendment) Act, 1992, National Education Policy (NPE) and recommendations of Committee on Decentralized Management of Education, the Village Education Committees (VEC) were constituted or revitalized under DPEP (District Primary Education Programme)

  संविधान (73वाँ तथा 74वाँ संबंधित संशोधन) का अधिनियम 1992, को दृष्टिगत करके राष्ट्रीय शिक्षा नीति तथा शिक्षा का विकेंद्रीकृत प्रबंधन कमेटी की सिफारशों के आधार पर ग्राम शिक्षा समिति जिला प्राथमिक शिक्षा कार्यक्रम के अंतर्गत गठित की गई।

- Community based monitoring in specific issues like enrolment, retention, education of girl child and other disadvantage groups, utilization of various grants and construction is important and helps to ensure attainment of the programme objectives.

  विशेष मुद्दे जैसे नामांकन, विद्यालय में धारण, लड़कियों तथा अन्य वंचित समूह की शिक्षा, विभिन्न अनुदानों का उपयोग व निर्माण कार्य आदि का समुदाय आधारित निगरानी महत्वपूर्ण है और इसी कार्यक्रम के उद्देश्यों की प्राप्ति को सुनिश्चित करने में सहायता मिलती है।

- These community level structures play a key role in micro-planning, especially in the development of Village/Ward Education Plan and School Improvement Plans. Under SSA the Annual Work Plan and Budget is prepared by participatory planning process through these communities and they take into account the local needs and specificity.

  समुदाय- स्तर की ये संरचनाएँ एक सूक्ष्म नियोजन में प्रमुख भूमिका निभाती हैं। विशेषकर ग्राम/वार्ड स्तरीय शैक्षिक योजना तथा विद्यालय विकास योजना के विकास में। सर्व शिक्षा अभियान के अंतर्गत इन समुदाय की प्रतिभागिता द्वारा वार्षिक कार्य योजना एवं बजट बनाने की प्रक्रिया संपन्न की जाती है।

- Various Community Mobilization initiatives have been planned under SSA in various states. Some of them are listed below:

  विभिन्न राज्यों में कई सामुदायिक संचालन गतिविधियों की पहल सर्व शिक्षा अभियान के अंतर्गत की है। उनमें से कुछ की सूची निम्नवत है:

- **Mother Sammelan :** 'Meena Week' and 'International Women day' at school, cluster, block, district and state level to promote the girl child- Himachal Pradesh

  मदर सम्मेलन: मीना वीक (मीना सप्ताह) तथा अंतर्राष्ट्रीय महिला दिवस, विद्यालय, कलस्टर, ब्लॉक, जिला एवं राज्य स्तर पर लड़कियों का बढ़ावा देने के लिए- हिमाचल प्रदेश।

Notes

- **'Haat- Bazaar'** : Awareness campaigns about the Govt. scheme for women and children in tribal areas of Gujarat.

  हाट बाजार: गुजरात के जनजातीय क्षेत्रों में महिलाओं और बच्चों के लिए सरकारी योजना का जागरूकता अभियान।
- **'Literacy Campaign'** : for illiterate mothers- Gujarat.

  साक्षरता अभियान: साक्षर माताओं के लिए- गुजरात
- Special enrolment drive and Jati Mahasabha in tribal pockets.- Orissa

  विशेष नामांकन ड्राइव व जाति महासभा: जनजातीय क्षेत्रों में- उड़ीसा
- Enrolment drive for out of school children- West Bengal

  विद्यालय से बाहर वाले बच्चे के लिए नामांकन ड्राइव-पश्चिम बंगाल
- **'Mukhyamatri Shiksha Sambal Maha**- Abhiyan- Campaign to improve theacademic and infrastructural status of the education system- Rajasthan

  मुख्यमंत्री शिक्षा संबल महा अभियान- शिक्षा प्रणाली में शैक्षिक और इंफ्रास्ट्रक्चर स्थिति में सुधार हेतु अभियान- राजस्थान
- **Bal Melas**-Himachal Pradesh, Uttaranchal, Rajasthan, Bihar, Jharkhand,Assam, Delhi

  बाल मेला- हिमाचल प्रदेश, उत्तरांचल, राजस्थान, बिहार, झारखंड, आसाम, दिल्ली
- **Maa Beti Mela**- Uttaranchal, Madhya Pradesh, Gujarat

  माँ-बेटी मेला- उत्तरांचल, मध्य प्रदेश, गुजरात
- **Puppet shows**- Kerela, West Bengal

  पपेट शो- केरल, पश्चिम बंगाल
- **Kalajathas**- Uttaranchal, Rajasthan, Bihar, Manipur

  कला जत्था- उत्तरांचल, राजस्थान, बिहार, मणिपुर
- **Street plays**- Kerela, Bihar, WB, Delhi

  स्ट्रीट प्ले- केरल, बिहार, पश्चिम बंगाल, दिल्ली
- **School Chalo Abhiyan**- Uttaranchal

  स्कूल चलो अभियान- उत्तराखंड

Melas (मेला)

- **Awareness of SSA**- Haryana

  सर्व शिक्षा अभियान की जागरूकता- हरियाणा
- **Pravesh Utsav Mela**- Madhya Pradesh

  प्रवेश उत्सव मेला- मध्य प्रदेश
- **Holi Mela**- Gujarat

  होली मेला- गुजरात
- **School Melas**- Kerela

  स्कूल मेला - केरल

9.3.2 Community Mobilization - A Vital Strategy of Pratham (सामुदायिक संचालन 'प्रथम की अति महत्वपूर्ण रणनीति)

- Pratham with a motto of "Every child in school and learning well" is the largest non-governmental organization working to provide quality education to the underprivileged children of India.

  प्रथम का उद्देश्य ''प्रत्येक बच्चा विद्यालय में हो और सीखें'' है। यह भारत की सबसे बड़ी संस्था है जो अपवंचित बच्चों को गुवत्तापूर्ण शिक्षा प्रदान करने हेतु कार्य करती है।
- The organization has grown both in scope and geographical coverage and reaches out to more than 34 million children in the country.

  यह संस्था का महत्व तथा भौगोलिक दायरे दोनों में प्रगति करती गई और देश के 34 मिलियन से अधिक बच्चों तक पहुँच गई।

Notes

- From pre-schools, the organization went to develop in-school remedial learning programs, bridge programs to mainstream out-of-school children, and a simple method of teaching children how to learn to read in a short time.

  इस संस्था ने मुबई स्लम क्षेत्र में प्री-स्कूल कार्यक्रम से अपना कार्य प्रारंभ किया जहाँ सीमित संसाधानों प्री-स्कूल के बाद संस्था ने विद्यालय में उपचारात्मक अधिगम कार्यक्रम विकसित करने, विद्यालय से बाहर रहने वाले बच्चों को मुख्य धारा से जोड़ने के लिए ब्रिज कार्यक्रम और शिक्षण की एक सरल विधि कम समय में पढ़ना कैसे सीखें।

- Some of the key community mobilization activities undertaken by Pratham in its various projects are summarized below:

  प्रथम द्वारा विभिन्न परियोजनाओं में लिखे कुछ प्रमुख समुदायिक संचालन की गतिविधियाँ निम्नलिखित हैं।

  (1) **Mapping:** This entails a visit of the programme area with interaction with residents to know about the facilities available in the area, community profile and other details.

  मैपिंग- इसके अंतर्गत कार्यक्रम क्षेत्र का भ्रमण, इस क्षेत्र में उपलब्ध सुविधाओं की जानकारी हेतु वहां के निवासियों के साथ विचार-विमर्श, समुदाय का प्रोफाइल तथा अन्य जानकारी शामिल है।

  (2) Meetings with Pradhan, Prominent members, VEC/SMC members to clarify the objective of the programme

  कार्यक्रम के उद्देश्य को स्पष्ट करने, प्रधान के लिए महत्वपूर्ण सदस्यों, ग्राम शिक्षा समिति / विद्यालय प्रबंधन समिति के सदस्य के साथ गोष्टी।

  (3) Meeting in Small groups / Big Group – the main aim of these meetings is familiarization of Pratham Program with community & sensitization of community towards primary education & learning level of children. This generally includes some of the following activitiesa)

  छोटे तथा बड़े समूह के साथ गोष्टी- इन गोष्टियों का मुख्य उद्देश्य समुदाय के साथ प्रथम कार्य का परिचय देना तथा समुदाय को प्राथमिक शिक्षा और बच्चों की अधिगम स्तरों के प्रति संवेदनशील बनाना है। इसमें सामान्यत: निम्नलिखित गतिविधियाँ शामिल हैं:

  (a) On the spot ASER testing of children in Purva / Tola / Mohalla. This activity attracts & to some extent engages the community & is a foundation for Small Group meeting

  पूर्व/टोला/मोहल्ला में उसी स्थान पर बच्चों का एसर परीक्षण। यह गतिविधि समुदाय को आकर्षित करती है और कुछ हद तक समुदाय को सलंग्न रखती है तथा यह लघु समूह गोष्ठी हेतु आधार बनाती है।

  (b) Sharing of compiled data of on the spot testing & start conversation

  उसी स्थान पर परीक्षण के आँकड़ों को समुदाय के साथ बांटना और बातचीत प्रारंभ करना।

  (c) Demonstration of Pratham's activities with children in Small group meeting.

  छोटे समूह की गोष्ठी में बच्चों के साथ प्रथम की गतिविधियों का प्रदर्शन।

- **Activities in Schools**–A proper introduction of Pratham & its program to-Head Master, initiating a repo with schools & demonstration of PrathamActivities with Material.

  विद्यालय में गतिविधियाँ: विद्यालय के प्रधानाध्यापक के साथ प्रथम तथा इसके कार्यक्रम का उचित परिचय। विद्यालयों के साथ भावनात्मक संबध (रेपो) बनाना तथा प्रथम की गतिविधियों का सामग्री के साथ प्रदर्शन।

10 MANAGEMENT OF SCHOOL (विद्यालय का प्रबंधन)

10.2 MEANING AND NATURE OF SCHOOL MANAGEMENT (विद्यालय प्रबंधन का अर्थ और प्रकृति)

- "Management is the art of getting things done through and with people in formally organised groups." Harold Koontz

  औपचारिक रूप से संगठित समूह को व्यक्तियों द्वारा तथा व्यक्तियों के साथ मिलकर कार्य पूर्ण करने की कला प्रबंधन है। -हराल्ड कुंज

- "Management is the art of getting things done through people." Mary Parker Follet,

  "प्रबधन व्यक्तियों के माध्यम से कार्य पूर्ण करने की कला है"। -मेरी पारकर फॉरलेट

- Thus input consists of manpower (men and women), materials, machinery, methods and money. All these resources are known as "Five Ms of Management"

  शिक्षण अधिगम क्रिया अनुशासन वातावरण तथा अन्य शैक्षिक कार्य विद्यालय प्रक्रियाओं के अतंर्गत आते हैं। इस प्रकार इनपुट में शामिल हैं जनशक्ति पुरुष एवं महिला सामग्री, मशीनरी, विधियां, धन। इनको प्रबंधन के 5 M कहते हैं।

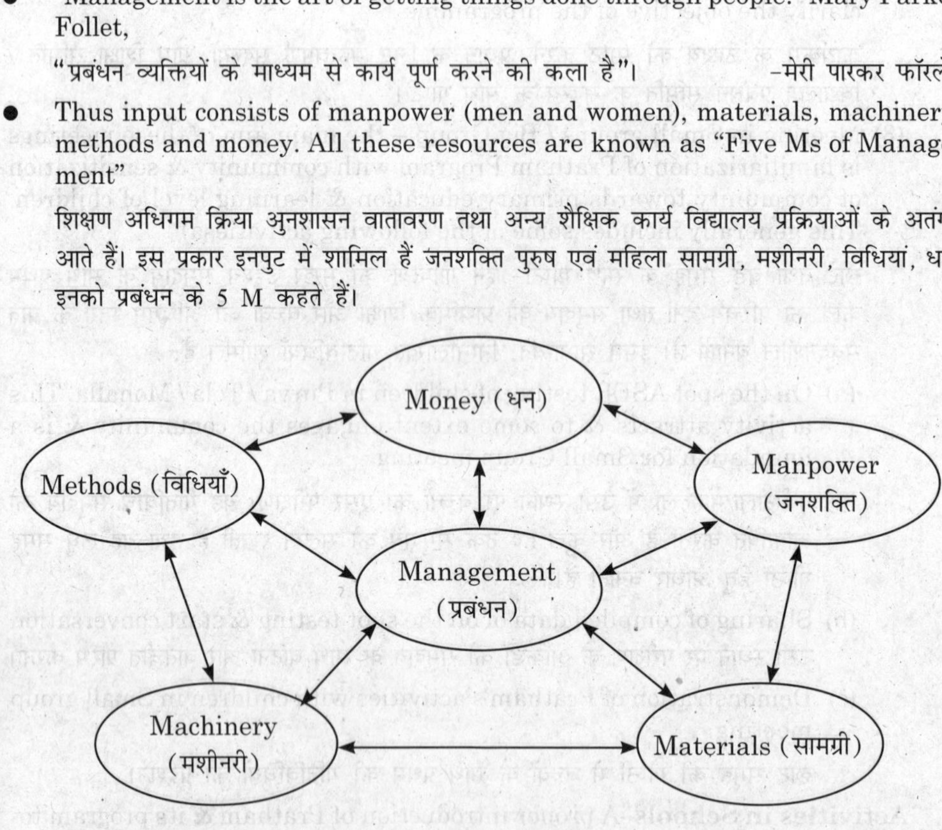

- **Nature of Management:** Management does things better and optimizes use of resources. It has following characteristics:

  प्रबंधन कार्यों को बेहतर तरीके से करता है तथा संसाधनों का पूर्ण उपयोग करता है। प्रबंधन की निम्न विशेषताएं हैं:

- Goal oriented

  लक्ष्य उन्मुखी

Notes

- Universal
  सार्वभौमिकता
- Integrated process
  समेकित प्रक्रिया
- Social process
  सामाजिक प्रक्रिया
- Activity based
  क्रिया-कलाप आधारित
- Group Activity
  सामूहिक गतिविधियाँ
- Art as well as Science
  कला व विज्ञान दोनों
- Continuous process
  निरंतर प्रक्रिया
- Multidisciplinary
  बहु-विषयक
- Intangible
  अमूर्त
- Creative
  रचनात्मक

10.3 COMPONENTS OF MANAGEMENT (प्रबधंन के तत्व)

- Number of activities in sequence to solve the problem of low attendance among the students. These sequential activities are called components of management process. Broadly these are categorized as follows:
  क्रमानुसार की जाने वाली गतिवधि प्रबंध के तत्व कहलाती है। मुख्य रूप से यह निम्न प्रकार से वर्गीकृत की गई है:
- Situation analysis
  पारिस्थितिक विश्लेण
- Strategy formulation
  प्रविधियों की रचना
- Strategy implementation
  प्रविधियों का कार्यान्वयन
- Strategy evaluation
  प्रविधियों का मूल्यांकन

10.4 RULES/FUNCTIONS OF MANAGEMENT (प्रबधंन के नियम/कार्य)

10.4.1 Planning (नियोजन)

- Planning is the basic function of management that involves setting objectives and determining a course of action for achieving these objectives. It involves five questions i.e., What to do? When to do? Where to do? Who is to do? How to do?

Notes

नियोजन प्रबंध का आधारभूत कार्य जिसमें उद्देश्यों का निर्धारण तथा इन उद्देश्यों की प्राप्ति हेतु कार्य को निश्चित करना शामिल है। इसमें पाँच प्रश्न सम्मिलित हैं: क्या, कब, कहाँ, कौन और कैसे करना है?

- It bridges the gap between where we are and where we want to be. The planning process involves following steps:–

  हम कहाँ पर हैं और कहाँ जाना चाहते हैं? इसके बीच के अंतर को नियोजन द्वारा किया जाता है। नियोजन में निम्नलिखित चरण सम्मिलित हैं:

  (1) Establishing objectives (2) Identifying resources (3) Making forecasts (4) Formulating, policies, strategies norms, rules etc. (5) Drawing action plans, budgets etc.

  (1) उद्देश्य का निर्धारण (2) संसाधनों की पहचान (3) भविष्य के कार्यों की उद्घोषणा (4) नीति, नियम, प्रविधि आदि की रचना (5) कार्य-योजना बजट आदि का निर्माण।

10.4.2 Budgeting (बजट बनाना)

- A budget is defined as management's quantitative expression of plans for a forthcoming period. Budgets are prepared at various levels of an organization. The master budget is defined as the overall financial plan for the period, which reflects the organization's goals and objectives.

  बजट बनाना भविष्य की योजनाओं को संख्यात्मक अभिव्यक्ति को बजट के रूप में परिभाषित किया जा सकता है। किसी संस्था के विभिन्न स्तरों पर बजट बनाए जा सकते हैं। मास्टर बजट की परिभाषा है एक निश्चित अवधि के लिए पूरी योजना जो संस्थान के लक्ष्य और उद्देश्यों को प्रदर्शित करती हैं।

10.4.3 Organizing (संगठित करना)

- "To manage a school means to provide it with everything useful for its functioning- raw materials, tools, capital and personnel." Organization structure (the network of authority- responsibility relationships) serves as the framework through which management coordinates individual efforts.

  विद्यालयों को अपना कार्य करने के लिए हर चीज प्रदान करना। सामग्री, उपकरण, धन तथा व्यक्ति। संगठन की संरचना (प्रशासन जिम्मेदारी तथा संबंधों का जाल) एक फ्रेमवर्क का कार्य करती है। जिसके द्वारा प्रबंध का कार्य व्यक्तिगत प्रयासों के समन्वयक द्वारा किया जाता है।

10.4.4 Directing (निर्देशन)

- Directing is that part of the management process which actuates the organization members to work efficiently and effectively for the attainment of the desired objectives. It is concerned with the execution of plans.

  निर्देशन प्रबंधन प्रक्रिया का वह हिस्सा है जो संगठन के सदस्यों को वांछित उद्देश्यों की प्राप्ति के लिए कुशलतापूर्वक और प्रभावी एंग से काम करने के लिए प्रेरित करते हैं। इसका संबंध योजनाओं के कार्यान्वयन से है।

10.4.5 Controlling (नियंत्रण)

- Controlling involves ensuring that performance does not deviate from standards. Controlling consists of three steps, which include establishing performance standards, comparing actual performance against standards, and taking corrective action when necessary.

  नियंत्रण के अंतर्गत यह सुनिश्चित किया किया जाता है कि संस्था का निष्पादन निर्धारित मानकों से विचलित न हो पाए। नियंत्रण में तीन चरण शामिल हैं निष्पादन मानकों का निर्धारण, वास्तविक निष्पादन की निर्धारित मानकों के साथ तुलना करना तथा आवश्यकता अनुसार सुधार के उपाय करना।

10.4.6 Coordination (समन्वयन)

Notes

- An organization consists of several persons, each of them performing a specialized job. Therefore, it becomes necessary to create harmony between different individuals and tasks. Synchronization of the specialized activities and efforts of members of a group for the accomplishment of group objectives is known as coordination

  एक संस्था में बहुत से कार्यकर्ता होते हैं। इनमें से प्रत्येक एक विशेष कार्य निष्पादित करता है। इसलिए आवश्यक है कि विभिन्न व्यक्तियों तथा कार्यों के बीच तालमेल बनाया जाए। विभिन्न विशिष्ट कार्य तथा समूह के व्यक्तियों के प्रयासों के बीच तालमेल बनाना ताकि संस्था के निर्धारित उद्देश्यों की पूर्ति हो सके, समन्वय कहलाता है।

10.4.7 Decision Making (निर्णय लेना)

- Decision-Making is an essential aspect of modern management. It is primary function of management. A manager's major job is sound/rational decision-making. Decision making implies.

  निर्णय लेने की प्रक्रिया प्रबंध का आवश्यक अंग है। यह प्रबंध का प्रमुख कार्य है। एक प्रबंधक का सबसे बड़ा कार्य उपयुक्त निर्णय लेने का है। निर्णय लेने की प्रक्रिया में निम्नलिखित बातें सम्मिलित हैं।

  - Choice Notes

    चुनाव
  - Continuous activity/process

    निरंतर क्रिया-कलाप/प्रक्रिया
  - Mental/intellectual activity

    बौद्धिक क्रिया-कलाप
  - Based on reliable information/feedback

    प्रसांगिक सूचना पर आधारित
  - Goal oriented process

    लक्ष्योन्मुखी प्रक्रिया
  - Means and not the end

    साधन न कि अंत है
  - Relates to specific problem

    विशेष समस्या से संबंधित
  - Time-consuming activity

    समय का उपयोग करने वाली गतिविधि
  - Needs effective communication

    प्रभावी संप्रेषण की आवश्यकता

10.10 PROCESS OF PARTICIPATORY MANAGEMENT (सहभागी प्रबंधन प्रक्रिया)

- Participatory management is the practice of empowering employees to participate in organizational decision making. This practice grew out of the human relations movement in the 1920s, and is based on some of the principles discovered by scholars doing research in management and organization studies.

Notes

सहभागी प्रबंधन की प्रक्रिया में संस्थान के कार्यकर्ताओं को संस्थान के निर्णय लेने की प्रक्रिया में सहभागी बनाने के लिए सशक्त बनाया जाता है। इस प्रथा का विकास सन् 1920 में मानव संबंध आंदोलन के दौरान हुआ और यह रिसर्च स्कॉलर्स जो प्रबंधन तथा संस्थागत अध्ययन के अंतर्गत शोध कार्य कर रह थे, द्वारा अन्वेषित कुछ सिद्धांतों पर आधारित है।

- Non-Participatory Management In this type of management the manager does not involve the employees in the decision-making process. He takes all the decisions by himself and imposes the responsibility of actions on the employees.

  इस प्रकार के प्रबंधन में प्रबंधक निर्णय लेने की प्रक्रिया में अपने कार्यकर्ताओं को शामिल नहीं करता। यह सभी निर्णय लेता है और कार्य को जिम्मेदार कार्यकर्ताओं पर डाल देता है। इस प्रकार की कार्यप्रणाली कार्यकर्ताओं को निर्धारित करती है और इससे उसकी कार्यक्षमता में नकारात्मक प्रभाव पड़ता है।

RESOURCE MANAGEMENT OF SCHOOL AND COMMUNITY
(विद्यालय तथा समुदाय के संसाधनों का प्रबंधन)

11

11.3 MATERIAL RESOURCE (सामग्री संसाधन)

- Examples of goods and services
  सामान व सुविधाओं के उदाहरण
  1. Electricity
     बिजली
  2. Hair cutting service by a barber
     नाई द्वारा बाल काटना
  3. Teacher's services
     शिक्षक की सेवाएँ
  4. Publishing a book
     एक पुस्तक का प्रकाशन
  5. Fertilizers
     खाद

11.4 FINANCIAL RESOURCES (आर्थिक संसाधन)

- Canada is ranked 6 and France is ranked 20 and Liberia is ranked 182 in HDI so it would mean that Canada and France have higher per capita income, higher literacy rate and higher gender parity index as compared to Liberia. Canada is placed better in rank than France.

  कनाडा को छठा रैंक, फ्रांस को 20वा तथा लाइबेरिया को 182वा रैंक मानव विकास इंडेक्स में दिया गया है। इसका तात्पर्य है कि कनाडा और फ्रांस में लाइबेरिया की तुलना में उच्च प्रतिव्यक्ति आय, उच्च साक्षरता दर तथा उचित लैंगिक समानता इंडक्सन है। कनाडा को फ्रांस की तुलना में बेहतर रैंक पर रखा गया है।

11.5.1 Government in a Country (देश में सरकार)

- Major financial sources of income come from government. When you consider government, it constitutes the following:
  एक राष्ट्र में प्रमुख आर्थिक स्रोत सरकार से प्राप्त होते हैं। जब आप सरकार की बात करते हैं तो इसके अंतर्गत निम्न प्रकार की सरकारें आती हैं:
  (1) Central Government
  केंद्रीय सरकार
  (2) State Government
  राज्य सरकार

Notes

(3) Local-self-government (Local bodies)

स्थानीय स्व-सरकार (स्थानीय निकाय)

- Under the provision of Constitution, Central Government receives revenue (income) on some taxes, surplus profit from Central Government Undertakings, external aid etc. Similarly, the State/UT Governments also generate revenue (income) under the provision of Constitution. If we add the revenue of both Central and State/ UT Governments then, we can say or call it as revenue (income) of the Government.

  भारत में संघीय प्रणाली है, जिसका अर्थ है-भारतीय संविधान के अनुसार केंद्र में एक सरकार है तथा राज्य में भी एक सरकार है। केंद्र सरकार कुछ करों, केंद्र के अधीन कार्यरत संस्थाओं से अतिरित्त लाभ, बाहरी देशों से सहायता आदि से राजस्व (आय) प्राप्त करती है। इसी प्रकार राज्य तथा केंन्द्र शासित सरकारें भी संविधान के प्रावधान के अंतर्गत राजस्व (आय) उत्पन्न करती हैं। यदि हम केंद्र व राज्य दोनों से आय को मिला दें तो हम इसे सरकारी आय कहते हैं।

- It may be noted that 'Education' falls at present as per constitutional provision, under the concurrent list. This means that both Central and State Government make laws and control educational services, educational institutions.

  यह नोट करने की बात है कि वर्तमान में संवैधानिक प्रावधान के अधीन शिक्षा संबंधी सूचना में रखा गया है। इसका अर्थ यह है कि केंद्र तथा राज्य दोनों सरकारें शैक्षिक सेवाओं तथा संस्थाओं के लिए नियम बनाती हैं और नियंत्रण रखती हैं।

11.5.3 Local Bodies (स्थानीय निकाय)

- Local bodies constitute

  स्थानीय निकायों के अंतर्गत आते हैं-

  (i) Municipal boards/committee in urban areas,

  नगर पालिका परिषद/कमेटी - शहरी क्षेत्रों में

  (ii) Zila Board/Parishad for rural areas,

  जिला परिषद - ग्रामीण क्षेत्रों में

  (iii) Village Panchayats in a village.

  ग्राम पंचायत - गाँवो में।

- State Government and at the district, there are Municipal Boards/Committees for urban territory of a district and Zila Board/Zila Parishad for rural territory of a district. Rural areas have down the line blocks/Talukas
- केंद्र में केंद्रीय सरकार, राष्ट्र पर राज्य सरकार तथा जिला स्तर पर जिले के शहरी क्षेत्र में नगर पालिका परिषद और ग्रामीण क्षेत्र में जिला परिषद ग्रामीण क्षेत्रों में जिला परिषद के नीचे ब्लॉक तथा तालुका है।
- At the village level, there is Village Panchayats. But blocks/panchayats are governed by a District Collector.

  ग्रामीण स्तर पर ग्राम पंचायत है। परंतु ब्लॉक/पंचायत जिला मजिस्ट्रेट द्वारा शासित होते हैं।

- Municipal Boards/Zila Parishads, are known as local bodies. These local bodies have special functional responsibilities. For example, these bodies provide civic facilities – water, electricity, roads, education, health services, etc.

  नगरपालिका/जिला परिषदों को स्थानीय निकाय कहा जाता है। इन स्थानीय निकायों के विशेष कार्यात्मक उत्तरदायित्व होते हैं। उदाहरण के लिए यह निकाय नागरिक सुविधाएँ प्रदान करते हैं। पानी, बिजली, सड़क, शिक्षा तथा स्वास्थ्य सेवाएँ आदि।

Notes

- For development of villages, all funds meant for development, are transferred to the district authorities who in turn transfer them to Block Development Office and Block Development Office further transfer them to Block Smities and ultimately development funds are received by Village Panchayats through Block Smitities Panchayats or Block Development Office.

  गांव के विकास हेतु सभी फंड जिला प्रशासन को भेजे जाते हैं जो इसे ब्लॉक विकास अधिकारी के पास तथा यहाँ से फंड ब्लॉक समिति तथा उसके बाद ग्राम पंचायत तक स्थानांतरित किया जाता है। विकास निधि फंड के वितरण की यह एक विकेंद्रीकृत व्यवस्था है तथा गाँव का समुदाय इस विधि का उपयोग ग्राम पंचायत के सीधे नियंत्रण में करता है।

11.5.4 Endowment (दान)

- Endowment is a 'corpus fund' endowed by an individual or family or trust/society for a special purpose or general purpose.. The idea behind such endowments 'charity' to an institution for a good social cause.

  एंडोमेंट एक 'कोष निधि' है। इसमें एक परिवार, व्यक्ति, समाज एक विशेष या सामान्य उद्देश्य हेतु, दान देता है। इस दान के पीछे किसी संस्था को अच्छे सामाजिक कार्य हेतु परोपकार की भावना है।

- In Indian context, educational institutions – schools, colleges have been receiving 'endowment'.

  भारतीय संदर्भ में शैक्षिक संस्थाएँ, विद्यालय, कॉलेज इस प्रकार का दान प्राप्त कर रही हैं। यह धन एकत्रित करने का अच्छा प्रयास है।

- Savings indicate the robust finances of a school. These may be used for school development activities.

  बचत किसी स्कूल की मजबूत वित्तीय स्थिति का संकेत देती है। इनका उपयोग स्कूल के विकास की गतिविधियों के लिए किया जा सकता है।

11.5.6 Examination Fees and Other Fees (परीक्षा शुल्क तथा अन्य शुल्क)

- Government-aided or private unaided schools charge different type of fees from students. These fees may be of the following types:

  सरकार द्वारा चलाए जा रहे प्राथमिक तथा उच्च प्राथमिक विद्यालय विद्यार्थियों से किसी प्रकार का शुल्क नहीं लेते। परंतु सरकारी सहायता प्राप्त निजी सहायता प्राप्त विद्यालय विद्यार्थियों से विभिन्न प्रकार के शुल्क लेते हैं। यह शुल्क निम्न प्रकार के हो सकते हैं:

  (a) Tuition fees
  ट्यूशन फीस

  (c) Computer fees
  कंप्यूटर फीस

  (b) Examination fees
  परीक्षा शुल्क

  (d) Pupil's fund, etc.
  प्यूपिल फंड आदि

- In a government aided schools, grants-in-aid is given by the government on deficit-base principle. That is grants-in-aid is given to the school after deducting the income received from these fees collected by the management of the school and from other sources.

  सरकारी सहायता प्राप्त विद्यालय को सहायता ग्रांट 'घाटा आधारित सिद्धांत' (डेफिसिट बेस प्रिंसिपल) के आधार पर दी जाती है अर्थात विद्यालय को सहायता ग्रांट उनके प्रबंधन द्वारा इन शुल्कों से तथा अन्य स्रोतों से एकत्र की गई आय को घटाकर दी जाती है।

12

MANAGEMENT APPROACHES OF SCHOOL AND COMMUNITY PARTNERSHIP

(विद्यालय और समुदाय-सहभागिता प्रबंधन के उपागम)

12.2.2 Nature and Scope (प्रकृति और क्षेत्र)

In sixties (1960's), Schultz (1960) came out with an idea known as "The Human Capital Theory Approach." The main points of this approach could be stated as under:

सन् 1960 में शल्ट्ज ने एक विचार प्रस्तुत किया जो "ह्यूमन कैपिटल थ्योरी एप्रोच" के नाम से जाना जाता है। इस उपागम के मुख्य बिंदु निम्नलिखित हैं–

1. The process of learning results in a new form of productive resource known as 'human capital'.

   अधिगम प्रक्रिया के परिणामस्वरूप उत्पादक संसाधन का एक नया रूप प्राप्त होता है जो मानव पूंजी (ह्यूमन कैपिटल) कहलाता है।

2. Spending on education is an investment giving rise to further capital formation both human capital and physical capital formation.

   शिक्षा में व्यय करना एक निवेश है जो भविष्य में मानव पूंजी तथा भौतिक पूंजी दोनों की रचना करता है।

3. The process of learning could be compared in similar manner as we compare the process of production in an industry.

   अधिगम प्रक्रिया की तुलना एक उद्योग में उत्पादन की प्रक्रिया से की जा सकती है।

4. Wage differentials arise due to differentials in education and training which raises the so called marginal productivity and efficiency of the worker. The marginal productivity means additional production as a result of additional year of education and training.

   शिक्षा एवं प्रशिक्षण के अंतर के कारण आय में अंतर होता है और इसमें श्रमिक की उत्पादकता और दक्षता सीमित हो जाती है। सीमित उत्पादकता का अर्थ है कम शिक्षा तो कम उत्पादकता तथा अतिरिक्त शिक्षा और प्रशिक्षण के फलस्वरूप अतिरिक्त उत्पादन।

However, the private demand for education and training (household demand) would depend also on the following considerations

शिक्षा और प्रशिक्षण की व्यक्तिगत/निजी/माँग निम्नलिखित बातों पर निर्भर करती है–

- Changes in the cost of voluntary education.
  स्वैच्छिक शिक्षा के मूल्य में परिवर्तन।
- Tastes or preference of the individual households for education.
  शिक्षा के लिए व्यक्तिगत परिवारों की प्राथमिकता।
- Income of the house – higher the income of the household higher the capacity to spend on education or vice-versa.

  परिवार की आय: यदि परिवार की आय अधिक हो तो उसके शिक्षा पर खर्च करने की क्षमता अधिक होगी और आय कम हो तो शिक्षा पर व्यय करने की क्षमता कम होगी।
- Expected return of income from different investment opportunities (higher or lesser expected return in investing money in education and training or investment somewhere else).

  निवेश के विभिन्न अवसरों से लाभ की अपेक्षा – (शिक्षा एवं प्रशिक्षण या अन्य क्षेत्रों में धन के निवेश से अधिक या कम अपेक्षित लाभ)

According to Thurow (1972), the distribution of income is determined by the distribution of job-opportunities and not by the distribution of the labour queue – with a given education training. Job-opportunities indicate the demand of jobs

Notes

in the country and the labour

थ्रो 1972 के अनुसार -आय का वितरण, व्यवसाय के अवसरों द्वारा सुनिश्चित होता है, न कि एक विशेष रूप से शिक्षित एवं प्रशिक्षित मजदूरों की पंक्ति द्वारा। देश में व्यवसाय एवं मजदूरों की मांग व्यवसाय के अवसरों द्वारा इंगित होती है।

Job-distribution according to Thurow is governed by three factors.

थ्रो के अनुसार व्यवसाय वितरण तीन कारणों पर आधारित होता है-

1. The characteristics of technical progress.
   प्रौद्योगिकी प्रगति की विशेषताएँ।
2. Wage-determination which is governed by the bargaining power of the trade unions, tradition of the wage differentials in the country etc.
   मजदूरी सुनिश्चित करना जो व्यापार मंडल तथा देश में मजदूरी में अंतर की प्रथा पर आधारित है।
3. The distribution of training costs between employees and employers.
   नियुक्तिकर्त्ता तथा कार्यकर्ताओं के बीच प्रशिक्षण मूल्य का वितरण

12.3 TYPES OF MANAGEMENT APPROACHES (प्रबधन उपागमों के प्रकार)

12.3.1 Man Power Requirement (मानव शक्ति आवश्यकता)

- The educational planners by using their special knowledge and expertise work out for manpower requirement for production processes of different sectors of the economy.
  इस उपागम के अनुसार शैक्षिक योजनाएँ देश में मानव शक्ति की आवश्यकता या आर्थिक स्थिति को ध्यान में रखकर बनाई जाती हैं। सामग्री तथा सेवाओं के उत्पादन हेतु श्रमिक की आवश्यकता होती है। इसके लिए सामान्य शिक्षा या विशेष कौशल की आवश्यकता हो सकती है। जब उत्पादन प्रक्रिया जटिल होती है तो सामान्य शिक्षक के उच्च स्तर पर कौशल की आवश्यकता होती है।
- In order to meet the future requirement of manpower, it is necessary to educate and train youth in the country to meet this challenge. Thus manpower requirement approach connects level of education and training with different types and level of occupation in the country.
  मानव शक्ति की भी आवश्यकता की पूर्ति हेतु देश के युवाओं को शिक्षा प्रशिक्षण देना आवश्यक है ताकि वे भविष्य की चुनौतियों का सामना कर सके। इस प्रकार मानव शक्ति आवश्यकता उपागम शिक्षा और प्रशिक्षण के स्तरों को विभिन्न प्रकार के व्यवसायों के सहयोग से जोड़ने का काम करता है।

12.3.2 Costs-Benefit Analysis (मूल्य-लाभ विश्लेषण)

- Benefits can be considered in two ways: लाभ के दो प्रकार हैं :
  1. Economic or monetary benefits
     आर्थिक या मुद्रा संबंधित लाभ
  2. Non-monetary benefits.
     बिना धन (गैर मौद्रिक) के लाभ्
- Examples of the economic benefits are the money–earnings of the individual over his/her span of working-life. Non-monetary benefits may be considered indirect benefits viz:
  आर्थिक लाभ के उदाहरण हैं- व्यक्ति के कार्यरत जीवन की आयु, गैर मौद्रिक लाभों को अप्रत्यक्ष लाभ माना जाता है जैसे:
  - Values of good citizenship
    अच्छे नागरिक मूल्य
  - The knowledge, skills, attitudes towards work-culture
    कार्य संस्कृति के प्रति ज्ञान कौशल तथा दृष्टिकोण
- In addition to the benefits of education to the individual, community, society or nation is also benefited by educated manpower since
  शिक्षा के व्यक्तिगत लाभ के अतिरिक्त समुदाय, समाज तथा राष्ट्र भी शिक्षित मानव शक्ति द्वारा भी लाभान्वित होते हैं क्योंकि:
- It increases direct economic benefits in terms of increased national income

since productivity of the educated and skilled manpower is higher than the productivity of the Issiterate man power.

राष्ट्रीय आय में वृद्धि के रूप में या सीधे आर्थिक लाभों में वृद्धि करता है इसलिए कि शिक्षित और कौशल पूर्ण मानव शक्ति की उत्पादकता निरक्षर मानव शक्ति की उत्पादकता से अधिक होती है।

Notes

12.3.3 Social Demand (सामाजिक मांग)

- Right to Education Act (2009) has been enacted and is being implemented from 1st April, 2010 throughout the country.

  भारत में स्वतंत्रता प्राप्ति के बहुत समय पश्चात शिक्षा का अधिकार अधिनियम 2009 पारित हुआ और 1 अप्रैल सन 2010 से पूरे देश में लागू कर दिया गया।

12.4 RELEVANCE OF EACH APPROACH TO STRENGTHEN SCHOOL AND COMMUNITY PARTNERSHIP (विद्यालय और समुदाय की सहभागिता के सुदृढ़ीकरण हेतु प्रत्येक उपागम की प्रासंगिकता)

- You have learnt that the four approaches – manpower requirement, costs-benefit; social demand and social justice push the demand for education and its management for seeking:

  आपने मानव-शक्ति आवश्यकता, मूल्य-लाभ, सामाजिक माँग आदि उपागमों का अध्ययन किया। ये सभी शिक्षा एवं इसके प्रबंधन हेतु निम्नलिखित कार्यों में मांग प्रस्तुत करते हैं।

  - Expansion of education and training.

    शिक्षा प्रशिक्षण के विस्तार में।
  - Bringing efficiency and effectiveness so as to ensure optional use and benefits to the individual household who send their children for schooling and to the community or society at large.

    समाज, समुदाय, निजी परिवारों के लिए जो अपने बच्चों को विद्यालय में भेजते हैं, वैकल्पिक उपयोग तथा लाभ सुनिश्चित करने हेतु दक्षता एवं प्रभाविकता लाना।
  - Reducing social and economic inequalities and above all.

    सामाजिक तथा आर्थिक असमानताओं को कम करना।
  - Nation-building through good and responsible citizenship.

    अच्छी और जिम्मेदार नागरिकता द्वारा राष्ट्रीय निर्माण।

12.5 MANAGEMENT AND ORGANISATION OF SCHOOL AND COMMUNITY PARTNERSHIP AND PROCESS OF STRENTHENING RELATIONSHIP (विद्यालय-समुदाय सहभागिता का प्रबंधन तथा संगठन और संबंधों को सुदृढ़ बनाने की प्रक्रिया)

- The School Management Committee shall perform the following functions namely :

  विद्यालय प्रबंधन कमेटी निम्नलिखित कार्यों का निष्पादन करेगी।

  (a) monitor the working of the school;

  विद्यालय की कार्यप्रणाली का निरीक्षण/मॉनिटरिंग

  (b) prepare and recommend school development plans;

  विद्यालय विकास योजनाओं का निर्माण तथा संतुति

  (c) monitor the utilization of the grants government or local authority or any other sources; and

  सरकार, स्थानीय प्रशासन या अन्य स्रोत द्वारा प्राप्त ग्रांट (धन) के उपयोग की मॉनिटरिंग करना।

  (d) Perform such other functions as may be prescribed.

  इसी प्रकार के अन्य प्रदत्त कार्यों को निष्पादन करना।

WHAT IS LANGUAGE? (भाषा क्या है?)

1

1.2 IMPORTANCE AND SCOPE OF LANGUAGE (भाषा का महत्व और दायरा/परिकल्पना)

- Ordinary people recognise language only as a means of communication.
  साधारण लोग भाषा को संचार के साधन के रूप में ही पहचानते हैं।
- Linguists generally look at language as a pairing of a grammar and a dictionary.
  भाषाविद् आमतौर पर भाषा को व्याकरण और शब्दकोश के युग्म के रूप में देखते हैं।
- However, unlike ordinary people or linguists for that matter, it is important that you know there is no language without speakers.
  हालाँकि, आम लोगों या भाषाविदों के विपरीत, यह महत्वपूर्ण है कि आप जानते हैं कि वक्ताओं के बिना कोई भाषा नहीं है।
- Speech community is the only vital part of language and its usage.
  भाषण समुदाय भाषा और उसके उपयोग का एकमात्र महत्वपूर्ण हिस्सा है।
- Speech community is formed by people who speak a given language and give the given language a shape or standard.
  वाक् समुदाय उन लोगों द्वारा बनता है जो एक दी गई भाषा बोलते हैं और दी गई भाषा को एक आकार या मानक देते हैं।
- language is associated with the identity of an individual.
  भाषा व्यक्ति की पहचान से जुड़ी होती है।
- Language is a medium that maintains and moderates class hierarchy too.
  भाषा एक ऐसा माध्यम है जो वर्ग पदानुक्रम को भी बनाए रखता है और नियंत्रित करता है।
- The psychological aspect of language is also a very important aspect of language.
  भाषा का मनोवैज्ञानिक पहलू भी भाषा का एक बहुत ही महत्वपूर्ण पहलू है।
- It is surprising to note that children from all over the world, no matter whichever social class or geographical location they belong to, develop an adult like command over the language they speak.
  यह जानकर आश्चर्य होता है कि दुनिया भर के बच्चे, चाहे वे किसी भी सामाजिक वर्ग या भौगोलिक स्थिति से संबंधित हों, वे जिस भाषा को बोलते हैं, उसको एक वयस्क जैसे ही विकसित करते हैं।
- There is another important of aspect of language. Language is a medium that nullifies distance.
  भाषा का एक और महत्वपूर्ण पहलू है। भाषा एक ऐसा माध्यम है जो दूरियों को मिटा देता है।
- Structural aspect of language is important to explore too.
  भाषा के संरचनात्मक पहलू का भी पता लगाना महत्वपूर्ण है।

Notes

LANGUAGE AND GRAMMAR (भाषा और व्याकरण)

1.3.1 Structure of Sound System (ध्वनि प्रणाली की संरचना)

- Every language has its own sound system. But the sound system is such that it is finite and every language has sounds that are found in the finite system of sound structures of the world.

  प्रत्येक भाषा की अपनी ध्वनि प्रणाली होती है। लेकिन हर भाषा में ध्वनियाँ सीमित होती हैं जो दुनिया की ध्वनि संरचनाओं की सीमित प्रणाली में पाई जाती हैं।
- For example: every language has vowels and consonants. They may be more or less in number.

  उदाहरण के लिए: प्रत्येक भाषा में स्वर और व्यंजन होते हैं। इनकी संख्या कम या ज्यादा हो सकती है।
- It should be clear to you how well organised and systematic is the rule system of a language at the level of sounds.

  आपको यह स्पष्ट होना चाहिए कि ध्वनि के स्तर पर किसी भाषा की नियम प्रणाली कितनी सुव्यवस्थित और व्यवस्थित है।

1.3.2 Word Formation (शब्द निर्माण/संरचना)

- There are fixed rules about how a singular would be converted into plural or a noun to adjective.

  एकवचन को बहुवचन या संज्ञा से विशेषण में कैसे परिवर्तित किया जाएगा, इसके बारे में निश्चित नियम हैं।
- Sanskrit not only has singular, dual and plural, but it also has 15/16 different forms.

  संस्कृत में न केवल एकवचन, द्वैत और बहुवचन है, बल्कि इसके 15/16 विभिन्न रूप भी हैं।
- In Hindi, every noun can have six forms in principle if we consider form and function together.

  हिंदी में, प्रत्येक संज्ञा के सिद्धांत रूप में छह रूप हो सकते हैं।

1.3.3 Sentence Construction (वाक्य निर्माण/संरचना)

- You cannot arrange words in any random order to form a sentence.

  आप वाक्य बनाने के लिए शब्दों को अपनी इच्छा के क्रम में व्यवस्थित नहीं कर सकते।
- In fact, as compared to the level of words, language is more tightly organised at the level of sentences.

  वास्तव में, शब्दों के स्तर की तुलना में वाक्यों के स्तर पर भाषा को अधिक मजबूती से व्यवस्थित किया जाता है।

1.3.4 Discourse Structure (संवाद संरचना)

- The social communication is rule bound and we cannot cross the norms of communicative rules. For example, there is a basic rule that you should never speak in between a conversation as a third person.

  सामाजिक संचार नियमबद्ध है और हम संचार नियमों के मानदंडों को पार नहीं कर सकते। उदाहरण के लिए, एक बुनियादी नियम है कि आपको किसी तीसरे व्यक्ति के रूप में बातचीत के बीच में कभी नहीं बोलना चाहिए।
- Language is crucially related to understanding it in the right dimension.

  भाषा सही दिशा में समझने से संबंधित है।
- At the level of effective understanding, a sentence becomes meaningful when effective words are used in an effective sequence.

प्रभावी समझ के स्तर पर, एक वाक्य तब सार्थक हो जाता है जब प्रभावी शब्दों का प्रभावी क्रम में उपयोग किया जाता है।

Notes

1.4 STANDARD LANGUAGE (मानक भाषा)

- As a first step] the language that is called standard language is the language that had been chosen to be called the standard language from the many other existing languages of that linguistic area or society.
  पहले चरण के रूप में, मानक भाषा कहलाने वाली भाषा वह भाषा है जिसे उस भाषाई क्षेत्र या समाज की कई अन्य मौजूदा भाषाओं से मानक भाषा कहा जाने के लिए चुना गया था।
- In the Brahmanic society, Sanskrit used to be the standard language. When the Arabs ruled, Arabic became the standard language and if the Iranians will rule, Persian will be the standard language.
  ब्राह्मण समाज में संस्कृत मानक भाषा हुआ करती थी। जब अरबों ने शासन किया, अरबी मानक भाषा बन गई और यदि ईरानी शासन करेंगे, तो फारसी मानक भाषा होगी।
- In the third step, the chosen variety will have a grammar written on its rules and various kinds of dictionaries will be made.
  तीसरे चरण में चुनी हुई भाषा के नियम/व्याकरण लिखे होंगे और विभिन्न प्रकार के शब्दकोष बनाए जाएँगे।
- The fourth or last stage of standardization is that the language gets the opportunity to be developed in every other way such as cinema, literature, music and so on and so forth.
  मानकीकरण का चौथा या अंतिम चरण यह है कि भाषा को सिनेमा, साहित्य, संगीत आदि जैसे हर तरह से विकसित होने का अवसर मिलता है।
- Standardization process is very highly related to the process of social exploitation.
  मानकीकरण की प्रक्रिया सामाजिक शोषण की प्रक्रिया से जुड़ी हुई है।

1.5 THE PSYCHOLOGICAL ASPECTS OF LANGUAGE (भाषा के मनोवैज्ञानिक पक्ष)

- Language is very deeply seated in human brain/mind.
  भाषा मानव मस्तिष्क / मन में बहुत गहराई से बैठी है।
- Every child is born with a universal grammar. they have a psychological readiness about language acquisition and this readiness gets completed with the environmental exposure, which are all natural and untutored.
  हर बच्चा एक सार्वभौमिक व्याकरण के साथ पैदा होता है। उनके पास भाषा अधिग्रहण के बारे में एक मनोवैज्ञानिक तत्परता है और जो उनके सामाजिक परिवेश को छूते ही एक सरल और समृद्ध रूप में खिल उठती है
- A child learns the languages spoken in his community by the time he is three or four.
  एक बच्चा तीन या चार साल की उम्र तक अपने समुदाय में बोली जाने वाली भाषा सीख लेता है।

1.6 THE SOCIAL ASPECTS OF LANGUAGE (भाषा के सामाजिक पक्ष)

- When children learn language they not only learn the language in its correct form, they also learn the way a given language is used in the society.
  जब बच्चे भाषा सीखते हैं तो वे न केवल भाषा को उसके सही रूप में सीखते हैं, बल्कि वे उस तरीके से भी सीखते हैं जिस तरह से समाज में किसी भाषा का उपयोग किया जाता है।
- Social differences and stratifications are prominently observed the way we use language.

Notes

- जिस तरह से हम भाषा का उपयोग करते हैं, सामाजिक अंतर और स्तरीकरण प्रमुखता से देखे जाते हैं।
- Language changes in every 15 to 20 kilometres.
  हर 15 से 20 किलोमीटर में भाषा बदल जाती है।

1.7 LANGUAGE AND LITERATURE (भाषा और साहित्य)

- It's always a challenge for a linguist to be able to analyse a specific style of language used in a poem, story, drama or novels etc.
  कविता कहानी आदि में प्रयुक्त भाषा की एक विशिष्ट शैली का विश्लेषण करना किसी भी भाषाविद के लिए हमेशा एक चुनौती होती है।
- Crucially significant differences between language of ordinary usage and language of literature can be found in the areas of simile, appreciation, synonyms, parody etc.
  सामान्य उपयोग की भाषा और साहित्य की भाषा के बीच अंतर उपमा, प्रशंसा पर्यायवाची हास्यानुकृति आदि क्षेत्रों में पाया जा सकता है।

1.8 LANGUAGE PROFICIENCY (भाषा में प्रवीणता)

- You never become fully proficient in any language because there is always more to learn, new words, new expressions etc.
  आप कभी भी किसी भी भाषा में पूरी तरह से पारंगत नहीं होते हैं क्योंकि सीखने के लिए हमेशा कुछ बच जाता है जैसे नए शब्द, नए भाव आदि।
- It is important to understand the nature of the context in which a given language is being learnt. Broadly speaking, there can be two contexts: informal or formal.
  उस संदर्भ की प्रगति को समझना महत्वपूर्ण है जिसमें दी गई भाषा सीखी जा रही है। मोटे तौर पर, दो संदर्भ हो सकते हैं: अनौपचारिक या औपचारिक।
- Language proficiency can only be captured in their working as a whole rather than as discrete skills.
  असतत कौशल के बजाय भाषा दक्षता को उनके समग्र रूप से कार्य करने में ही पकड़ा जा सकता है।
- Assessment should be holistic rather than discrete in terms of just LSRW.
  सुनने, बोलने, पढ़ने, लिखने के असतत मूल्यांकन के बजाय मूल्यांकन समग्र होना चाहिए।

INDIAN LANGUAGES
(भारतीय भाषाएँ)

2

2.2 LINGUISTIC DIVERSITY (भाषाई विविधता)

2.2.1 A Picture of India's Linguistic Diversity
(भारत की भाषाई विविधता की एक तस्वीर)

- More than 1600 languages are spoken in India and these languages belong to four different language families.

  भारत में 1600 से अधिक भाषाएँ बोली जाती हैं। और ये भाषाएँ चार अलग-अलग भाषा परिवारों से संबंधित हैं।
- From the 1961 Language Census of India. 1652 mother tongues were identified during this census and they were in turn classified into 193 languages.

  भारत की 1961 की भाषा जनगणना। इस जनगणना के दौरान 1652 मातृभाषाओं की पहचान की गई और उन्हें बदले में 193 भाषाओं में वर्गीकृत किया गया।
- At the time of our independence this schedule contained 14 languages. (Now 22).

  हमारी स्वतंत्रता के समय इस अनुसूची में 14 भाषाएँ थीं। (अब 22)।
- "Multilinguality has very close relationship with language proficiency, scholastic achievement, cognitive flexibility and social tolerance." (Agnihotri, 2007)

  "बहुभाषिता का भाषा प्रवीणता, शैक्षिक उपलब्धि, संज्ञानात्मक लचीलेपन और सामाजिक सहिष्णुता के साथ बहुत घनिष्ठ संबंध है।" (अग्निहोत्री, 2007)
- Multilinguality is not a problem but a source of strength for India.

  बहुभाषिवाद कोई समस्या नहीं है बल्कि भारत के लिए संसाधन है।
- On this issue Subbarao says, "Even though Indian languages seem to prima face differ from each other, they share various similarities.

  इस मुद्दे पर सुब्बाराव कहते हैं, "भले ही भारतीय भाषाएँ एक-दूसरे से प्रथम रूप से भिन्न प्रतीत होती हैं, लेकिन वे विभिन्न समानताएँ साझा करती हैं।

2.2.2 Language Families of India and India As A Linguistic Area
(एक भाषाई क्षेत्र के रूप में भारत और भारत के भाषा परिवार)

Some prominent languages in each of these language families are given below:-

इनमें से प्रत्येक भाषा परिवार की कुछ प्रमुख भाषाएँ नीचे दी गई हैं:-

- Indo Aryan: Hindi, Urdu, Bengali, Assamese, Sanskrit, Punjabi, Gujrati, Marathi, Konkani, Nepali, Oriya, Kashmiri etc.

  इंडो आर्यन: हिंदी, उर्दू, बंगाली, असमिया, संस्कृत, पंजाबी, गुजराती, मराठी, कोंकणी, नेपाली, उड़िया, कश्मीरी आदि।

Notes

- Dravidian: Tamil, Telugu, Kannada, Malayalam, Kurukh etc.
  द्रविड़: तमिल, तेलुगु, कन्नड़, मलयालम, कुरुख आदि।
- Tibeto-Burman: Manipuri, Angami, Bodo, Garo, Tripuri, Tangsa, Mizo
  तिब्बती-बर्मन: मणिपुरी, अंगामी, बोडो, गारो, त्रिपुरी, तांगसा, मिजो।
- Austro-Asian/Munda: Munda, Mundari, Ho, Santhali, Savara etc.
  ऑस्ट्रो-एशियाई/मुंडा: मुंडा, मुंडारी, हो, संथाली, सवारा आदि।

1. *Echoword - extra'word-khaanaa-vaanaa*
   इकोवर्ड-अतिरिक्त-शब्द-खाना-वाना
2. *Reduplicated words-ghar-ghar*
   दोहराए गए शब्द-घर-घर
3. *All Indian languages have post positions.*
   सभी भारतीय भाषाओं में पद पद होते हैं।
4. *Most Indian languages have retroflex sounds- T, Th, D, Dh*
   अधिकांश भारतीय भाषाओं में रेट्रोफ्लेक्स ध्वनियाँ हैं- ट, थ, ड़, ध

   Hindi - Devanagari
   हिन्दी - देवनागरी
   Urdu - Perso-Arabic script
   उर्दू-फारसी- अरबी लिपि
   Hindustani - हिंदी + उर्दू
   हिंदुस्तानी - हिंदी + उर्दू

2.3 WHAT DOES THE INDIAN CONSTITUTION SAY ABOUT LANGUAGES? (भारतीय संविधान भाषाओं के बारे में क्या कहता है?)

- Language in Part 17 of the constitution
  संविधान के भाग 17 में भाषा है।
- According to Article 343 of the constitution, Hindi written in Devnagari script is the official language of India and English is the associate official language-
  संविधान के अनुच्छेद 343 के अनुसार, देवनागरी लिपि में लिखी गई हिंदी भारत की राजभाषा है और अंग्रेजी सहयोगी राजभाषा है।
- Initially, English was given this status for 15 years but in 1963 it was permanently made the associate official language under the Official Language Act.
  प्रारंभ में, अंग्रेजी को यह दर्जा 15 वर्षों के लिए दिया गया था लेकिन 1963 में इसे राजभाषा अधिनियम के तहत स्थायी रूप से सहयोगी राजभाषा बना दिया गया था।
- Article 345 asked each state to legally adopt one or more languages spoken in their state along with Hindi as their official languages.
  अनुच्छेद 345 ने प्रत्येक राज्य को अपने राज्य में बोली जाने वाली एक या एक से अधिक भाषाओं को कानूनी रूप से हिंदी के साथ अपनी आधिकारिक भाषा के रूप में अपनाने के लिए कहा।
- Hindi was declared to be the officia, language of Uttar Pradesh, Madhya Pradesh, Bihar, Rajasthan, Haryana, Himachal Pradesh and Delhi.
  हिंदी को उत्तर प्रदेश, मध्य प्रदेश, बिहार, राजस्थान, हरियाणा, हिमाचल प्रदेश और दिल्ली की आधिकारिक भाषा घोषित किया गया था।
- ***Sikkim - Nepali, Lepcha, and Bhutia***
  सिक्किम - नेपाली, लेप्चा और भूटिया

Notes

- ***Nagaland - English***
  नागालैंड अंग्रेजी
- *Mizoram and Meghalaya did not adopt any official language and for purposes of government work, English is use*
  मेघालय और मिजोरम में कोई भी अधिकारिक भाषा नहीं है। वे राजकार्य कार्य के लिए अंग्रेजी का उपयोग करते हैं।

2.4 CATEGORIES OF LANGUAGES IN INDIA (भारत में भाषाओं की श्रेणियाँ)

- Languages mentioned in the 8th schedule of the Indian Constitution are called Scheduled Languages.(Total 22)
  भारतीय संविधान की 8वीं अनुसूची में वर्णित भाषाओं को अनुसूचित भाषा कहा जाता है। (कुल 22)।
- Sindhi was included in this list through the 21st amendment to the constitution (1967)
  सिंधी को संविधान के 21वें संशोधन (1967) के माध्यम से इस सूची में शामिल किया गया था।
- Similarly, Konkani, Manipuri and Nepali were included through the 71stconstitutional amendment (1992) and Boro, Santhali, Maithili and Dogri were included through the 92nd amendment (2003).
  इसी तरह, कोंकणी, मणिपुरी और नेपाली को 71वें संविधान संशोधन (1992) के माध्यम से शामिल किया गया और बोरो, संथाली, मैथिली और डोगरी को 92वें संशोधन (2003) के माध्यम से शामिल किया गया।

2.4.2 Regional Languages and Mother Tongues (क्षेत्रीय भाषाएँ और मातृभाषाएँ)

- A total of 100 regional languages were listed by the 2001 Census
  2001 की जनगणना में कुल 100 क्षेत्रीय भाषाओं को सूचीबद्ध किया गया था।
- The 1961 Language Census identified 1652 mother tongues- The word 'mother tongue' commonly refers to the language spoken at home
  1961 की भाषा जनगणना ने 1652 मातृभाषाओं की पहचान की। 'मातृभाषा' शब्द आमतौर पर घर में बोली जाने वाली भाषा को दर्शाता है।

2.4.3 Classical Languages (शास्त्रीय भाषाएँ)

The Indian government has laid down the following criteria for declaring a language to be a classical language
भारत सरकार ने किसी भाषा को शास्त्रीय भाषा घोषित करने के लिए निम्नलिखित मानदंड निर्धारित किए हैं:

- The language has a history / written literature which is1500 to 2000 years old.
  भाषा का इतिहास / लिखित साहित्य है जो 1500 से 2000 वर्ष पुराना है।
- Some ancient literature/ epic has been written in the language and the speakers of the language consider this literature/ epic a valuable resource.
  कुछ प्राचीन साहित्य/ महाकाव्य भाषा में लिखे गए हैं और भाषा के भाषी इस साहित्य/महाकाव्य को एक मूल्यवान संसाधन मानते हैं।
- The language has an original literacy tradition and not one which is borrowed from other language communities.
  भाषा की एक मूल साक्षरता परंपरा है और ऐसी नहीं है जो अन्य भाषा समुदायों से उधार ली गई हो।
- Tamil was declared a classical language in June, 2004, Sanskrit in 2005 and Kannada and Telugu were given the status in 2008.

Notes

जून, 2004 में तमिल को शास्त्रीय भाषा, 2005 में संस्कृत और 2008 में कन्नड़ और तेलुगु को दर्जा दिया गया था।

2.4.4 Is There A Difference Between Language and Dialect? (क्या भाषा और बोली में कोई अंतर है?)

- From a linguistic point of view, there is no difference between a language and a dialect.
  भाषाई दृष्टि से भाषा और बोली में कोई अंतर नहीं है।
- Both languages and dialects have a grammar i.e. they are rule governed.
  भाषाओं और बोलियों दोनों का एक व्याकरण होता है यानी वे नियम शासित होते हैं।
- Awadhi, Braj, Bhojpuri have their own grammar just like Hindi, English, Sanskrit and other language.
  अवधी, ब्रज, भोजपुरी का हिंदी, अंग्रेजी, संस्कृत और अन्य भाषाओं की तरह ही अपना व्याकरण है।
- Rama Kant Agnihotri notes, "What is spoken by powerful and rich people often comes to be known as 'language'.
  रमाकांत अग्निहोत्री कहते हैं, "शक्तिशाली और अमीर लोग जो बोलते हैं, वह अक्सर भाषा के रूप में जाना जाता है।

2.5 THE STATUS OF HINDI IN INDIA (भारत में हिन्दी की स्थिति)

- Hindi is the language which is spoken in 'Hind' or India- Its ancient names 'hinduii' and 'hindvii' carry the same significance.
  हिंदी वह भाषा है जो 'हिंद' या भारत में बोली जाती है। इसके प्राचीन नाम 'हिन्दुई' और 'हिन्दवी' का भी यही अर्थ है।

Hindi as the language of literature

साहित्य की भाषा के रूप में हिन्दी

- Braj, Maithili and Awadhi are the prominent languages that have very rich literature and it is in many ways considered a part of the Hindi heritage.
  ब्रज, मैथिली और अवधी प्रमुख भाषाएँ हैं जिनका बहुत समृद्ध साहित्य है और इसे कई मायनों में हिंदी विरासत का हिस्सा माना जाता है।
- Jaysi and Tulsidas are the prolific poets of Awadhi. Jayasi's 'Padmawat' is a literary epic in Awadhi
  जायसी और तुलसीदास अवधी के विपुल कवि हैं। जायसी की 'पद्मावत' अवधी में एक साहित्यिक महाकाव्य है।
- Tulsidas has written a total of 12 prominent pieces Ramcharitramanas, Kavitavali, Gitawali, Vinaypatrika etc. Gitavali, Vinaypatrika and Kavitavali are in Braj.
  तुलसीदास ने कुल 12 प्रमुख रचनाएँ लिखी हैं- रामचरितमानस, कवितावली, गीतावली, विनयपत्रिका आदि। गीतावली, विनयपत्रिका और कवितावली ब्रज में हैं।
- It is relevant to mention over here the contribution of the first Hindi newspaper 'Udant Maatrand' released from Calcutta in 1826 as well as that of the second newspaper 'Bangdoot'.
  यहाँ पर प्रथम हिन्दी समाचार पत्र 'उदन्त मार्तंड' के योगदान का उल्लेख करना प्रासंगिक है 1826 में कलकत्ता से प्रकाशित 'उदन्त मार्तंड' और साथ ही दूसरे समाचार पत्र 'बंगदूत' का विमोचन हुआ।

The growth of Hindi as the language of administration

प्रशासन की भाषा के रूप में हिंदी का विकास

- The Constituent Assembly adopted Hindi as the official language of the Indian union on 14 September 1949.

संविधान सभा ने 14 सितंबर, 1949 को हिंदी को भारतीय संघ की आधिकारिक भाषा के रूप में अपनाया।

- In 1925 the Congress decided that it would carry on its day-to-day work in Hindustani, due to Gandhi's efforts.

  1925 में कांग्रेस ने तय किया कि वह गांधी के प्रयासों के कारण हिंदुस्तानी में अपने दिन-प्रतिदिन के काम को जारी रखेगी।

- Hindi continues to be the medium of communication among common people, to a large extent.

  आम लोगों के बीच आज भी हिंदी काफी हद तक संचार का माध्यम बनी हुई है।

Notes

2.6 STATUS OF ENGLISH IN INDIA (भारत में अंग्रेजी की स्थिति)

- British administrators established their universities after 1857 and English became the first language for Indian education.

  1857 के बाद ब्रिटिश प्रशासकों ने अपने विश्वविद्यालय स्थापित किए और अंग्रेजी भारतीय शिक्षा के लिए पहली भाषा बन गई।

- At a government level it got the status of an associate official language.

  सरकारी स्तर पर इसे सहयोगी राजभाषा का दर्जा मिला।

- The Secondary Education commission (1952-53) emphasized the importance of English. The Education commission (1964-66) also agreed to it. It proposed the Three-language Formula till class 10.

  सरकारी स्तर पर इसे सहयोगी राजभाषा का दर्जा मिला। माध्यमिक शिक्षा आयोग (1952-53) ने अंग्रेजी के महत्व पर जोर दिया। शिक्षा आयोग (1964-66) भी इससे सहमत था। इसने कक्षा 10 तक त्रि-भाषा फॉर्मूला प्रस्तावित किया।

The Three-language Formula states that the first, second and third languages in school will be
त्रिभाषा सूत्र में कहा गया है कि स्कूल में पहली, दूसरी और तीसरी भाषा होगी:-

1. **First language :-**

   पहली भाषा

   - The first language which should be taught in school should be the mother tongue or regional language.

     स्कूल में जो पहली भाषा सिखाई जानी चाहिए वह मातृभाषा या क्षेत्रीय भाषा होनी चाहिए।

2. **Second language :-**

   दूसरी भाषा :-

   - Any modern language or English, in Hindi speaking states.

     हिंदी भाषी राज्यों में कोई भी आधुनिक भाषा या अंग्रेजी।

   - Hindi or English in non-Hindi speaking states.

     गैर-हिंदी भाषी राज्यों में हिंदी या अंग्रेजी।

3. **Third language :-**

   तीसरी भाषा :-

   - English or any modern Indian language that is not being taught as the second language, in Hindi speaking states.

     अंग्रेजी या कोई भी आधुनिक भारतीय भाषा जिसे हिंदी भाषी राज्यों में दूसरी भाषा के रूप में नहीं पढ़ाया जा रहा है।

   - English or any modern Indian language that is not being taught as the second language, in non Hindi speaking states.

     अंग्रेजी या कोई भी आधुनिक भारतीय भाषा जिसे गैर हिंदी भाषी राज्यों में दूसरी भाषा के रूप में नहीं पढ़ाया जा रहा है।

Notes

2.7 THE LANGUAGE EDUCATION POLICY IN INDIA (भारत में भाषा शिक्षा नीति)

- The National Policy of Education 1968 accepted that the development of Indian languages and literature is a necessary.
  राष्ट्रीय शिक्षा नीति 1968 ने स्वीकार किया कि भारतीय भाषाओं और साहित्य का विकास आवश्यक है।
- The use of regional languages as the medium of education in primary and secondary classes has been encouraged for many years now.
  प्राथमिक और माध्यमिक कक्षाओं में शिक्षा के माध्यम के रूप में क्षेत्रीय भाषाओं के उपयोग को कई वर्षों से प्रोत्साहित किया जा रहा है।
- It has also been said that State Governments should enforce the three-language formula for the secondary classes.
  यह भी कहा गया है कि राज्य सरकारें माध्यमिक कक्षाओं के लिए त्रिभाषा फार्मूला लागू करें।
- While talking about the development of languages, the National Policy of Education, 1986 has accepted that the National Policy of Education, 1968 should be implemented meaningfully and with speed. In this conteñt, the Ramamurthy committee, 1990 reviewed the National Policy of Education 1986 and significantly commented that an important reason for why rural children are not able to access higher education is the continued dominance of the English language. Thus, it is the need of the times that regional languages may be encouraged as the medium of education at all levels.
  राष्ट्रीय शिक्षा नीति, 1986 ने भाषाओं के विकास की बात करते हुए यह स्वीकार किया है कि राष्ट्रीय शिक्षा नीति, 1968 को अर्थपूर्ण और तीव्र गति से लागू किया जाना चाहिए। इस संदर्भ में, राममूर्ति समिति, 1990 ने राष्ट्रीय शिक्षा नीति 1986 की समीक्षा की और महत्वपूर्ण रूप से टिप्पणी की कि ग्रामीण बच्चों के उच्च शिक्षा तक पहुँचने में सक्षम नहीं होने का एक महत्वपूर्ण कारण अंग्रेजी भाषा का निरंतर प्रभुत्व है। इस प्रकार, यह समय की माँग है कि सभी स्तरों पर क्षेत्रीय भाषाओं को शिक्षा के माध्यम के रूप में प्रोत्साहित किया जाए।
- According to NCF-2005 children have an innate (by birth) potential to acquire language.
  एन सी एफ-2005 के अनुसार बच्चों में भाषा सीखने की जन्मजात (जन्म से) क्षमता होती है।
- This curricular framework has asked for the effective implementation of the three language formula.
  इस पाठ्यचर्या ढांचे ने त्रिभाषा फार्मूले के प्रभावी कार्यान्वयन के लिए कहा है।
- The three-language formula is an attempt to deal with our linguistic challenges and opportunities.
  त्रिभाषा सूत्र हमारी भाषाई चुनौतियों और अवसरों से निपटने का एक प्रयास है।

LANGUAGE LEARNING AND TEACHING
(भाषा अधिगम एवं भाषा-शिक्षण)

3

3.2 FIRST LANGUAGE ACQUISITION (प्रथम भाषा अधिग्रहण)

3.2.1 The Biological Adaptation of The Human Body for Language (भाषा के लिए मानव शरीर का जैविक अनुकूलन)

- Human beings can produce sounds and hear and build meaning out of these sounds as various parts of their body have been adapted to help in this process.
  मनुष्य इन ध्वनियों से ध्वनियाँ उत्पन्न कर सकता है और सुन सकता है और अर्थ का निर्माण कर सकता है क्योंकि उनके शरीर के विभिन्न भागों को इस प्रक्रिया में मदद करने के लिए अनुकूलित किया गया है।
- Talking
  संवाद
- Comprehension
  समझ

3.2.2 The Role of The Environment (परिवेश की भूमिका)

- The crucial requirement to acquire a language also appears to be an opportunity to interact with others using the language.
  एक भाषा हासिल करने की महत्वपूर्ण आवश्यकता भी भाषा का उपयोग करने वाले अन्य लोगों के साथ बातचीत करने का अवसर प्रतीत होती है।
- Children who migrate with their parents from their home countries seem to acquire the language spoken in that country with effortless ease while the adults who have gone with them find this a much more difficult task.
  जो बच्चे अपने माता-पिता के साथ अपने गृह देशों से प्रवास करते हैं, वे उस देश में बोली जाने वाली भाषा को सहजता से प्राप्त कर लेते हैं, जबकि जो वयस्क उनके साथ गए हैं उन्हें यह अधिक कठिन कार्य लगता है।
- Children do not really learn language by imitating adults can also be gathered from the more or less fixed stages children pass through as they acquire language and also in the pattern of errors they make in this process.
  बच्चे वास्तव में वयस्कों की नकल करके भाषा नहीं सीखते हैं, उन्हें उन कमोबेश निश्चित चरणों का और इस प्रक्रिया में होने वाली त्रुटियों के पैटर्न भी पता किया जा सकता है जिनसे बच्चे गुजरते हैं क्योंकि वे भाषा प्राप्त करते हैं ।

Notes

3.2.3 Stages of Language Acquisition (भाषा अधिग्रहण के चरण)

Cooing/Gooing (कूइंग/गूइंग)

- At around 6 weeks, a child starts cooing and gooing. Initially these sounds seem mostly like a string of vowels - 'uuuu, iiiii. At around four months, these include consonantal beginnings; the most commonly heard ones are- 'cuuu, guuu'.

  लगभग 6 सप्ताह में, एक बच्चा कूकर और गू करना शुरू कर देता है। प्रारंभ में ये ध्वनियाँ ज्यादातर स्वरों की एक स्ट्रिंग की तरह लगती हैं- 'उउउ, इइइ'। लगभग चार महीनों में, इनमें व्यंजन की शुरुआत शामिल है; सबसे अधिक सुने जाने वाले हैं- ' क्यूउ, गुउ'।

Babbling (बड़बड़ाना)

- At about 6 months, when a child is generally sitting up, they progress to babbling. Here they start producing a wider variety of vowels and consonants which are mostly in the form of single consonant & vowel clusters like 'gi-gi-gi,, 'ka-kaka', 'ma-ma-ma', 'pa-pa-pa', 'mi-mi-mi' etc

  लगभग 6 महीने की उम्र में, जब बच्चा आमतौर पर उठकर बैठा होता है, तो वह बड़बड़ाना शुरू कर देता है। यहाँ वे सुरों और व्यंजनों की एक व्यापक विविधता का उत्पादन शरू करते हैं जो ज्यादातर एकल व्यंजन स्वर समूहों के रूप में होते हैं। जैसे गी-गी-गी, का-का-का, मा-मा-मा, पा-पा-पा, मी-मी-मी आदि

One word stage (एक शब्द का चरण)

- At around the age of one, children produce their first recognizable words. Many of these words are names of people and things that they see around them like mamaa(mother), paapaa (father), baiyaa (brother), diidii(sister), ciriyaa(bird), guriyaa (doll). Also common at this stage are words like na (negation), khatam (something finishes) and dedo (asking for something). This stage is often referred to as the holophrastic (meaning a single word functioning as a phrase or sentence) stage.

  लगभग एक वर्ष की आयु में, बच्चे अपने पहले पहचाने जाने योग्य शब्द उत्पन्न करते हैं। इनमें से कई शब्द लोगों और चीजों के नाम हैं जो वे अपने आस-पास देखते हैं जैसे मामा (मां), पापा (पिता), बैया (भाई), दीदी (बहन), सिरिया (पक्षी), गुरिया (गुड़िया)। इस स्तर पर ना (नकारना), खतम (कुछ खत्म) और देदो (कुछ मांगना) जैसे शब्द भी आम हैं। इस चरण को अक्सर होलोफ्रास्टिक (अर्थात् एक वाक्यांश या वाक्य के रूप में कार्य करने वाला एक शब्द) चरण के रूप में जाना जाता है।

Two - word stage (दो-शब्द चरण)

- By about one and a half years, a child generally has an active vocabulary of some 50 words and starts putting together words in two-word utterances. The first two-word utterances also express the same kind of meaning as those of the one word stage like duudh nahii, khaanaa nahii (negation), duudh katam (something finishes) and ball dedo (asking for something).

  लगभग डेढ़ साल तक, एक बच्चे के पास आम तौर पर लगभग 50 शब्दों की सक्रिय शब्दावली होती है और वह दो शब्दों के उच्चारण में शब्दों को एक साथ रखना शुरू कर देता है। पहले दो शब्दों के उच्चारण भी उसी तरह के अर्थ व्यक्त करते हैं जैसे एक शब्द चरण के अर्थ दुद्धी की तरह होते हैं नहीं, खाना: नहीं (नकार), दुधो कटम (कुछ खत्म) और बॉल डेडो (कुछ मांगना)।

- In this stage children also start imitating, taking sentences said by adults and uttering them. For example, the child will say papa jaa for papa jaa rahe hai and ghuumii jaa for hum ghuumne jaa rahe hai.

  इस अवस्था में बच्चे भी बड़ों द्वारा कहे गए वाक्यों को लेने और उनका उच्चारण करने की नकल करने लगते हैं। उदाहरण के लिए, बच्चा पापा के लिए पापा जा कहेगा और घूमी जा रहे हैं- हम घूमने जा रहे हैं।

Longer utterances (लंबे कथन/उच्चारण)

- With time, the word length of children's sentences increase and between the ages of 2 and 4 they acquire various grammatical forms
  समय के साथ, बच्चों के वाक्यों की लंबाई बढ़ जाती है और 2 से 4 वर्ष की आयु के बीच वे विभिन्न व्याकरणिक रूप प्राप्त कर लेते हैं।

Notes

3.3 SECOND LANGUAGE ACQUISITION LEARNING (द्वितीय भाषा अर्जन/अधिगम)

Acquiring second languages in all the above situations is challenging as children either do not encounter the language at all in their home environment or do so to a limited extent.

उपरोक्त सभी स्थितियों में दूसरी भाषाओं को प्राप्त करना चुनौतीपूर्ण है क्योंकि बच्चे या तो अपने घर के वातावरण में भाषा का सामना नहीं करते हैं या एक सीलमत सीमा तक ऐसा करते हैं।

3.3.1 Can Second Languages Be 'Acquired' Like First Languages? (क्या दूसरी भाषाओं को पहली भाषाओं की तरह 'अधिग्रहण' किया जा सकता है?)

- Language Acquisition refers to developing competence in a language by using it in natural, communicative situations as available while learning languages we hear in our homes and the neighbourhood.
  भाषा अधिग्रहण से तात्पर्य किसी भाषा को प्राकृतिक, संवादात्मक स्थितियों में उपयोग करके उसमें क्षमता विकसित करना है, जैसा कि हम अपने घरों और आस-पड़ोस में सुनी जाने वाली भाषाओं को सीखते समय करते हैं।
- Language Learning on the other hand refers to developing competence in a language by learning its rules and vocabulary through explicit teaching in a classroom setting.
  दूसरी ओर भाषा सीखना एक कक्षा में स्पष्ट शिक्षण के माध्यम से अपने नियमों और शब्दावली को सीखकर भाषा में क्षमता विकसित करना है।
- Language acquisition is a subconscious process; language acquirers are not usually aware of the fact that they are acquiring language, but are only aware of the fact that they are using the language for communication.
  भाषा अधिग्रहण एक अवचेतन प्रक्रिया है; भाषा सीखने वाले आमतौर पर इस तथ्य से अवगत नहीं होते हैं कि वे भाषा प्राप्त कर रहे हैं, लेकिन केवल इस तथ्य से अवगत हैं कि वे संचार के लिए भाषा का उपयोग कर रहे हैं।
- The second way to develop competence in a second language is by language learning.
  दूसरी भाषा में योग्यता विकसित करने का दूसरा तरीका भाषा सीखना है।
- We will use the term "learning" henceforth to refer to conscious knowledge of a second language, knowing the rules, being aware of them, and being able to talk about them.
  हम अब से "सीखने" शब्द का प्रयोग दूसरी भाषा के सचेत ज्ञान, नियमों को जानने, उनके बारे में जागरूक होने और उनके बारे में बात करने में सक्षम होने के लिए करेंगे।
- In non-technical terms, learning is "knowing about" a language, known to most people as "grammar", or "rules".
- गैर तकनीकी शब्दों में, सीखना एक ऐसी भाषा के बारे में जानना है, जिसे ज्यादातर लोग 'व्याकरण' या 'नियम' के रूप में जानते हैं।

Notes

3.3.2 How Can We Help Children to 'Acquire' Their Second Language? (हम बच्चों को उनकी दूसरी भाषा 'प्राप्त' करने में कैसे मदद कर सकते हैं?)

- In Krashen's words children require 'comprehensible input' in the second language.
  क्रेशन के शब्दों में "बच्चों को दूसरी भाषा में 'बोधगम्य सामग्री' की आवश्यकता होती है।"
- 'Comprehensible input' refers to using language which children are capable of understanding, and at the same time holds challenge for them.
  'बोधगम्य सामग्री' का तात्पर्य उस भाषा का उपयोग करना है जो उनके लिए अर्थपूर्ण है।
- A teacher may give instructions like - rub the black-board, pick up the pencil, read from the chart etc., to children where the context and the teacher's actions/demonstration will help the child in building meaning around words like black-board, pencil and chart she already knows.
  एक शिक्षक बच्चों को निर्देश दे सकता है जैसे ब्लैक बोर्ड को रगड़ें, पेंसिल उठाएँ, चार्ट से पढ़ें आदि, जहाँ - संदर्भ और शिक्षक के कार्यों/प्रदर्शन से बच्चे को ब्लैक-बोर्ड जैसे शब्दों के आसपास अर्थ बनाने में मदद मिलेगी, पेंसिल और चार्ट वह पहले से ही जानता है।
- Unlike traditional second language teaching approaches which require the child to learn the structure/grammar rules first and then practice them as communication, second language acquisition requires 'going from meaning' to 'structure'.
  पारंपरिक दूसरी भाषा शिक्षण दृष्टिकोणों के विपरीत, जिसमें बच्चे को पहले संरचना/व्याकरण के नियमों को सीखने की आवश्यकता होती है और फिर उन्हें संचार के रूप में अभ्यास करना पड़ता है, दूसरी भाषा अधिग्रहण के लिए 'अर्थ से संरचना' की आवश्यकता होती है।
- Children's motivation's to learn the target language, their self confidence, their curiosity/anxiety about learning in general, and their attitude towards the language all affect language learning.
  लक्ष्य भाषा सीखने के लिए बच्चों की प्रेरणा, उनका आत्मविश्वास, सामान्य रूप से सीखने के बारे में उनकी जिज्ञासा/चिंता, और भाषा के प्रति उनका दृष्टिकोण सभी भाषा सीखने को प्रभावित करते हैं।
- According to Krashen, "The effective language teacher is someone who can provide input and help make it comprehensible in a low anxiety situation.
  क्रेशन के अनुसार, प्रभावी भाषा शिक्षक वह है जो इनपुट प्रदान कर सकता है और कम चिंता की स्थिति में इसे समझने योग्य बनाने में मदद कर सकता है।

3.3.4 Does Our First Language Interfere With Our Learning of The Second Language? (क्या हमारी पहली भाषा दूसरी भाषा सीखने में बाधा डालती है?)

It was thought that many errors that children make while acquiring the second language are due to their first language-its grammar, vocabulary and phonology (sounds).
दूसरी भाषा प्राप्त करते समय बच्चे जो कई गलतियाँ करते हैं, वे उनकी पहली भाषा-व्याकरण, शब्दावली और स्वर विज्ञान (ध्वनि) के कारण होती हैं।

3.4 METHODS OF LANGUAGE TEACHING (भाषा शिक्षण के तरीके)

3.4.1 Grammar Translation Method (व्याकरण अनुवाद विधि)

- The main objective of teaching language through this method is developing proficiency to read literature in the target language and write in it.

Notes

इस पद्धति के माध्यम से भाषा सिखाने का मुख्य उद्देश्य भाषा में साहित्य पढ़ने और उसमें लिखने की दक्षता विकसित करना है।

- Students are expected to memorise rules of grammar and vocabulary lists and translate from the base language to the target language and vice versa with the support of teachers.

  छात्रों से अपेक्षा की जाती है कि वे व्याकरण और शब्दावली सूचियों के नियमों को याद रखें और शिक्षकों के समर्थन से मूल भाषा से लक्ष्य भाषा में अनुवाद करें और इसके विपरीत भी कर सकें।

- The biggest limitation of this method is that the children do not acquire proficiency in listening and speaking the language.

  इस पद्धति की सबसे बड़ी सीमा यह है कि बच्चे भाषा सुनने और बोलने में दक्षता हासिल नहीं करते हैं।

3.4.4 Communicative Method (सम्प्रेषण/संचार विधि)

- Socio-linguistics made it clear that acquiring language does not mean learning only the structure of language but also learning how to use language appropriately according to context.

  सामाजिक भाषाविज्ञान ने यह स्पष्ट कर दिया कि भाषा प्राप्त करने का अर्थ केवल भाषा की संरचना सीखना नहीं है, बल्कि संदर्भ के अनुसार भाषा का उचित उपयोग करना सीखना भी है।

- It was natural that methods of language teaching that were affected by these ideas made 'communication in context' the basis of teaching language.

  यह स्वाभाविक था कि इन विचारों से प्रभावित भाषा शिक्षण के तरीकों के संदर्भ में संचार को भाषा शिक्षण का आधार बना दिया।

3.4.5 Natural Approach (प्राकृतिक (स्वाभाविक) दृष्टिकोण)

- This method gives maximum attention to the fact that in language teaching the focus should not be on the teacher or the teaching-learning material but on the learner (student).

  यह विधि इस तथ्य पर अधिकतम ध्यान देती है कि भाषा शिक्षण में ध्यान शिक्षक या शिक्षण-अधिगम सामग्री पर नहीं बल्कि सीखने वाले (छात्र) पर होना चाहिए।

- Researches also tried to prove that children have innate ability to acquire language from birth.

  शोधों ने यह भी साबित करने की कोशिश की कि बच्चों में जन्म से ही भाषा सीखने की जन्मजात क्षमता होती है।

- Natural Approach focuses on giving the child a tension free environment for learning language as well as providing interesting and challenging teaching- learning material of her level.

  उसके स्तर की दिलचस्प और चुनौतीपूर्ण शिक्षण-अधिगम सामग्री प्रदान करने के लिए एक तनाव मुक्त वातावरण देने पर केंद्रित है।

4 LISTINING AND SPEAKING
(सुनना और बोलना)

4.2 LISTENING AND SPEAKING (सुनना और बोलना)

- Listening and speaking are parallel processes.
  सुनना : और बोलना समानांतर प्रक्रियाएँ हैं।
- Without 'understanding' we cannot carry forward a dialogue. It is an important aspect.
  'समझ' के बिना हम बातचीत को आगे नहीं बढ़ा सकते। यह एक महत्वपूर्ण पहलू है।

4.2.1 What is Listening? (सुनना क्या है?)

- The act of listening essentially includes meaning.
  सुनने की क्रिया में अनिवार्य रूप से अर्थ शामिल होता है।
- A consistent practice of this process helps in acquiring the following skills
  इस प्रक्रिया के निरंतर अभ्यास से निम्नलिखित कौशल प्राप्त करने में मदद मिलती है:-
  - To listen to a sentence carefully.
    किसी वाक्य को ध्यान से सुनना।
  - To recognize the key words.
    प्रमुख शब्दों को पहचानने के लिए।
  - To understand the grammatical relationship between the key words and sentences.
    प्रमुख शब्दों और वाक्यों के बीच व्याकरणिक संबंध को समझने के लिए।
  - To understand the relevance of any stress and pause that the speaker uses.
    स्पीकर द्वारा उपयोग किए जाने वाले किसी भी तनाव और विराम की प्रासंगिकता को समझने के लिए।
- The second way in which we understand the sentence is based on our previous knowledge.
  दूसरा तरीका - हम हमारे पिछले ज्ञान के आधार पर वाक्य को समझते हैं।

4.2.2 What is Speaking ? (बोलना क्या है?)

- While speaking, it is very important to select the right words along with their grammatical structure, which expresses our thoughts and feelings.
  बोलते समय, उनके व्याकरणिक संरचना के साथ-साथ सही शब्दों का चयन करना बहुत महत्वपूर्ण है, जो हमारे विचारों और भावनाओं को व्यक्त करता है।
- Voice modulation, pauses and even rhythm play an important role in conveying while speaking.
  बोलते समय संप्रेषित करने में आवाज का मॉड्यूलेशन, विराम और यहाँ तक कि लय भी महत्वपूर्ण भूमिका निभाते हैं।
- First process – Thinking and then Speaking.
  पहली प्रक्रिया - सोचना और फिर बोलना ।

Notes

4.3 NEED OF DIALOGUE IN THE CLASSROOM (कक्षा में संवाद/बातचीत की आवश्यकता)

- Speaking and listening are the first steps for learning a language.
  बोलना और सुनना भाषा सीखने की पहली सीढ़ी है।
- In order to be conscious of the benefits of dialogue, it is necessary that we get used to listening to our children but adults mostly do not listen to their children.
  संवाद के लाभों के प्रति जागरूक होने के लिए यह आवश्यक है कि हमें अपने बच्चों को सुनने की आदत हो लेकिन वयस्क ज्यादातर अपने बच्चों की नहीं सुनते।

4.4 HOW CAN WE PROVIDE OPPORTUNITIES FOR LISTENING AND SPEAKING IN THE CLASSROOM? (हम कक्षा में सुनने और बोलने के अवसर कैसे प्रदान कर सकते हैं?)

- Give abundant opportunities to students to speak.
  छात्रों को बोलने के भरपूर अवसर दें।
- Also listen them carefully
  उनको भी ध्यान से सुनें ।
- Provide interesting conversation context.
  दिलचस्प बातचीत संदर्भ प्रदान करें।
- Makes learning spontaneous and natural.
  सीखने को सहज और स्वाभाविक बनाता है।

4.4.1 Listening and Singing Poems (कविताएँ/बालगीत सुनना और गाना)

- By regularly listening to poems and songs, children comprehend the basic structures of language.
  नियमित रूप से कविताओं और गीतों को सुनने से बच्चे भाषा की मूल संरचना को समझ जाते हैं।
- Children are able to comprehend the meaning of new words, do rhyming by playing with the rhythm of the poem.
  बच्चे नए शब्दों के अर्थ को समझ पाते हैं, कविता की लय के साथ खेलकर तुकबंदी करते हैं।

4.4.2 Discuss Through Pictures (चित्रों के माध्यम से चर्चा)

4.4.3 Story Telling/Listening (कहानी सुनाना/सुनना)

4.4.4 Language Development Through Drama / Theatre / Play (नाटक/थिएटर/नाटक के माध्यम से भाषाई विकास)

4.4.5 Co-Curricular Activities (पाठ्य सहगामी/सहशैक्षणिक गतिविधियाँ)

4.5 FLUENCY VS. ACCURACY (शुद्धता बनाम प्रवाहिता)

- Accuracy and fluency are the two elements involved in language proficiency.
  भाषा प्रवीणता में शुद्धता और प्रवाह दो तत्व शामिल हैं।
- The capability through which the learner correctly pronounces a sentence, while using the correct grammar and terminology is called accuracy.
  वह क्षमता जिसके माध्यम से शिक्षार्थी सही व्याकरण और शब्दावली का उपयोग करते हुए एक वाक्य का सही उच्चारण करता है, सटीकता कहलाती है।

Notes

- Fluency means the ability through which a child is spontaneously able to express herself by speaking, reading and writing.
  प्रवाह का अर्थ है वह क्षमता जिसके माध्यम से एक बच्चा बोलने, पढ़ने और लिखने के द्वारा स्वयं को अभिव्यक्त करने में सक्षम होता है।
- Traditional teachers give greater importance to accuracy.
  पारंपरिक शिक्षक सटीकता को अधिक महत्व देते हैं।
- Another group of teachers give more importance to fluency Instead of grammar, they lay focus on understanding the meaning and reference.
  शिक्षकों का एक और समूह प्रवाह को अधिक महत्व देता है। व्याकरण के बजाय, वे अर्थ और संदर्भ को समझने पर ध्यान केंद्रित करते हैं।
- Fluency has a priority over accuracy in learning language by children.
  बच्चों द्वारा भाषा सीखने में सटीकता पर प्रवाह को प्राथमिकता दी जाती है।

READING
(पढ़ना)

5

5.2 WHAT DOES IT MEAN TO READ? (पढ़ने का क्या अर्थ है?)

- Reading is a creative enterprise because the reader does not read aloud the written text as it is but also makes meaning of the text based on her experiences.
  पढ़ना एक रचनात्मक उद्यम है क्योंकि पाठक लिखित पाठ को जोर से नहीं पढ़ता है, बल्कि अपने अनुभवों के आधार पर पाठ का अर्थ भी बनाता है।
- Reading is to be able to form or build concepts, link ideas and keep them in mind.
  पढ़ना अवधारणाओं को बनाने, विचारों को जोड़ने और उन्हें ध्यान में रखने में सक्षम होना है।
- Be able to understand the text, follow its logic and its premises.
  पाठ को समझने में सक्षम हो, उसके तर्क और उसके परिसर का पालन करें।
- Reading is a holistic process. It includes shapes of letters, the sounds linked with them, sentence structures, word and sentence meaning and the ability to anticipate and predict.
  पढ़ना एक समग्र प्रक्रिया है। इसमें अक्षरों के आकार, उनसे जुड़ी ध्वनियाँ, वाक्य संरचनाएँ, शब्द और वाक्य का अर्थ और अनुमान लगाने और भविष्यवाणी करने की क्षमता शामिल हैं।

5.4 THE METHODS AND WAYS OF TEACHING HOW TO READ (पढ़ना सीखने के विभिन्न तरीके)

- Reading aloud letters, memorising letters of the alphabet, repeating the story without comprehension, reading aloud the text without comprehension are not good activities.
  अक्षरों को जोर से पढ़ना, वर्णमाला के अक्षरों को याद करना, बिना समझे कहानी को दोहराना, बिना समझे पाठ को जोर से पढ़ना अच्छी गतिविधियाँ नहीं हैं।
- In these we are not able to link the written material with any meaning.
  इनमें हम लिखित सामग्री को किसी अर्थ से नहीं जोड़ पाते हैं।
- If we are able to make the child interested in books and reading, then there is no limit to what she can read and grow to.
  अगर हम बच्चे को किताबों और पढ़ने में रुचि पैदा करने में सक्षम हैं, तो उसके पढ़नें और बढ़ने की कोई सीमा नहीं है।

5.4.1 The Popular Methods of Teaching Reading and Their Shortcomings (पठन-पाठन के लोकप्रिय/प्रचलित तरीके और उनकी कमी)

- Knowing the rules of reading quickly.
  जल्दी से पढ़ने के नियमों को जानना।
- For reading, the child has to remember rules of pronunciation and follow them.
  पढ़ने के लिए बच्चे को उच्चारण के नियमों को याद रखना होगा और उनका पालन करना होगा।

Notes

- Emphasis on teaching one letter or word at a time.
  एक बार में एक अक्षर या शब्द सिखाने पर जोर।
- Children must be discouraged from anticipating and guessing, always reading accurately.
  बच्चों को अनुमान लगाने से हतोत्साहित किया जाना चाहिए, हमेशा सही ढंग से पढ़ना चाहिए।
- Emphasis should be on reading word by word.
  शब्द दर शब्द पढ़ने पर जोर देना चाहिए।
- Reading correctly and with accuracy is imperative.
  सही ढंग से और सटीकता के साथ पढ़ना अनिवार्य है।
- Point out mistakes as soon as they occur.
  जैसे ही वे गलतियां करें उनको इंगित करें ।
- Beware of encouraging children to read on their own.
  बच्चों को स्वयं पढ़ने के लिए प्रोत्साहित करने से सावधान रहें।

5.4.2 Enablers For Learning To Read (पढ़ने के लिए सीखने के लिए शर्तें)

- Many occasions to read.
  पढ़ने के लिए कई मौके।
- Reading must be purposeful and challenging.
  पढ़ना उद्देश्यपूर्ण और चुनौतीपूर्ण होना चाहिए।
- Using familiar sentence structures.
  परिचित वाक्य संरचनाओं का उपयोग करना।
- Reading corner.
  पढ़ने का कोना।

5.4.3 What Can We Do To Teach Reading (पढ़ना सिखाने के लिए क्या कर सकते हैं?)

- Start with books.
  किताबों से शुरू करें।
- Reading aloud a book to children.
  बच्चों का जोर से किताब पढ़ना ।
- Reciting and signing poems.
  कविता पाठ करना और हस्ताक्षर करना।

5.4.4 Some Activities (कुछ गतिविधियाँ)

- Alphabet recognition.
  वर्णमाला पहचान।
- Do what you have read.
  जो पढ़ा है वही करो।
- Word before-Word after.
  पिछला शब्द अगला शब्द।

5.5 THE RELATIONSHIP BETWEEN READING AND WRITING (पढ़ने और लिखने के बीच संबंध)

- It is believed that reading involves imbibing the ability to absorb the meaning of a written text.

ऐसा माना जाता है कि पढ़ने में लिखित पाठ के अर्थ को आत्मसात करने की क्षमता को अवशोषित करना शामिल है।

- We first teach children to read and then to write.
  हम पहले बच्चों को पढ़ना और फिर लिखना सिखाते हैं।
- Reading and writing are not two separate processes but are so inter-linked that understanding of and ability to read also affects the ability to write.
  पढ़ना और लिखना दो अलग-अलग प्रक्रियाएँ नहीं हैं बल्कि आपस में इतनी जुड़ी हुई हैं कि पढ़ने की क्षमता और समझने की क्षमता भी लिखने की क्षमता को प्रभावित करती है।
- It is necessary that children are provided reading opportunities that are interesting and linked to their context so that reading becomes a joyful process.
  यह आवश्यक है कि बच्चों को पढ़ने के ऐसे अवसर प्रदान किए जाएँ जो रुचिकर हों और उनके संदर्भ से जुड़े हों ताकि पढ़ना एक आनंदमयी प्रक्रिया बन जाए।

Notes

6

WRITING
(लेखन/लिखना)

6.2 WHAT DOES 'WRITING' MEAN? ('लिखने' का क्या अर्थ है?)

- Writing involves the use of multiple abilities at the same time.
  लेखन में एक ही समय में कई क्षमताओं का उपयोग शामिल है।
- Writing refers to the act of making symbols and marks on a surface which can be understood by another person.
  लेखन एक सतह पर प्रतीकों और निशान बनाने के कार्य को संदर्भित करता है जिसे दूसरे व्यक्ति द्वारा समझा जा सकता है।
- Writing does not represent a new language, but simply a way of representing the same language.
  लेखन एक नई भाषा का प्रतिनिधित्व नहीं करता है, बल्कि उसी भाषा का प्रतिनिधित्व करने का एक तरीका है।
- In the words of the famous writer Premchand, "The tongue does not get chopped on speaking, but the hands do get chopped on writing."
  प्रसिद्ध लेखक प्रेमचंद ने कहा, "बोलने से जीभ नहीं कटती, लेकिन लिखने से हाथ कट जाते हैं। "

6.3 BEGINNING TO WRITE (लिखने की शुरुआत)

6.3.1 Fine Motor Skills (परिचालन कुशलता)

- Holding, turning, twisting and playing with objects develops grasping ability in children
  वस्तुओं को पकड़ने, मोड़ने, घुमाने और खेलने से बच्चों में समझने की क्षमता विकसित होती हैं।
- Children should be encouraged to draw.
  बच्चों को चित्र बनाने के लिए प्रोत्साहित किया जाना चाहिए।
- Games such as pouring water into a container, stringing beads and flowers, making objects out of clay or dough, etc also helps.
  बर्तन में पानी डालना, मोतियों और फूलों को तार देना, मिट्टी या आटे से वस्तुएँ बनाना आदि खेलों से भी मदद मिलती है।

6.3.2 Practicing Letters, Words, Sentences (अक्षरों, शब्दों, वाक्यों का अभ्यास)

- While individual letters and varnmalas are useful in introducing children to writing, they might not be meaningful to children unless their relationship with whole words or sentences is made clear.
  अलग-अलग अक्षर और वर्णमाला बच्चों को लेखन से परिचित कराने में उपयोगी होते हैं, वे बच्चों के लिए तब तक अर्थपूर्ण नहीं हो सकते जब तक कि पूरे शब्दों या वाक्यों के साथ उनका संबंध स्पष्ट न हो जाए ।

- In teaching children to write, two things are of great importance - respecting children's abilities and creating meaningful contexts in which they can learn.

  बच्चों को लिखना सिखाने में दो बातों का बहुत महत्व है- बच्चों की योग्यताओं का सम्मान करना और ऐसे अर्थपूर्ण संदर्भ बनाना जिससे वे सीख सकें।

Notes

6.4 ELEMENTS OF GOOD HANDWRITING (अच्छी लिखावट के तत्व)

6.4.1 Legible Vs. Good Handwriting (पढ़ने योग्य और अच्छी लिखावट)

- It is more important that the child's written material be meaningful.

  यह अधिक महत्वपूर्ण है कि बच्चे की लिखित सामग्री अर्थपूर्ण हो ।
- The emphasis should be on the message rather than on the shape of letters and words.

  अक्षरों और शब्दों के आकार के बजाय संदेश पर जोर दिया जाना चाहिए।

6.4.2 Helping Children Develop A Good Handwriting (बच्चों को अच्छी लिखावट विकसित करने में मदद करना)

- Fine motor skills, visual perception, trunk control, pencil grasp and stability of shoulder through various exercises can help.

  विभिन्न व्यायामों के माध्यम से सूक्ष्म गतिक कौशल, दृश्य धारणा, धड़ नियंत्रण, पेंसिल पकड़ने और कंधे की स्थिरता में मदद मिलती है।
- Children should essentially be introduced to small texts that having meaning for the child. One could then build exercises based on this text but focusing on letters and words.

  बच्चों को अनिवार्य रूप से छोटे पाठों से परिचित कराना चाहिए जो बच्चे के लिए अर्थपूर्ण हों। कोई भी इस पाठ के आधार पर अभ्यास बना सकता है लेकिन अक्षरों और शब्दों पर ध्यान केंद्रित होना चाहिए।

6.4.3 Handwriting and Personality (हस्तलेखन और व्यक्तित्व)

- Improving handwriting does not bring about improvement in personality, since handwriting does not influence personality.

  लिखावट में सुधार करने से व्यक्तित्व में सुधार नहीं होता है, क्योंकि हस्तलेखन व्यक्तित्व को प्रभावित नहीं करता है।

6.4.4 Handwriting as an Indicator of Dyslexia and Other Disabilities (डिस्लेक्सिया और अन्य अक्षमताओं के संकेतक सूचक के रूप में हस्तलेखन)

- Children who have serious problems in writing in spite of adequate input may be dyslexic.

  जिन बच्चों को पर्याप्त अवसर के बावजूद लिखने में गंभीर समस्या है, वे डिस्लेक्सिक हो सकते हैं।
- The handwriting of a person with dyslexia is generally illegible as the letters are of irregular shapes and size and there are inconsistencies in writing the same letters or words.

  डिस्लेक्सिया से पीड़ित व्यक्ति की लिखावट आमतौर पर पढ़ने योग्य नहीं होती है क्योंकि अक्षर अनियमित आकार के होते हैं और एक ही अक्षर या शब्द लिखने में विसंगतियाँ होती हैं।
- He/she may also experience difficulties in copying down written material.

  उसे लिखित सामग्री की प्रतिलिपि बनाने में भी कठिनाइयों का अनुभव हो सकता है।

Notes

6.5 CHARACTERISTICS OF GOOD WRITING (अच्छे लेखन की विशेषताएँ)

- Links among different sentences. All these help in creating meaning.
  विभिन्न वाक्यों के बीच संबंध। ये सभी अर्थ बनाने में मदद करते हैं।
- Writing aims at meaningful expression and communication.
  लेखन का उद्देश्य सार्थक/अर्थपूर्ण अभिव्यक्ति और संचार/सम्प्रेषण है।
- Grammatically correct language.
  व्याकरणिक रूप से सही भाषा का प्रयोग।
- Keep the reader in mind (different types of readers).
  पाठक को ध्यान में रखकर लेखन हो (विभिन्न प्रकार के पाठक)।
- Concise and clear writing
  संक्षिप्त और स्पष्ट लेखन।
- Writing which conveys the message clearly to its readers is good writing.
  वह लेखन जो अपने पाठकों तक संदेश को स्पष्ट रूप से पहुँचाता है, अच्छा लेखन है।

6.6 DEVELOPING WRITING SKILLS IN LOWER CLASSES (प्राथमिक कक्षाओं में लेखन कौशल का विकास)

- The development of writing in lower classes will build on the foundations provided by the other language skills- listening, speaking and reading.
  प्राथमिक कक्षाओं में लेखन का विकास अन्य भाषा कौशल – (सुनना, बोलना और पढ़ना) द्वारा प्रदान की गई नींव पर आधारित होगा।
- Picture composition
  चित्र रचना
- Developing stories from given outlines
  दी गई रूपरेखा/रेखाचित्र से कहानियों का विकास
- Independent writing
  स्वतंत्र लेखन
- Continuing the story
  कहानी आगे बढ़ाना
- Dictation
  श्रुतलेख
- Last-letter-first अंतिम अक्षर प्रथम:
- Children can be distributed in groups and can be asked to write down words one by one, such that the first letter of the word they write is the last letter of the word that came before.
  बच्चों को समूहों में बाँटा जा सकता है और उन्हें एक-एक करके शब्दों को लिखने के लिए कहा जा सकता है, जैसे कि उनके द्वारा लिखे गए शब्द का पहला अक्षर उस शब्द का आखिरी अक्षर है जो पहले आया था।
- Rhyming words.
  तुकांत/लयात्मक शब्द।

6.7 HIGHER FORMS OF WRITING (लेखन के उच्च प्रकार)

- Higher forms of writing like paragraph writing, letter writing, essay writing, story writing and poetry writing etc., are taught in schools for the development of 'expression', creativity and 'communicative ability'.

स्कूलों में अभिव्यक्ति, रचनात्मकता और संवादात्मक क्षमता के विकास के लिए उच्च प्रकार के लेखन जैसे अनुच्छेद लेखन, पत्र लेखन, निबंध लेखन, कहानी लेखन और कविता लेखन आदि पढ़ाए जाते हैं।

- Paragraph writing helps children learn how to think and write focusing on one theme. It is a good exercise for encouraging young children to express themselves coherently and also forms the basis for essay writing.

  अनुच्छेद लेखन बच्चों को एक विषय पर ध्यान केंद्रित करके सोचना और लिखना सीखने में मदद करता है। यह छोटे बच्चों को स्वयं को सुसंगत रूप से व्यक्त करने के लिए प्रोत्साहित करने के लिए एक अच्छा अभ्यास है और निबंध लेखन का आधार भी बनता है।
- Essay writing: An essay refers to a composition which ties up many ideas on a theme or topic in a coherent and sequential manner. Essays are basically of two types: reflective and emotional.

  निबंध लेखन: एक निबंध एक रचना को संदर्भित करता है जो एक विषय पर कई विचारों को एक सुसंगत और अनुक्रमिक तरीके से जोड़ता है। निबंध मूल रूप से दो प्रकार के होते हैं: चिंतनशील और भावनात्मक।
- Letter writing, story writing, Poetry writing.

  पत्र लेखन, कहानी लेखन, कविता लेखन।
- Besides story writing, children can be asked to write alternative endings to stories, to take the story forward from a point of significance, to write a story from the point of view of a specific character, etc.

  कहानी लेखन के अलावा, बच्चों को कहानियों के वैकल्पिक अंत लिखने, कहानी को महत्व के बिंदु से आगे ले जाने, किसी विशिष्ट चरित्र के दृष्टिकोण से कहानी लिखने आदि के लिए कहा जा सकता है।

Notes

7

LITERATURE AND LANGUAGE
(साहित्य और भाषा)

7.2 LITERARY DEVICES (साहित्यिक उपकरण)

- **Simile:-** Simile means to compare the characteristics of two things on the basis of some unique quality. For example, in "her face is as pretty as moon".

  उपमा :- उपमा का अर्थ है दो वस्तुओं के गुणों की किसी विशिष्ट गुण के आधार पर तुलना करना। उदाहरण के लिए, "उसका चेहरा चाँद के समान सुंदर है"।

- **Metaphor:** The essential feature of a metaphor is that unlike objects are identified with each other; in the process, some unique similarity between them is underscored. For example Camels are found in the deserts.

  रूपक: एक रूपक की अनिवार्य विशेषता यह है कि विपरीत वस्तुओं को एक दूसरे के साथ पहचाना जाता है; इस प्रक्रिया में, उनके बीच कुछ अनोखी समानता को रेखांकित किया जाता है। उदाहरण के लिए ऊंट रेगिस्तान में पाए जाते हैं।

- **Alliteration:** Alliteration refers to the repetition of the same consonant or vowel sound in a line of a poem or a prose piece. An easily understood example is 'She sells seashells by the seashore.'

  अनुप्रास : अनुप्रास का तात्पर्य कविता या गद्य की एक पंक्ति में एक ही व्यंजन या स्वर ध्वनि की पुनरावृत्ति है। एक आसानी से समझा जाने वाला उदाहरण है 'वह समुद्र के किनारे सीपियां बेचती है।'

- **Irony:-** It is used to indirectly hurt another person or to make fun of him / her. For example, you may address your driver (whom you normally address as 'you') as 'Sir or Mr.'

  विडंबना: इसका प्रयोग परोक्ष रूप से किसी अन्य व्यक्ति को चोट पहुँचाने या उसका मजाक उड़ाने के लिए किया जाता है। उदाहरण के लिए, आप अपने ड्राइवर (जिसे आप आमतौर पर 'आप' के रूप में संबोधित करते हैं) को 'सर या मिस्टर' के रूप में संबोधित कर सकते हैं।

- **Allusion:-** Sometimes while speaking or writing you refer to someone/ something obliquely to suggest or emphasise a specific quality. For example 'Amit is as strong as Sardar Patel'.

  संकेत :- कभी-कभी बोलते या लिखते समय आप किसी विशिष्ट गुण का सुझाव देने या उस पर जोर देने के लिए किसी व्यक्ति / वस्तु का उल्लेख करते हैं। उदाहरण के लिए 'अमित सरदार पटेल की तरह मजबूत हैं।'

- **Hyberbole:** Sometimes poets and writers wish to exaggerate a specific feature or an event. Hyperbole refers to that exaggeration. Your might say, 'That saint is as old as the hills.'

  अतिशयोक्ति : कभी-कभी कवि और लेखक किसी विशिष्ट विशेषता या घटना को बढ़ा-चढ़ाकर पेश करना चाहते हैं। हाइपरबोले उस अतिशयोक्ति को संदर्भित करता है। आप कह सकते हैं, 'वह संत पर्वतों जितना पुराना है।'

Notes

- **Personification:** Poets and writers often represent nature and animals as human beings to give some special effects. A poet might say 'The wind stood up and asked me...' etc

  मानवीकरण: कवि और लेखक अक्सर कुछ विशेष प्रभाव देने के लिए प्रकृति और जानवरों को मनुष्य के रूप में प्रस्तुत करते हैं। कोई कवि कह सकता है 'हवा उठ खड़ी हुई और मुझसे पूछती है...' आदि

- **Symbols -** a 'dove' may stand for 'peace'; an 'apple' in the case of the Adam and Eve for 'evil'.

  प्रतीक - एक 'कबूतर' 'शांति' के लिए खड़ा हो सकता है; आदम और हव्वा के मामले में 'बुराई' के लिए एक "सेब"।

7.3 ROLE OF LITERATURE IN LANGUAGE TEACHING (भाषा शिक्षण में साहित्य की भूमिका)

7.3.1 What Is Literature? (साहित्य क्या है?)

- literature includes the expression of meaning using words but the combination of words and meanings is also found in the content of subjects like history, geography, science etc.

  साहित्य में शब्दों के प्रयोग से अर्थ की अभिव्यक्ति शामिल है लेकिन शब्दों और अर्थों का संयोजन इतिहास, भूगोल, विज्ञान आदि विषयों की सामग्री में भी पाया जाता है।

- Literature of any language is a mirror of that time as well as society.

  किसी भी भाषा का साहित्य उस समय के साथ-साथ समाज का भी दर्पण होता है।

- Types of literature:-Informative literature, Critical literature, Creative or imaginative literature.

  साहित्य के प्रकार :- सूचनात्मक साहित्य, आलोचनात्मक साहित्य, रचनात्मक या कल्पनाशील साहित्य।

- Forms of literature:-Play, Story, Essay, Autobiography, Biography, Travelogue, Memoir, Poem.

  साहित्य के रूप :- खेल, कहानी, निबंध, आत्मकथा, जीवनी, यात्रा वृत्तांत, संस्मरण, कविता।

7.4 OBJECTIVES OF LITERATURE TEACHING (साहित्य शिक्षण के उद्देश्य)

- language development

  भाषा विकास

- Familiarity with specific cultures and universal human values.

  विशिष्ट संस्कृतियों और सार्वभौमिक मानवीय मूल्यों से परिचित।

- Individual and collective sensitivity and the growth of children's minds through the study of literature.

  साहित्य के अध्ययन से व्यक्तिगत एवं सामूहिक संवेदनशीलता तथा बच्चों के मन का विकास।

7.4.1 Types of Classroom (कक्षा के प्रकार)

- The classroom should be organised in such a way that natural learning is preferred to forced learning.

  जबरन सीखने के लिए प्राकृतिक शिक्षा को प्राथमिकता दी जाए।

Notes

- Classrooms close to natural settings, children are provided tension free atmosphere and proper intelligent input.

  प्राकृतिक वातावरण के करीब कक्षाओं, बच्चों को तनाव मुक्त वातावरण और उचित बौद्धिक इनपुट प्रदान किया जाता है।
- Children are made capable of using the material outside the classroom which is related with the real day to day world.

  बच्चों को कक्षा के बाहर उस सामग्री का उपयोग करने में सक्षम बनाया जाता है जो वास्तविक दिन-प्रतिदिन की दुनिया से संबंधित है।

7.4.2 First Language and Second Language (or Foreign Language) Classroom (प्रथम भाषा और द्वितीय भाषा कक्षाकक्ष)

- The teacher should pay attention in selecting and communicating study material as it is difficult for first language speaker to use literature of other languages.

  शिक्षक को अध्ययन सामग्री के चयन और संचार में ध्यान देना चाहिए क्योंकि प्रथम भाषा बोलने वाले के लिए अन्य भाषाओं के साहित्य का उपयोग करना कठिन होता है।
- Analysis of study material should be minimum and children should be motivated to find and search things independently.

  अध्ययन सामग्री का विश्लेषण न्यूनतम होना चाहिए और बच्चों को स्वतंत्र रूप से चीजों को खोजने के लिए प्रेरित किया जाना चाहिए।

7.4.3. Development of Various Skills Through Literature (साहित्य के माध्यम से विभिन्न कौशलों का विकास)

- Interesting and engrossing stories help in developing the art of concentration in the reader.

  रोचक और मनोरंजक कहानियाँ पाठक में एकाग्रता की कला के विकास में सहायक होती हैं।
- Student can enrich his/her imagination and develop individuality and independence.

  विद्यार्थी अपनी कल्पनाशक्ति को समृद्ध कर सकता है और व्यक्तित्व और स्वतंत्रता का विकास कर सकता है।
- While learning language through literature, opportunities of personality development are provided by cultural references.

  साहित्य के माध्यम से भाषा सीखते समय सांस्कृतिक संदर्भों द्वारा व्यक्तित्व विकास के अवसर प्रदान किए जाते हैं।
- Literary material is not only helpful in increasing studying skills but also in developing listening reading and writing skills.

  साहित्यिक सामग्री न केवल अध्ययन कौशल को बढ़ाने में बल्कि सुनने और पढ़ने के कौशल को विकसित करने में भी सहायक है।

7.5 TEACHING OF DIFFERENT FORMS (विभिन्न विधाओं का शिक्षण)

7.5.1 Basis for Including forms in Primary and Upper Primary Classes (प्राथमिक और उच्च प्राथमिक कक्षाओं में विधाओं को शामिल करने का आधार)

Notes

- Stories, folk stories, mythology, fables and legends, along with rhymes included in primary class textbooks.
  प्राथमिक कक्षा की पाठ्यपुस्तकों में शामिल कविताओं के साथ कहानियाँ, लोक कथाएँ, पौराणिक कथाएँ, दंतकथाएँ और किंवदंतियाँ।
- In upper primary classes, these are used along with novels, plays, sketches, memoirs, biography, autobiography etc.
  उच्च प्राथमिक कक्षाओं में उपन्यास, नाटक, रेखाचित्र, संस्मरण, जीवनी, आत्मकथा आदि के साथ इनका प्रयोग किया जाता है।
- Helps in retaining the interest of the reader.
  पाठक की रुचि को बनाए रखने में मदद करता है।
- Develop creative language skills.
  रचनात्मक भाषा कौशल विकसित करें।
- Use of drama helps heighten listening skills in students.
  नाटक का प्रयोग विद्यार्थियों में सुनने के कौशल को बढ़ाने में मदद करता है।
- Plays can employ difficult grammatical structures and they help students understand the relevance of context in understanding literature.
  नाटक कठिन व्याकरणिक संरचनाओं को नियोजित कर सकते हैं और वे छात्रों को साहित्य को समझने में संदर्भ की प्रासंगिकता को समझने में मदद करते हैं।
- Makes them sensitive and perceptive to nuances of different cultures.
  उन्हें विभिन्न संस्कृतियों की बारीकियों के प्रति संवेदनशील और बोधगम्य बनाता है।
- Teachers should help students acquire skills for creative reading and also reading in their subjects and disciplines.
  शिक्षकों को छात्रों को रचनात्मक पढ़ने और अपने विषयों में पढ़ने के लिए कौशल हासिल करने में मदद करनी चाहिए।
- Through children's literature children develop imagination, interest towards studies and power of self expression.
  बाल साहित्य के माध्यम से बच्चों में कल्पनाशीलता, अध्ययन के प्रति रुचि और आत्म-अभिव्यक्ति की शक्ति का विकास होता है।

7.5.2 How to Use Literary Forms In Classroom? (साहित्यकक्ष में विधाओं का उपयोग कैसे करें?)

- Using extracts from stories or short stories.
  कहानियों या लघु कथाओं के उद्धरणों का उपयोग करना।
- Recite a poem or ask the students to recite it with proper intonation and expression.
  एक कविता का पाठ करें या छात्रों से इसे उचित स्वर और अभिव्यक्ति के साथ सुनाने के लिए कहें।
- Students can be asked to stage their own plays and bring material for it.
  छात्रों को अपने स्वयं के नाटकों का मंचन करने और इसके लिए सामग्री लाने के लिए कहा जा सकता है।
- Use materials like newspaper cuttings, written matter, pictures, or any other material.
  समाचार पत्र की कटिंग, लिखित सामग्री, चित्र या किसी अन्य सामग्री जैसी सामग्री का उपयोग करें।

7.5.3 Problems Faced in the Literature Classroom (साहित्यकक्ष में समस्याओं से सामना)

- If children do not understand the basic meaning of the text they are studying because of vocabulary or grammar, they are likely to lose interest soon and the whole exercise may prove fruitless.

Notes

यदि बच्चे शब्दावली या व्याकरण के कारण पढ़ रहे पाठ के मूल अर्थ को नहीं समझते हैं, तो उनकी जल्द ही रुचि कम होने की संभावना है और पूरी कवायद बेकार साबित हो सकती है।

- Children from a vast diversity of backgrounds and with a varying level of proficiency and attention spans.
  विभिन्न प्रकार की पृष्ठभूमि वाले और अलग-अलग स्तर की दक्षता और ध्यान देने वाले बच्चे।
- The proficiency level of teachers in the second language.
  दूसरी भाषा में शिक्षकों का दक्षता स्तर ।
- It should be obvious that for language teaching to be a successful enterprise, we need intensive teacher training programmes.
  यह स्पष्ट होना चाहिए कि भाषा शिक्षण को एक सफल उद्यम बनाने के लिए, हमें गहन शिक्षक प्रशिक्षण कार्यक्रमों की आवश्यकता है।

LANGUAGE TEACHING METHODS IN CLASSROOM SETTINGS
(कक्षा में भाषा शिक्षण विधियाँ)

8

8.2 SIGNIFICANCE OF MAKING LESSON PLANS (पाठ योजना बनाने का महत्व)

- Class room teaching is a structured process of imparting skills and knowledge of language.
  कक्षा शिक्षण भाषा के कौशल और ज्ञान प्रदान करने की एक संरचित प्रक्रिया है।
- Helps in acquiring accuracy and perfection for teaching.
  शिक्षण के लिए सटीकता और पूर्णता प्राप्त करने में मदद करता है।
- To cater individual needs of students.
  छात्रों की व्यक्तिगत जरूरतों को पूरा करने के लिए।
- Help teacher in making lesson meaningful, purposeful and objectives oriented.
  सार्थक, उद्देश्यपूर्ण और उद्देश्योन्मुखी बनाने में शिक्षक की सहायता करें।

8.3 WHAT IS A LESSON PLAN ? (पाठ/शिक्षण योजना क्या है)

8.4 COMPONENTS OF LESSON PLAN (पाठ/शिक्षण योजना के घटक)

- 1. What to teach?
  पाठ में क्या पढ़ाएंगे?
- 2. How to prepare himself to teach the text?
  पाठ पढ़ाने के लिए स्वयं को कैसे तैयार करें?
- 3. How to teach the text?
  हम कैसे पढ़ाएंगे?
- 4. What kind of teaching aids require?
  पढ़ाने में मदद के लिए क्या सामग्री चाहिये?
- 5. How to measure whether students have learnt or not?
  हम कैसे जानेंगे कि जो हमने पढ़ाया वो बच्चे समझ गए या नहीं?
- 6. If the plan did not show any sign of success at the assessment level then what alternative ways could be possible?
  अगर योजनानुसार काम नहीं होता तो हम क्या तैयारी करेंगे?

8.5 HOW MUCH TO PLAN IN ADVANCE (कितनी योजना बनाएं)

- There is no absolute answer to this question as learning is an ongoing process with very fluid land marks.
  इस प्रश्न का कोई पूर्ण उत्तर नहीं है क्योंकि सीखना एक सतत प्रक्रिया है जिसमें बहुत तरल भूमि चिह्न होते हैं।

Notes

- A teacher must ensure is synchronisation between the mental level of children, their curiosity, their participation, her own intervention levels, challenging activities and conceptual clarity.
  एक शिक्षक को यह सुनिश्चित करना चाहिए कि बच्चों के मानसिक स्तर, उनकी जिज्ञासा, उनकी भागीदारी, उनके स्वयं के हस्तक्षेप के स्तर, चुनौतीपूर्ण गतिविधियों और वैचारिक स्पष्टता के बीच तालमेल हो।
- There should be enough room for the child to ask whatever she/he wants to ask and find an answer to it.
  बच्चे के लिए पर्याप्त जगह होनी चाहिए कि वह जो कुछ भी पूछना चाहता है उसे पूछे और उसका उत्तर ढूंढें।
- Teacher should analyse the errors made by students.
  शिक्षक को छात्रों द्वारा की गई त्रुटियों का विश्लेषण करना चाहिए।

8.6 MODEL LESSON PLANS (मॉडल पाठ/शिक्षण योजनाएँ)

8.7 POSTERS AND ADVERTISEMENTS (पोस्टर एवं विज्ञापन)

- Posters and advertisements are very important for an effective lesson plan.
  एक प्रभावी पाठ योजना के लिए पोस्टर और विज्ञापन बहुत महत्वपूर्ण हैं।
- They present things related to our life and environment in very simple and pleasant ways.
  वे हमारे जीवन और पर्यावरण से जुड़ी चीजों को बहुत ही सरल और सुखद तरीके से प्रस्तुत करते हैं।

8.8 HOW TO MAKE LESSON PLANS (पाठ-योजना कैसे बनाएँ?)

Important factors to keep in mind:-
ध्यान रखने योग्य महत्वपूर्ण बातें:-

- Class timings
  कक्षा का समय
- Class size and age group of children
  कक्षा का आकार और बच्चों का आयु वर्ग
- Title of the chapter
  अध्याय का शीर्षक
- Prior knowledge
  पूर्व ज्ञान
- Common objective/General objective
  सामान्य उद्देश्य
- Specific objective
  विशिष्ट उद्देश्य
- Methods/Process
  तरीके/प्रक्रिया
- Self evaluation
  स्वमूल्यांकन
- Suggestion/Remarks
  सुझाव/टिप्पणियाँ

EDUCATIONAL MATERIALS: SOME NEW DIMENSIONS

(शैक्षिक सामग्रीः कुछ नए आयाम)

9

9.2 MATERIALS ESSENTIAL FOR EDUCATION (शिक्षा के लिए आवश्यक सामग्री)

- Each child needs a bench, table or chair to sit, a light source for adequate illumination is necessary; we also need to have arrangements for clean drinking water, toilets and many other things.

  प्रत्येक बच्चे को बैठने के लिए एक बेंच, मेज या कुर्सी की आवश्यकता होती है, पर्याप्त रोशनी के लिए एक प्रकाश स्रोत आवश्यक है; हमें स्वच्छ पेयजल, शौचालय और कई अन्य चीजों की व्यवस्था करने की भी आवश्यकता है।
- Minimum number of classrooms, seating arrangement, some sports materials, library books etc.

  कक्षाओं की न्यूनतम संख्या, बैठने की व्यवस्था, कुछ खेल सामग्री, पुस्तकालय की किताबें आदि।

9.4 TEACHING LEARNING MATERIAL VS. TEACHING AIDS (शिक्षण अधिगम सामग्री बनाम शिक्षण सहायक सामग्री)

9.5 MODELS AND OBJECTS OF DISPLAY (मॉडल और प्रदर्शन के उद्देश्य)

- Different kinds of charts, models including those made from thermocol, plastic etc.

  थर्माकोल, प्लास्टिक आदि से बने विभिन्न प्रकार के चार्ट, मॉडल।

9.6 HOW DOES TLM HELP? (TLM कैसे मदद करता है?)

- To make lesson effective and meaningful.

  पाठ को प्रभावी और अर्थपूर्ण बनाना।
- To attract students attention.

  छात्रों का ध्यान आकर्षित करने के लिए।
- To make teaching-learning process interesting.

  शिक्षण-अधिगम प्रक्रिया को रोचक बनाना।

9-7 WHAT IS GOOD EDUCATIONAL MATERIAL? (अच्छी शैक्षिक सामग्री क्या है?)

- Materials should be such that helps children to manipulate and experiment with it in the process of acquiring new knowledge.

  सामग्री ऐसी होनी चाहिए जो बच्चों को नया ज्ञान प्राप्त करने की प्रक्रिया में बदलाव करने और उसके साथ प्रयोग करने में मदद करे।

Notes

- TLM can give children opportunities in which they can build their own knowledge.
  टीएलएम बच्चों को अवसर दे सकता है जिसमें वे अपने ज्ञान का निर्माण कर सकें।
- To understand abstract notions, it is useful to look at their concrete representations (one form of TLM).
  अमूर्त धारणाओं को समझने के लिए, उनके ठोस अभ्यावेदन (टीएलएम का एक रूप) को देखना उपयोगी है।
- The classrooms should be such that it appears to welcome children and give them a feeling of ownership.
  कक्षाएँ ऐसी होनी चाहिए कि यह बच्चों का स्वागत करने और उन्हें स्वामित्व की भावना देने के लिए प्रतीत हो।

9.9 USE OF CARDS FOR LANGUAGE TEACHING (भाषा शिक्षण के लिए कार्ड का उपयोग)

- Picture cards to match with word cards.
  शब्द कार्ड के साथ मिलान करने के लिए चित्र कार्ड।
- Put together word cards and make a story.
  शब्द कार्ड्स को एक साथ रखें और एक कहानी बनाएँ।
- Pictures and picture cards can be used for conversations, discussions, extending imagination, opportunities for creating descriptions and thinking of stories.
  चित्रों और चित्र कार्डों का उपयोग वार्तालापों, चर्चाओं, कल्पना को विस्तारित करने, विवरण बनाने के अवसरों और कहानियों की सोच के लिए किया जा सकता है।

9.10 UNDERSTANDING MATERIALS AND THE MEANING TO LEARN IN LANGUAGE TEACHING (सामग्री को समझना और भाषा शिक्षण में सीखने का अर्थ)

- To make the child an independent efficient user of language, it is necessary that our classroom gives the child regular opportunities and space to express his/her thoughts and articulate his/her imagination.
  बच्चे को भाषा का एक स्वतंत्र कुशल उपयोगकर्ता बनाने के लिए, यह आवश्यक है कि हमारी कक्षा बच्चे को अपने विचार व्यक्त करने और अपनी कल्पना को व्यक्त करने के लिए नियमित अवसर और स्थान प्रदान करे।
- Children also need opportunities to work with each other to create stories.
  कहानियों को बनाने के लिए बच्चों को एक-दूसरे के साथ काम करने के अवसरों की भी आवश्यकता होती है।
- We need to formulate processes where there is freedom and need for an organisation of ideas.
  हमें ऐसी प्रक्रियाएँ तैयार करने की जरूरत है जहाँ विचारों के संगठन की आजादी और जरूरत हो ।

9.11 WHAT MATERIALS FOR A LANGUAGE CLASSROOM? (भाषा की कक्षा के लिए क्या सामग्री?)

- The purpose is to develop his/her language capabilities.
  इसका उद्देश्य उसकी भाषा क्षमताओं का विकास करना है।
- Need to provide resources through which (s)he can develop his/her language capability and imagination.

Notes

संसाधन प्रदान करने की आवश्यकता है जिसके माध्यम से वह अपनी भाषा क्षमता और कल्पना को विकसित कर सके।

- Oral materials include texts that can reach children through radio, tape recorder, CD player, film projector etc.
  मौखिक सामग्री में ऐसे पाठ शामिल हैं जो रेडियो, टेप रिकॉर्डर, सीडी प्लेयर, फिल्म प्रोजेक्टर आदि के माध्यम से बच्चों तक पहुँच सकते हैं।
- Computer and internet can also help in many things provided they are available for use of children.
  कंप्यूटर और इंटरनेट भी कई चीजों में मदद कर सकते हैं बशर्ते वे बच्चों के उपयोग के लिए उपलब्ध हों।
- There should be accessibility of materials.
  सामग्री की उपलब्धता होनी चाहिए।

9.13 HOW TO USE MATERIALS (सामग्री का उपयोग कैसे करें)

- Material should be easy to reach.
  सामग्री आसानी से उपलब्ध होनी चाहिए।
- It is important to remember that the materials must be used for learning and not just for display.
  यह याद रखना महत्वपूर्ण है कि सामग्री का उपयोग सीखने के लिए किया जाना चाहिए न कि केवल प्रदर्शन के लिए।
- If we have to use a lot of material then it is better to use them one by one.
  अगर हमें बहुत सारी सामग्री का उपयोग करना है तो बेहतर है कि हम उनका एक-एक करके उपयोग करें।
- It is certainly important to store the materials properly but it is equally important to ensure that it can be quickly distributed to children.
  सामग्री को ठीक से स्टोर करना निश्चित रूप से महत्वपूर्ण है लेकिन यह सुनिश्चित करना भी उतना ही महत्वपूर्ण है कि इसे बच्चों को जल्दी से वितरित किया जा सके।
- Breakage of materials is possible during use, it is necessary that there is an acceptance of damage and writing off and replacement of materials in the system.
  उपयोग के दौरान सामग्रियों का टूटना संभव है, यह आवश्यक है कि सिस्टम में क्षति स्वीकृति और सामग्रियों के राइट ऑफ और प्रतिस्थापन की स्वीकृति हो।

9.14 THE BASIS OF CHOOSING MATERIALS (सामग्री चुनने का आधार)

- Material should be such that they fulfill the educational objectives.
  सामग्री ऐसी होनी चाहिए कि जो शैक्षिक उद्देश्यों को पूरा करें।
- Material should be usable for diverse purposes.
  सामग्री विविध प्रयोजनों के लिए प्रयोग करने योग्य होनी चाहिए।
- Materials should be easily available and require no extra effort.
  सामग्री आसानी से उपलब्ध होनी चाहिए और इसके लिए किसी अतिरिक्त प्रयास की आवश्यकता नहीं होनी चाहिए।
- Should not be security hazardous.
  सुरक्षा की दृष्टि से खतरनाक नहीं होनी चाहिए।
- Both teachers and children be participants in the process of choosing and developing materials.
  सामग्री चुनने और विकसित करने की प्रक्रिया में शिक्षक और बच्चे दोनों भागीदार होते हैं।

10

ASSESSMENT
(आकलन)

10.3 WHY ASSESSMENT? (आकलन क्यों?)

- Assessment helps us understand what an individual child can do keeping in mind her capability, age, need and speed of learning, her current learning level etc.

  आकलन हमें यह समझने में मदद करता है कि एक बच्चा अपनी क्षमता, उम्र, जरूरत और सीखने की गति, उसके वर्तमान सीखने के स्तर आदि को ध्यान में रखते हुए क्या कर सकता है।

- On the other it helps the teacher to understand what kind of work she needs to do with each child.

  दूसरी ओर यह शिक्षक को यह समझने में मदद करता है कि उसे प्रत्येक बच्चे के साथ किस तरह का काम करना है।

- To help teacher find gaps in her teaching and decide on her next steps in the class.

  शिक्षक को उसके अध्यापन में कमियों का पता लगाने और कक्षा में उसके अगले कदमों के बारे में निर्णय लेने में मदद करने के लिए।

- This assessment shows the behavior of the child and describes something that actually happened. It is not a mere opinion.

  यह आकलन बच्चे के व्यवहार को दर्शाता है और वास्तव में हुई घटना का वर्णन करता है। यह केवल एक राय नहीं है।

10.4 ISSUES IN LANGUAGE ASSESSMENT (भाषा मूल्यांकन में मुद्दे)

- Assessment at the primary stage needs to focus on fluency. Accuracy and correctness can come later.

  प्राथमिक स्तर पर मूल्यांकन में प्रवाह पर ध्यान देने की आवश्यकता है। शुद्धता और सुधार बाद में आ सकते हैं।

- **Listening and speaking:-** Children should be able to describe a picture, they should be able to express themselves freely and give their views on what they have heard.

  सुनना और बोलना :- बच्चों को एक तस्वीर का वर्णन करने में सक्षम होना चाहिए, उन्हें खुद को स्वतंत्र रूप से व्यक्त करने में सक्षम होना चाहिए और जो उन्होंने सुना है उस पर अपने विचार देने चाहिए।

- Reading with comprehension:- Reading with understanding, contextual.

  समझ के साथ पढ़ना:- प्रकरण संबंधी समझ के साथ पढ़ना ।

- **Writing:-** See if learners are able to write letters of the letter and simple words. Later they can be assessed on writing letters or words without seeing. The next stage would be: they are able to write descriptions in two-three sentences and write spoken unfamiliar words.

  लेखन :- देखें कि क्या शिक्षार्थी अक्षर और सरल शब्दों के अक्षर लिखने में सक्षम हैं। बाद में बिना देखे अक्षर या शब्द लिखने पर उनका आकलन किया जा सकता है। अगला चरण होगा: वे

दो-तीन वाक्यों में विवरण लिखने में सक्षम हैं और बोले गए अपरिचित शब्दों को लिख सकते हैं।

- **Expression:-** In this the learner should be able to make a picture of things or events according to what (s)he has seen. Subsequently (s)he should be expected to make pictures on his/her own freely and enact a poem, a story or an event.

  अभिव्यक्ति :- इसमें शिक्षार्थी को जो कुछ उसने देखा है उसके अनुसार चीजों या घटनाओं का चित्र बनाने में सक्षम होना चाहिए। तत्पश्चात उनसे यह अपेक्षा की जानी चाहिए कि वे स्वतंत्र रूप से चित्र बनाएं और एक कविता, एक कहानी या एक घटना का अभिनय करें।

Notes

10.5 METHODS OF ASSESSMENT IN LANGUAGE LEARNING (भाषा सीखने में आकलन के तरीके)

- Oral Test:-Story telling, Reading aloud
  मौखिक परीक्षा:- कहानी सुनाना, जोर से पढ़ना
- Observation
  अवलोकन
- Written test:- Dictation
  लिखित परीक्षा:- डिक्टेशन

10.6 ACTIVITIES TO ASSESS PROSE, POEMS AND DRAMA (गद्य, कविता और नाटक का आकलन करने के लिए गतिविधियाँ)

10.6.1 Paragraph (पैराग्राफ)

- Cloze test:- Cloze test is a good way to assess proficiency in language. It can be used to measure the levels of proficiency in all kinds of language abilities. In this, children are given a text with words at repeated quick intervals deleted and blanks inserted in that place.

  क्लोज टेस्ट:- क्लोज टेस्ट भाषा में दक्षता का आकलन करने का एक अच्छा तरीका है। इसका उपयोग सभी प्रकार की भाषा क्षमताओं में प्रवीणता के स्तर को मापने के लिए किया जा सकता है। इसमें बच्चों को एक टेक्स्ट दिया जाता है जिसमें शब्दों को बार-बार त्वरित अंतराल पर हटा दिया जाता है और उस स्थान पर रिक्त स्थान डाले जाते हैं।

10.6.2 Poem (कविता)

- MCQs, Picturecomposition, rhymes.
  एमसीक्यू, चित्ररचना, तुकबंदी।

10.6.3 Drama (नाटक)

- Enact or write the script for any play or drama.
  किसी नाटक की पटकथा लिखना या अभिनय करना।
- **Imortant points for assessment. (आकलन के लिए महत्वपूर्ण बिंदु)**

1. Assessment should be done keeping in mind abilities rather than the content.
   आकलन सामग्री के बजाय क्षमताओं को ध्यान में रखकर किया जाना चाहिए।
2. At the primary level fluency takes precedence over accuracy.
   प्राथमिक स्तर पर सटीकता पर प्रवाह को प्राथमिकता दी जाती है।

Notes

3. To assess different abilities you do not need as many different activities. One activity can be utilised to assess many abilities.

   विभिन्न क्षमताओं का आकलन करने के लिए आपको उतनी अलग-अलग गतिविधियों की आवश्यकता नहीं है। एक गतिविधि का उपयोग कई क्षमताओं का आकलन करने के लिए किया जा सकता है।

4. Assessment helps provide the children with an opportunity to learn according to their needs and the diversity in them.

   आकलन बच्चों को उनकी आवश्यकताओं और उनमें विविधता के अनुसार सीखने का अवसर प्रदान करने में मदद करता है।

5. Assessment goes on throughout the session and covers all aspects of a child's performance. That's what we mean by continuous and comprehensive assessment.

   मूल्यांकन पूरे सत्र में चलता है और बच्चे के प्रदर्शन के सभी पहलुओं को शामिल करता है। सतत और व्यापक मूल्यांकन से हमारा यही तात्पर्य है

UNDERSTANDING ARTS AND ARTS EDUCATION (THEORY) (कला और कला शिक्षा की समझ) (सिद्धांत)

1

The voyage of exploration commences through these regular happenings and it is the beginning of learning in visual and performing arts.

अन्वेषण की यात्रा इन नियमित घटनाओं के माध्यम से प्रारंभ होती है और यही दृश्य एवं निष्पादन कलाओं में अधिगम की शुरुआत है।

Core values: केन्द्रिक मूल्य

1. Learning with fun and without barriers.
   बिना बाधा मजे में सीखना।
2. Appreciating similarities and Celebrating Differences.
   समानताओं को महत्त्व प्रदान करना और असमानताओं का गुणगान करना।
3. Social Responsibility.
   सामाजिक उत्तरदायित्व।
4. Respect for self and others.
   स्वयं एवं दूसरों का सम्मान।

1.2.1 What is Art Education (कला शिक्षा क्या है?)

ART (कला)

1. Primary pathway to learning.
   अधिगम का प्राथमिक रास्ता।
2. A journey of discovery of the meaning of teaching for aesthetic experience.
   सौन्दर्यपरक अनुभव के लिए शिक्षण के अर्थ की एक यात्रा।
3. An expression of ideas created by human imagination, skill and invention.
   मानवीय कल्पना, कौशल और अविष्कार द्वारा सृजित विचारों की एक अभिव्यक्ति।
4. "Music is what feeling sound like".
   संगीत क्या है पसंदीदा आवाजों की अनुभूति।

1.2.2 The Visual (दृश्य कला)

- Drawing
  चित्रकला
- Painting
  चित्रकारी

Notes

- Sculpture
  मूर्तिकला
- Design
  रूपरेखा
- Contemporary topics include photography, video, film, design, computer art
  फोटोग्राफी, विडियो, फिल्म, रूपरेखा, कंप्यूटर कला समकालीन विषय समाहित करता है

1.2.3 The Performing Arts (निष्पादन कला)

- The artist uses their own body, face and presence as a medium.
  कलाकार अपने शरीर, चेहरे और उपस्थिति को प्रयोग में लाता है।
- Performed, seen and heard.
  निष्पादित देखा और सुना जाता है।

Accepted Performing arts (स्वीकृत निष्पादन कलाएँ)

- Theatre (रंगशाला)
- Music (संगीत)
- Dance (नृत्य)
- Puppetry (कठपुतली)

Performing Arts (निष्पादन कलाएँ)

- Dance (नृत्य)
- Drama (ड्रामा)
- Music (संगीत)
- Magic (जादू)
- Spoken word (शब्द बोलना)
- Circus arts (सर्कस)
- Artists who participate in performing arts in front of an audience are called Performer.
  कलाकार जो दर्शकों के समक्ष निष्पादन कलाओं में भाग लेते हैं निष्पादन कर्त्ता कहलाते हैं।
- Performance need not always be through very formal learning.
  निष्पादन के लिए हमेशा बहुत अधिक औपचारिक अधिगम की जरूरत नहीं होती।
- Arts is always present in the conscious and sub-conscious mind.
  कला हमेशा चेतन एवं उपचेतन मस्तिष्क में उपस्थित रहती है।
- The birth of a child, going to the gurukul, marriage, sacred thread ceremony, festivals, sowing and harvest celebrations even death has elements of so many art forms in our culture.
  बच्चे का जन्म, गुरुकुल जाना, विवाह, जनेऊ समारोह, त्योहार, बुआई और फसल उत्सव, यहाँ तक कि मृत्यु में भी हमारी संस्कृति में कई कला रूपों के तत्व मौजूद हैं।
- Lohri during this rest period before the cutting and gathering of crops.
  कटाई एवं संगहण के पहले के शेष समय के दौरान लोहड़ी मनाई जाती है।
- The winters end during this time and the Earth starts moving towards the sun marking the auspicious period of Uttarayan.
  इस दौरान सर्दियाँ समाप्त हो जाती हैं और पृथ्वी सूर्य के चक्कर काटती हुई उसकी ओर आती है और यह उत्तरायण का शुभ समय होता है।

Notes

1.2.4 Nature and Scope of Art Education (कला शिक्षा की प्रकृति एवं क्षेत्र)

- Personal Development. (वैयक्तिक विकास)
- Gaining holistic knowledge. (समग्र ज्ञान प्राप्त करना)
- Make life aesthetical. (जीवन को सौंदर्यात्मक बनाना)
- Cognitive Stimulation. (संज्ञानात्मक प्रेरणा)
- Conveys Messages. (संप्रेषित सन्देश)
- Personal profile and growth (व्यक्तिगत प्रोफाइल और वृद्धि)
- Teachers in colleges and universities, commercial artists, actors/actress in theatre or television serials

  कॉलेजों और विश्वविद्यालयों में शिक्षक, व्यावसायिक कलाकार, थिएटर या टेलीविजन धारावाहिकों में अभिनेता/अभिनेत्री।

1.3 IMPORTANCE OF ART EDUCATION AT ELEMENTARY LEVEL (प्रारंभिक स्तर पर कला शिक्षा का महत्त्व)

- Own free expression.

  अपनी स्वतंत्र अभिव्यक्ति।
- More creative way than the structured lessons.

  संरचित पाठों की अपेक्षा अधिक सृजनात्मक तरीके से सीखने में मदद करता है।
- Allowed to mess around without being frowned upon.

  बिना भयभीत हुए इधर उधर से काम कर सकते हैं।
- Self analysis, self esteem, and also self discipline.

  स्व विश्लेषण स्व सम्मान और स्व अनुशासन।
- Practical aptitude and facilitates thinking.

  व्यवहारिक अभिरुचि को विकसित करना और चिंतन को सुसाध्य बनाता है।
- Art is blind to the caste, creed, religion and even the boundaries of states, nations and languages.

  कला जाति, मत, धर्म, और तो और राज्य, राष्ट्र और भाषा से मुक्त होती है।
- Creative abilities.

  सृजनात्मक योग्यताओं को बढ़ावा दे देता है।
- Channelize energies into positive expression.

  ऊर्जा को सकारात्मक अभिव्यक्ति में परिवर्तित करता है।
- Leading to a passion for learning.

  अधिगम के लिए नेतृत्व प्रदान करता है।
- Engages the attention of the learner.

  एक वास्तविक पुनर्जागरण के लिए अधिगम के ध्यान को शामिल करता है।
- Voyage of discovery, giving a practical, tangible experience.

  संसार के मूर्त अनुभव देता है।

1.3.1 Need and Importance of Visual Arts (दृश्य कलाओं की आवश्यकता और महत्त्व)

- Learning to See and Observe and then represent.

  देखना और प्रेक्षण करना सीखना और पुनः प्रस्तुत करना।

Notes

1.3.2 Need and Importance of Performing Arts (निष्पादन कलाओं की आवश्यकता एवं महत्त्व)

1.3.2.1 The World of Dance (नृत्य का संसार)

- Motion and Expression (गति और अभिव्यक्ति)
- Ideas and Inspirations (विचार और अन्तप्रेरण)
- Making Sense of Things (वस्तुओं को समझना)

1.3.2.2 The World of Drama (नाटक का संसार)

- Ideas and Inspirations (विचार और अन्तप्रेरण)
- "Mask Magic" (मुखौटा जादू):
- Mask may be for covering the eyes, mouth or the whole face
  (मास्क आंखों, मुंह या पूरे चेहरे को ढकने के लिए हो सकता है)
- Responding to Literature (साहित्य पर प्रतिक्रिया)
- Making Sense of Things (वस्तुओं का समझना)

1.3.2.3 The World of Music (संगीत का संसार)

Learning to Hear श्रवण अधिगम:

- Students to listen and identify different sounds of various musical instruments.
  छात्र विभिन्न आवाजों को सुनते हैं और विभिन्न यंत्रों का पता लगाते हैं।

1.3.3 Understanding Child Art (बाल कला की समझ)

Visual Art दृश्य कला:

- The first activity with crayons, pencil is Scribbling.
  चित्रांकन और पेंसिल से की गयी प्रथम गतिविधि ''घिसना'' है।

Abstract figures (अमूर्त आकृति)

- From about age three, the child begins to combine circles and lines.
  तीन वर्ष के आस पास बच्चा वृत्तों और रेखाओं को जोड़ना सीख लेता है।
- Draw a head without a body and with arms emerging directly from the head.
  बच्चे बिना शरीर के एक सिर बनाते हैं और भुजाओं को सीधा सिर से निकाल देते हैं

Symbolism (प्रतीकवाद)

- At around age five, they create a vocabulary of images.
  5 वर्षों के आस पास चित्रों की शब्दावली सृजित करते हैं।
- Child may draw a picture of a house, a cat, a dog or a bird, drawing the same basic image. The basic shapes are called symbols.
  एक बच्चा एक घर, एक बिल्ली, एक कुत्ते या पक्षी का चित्र बना सकता है, एक ही मूल चित्र बना सकता है समान मूल चित्र आकार प्रतीक कहलाते हैं।

Realism (यथार्थवाद)

- As children grow they begin to find their symbols limiting. The child discoversthe finer details
  जैसे-जैसे बच्चे बड़े होते हैं, वे अपने प्रतीकों की सीमाएँ ढूँढ़ना शुरू कर देते हैं। बच्चा सूक्ष्म विवरण खोजता है।

Notes

Performing Art (निष्पादन कला)

- Children respond to their mother's lullaby or call since birth. Child is extremely receptive to sounds of human. Drama in playway method involves them more. Simple movements are also beneficial for the child.

  बच्चे अपनी माँ की लोरी पर प्रतिक्रिया करते हैं या जन्म से ही उनको पुकारते हैं। बच्चा मानव या आवाज के प्रति नितांत ग्रहणशील होता है। खेल पद्धति में नाटक उन्हें ज्यादा शामिल करता है। सामान्य गति संचालन बच्चों के लिए ज्यादा लाभदायक है।

Therapeutic (चिकित्सीय)

- Children with autism express feelings which they may find difficult to express otherwise.

  आटिज्म से ग्रस्त बालक की अनुभूतियाँ व्यक्त करने में सहायता प्रदान करते हैं।
- Difficult to talk about what they have experienced directly but can easily express the anguish through the art.

  बच्चे कला के माध्यम से आसानी से बता सकते हैं उन्होंने क्या महसूस किया है।
- An artist has an easy vent to his emotions through artistic expression.

  एक कलाकार अपने संवेगों को कला के माध्यम से ही प्रदर्शित करेगा ना कि क्रोध के द्वारा।

1.4 KNOWLEDGE OF REGIONAL ARTS AND CRAFTS (LOCAL SPECIFIC) (क्षेत्रीय कलाओं और शिल्पों का ज्ञान)

1.4.1 What is Regional Art and Craft? (क्षेत्रीय कला और शिल्प क्या है)

- Art originating among the people of region reflecting their traditional culture.

  कला और शिल्प लोगों के बीच उनकी पारम्परिक संस्कृतियों को प्रवर्तित करते हैं।
- Learn skills and techniques through apprenticeships in informal local community.

  एक ऐसा समूह जिन्होंने अपनी विशिष्ट परम्पराओं को जीवित रखा है।
- Not governed by the principles of proportions and rhythms.

  ये समानुपात एवं सामंजस्य के सिद्धांतों से परिचालित नहीं होते।
- Visual art: The usage of cloth, paper, clay, wood, fibres, metal and more.

  दृश्य कला: कपड़ा, कागज, मिट्टी, लकड़ी, फाइबर, धातु का प्रयोग होता है।

1.5 KNOWLEDGE OF CONTEMPORARY ARTS AND ARTISTS, AND ARTISANS FROM THE FIELD OF VISUAL AND PERFORMING ARTS (समकालीन कलाओं और कलाकारों तथा दृश्य और निष्पादन कला के क्षेत्र के कलाकारों का ज्ञान)

- Bauls of Birbhum singing songs on the human philosophy of life.

  बीरभूम के बाउल मानवीय दर्शन पर गीत गाते हैं।
- Theatre groups of Kerala performing Yakshagana.

  केरल के कलाकार यशगान का निष्पादन करते हैं।

Folk art (लोककला)

- Patachitra, Pichuai, Alpana, Kolam

  पटचित्र, पिचुई, अल्पना, कोलम

Notes

Contemporary arts (समकालीन कलाएँ)

- Visual art: Kolam or alpana – floor painting of Kerala and W. Bengal.
  दृश्य कला: कोलम या अल्पना-केरल और प. बंगाल की सतह चित्रकारी
- Embroidery of Punjab (पंजाब की कसीदाकारी),
- Phulkari – Hand block printing of Sanganer (हस्त खंड छपाई)

Performing arts: (निष्पादन कलाएँ)

Classical music (शास्त्रीय संगीत)

- Hindustani and Carnatic styles
  हिंदुस्तानी और कर्नाटक शैली।

Classical dance (शास्त्रीय नृत्य)

- Kathak, Bharathanatyam, Kathakali etc.
  कत्थक, भरत नाट्यम, कथकली आदि।

Regional music (क्षेत्रीय संगीत)

- Sufi, Baul, Giddaetc
  सूफी, बाउल, गिद्दा आदि।

Regional dance (क्षेत्रीय नृत्य)

- Bhangra, Raas, Bihu etc.
  भांगड़ा, रास, बिहू आदि

Puppetry (कठपुतली)

- Glove puppet like Pava-kathakali, SakhiKundhei-Nacha
  दस्ताना वाली पुतली जैसे- पावा-कत्थकला, साखी, कुन्डेई, नाचा आदि

Contemporary artists and artisans (समकालीन कलाकार और कारीगर)

Banamalimahapatra- ganjifa cards (बनमाली महापात्र, गनजीफा कार्ड)

Vijay joshi- phad painting (विजय जोशी- फाड चित्रकारी)

Gokulbeharipattanaik- pattachitra (गोकुल बिहारी पटनायक- पटचित्र)

Abdul JabbarKhatri - Bandhini (Tie and Dye) (अब्दुल जब्बा खत्री-बांधनी)

Firdose Ahmad Jan - Pashmina Shawl Weaving (फिरदोस अहमद ज्ञान-पश्मीना शाल बुनाई)

KankubenLalabhaiParmar – Appliqué (कांकुबेन लालाभाई परमार गोटा-पट्ठा)

- **Folk Singers (लोग गायक):** Allah JilaiBai, PammiBai, TeejanBai, Rasamayi Balakrishna, Paban Das Baul, Bhopa
- **Folk dances (लोक नृत्य):** Garba, Namgen, Kinnaurinati, Tertali, Charkula, Lavni, Tamasha, Thang ta, Chang lo
- **Indian theatre forms (पारम्परिक भारतीय रंगमंच):** Kutiyattam-ancient Sanskrit theatre, Bhavai (strolling players) form of Gujarat, Jatra in Bengal, Swang, popular in Haryana, Uttar Pradesh and Malwa region of MP, Yakshagana in Karnataka, Kathakali is a form of dance-drama, characteristic of Kerala
- **Puppetry forms (कठपुतली कला):** 1. Glove puppet shows-Kerala (Pava-kathakali), Orissa (Sakhi Kundhei- nacha) and West Bengal (BenerPutulnach). 2. Shadow puppet- Andhra Pradesh (TholuBommalata), Karnataka (Toga-

Notes

luGombeyata), Kerala (Tolpavakoothu), Maharashtra (chamadyacheBahulya), Orissa, and Tamil Nadu (Tolpavaikoothu)

QUATES

"What is art? Art is the response of man's creative soul to the call of the real."

said Rabindranath Tagore

"कला क्या है? कला मनुष्य की सृजनात्मक आत्मा की पुकार के लिए एक प्रतिक्रिया है।"

-रबिन्द्रनाथ टैगोर

"We wrote, we sang, we acted, and we poured ourselves out on every side-" There was tremendous excitement and cultural richness." –Rabindranath Tagore

"हम लिखें, गाएँ, अभिनय करें और प्रत्येक ओर से अपने आप को निचोड़ दें। यह अद्‌भुत उत्तेजना और सांस्कृतिक स्मृद्धि थी। -रबिन्द्रनाथ टैगोर

'The highest education is that which does not merely give us information but makes our life in harmony with all existence." –Rabindranath Tagore

उच्चतम शिक्षा वह है जो हमें शुद्ध सूचना नहीं देती बल्कि हमारे जीवन में सभी अस्तित्व के साथ सामंजस्य बनाती है। -रबिन्द्रनाथ टैगोर

In a 1998 report, "Young Children and the Arts: Making Creative Connections",

1998 की एक रिपोर्ट में तरूण बच्चे और कला: सृजनात्मक संयोजन बनाना।

"Brain scans proved that all parts of the cerebral cortex are active while musicians are playing." –Learning and the Arts: Crossing Boundaries

"The aim of art is to represent not the outward appearance of things] but their inward significance." –Aristotle

कला का उद्देश्य वस्तुओं की बाह्य उपस्थिति का नहीं बल्कि उनके आंतरिक अभिप्राय का पुन: प्रस्तुतीकरण है। -अरस्तु

"What we regard today as a tradition is the product of a continuous evolution... Tradition can be a movement ...to be creatively alive." –Jawaharlal Nehru

"एक परंपरा के रूप में आज हम जिसका सम्मान कर रहे हैं, वह एक सतत क्रांति का उत्पाद है। परम्परा एक आन्दोलन हो सकती है जो सृजनात्मक रूप में जीवित हो सकती है। -जवाहर लाल नेहरू

2 VISUAL ARTS AND CRAFTS
(दृश्य कला तथा शिल्प)

- Visual Arts is about communicating an idea, concept, feeling or emotion.

  दृश्य कला एक विचार, संकल्पना, अनुभूति या संवेग को संप्रेषित करती है।
- The expressions on any media enhances observation of environment, exploration of material, gives opportunity to free expression, understanding of an individual.

  मीडिया पर अभिव्यक्ति पर्यावरण के अवलोकन और सामग्री के अन्वेषण को बढ़ाती है, एक व्यक्ति की मुक्त अभिव्यक्ति, समझ का अवसर देती है।
- Record of the past events

  बीती घटनाओं का अभिलेख।

Basics of Art (कला के आधारभूत सिद्धांत)

- **Line:** Every line depicts different character.

  रेखा: प्रत्येक रेखा विभिन्न लक्षणों को चित्रित करती है।
  1. Horizontal line-vastness. Road, railway track
     क्षैतिज रेखा के विस्तार को दिखाती है। (सड़क, रेलवे ट्रैक)
  2. Vertical lines-greatness. Buildings (tall)
     खड़ी रेखा महानता दर्शाती है। (बिल्डिंग लम्बाई)
  3. Diagonal-movement. Mountains, dancing gesture
     तिरछी रेखा गति को दर्शाती है। (पर्वत, नृत्य भाव)
  4. Curved lines-aesthetic appeal. Flowers, clouds
     मुड़ी रेखा- सौन्दर्यात्मक। (फूल, बादल)
  5. Waves-signs of life. Waves of water
     धाराएँ-जीवन। (पानी की लहरें, बादल)
  6. Zigzag lines-information. Satellite waves, loud speakers
     टेढ़ी-मेढ़ी रेखा-सूचना। (सैटेलाइट तरंगें, लाउडस्पीकर)
- **Shape:** an area, character and varied contour. 1. Geometric – squares, circles, triangles, 2. Organic –nature like flowers.

  आकार: एक क्षेत्र, लक्षण और विविध स्मोच्च। 1. ज्यामितीय-वर्ग, वृत्त, त्रिकोण 2. जैविक-प्रकृति जैसे- फूल।
- **Form:** three-dimensional having thickness or depth.

  आकृति: त्री-आयामी गहराई या मोटाई होता है।
- Created by joining two or more shapes.

  दो या अधिक आकारों को जोड़ कर बनाया जाता है
- **Colour (रंग):**

Notes

Primary colours– Red, Yellow and Blue

प्राथमिक रंग-लाल, पीला और नीला

Secondary colours– When primary are combined.

द्वितीयक रंग-जब दो प्राथमिक रंग मिलाये जाते हैं।

Eg. Red + Yellow = Orange (जैसे, लाल + पीला = नारंगी)

Warm colours– Red, Yellow and Orange

चटकीला रंग-लाल, पीला और नारंगी

Cool colours– Purple, Green and Blue

उदासीन रंग-पर्पल, हरा और नीला

- **Space:** the area on which the art form is created is space

  स्थान: कला सृजित करने का स्थान।

- **Texture:** Feel of an object

  बनावट: पदार्थ की अनुभूति

  1. Real texture– Feel even after closing eyes.
     वास्तविक बनावट-आंख बंद करके भी महसूस कर सकते हैं।,
  2. Implied texture– Smooth-can't be felt with closed eyes.
     अन्तर्निहित बनावट-बंद आखों से महसूस नहीं किया जा सकता।

- **Value:** Lightness and darkness of a colour

  मूल्य-रंग का हल्कापन और गहरापन

Fundamental principles of visual art (दृश्य कला के मौलिक सिद्धांत)

- **Perspective (परिदृश्य):** Creates an illusion of space and depth. 3D picture on 2D Far objects-smaller and dull, closer-brighter and bigger
- **Balance (संतुलन):** Compare left and the right sides.
  1. Symmetrical संतुलित - Similar/mirrored,
  2. Asymmetrical असंतुलित - Not mirrored.
- **Harmony (सामंजस्य):** Effects are joined
- **Rhythm (लय):** Line moves in a flow without break-up.

2.2 EXPERIMENTATION WITH DIFFERENT MATERIALS OF VISUAL ARTS AND CRAFTS (दृश्य कलाओं और शिल्पों की विभिन्न सामग्रियों के साथ प्रयोगीकरण)

- By using different art materials like pencil, colour, brush, adhesive as a means of expression children should be encouraged to develop a sense of proportion, depth, light, shade and tactile feeling.

  विभिन्न कला सामग्री जैसे पेंसिल, रंग, ब्रश, गोंद को अभिव्यक्ति के एक साधन के रूप में प्रयोग से समानुपात, गहराई, प्रकाश, छाया, और स्पर्श अनुभव की संवेदना विकसित करने के लिए बच्चों को प्रोत्साहित किया जाता है।

- *Early man explored the natural materials from nature to express their feelings & thoughts. E.g. a piece of stone or the juice from leaves, fruits ,flowers, stone.*

  प्राचीन कालीन मनुष्य ने अपने अनुभवों एवं विचारों को व्यक्त करने के लिए प्रकृति से प्राकृतिक सामग्रियों का अन्वेषण किया।

2.2.1 Pencil (पेंसिल)

1. Graphite Pencil (ग्रेफाइट पेंसिल): Made of mixture of clay and graphite. Pencils range from very hard (H) to the very soft and black (B)

   HB – Hard Black (बहुत काला), used in writing

   2B – 2 Black, used for giving light shade (हल्की छाया)

   4B – 4 Black, used for giving medium shade (मध्यम छाया)

   6B – 6 Black, used for giving dark shades (गाढी छाया)

2. Coloured Pencil (रंगीन पेंसिल): Wax like cores with pigment.

   Colour Pencil Techniques रंगीन पेंसिल की तकनीक

   - **Feathering (फेथरिंग):**

     draw softly over it with a lighter colour

     एक भाग को रंग करें और इसके ऊपर एक हल्के रंग को धीरे से खींचे।

   - **Blending (मिलाना):**
   - Lay different colors on top of each other to achieve a large range of colors

     विभिन्न प्रकार के रंगों को एक दूसरे पर रख कर नए रंग बनाये जाते हैं।

   - **Burnishing (चमकाना):**

     Polish colours, use a white colour pencil across the colours

   - **Emboss (अलंकृत करना):** सिक्के को नीचे रख कर छाप देते हैं।

3. **Charcoal Pencil (तारकोल पेंसिल):** made of Charcoal, create tones easily in Drawing.

   आसानी से धब्बा बनाती है।

4. **Water Colour Pencil (जलरंग पेंसिल):** Designed for use with water colour, saturated with water and can spread with brushes.

   Water-Colour Pencil Techniques (जलरंग पेंसिल की तकनीक)

   - **A Pinch of Salt:** Colour a background, dampen it, and then sprinkle a little salt on it

     एक चुटकी नमक: पृष्ठभूमि को रंग दें, उसे गीला करें फिर उस पर थोड़ा सा नमक छिड़के।

   - **Pointillism (बिंदुचित्रण)**
   - **Glossy Effect:** paint over it with diluted water-based glue.

     चमकदार प्रभाव: इस पर पानी युक्त तनु गोंद से पेंट करें।

2.2.2 Pastel Colour (पेस्टल रंग)

- Pastel medium was first mentioned by Leonardo- da-Vinci.

  पेस्टेल माध्यम का उल्लेख सर्वप्रथम लियोनार्दो डॉ. विन्ची ने किया था।

- Pastel Colour is in the form of a stick, which consists of powdered pigment combined with a binder.

  पेस्टल रंग एक वर्तिका के रूप में होता है जो पाउडर रंगों के संयोजन से संयोजित होता है।

  1. **Dry Pastel (सूखा पेस्टल):**

     (a) Hard Pastel (कठोर पेस्टल)-Higher binder (संयोजक), less pigment (कम रंग), Used to draw outlines (बाहय रेखा खींचने में प्रयुक्त), less brilliant (कम चमकीले), No fixative required (कोई स्थितिकारक उपेक्षित नहीं है),

(b) **Soft Pastel (मुलायम पेस्टल)**-Higher pigment (अधिक संयोजक), less binder (कम रंग), bright (चमकीले), requires fixative to prevent from smudging (स्थितिकारक उपेक्षित है)।

2. **Oil Pastels (तेलीय पेस्टल):** Soft consistency and bright colours (मुलायम और चमकीले) Not require fixative (स्थितिकारक उपेक्षित नहीं है)। Cartridge sheet/ Pastel sheet can be used as they hold colours in a proper manner.

   कारतूस कागज या पेस्टल शीट का इस्तेमाल किया जाता है।

Notes

Crayon Techniques क्रेयन तकनीक

- **Pastel Effect (पेस्टल प्रभाव):** press very gently when using crayons

  इसे आप धीरे से दबाते हैं।

- **Graffito Technique:** यह तकनीक दो विभिन्न रंगो की सतहों पर आश्रित होती है। पहला रंग शीट को ढकता है जबकी दूसरे रंग पर तीक्ष्ण धार वाली वस्तु से चित्रकला के काली सतह को खरोंचा जाता है।
- **Batik:** पहले मोम के क्रेयॉन से आकृति खींचते हैं फिर जलरंगों से पेंट करते हैं।

2.2.3 Poster Colour (पोस्टर रंग)

- Water paint with gum binder, which is opaque and dries fast, such as glue-Show-Card colour or Tempera colours

  गोंदयुक्त जलरंग, अपारदर्शी और शीघ्र सूख जाते हैं। इन्हें दृश्य कार्ड या दिस्ताम्पर रंग भी कहते हैं।

- *A rag should be kept clean*

  ब्रश की उचित सफाई के लिए एक खुरदरा कपड़ा रखा होना चाहिए।

- *Clean the brushes regularly after applying one colour and before taking another*

  एक रंग लगाने के बाद ब्रश की सफाई होनी चाहिए।

2.2.4 Pen and Ink (कलम और स्याही)

- Create pens from the nature-sticks, bamboos, reeds, crow quill, nib-pens.

  हम प्रकृति से भी कलम बना सकते हैं।

Different pens विभिन्न कलमों के कुछ उदाहरण

- **Fine line Pens बारीक रेखा वाली कलम**- Gel Pens, Edding, Staedtler, Rotring, Berol etc.
- **Marker Pens**- Aquarelle Markers, Brush Markers, Glass and Craft Markers Graphic Markers etc.
- **Felt Pens**- Aquarelle Pens, Berol Felt Pens, Crayola Felt Pens, Specialist Crafts Felt Pens etc

INK (स्याही)

- Mixture of water, carbon, lampblack and a binder of shellac-water soluble. Acrylic Inks, Drawing Inks, Indian Ink.

  पानी, कार्बन, कालिख, शल्क लाक्षा और अन्य बधकों सामग्री का मिश्रण।

2.2.5 Rangoli (रंगोली)

- Traditional decorative folk art of India. Mandana in Rajasthan, Alpana in Bengal.

  भारत की पारंपरिक सजावटी लोक कला राजस्थान में मन्दाना, बंगाल में अल्पना।

Notes

Rangoli material रंगोली की सामग्री:
Dry rice or flour (सूखे चावल या आटा)
Flowers (फूल)
Sand/Saw dust (बालू या धूल)
Diyas (दिया)

2.2.6 Clay (मिट्टी)

- Improve their motor skills.

  गतिक कौशलों में सुधार।
- Procured from potters.

  कुम्हार से लिया जा सकता है।

Importance: Building eye-hand co-ordination, fine motor skills, enhances creativity, concentration, multisensory.

आंख और हाथों के संयोजन बनाने में सहायता, बारीक गतिक कौशलों, सृजनात्मकता को विकसित करते हैं, एकाग्रता को बढ़ावा देते हैं।

2.2.7 Mixed Materials (मिश्र सामग्री)

- Colours: brown-geru, Black-coal, Yellow-turmeric, Green-leaves, grass, spinach, Red-rose, Yellow-Marigold, Blue-lapis lazuli, indigo. (*Madhubani Art by using flower colours)*

  अलग-अलग रंग अलग-अलग चीजों से निकाले जाते हैं।
- Low cost mixed materials (कम लागत की सामग्री)
- Paper (कागज) – cartridge sheet, pastel, crepe paper, kite paper, glaze paper, magazine paper, tissue paper, packing paper
- Colour (रंग) – pencil colour, wax crayon, dry pastel, water colour, poster colour, natural and dye colour, mineral colour
- Brush (ब्रश) – round, hog hair, flat, sable hair
- Pencil (पेंशिल) – 2 HB, 2B, 4B, 6B, 8B, HH, Charcoal
- Adhesive (गोंद) – fevicol, fevibound, glue, fevistick

2.2.8 Craft Material (शिल्प सामग्री)

प्लास्टिक बोतलें, खाली डिब्बे, पुराने टूथ ब्रुश, चूड़ियाँ, पाईप, बल्ब, नारियल का खोल आदि।

2.3 EXPLORATION AND EXPERIMENTATION WITH DIFFERENT METHODS OF VISUAL ARTS AND CRAFTS (दृश्य कलाओं और शिल्पों की विभिन्न विधियों के साथ अन्वेषण एवं प्रयोगीकरण)

2.3.1 Drawing and Painting (चित्रकला और पेंटिंग)

- Paper became available from 14th century.

  14वीं शताब्दी में कागज उपलब्ध हुआ।
- Bases for drawing: Paper, Canvas, Metal, Wood, Plaster, Walls.

  चित्रकला के आधार - कागज, कैनवास, धातु, लकडी, प्लास्टर, दीवार आदि।

Types of Colours (रंगों के प्रकार)

- **Direct Colours (प्रत्यक्ष रंग):** Dry pastels, Crayon, Colour pencils

Notes

- **Oil Colours (तेल रंग):** Available in tubes, Used by elder children, diluted with turpentine oil
- **Water Colours/Poster colours (जलरंग/पोस्टर रंग):** Older than oil painting.

2.3.2 Block Painting (खंड पेंटिंग)

Method to create impression (छपाई प्रभाव अर्जित करने की विधि)

- Veg. Print (सब्जी की छपाई): potatoes, onions, cabbage
- Nature Prints (प्रकृति की छपाई): leaves, feather, piece of wood
- Hand/Finger/Thumb Prints (हाथ/उंगली की छपाई): *Thumbs can be used to create a thick figure, Fingers can be used to make a fence or legs/hands, Hands can be used to make a butterfly or peacock*

2.3.3 Collage Making (कोलाज निर्माण)

- 'Collage' is a French word which means gluing or pasting

  कोलाज फारसी शब्द है जिसका मतलब होता है चिपकाना।

2.3.4 Mask and Puppet Making (मुखौटा एवं कठपुतली निर्माण)

- A puppet is an inanimate object or representational figure animated or manipulated by an entertainer, who is called a puppeteer.

  कठपुतली एक निर्जीव सादृश्य मूलक तस्वीर या एक मनोरंजनकर्ता द्वारा चालाकी से चालित वस्तु को कठपुतली चलाने वाला कहते हैं।

- **Finger Puppet (उँगली कठपुतली)**
- **Socks Puppet (मोजे की कठपुतली)**
- **Paper bag puppet (कागज के थैले की कठपुतली)**
- **Glove puppet-Glove Puppet (दस्ताना कठपुतली)**
- **Mask (मुखौटा)**
- **Paper Mask (कागज का मुखौटा)**
  - **Paper bag masks: big envelops/paper bags (कागज के थैले का मुखौटा)**
  - **Paper platemask (कागज की प्लेट के मुखौटे)**
  - **Paper-mache masks (पेपर मैसी के मुखौटे)**

2.3.5 Clay Modelling (मिट्टी से प्रारूप)

- *Clay of the right plasticity should be stored by wrapping tightly in plastic bags and Sealing thoroughly or it will dry out.*

  मिट्टी के भण्डारण के लिए प्लास्टिक के थैले में लपेट कर अच्छे से पैक करना चाहिए।

- Use a plant spray to moisten it, then put it in the bags and seal tightly.

  इस पर पानी का छिड़काव करें और फिर इन्हें थैले में रख कर पैक कर देंगे।

2.3.6 Paper Cutting and Folding (कागज काटना और मोड़ना)

- Sanjhi is the Indian art of paper cutting.

  सांझी कागज काटने की भारतीय कला है।

Paper Folding (कागज मोड़ना): Japanese style of Origami (*ori* meaning "folding "and *gami* means "paper)comes to the mind.

जापान की लोकप्रिय ओरिगामी है।

3 PERFORMING ART PRACTICAL
(निष्पादन कला)

Perspectives of the teacher: guide, motivator, evaluator, facilitator, planner, performer, organizer, inspirer, counselor, promoter and modifier.

शिक्षक के परिप्रेक्ष्य: शिक्षक एक मार्गदर्शक, प्रेरक, मूल्यांकनकर्ता, सरलीकर्ता, योजनाकर्ता, निष्पादक, संगठनकर्ता, सलाहकार, प्रवर्तक और संशोधक की भूमिका निभाएगा।

3.2 ELEMENTS IN DIFFERENT PERFORMING ARTS (विभिन्न निष्पादन कलाओं में तत्व)

- Basics of all performing arts is Listening, Viewing, Imbibing, Imitating, Exploring, Expressing, Performing

  सभी निष्पादन कलाओं का आधार हैं- सुनना, देखना, आत्मसात करना, अनुकरण करना, अन्वेषण करना, अभिव्यत करना, निष्पादन करना।

- **Expression:** stylize our presentations through any form of art, expressions play a major role.

  अभिव्यक्ति: जब हम वास्तव में उपयुक्त गतिविधियों को करते हैं जो कि किसी भी मानव जाति के लिए स्वैच्छिक है तो हम विविध अभिव्यक्तियाँ देते हैं।

- When a child looks at a beautiful flower or smells a rose or suddenly watches a flight of birds in the sky the expressions.

  जब एक बच्चा एक सुन्दर फूल देखता है या गुलाब सूंघता है या आकाश में उड़ते पक्षी को देखता है तो उसकी अभिव्यक्ति स्वत: होती है।

- **Listening:** human beings use different sound patterns to communicate many circumstances like birth of a child, death in the family, celebration of different kinds.

  सुनना: मानव जाति विभिन्न परिस्थितियों में विभिन्न आवाजें संचारित करती है, जैसे बच्चे के जन्म पर, परिवार की मौत पर, विभिन्न प्रकार क उत्सवों में।

- **Observing:** we have to make a presentation in dance, theatre or music.

  अवलोकन: जब हम नृत्य-रंगमंच संगीत की प्रस्तुति करते हैं तो हम 2 चीजों पर ध्यान देते हैं। 1. The location of presentation, (मंच कहाँ बनाया गया है) 2. Performance part-posture, style and colour of costume. (निष्पादन पक्ष-भंगिमा, शैली, वस्त्र का रंग)

- **Exploring:** gain specific knowledge and innovate.

  अन्वेषण: विशिष्ट और नवीन ज्ञान अर्जित करते हैं।

- We explore with our perception and understanding.

  हम हमारे ज्ञान और समझ के साथ अन्वेषण करते हैं।

Historical development of Indian Music-WRITER Swami Pragyananda

भारतीय संगीत का ऐतिहासिक विकास-स्वामी प्रज्ञानंद

When we point out to the above cultures which exist even today we empower a student by enhancing the observing and listening capacity."

Notes

3.1.1 Music (संगीत)

- Music is an Art form whose medium is Sound.

  संगीत एक कला है जिसका माध्यम आवाज है।
- When we combine the sounds in such a way that it is smooth, pleasant and in **harmony**, we call it music.

  जब हम आवाजों को एक ऐसे तरीक से जोड़ते हैं जो कि मधुर, आनंददायक और लयात्मक हो तब हम उसे संगीत कहते हैं।
- Seven notes varied types of Music has been created.

  सात स्वरों से असीमित संगीत का सृजन किया जाता है।
- It is expressing notes through feelings and emotions.

  यह अनुभवों और संवेगों के माध्यम से स्वरों को अभिव्यक्त करता है।

3.2.1.1 Vocal Music (वाचिक संगीत)

- Seven notes (सात स्वर)- *Saa, rey, gaa, maa, paa, dhaa, nee.* Based on a rhythmic structure of 16 beats.

  यह 16 तालों की लयात्मक संरचना पर आधारित है।
- Rhythmic structures is the basis of any song,

  किसी भी गीत या संरचना का यही आधार है।
- Regional vocal music (लोक गीत): **Folk songs, Custom Songs, Bhakti songs, Integration songs** (Mile Sur MeraTumhara), **Patriotic Songs, Children Songs, Festival Songs** (Bhaiya Mere Rakhi)

3.2.1.2 Instrumental Music (वाद्ययंत्रात्मक संगीत)

- Classical musicians-two styles, 1. Hindustani 2. Carnatic.

  शास्त्रीय संगीत की 2 शैलियाँ हैं- 1. हिन्दुस्तानी 2. कर्नाटकी।

Musical instruments (संगीतात्मक वाद्ययंत्र)

- **Chordophones तारवाद्ययंत्र (String Instruments)- TAT VADYA:** made of materials cotton, silk and like wood, metal, clay, hide or skin of animals.
- कपास, लकडी धातु, मिट्टी और जानवरों के चमडे के बने होते हैं।
- Strings of copper, brass, steel, iron, parched animal guts. The ancient scriptures- *'Tat'* instruments also had strings made of cotton, silk anda kind of grass called *'Munj'*.

  प्राचीन धर्मग्रंथों में वर्णित है कि तत वाद्ययंत्र विभिन्न तारों जैसे कपास, सिल्क, मुंज आदि से बनाया जाता था। इन्हें चार समूहों में बांटा जाता है।

  1. Sounded with the help of a plectrum –Veena, Sitar, Sarod
     जो मिजराब की सहायता से उत्पन्न किये जाते हैं।
  2. Played by using a bow –Ravanhattha, Sarangi, Sarinda
     जो धनुष का प्रयोग कर के बनाये जाते हैं।
  3. Small pair of wooden stick –Santoor
     जिनके तारों पर एक जोड़ी लकड़ी से पीटकर बजाया जाता है।
  4. Played with hands –Ektara, Tanpura
     जिसे हाथों से बजाया जाता है- इकतारा, तानपुरा।

Notes

- **Aerophones वायुवाद्ययंत्र (Wind Instruments) - SUSHIR VADYA:**
  Sushira means hollow, perforated or full of holes –whistle, horn, loudspeaker
  सुषिर शब्द का मतलब खोखला, छिद्रित या छिद्रों से भरा हुआ- सिटी, भोंपू
  Peepadi made from a smooth leaf folded –flute or algoza (Rajasthan), harmonium, Ran Singha (Jammu), Bansuri, shehnai, turi, beeh
  कोमल पत्तों से बनी पिपडी- बांसुरी
- **Membranophones झिलिका वाद्य यंत्र-चरम वाद्य यंत्र (Skin Instruments - AVANADDHA VADYA:**

  Instruments whose openings are covered.

  अवाध का मतलब होता है ढका हुआ।

  Instruments with a hollow form made of wood, clay or metal, covered with animal hide.

  लकड़ी, मिट्टी या धातु के खोखले भाग जानवर की खाल या झिल्ली से आवर्त होता है-

  drum, Bhoomi Dundubhi (after consuming the meat created another drum)
  जानवरों के मांस को खाने के बाद बचे हुए मांस से ड्रम बनाया और उसे भूमि दुन्दुभी कहते हैं,

  Edaikka- एक मुंह वाला, Tabla- two pieces, Dhol (Punjab), Naal (Maharashtra), Dhak (Bengal), Hudka (Himachal Pradesh), Dappu (Andhra Pradesh).
- **Idiophones आघात वाद्य (Percussion Instruments) - GHANA VADYA:**

  Ghana meaning solid. घाना का अर्थ है ठोस।
  Dandia ,manjeera, ghanta, ghunghroos, ghatam, Gong (Sikkim), Kamsale (Karnataka), Bhortal (Assam), Leizium (Maharashtra), Ghattam (Kashmir)

3.3.2 Dance (नृत्य)

- Dance is the expression of body, mind and soul.

  नृत्य शरीर, मस्तिष्क और आत्मा की अभिव्यक्ति है।
- Dandia (Gujarat), Bhangra (Punjabi), Dhimsa (Devi Puja-Andhra Pradesh), Garba (Gujarat), Bihu (Assam).

Types of dances (नृत्यों के प्रकार)

- **Folk Dance:** dances are performed on the occasion of festivals, following rituals and customs, religious ceremonies, celebration of joys, seasons.

  लोक नृत्य: ये नृत्य त्योहार धार्मिक अनुष्ठानों और रीतियों, धार्मिक उत्सवों, आनंद के अवसरों में किये जाते हैं।
- **Classical Dance:** performed in temples (religious objective) as well as in royal courts (entertainment)– Kathak, Bharatnatyam, Manipuri, Odissi

  शास्त्रीय नृत्य: मंदिरों और शाही दरबारों में किया जाता था। जैसे- कत्थक, भरतनाट्यम, मणिपुरी, ओडिसी।
- **Creative Dance** . Western theatrical + (classical, folk, and tribal dance). Uday Shankar was the pioneer. Other Ananda Shankar, Narendra Sharma. Shanti Bardhan (disciple of Uday Shankar)- immortal *Ramayana, Panchatantr*. Darpana Academy of Performing arts- creative dance

  सृजनात्मक नृत्य: पाश्चय, उदय शंकर इस तरह के नृत्य के अगुआ थे।

3.1.3 Theatre (रंगमंच)

- Theatre is an Art form- that provides organization to expressions, thought, and emotions.

  रंगमंच एक कला है जो अभिव्यक्तियों, विचारों और संवेगों के एक संघटन प्रदान करता है।

Notes

- Based on social appreciation, awareness, messages, eradication of social evils, mythological stories, epics, stories of famous personalities and ritual offerings.

  सामाजिक सम्मान, जागरूकता, सन्देश, सामाजिक बुराइयों के उनमूलन पर आधारित है।

- **Role Play:** Children observe people in their surroundings and imitate them like washer man, vegetable vendor, fruit seller, teacher, maids. they like to mime the characters and in the process introspect and start thinking.

  रोल प्ले: बच्चे के जीवन में रंगमंच की शुरुआत उसके तात्कालिक पर्यावरण से रोल प्ले के रूप में अनुभव के माध्यम से सीखते हैं। हम अपने जीवन में विभिन्न भूमिकाएँ दखते हैं।

- Merit-Opportunity for creativity, outlet of emotions, voice modulation, self-expression, language development.

  लाभ-सृजनात्मकता, संवेगों में विकास, आवाज अनुकूलन, गति संचालन और शब्दों के संयोजन।

- **Story Telling & Story Act:** Stories enhance the imagination power in children and gives them opportunity to live it in their own world.

  कहानी कहना और कहानी का अभिनय: कहानियां बच्चों की कल्पना शक्ति को बढाती है।

- Story telling is an art with the combination of expression, gestures, voice modulation, movement and words.

  अभिव्यक्ति, भाव भागिमा, आवाज अनुकूलन, गति संचालन और शब्दों के संयोजन क साथ कहानी कहना एक कला है।

3.1.3.1 Folk Theatre (लोक रंगमंच)

Local dialect is used in folk theatre. लोक रंगमंच में स्थानीय उपभाषा प्रयुक्त होती है। Popular folk theatres- Raasleela Ramleela, Bhaand, Nautunki, Wang, Jatraa etc. Some ballad singing theatrical productions are Pabujikaphad, Nupipaalaa of Manipur etc. Instruments- dhol, kartal, manjira, khanjira

Regional theatre (क्षेत्रीय रंगमंच)

- **Bhand Pather:** Kashmir and Punjab. Shikargaah-a satire based story of hunters who hunt deers.

  शिकारगाह एक पारंपरिक पाथेर है जो कि शिकारियों द्वारा मृगों के शिकार पर आधारित प्रहसन है।

- **Krishnattam:** Kerala-8 days. Plays-Avataram, Kaliavardama, Rasakrida, Kamsavada, Swayamvaram, BanaYuddham, VividaVadham, Swargarohana.

  कृष्ण के अभिनय को लगातार 8 दिन तक अभिनय किया जाता है।

- Swang -Haryana, Punjab
- Nautanki -Uttar Bharat
- Rasleela- Utter Pradesh
- Bhavai- Gujarat and Rajasthan
- Jatra- Bengal & Orissa
- Tamasha- Maharashtra
- Yakshagaana- Karnataka

Urban areas-Nandikar, Prithvi Theatre, Rangayan, National School of Drama

3.1.3 Puppetry (कठपुतली कला)

A unique aspect of performing art which can be pedagogy.

यह शिक्षा शास्त्र के लिए बहुत महत्त्वपूर्ण पहलू है।

Helps-spreading social awareness (सामाजिक जागरूकता)

Environmental consciousness (पर्यावरण संचेतना)

Notes

historical incidents (ऐतिहासिक घटनायें)
traditional stories (पारम्परिक कहानियां)
like Vikramaditya's 32 puppet throne 'Singh asana Battisee' which helps to teach morals etc.
विक्रमादित्य की 32 कठपुतली वाले सिंहासन की कहानी नैतिक शिक्षा देती हैं।

Type of Puppet	Place/Region	Theme/Name of Puppet
Glove Puppet	Uttar Pradesh	Radha-Krishn
	Orissa	
	West Bengal	Play called 'Pavokoothu' Ramayana & Mahabharata
	Kerala	Kathputlli
String Puppet	Rajasthan	Kundhei
	Orissa	Gombeyatta
	Karnataka	Bommalattam
	Tamil Nadu	
Rod Puppet	West Bengal, Orissa	
Shadow Puppet	Orissa	Ramayana
	Kerala	Tholpavakoothu
	Andhra Pradesh	Tholu Bommalatta
	Karnataka	Togalu Gombeyatta, Theam-Mahabharat & local legends
	Maharashtra	
	Tamil nadu	

"Weaning away from this material culture to musical uses and specialization is at a later Stage"

–B.C.Deva

PLANNING AND ORGANIZATION OF ART EDUCATION

(कला शिक्षा की योजना और संगठन)

4

4.2.2 How to Plan an Art Experience? (कला अनुभूति की योजना कैसे बनायें?)

- The teacher has to think about an art form.
  एक शिक्षक कला के रूप में सोचते हैं।
- A theme or topic that is relevant for children's experience and learning should be chosen in advance.
  बच्चों की अनुभूति एवं अधिगम के लिए सार्थक प्रसंग का चयन अग्रिम में किया जाता है।
- Teacher should provide the right and required environment.
  अध्यापक को सही और उपेक्षित पर्यावरण उपलब्ध कराना चाहिए।

4.2.3 Place of Art Education in School Time Table (विद्यालय समय सारणी में कला शिक्षा का स्थान)

- Very young children can be given time for art every day, as their attention span is short, the experience would last just 5 to 10 minutes.
  बहुत छोटे बच्चे प्रतिदिन कला के लिए समय दे सकेंगे क्योंकि उनका ध्यान विस्तार छोटा है, उनका अनुभव 5 से 10 मिनट का होगा।
- The teacher should allow for both individual and group work in collaboration where children can share ideas.
  शिक्षको को वैयक्तिक और समूह कार्य दोनों में सहयोग के लिए स्वीकृति देनी चाहिए।
- Thematic work, such as large scale modeling, may sometimes demand more time and the teacher has to manage more. So the allotment of time should be planned in advance.

4.4.1 What is Facilitation in Art Education? (कला शिक्षण में सरलीकरण क्या है?)

- The term' facilitation' is broadly used to describe any activity which makes tasks for others easy and a person who takes on such a role is called ' facilitator;'. सरलीकरण शब्द मोटे तौर पर किसी गतिविधि की व्याख्या करने के लिए प्रयुक्त होता है जो दूसरों के लिए कार्यों को आसान बनाता है।

"The arts provide multiple avenues for students to express themselves. As an instrument for receiving and transmitting messages of joy, language has its limitations, and so it has to be supplemented by the arts of figuration, music and dance" says Nandlal Bose.

"Every child is an artist."- Picasso

5

EVALUATION IN ART EDUCATION
(कला शिक्षा में मूल्यांकन)

5.2 EVALUATION IN ART EDUCATION (कला शिक्षा में मूल्यांकन)

- A teacher need not focus on the fine skills and knowledge of any art form.
  शिक्षक को श्रेष्ठ कौशलों और किसी कला रूप के ज्ञान पर केन्द्रित करने की जरूरत नहीं है।
- Children are supposed to express them according to their capacity and thinking.
  बच्चों से आशा की जाती है कि वे अपनी क्षमता और सोच के अनुसार अपने को अभिव्यक्त करें।
- Freedom should be given to them to imagine, explore, innovate and then express.
  उन्हें कल्पना करने, अन्वेषण करने और प्रवर्तित करने की स्वतंत्रता दी जानी चाहिए।

5.2.1 Significance of Evaluation in Arts Education (कला शिक्षा में मूल्यांकन का अभिप्राय)

- Periodic evaluation of children is important to determine whether the students are getting the benefits from the art activities.
  बच्चों का आवर्ती मूल्यांकन विद्यार्थियों को कला गतिविधियों से प्राप्त हो रहे लाभों का निर्धारण करते रहना है।
- At the end of an art activity a teacher needs to get the feedback.
  अंत में शिक्षक को प्रतिपुष्टि प्राप्त करने की जरूरत होती है।

5.2.2 How to Evaluate Arts: Two Aspects (कला को मूल्यांकित करने के 2 पहलू)

Self evaluation (स्व-मूल्यांकन)

- A teacher can put efforts to enhance his/her knowledge by attending workshops.
  एक शिक्षक कार्यशालाओं, सेमिनारों में शामिल होकर तथा अन्य बेहतर शिक्षकों के साथ दायरा विकसित कर अपने ज्ञान को बढ़ाने का प्रयास कर सकता है।
- Making a judgment about the choice of art activity and its effectiveness.
  कला गतिविधि की पसंद और इसकी प्रभावशीलता के बारे में निर्णय लेना।
- Evaluation should not be conducted at the end of session-Should be an ongoing process.
  मूल्यांकन सत्र के अंत में न होकर सतत प्रक्रिया होनी चाहिए।

Student evaluation (विद्यार्थी मूल्यांकन)

- Continuous refers to regularity in assessment.
  सतत का अर्थ मूल्यांकन में नियमितता।
- Comprehensive refers to the final grade assigned to the child at the end of session.

समग्र का अर्थ है सत्र के अंत पर बच्चे का अंतिम ग्रेड निर्धारण है।

- Domains of a child's personality: psycho motor, cognitive, social, and effective
  व्यक्तित्व का संपूर्ण क्षेत्र जैसे मनोगति, संज्ञानात्मक, सामाजिक और प्रभावी होता है।
- Process is more important than the product.
  परिणाम की अपेक्षा प्रक्रिया अधिक महत्वपूर्ण है।
- Two major challenges: determining observation criteria and record keeping.
  2 महत्वपूर्ण चुनौतियाँ हैं: अवलोकन का परिक्षेत्र निश्चित करना और अभिलेख रखना।

Case Study (केस अध्ययन)

- Wanted to know the behavioral aspect of children
  छात्रों का व्यावहारिक पक्ष जानना चाहते हैं।
- Not to judge the skills and knowledge
  इसका उद्देश्य कौशलों और ज्ञान का निर्णय नहीं है।
- Judge: participation, cooperation, critical thinking were the parameters
  भागीदारी, सहयोग, विवेचनात्मक सोच का निर्णय करते हैं।

5.2.3 What to Remember While Evaluating Art Experience (कला का मूल्यांकन करते समय याद रखें?)

- Take some time with a child's art
  कुछ समय दें।
- Respect for their work.
  सम्मान करें।
- Show curiosity and ask what they felt at that time of art activity.
  उत्सुकता दिखाएँ।
- Do not compare one child to another.
  तुलना न करें।
- Don't discard children's work.
  बच्चे के काम को रद्द नहीं करना चाहिए।
- Assessment of child's individual progress.
  व्यक्तिगत प्रगति का मूल्यांकन।
- Preserve art work until the assessment process is complete.\
  कार्य को संरक्षित रखें।
- Specific feedback & precise.
  विशिष्ट प्रतिपुष्टि देनी चाहिए।
- Comments should be sensible, useful
  टिप्पणी बौद्धिक और लाभदायक हो।
- Do not jump to the conclusion.
  निष्कर्ष पर तुरंत न पहुँचें।
- There should not be a judgement regarding 'Good' or 'Bad'
  निर्णय अच्छा या बुरा न हो।

5.3 UNDERSTANDING VARIOUS TOOLS AND TECHNIQUES OF EVALUATION IN ARTS (कला में मूल्यांकन के विविध उपकरणों एवं तकनीकों की समझ)

- Single type of tool cannot be reliable, valid, comprehensive, and practicable
  अकेला उपकरण मूल्यांकन के लिए विश्वसनीय, वैध, समग्र, और व्यवहार्य नहीं हो सकता।

Notes

Notes

5.3.1 Observation Schedule (अवलोकन अनुसूची)

- This observation tool quickly helps you to identify the problem as well as the quality of work.
  अवलोकन आपको समस्या के साथ-साथ कार्य की गुणवत्ता को पहचानने में सहायता करता है।
- Teacher need not interrupt it.
  शिक्षक को इसको बाधित करने की जरूरत नहीं है।
- Useful to observe the child without the constant feeling that one is being assessed
  बिना दृढ़ भावनाओं के किसी का मूल्यांकन किया जा सकता है।
- According to need-vary from child to child.
  बच्चे की जरूरत के हिसाब से किया जाता है।
- Helpful to asses both work: individually and group work.
  वैयक्तिक और समूह दोनों का आकलन कर सकते हैं।
- All activities can be assessed.
  सभी गतिविधियों का आकलन कर सकते हैं।

5.3.2 Project (प्रोजेक्ट)

- Given at the end of the unit
  इकाई के अंत में दिया जाता है।
- Overview of the child's understanding
  छात्र की समझ को बताता है
- Require fact finding and analysis or gathering pictures, data, objects
  तथ्य खोज और विश्लेषण या चित्रों, डेटा, वस्तुओं को इकट्ठा करने की आवश्यकता है।
- Most Effective- different lessons have been taught-Related- builds from previous and present knowledge
  सबसे प्रभावी अलग-अलग पाठ पढ़ाए गए हैं - संबंधित पिछले और वर्तमान ज्ञान से निर्मित

5.3.3 Portfolios: Students Work (पोर्टफोलियोः छात्र कार्य)

- Collection of the work done over a period of time, may be a term or a year.
  एक कालांश या वर्ष का में किये गये कार्य का संग्रहण संकलन।
- Tells how the child constructs knowledge.
  बताता है कि बच्चा ज्ञान का निर्माण कैसे करता है।
- Prevent work from getting lost-keeping records
  काम को खराब होने से रोकें- रिकॉर्ड रखना

5.3.4 Checklist (जांच सूची)

- A practical tool for observation based record keeping is checklist.
  अवलोकन आधारित रिकॉर्ड रखने का एक व्यावहारिक उपकरण चेकलिस्ट है।
- It is a list of criteria that the teacher thinks are important to observe in a child at a particular time.
  यह मानदंड की एक सूची है जो शिक्षक को लगता है कि एक विशेष समय में बच्चे में पालन करना महत्वपूर्ण है।
- Used for : self evaluation and other evaluation
  आत्म मूल्यांकन और अन्य मूल्यांकन के लिए उपयोग किया जाता है।

5.3.5 Rating Scale (श्रेणी पैमाना)

- Rating scale is a numerical, verbal or graphic system for translating, judgement of quality or degree.
  गुणवत्ता या डिग्री के निर्णय के लिए एक संख्यात्मक, मौखिक या ग्राफिक प्रणाली है।
- This will make the assessment more objective & transparent.
  यह मूल्यांकन को अधिक वस्तुनिष्ठ और पारदर्शी बना देगा।
- Record & judge the quality of a child's work against specified criteria.
- Appropriate for examining: Evaluating levels of skill & Understand attitudes & provide motivation.
  परीक्षा के लिए उपयुक्त: कौशल के स्तर का मूल्यांकन करना और दृष्टिकोण को समझना और प्रेरणा प्रदान करना।
- Assignment requires: level of work, thinking, analysis, creativity
  कार्य का स्तर, सोच, विश्लेषण, रचनात्मकता

5.3.6 Anecdotal Records: Teacher Record (उपाख्यानात्मक रिकॉर्ड/उपख्यानामुलक: शिक्षक रिकॉर्ड)

- Short account of a particular incident or event.
  किसी विशेष घटना या घटना का संक्षिप्त विवरण।
- A written description of a child's progress that a teacher keeps on a day to day basis.
  एक बच्चे की प्रगति का लिखित विवरण जो एक शिक्षक दिन-प्रतिदिन रखता है।
- Provides observational narrative records of significant incidents.
  महत्वपूर्ण घटनाओं के अवलोकन संबंधी विवरण प्रदान करता है।
- Historical or biographical record.
  ऐतिहासिक या जीवनी रिकॉर्ड।
- Analyse children for their strengths and needs.
  बच्चों का उनकी ताकत और जरूरतों के लिए विश्लेषण करें।
- Narrative gives a clear idea about the child's choices, interests
  बच्च की पसंद, रुचियों के बारे में एक स्पष्ट विचार देती है
- Written in a positive manner.
  सकारात्मक तरीका

5.3.7 Display (प्रदर्शन)

- Display is a means of communication.
  प्रदर्शन संचार का एक साधन है।
- Used: for show the group work to others.
  समूह कार्य को दूसरों को दिखाने के लिए।
- Useful : Peer evaluation as well as self evaluation.
  सहकर्मी मूल्यांकन के साथ-साथ आत्म मूल्यांकन।
- Enhance the sense of belongingness.
  अपनेपन की भावना को बढ़ाता है।

5.4 INDICATORS OF EVALUATION (मूल्यांकन के संकेतक/सूचक)

- The data in its original form cannot be used to draw inferences. It needs to be converted in the form of indicators.

Notes

अपने मूल रूप में डेटा का उपयोग निष्कर्ष निकालने के लिए नहीं किया जा सकता है। इसे संकेतकों के रूप में बदलने की जरूरत है।

Notes

5.4.1 Meaning of Indicators of Evaluation in Arts (कला में मूल्यांकन के संकेतकों का अर्थ)

- "An instrument which gives you information" is called indicator.
  "एक उपकरण जो आपको जानकारी देता है" को संकेतक कहा जाता है।
- Indicators are about achievements but are never an end.
  संकेतक उपलब्धियों के बारे में हैं लेकिन कभी अंतिम नहीं हैं।
- A single indicator can not provide all information for a complex phenomenon like learning.
  एक एकल संकेतक सीखने जैसी जटिल घटना के लिए सभी जानकारी प्रदान नहीं कर सकता है।
- Indicator can do:
  संकेतक क्या कर सकते हैं:
  1. Set goals and priorities
     लक्ष्य और प्राथमिकताएं निर्धारित करें।
  2. Evaluate program
     कार्यक्रम का मूल्यांकन करें।
  3. Describe and state problems much clearly
     वर्णन करें और समस्याओं को स्पष्ट रूप से बताएं।
- Charactestics of a good indicator:
  विशेषताएँ :
  1. Provides useful information.
     उपयोगी जानकारी प्रदान करता है।
  2. Relate other indicators.
     अन्य संकेतकों को जोड़ता है।
  3. Measure closeness to objective.
     उद्देश्य के साथ निकटता को मापता है।
  4. Identify problematic situations.
     समस्याग्रस्त स्थितियों की पहचान करता है।
  5. Summarize information.
     जानकारी को सारांशित करता है।
  6. Compare its value to a standar.
     इसके मूल्य की तुलना एक मानक से करता है।

Physical and Motor Development (शारीरिक और मोटर विकास)

- Stamina, and activity level, grace, alertness, eye – hand coordination, gross-fine motor development.
  सहनशक्ति, और गतिविधि स्तर, अनुग्रह, सतर्कता, आंख-हाथ समन्वय, सकल-ठीक मोटर विकास।

Mental Development (मानसिक विकास)

- Observation, Memory, Clarity of Concepts, Problem – Solving, Making sense of information, Language development, Creativity, Logical Thinking, Perceiving things, events
  अवलोकन, स्मृति, अवधारणाओं की स्पष्टता, समस्या-समाधान, जानकारी की समझ बनाना, भाषा विकास, रचनात्मकता, तार्किक सोच, चीजों को समझना, घटनाएं।

Notes

Socio-emotional Development (सामाजिक-मानसिक विकास)

- Relating to adults and peers, Sharing with others, Cooperation, Taking initiatives, Adjustment, Expression of feelings, ideas

  वयस्कों और साथियों से संबंधित, दूसरों के साथ साझा करना, सहयोग करना, पहल करना, समायोजन, भावनाओं की अभिव्यक्ति, विचार।

5.5.1 Significance of Portfolio (पोर्टफोलियो का महत्व)

- Determining factor in future to take some decisions.

  कुछ निर्णय लेने के लिए भविष्य में निर्धारण कारक।
- Illustrates the child's expression and communication abilities.

  बच्चे की अभिव्यक्ति और संचार क्षमताओं को दिखाता है।
- Portfolio art speaks for itself.

  पोर्टफोलियो के माध्यम से कला खुद से बोलती है।

5.5.2 Maintaining a Portfolios (पोर्टफोलियो बनाए रखना)

Evidence of original thinking, imaginations

- **Drawing:** sketch book
- **Paintings**
- **Design:** posters, layouts, graphs, maps
- **Collage**
- **Prints:** like from stamp pads, leaves

5.5.3 How to Use a Portfolio for Evaluation (मूल्यांकन के लिए पोर्टफोलियो का उपयोग कैसे करें)

- Teacher & parents
- Among student & peers
- Among teacher parents & student

QUATE

"The job of an educator is to take the child from her 'present level' to 'potential level'.

-Vygotsky

6

MEANING AND SIGNIFICANCE OF HEALTH

(स्वास्थ्य का अर्थ और महत्व/सार्थकता)

6.1 CONCEPT OF HEALTH (स्वास्थ्य की अवधारणा/संकल्पना)

- The World Health Organization (WHO) defined health as "a state of complete physical, mental, and social well-being and not merely the absence of disease or infirmity."

  विश्व स्वास्थ्य संगठन (डब्ल्यूएचओ) ने स्वास्थ्य को परिभाषित किया है ''एक पूर्ण शारीरिक, मानसिक और सामाजिक तंदुरुस्ती और बीमारी या अशक्त की पूर्ण अनुपस्थिति के रूप में"।
- Health is the level of functional and/or metabolic efficiency of an organism at both the micro (cellular) and macro (social) level.

  स्वास्थ्य सूक्ष्म (कोशिकीय) और वृहत (सामाजिक) दोनों स्तरों पर किसी जीव की कार्यात्मक या उपापचयी दक्षता/कार्यक्षमता का स्तर है।
- State of balance (Physically, Mentally, Emotionally)

संतुलन की स्थिति (शारीरिक, मानसिक, भावनात्मक रूप से)।

- Key factors that have been found to influence health: • Education and literacy • Physical environments • Biology and genetics • Culture • Gender • Income and social status • Employment/working conditions • Health care services • Healthy child development.

  स्वास्थ्य को प्रभावित करने वाले प्रमुख कारक:- • शिक्षा और साक्षरता • भौतिक वातावरण • जीव विज्ञान और आनुवंशिकी • संस्कृति • लिंग • आय और सामाजिक स्थिति • रोजगार/काम करने की स्थिति • स्वास्थ्य देखभाल सेवाएँ • स्वस्थ बाल विकास।

Main aspects of Health: (स्वास्थ्य के मुख्य पहलू)

- **Physical Health**

  शारीरिक स्वास्थ्य
- **Emotional Health**

  भावनात्मक/संवेदनात्मक स्वास्थ्य
- **Mental Health:** Critical thinking • Problem solving • Creativity • Education and learning goals • Ability to adapt to change • Ability to access resources • Mental status and abilities or challenges.

  मानसिक स्वास्थ्य: गंभीर/विवेचनात्मक सोच • समस्या समाधान • रचनात्मकता/सृजनात्मकता • शिक्षा और सीखने (अधिगम) के लक्ष्य • परिवर्तन के अनुकूल बनाने की योग्यता • संसाधनों को प्राप्त करने की योग्यता • मानसिक स्थिति और क्षमताएँ/योग्यताएँ या चुनौतियाँ।
- **Social Health:** The caring and healthy relationships you have in your life • Your social network, such as what clubs and/or organizations you belong to • Your level of safety • Your housing situation • Your level of interdependence, and if you are willing to accept and give help to other people.

सामाजिक स्वास्थ्य: आपके पास आपके जीवन में सतर्क एवं स्वस्थ्य संबंध • आपका सामाजिक नेटवर्क, जैसे कि आप किन क्लबों और/या संगठनों से संबंधित हैं • आपकी सुरक्षा का स्तर • आपकी आवासीय स्थिति • आपकी अंत:निर्भरता का स्तर, और यदि आप अन्य लोगों को सहायता देने या सहायता प्राप्त करने के इच्छुक हैं।

- **Spiritual Health.**

  आध्यात्मिक स्वास्थ्य।

Notes

6.3 SIGNIFICANCE OF HEALTH (स्वास्थ्य का महत्व/अभिप्राय)

6.3.1 Significance of Health for Individual (व्यक्ति के लिए स्वास्थ्य का महत्व/अभिप्राय)

- Observe proper diets.

  उचित आहार का पालन करें।
- Able to perform in every sphere of your life to the best of your ability.

  अपने जीवन के हर क्षेत्र में अपनी क्षमता के अनुसार सर्वश्रेष्ठ प्रदर्शन करने में सक्षम।
- Students will be able to focus in the classroom and fully participate in the activities on the field.

  छात्र कक्षा में ध्यान केंद्रित करने और मैदान पर गतिविधियों में पूरी तरह से भाग लेने में सक्षम होंगे

6.3.2 Significance of Health for Family (परिवार के लिए स्वास्थ्य का महत्व)

- Health is the psycho-socio-biological view of man as a social creature, living in a family.

  एक परिवार में रहने वाले एक सामाजिक जीव के रूप में मनुष्य का मनोवैज्ञानिक सामाजिक-जैविक दृष्टिकोण स्वास्थ्य की संकल्पना में अन्तर्निहित है।
- Healthy relationships in the family provide the opportunity for the child to develop stability and grow emotional maturity.

  परिवार में स्वास्थ्य संबंध बच्चे को स्थिरता विकसित करने और भावनात्मक परिपक्वता विकसित करने का अवसर प्रदान करते हैं।
- Two functions of the family – the socialization of its members and the interpretation of the culture to the child – lay the foundations for relationships in the neighbourhood, the school, the job, and the larger community.

  परिवार के दो कार्य - इसके सदस्यों का समाजीकरण और बच्चे को संस्कृति की व्याख्या- पड़ोस, स्कूल, नौकरी और बड़े समुदाय में संबंधों की नींव रखती है।

6.3.3 Significance of Health for Society (समाज के लिए स्वास्थ्य का महत्व)

- Our efforts to promote health and prevent disease must be directed not only to individuals but also to the environments within which people live.

  स्वास्थ्य को बढ़ावा देने और बीमारी को रोकने के हमारे प्रयासों को न केवल व्यक्तियों के लिए बल्कि उस वातावरण के लिए भी निर्देशित किया जाना चाहिए जिसमें लोग रहते हैं।
- To develop appropriate environmental programs, we must therefore focus on those fundamental environmental forces that have an impact on health.

  इसलिए उपयुक्त पर्यावरणीय कार्यक्रम विकसित करने के लिए हमें उन मूलभूत पर्यावरणीय शक्तियों पर ध्यान देना चाहिए जिनका स्वास्थ्य पर प्रभाव पड़ता है।

Notes

6.4 RELATIONSHIP BETWEEN HEALTH AND EDUCATION (स्वास्थ्य और शिक्षा के बीच संबंध)

- Poor health and nutritional status of children is a barrier to attendance and educational attainment and therefore plays a crucial role in enrollment, retention, and completion of school education.

  बच्चों का खराब स्वास्थ्य और पोषक स्थिति उपस्थिति में बाधक है और शैक्षिक उपलब्धि इसीलिए नामांकन, धारणा और विद्यालय शिक्षा की पूर्णता में एक महत्वपूर्ण भूमिका निभाती है।

6.4.1 Effects of Education on Health (स्वास्थ्य पर शिक्षा पर प्रभाव)

- Those with more years of schooling tend to have better health and well-being and healthier behaviours.

  स्कूली शिक्षा से अधिक आयु वाले लोगों का स्वास्थ्य और कल्याण बेहतर होता है। और उनका व्यवहार स्वस्थ होता है।

- It also helps promote and sustain healthy lifestyles and positive choices, supporting and nurturing human development, human relationships and personal, family and community well-being.

  यह स्वथ्य जीवन शैली, सकारात्मक पसंद, सहायक एवं पोषक मानवीय विकास, मानवीय संबंधों और व्यक्तिगत परिवार और समुदाय की अच्छाई को प्रोन्नत करने एवं बनाए रखने में भी सहायता करता है।

6.4.2 Effects of Health on Education (शिक्षा पर स्वास्थ्य का प्रभाव)

- Poor health may reduce learning for a variety of reasons, including fewer years enrolled, lower daily attendance, and less efficient learning per day spent in school.

  खराब स्वास्थ्य कई कारणों से सीखने/अधिगम को कम कर सकता है, जिसमें कम नामांकित वर्ष, कम दैनिक उपस्थिति, और स्कूल में प्रतिदिन कम कुशल शिक्षण शामिल है।

SCHOOL HEALTH EDUCATION PROGRAMME
(विद्यालय स्वास्थ्य शिक्षा कार्यक्रम)

7

7.2 HEALTHFUL SCHOOL ENVIRONMENT (स्वास्थ्यपूर्ण विद्यालय पर्यावरण)

- Clean Drinking Water Supply (स्वच्छ पेयजल आपूर्ति)
- Clean Toilets and Urinals (स्वच्छ शौचालय और मूत्रालय)
- Safe Food (सुरक्षित भोजन)
- Hand Washing Facility (हाथ धोने की सुविधा)
- Drainage (निकासी/अपवहन तंत्र/जल निकास प्रणाली)
- Refuse Disposal (कचरा निस्तारण)
- Lighting (प्रकाश व्यवस्था)
- Ventilation (हवादार/वायु संचार)
- Comfortable Sitting Arrangements (बैठने की आरामदायक व्यवस्था)
- Condusive Emotional and Social Environment (प्रेरक भावनात्मक/संवेदनात्मक और सामाजिक वातावरण)

7.3 HEALTH INSTRUCTIONS (स्वास्थ्य निर्देश)

- **Food and Balanced Diet:** Food helps us to grow, keeps us healthy.It also protects us from diseases. Our food should have all the nutrients like carbohydrates, fats, proteins, vitamins etc.

  भोजन और संतुलित आहारः भोजन हमें बढ़ने में मदद करता है, हमें स्वस्थ रखता है। यह हमें बीमारियों से भी बचाता है। हमारे भोजन में कार्बोहाइड्रेट, वसा, प्रोटीन, विटामिन आदि सभी पोषक तत्व होने चाहिए।
- **Balanced Diet:** "A balanced diet is one which contains all the nutrients in proper amount according to age and work we do."

  संतुलित आहारः ''एक संतुलित आहार वह है जिसमें सभी पोषक तत्व उचित मात्रा में हमारे आयु और हमारे द्वारा किए जाने वाले कार्य के अनुसार होते हैं।"
- **Communicable Diseases:** "Disease is a state of discomfort in which the normal functioning of body is disturbed. Some of the common diseases are malaria, typhoid, chicken pox, eye flu etc."

  संचारी रोग/संक्रामक रोगः ''बीमारी बेचैनी की एक स्थिति है जिसमें शरीर के सामान्य कामकाज में गड़बड़ी होती है।" कुछ सामान्य बीमारियाँ हैं: मलेरिया, तपेदिक, चिकन पॉक्स, आई फ्लू/आँख की बीमारी आदि हैं।
- **Postures:** The best posture is that in which the body segments are balanced in the position of least strain and maximum support.

  आसनः सर्वश्रेष्ठ आसन वह है जिसमें शरीर के भाग कम से कम तनाव की स्थिति में संतुलित रहते हैं और अधिकतम संतुलन में रहते हैं।

Notes

- **Healthy Habits:** If we want to lead a long life and feel better, we should adopt healthy habits like getting into regular physical activities, eating healthy etc.

  स्वस्थ आदतें: यदि हम लंबा जीवन जीना चाहते हैं और बेहतर महसूस करना चाहते हैं, तो हमें स्वस्थ आदतों को अपनाना चाहिए जैसे नियमित शारीरिक गतिविधियों में शामिल होना, स्वस्थ भोजन करना आदि।

Role of parents: 1. Spending time with them. 2. Setting self example before them. 3. Taking them out. 4. Celebrating their birthdays. 5. Sharing their problems. 6. Encouraging them to do right things in a right manner. 7. Expressing feelings of warmth, love and caring. 8. Always 'for you' attitude. 9. Leaving self bad habits behind.

माता-पिता की भूमिका: 1. उनके साथ समय बिताना। 2. उनके सामने स्वयं का उदाहरण स्थापित करना। 3. उन्हें बाहर लाना। 4. उनका जन्मदिन मनाना। 5. उनकी समस्याओं को साझा करना। 6. उन्हें सही चीजों को सही तरीके से करने के लिए प्रोत्साहित करना। 7. जोश, प्यार और देखभाल की भावनाओं को व्यक्त करना। 8. हमेशा आपके साथ की मनोवृति। 9. स्वयं की बुरी आदतों को पीछे छोड़ना।

Role of a teacher: 1. Individual interaction with every child. 2. Motivating students. 3. Engaging them actively in health programmes. 4. Sharing healthy habit articles with children. 5. Spreading the word to parents. 6. Make them feel free to discuss their problems. 7. Setting examples before them like; maintaining self discipline, punctuality, healthy eating habits.

एक शिक्षक की भूमिका: 1. प्रत्येक बच्चे के साथ व्यक्तिगत बातचीत। 2. छात्रों को प्रेरित करना। 3. उन्हें स्वास्थ्य कार्यक्रमों में सक्रिय रूप से शामिल करना। 4. बच्चों के साथ स्वस्थ/अच्छी आदतों को साझा करना। 5. अभिवावकों के शब्दों का विस्तार करना। 6. उन्हें अपनी समस्याओं पर चर्चा करने के लिए उन्हें अनुभव मुक्त करना। 7. उनके सामने उदाहरण स्थापित करना जैसे; स्व-अनुशासन, समय की पाबंदी, स्वस्थ खाने की आदतों को बनाए रखना।

ESSENTIAL HEALTH SERVICES (आवश्यक स्वास्थ्य सेवाएँ)

8

8.2 SCHOOL HEALTH SERVICES (स्कूल/विद्यालय स्वास्थ्य सेवाएँ)

8.2.1 Provision of Health Services to Prepare Students for Optimal Learning (विद्यार्थियों को इष्टतम शिक्षा/अधिगम के लिए तैयार करने में स्वास्थ्य सेवाओं का प्रावधान)

Physical check up, comprehensive health assessment, immunisation, free medication, nutrition counselling, dental check up, eye checkup, distribution of aids.

भौतिक/शारीरिक जाँच, व्यापक/सम्पूर्ण स्वास्थ्य आकलन, टीकाकरण, मुफ्त चिकित्सा, पोषण सलाह, दाँतों की जाँच, आँखों की जाँच, सामग्रियों का वितरण।

8.2.2 Healthful Living and Good Citizenship (स्वस्थ जीवन और अच्छी नागरिकता)

- A model school health programme includes the following components in the curriculum to inculcate healthful living and good citizenship to children.
  एक आदर्श विद्यालय स्वास्थ्य कार्यक्रम, स्वास्थ्यपूर्ण जीवन और अच्छी नागरिकता को बच्चों के मन में बैठाने के लिए पाठ्यचर्चा में निम्नलिखित घटकों को शामिल करता है:

  1. Comprehensive school health education. 2. School health service 3. Safe physical environment 4. School counselling, psychological and social services. 5. Physical education 6. Nutrition service 7. Health promotion for teachers. 8. Family and community involvement in schools.

  1. व्यापक/सम्पूर्ण विद्यालय स्वास्थ्य शिक्षा 2. विद्यालय स्वास्थ्य सेवा 3. सुरक्षित भौतिक वातावरण 4. स्कूल परामर्श, मनोवैज्ञानिक और सामाजिक सेवाएँ। 5. शारीरिक शिक्षा 6. पोषण सेवा 7. शिक्षकों के लिए स्वास्थ्य प्रोन्नत करना। 8. स्कूलों में परिवार और समुदाय की भागीदारी।

Good citizenship: • Tell the truth • Respect others • Be caring • Be responsible • Be brave.

अच्छी नागरिकता: • सच बोलें • दूसरों का सम्मान करें • सचेत रहें • उत्तरदायी बनें • बहादुर बनें।

8.3 PROTECTION AGAINST HEALTH HAZARDS AT SCHOOL AND HOME (विद्यालय और घर में स्वास्थ्य संबंधी जोखिमों के विरुद्ध सुरक्षा)

8.3.1 At School (विद्यालय में)

- Protection from Fall. (गिरने से बचाव)
- Protection from Fire. (आग से बचाव)
- Protection from Electric shock. (बिजली के झटके से बचाव)
- Injuries in Playground (खेल के मैदान में चोटें)
- Natural Disasters (Earthquakes). प्राकृतिक आपदाएँ (भूकंप)।

8.3.2 At Home (घर में)

9 MEANING AND CONCEPT OF PHYSICAL EDUCATION

(शारीरिक शिक्षा का अर्थ और संकल्पना)

9.3 AIMS AND OBJECTIVES OF PHYSICAL EDUCATION (शारीरिक शिक्षा के लक्ष्य और उद्देश्य)

- Physically fit, Socially efficient, Emotionally balanced, Mentally strong, Spiritually enlightening.

  शारीरिक रूप से स्वस्थ, सामाजिक रूप से कुशल, भावनात्मक/संवेदनात्मक रूप से संतुलित, मानसिक रूप से मजबूत, आध्यात्मिक रूप से ज्ञानवर्धक/समृद्ध।

9.3.1 Integrated Development of Personality (व्यक्तित्व का एकीकृत विकास)

- Personality Development means enhancing and grooming one's outer and inner self to bring about a positive change to his life.

  व्यक्तित्व विकास का अर्थ है अपने जीवन में सकारात्मक परिवर्तन के बारे में ब्राह्य और आंतरिक समृद्धि और श्रृंगार लाना।
- Physical Development, social development, mental and emotional development, spiritual development.

  शारीरिक विकास, सामाजिक विकास, मानसिक और भावनात्मक/संवेदनात्मक विकास, आध्यात्मिक विकास।

9.4 PHYSICAL EDUCATION PROGRAM (शारीरिक शिक्षा कार्यक्रम)

- Endeavour to equip all students, regardless of gender, race, cultural background or ability, with the physical skills and social attitudesnecessary to reach their maximum potential.

  शारीरिक शिक्षा कार्यक्रम लिंग, जाति, सांस्कृतिक पृष्ठभूमि या योग्यताओं का अनादर किए बिना सभी विद्यार्थियों को उनकी अधिकतम सामर्थ्य तक पहुँचाने के लिए आवश्यक शारीरिक कौशलों और सामाजिक मनोवृत्तियों से सुसज्जित करने का प्रयत्न करता है।
- To guide students in the process of becoming physically active for a lifetime.

  एक गुणवत्तायुक्त शारीरिक शिक्षा का उद्देश्य विद्यार्थियों को जीवनभर के लिए शारीरिक रूप से सक्रिय होने की प्रक्रिया में दिशा-निर्देश देना है।
- Integrate and apply the skills learned in physical education to their everyday life.

  शारीरिक शिक्षा में सीखे गए कौशल को अपने दैनिक जीवन में एकीकृत और लागू करें।
- To develop a pattern of life-enhancing and self-rewarding experiences that contribute to their potential to be healthy New Age Students.

  स्वयं लाभ प्रदान करना और जीवन समृद्ध करने वाले अनुभव विकसित करना। जो नए आयुवर्ग के विद्यार्थियों को स्वस्थ्य होने में उनकी सामर्थ्य में योगदान करता है।

Notes

9.4.1 Nature of Physical Education Program (शारीरिक शिक्षा कार्यक्रम की प्रकृति)

- Must empower the learner to take advantage of participation in future physical activities.

  भविष्य की शारीरिक गतिविधियों में भागीदारी का लाभ उठाने के लिए शिक्षार्थी को सशक्त बनाना चाहिए।
- Students come to understand the workings of their bodies in all three domains (affective, cognitive, and psychomotor).

  विद्यार्थी अपने शरीर के तीनों क्षेत्रों (भावात्मक, ज्ञानात्मक और मनोज्ञानात्मक) में अपने शरीर के कामकाज को समझते हैं।
- Allows teachers to plan for the learning outcomes of students.

  विद्यार्थियों के अधिगम परिणामों की योजना के लिए शिक्षकों को स्वीकृति देना।
- Gives students the freedom to explore and discover action/consequence relationships independently.

  विद्यार्थियों को स्वतंत्रतापूर्वक क्रियाओं/परिणामों के संबंधों का अन्वेषण और खोज करने की स्वतंत्रता देता है।

9.4.2 Characteristics of a Physical Education Program (शारीरिक शिक्षा कार्यक्रम के लक्षण)

- Promotes the development of positive attitudes. • Encourages active participation • requires problem-solving skills • recognizes the differences in students' interests, potential and cultures • develops personal skills.

  • सकारात्मक दृष्टिकोण/मनोवृत्तियों के विकास को बढ़ावा देता है। • सक्रिय भागीदारी को प्रोत्साहित करता है • समस्या-समाधान के कौशल की अपेक्षा करता है • विद्यार्थियों की रुचियों, सामर्थ्य और संस्कृतियों में विभिन्नताओं की पहचान करता है • व्यक्तिगत/वैयक्तिक कौशलों को विकसित करता है।

9.4.3 Intramurals (अंतरंग/भीतरी)

- Intramural sports or intramurals are recreational sports organized within a set geographic area.

  आंतरिक खेल मनोरंजनात्मक खेल है जो एक निश्चित भौगोलिक क्षेत्र में आयोजित होते हैं।
- The term derives from the Latin words intra muros meaning "within walls", and was used to indicate sports matches and contests that took place among teams from "within the walls" of an ancient city.

  इस शब्द की उत्पत्ति लैटिन शब्दों intro muros से हुई है जिसका अर्थ है "दीवारों के अंदर" और जो खेल प्रतियोगता के लिए प्रयुक्त हुआ था जो एक प्राचीन शहर के "दीवारों के अंदर" से टीमों के बीच स्थान लेता है।
- Promote wellness and allow students who do not compete on a national level an opportunity to be active.

  तंदुरुस्ती को बढ़ावा देना और राष्ट्रीय स्तर पर प्रतिस्पर्धा नहीं करने वाले छात्रों को सक्रिय होने का अवसर देना।
- Intramurals can be about competition, but it is always about mass participation and fun.

  आंतरिक खेल प्रतियोगिता के बारे में हो सकता है, किन्तु हमेशा यह सामूहिक भागीदारी और मस्ती के बारे में हो सकते हैं।
- Intramurals is an opportunity to develop character, leadership and sportsmanship in students.

आंतरिक खेल विद्यार्थियों में चरित्र, नेतृत्व और खेल भावना विकसित करने का एक अवसर होना चाहिए।

9.4.4 Extramural (बाहरी)

- Extramural activities would take place "outside the walls" of a school.

  बाहरी गतिविधियाँ एक विद्यालय की चारदीवारी के बाहर होनी चाहिए।
- Help youngsters learn to deal with stress and competitiveness in a structured environment.

  तनाव से लड़ने और एक संरचित वातावरण में प्रतियोगीपन को सीखने में युवाओं की सहायता करना।
- It provides various career opportunities for students in the field of sports.

  यह खेल के क्षेत्र में छात्रों के लिए विभिन्न कैरियर के अवसर प्रदान करता है।

PLANNING AND ORGANIZATION OF PHYSICAL EDUCATION PROGRAM (शारीरिक शिक्षा कार्यक्रम की योजना एवं संघटन)

10

10.2 LESSONS PLANNING (पाठ योजना)

10.2.1 Stages of Lesson Planning (पाठ योजना के चरण)

- **Stage 1: Pre-lesson preparation:-** (a) Goals are set (b) Content is listed (c) Method is decided (d) Student entry level is decided.

  चरण 1: पाठ से पूर्व तैयारी:- (a) लक्ष्य निश्चित हैं (b) विषयवस्तु सूचीबद्ध है (c) विधि निश्चित है। (d) विद्यार्थी का प्रवेश स्तर निश्चित है।
- **Stage 2: Lesson planning and implementation:-** (a) Unit title is given (b) Instructional goals are set (c) Objectives are to decided (d) Rationale is prepared (e) Content is reviewed (f) Instructional procedures are made (g) Evaluation procedures begin (h) Materials are used.

  चरण 2: पाठ-योजना और कार्यान्वयन:- (a) इकाई का शीर्षक दिया गया है (b) निर्देशात्मक लक्ष्य निर्धारित हैं (c) उद्देश्य निश्चित हैं (d) मूलाधार तैयार है (e) विषयवस्तु पुनरावलोकित है। (f) निर्देशात्मक प्रक्रियाएँ बनाई गई हैं (g) मूल्यांकन प्रक्रियाएँ शुरू होती हैं। (h) सामग्रियाँ प्रयुक्त हैं।
- **Stage 3: Post lesson Activities:-** Include evaluation, revision and planning.

  चरण 3: पाठ के बाद की गतिविधियाँ:- मूल्यांकन करना, दुहराना और योजना करना शामिल है।

10.2.2 Principles of Lesson Planning (पाठ-योजना के सिद्धांत)

- Warming up, Harmonious development, Age and Sex, Progression, Repetition of Exercise, Continuity of the Lesson, Limbering Down.

  उत्साह बढ़ाना, सुव्यवस्थित विकास, आयु और लिंग, प्रगति, व्यायाम की पुनरावृत्ति, पाठ की निरंतरता, लचीला बनाना।

10.3 TEACHING METHODS IN PHYSICAL EDUCATION (शारीरिक शिक्षा में शिक्षण विधियाँ।)

10.3.1 Command Method (आदेश विधि)

- Learning-process is completely dominated by the teacher.

  अधिगम प्रक्रिया पूरी तरह से शिक्षक द्वारा प्रभावी होती है।
- This method is useful in teaching drill, marching, set drills such as dumbbells, hoops wands, poles mass activities control of general assemblies, rallies and parades etc.

  यह विधि ड्रिल, मार्च, स्थित ड्रिल जैसे डम्बल, हूप वैनडस, पोल, समूह गतिविधियों, सामान्य सभाओं, रैलियों और परेड आदि को नियंत्रित करने में लाभदायक है।

Notes

10.3.2 Demonstration Method (निरूपण विधि)

- Demonstration method is based on the theory of learning by imitation.

  निरूपण विधि 'अनुकरण के द्वारा अधिगम' के सिद्धांत पर आधारित है।
- A perfect demonstration of an activity or skill catalyzes mental processes and serves as a model for its practice.

  एक गतिविधि या कौशल का एक आदर्श निरूपण मानसिक प्रक्रियाओं को उत्प्रेरित करता है और इसके अभ्यास के लिए एक प्रतिमान के रूप में प्रस्तुत करता है।

10.3.3 Whole-Part-Whole Method (संपूर्ण-खंड-संपूर्ण विधि)

- The technique/ skill is introduced by demonstrating and explaining it as a whole to the Students in order to create and develop a rough image about the techniqueskill and learnt by the students in the same manner.

  इस विधि में तकनीक/कौशल निरूपण एवं वर्णन के द्वारा सृजन के क्रम में विद्यार्थियों को संपूर्णता में इसे प्रवर्तित किया जाता है और तकनीक/कौशल के बारे में रफ-प्रतिबिंब विकसित करता है तथा विद्यार्थियों द्वारा उसी तरीके से सीखा जाता है।
- Then, the skill is divided into different parts and each part is taught and learnt separately.

  फिर, कौशल को अलग-अलग भागों में विभाजित किया जाता है और प्रत्येक भाग को अलग से पढ़ाया और सीखा जाता है।

10.3.4 Mirror Method (दर्पण विधि)

- It is a type of follow up method where student perceive his own image into mirror and perform the activity.

  यह एक अनुकरण विधि का प्रकार है जहाँ विद्यार्थी दर्पण में अपना प्रतिबिंब महसूस करता है और गतिविधि का निष्पादन करता है।
- In this method student get the immediate feedback while performing body movement, body posture and different activities.

  इस विधि में शरीर का गति संचालन, शरीर की आकृति और विभिन्न गतिविधियों का निष्पादन करते समय तत्काल प्रतिपुष्टि प्राप्त करता है।

10.5 CONDUCTING MASS PROGRAMME (सामूहिक कार्यक्रम आयोजित करना)

- **School Assemblies:** Through proper and systematic arrangement of Morning Assembly in school we can surely develop good habitsand manner, attitudes, values, punctuality, regularity, cleanliness, etc. among students. In addition to this, Morning Assembly provides scope for co-scholastic activities like recitation, organizing quiz, extempore speech, self-expression, etc.

  विद्यालय सभाएँ:- सुबह की सभा के उपयुक्त और सुनियोजित व्यवस्था के माध्यम से हम विद्यार्थियों में निश्चित रूप से अच्छी आदतें, आचरण, मनोवृत्तियाँ, मूल्य, समयनिष्ठा, नियामतता, स्वच्छता आदि को विकसित कर सकते हैं। इसी क्रम में सुबह की सभा सह-शैक्षिक गतिविधियों जैसे कविता पाठ। क्विज का आयोजन, तात्कालिक भाषण, स्व-अभिव्यक्ति आदि का क्षेत्र भी प्रदान करता है।
- **March Past:-** A parade (also called march or marchpast) is a procession of people, usually organized along a street, often in costume, and often accompanied by marching bands, flutes or sometimes large balloons.

मार्च पास्टः एक परेड (जिसे मार्च या मार्चपास्ट भी कहा जाता है) लोगों का एक जुलूस है, प्रायः एक गली में, अक्सर परंपरा और अक्सर परिधान में और मार्चिंग बैंड के साथ बाँसुरी या कभी-कभी बड़े गुब्बारे के साथ आयोजित किया जाता है।

- **Sports Day (खेल दिवस)**
- **Calisthenics:-** • Calisthenics are general group activities involving free hand movements performed to rhythm(drum beat) or without it. • Gallon, the great Greek physician of ancient times, considered calisthenics as an important means of fitness development and healthful living. • Calisthenics are mass uniform body movements. • A large number of students can practice calisthenics and demonstrate them well with least effort, as calisthenics are easily to learn, demonstrate or perform as exercises at a time.

व्यायामः- • व्यायाम सामान्य समूह गतिविधियाँ हैं जिनमें सम्मिलित मुक्त हस्त गतियाँ लय या बिना लय के निष्पादित होती है। • प्राचीन काल के महान ग्रीक चिकित्सक Even Gallon ने स्वस्थ विकास और स्वस्थ जीवन के महत्वपूर्ण साधन के रूप में व्यायाम को विचारित किया था • व्यायाम एक समान सामूहिक शरीर की गतियाँ हैं। • अधिक संख्या में विद्यार्थी व्यायाम कर सकते हैं और कम प्रयास से अच्छी प्रकार उनका निरूपण कर सकते हैं। अभ्यास के बिना व्यायाम आसानी से सीखे, निरूपित या निष्पादित किए जाते हैं।

Role of the Teacher as Facilitator (सलाहकार के रूप में शिक्षक की भूमिका)

- Assess the students; • Plan the learning; • Implement the plan; • Evaluate the process.

• छात्रों का आकलन करें; • सीखने की योजना बनाएँ; • योजना को लागू करना; • प्रक्रिया का मूल्यांकन करें।

11

GAME, SPORTS AND YOGA
(खेल, क्रीड़ा और योग)

11.2 RULES AND REGULATIONS OF GAMES AND SPORTS (खेल और क्रीड़ा के नियम और अधिनियम)

- **ATHLETICS (एथलेटिक्स)**
  1. International Amateur Athletic Federation (I.A.A.F) came into existence in 1913.
     इंटरनेशनल एमेच्योर एथलेटिक संघ (IAAF) 1913 में अस्तित्व में आया।
  2. The term 'ATHLETICS' is derived from the greek word 'ATHLON' which means 'Contest' or 'competition'.
     'एथलेटिक्स' शब्द 'एथलॉन' से लिया गया है जिसका अर्थ है 'प्रतियोगिता'।
- **BADMINTON (बैडमिंटन)**
  1. badminton was first played in India by British officials in 1877.
     बैडमिंटन ब्रिटिश अधिकारियों द्वारा 1877 में खेला गया था।
  2. This game was called poona.
     इस खेल को पूना कहा जाता था।
  3. The international Badminton Association was found in 1934.
     अंतर्राष्ट्रीय बैडमिंटन संघ की स्थापना 1934 में हुई थी।
  4. The Badminton Association of India was found in 1935.
     भारतीय बैडमिंटन संघ की स्थापना 1935 में हुई थी।
  5. First badminton tournament was held in 1929 in Punjab State.
     पहला बैडमिंटन टूर्नामेंट 1929 में पंजाब राज्य में आयोजित किया गया था।
  6. The first national was held in 1936.(Bombay).
     पहला भारतीय चैम्पियनशिप 1936 में मुंबई में आयोजित किया गया था।
- **VOLLEYBALL (वॉलीबॉल)**
  1. Volleyball was started in 1895 by an American named William G. Morgan.
     वॉलीबॉल की शुरुआत 1895 में विलियम जी मॉर्गन नाम के एक अमेरिकी ने की थी।
  2. Volleyball federation of India was established in 1951.
     भारतीय वालीबॉल संघ की स्थापना 1951 में हुई थी।
  3. International volleyball federation came into existence in 1947.
     1947 में अंतर्राष्ट्रीय वॉलीबॉल महासंघ अस्तित्व में आया।
  4. The first international volleyball competitions were held in prague.
     पहली अंतर्राष्ट्रीय वॉलीबॉल प्रतियोगिता पराग्वे में आयोजित की गई थी।

11.3 INDIGENOUS GAMES (स्वदेशी/देशी खेल)

Kabbaddi (कबड्डी)

Kho-Kho (खो-खो)

11.4 YOGA -PREVIEW (योगा-पूर्वावलोकन)

Notes

- Sanskrit word "Yuj" meaning to yoke, join or unite.

  संस्कृत शब्द ''यज'' का अर्थ है युग, जोड़ना या एकत्र करना।

- This implies joining or integrating all aspects of the individual – body with mind and mind with soul – to achieve a happy, balanced and useful life, and spiritually, uniting the individual with the supreme power.

  यह व्यक्ति के शरीर के सभी पहलुओं को जोड़ने या एकीकृत करने को समाविष्ट करता है, मन तथा मन के साथ आत्मा को खुशी प्राप्त करने, संतुलित और लाभप्रद जीवन तथा आध्यात्मिकता तथा व्यक्ति को सर्वोपरि शक्ति के साथ संगठित करने, सभी पहलुओं को एकीकृत करने को शामिल करता है।

- The main aim of yoga is control over the mind.

  योग का मुख्य उद्देश्य मस्तिष्क पर नियंत्रण करना है।

11.4.3 Eight Stages of Yoga (योग के आठ चरण)

- Yama (यम)
- Niyama (नियम)
- Asana (आसन)
- Pranayama (प्राणायाम)
- Pratyahara (प्रत्याहार)
- Dharana (धारणा)
- Dhyana (ध्यान)
- Smadhi (समाधि)

11.4.4 Need and Importance For Children (बच्चों की आवश्यकता और महत्व)

- Helps children focus in school in order to achieve higher academic success.

  उच्च शैक्षणिक सफलता प्राप्त करने के लिए बच्चों को स्कूल में ध्यान केंद्रित करने में मदद करता है

- Gives children more inner peace, joy and expands their imagination and creativity.

  योग बच्चों को आंतरिक शांति एवं आनंद प्रदान करता है और उनकी कल्पनाशील एवं सृजनात्मकता का विस्तांर करता है।

- Helps with self-esteem, self-expression, self confidence and weight loss.

  आत्म-सम्मान, आत्म-अभिव्यक्ति, आत्मविश्वास और वजन घटाने में मदद करता है।

- When children learn techniques for self-health, relaxation, and inner fulfillment, they can navigate life's challenges with a little more ease.

  जब बच्चे आत्म-स्वास्थ्य, शिथिलीकरण एवं आंतरिक संतुष्टि के लिए तकनीकों को सीखते हैं तो वे थोड़ी अधिक सहजता के साथ जीवन की चुनौतियों का मार्गनिर्देशन कर सकते हैं।

- Helps children learn how to control their emotions. Especially for kids with autism spectrum disorders or other behavioral issues.

  बच्चों को अपने मनोवेगों को नियंत्रित करने में सहायता करता है। विशेषत: ओटीज्म या अन्य व्यवहारात्मक मुद्दों से ग्रसित बच्चों में यह सहायता करता है।

- Helps kids build patience.

  बच्चों का धैर्य बनाने में मदद करता है।

- Improves focus and attention. Yoga requires concentration.

  फोकस और ध्यान में सुधार करता है। योग के लिए एकाग्रता की आवश्यकता होती है।

Notes

11.5 BASIC ASANAS (बुनियादी आसन)

Notes

11.6 Pranayams (प्राणायाम)

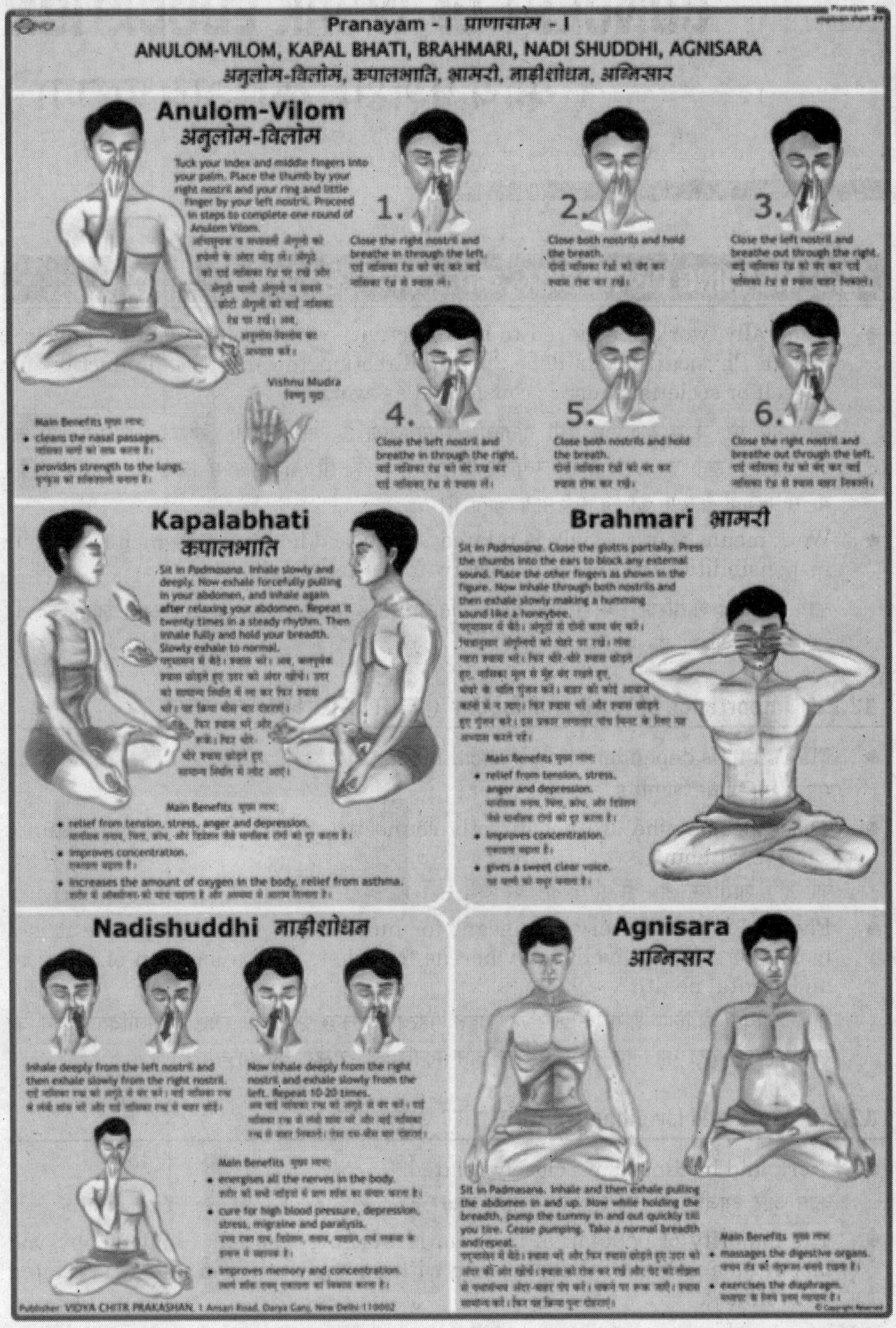

12

CONCEPT OF WORK EDUCATION (कार्य शिक्षा की अवधारणा)

12.2 MEANING OF 'WORK' ('काम/कार्य' का अर्थ)

- Generally, work is believed to be an activity which requires more physical labour Physical labour done in any direction towards the production for oneself or societial cause is considered as 'work'

  आम तौर पर, काम को एक ऐसी गतिविधि माना जाता है जिसके लिए अधिक शारीरिक श्रम की आवश्यकता होती है। अपने लिए उत्पादन की दिशा में किसी भी दिशा में किए गए शारीरिक श्रम या सामाजिक कारण को 'काम' माना जाता है।
- Work means those activities related to physical labour and which fulfils our responsibilities towards self, society and other people.

  कार्य का अर्थ शारीरिक श्रम से संबंधित वे गतिविधियाँ हैं जो स्वयं, समाज और अन्य लोगों के प्रति हमारी जिम्मेदारियों को पूरा करती हैं।

12.2.1 Importance of Work and Labour (काम और श्रम का महत्व)

- Man's life is dependent on physical labour.

  मनुष्य का जीवन शारीरिक श्रम पर निर्भर है।
- Those people who are not directly connected with physical labour cannot survive without it.

  जो लोग शारीरिक श्रम से सीधे तौर पर जुड़े नहीं हैं, वे इसके बिना जीवित नहीं रह सकते।
- Physical labour is very significant for human life. For some people it is a means of earning livelihood whereas for others it is a medium of physical and mental health.

  मानव जीवन के लिए शारीरिक श्रम का बहुत महत्व है। कुछ लोगों के लिए यह जीविकोपार्जन का साधन है तो कुछ के लिए यह शारीरिक और मानसिक स्वास्थ्य का माध्यम है।

12.2.2 Work and Livelihood (काम और आजीविका)

- Work and livelihood are closely related.

  काम और आजीविका का आपस में गहरा संबंध है।
- The majority of population in India is working who has to adopt physical labour as a necessity. Labour done with an expectation of money is related to livelihood.

  भारत में बहुसंख्यक आबादी काम कर रही है जिसे आवश्यकता के रूप में शारीरिक श्रम को अपनाना पड़ता है। पैसे की उम्मीद से किया गया श्रम आजीविका से जुड़ा है।
- One more thing is important here that cooking, cleaning utensils, washing clothes consist of labour. Directly one does not get any value for all this, but it provides facilities to the members of family and they get energy for earning their livelihood.

Notes

यहाँ एक और बात महत्वपूर्ण है कि खाना बनाना, बर्तन साफ करना, कपडे धोना श्रम से बना है। सीधे तौर पर इन सबका कोई मूल्य नहीं मिलता है, लेकिन यह परिवार के सदस्यों को सुविधाएँ प्रदान करता है और उन्हें अपनी आजीविका कमाने के लिए ऊर्जा मिलती है।

12.2.3 Work, Happiness and Contentment (कार्य, प्रसन्नता/खुशी और संतोष/संतुष्टि)

- Physical labour is related with pleasure and contentment.
  शारीरिक श्रम का संबंध सुख और संतोष से है।
- Physical labour opens new vistas of happiness, contentment and pleasure. And this contentment is associated with all the living beings and people of all ages.
  शारीरिक श्रम से खुशी, संतोष और आनंद के नए रास्ते खुलते हैं। और यह संतोष सभी जीवों और सभी उम्र के लोगों से जुड़ा हुआ है।
- Physical labour in essential for good physical and mental health which in turn provides pleasure and contentment.
  शारीरिक श्रम शारीरिक एवं मानसिक स्वास्थ्य के लिए जरूरी है, जो बदले में आनंद और संतोष प्रदान करता है।
- In National Capital Region (NCR), there is a school which is run by a private institution and is called a public school. Most of the children who come here are of rich people, who do not get an opportunity for physical labour in their day to day life. The students of class VIII in this school loaded bricks like labourers to clear a heap of bricks outside the school. Their parents have many doubts that their children might fall ill or get infected as their wards were made to do physical labour. But the children disclosed that they were feeling very light in mind and body after loading bricks. They are more tired in comparison to other days, but they are getting a kind of satisfaction.

  राष्ट्रीय राजधानी क्षेत्र (एनसीआर) में एक स्कूल है जो एक निजी संस्थान द्वारा चलाया जाता है और इसे पब्लिक स्कूल कहा जाता है। यहाँ आने वाले ज्यादातर बच्चे अमीर लोगों के होते हैं, जिन्हें अपने दैनिक जीवन में शारीरिक श्रम का अवसर नहीं मिलता। इस स्कूल में आठवीं कक्षा के छात्रों ने स्कूल के बाहर ईंटों का ढेर साफ करने के लिए मजदूरों की तरह ईटें लाद दीं। उनके माता-पिता को कई संदेह हैं कि उनके बच्चे बीमार पड़ सकते हैं या संक्रमित हो सकते हैं क्योंकि उनके बच्चों से शारीरिक श्रम किया जाता था। लेकिन बच्चों ने बताया कि ईटों को लादने के बाद वे मन और शरीर में बहुत हल्का महसूस कर रहे थे। वे अन्य दिनों की तुलना में अधिक थके हुए हैं, लेकिन उन्हें एक प्रकार की संतुष्टि मिल रही है।

12.3 WORK AND EDUCATION (कार्य एवं शिक्षा)

- Brain should be educated through hand.
  मस्तिष्क को हाथ से शिक्षित किया जाना चाहिए।
- Association with work brings the children closer to their social and natural environment, introduces them to natural resources and prepares them for future professional life.

  काम के साथ जुड़ाव बच्चों को उनके सामाजिक और प्राकृतिक वातावरण के करीब लाता है, उन्हें प्राकृतिक संसाधनों से परिचित कराता है और उन्हें भविष्य के पेशेवर जीवन के लिए तैयार करता है।
- By including work in complete educational routine, it is possible in every circumstances that the children
  कार्य को पूर्ण शैक्षिक दिनचर्या में शामिल करने से यह संभव है कि बच्चे को हर परिस्थिति में-

  - ❑ Have meaningful knowledge of community resources.
    सामुदायिक संसाधनों का अर्थपूर्ण ज्ञान हो।

Notes

- ❑ May learn skills which may enable them to lead a quality life.
  कौशल सीख सकते हैं जो उन्हें एक गुणवत्तापूर्ण जीवन जीने में सक्षम बना सकते हैं।
- ❑ May develop the skills of observing a livelihood in local economy available there.
  वहां उपलब्ध स्थानीय अर्थव्यवस्था में आजीविका देखने का कौशल विकसित कर सकता है।
- ❑ May get a chance to complete their higher education along with work.
  काम के साथ-साथ अपनी उच्च शिक्षा पूरी करने का मौका मिल सकता है।
- ❑ May take pride in work done with hard work.
  कठिन परिश्रम से किए गए कार्य पर गर्व हो सकता है।
- ❑ May notice creative changes in school routine.
  स्कूल की दिनचर्या में रचनात्मक परिवर्तन देख सकते हैं।

- Education which is deprived of work can provide unreasonable information to the children but it cannot produce creative and responsible citizen.
  शैक्षिक जो काम से वंचित है वह बच्चों को अनुचित जानकारी प्रदान कर सकता है लेकिन यह रचनात्मक और जिम्मेदार नागरिक का उत्पादन नहीं कर सकता है।

12.3.1 Concept of Work Education and Meaning (कार्य शिक्षा और अर्थ की अवधारणा)

- It establishes coordination in hand and brain.
  यह हाथ और मस्तिष्क में समन्वय स्थापित करता है।
- Socially useful physical labour is inherent in educational activities.
  सामाजिक रूप से उपयोगी शारीरिक श्रम शैक्षिक गतिविधियों में निहित है।
- It is an essential and significant factor in learning processes.
  यह सीखने की प्रक्रिया में एक आवश्यक और महत्वपूर्ण कारक है।
- It is visible in the form of useful services and productive work for community.
  यह समुदाय के लिए उपयोगी सेवाओं और उत्पादक कार्यों के रूप में दिखाई देता है।
- It is associated as an essential factor with all the aspects of education in multilevel education system.
  यह बहुस्तरीय शिक्षा प्रणाली में शिक्षा के सभी पहलुओं के साथ एक आवश्यक कारक के रूप में जुड़ा हुआ है।
- It is based on the principle of learning by doing.
  यह करके सीखने के सिद्धांत पर आधारित है।

12.3.2 Importance of work education (कार्य शिक्षा का महत्व)

- It develops regular habits and positive attitude to fulfil the basic needs of their body.
  यह उनके शरीर की बुनियादी जरूरतों को पूरा करने के लिए नियमित आदतें और सकारात्मक दृष्टिकोण विकसित करता है।
- To sensitize and bring awareness towards their ambience and develops understanding of interrelation of humanity and environment.
  अपने परिवेश के प्रति संवेदनशील बनाना और जागरूकता लाना और मानवता और पर्यावरण के अंतर्संबंध की समझ विकसित करना।
- Develops understanding and feeling of pride towards the importance of

Notes

physical work and labour.

शारीरिक श्रम और श्रम के महत्व के प्रति समझ और गर्व की भावना विकसित करता है।

- Work education provides information about the rules related to nutrition, food, infection diseases and hygiene.

  कार्य शिक्षा पोषण, भोजन, संक्रमण रोगों और स्वच्छता से संबंधित नियमों के बारे में जानकारी प्रदान करती है।

- Regularity, punctuality, cleanliness, self control, perseverance, dutifulness, feelings to serve, feelings of responsibility, laboriousness, sensitivity towards equality, fraternity etc. can not be developed by mere reading books or listening to preachings, but can be developed at the time when the students perform different activities with each other. Then socially desirable virtues/values flourish naturally.

  नियमितता, समय की पाबंदी, स्वच्छता, आत्मसंयम, लगन, कर्तव्यपरायणता, सेवा की भावना, जिम्मेदारी की भावना, श्रमशीलता, समानता के प्रति संवेदनशीलता, बंधुत्व आदि केवल पुस्तकों को पढ़ने या उपदेश सुनने से विकसित नहीं किया जा सकता है, बल्कि समय पर विकसित किया जा सकता है। जब छात्र एक दूसरे के साथ विभिन्न गतिविधियाँ करते हैं तब सामाजिक रूप से वांछनीय गुण/मूल्य स्वाभाविक रूप से पनपते हैं।

- It nurtures ability to appreciate the feelings of conservation of local and national cultural legacy.

  यह स्थानीय और राष्ट्रीय सांस्कृतिक विरासत के संरक्षण की भावनाओं की सराहना करने की क्षमता का पोषण करता है।

- It helps in initiating feelings of leadership and leadership skill.

  यह नेतृत्व और नेतृत्व कौशल की भावनाओं को शुरू करने में मदद करता है।

- Relationship in school and community– In the whole school programme work education is probably one such subject which brings school closer to the society effectively.

  स्कूल और समुदाय में संबंध– पूरे स्कूल कार्यक्रम में कार्य शिक्षा शायद एक ऐसा विषय है जो स्कूल को प्रभावी ढंग से समाज के करीब लाता है।

13 IMPLEMENTATION OF WORK EDUCATION (THEORETICAL AND PRACTICAL ASPECT)

(कार्य शिक्षा का कार्यान्वयन) (सैद्धांतिक और व्यावहारिक/प्रायोगिक पक्ष)

13.2 SYLLABUS OF WORK EDUCATION (कार्य शिक्षा का पाठ्यक्रम/विषयवस्तु)

- National Education Policy 1986 accepted the concept of Socially Useful Productive Work (SUPW) and deemed it as purposeful, meaningful physical work.

  राष्ट्रीय शिक्षा नीति 1986 ने सामाजिक रूप से उपयोगी उत्पादक कार्य (एसयूपीडब्ल्यू) की अवधारणा को स्वीकार किया और इसे उद्देश्यपूर्ण, सार्थक शारीरिक कार्य माना।

- Mainly six areas were suggested from which the productive physical labour should be adopted– health and health science, food and nutrition, residence, dresses, cultural and entertainment and community work and social services.

  मुख्य रूप से छह क्षेत्रों का सुझाव दिया गया था जिसमें से उत्पादक शारीरिक श्रम को अपनाया जाना चाहिए–स्वास्थ्य और स्वास्थ्य विज्ञान, भोजन और पोषण, निवास, कपड़े सांस्कृतिक और मनोरंजन और सामुदायिक कार्य और सामाजिक सेवाएँ।

- The selection of activities and projects of work experience should be based on natural, physical, human resources and social and economic background of a particular society available in that particular place.

  कार्य अनुभव की गतिविधियों और परियोजनाओं का चयन उस विशेष स्थान पर उपलब्ध किसी विशेष समाज की प्राकृतिक, भौतिक, मानव संसाधन और सामाजिक और आर्थिक पृष्ठभूमि पर आधारित होना चाहिए।

Environment related activities are as follows–

पर्यावरण से संबंधित गतिविधियाँ इस प्रकार हैं–

1. Observing all the things like houses, trees, pillars, shops etc white commuting to school from their houses. This makes us sensitive and makes us co relate with them.

   घर, पेड़, खंभों, दुकानों आदि सभी चीजों को अपने घरों से स्कूल आने-जाने में सफेद रंग में देखना। यह हमें संवेदनशील बनाता है और हमारे उनके साथ सह संबंध बनाता है।

2. To help the elders in keeping the environment clean.

   पर्यावरण को स्वच्छ रखने में बड़ों की मदद करना।

3. Observing work and productive activities in the house or vicinity like watching food being cooked, (assisting mother in it) tailor's shop, making of pottery by the potter, masons work, white washing, painting, loading and barber's work etc.

Notes

घर या आसपास के काम और उत्पादक गतिविधियों को देखना जैसे खाना पकाते हुए देखना, (इसमें माँ की सहायता करना) दर्जी की दुकान, कुम्हार द्वारा मिट्टी के बर्तन बनाना, राजमिस्त्री का काम, सफेदी, पेंटिंग, लोडिंग और नाई का काम आदि।

4. Polishing one's own shoes, washing ribbon, socks, hand-ker-chief and under garments, cleaning one's bag and stitching buttons etc.

   अपने जूते खुद पॉलिश करना, रिबन, मोजे, रूमाल और अधोवस्त्र/अंतर्वस्त्र धोना, अपने बैग की सफाई करना और बटन सिलाई करना आदि।

13.2.1 Experimenting with Material, Tools and Techniques (सामग्री, उपकरण/औजारों और प्रविधियों/तकनीकों का प्रयोग करना)

- Introduction with different sports material.
  विभिन्न खेल सामग्री के साथ परिचय।
- Introduction with clay, old papers, old newspapers, bamboo, leaves, cotton, cuttings of used clothes and to play with them and make useful things out of them.

  मिट्टी, पुराने कागज, पुराने अखबार, बांस, पत्ते, रुई, इस्तेमाल किए गए कपड़ों की कटिंग और उनके साथ खेलने और उनसे उपयोगी चीजें बनाने का परिचय।
- To know the usage and try to use materials in the kitchen and household work.
  उपयोग जानने के लिए और रसोई और घर के काम में सामग्री का उपयोग करने का प्रयास करें।
- Introduction with material used in cleaning and washing clothes like, brush, machine, bucket, soap and detergent power etc and to use them as per their capacity.
  कपड़े, ब्रश, मशीन, बाल्टी, साबुन और डिटर्जेंट पाउडर आदि की सफाई और धोने में प्रयुक्त सामग्री के साथ परिचय और उनकी क्षमता के अनुसार उनका उपयोग करने के लिए।
- Flower arrangement, making garlands of flowers and making bouquet.
  फूलों की व्यवस्था, फूलों की माला बनाना और गुलदस्ता बनाना।

13.2.2 Work Experience (कार्य अनुभव)

- Work experience means getting experience by working and learning.
  कार्य अनुभव का अर्थ है काम करके और सीखकर अनुभव प्राप्त करना।
- The activities given for work experience should be such that they are able to nurtures self confidence and self reliance in the children.

  कार्य अनुभव के लिए दी जाने वाली गतिविधियाँ ऐसी होनी चाहिए कि वे बच्चों में आत्मविश्वास और आत्मनिर्भरता का पोषण कर सकें।

13.3 GROUPING OF STUDENTS (विद्यार्थियों का समूहीकरण)

- There is a positive enhancement of their feelings of joy through this learning process. They develop team spirit.

  इस सीखने की प्रक्रिया के माध्यम से उनकी खुशी की भावनाओं में सकारात्मक वृद्धि होती है। उनमें टीम भावना का विकास होता है।
- Participation of all the students in the organization of morning assembly. Contemplate on both the situation.
  प्रातःकालीन सभा के आयोजन में सभी विद्यार्थियों की भागीदारी। दोनों स्थितियों पर विचार करें।
- Form a mixed group in co-education.
  सह-शिक्षा में एक मिश्रित समूह बनाएँ।

Notes

- Don't make a separate group for physically challenged students and associate them with the other children and ensure that they are given some meaningful role and responsibility there

  शारीरिक रूप से विकलांग छात्रों के लिए एक अलग समूह न बनाएँ और उन्हें अन्य बच्चों के साथ जोड़ें और सुनिश्चित करें कि उन्हें वहाँ कुछ सार्थक भूमिका और जिम्मेदारी दी गई है।
- Do not keep all the intelligent and fast learners in a group

  सभी बुद्धिमान और तेज सीखने वालों को एक समूह में न रखें।
- Some other factors will affect the process of group formation. – Availability of space – Sufficiency of resources, material, tools etc. – Availability of time – Arrangement of supervision and assessment – Number of students – Nature of activity and its purpose – Groups can also be framed on the basis of interests, previous knowledge and initial entry behaviour of the learners.

  कुछ अन्य कारक समूह निर्माण की प्रक्रिया को प्रभावित करेंगे। स्थान की उपलब्धता–संसाधनों, सामग्री, उपकरण आदि की पर्याप्तता–समय की उपलब्धता–पर्यवेक्षण और मूल्यांकन की व्यवस्था, छात्रों की संख्या–गतिविधि की प्रकृति और इसका उद्देश्य–रुचियों, पिछले ज्ञान और शिक्षार्थियों के प्रारंभिक प्रवेश व्यवहार के आधार पर भी समूह बनाए जा सकते हैं।

13.3.1 Time Allocation (समय निर्धारण/आवंटन)

- Time for each activity can be allocated on the basis of nature, its objectives and the expected results

  प्रत्येक गतिविधि के लिए समय प्रकृति, उसके उद्देश्यों और अपेक्षित परिणामों के आधार पर आवंटित किया जा सकता है।
- It is not necessary that all the stages of each activity may be performed in the school.

  यह आवश्यक नहीं है कि विद्यालय में प्रत्येक गतिविधि के सभी चरणों का निष्पादन किया जाए।
- Which activity is to be done in which part of the year/session. Fixing of this point will depend on the nature of activity and need of school and community.

  सत्र के किस भाग में कौन-सी गतिविधि करनी है। इस बिंदु का निर्धारण गतिविधि की प्रकृति और स्कूल और समुदाय की आवश्यकता पर निर्भर करेगा।

13.3.2 Allocation of Place (स्थान का निर्धारण/आवंटन)

- Our place of work would be a part of the locality instead of only classrooms for example

  हमारे काम की जगह कक्षाओं के बजाय क्षेत्र का एक हिस्सा होगा–
- Community water taps • Working place of potters • Working place of shoemaker • Vegetable vendors, Hawkers • Tailor shop • Post office, bank, ration shop • Food preservation centre • Community center • Locality development centre • Adult and informal education center • Park, field, garden and flower beds. • Special facility center for deprived groups like blind school, old age homes, cretch.

  सामुदायिक पानी के नल • कुम्हारों के काम करने की जगह • जूता बनाने वाले का काम करने की जगह • सब्जी विक्रेता, हॉकर • दर्जी की दुकान • डाकघर, बैंक, राशन की दुकान • भोजन संरक्षण केंद्र • सामुदायिक केंद्र • स्थानीय विकास केंद्र • वयस्क और अनौपचारिक शिक्षा केंद्र • पार्क, मैदान, उद्यान और फूलों की क्यारियाँ। • दृष्टिहीन वर्ग जैसे नेत्रहीन विद्यालय, वृद्धाश्रम, क्रेच के लिए विशेष सुविधा केंद्र।
- Some points are important in reference to place– Distance of working place from school, Geographical and social condition, Number of Students.

कुछ बिन्दु महत्वपूर्ण हैं–विद्यालय से कार्य स्थल की दूरी, भौगोलिक और सामाजिक स्थिति, छात्रों की संख्या।

Notes

13.4 PLANNING SESSIONS FOR WORK EDUCATION FOR DIFFERENT CLASSES (विभिन्न कक्षाओं के लिए कार्य शिक्षा के लिए योजना सत्र)

13.4.1 Activities Related to Better Fulfilment of Basic Needs (मूलभूत आवश्यकताओं की श्रेष्ठतर पूर्ति से संबंधित गतिविधियाँ/कार्यकलाप)

- **Health and Hygiene**– Awareness about personal hygiene, cleanliness and maintenance of things needed in daily life.

  स्वास्थ्य और स्वच्छता–व्यक्तिगत स्वच्छता, सफाई और दैनिक जीवन में आवश्यक चीजों के रखरखाव के बारे में जागरूकता।

- **Food and agriculture**– • Identifying various seeds, forest products, manure and soils. • Identifying tools used in cultivation, agricultural products and manure. • Preparing compost pits, preparing flower. Plant beds, selecting good quality seeds, sowing seeds etc. • Taking care and maintaining plants. • Food and fruit preservation • Making tea, coffee, and jaljeera etc.

  खाद्य और कृषि– • विभिन्न बीजों, वन उत्पादों, खाद और मिट्टी की पहचान करना। • खेती, कृषि उत्पादों और खाद में इस्तेमाल होने वाले औजारों की पहचान करना। • खाद के गड्ढे तैयार करना, फूल तैयार करना। क्यारियों को रोपना, अच्छी गुणवत्ता वाले बीजों का चयन करना, बीज बोना आदि। पौधों की देखभाल करना और उनका रख-रखाव करना। • खाद्य और फल संरक्षण • चाय, कॉफी और जलजीरा आदि बनाना।

- **Residence**– Preparing bottle brush with the help of socks, swab for cleaning utensils by using useless things like grass, coconut fiber, gourd bark, thin wire and net etc. • Repairing rack, table, chair, stool, bed or tap etc.

  रेशे– लौकी की छाल, पतले तार और जाल आदि जैसी बेकार चीजों से बर्तन साफ करने के लिए जुराबों की मदद से बोतल का ब्रश तैयार करना • रैक, मेज, कुर्सी, मल, बिस्तर या नल आदि की मरम्मत करना।

- **Clothes**– • Preparing cover for T.V. and boxes etc. • Learning to prepare dolls and puppets. • Preparing footmats, aasans etc. with leftover small pieces of wool, rags and jute etc.

  कपड़े– • टीवी और बक्से आदि के लिए कवर तैयार करना • गुड़िया और कठपुतली तैयार करना सीखना। • बचे हुए ऊन, लत्ता और जूट आदि के छोटे-छोटे टुकड़ों से फुटमैट, आसन आदि तैयार करना।

13.4.2 Activities Related to Beautification of Environment (पर्यावरण/परिवेश के सौंदर्यीकरण से संबंधित गतिविधियाँ/कार्यकलाप)

- Making pen/pencil holder, pin holder, letter box or hand fan. Making masks Preparing material for display board in the school. Decorating clay utensils with the help of broken bangles or any other material.

  पेन/पेंसिल होल्डर, पिन होल्डर, लेटर बॉक्स या हैंड फैन बनाना। मास्क बनाना स्कूल में डिस्पले बोर्ड के लिए सामग्री तैयार करना। मिट्टी के बर्तनों को टूटी-फूटी चूड़ियों या किसी अन्य सामग्री की सहायता से सजाना।

Notes

- Making flowers with the help of strips of clothes, thin colourful strips, of paper wire, pearls or threads etc. Decorating clay utensils Making different articles like clay toys, birds and animals. Making decorative things with jute strings, rope, plastic strings etc.

  कपड़े की पट्टियों, पतली रंगीन पट्टियों, कागज के तार, मोतियों या धागों आदि की मदद से फूल बनाना। मिट्टी के बर्तनों को सजाना। मिट्टी के खिलौने, पक्षी और जानवर जैसी विभिन्न वस्तुएँ बनाना। जूट के तार, रस्सी, प्लास्टिक के तार आदि से सजावटी चीजें बनाना।

13.4.3 Activities Related to Community Services
(सामुदायिक सेवाओं से संबंधित गतिविधियाँ/कार्यकलाप)

- Cleanliness campaign in the near by locality, decorating at the time of festivals and events, cleaning school premises, Helping physically challenged people.

  पास के इलाके में स्वच्छता अभियान, त्योहारों और आयोजनों के समय सजाना, स्कूल परिसर की सफाई करना, शारीरिक रूप से अक्षम लोगों की मदद करना।

13.4.4 Activities Related to Cultural Legacy and National Integration
(सांस्कृतिक विरासत और राष्ट्रीय एकता से संबंधित गतिविधियाँ/कार्यकलाप)

- Explore the food habits and living style of the people from different states, collect information about handicraft of different places, collect pictures of different musical instruments, dances, know about the national festivals like Independence Day and Republic Day etc, Making pictures of national symbols like national flags are etc.

  खान-पान की आदतों और रहन-सहन का पता लगाना। विभिन्न स्थानों के हस्तशिल्प के बारे में जानकारी एकत्र करना, विभिन्न संगीत वाद्ययंत्रों, नृत्यों के चित्र एकत्र करना, स्वतंत्रता दिवस और गणतंत्र दिवस आदि जैसे राष्ट्रीय त्योहारों के बारे में जानना, राष्ट्रीय ध्वज जैसे राष्ट्रीय प्रतीकों के चित्र बनाना आदि।

13.4.5 Activities Related to Environmental Awareness
(पर्यावरण जागरूकता से संबंधित गतिविधियाँ/कार्यकलाप)

- Collecting news and pictures related to environment pollution, Displaying bulletin board with pictures related to factors polluting environment, Preparing charts related to harmful effects of environment pollution.

  पर्यावरण प्रदूषण से संबंधित समाचार और चित्र एकत्रित करना, पर्यावरण को प्रदूषित करने वाले कारकों से संबंधित चित्रों के साथ बुलेटिन बोर्ड प्रदर्शित करना, पर्यावरण प्रदूषक के हानिकारक प्रभावों से संबंधित चार्ट तैयार करना।

13.5 SELECTION AND CO-ORDINATION OF MATERIAL FOR WORK EDUCATION IN REFERENCE TO ELEMENTARY EDUCATION (प्रारंभिक शिक्षा के संदर्भ में कार्य शिक्षा के लिए सामग्री का चयन और समन्वय/संयोजन)

- **Easily available material from nature**–Plants, bamboo, leaves, seeds, fruits, trees, stems tree bark, Jute, hard shell of coconut, coconut fiber, sand, soil, stones, water, glue, neem, lac etc.

  प्रकृति से आसानी से उपलब्ध सामग्री–पौधे, बांस, पत्ते, बीज, फल, पेड़, तना पेड़ की छाल, जूट, नारियल का कठोर खोल, नारियल के रेशे, रेत, मिट्टी, पत्थर, पानी, गोंद, नीम, लाख आदि।

Notes

- **Waste material**–Empty boxes, feathers, wooden and hardboard boxes, used foam, sponz, shoe boxes, empty match boxes, rags, old blanket, old mats, old newspaper.

  अपशिष्ट पदार्थ–खाली बक्से, पंख, लकड़ी और हार्डबोर्ड के बक्से, प्रयुक्त फोम, स्पंज, जूते के बक्से, खाली माचिस, लत्ता, पुराना कंबल, पुरानी चटाई, पुराना अखबार।

- **Low cost material**–Simple but useful tools scissors, knife, scale, tape, glue, candle, cloth, inchitape, washer, nails, screw, thread, wooden pieces, brush, colours, indigo, different kinds of paper, rexin, wire, rubber.

  कम लागत वाली सामग्री–सरल लेकिन उपयोगी उपकरण कैंची, चाकू, स्केल, टेप, गोंद, मोमबत्ती, कपड़ा इंचीटेप, वॉशर, नाखून, पेंच, धागा, लकड़ी के टुकड़े, ब्रश, रंग, नील, विभिन्न प्रकार के कागज, रेक्सिन, तार, रबर।

13.6 STORAGE AND MANAGEMENT OF MATERIAL AND TOOLS (सामग्री और उपकरणों का भंडारण और प्रबंधन)

- Make it easy to procure material and tools as per the need.

  आवश्यकता के अनुसार सामग्री और उपकरण प्राप्त करना आसान हो।

- Whenever they are given to students, they should be informed about the main points regarding their careful usage

  जब भी उन्हें छात्रों को दिया जाता है, तो उन्हें उनके सावधानीपूर्वक उपयोग के बारे में मुख्य बिंदुओं के बारे में सूचित किया जाना चाहिए।

- It should be kept/packed after wiping it with cotton or old cotton clothes/ rags.

  कॉटन या पुराने सूती कपड़े/लत्ता से पोंछकर रखना/पैक करना चाहिए।

- For some reasons if the tools are not being used, it is essential to clean them time to time.

  कुछ कारणों से यदि उपकरण का उपयोग नहीं किया जा रहा है, तो उन्हें समय-समय पर साफ करना आवश्यक है।

13.7 METHODS FOR GIVING EXPERIENCES IN INTERDISCIPLINARY SUBJECTS (विभिन्न पाठ्यचर्यक विषयों से जुड़ाव एवं अनुभव देने की पद्धतियाँ)

13.7.1 Language (भाषा)

- Written expression regarding the accomplished work. • Usage of appropriate words and simple sentences. • Presentation of ideas in an organized manner. • Suggesting attractive and meaningful title for communication. • Preparing report in short and simple sentences. • Writing experiences coherently. • Enrichment of vocabulary. • Use of Idioms • Use of grammar in context/contextualize grammar.

  पूर्ण किए गए कार्य के संबंध में लिखित अभिव्यक्ति। • उपयुक्त शब्दों और सरल वाक्यों का प्रयोग। • एक संगठित तरीके से विचारों की प्रस्तुति। • संचार के लिए आकर्षक और सार्थक शीर्षक सुझाना। • संक्षिप्त और सरल वाक्यों में रिपोर्ट तैयार करना। • अनुभवों को सुसंगत रूप से लिखना। • शब्दावली का संवर्धन। • मुहावरों का प्रयोग • व्याकरण के संदर्भ में प्रयोग/व्याकरण का संदर्भ देना।

Notes

13.7.2 Mathematics (गणित)

- 1. **While painting black board pay attention to:** • Expenditure according to area, length and width • Prediction of time required • Expenditure of man power/labour
  2. Knowledge of different geometrical shapes.
  3. Calculating the price of an object after making it.
  4. Skill to measure.
  5. Knowledge and understanding of numbers.
  6. Understanding measurement units and to be able to convert each other.
  7. Introduction of concepts like interest, Principal amount.
- 1. **ब्लैक बोर्ड पेंट करते समय ध्यान दें–** • क्षेत्रफल, लंबाई और चौड़ाई के अनुसार व्यय • आवश्यक समय की भविष्यवाणी • मानव शक्ति/श्रम का व्यय
  2. विभिन्न ज्यामितीय आकृतियों का ज्ञान।
  3. किसी वस्तु को बनाने के बाद उसकी कीमत की गणना करना।
  4. मापने का कौशल।
  5. संख्याओं का ज्ञान और समझ।
  6. मापन इकाइयों को समझना और एक दूसरें को परिवर्तित करने में सक्षम होना।
  7. ब्याज, मूलधन जैसी अवधारणाओं का परिचय।

13.7.3 Environmental Studies, Social Sciences and History etc. (पर्यावरण अध्ययन, सामाजिक विज्ञान और इतिहास आदि)

- Living style of the people busy in agricultural activities. • Relationship between need and supply. • Relationship between the life of man and animal. • Industry and environment. • Importance of labour in the creation of things. • Deciding rates/price. • Caste and Religion.

  कृषि कार्यों में व्यस्त लोगों की जीवनशैली। • जरूरत और आपूर्ति के बीच संबंध। • मनुष्य और पशु के जीवन के बीच संबंध। • उद्योग और पर्यावरण। • चीजों के निर्माण में श्रम का महत्व • दर/कीमत तय करना। • जाति और धर्म।

13.8 TEACHING LEARNING METHODS RELATED TO WORK EDUCATION (कार्य शिक्षा से संबंधित शिक्षण अधिगम विधियाँ)

- Observation Method, Demontration Method, Practical Method, Project Method Excursion Method.

  अवलोकन विधि, प्रदर्शन विधि, व्यावहारिक विधि, परियोजना विधि, भ्रमण विधि
- Quotes – Project Method is a purposeful activity accomplished with complete involvement in social environment.' –Kilpatric

  परियोजना विधि सामाजिक वातावरण में पूर्ण भागीदारी के साथ पूर्ण की गई एक उद्देश्यपूर्ण गतिविधि है।–किलपैट्रिक
- 'Project method is such a problematic process, which is completed in natural environment.' –J.A. Stevenson

  'परियोजना विधि एक ऐसी समस्यात्मक प्रक्रिया है, जो प्राकृतिक वातावरण में पूर्ण होती है।' –जे. ए. स्टीवेन्सन

DEVELOPMENT OF SKILLS IN WORK EDUCATION (PRACTICAL WORK)
(कार्य शिक्षा में कौशल का विकास) (व्यावहारिक/प्रायोगिक कार्य)

14

- Objectives of work education.
  कार्य शिक्षा के उद्देश्य।
- Background of the children.
  बच्चों की पृष्ठभूमि।
- Level of students, Interest and need–Along with physical and intellectual abilities, children's needs and interests are equally significant.
  छात्रों का स्तर, रुचि और आवश्यकता–शारीरिक और बौद्धिक क्षमताओं के साथ-साथ बच्चों की जरूरतों और रुचियाँ भी उतनी ही महत्वपूर्ण हैं।
- Availability to time and space.
  समय और स्थान की उपलब्धता।
- Availability of Resources.
  संसाधनों की उपलब्धता।

15

WORK EDUCATION IN SCHOOL AND COMMUNITY

(विद्यालय एवं समुदाय में कार्य शिक्षा)

15.2 ROLE OF COMMUNITY IN REFERENCE TO WORK EDUCATION (कार्य शिक्षा के संदर्भ में समुदाय की भूमिका)

- Mahatma Gandhi emphasized the need to bring school and community clases, "If new social system is to be established through education, both of them can't survive seperately".

  महात्मा गांधी ने विद्यालय और सामुदायिक वर्ग को एक साथ लाने की आवश्यकता पर ज़ोर दियां, "यदि शिक्षा के माध्यम से नई सामाजिक व्यवस्था स्थापित की जाती है, तो दोनों अलग-अलग नहीं रह सकते।"
- Enhance their partnership in monitoring the educational process of the school, The child should be sent to school regularly, May present their opinion about deciding need and time for work education in time table.

  स्कूल की शैक्षिक प्रक्रिया की निगरानी में उनकी भागीदारी बढ़ाना, बच्चे को नियमित रूप से स्कूल भेजना चाहिए। कार्य शिक्षा की आवश्यकता एवं समय निर्धारित करने के संबंध में अपने विचार समय-सारणी में प्रस्तुत कर सकते हैं।
- The school can also organise many activities for the society for example

  विद्यालय समाज के लिए कई गतिविधियों का आयोजन भी कर सकता है जैसे-
- May select such activities in work education through which cleaning of water places, filling of pits, gardening in community gardens, managing compost can be done.

  कार्य शिक्षा में ऐसे क्रियाकलापों का चयन करना जिनके माध्यम से जल स्थानों की सफाई, गड्ढों को भरना, सामुदायिक उद्यानों में बागवानी, खाद का प्रबंधन किया जा सके।
- The school should provide its premises for the campaigns like pulse polio etc., at the same time it should provide the support of teachers and students for these campaigns.

  स्कूल को पल्स पोलियो आदि अभियानों के लिए अपना परिसर उपलब्ध कराना चाहिए, साथ ही इन अभियानों के लिए शिक्षकों और छात्रों का सहयोग प्रदान करना चाहिए।
- The school should play the role of a pioneer in organizing exhibition of local handicraft work.

  स्थानीय हस्तशिल्प कार्यों की प्रदर्शनी आयोजित करने में विद्यालय को अग्रणीय भूमिका निभानी चाहिए।

15.3 IDENTIFYING AND USING COMMUNITY RESOURCES FOR IMPLEMENTING WORK EDUCATION (कार्य शिक्षा को लागू करने/क्रियान्वयन हेतु सामुदायिक संसाधनों की पहचान करना और उनका उपयोग करना)

- Co-operation of Community in the Teaching Learning Process.

  शिक्षण अधिगम प्रक्रिया में समुदाय का सहयोग।

- Contribution of community in the Evaluation process of children and school.
  बच्चों और स्कूल की मूल्यांकन प्रक्रिया में समुदाय का योगदान।

Notes

15.4 ORGANIZATION OF ORIENTATON PROGRAMMES FOR THE PARENTS AND COMMUNITY REGARDING THE SIGNIFICANCE OF WORK EDUCATION (कार्य शिक्षा के महत्व के संबंध में माता-पिता और समुदाय के लिए अभिविन्यास कार्यक्रमों का आयोजन)

- 1. PTA Meetings 2. Parent's Teachers' Meeting 3. Meetings of Mother's Club 4. Home Visits. 5. Informal meetings.
  1. पीटीए बैठकें, 2. अभिभावक शिक्षक बैठक 3. मदर्स क्लब की बैठक 4. घर का दौरा। 5. अनौपचारिक बैठकें।

16 EVALUATION IN WORK EDUCATION

(कार्य शिक्षा में मूल्यांकन)

16.2 WHAT IS EVALUATION? (मूल्यांकन क्या है?)

- If perceived in educational reference, evaluation means to give decision about the utility of experiences generated from the process of teaching and learning.

  यदि शैक्षिक संदर्भ में देखा जाए, तो मूल्यांकन का अर्थ शिक्षण और सीखने की प्रक्रिया से उत्पन्न अनुभवों की उपयोगिता के बारे में निर्णय देना है।

- According to Hanna and Qwelain– Evaluation is the process of accumulation of evidences and explaination of these in relation to changes in behaviour of students.

  हन्ना और क्वेलेन के अनुसार–मूल्यांकन छात्रों के व्यवहार में परिवर्तन के संबंध में साक्ष्यों के संचय और उनकी व्याख्या की प्रक्रिया है।

- There is an intimate relationship between educational objectives, experiences generated by learning and the behavioural changes according to them.

  शैक्षिक उद्देश्यों, सीखने से उत्पन्न अनुभवों और उनके अनुसार व्यवहार परिवर्तन के बीच घनिष्ठ संबंध है।

16.2.1 Assessment and Evaluation (आकलन और मूल्यांकन)

- Evaluation relates to all the thoughts of a person, attitude, behavior, expectations and understanding, whereas, assessment is related upto the changes in behaviour, which can he recorded and measure.

  मूल्यांकन किसी व्यक्ति के सभी विचारों, दृष्टिकोण, व्यवहार, अपेक्षाओं और समझ से संबंधित है, जबकि, आकलन व्यवहार में परिवर्तन से संबंधित है, जिसे वह रिकॉर्ड और माप सकता है।

- Evaluation is more extensive than assessment. In educational world generally, assessment and evaluation are used for almost the same process.

  मूल्यांकन आकलन से अधिक व्यापक है। शैक्षिक जगत में आमतौर पर मूल्यांकन और आकलन का उपयोग लगभग एक ही प्रक्रिया के लिए किया जाता है।

16.2.2 Continuous and Comprehensive Evaluation (सतत और व्यापक मूल्यांकन)

- Theoretical as well as process aspect should be integrated in the process of evaluation but there be more should emphasis on the evaluation of real practical work.

  मूल्यांकन की प्रक्रिया में सैद्धांतिक और प्रक्रियात्मक पहलू को एकीकृत किया जाना चाहिए लेकिन वास्तविक व्यावहारिक कार्य के मूल्यांकन पर अधिक जोर दिया जाना चाहिए।

- Equality of knowledge and skills should be emphasized.

  ज्ञान और कौशल की समानता पर जोर दिया जाना चाहिए।

Notes

- The result of evaluation should be of feedback giving nature, and not creating disappointment in the students

  मूल्यांकन का परिणाम फीडबैक देने वाली प्रकृति का होना चाहिए, न कि छात्रों में निराशा पैदा करने वाला।
- Self evaluation, peer evaluation and group evaluation/assessment (specially parents and the people in contact) should also be made a part of evaluation process.

  स्वमूल्यांकन, सहपाठियों द्वारा मूल्यांकन और समूह मूल्यांकन/मूल्यांकन (विशेषकर माता-पिता और संपर्क में रहने वाले लोग) को भी मूल्यांकन प्रक्रिया का हिस्सा बनाया जाना चाहिए।

16.3 METHODS AND TECHNIQUES OF EVALUATION (मूल्यांकन के उपकरण और प्रविधियां (तकनीक)

Methods of Evaluation (मूल्यांकन के तरीके)–

There are four fundamental methods of assessment.

मूल्यांकन के चार मौलिक/मूलभूत तरीके हैं।

- Individual Evaluation– Evaluation keeping in mind the activity done by an individual child.

  व्यक्तिगत मूल्यांकन–व्यक्तिगत बच्चे द्वारा की गई गतिविधि को ध्यान में रखते हुए मूल्यांकन।
- Group Evaluation– Evaluation of the work of all the students in a group their behaviour and co-operation.

  समूह मूल्यांकन–समूह में सभी छात्रों के काम का, उनके व्यवहार और सहयोग का मूल्यांकन।
- Self Evaluation– Personal evaluation by the child regarding his learning.

  स्व-मूल्यांकन–बच्चे द्वारा अपने सीखने के संबंध में व्यक्तिगत मूल्यांकन।
- Evaluation by classmates (Pear Evaluation)– the children observe the works of each other and give their feedback and comment on it time to time. Evaluation by the classmates is very significant in the process of assessment.

  सहपाठियों द्वारा मूल्यांकन (सहकर्मी मूल्यांकन)–बच्चे एक दूसरे के कार्यों का निरीक्षण करते हैं और समय-समय पर अपनी प्रतिक्रिया और टिप्पणी देते हैं। मूल्यांकन की प्रक्रिया में सहपाठियों द्वारा किया गया मूल्यांकन बहुत महत्वपूर्ण है।
- Tools and Techniques of Evaluation– Observation • Interview • Check list • Cumulative Record • Questionnaire • Photos/Portfolio • Project work • Competition Activities • Group Work • Examination • Question Forum • Debate • Lecture • Rating Scale • Assignment Work.

  मूल्यांकन के उपकरण और तकनीक– • साक्षात्कार • जांच सूची • संचयी रिकॉर्ड • प्रश्नावली • तस्वीरें/पोर्टफोलियो • परियोजना कार्य • प्रतियोगिता गतिविधियाँ • समूह कार्य • परीक्षा • प्रश्न मंच • बहस • व्याख्यान • रेटिंग स्केल • असाइनमेंट कार्य।

16.4 ROLE OF PEER GROUP IN ASSESSMENT (आकलन में पठन साथी की भूमिका)

- Along with teachers it is expected from the others that they should familiarize the students with the process of assessment and evaluation and give them the feedback.

  शिक्षकों के साथ-साथ दूसरों से यह अपेक्षा की जाती है कि वे छात्रों को आकलन और मूल्यांकन की प्रक्रिया से परिचित कराएँ और उन्हें प्रतिक्रिया दें।

1 IMPORTANCE OF ENVIRONMENT AT THE EARLY STAGE OF LEARNING (अधिगम के प्रारंभिक स्तर पर पर्यावरण का महत्त्व)

1.2 UNDERSTANDING ENVIRONMENT (पर्यावरण को समझना)

- **Natural Environment:** air, water, soil, rocks and landforms, plants, animals and micro-organisms.
  प्राकृतिक पर्यावरण : हवा, पानी मिट्टी ,चट्टानें और भू-आकृतियाँ, पौधे, जानवर और सूक्ष्म जीव।
- **Human-made Environment:** roads, buildings, industries, dams.
  मानव निर्मित पर्यावरण : सड़कें, भवन, उद्योग, बाँध।
- **Socio-cultural Environment:** Individual, family, community, religious, educational,economic and political institutions, values, traditions, norms, customs, arts, history.
  सामाजिक-सांस्कृतिक पर्यावरण : व्यक्तिगत, परिवार, समुदाय, धार्मिक, शैक्षिक, आर्थिक और राजनीतिक संस्थान, मूल्य, परंपराएं, मानदण्ड, रीति-रिवाज, कला, इतिहास।
- Culture is shaped by the natural environment and the interactions between individuals in a community.
  संस्कृति प्राकृतिक वातावरण और एक समुदाय में व्यक्तियों के बीच बांतचीत से आकार लेती है।
- Environment is defined as the complex of climatic, biotic, social and edaphic (produced or influenced by the soil) factors (sub-systems of the environment) that act upon an organism and determine its form and survival.
  व्यापक स्तर पर पर्यावरण को जलवायु, जैविक, सामाजिक तथा मृदा प्रभावित घटकों का जटिल मिश्रण कहा जाएगा जो जीव पर प्रभाव डालकर उसकी आकृति एवं अस्तित्व का निर्धारण करते हैं।

1.3 IMPORTANCE OF ENVIRONMENT IN THE DEVELOPMENT OF THE CHILD (बाल विकास में पर्यावरण का महत्त्व)

- The world of the child begins with an awareness of its own body and gradually expands.
  बच्चे की दुनिया अपने शरीर के बारे में जागरूकता से शुरू होती है और धीरे-धीरे फैलती है।
- The immediate environment is the primary context to which the child relates.
  तात्कालिक वातावरण वह प्राथमिक संदर्भ है जिससे बच्चा संबंधित है।
- Most curricula do not provide the time and space for the joy of discovery and experiences true to life.

Notes

अधिकांश पाठयचर्या जीवन के लिए सत्य खोज और अनुभवों के आनंद के लिए समय और स्थान प्रदान नहीं करती है।

1.4 LINKING ENVIRONMENT TO THE CHILD (पर्यावरण को बच्चे से जोड़ना)

International declaration and agreements: (अंतर्राष्ट्रीय घोषणा और समझौते)

- **Convention on the Rights of the Child (1989):** To combat disease and malnutrition including within the framework of primary health care.

  बाल अधिकारों पर सम्मेलन (1989) : प्राथमिक स्वास्थ्य देखभाल के ढांचे के भीतर बीमारी और कुपोषण का मुकाबला करना।

- **Plan of Action for Implementing the Work Declaration the Survival Protection and Development of Children (1990):** To improve the environment by combating disease and malnutrition and promoting education.

  बच्चों के अस्तित्व बचाव और विकास के लिए कार्य उद्घोषणा कार्यान्वित करने के लिए कार्य योजना (1990) : बीमारी और कुपोषण का सामना तथा शिक्षा के विकास के द्वारा पर्यावरण का सुधार आवास कार्यावली।

- **The Habitat Agenda (1990):** The needs of children and youth, particularly with regard to their living environment have to be taken fully into account.

  सुधार आवास कार्यावली (1990) : बच्चों तथा युवाओं की आवश्यकताओं, विशेषतौर पर उनके रहने वाले पर्यावरण से जो संबंधित हो, उनका पूरा ध्यान रखा जाए।

- **Declaration of the Environment Leaders of the Eight on children's Environmental Health (1997):** Children face significant threats to health from an array of environmental hazards. They are particularly vulnerable to pollution Prevention of exposure is the single most effective means of protecting children against environmental threats.

  आठ देशों के पर्यावरण अग्रणीयों की बच्चों के पर्यावरण स्वास्थ्य पर उद्घघोषणा (1997): बच्चे पर्यावरण के कई आयामों से जोखिमों का सामना करते हैं। खासकर वे प्रदूषण से बुरी तरह प्रभावित होंते हैं। बच्चों को इन पर्यावरण के बुरे प्रभावों से दूर रखना होगा।

- **G-8 Environment Ministers Communiqué (2001):** Development policies and implementation of action to provide children with a safe environment.

  जी-8 देशों के पर्यावरण मंत्रियों की विज्ञप्ति (2001): विकास की नीतियाँ और लागू करने की क्रियाएँ बच्चों को सुरक्षित पर्यावरण प्रदान करती हैं।

- **The Berlin Commitment for Children of Europe and Central Asia (2001):** Protect all children, irrespective of the social and economic conditions, they live in from environmental threats.

  यूरोप और मध्य एशिया के बच्चों के लिए बर्लिन की प्रतिबद्धता (2001): सभी बच्चों की सामाजिक और आर्थिक परिस्थितियों का ध्यान किए बिना उनकी पर्यावरणीय खतरों से रक्षा करें।

- The special session on children of the United Nation General Assembly in May 2002 provided an opportunity to world leaders to formally adopt ten principles:

  मई 2002 में संयुक्त राष्ट्र महासभा के बच्चों पर विशेष सत्र ने विश्व नेताओं को औपचारिक रूप से दस सिद्धांतों को अपनाने का अवसर प्रदान किया:

1. Leave no child out.

   कोई भी बच्चा इससे अछूता ना रहे।

2. Put children first.

   बच्चों को हमेशा प्राथमिकता मिले।

3. Care for every child.

   हर बच्चे को देखभाल मिले।

Notes

4. Fight HIV/AIDS.
   एच/आई.वी. एड्स से लड़ें।
5. Stop harming and exploiting children.
   बच्चों को हानि पहुँचाना व उनका शोषण बंद हो।
6. Listen to children.
   बच्चों की बात सुनी जाए।
7. Educate every child.
   हर बच्चे को शिक्षा दी जाए।
8. Protect children from war.
   बच्चों को युद्ध से बचाया जाए।
9. Protect the earth for children.
   धरती को बच्चों के लिए बचाया जाए।
10. Fight poverty: invest in children.
    गरीबी से लड़ा जाए : बच्चों पर निवेश किया जाए।

1.5 VALUING ENVIRONMENT FOR LEARNING (अधिगम हेतु पर्यावरण का मूल्यांकन)

- Environment provides the necessary stimuli for children to develop both physically and mentally.
  पर्यावरण बच्चों को शारीरिक और मानसिक दोनों रूप से विकसित करने के लिए आवश्यक उत्तेजना प्रदान करता है।
- All children are naturally motivated to learn.
  सभी बच्चे स्वाभाविक रूप से सीखने के लिए प्रेरित होते हैं।
- Developing the capacity for abstract thinking, reflection.
  अमूर्त चिंतन, चिंतन की क्षमता का विकास करना।
- Children learn in a variety of way.
  बच्चे कई तरह से सीखते हैं।
- Learning takes place both within the school and outside school.
  सीखना स्कूल के भीतर और स्कूल के बाहर दोनों जगह होता है।

OBJECTIVES AND SCOPE OF TEACHING-LEARNING EVS AT THE PRIMARY STAGE (प्राथमिक स्तर पर पर्यावरण अध्ययन (ईवीएस) के शिक्षण-अधिगम के उद्देश्य और क्षेत्र)

2

2.2 WHY ENVIRONMENTAL STUDIES AT THE PRIMARY STAGE (प्राथमिक स्तर पर पर्यावरण अध्ययन क्यों?)

Pestalozzi, John Dewey, Maria Montessori, Rudolf Steiner, J. Krishnamurthy, Aurobindo has invariably reflected on the aim of education as helping a child to develop as a 'wholesome individual', cultivating the moral, emotional, physical, psychological and spiritual dimensions of personality.

पेस्टलॉजी, जॉन डेवी, मारिया मोंटेसरी, रुडोल्फ स्टेनर, जे. कृष्णमूर्ति, अरबिंदो ने शिक्षा के उद्देश्य पर हमेशा एक बच्चे को सम्पूर्ण व्यक्ति के रूप में विकसित करने में मदद करने के रूप में प्रतिबिंबित किया है, जिसमें नैतिक, भावनात्मक, शारीरिक, मनोवैज्ञानिक और आध्यात्मिक आयामों का विकास करना है।

- Holistic education aims at helping students become the most that 'they can be'. All round development.
  सम्पूर्ण शिक्षा का उद्देश्य छात्रों को जो बनने की क्षमता है उन्हें वह बनने में सहायता करता है। सर्वांगीण विकास।
- Helps children connect with their natural and human made environment and in understanding our dependence on the various components of environment (biotic, abiotic and human made).
  बच्चों को उनके प्राकृतिक और मानव निर्मित पर्यावरण से जुड़ने और पर्यावरण के विभिन्न घटकों (जैविक, अजैविक और मानव निर्मित) पर हमारी निर्भरता को समझने में मदद करता है।
- Helps children develop a holistic understanding.
  बच्चों को एक समग्र समझ विकसित करने में मदद करता है।
- Helps children in maintaining a multidisciplinary perspective.
  बच्चों को एक बहु-विषयक परिप्रेक्ष्य बनाए रखने में मदद करता है।
- Develop an awareness about environmental issues.
  पर्यावरण के मुद्दों के बारे में जागरूकता विकसित करता है।
- Engage the child in exploratory and hands-on activities.
  बच्चे को खोजपूर्ण और व्यावहारिक गतिविधियों में शामिल करता है।

2.4 VALUES INHERENT IN ENVIRONMENTAL STUDIES (पर्यावरण अध्ययन में निहित मूल्य)

- Values are considered as broad affect attributes having enough bearing on the directions of one's perception, learning, views and opinions and behaviour in general.
  मूल्य प्रभावित करने वाली वह विशेषताएँ हैं जो कि किसी व्यक्ति के अनुभव, अधिगम, विचार, मतों तथा व्यवहार पर सामान्य तौर पर प्रभाव डालते हैं।
- They define what we accept as good, right or acceptable.
  वे यह निश्चित करते हैं कि हमें किसको अच्छा, सही या स्वीकार्य समझना है।

Notes

2.4.1 Valuing our Environment: The Indian Heritage (हमारे पर्यावरण का मूल्यांकनः भारतीय विरासत/धरोहर)

- Prithivi Sukta of Atharva Veda, written by Rishi Atharvan, describes the Earth as "Mother".
  ऋषि अथर्वन द्वारा लिखे गए "पृथ्वी सूक्त" में धरती को माँ कहा गया है।
- 'Vasudhaiva Kutumbakam' meaning 'all that is on the Earth belongs to one single family'.- Hitopadesha
  "वसुधैव कुटुंबकम" का अर्थ है कि यह पृथ्वी एक परिवार है।–हितोपदेश
- Indian philosophy has evolved a world-view based on the motto "Loka samasta sukhino bhavantu".- (Let the entire world be happy)
  भारतीय दर्शन ने अपनी एक विश्वदृष्टि इस आदर्श वाक्य को बना लिया है "लोक समस्त:सुखिनो भवन्तु" (सम्पूर्ण विश्व की खुशी भी भरपूर हो)
- Prithvi Sukta upholds the universal binding concepts of 'One Earth and One World'.
  पृथ्वी सूक्त में सार्वभौमिक सिद्धांतों "एक धरती एक संसार" पर बल दिया गया है।
- Rabindranath Tagore (national poet)- 'Education divorced from Nature' will bring untold harm to young children.
- रबिन्द्रनाथ टैगोर (राष्ट्रीय कवि) : "प्रकृति से अलग शिक्षा" बालकों के लिए बहुत हानिकारक होगा।

A Global Ethic (एक सार्वभौम नीति)

- **The global Earth Charter**—An international declaration of fundamental values and principles.
  पृथ्वी शासनपत्र : मौलिक मूल्यों और सिद्धांतों की एक अंतरराष्ट्रीय घोषणा।
- The preamble of the Earth Charter states "the spirit of human solidarity and kinship with all life is strengthened when we live with reverence for the mystery of being, gratitude for the gift of life, and humility regarding the human place in nature".
  पृथ्वी शासनपत्र की प्रस्तावना में कहा गया है, "मानव एकता एवं भाईचारे की भावना तब और भी मजबूत हो जाती है जब हम जीवन के रहस्यों के लिए आदरभाव एवं जीवनरूपी उपहार के प्रति सम्मान तथा प्रकृति में मनुष्य के स्थान के प्रति नम्रता के साथ जीते हैं।"

2.5 SCOPE OF TEACHING LEARNING EVS AT THE PRIMARY STAGE WITH SPECIAL REFERENCE TO NCF 2005 (एनसीएफ 2005 के विशेष संदर्भ में प्राथमिक स्तर पर्यावरण शिक्षण/ईवीएस अधिगम का क्षेत्र)

- Three broad principles.
  तीन व्यापक नियम।
- Learning about the environment.
  पर्यावरण के बारे में सीखना।
- Learning through the environment.
  पर्यावरण के माध्यम से सीखना।
- Learning for the environment.
  पर्यावरण के लिए सीखना।
- Developing positive attitudes, values and practices.
  सकारात्मक अभिवृत्तियाँ, मूल्य एवं प्रथाएँ विकसित करना।

Notes

- Generating positive and proactive actions.
  सकारात्मक और अनुकूल क्रियाओं की शुरुआत करना।
- Promoting a conservation ethic and adoption of environment friendly practices and habits.
  संरक्षण की नीतियों को बढ़ावा देना तथा पर्यावरण को बढ़ावा देने वाले स्वभाव एवं आदतों को बढ़ावा देना।
- Learning rather than on teaching.
  शिक्षण नहीं बल्कि अधिगम।
- Capacity building for critical thinking and problem-solving.
  समीक्षात्मक विचार एवं कठिनाइयों का हल निकालना।
- Local specific environmental problems/issues.
  स्थानीय पर्यावरण से संबंधित समस्याओं और मुद्दों को समझना।
- Infusing environmental perspective to classroom subjects.
  कक्षा के विषयों को पर्यावरण की दृष्टि से देखना।
- Multi-sourced and multi-disciplinary approach to teaching-learning.
  शिक्षण अधिगम में बहुसाधनीय एवं बहु विषयक पद्धति।
- Participation in environmental activities and programmes.
  पर्यावरण संबंधी गतिविधियों एवं कार्यक्रमों में भाग लेना।
- Knowledge construction.
  ज्ञान की रचना।
- Empowerment rather than indoctrination.
  सशक्तीकरण न कि भत्तारोपण।

3

PEDAGOGICAL CONSIDERATIONS OF TEACHING-LEARNING EVS (पर्यावरण अध्ययन अवधारणाओं के शिक्षण-शास्त्रीय विचार)

3.2 CHARACTERISTICS OF EVS (पर्यावरण अध्ययन की विशेषताएँ)

3.2.1 EVS is a Composite Area (पर्यावरण अध्ययन एक संयुक्त क्षेत्र)

- EVS at the primary stage is a single study area.

  प्राथमिक स्तर पर पर्यावरण एकल अध्ययन क्षेत्र है।
- It is visualised as a composite study area drawing learning experiences/ contents from physical, biological, chemical, social, cultural and other dimensions of study.

  इसको एक मिश्रित अध्ययन क्षेत्र माना जाता है जिसमें भौतिक, जैविक, रासायनिक, सामाजिक, सांस्कृतिक तथा अध्ययन के अन्य क्षेत्रों से अनुभव तथा विषयवस्तु निकाल कर सम्मिलित की गई है।

3.2.2 EVS is Contextual (पर्यावरण अध्ययन संदर्भित होता है)

- The context for EVS is the environment.

  पर्यावरण अध्ययन का संदर्भ पर्यावरण है।
- Most concepts in teaching-learning of EVS will vary from place to place and time to time.

  पर्यावरण अध्ययन के शिक्षण अधिगम में अधिकतर अवधारणाएँ एक स्थान से दूसरे स्थान तथा एक समय से दूसरे समय में भिन्न होंगी।
- Context—from place to place, time to time and even community to community.

  संदर्भ–स्थान से स्थान, समय-समय पर और यहाँ तक कि समुदाय से समुदाय तक।

3.2.3 EVS is Learner Centred (पर्यावरण अध्ययन अध्येता केंद्रित होता है)

- EVS is Learner-centred and not teacher centred.

  पर्यावरण अध्ययन अध्यापक केंद्रित नहीं है बल्कि विद्यार्थी केंद्रित है।
- Engagement of the child in the learning process with longer retention of what is learnt.

  सीखने की प्रक्रिया में बच्चे की व्यस्तता जो सीखी गई है उसे लंबे समय तक बनाए रखना।

3.2.4 No Right, No Wrong (कुछ सही नहीं, कुछ गलत नहीं)

- Encourage your learner to probe and question what s/ he is reading and discovering.

  अपने शिक्षार्थी को जाँचने और प्रश्न करने के लिए प्रोत्साहित करें कि वह क्या पढ़ रहा है और क्या खोज रहा है।

- No absolute 'rights and wrongs' in EVS.

  पर्यावरण अध्ययन में कोई पूर्ण सही नहीं न ही पूर्ण गलत।

3.2.5 'Values' are an Integral Component of EVS ('मूल्य' पर्यावरण अध्ययन का अनिवार्य घटक है)

- Respect for all life forms, appreciation of diversity (biological, social, cultural and religious, etc.)

  जीवन के सभी रूपों के लिए आदर, विविधता (जैविक, सामाजिक, संस्कृतिक एवं धार्मिक इत्यादि) की सराहना।
- 'Values' which individuals should have not be tagged as 'good or bad' during the teaching-learning process.

  व्यक्तियों में जो मूल्य है शिक्षक अधिगम के दौरान उन पर अच्छे या बुरे का लेबल नहीं लगाना चाहिए।
- All values have a context.

  सभी मूल्य किसी न किसी संदर्भ से जुड़े हुए होते हैं।

3.3 HOW DO CHILDREN LEARN? (बच्चे कैसे सीखते हैं?)

- Children are interested in real-life tasks and activities, pretending and fantasy, and rules and rituals. –Friedrich Froebel.

  बच्चे वास्तविक जीवन से जुड़े हुए कार्यों एवं क्रियाकलाप, नकल उतारने, कल्पना करने, नियमों तथा रिवाजों में दिलचस्पी रखते हैं–फ्रेडरिख फ्रोबेल।
- School life should grow out of home life; teachers should know their children well, observe them and then plan, organise and document a purposeful curriculum. –John Dewey.

  विद्यालयी जीवन का विकास घर के जीवन से ही होना चाहिए, शिक्षकों को अपने बच्चों को अच्छी तरह समझना चाहिये। उनका अवलोकन करने के बाद एक उद्देश्यपूर्ण पाठ्यक्रम की योजना, संगठन एवं निर्माण करना चाहिए–जॉन डेवी।
- The role of the parent and teacher is to be aware of these sensitive periods and design the environment to give the child the full opportunity to concentrate on those things the child is interested in—children learn from the environment around them: –Maria Montessori.

  अभिभावक और शिक्षक की भूमिका यह है कि उन्हें इन संवेदनशील कालांतरों का ज्ञान कराना चाहिए एवं इस प्रकार पर्यावरण का निर्माण करें जिसमें बच्चे को उन चीजों पर ध्यान लगाने का अवसर मिले जिनमें वह रुचि रखते हैं। बच्चे अपने इर्द-गिर्द के पर्यावरण से सीखते हैं–मारिया मोंटेसरी।
- The process of learning should be as far as possible a pleasurable one and not laborious. –Mahatma Gandhi.

  शैक्षिक चिंतन बच्चे के सम्पूर्ण विकास एवं बच्चे की आवश्यकताओं एवं क्षमताओं के अनुसार शिक्षा देने पर जोर देता है–महात्मा गाँधी।
- Educational thought lays emphasis on holistic development of the children and education paced according to the needs and capacities of the child –Sri Aurobindo.

  शैक्षिक विचार बच्चों के समग्र विकास और बच्चे की जरूरतों और क्षमताओं के अनुसार शिक्षा को गति देने पर जोर देता है–श्री अरबिंदो।
- The child learns so easily because he has a natural gift, but adults, because they are tyrants, ignore natural gifts and say that children must learn through the same process that they learned by. We insist upon forced mental

Notes

Notes

feeding and our lessons become a form of torture. This is one of man's most cruel and wasteful mistakes. –Tagore

बच्चा बहुत आसानी से सीखता है क्योंकि उसे यह प्रकृति से उपहार मिला है लेकिन, वयस्क, क्योंकि अन्यायी होते हैं, प्रकृति के उपहारों की अवहेलना करते हैं और कहते हैं कि बच्चों को उसी प्रक्रिया से सीखना पड़ेगा जिससे वह सीखे हैं। हम बलपूर्वक मानसिक पोषण पर दबाव देते हैं तथा हमारे पाठ एक प्रकार से जुल्म बन जाते हैं। यह इंसान की अन्यायपूर्ण तथा व्यर्थ गलतियों में से एक है–टैगोर।

- Researches have established that Children learn: Differently from adults, Through real-life contexts, By doing, From their surroundings and environment, By constructing and re-constructing meanings from experiences.

  शोध से यह सामने आया है कि बच्चे सीखते हैं : प्रौढ़ों से अलग तरीकों से, वास्तविक जीवन के संदर्भ से, करके देखने से, अपने इर्द-गिर्द तथा पर्यावरण से, अपने पर्यावरण के अनुभवों का निर्माण एवं पुनर्निर्माण करके।

- NCF 2005 is influenced by the theory of social constructivism.

  राष्ट्रीय पाठ्यक्रम रूपरेखा 2005 काफी हद तक सामाजिक रचनावाद के सिद्धांत की परिकल्पना से प्रभावित है।

3.4 PEDAGOGICAL ORGANIZATION FOR TEACHING-LEARNING OF EVS)(पर्यावरण अध्ययन-अध्यापन-अधिगम हेतु शैक्षणिक व्यवस्था)

3.4.1 Let Child's Environment be his/her Learning Laboratory) (बच्चों के पर्यावरण को उस अधिगम की प्रयोगशाला बनने दो)

- Environment is a 'composite' subject.

  पर्यावरण अध्ययन एक मिश्रित विषय है।

- Not limited by the boundaries of science or social science.

  जो विज्ञान एवं सामाजिक विज्ञान की सीमाओं में बंधा नहीं है बल्कि सीमाओं से परे है।

- Learning through real-life processes and experiences.

  वास्तविक जीवन की प्रक्रियाओं एवं अनुभवों से सीखना।

- Real life experiences remains with the individual for a longer period of time.

  वास्तविक जीवन के अनुभवों से प्राप्त किया गया अनुभव व्यक्ति के साथ लंबे समय तक रहता है।

- Bring in social context, and encourage cooperation and collaboration.

  सामाजिक संदर्भ को शिक्षण में लाइए तथा कक्षा एवं उसके बाहर सहभागिता एवं सहयोग आधारित अधिगम के लिए बच्चों को प्रोत्साहित करें।

3.4.2 Facilitate Exploration from 'Known to Unknown' and 'Concrete to Abstract ('ज्ञात से अज्ञात' एवं मूर्त से अमूर्त तक अन्वेषण की सुविधा)

- New concepts and information is explained 'in relation to' a known one.

  नई अवधारणाओं एवं सूचनाओं को पुराने के साथ जोड़कर समझाना बहुत प्रभावी होता है।

- The concept of 'plants' is first introduced through the theme of 'Food' which is familiar.

  पौधों की अवधारणा पहले भोजन के प्रकरण के माध्यम से की गई है जिसके बारे में बच्चे पहले से जानते हैं।

3.4.3 Design Real-Life Based Learning in your Classrooms (आपकी कक्षा में अधिगम की रूपरेखा वास्तविक जीवन पर आधारित हो)

- Local-specific examples become an effective way of teaching-learning.
  स्थानीय-विशिष्ट उदाहरण पर्यावरण शिक्षण-अधिगम का काफी प्रभावशाली तरीका बन जाता है।
- EVS concepts get located in the environmental, social and cultural context.
  पर्यावरण अध्ययन बच्चे के पर्यावरणीय, सामाजिक एवं सांस्कृतिक संदर्भ में स्थित होता है।
- 'Teach EVS contextually'
  संदर्भ सहित पर्यावरण शिक्षण अधिगम।

EVS has 6 Themes & 4 Sub themes (ईवीएस में 6 थीम और 4 सब थीम है)

1. **Family and Friends (परिवार और दोस्त)**
   1.1 Relationships (रिश्ते)
   1.2 Work and Play (काम और खेल)
   1.3 Animals (जानवर)
   1.4 Plants (पौधे)
2. Food (भोजन)
3. Shelter (आवास)
4. Water (जल)
5. Travel (यात्रा)
6. Things We Make and Do (चीजें जो हम बनाते हैं और करते हैं)।

3.4.4 Establish Links between and Across Disciplines (विषयों के बीच तथा पार कड़िया जोड़ना)

- Social studies, sciences and environmental education.
  सामाजिक अध्ययन, विज्ञान और पर्यावरण शिक्षा।
- Syllabus of EVS (in grades 3 to 5) is thematic and not concept based.
  ईवीएस का पाठ्यक्रम (ग्रेड 3 से 5 तक) विषयगत है और अवधारणा आधारित नहीं है।

3.4.5 Encourage Dialogues and Questioning (वार्तालाप एवं प्रश्नों के लिए प्रोत्साहित करना)

- Children learn to think critically and to analyse their own experiences.
  बच्चे गहनता से सोचना सीखते हैं तथा अपने अनुभवों का विश्लेषण करते हैं।
- Be sensitive to others' viewpoints and beliefs.
  दूसरों के दृष्टिकोणों एवं विश्वासों के प्रति भावनाओं का विकास होना।
- Develop 'group/social skills'.
  सामूहिक/सामाजिक कौशल विकसित करना।

3.4.6 Your Role as an EVS Teacher (पर्यावरण अध्ययन के अध्यापक के रूप में आपकी भूमिका)

- Earlier- Traditionally- provider/giver of knowledge.

Notes

Notes

पहले-परंपरागत रूप से-ज्ञान प्रदान करने वाला/देने वाला।

- Now facilitator.

  अब सूत्रधार/सहायककर्ता।

- Helping and guiding children explore and discover through her experiences and construct knowledge based on these experiences.

  बच्चों को अपने अनुभवों के माध्यम से तलाशने और खोजने में मदद करना और मार्गदर्शन करना और इन अनुभवों के आधार पर ज्ञान का निर्माण करना।

3.5 EXPANDING THE CHILD'S UNIVERSE (बच्चे के समिष्ट को विस्तारित करना)

- Thematic structuring of the contents in EVS cuts across the boundaries.

  पर्यावरण अध्ययन की विषय-वस्तु की विषयक संरचना विषयों के बीच जो पारंपरिक दीवारें औपचारिक शैक्षिक व्यवस्था द्वारा बना दी गई थीं, वह खत्म हो जाती हैं।

- EVS is not only values education, as regards environment but is also life-skill education as it encourages children to develop knowledge, ideas, values and attitudes.

  पर्यावरण अध्ययन पर्यावरण हेतु केवल मूल्य शिक्षा ही नहीं, बल्कि जीवन कौशल शिक्षा भी है क्योंकि यह बच्चों को संसार के बारे में ज्ञान, विचार, मूल्य एवं अभिवृत्तियों का विकास करने के लिए उत्साहित करता है।

CURRICULAR PROVISIONS OF EVS AT THE PRIMARY STAGE
(प्राथमिक स्तर पर ईवीएस के पाठ्यचर्यात्मक प्रावधान)

4

4.2.1 From NCF Objectives to the Syllabus (एनसीएफ के उद्देश्यों से पाठ्यक्रम तक)

- The syllabus is organised not as a list of "topics" but as "themes". And, each theme has a few sub-themes.

  पाठ्यक्रम एक शीर्षकों की सूची नहीं है अपितु प्रकरण हैं तथा एक प्रकरण के कई उप-प्रकरण हैं।
- The sub-themes are organised in a spiral and progressive manner with emphasis on integration.

  इन उप प्रकरणों की व्यवस्था सर्पिल एवं क्रमिक तरीके से की जाती है जिसका जोर एकीकरण पर होता है।
- The sub-themes allow for a connected and inter-related understanding to develop.

  यह उप-प्रकरण जुड़ी हुई तथा सहसंबधित समझ के विकास में सहायता करते हैं।
- The themes in the syllabus do not begin by listing key concepts, or rather key questions which allow each child to think, apply, and develop his/her own understanding and articulate their own learning's and ideas.

  पाठ्यक्रम के ये प्रकरण मुख्य अवधारणाओं की सूची बनाकर शुरू नहीं किए जाते बल्कि मुख्य प्रश्नों से शुरू होते हैं जो हर बच्चे को सोचने, कार्य करने, विनियोग करने तथा अपनी समझ का विकास करने एवं अपने अधिगम एवं विचारों को सुस्पष्ट करने में सहायता करते हैं।
- The thematic approach helps to bring in perspectives from different subjects and disciplines.

  विषयक पद्धति विभिन्न विषयों एवं शैक्षिक व्यवस्थाओं से दृष्टिकोण एकत्र करने में सहायता करती है।
- The activities are only suggestive, and can be easily adapted to suit the local situations.

  क्रियाओं के केवल सुझाव दिए जाते हैं स्थानीय परिस्थितियों को ध्यान में रखते हुए उन्हें आसानी से रूपान्तरित किया जा सकता है।

4.2.2 Thematic Approach in the Syllabus (पाठ्यक्रम में विषयक पद्धति)

- The thematic structuring of the content is visualised to help the child locate himself/ herself in a larger context – as part of a community, the country.

  विषय-वस्तु की विषयक व्यवस्था इसीलिए की गई ताकि बच्चे अपने आप को बड़े संदर्भ, एक समुदाय, एक देश के हिस्से के रूप में स्थापित कर सकें।
- Interdependent and interrelatedness of all living things and life support systems.

  सभी जीवित वस्तुओं एवं जीवन सहायक प्रक्रियाओं को पारस्परिक निर्भरता एवं सहसंबंधता

Notes

4.3 FROM THE SYLLABUS TO THE TEXTBOOKS (पाठ्यक्रम से पाठ्य पुस्तकों तक)

4.4 THE EVS TEXTBOOKS (पर्यावरण अध्ययन की पाठ्य पुस्तकें)

- No text book in class 1 and 2
  कक्षा 1 और 2 में कोई पाठ्य पुस्तक नहीं।
- Evs is taught in 3 4 5 classes
  Evs को 3 4 5 कक्षाओं में पढ़ाया जाता है।

4.4.1 The Title-Textbook name-'Looking Around' (शीर्षक-पाठ्यपुस्तक का शीर्षक-'अपने इर्द-गिर्द देखना')

4.4.2 The Selection and Organisation of Content-6 Thems (पाठ्यसामग्री का चुनाव एवं व्यवस्था-6 प्रकरण)

4.4.3 Integration (एकीकरण)

- Thematic integration.
  विषयगत एकीकरण।
- Integration is also built in through the different approaches and methods of transaction, assessment.
  एकीकरण भी विभिन्न दृष्टिकोणों और लेन-देन तथा मूल्यांकन के तरीकों के माध्यम से बनाया गया है।
- Integration of social aspects with pure-science concepts and the multi-dimensional, plural realities of how we live.
  अध्ययन की पाठ्यपुस्तकों की दूसरी महत्वपूर्ण विशेषता यह है कि इनमें पूर्ण रूप से विज्ञान की अवधारणाओं के साथ लगतार सामाजिक आयामों तथा हम किस प्रकार रहते हैं, बहु-आयामी अनेकत्व तथ्यों का समायोजन किया गया है।

4.4.4 The Variety of Formats (विभिन्न प्रकार की रूपरेखाएँ)

- Include stories, narratives, interviews, diary, news reports, poems, discussion.
  इसमें कहानियाँ, किस्से, साक्षात्कार, डायरी, समाचार की रिपोर्ट, कविताएँ, चर्चाएँ इत्यादि शामिल हैं।
- Scope for children's curiosity, vocalisation, empathy, experimentation, exploration and discovery, and free expression.
  बच्चे की जिज्ञासा, उच्चारण, समानुभूति, प्रयोग करने, खोज एवं छानबीन करने तथा मुक्त अभिव्यक्ति के लिए काफी क्षेत्र प्रदान करते हैं।

Lesson based on real people and their real experiences.

(वास्तविक लोग तथा उनके वास्तविक अनुभवों पर आधारित पाठ)

Class I– Lesson 5 Anita and the Honeybees
Lesson 26 Defence Officer: Wahida

कक्षा I पाठ 5 अनीता तथा मधुमक्खियाँ
पाठ 26 रक्षा अधिकारी : वाहिदा

Notes

Class V–Lesson 9 Up You Go!
Lesson 11 Sunita in Space
Lesson 20 Whose Forests

कक्षा V पाठ 9 आप ऊँचे उठें
पाठ 11 अंतरिक्ष में सुनीता
पाठ 20 किसके जंगल

Lessons based on real incidents, real stories
(वास्तविक घटनाओं तथा वास्तविक कहानियों पर आधारित पाठ)

Class IV–Lesson 10 Hu Tu Tu, Hu Tu Tu (A Story of Three Sisters)
कक्षा IV– पाठ 10 हु तू तू हु तू तू (तीन बहनों की कहानी)
Class V–Lesson 17 Across the Wall
कक्षा V– पाठ 17 दीवार के पार

Lessons based on real places (वास्तविक स्थानों पर आधारित पाठ)

Class IV Lesson 1 Going to School
कक्षा IV– पाठ 1 विद्यालय जाना
Class IV Lesson 6 Omana's Journey
कक्षा IV– पाठ 6 ओमना की यात्रा
Class IV Lesson 11 The Valley of Flowers
कक्षा IV– पाठ 11 फूलों की घाटी
Class IV Lesson 23 Pochampalli
कक्षा IV– पाठ 23 पोचमपल्ली
Class V Lesson 10 Walls Tell Stories
कक्षा V– पाठ 10 दीवारें कहानियाँ सुनाती हैं।
Class V Lesson 13 A Shelter So High!
कक्षा V– पाठ 13 इतना ऊँचा आश्रय

4.4.5 Variety of Teaching-Learning Activities (विभिन्न प्रकार की शिक्षण-अभिगम क्रियाएँ)

- Provide an opportunity to students to express themselves.
  बच्चों को अभिव्यक्ति करने का अवसर देना।
- Tools for evaluation.
  मूल्यांकन के लिए सामग्री।

Activities (क्रियाएँ)

(a) Puzzles	Class III p 54 Match Birds and Food
	Class IV p 19 Colour and Find
(अ) पहेलियाँ	कक्षा III पृष्ठ 54 पक्षी तथा भोजन का मिलान करें
	कक्षा IV पृष्ठ 19 रंग भरे तथा ढूंढें
(b) Games	Class III p 43 Dumb Charades
	Class III p 156-157 Web of Life
(ब) खेल	कक्षा III पृष्ठ 43 मूक पहेलियाँ
	कक्षा III पृष्ठ 156-157 जीवन का जाल
(c) Collections	Class III p 112 Stamp Collection
(स) एकत्रित करना	कक्षा III पृष्ठ 112 डाक-टिकट इकट्ठे करना
(d) Craft	Class III p 56, p 75 Origami, Toy Train
(ङ) दस्तकारी	कक्षा III पृष्ठ 56-75 ऑरीगेमी खिलौना गाड़ी

Notes

(e) Art	Class III p 60, 61 Drawing pictures & Line drawing
(इ) कला	कक्षा III पृष्ठ 60, 61 तस्वीर बनाना तथा लाइन चित्र बनाना
(f) Cooking	Class III p 65 Make and Eat
(फ) खाना बनाना	कक्षा III पृष्ठ 65 बनाएँ तथा खाएँ
(g) Map Reading	Class III p 152 Symbols Class V p 91 Golconda Fort
(ज) मानचित्र पढ़ना	कक्षा III पृष्ठ 152 संकेत कक्षा V पृष्ठ 91 गोलकुडा किला
(h) Experiments	Class V p 64 Dissolving substances
(ह) प्रयोग	कक्षा V पृष्ठ 64 पदार्थों को घोलना

4.4.6 Supporting Different Learning Styles (अलग प्रकार की अभिगम शैलियों को प्रोत्साहित करना)

- Variety of activities and exercises help to foster the multiple intelligences,
  विभिन्न प्रकार की क्रियाएँ एवं अभ्यास बहुमुखी समझ को पोषण देने में सहायता करते हैं।
- Support imagination and creative expression.
  विभिन्न प्रकार के कौशल एवं योग्यताएँ देते हैं।

Some examples: (कुछ उदाहरण)

Class III	Drawing faces and expressions (p 46-47)
कक्षा III	चेहरे तथा भाव का चित्रण (पृष्ठ 46-47)
Class IV	Imagining and acting (p 9)
कक्षा IV	कल्पना तथा अभिनय करना (पृष्ठ 9)
Class IV	Imagining and drawing (p 136)
कक्षा IV	कल्पना तथा चित्रण (पृष्ठ 136)
Class V	Imaging, designing (p 85, 86)
कक्षा V	कल्पना, परिरूप (पृष्ठ 85, 86)

4.4.7 Dealing with Social Issues (सामाजिक मुद्दों का सामना करना)

- Expose students to the real world, natural and social.
  (छात्रों को वास्तविक, प्राकृतिक और सामाजिक दुनिया से परिचित कराना।)
- Aware of environmental concerns and issues.
  पर्यावरण संबंधी चिंताओं और मुद्दों से अवगत कराना।

Some examples (कुछ उदाहरण):

Class III	Lesson 6 The Food We Eat.
कक्षा III	पाठ 6 जो भोजन हम खाते हैं।
Class III	Lesson 21 Families can be Different.
कक्षा III	पाठ 21 परिवार भिन्न हो सकते हैं।
Class IV	Lesson 22 The World in My Hand
कक्षा IV	पाठ 22 दुनिया मेरी मुट्ठी में
Class V	Lesson 16 Who Will Do This Work
कक्षा V	पाठ 16 यह काम कौन करेगा।
Class V	Lesson 18 No Place For Us?
कक्षा V	पाठ 18 हमारे लिए कोई जगह नहीं?

4.5 GOING BEYOND THE CLASSROOM AND THE TEXTBOOK (कक्षा तथा पाठ्यपुस्तक के दायरे से बाहर निकालना)

Notes

- NCF 2005 recommends that children's life at school must be linked with their life outside the school.

  (राष्ट्रीय पाठ्यचर्या की रूपरेखा 2005 यह सुझाव देती है कि बच्चों का विद्यालय में जीवन उनके विद्यालय से बाहरी जीवन से जुड़ा होना चाहिए।)

- Linking the characters in the lessons to the child's own life.

  (पाठ में दिए गए पात्रों को बच्चे के अपने जीवन से जोड़ना।)

  Class III lesson 6, Chottu's House

  कक्षा III पाठ 6 छोटू का घर

- Chhotu divided the pipe into different parts. Write the names of different parts of your house.

  छोटू ने नली को चार अलग भागों में बाँट दिया। अपने घर के अलग-अलग भागों के नाम लिखें।

  Class IV, Lesson 22, World in My Home

  कक्षा IV, पाठ 22, संसार मेरे घर में

- Do you know anybody who thinks like Akshay's grandmother? What do you think Akshay should do?

  क्या आप किसी को जानते हैं जो अक्षय की दादी की तरह सोचता है? आप क्या सोचते हैं कि अक्षय को क्या करना चाहिए?

- Encouraging children to bring in and share their personal context and experience.

  बच्चों को अपने व्यक्तिगत संदर्भ एवं अनुभव लाने एवं बांटने के लिए प्रोत्साहित करना।

  Class III, Lesson 14, The Story of Food

  Table of who does what work in their house

  कक्षा III, पाठ 14, भोजन की कहानी

  उनके घर कौन क्या काम करता है इसकी तालिका।

  Class IV, Lesson 1, Going to School

  Can you ride a bicycle? If yes, who taught you to ride?

  Have you ever been in a thick jungle? If yes, please write your feelings about the jungles.

  कक्षा IV, पाठ 1, स्कूल जाना

  क्या आप साइकिल चला सकते हैं? यदि हाँ तो आपको चलाना किसने सिखाया?

  क्या आप कभी घने जंगल में गए हैं? यदि हाँ, तो कृपया जंगलों के बारे अपनी भावनाएँ लिखें।

  Class V, Lesson 21, Like Father Like Daughter

  Is your hair and skin like that of anyone else in your family? If yes, then please name the person.

  कक्षा V, पाठ 21 जैसा बेटा वैसी बेटी

  क्या आपके बाल और त्वचा आपके परिवार में किसी और की तरह हैं? यदि हाँ, तो कृपया उस व्यक्ति का नाम बताएँ।

- Encourage children to talk to parents, and elders and community members to find out and collect information.

  बच्चों को माता-पिता, बड़ों तथा समुदाय के सदस्यों के साथ बातचीत करके सूचनाएँ ढूँढ़ने एवं एकत्र करने के लिए प्रोत्साहित करना चाहिए।

- **Class III, Lesson 16, Games We Play**

Notes

- Find out from elders what games they played when they were children.

  कक्षा III, पाठ 16, खेल जो हम खेलते हैं

  बड़ों से पता करें कि जब वे बच्चे थे तो वे कौन से खेल खेलते थे।
- **Class IV, Lesson 12, Changing Times**
- Talk to grandparents and find out when he/she was 8/9 years old where did he/she live? Did they have a toilet in their house?

  कक्षा IV, पाठ 12, बदलते समय

  दादा-दादी से बात करें और पता करें कि जब वह 8/9 वर्ष के थे, तो कहाँ रहते थे? क्या उनके घर में शौचालय था?
- **Class V, Lesson 12, What If It Finishes?**
- Find out from elders, when they were young what was used to cook food at home?

  कक्षा V, पाठ 12, अगर यह खत्म हो जाए तो क्या?

  बड़ों से पता करें कि जब वे छोटे थे तो घर में खाना बनाने के लिए क्या इस्तेमाल किया जाता था?
- Encouraging children to go to different sites in the neighbourhood to observe, record, interview and investigate.

  किसी निर्माण-स्थल पर जाएँ तथा वहाँ पर काम करने वालों के साथ निर्माण के बारे में साक्षात्कार करें।
- **Class III, Lesson 8, Flying High**
- Bird watching and recording observations.

  कक्षा III, पाठ 8, ऊंची उड़ान

  पक्षी देखना तथा जो देखा उसका विवरण लिखना।
- **Class IV, Lesson 12, Changing Times**
- Visit to construction site and interviewing to workers about the construction. Note down your discussions and write a report.

  कक्षा IV, पाठ 12, बदलता समय

  निर्माण-स्थल का दौरा करना और निर्माण के बारे में श्रमिकों से साक्षात्कार करना। अपनी चर्चाओं को नोट करें और एक रिपोर्ट लिखें।
- **Class V, Lesson 8, A Treat for Mosquitoes**
- School campus – check and investigation
- Visit to a farm and writing a report on its environment.

  कक्षा V, पाठ 8, मच्छरों के लिए एक दावत

  स्कूल परिसर-जाँचें और खोज करें।

  एक खेल का दौरा करना और उसके पर्यावरण पर एक रिपोर्ट लिखना।

4.6 CHALLENGES INVOLVED IN TRANSACTING EVS (पर्यावरण अध्ययन पढ़ाने में चुनौतियाँ)

- Construct knowledge while drawing upon their diverse experiences.

  उनके विविध अनुभवों का उपयोग करते हुए ज्ञान का निर्माण करें।
- Children need to be helped to make connections between their observations and experiences in their environment.

  बच्चों को उनके अवलोकनों और उनके वातावरण के अनुभावों के बीच संबंध बनाने में मदद करने की आवश्यकता है।

- Approach requires teachers to plan and organise learning experiences.
  उपागम के लिए शिक्षकों को अधिगम अनुभवों की योजना बनाने और उन्हें व्यवस्थित करने की आवश्यकता होती है।
- Requires teachers to move beyond the individual boundaries of disciplines.
  शिक्षकों को विषयों की व्यक्तिगत सीमाओं से परे जाने की आवश्यकता है।

Notes

5

APPROACHES FOR TEACHING LEARNING EVS (पर्यावरण अध्ययन शिक्षण अधिगम हेतु उपागम)

5.3 ACTIVITY-BASED LEARNING (क्रिया आधारित अधिगम)

- Developing in children curiosity and awareness about their surroundings; knowledge and understanding of their environment and their relationships or connections; developing affect attributes (appreciation, values and attitudes) and skills of observation and measurement; collection of information and its processing; creative expressions.

  इसका बल बच्चों में अपने परिवेश के प्रति जिज्ञासा एवं बोध के विकास पर, अपने पर्यावरण के ज्ञान एवं विवेक पर तथा अपने संबंध पर है, कई गुणों के विकास पर (प्रशंसा, मूल्य और मनोवृत्तियाँ) तथा अवलोकन एवं मापन के कौशल के विकास पर, सूचना एकत्र कर उसके संसाधित करने पर, रचनात्मक अभिव्यक्ति पर इत्यादि।

5.3.2 Some Sample Activities (नमूने के तौर पर कुछ क्रियाएँ)

- Encouraging children to bring in and share their personal context and experience.

  बच्चों को अपने व्यक्तिगत संदर्भ तथा अनुभव जानने तथा बांटने के लिए उत्साहित करना।
- Class III, Lesson 14, The Story of Food:

  कक्षा 3, पाठ 14, भोजन की कहानी।
- Table of who does what work in their house

  उनके घर में कौन क्या करता है की सूची।
- Class IV, Lesson 1, Going to School

  कक्षा 4, पाठ 1, पाठशाला जाना।
- Can you ride a bicycle?If yes, who taught you to ride?

  क्या आप साइकिल चलाना जानते हैं? यदि हाँ, तो आप को साइकिल चलाना किसने सिखाया।
- Have you ever been in a thick jungle?

  क्या आप कभी घने जंगल में गए हैं?
- Class V, Lesson 21, Like Father Like Daughter

  कक्षा 5, पाठ 21, जैसा पिता वैसी बेटी।
- Is your hair like that ofanyone else in your family? If yes, then name the person.

  क्या आपके बाल परिवार में किसी और की तरह है? यदि है तो उस व्यक्ति का नाम बताएं।
- Encourage children to talk to parents, and elders and community members to find out and collect information.

  बच्चे को माता-पिता, बड़ों तथा समुदाय के सदस्यों से बातचीत करके सूचना ढूंढने एवं एकत्र करने के लिए प्रोत्साहित करें।

Notes

- Class III, Lesson 16, Games We Play

  कक्षा 3, पाठ 16: खेल जो हम खेलते हैं।
- Find out from elders what games did they play when they were children.

  बड़ों से पता करें कि जब वे छोटे थे तो क्या-क्या खेल खेलते थे।
- Class IV, Lesson 5, Changing Times

  कक्षा 4, पाठ 5: बदलते समय।
- Talk to grandparents and find out when he/she was 8/9 years old where did he/she live? Did they have a toilet in their house?

  अपने दादा दादी से बात करें तथा यह पता लगाएं कि जब वह 8 या 9 वर्ष के थे तब कहाँ रहते थे? क्या उनके घर में शौचालय था?
- Class V, Lesson 12, What If It Finishes?

  कक्षा 5, पाठ 12: अगर यह खत्म हो गया तो क्या।
- Find out from elders, when they were young what used to the cooked as food at home?

  बड़ों से पता लगाएँ कि जब वह छोटे थे तो घर में खाने के लिए क्या बनाया जाता था?
- Encouraging children to go to different sites in the neighbourhood to observe, record, interview and investigate and submitting a report.

  बच्चों को पड़ोस से अलग-अलग जगहों पर जाने के लिए प्रोत्साहित करें तथा अवलोकन, रिकॉर्ड, साक्षात्कार, छानबीन इत्यादि कर रिपोर्ट जमा करने के लिए कहें।
- Class III, Lesson 8, Flying High

  कक्षा 3, पाठ 8, ऊँचा उड़ना।
- Bird watching and recording observations for submission.

  पक्षियों को देखना तथा जमा कराने के लिए जो देखा है उसे रिकॉर्ड करना।
- Class IV, Lesson 12, Changing Times

  कक्षा 4, पाठ 12, बदलता समय।
- Visit to construction site and interviewing different personnel and writing a report.

  एक निर्माण स्थल पर जाएँ, अलग-अलग काम करबेवालों से साक्षात्कार करें तथा रिपोर्ट लिखिए।
- Class V, Lesson 8, A Treat for Mosquitoes

  कक्षा 5, पाठ 8, मच्छरों के लिए एक दावत।
- School campus: check and investigate

  पाठशाला का प्रांगण देखें तथा छानबीन करें।

5.3.3 Organising Activity-Based Teaching-Learning-4 steps (क्रिया-आधारित शिक्षण-अधिगम का आयोजन करना-5 चरण)

- Planning (नियोजन)
- Conducting the Activity (क्रिया को संचालित करना)
- Reflecting on the Process (कार्य का मूल्यांकन)
- Revising (प्रक्रिया पर पुनर्विचार करना)

5.3.4 Making Activity-Based Learning Work (क्रिया आधारित अधिगम को क्रियान्वित करना-4)

- Creates a positive environment in the classroom.

  कक्षा में सकारात्मक पर्यावरण का सृजन करना है।

Notes

- Has a well organised lesson plan.

  भली-भांति तैयार की गई पाठ योजना तथा सारे संसाधन।

- Supports each to stay motivated and focused on learning.

  प्रत्येक बच्चे की व्यक्तिगत, सामाजिक, भावनात्मक और शैक्षिक आवश्यकताओं को ध्यान में रखते हुए अभिप्रेरित एवं संकेंद्रित रहने में सहायता प्रदान करना।

- Recapitulate the lesson, provides feedback and challenges thinking.

  पाठ को दोहराता है, पूर्णनिर्वेशन प्रदान करता है, सोचने विचारने को चुनौती देता है।

- Exploration engages both the physical (psychomotor) as well as mental domain (cognitive and affective) of a child.

  अन्वेषण एक बच्चे के भौतिक साइकोमोटर के साथ-साथ मानसिक प्रभाव क्षेत्र (संज्ञानात्मक और सक्रिय) दोनों को संलग्न करता है।

5.4 COOPERATIVE LEARNING APPROACHES (सहयोगी अधिगम उपागम)

- According to Brody and Davidson CL "to work in groups towards a common goal or outcome, or share a common problem or task in such a way that they can only succeed in completing the work through behaviour that demonstrates interdependence, while holding individual contributions and efforts accountable".

  बरौली तथा डेविडसन के अनुसार, सहयोगी अधिगम वह शिक्षा उपागम है जो पढ़ाने के अनेक तरीकों को जन्म देता है, जों सभी बच्चों को एक ही उद्देश्य और समूहों में काम करने, एक जैसी समस्या या कार्य को बांटने की ओर लगाता है। इस प्रकार से कि वह ऐसा व्यवहार करें जिससे परस्पर निर्भरता दिखती हो तथा प्रत्येक बच्चे की भागीदारी तथा प्रयास भी नजर आते हो।

- According to G. Jacobs, CL is 'Concepts and techniques for enhancing the value of group activities.'

  जी. जेकब के अनुसार सहयोगी अधिगम समूहों में काम करने के मूल्य को बढ़ावा देने वाली अवधारणा एवं तकनीक है।

5.4.1 Benefits of Cooperative Learning (सहयोगी अधिगम के उपयोग)

- Teacher asked his students to bring details of a recent travel that any member of their family had undertaken, and discuss these with another child- 'Pair-share' technique.

  समूह में सीखना : शिक्षक ने बच्चों से कहा कि उनके परिवार में किसी ने भी हाल में यात्रा की हो तो वह उसका विवरण लेकर आए तथा कक्षा में अन्य बच्चों के साथ इसकी चर्चा करें।

- 'Pair-share' technique Step: 1. Individual student responds to the teacher's query, 2. Pairs up with another child, 3. Shares with the partner to complete the team task.

  इस तकनीक को प्रयोग करने के चरण निम्नलिखित हैं : 1. प्रत्येक बच्चा शिक्षक के प्रश्नों का जवाब देता है। 2. दूसरे बच्चे के संग जोड़ी बनाता है। 3. अपने सहयोगी के साथ मिलकर टोली का कार्य पूरा करता है।

5.4.2 Principles of Cooperative Learning (सहयोगी अधिगम के सिद्धांत)

Three most important principles. (तीन अति महत्वपूर्ण सिद्धांत)

- Positive Interdependence: (सकारात्मक रूप से एक दूसरे पर निर्भरता)

- Individual Accountability: (व्यक्तिगत जिम्मेदारी)
- Equal Status Interactions: (समान स्तर पर सह क्रियाएँ)

Notes

5.4.3 Advantages of using Cooperative Learning for EVS (पर्यावरण अध्ययन हेतु सहयोगी अधिगम के उपयोग)

- Develop inter-personnel skills, problem-solving skills, conflict management, as well as decision-making skills.

  दूसरों के दृष्टिकोण एवं विचारों को समझने की योग्यता को बढ़ाता है, उनके दूसरों के साथ घुलने मिलने के कौशल को विकसित करने में सहायता करता है, समस्याओं को सुलझाने के, आपात स्थिति को संभालने के तथा फैसले करने के कौशलों का विकास करता है।
- Based on the local context.

  स्थानीय संदर्भ पर आधारित होता है।
- Comprise multiple viewpoints.

  कई प्रकार के विचार एवं दृष्टिकोण सम्मिलित होते हैं।

5.4.4 Challenges in Cooperative Learning (सहयोगी अधिगम की चुनौतियाँ)

- May appear to be 'unplanned'.

  'अनियोजित' प्रतीत होता है।
- Role as the facilitator is the most important.

  सुसाध्यक के रूप में भूमिका अति महत्वपूर्ण होती है।

6 METHODS OF TEACHING LEARNING EVS (पर्यावरण अध्ययन शिक्षण अधिगम की विधियाँ)

6.2 SELECTING AN APPROPRIATE TEACHING LEARNING METHOD (शिक्षण अधिगम की उचित विधि का चयन)

- Two key factors.

  दो मुख्य घटक।
- The nature of content being transacted and dealt with in the class.

  कक्षा में पढ़ाए जाने वाली विषय-वस्तु की प्रकृति।
- Preferred learning styles of your students: Left and right brain thinkers, Auditory, visual and kinesthetic learners, Activists, reflectors, theorists and pragmatists.

  विद्यार्थियों की वरीय अधिगम शैली : बाएँ तथा दाएँ दिमाग से सोचने वाले, श्रवण, दृश्य तथा गति-बोध द्वारा सीखने वाले, कार्य करने वाले, सोचने वाले, सिद्धांतवादी तथा उपयोगितावादी।

6.3 THE OBSERVATION METHOD (प्रेक्षण विधि)

- Einstein propounded the theory of relativity by observing the clocks of a church and sitting in tram at his work place Observation made James watt realise the strength of steam encouraging him to invent the steam engine

  आइंस्टाइन ने सापेक्षता का सिद्धांत गिरिजाघर की गाड़ियों का परीक्षण कर दिया तथा अपने कार्यस्थल पर ट्राम में बैठकर प्रेक्षण ने ही जेम्स वाट को भाप की शक्ति का एहसास दिलाया।
- Observation is the basis of Learning and discretion.

  प्रेक्षण अधिगम एवं विवेक का आधार हैं।

6.3.1 Using Observation Method (प्रेक्षण विधि का उपयोग करना)

- Planning and preparation for observation.

  प्रेक्षण के लिए योजना बनाना एवं तैयारी करना।
- Actual Observation.

  वास्तविक प्रेक्षण।
- Analysis and Interpretation.

  विश्लेषण एवं व्याख्या।
- Generalisation of the Results.

  परिणामों का सामान्यीकरण।
- The tools used for observation are worksheets, schedules, checklists, rating scales and score cards.

  प्रेक्षण करने के लिए साधन कार्य-पत्र, चेकलिस्ट, रेटिंग स्केल तथा अंक कार्ड होते हैं।

6.3.2 Advantages (उपयोगिता)

- Encourage children to explore their environment.
  बच्चों को अपना पर्यावरण खोजने के लिए प्रोत्सहित करता है।
- Develops observation skills.
  प्रेक्षण के कौशलों का विकास होता है।
- Encourage students to see, think, and establish connections.
  छात्रों को देखने, सोचने तथा कड़ियाँ स्थापित करने के लिए प्रोत्साहन मिलता है।
- The students are able to infer similarities and the differences.
  छात्र समानताएँ एवं विभिन्नताएँ समझ पाते हैं।
- The acquired knowledge is from real and concrete situations and objects.
  प्राप्त ज्ञान वास्तविक एवं स्थूल स्थितियों एवं वस्तुओं से प्राप्त होता है।
- Satisfies and develops curiosity of the students.
  छात्रों में जिज्ञासा का विकास एवं संतुष्टि होती है।

Notes

6.4 CREATIVE EXPRESSIONS (रचनात्मक अभिव्यक्तियाँ)

- Some Ideas for Creative Expressions
  रचनात्मक अभिव्यक्तियों हेतु कुछ सुझाव।
- Poetry reading and writing
  कविता पढ़ना तथा लिखना।
- Making posters, collages, advertisements etc.
  पोस्टर, कोलाज, विज्ञापन आदि बनाना।
- Performing Arts: Dramas, plays and skits etc.
  अभिनय कलाएँ, नाटक खेल, नाटिकाएँ इत्यादि।
- Model making
  मॉडल बनाना।
- Puppetry
  कठपुतली।
- Graphic Arts
  चित्रण कलाएँ।
- Movement and Dance
  गति और नृत्य।
- Music
  संगीत।

6.4.1 Creative Expressions in EVS (पर्यावरण अध्ययन में सृजनात्मक अभिव्यक्तियाँ)

- Creativity Stimulates Learning.
  सृजनात्मक से अधिगम उत्प्रेरित होता है।
- Creativity in response to social, cultural and environmental issues.
  सामाजिक, सांस्कृतिक एवं पर्यावरणीय मुद्दों की अनुक्रिया में सृजनात्मकता।

Notes

- Creativity enhances ability to manage change.

  रचनात्मकता बदलाव के प्रबंधन की योग्यता का विकास करती है।
- Creative expressions can be very useful in developing the affective domain.

  रचनात्मक अभिव्यक्ति बच्चों के भावात्मक पक्ष का विकास करने में काफी उपयोगी हो सकती है।
- Example–Slipper stamp.

  उदाहरण–चप्पल की मोहर।

6.4.2 Tips for Facilitating Creative Expressions (सृजनात्मक अभिव्यक्तियों को बढ़ावा देने के लिए युक्तियाँ)

- Promote Creative Expression in small groups, this will help children overcome their inhibitions.

  रचनात्मक अभिव्यक्ति को छोटे समूह में प्रोत्साहित किया जाना चाहिए, जिससे बच्चे अपने डर एवं हिचक से बाहर निकल पाएँ।
- Provide choices of creative expression medium such as Visual Arts, Creative Dramatics, Music or Movement according to students' skills and interests.

  बच्चों को रचनात्मक अभिव्यक्ति करने के माध्यमों में चुनाव प्रदान करें जैसे दृश्य कलाएँ, अभिव्यक्ति व्यक्त करने के नाटक, बच्चों के कौशल एवं सूचियों के अनुसार संगीत या गति।
- Encourage team work, yet give individual attention to each child.

  समूह में काम करने को बढ़ावा दें, उसमें भी हर बच्चे को व्यक्तिगत ध्यान मिले।
- Helpful in building self-confidence and creative thinking skills.

  आत्मविश्वास को बढ़ाने तथा सकारात्मक सोच के कौशलों को बढ़ावा दें।
- Create a non-stressed, non-competitive atmosphere in the class.

  कक्षा में दबाव तथा प्रतिस्पर्धा रहित वातावरण का निर्माण करें।
- Create a fun-filled learning environmental for the children.

  बच्चों के लिए हँसी मजाक से भरपूर अधिगम पर्यावरण तैयार करें।

6.5 SMALL GROUP DISCUSSIONS (छोटे समूहों में परिचर्चा)

- Buzz Groups (बज्ज समूह)
- A buzz group is a small group, consisting of three to six persons who are given a definite issue/problem to discuss and an associated task to complete in a short period of time.

  बज्ज समूह एक छोटा सा समूह होता है जिसमें 3 से 6 व्यक्ति होते हैं और उन्हें एक मुद्दा या समस्या चर्चा के लिए दी जाती है तथा थोड़े से ही समय में उससे जुड़ा कार्य दिया जाता है।
- Each buzz group records their output then reports to the larger group.

  सामान्यत: हर बज्ज समूह अपना काम रिकॉर्ड करके बड़े समूह के सामने पेश करता है।

6.5.1 Steps to Organising Small Group Discussions (छोटे समूह में परिचर्चा संचालन के चरण)

- Teacher organises the class into small groups of about 4-6 members each.

  शिक्षक कक्षा को छोटे-छोटे समूहों में बाँट देता है। हर समूह में 4 से 6 सदस्य होते हैं।

Notes

- The teacher announces a problem/statement/question to the groups.

  शिक्षक समस्या/कथन/प्रश्न को समूह के सामने रखते हैं।
- Groups are provided 10-15 minutes for discussion.

  समूह को चर्चा के लिए 10 से 15 मिनट दिए जाते हैं।
- Each individual in the group shares his/her view on the topic, followed by all group members discussing the concern, creating arguments, changing opinions, etc.

  समूह का हर सदस्य इस कथन के संबंध में अपने विचार रखता है, इसके बाद समूह के सभी सदस्य उस पर चर्चा करते हैं, बहस होती है, विचार बदलते हैं इत्यादि।
- Each group spends a few minutes reviewing, consolidating and recording the opinions, points and ideas generated.

  इस प्रकार सृजित विचारों, अन्य बिंदुओं, मतों के पुनरीक्षण, संघटन तथा रिकॉर्ड करने के लिए प्रत्येक समूह कुछ समय लगाता है।
- Each group reports to the entire class.

  प्रत्येक समूह पूरी कक्षा के सामने अपनी रिपोर्ट पेश करता है।

6.5.2 Appropriateness for EVS (पर्यावरण अध्ययन हेतु उपयुक्तता)

- EVS is a multidisciplinary area of study. Group discussions are effective in breaking 'subject boundaries' related to a problem or a concern.

  पर्यावरण अध्ययन एक बहुविषक अध्ययन क्षेत्र है। समूह चर्चा समस्या या मुद्दे संबंधित विषयों के बीच की सीमाएँ तोड़ने में कारगर सिद्ध होती है।
- In complex socio-economic and environmental scenarios, no single answer seems to satisfy all stakeholder groups. think for 'out-of-the-box' solutions.

  जटिल सामाजिक, आर्थिक एवं पर्यावरणीय परिस्थितियों में किसी एक उत्तर से सभी संबंधित समूहों को संतुष्ट नहीं किया जा सकता। हमें बहुमुखी संभावनाओं तथा अलग प्रकार के समाधानों को पैदा करने की आवश्यकता है।
- Different viewpoints to the same concern, based on different beliefs, priorities, culture and context.

  एक ही मुद्दे पर भिन्न प्रकार के विचार जो कि विभिन्न विश्वासों, प्राथमिकताओं, संस्कृतियों एवं संदर्भों पर आधारित होते हैं, सामने आते हैं।
- Develop divergent thinking, reflective thinking, listening abilities and inter-personnel skills among children.

  इस प्रकार से सीखने की प्रक्रिया बच्चों में बहुमुखी चिंतन, गहन चिंतन, सुनने की योग्यताओं एवं अंतरवैयक्तिक कौशलों का विकास करती है।

6.6 PROJECTS FOR EVS (पर्यावरण अध्ययन के लिए परियोजना)

- According to Kilpatrick, "A project is a whole-hearted purposeful activity proceeding in a social environment."

  किलपैट्रिक के अनुसार, 'परियोजना एक पूरे दिल से की जाने वाली उद्देश्यपूर्ण क्रिया है जो कि सामाजिक पर्यावरण में संपादित की जाती है।''

6.6.1 Steps of Project Method- 3 STAGES (परियोजना विधि के 3 चरण)

- **Pre-activity stage:** Stating the problem, planning for the various aspects, Initiating the 'project team'—rapport, roles and tasks.

Notes

क्रिया पूर्व अवस्था : परियोजना कार्य की समस्या तथा उसका उद्देश्य कथन, चुनी गई परियोजना के विभिन्न पक्षों को निर्धारित करना, परियोजना टीम को दीक्षित करना, मेलजोल बढ़ाना, भूमिका एवं कार्य बाँटना।

- **Activity stage :** Identification of sources, Planning and working out the organisational details of the project, Various activities and tasks executed

  क्रिया अवस्था : परियोजना के स्रोतों एवं उपकरणों को पहचानना, परियोजना के विकास के लिए विस्तार से संगठित योजना बनाना, विभिन्न भूमिका और कार्य को अंजाम देना।

- **Post-activity stage:** Compilation, analysis and interpretation of the data, Formulation and implementation of the action plan, Reflecting on the experience—documenting learnings.

  क्रियोत्तर अवस्था : तथ्यों को एकत्र करना, विश्लेषण करना तथा समझना; क्रिया योजना को तैयार करना तथा लागू करना; अनुभव पर विचार करना-अनुभवों को प्रलेखित करना।

6.7 VISITS FOR LEARNING (अधिगम हेतु भ्रमण)

- Visits to zoos, gardens, parks and museums are part of school life.

  चिड़ियाघर, बाग, उद्यान, अजायबघर का भ्रमण विद्यालयी जीवन का एक अंग है।

- A walk around the school ground or neighbourhood, a visit to a local historical monument.

  विद्यालय के मैदान या पड़ोस का भ्रमण, स्थानीय ऐतिहासिक किले का भ्रमण।

- A trip to a museum, a factory, a public office.

  अजायबघर, कारखाने, सरकारी दफ्तर का भ्रमण इत्यादि।

- Provide rich opportunities for first-hand exposure.

  नवीन अनुभव एवं अच्छे अधिगम अवसर प्रदान करते हैं।

- Space for the development of several skills including observation, investigation, monitoring, mapping, collecting data and analysing it.

  कई प्रकार के कौशलों जैसे अवलोकन, छानबीन, खोज, मॉनिटरिंग, मानचित्रण, तथ्य एकत्रित करना, उनका विश्लेषण करना, विवेचित चिंतन तथा समस्याओं का समाधान करना इत्यादि के विकास के लिए अवसर प्रदान करता है।

- Worksheets can help to guide participants to observe more keenly.

  वर्कशीट अधिगम को और विस्तार से समझने में सहायता करता है।

6.7.2 Steps to a Successful Visit for Learning (अधिगम हेतु सफल क्षेत्र-भ्रमण के चरण)

- Setting Goals for the visit

  भ्रमण हेतु उद्देश्य निर्धारित करना।

- Planning the Programme

  कार्यक्रम की योजना बनाना।

- Briefing the Students- 'Do's and don'ts' for the visit

  बच्चों को संक्षेप में बताना-"क्या करना है, क्या नहीं करना"।

- After the Visit: the students should be assembled back in one place. A brief oral feedback may be taken on the spot.

  भ्रमण के बाद : भ्रमण समाप्त होने के बाद बच्चों को एक स्थान पर दोबारा एकत्र करें, उसी स्थान पर एक संक्षिप्त मौखिक वार्तालाप किया जा सकता है।

- Evaluating the performance: educational goals achieved or not.

  कार्य का मूल्यांकन करना : शैक्षिक उद्देश्य प्राप्त हुए या नहीं।

- Field visit in three stages- Planning, Conducting the Trip and Post-Field Trip stage.

  क्षेत्र भ्रमण के तीन चरण-योजना बनाना, भ्रमण करवाना तथा भ्रमण के बाद का चरण।

Notes

6.8 EXPERIMENTS FOR TEACHING-LEARNING OF EVS (पर्यावरण अध्ययन के शिक्षण अधिगम हेतु प्रयोग)

- In enabling children understand abstract concepts.

  बच्चों को अमूर्त अवधारणा को समझाने के योग्य बनाने में।

- In helping develop scientific temper, being able to hypothesise and discover and explore.

  वैज्ञानिक प्रवृत्ति, परिकल्पनाएँ बनाने, खोज तथा छानबीन करने के योग्य बनने में सहायता करते हैं।

- In enhancing the skills of observation and analytical thinking.

  अवलोकन करने तथा विश्लेषणात्मक चिंतन के कौशल बढ़ाने में।

- In providing practical knowledge.

  व्यवहारिक ज्ञान देने में।

- In enabling children apply the theoretical knowledge gained.

  बच्चे ने जो सैद्धांतिक ज्ञान प्राप्त किया है, उसे प्रयोग में लाने के योग्य बनाने में।

6.9 PROBLEM SOLVING (समस्या समाधान)

- Problem solving or problem based learning is a method aimed to help the students in arriving at a solution or alternative solutions for a given problem.

  समस्या को सुलझाना या समस्या पर आधारित अधिगम विधि एक ऐसी विधि है जो बच्चों को सब आधार पर पहुँचने या दी गई समस्या के वैकल्पिक समाधान ढूंढ़ने में सहायता करती है।

6.9.1 Steps to Problem Solving (समस्या समाधान के चरण)

- Identify, understand and describe the problem.

  समस्या को पहचानें, समझें तथा उसका वर्णन करें।

- **Define the problem:** For this the children may need to research/gather information which is related to the identified problem.

  समस्या को परिभाषित करें : इसके लिए बच्चों को पहचानी गई समस्या के बारे में कुछ छानबीन पर सूचनाएँ एकत्र करनी पड़ सकती हैं।

- **Fact finding:** If required, undertake the necessary field work, survey, experiment, discussion or even a project.

  तथ्य ढूंढ़ना : अगर आवश्यकता पड़े तो आवश्यक क्षेत्र कार्य, सर्वेक्षण, प्रयोग चर्चा या फिर परियोजना भी करें।

- **Analyse the Problem:** Gather data, interpret it and discuss to arrive at a solution/alternative solution/s. Through a group consensus mode, arrive at the most plausible solution.

  समस्या का विश्लेषण करना : डाटा एकत्र करें, इन्हें समझें तथा समस्या के समाधान, वैकल्पिक समाधानों तक आने के लिए चर्चा करें। समूह की सहमति के आधार पर सबसे बढ़िया समाधान निकालें।

Notes

- **Discuss possible strategy for action:** The next step is to develop an action plan to solve the problem. The approach used may vary depending upon the situation and the groups/teams.

  क्रिया करने हेतु संबंध विधि पर चर्चा करें : अगला चरण है समस्या को सुलझाने के लिए क्रिया योजना का विकास करना। प्रयोग की जाने वाली पद्धति परिस्थिति एवं समूह के अनुसार बदल सकती है।

- **Evaluate the Results:** After a solution has been reached, it is important to evaluate the results to determine if it is effective in solving the given problem.

  परिणामों का मूल्यांकन : समाधान पर पहुँचने के बाद, यह महत्वपूर्ण है कि परिणामों का मूल्यांकन यह जानने के लिए किया जाए कि दी गई समस्या का समाधान समस्या को सुलझाने में कितना कारगंर है।

PLANNING TEACHING AND LEARNING OF EVS
(पर्यावरण अध्ययन शिक्षण और अधिगम की योजना बनाना)

7

7.2 THE NEED FOR PLANNING (योजना बनाने की आवश्यकता)

- In disciplinary terms, planning is referred to as a 'management technique.' A plan is like a map. Planning is also crucial for meeting your needs during each action step with your time, money, or other resources.

  विशेष शब्दों में, योजना प्रबंधन की एक तकनीक है। योजना एक नक्शे की तरह होती है। योजना आप के प्रत्येक क्रिया चरण पर आपको समय, पैसे तथा अन्य संसाधनों की आवश्यकताओं की पूर्ति हेतु भी महत्वपूर्ण है।
- Planning will give us clarity mainly in three areas, preparation, process and product.

  योजना बनाना हमें तीन क्षेत्रों में सफलता प्रदान करेगा, तैयारी में, प्रक्रिया में तथा परिणाम में।
- Path clarity of the work: Planner can help you visualize the entire work schedule and the various steps contained.

  कार्य के रास्ते की स्पष्टता : योजना पत्र आपको संपूर्ण कार्य सूची एवं विभिन्न चरणों को स्पष्टता से देखने में सहायता करेगा।
- Assumptions: This will always be useful for achieving the expected results.

  पूर्वानुमान : यह हमेशा ऐसा आवश्यकता अनुसार परिणाम प्राप्त करने में उपयोगी होगा।
- Futuristic assurance: Environmental and social aspects.

  भविष्यवादी आश्वासन: पर्यावरण और सामाजिक पहलू।

7.3 STEPS IN PLANNING (योजना बनाने के चरण)

- Teaching Points (शिक्षण बिंदु)
- Outline Learning Objectives (अधिगम उद्देश्य को निर्धारित करें)
- Plan the Introduction and the Specific Learning Activities (प्रस्तावना तथा विशिष्ट अधिगम क्रियाओं की योजना बनाएँ।)
- Plan to Check for the Learning and Understanding (अधिगम एवं समझ को परखने के लिए योजना)
- Develop a Conclusion and a Preview (एक परिणाम निकालना तथा पूर्व दृश्य देखना)
- Create a Realistic Timeline (एक वास्तविक समय रेखा बनाना)
- Presenting the Lesson Plan (पाठ योजना को पेश करना)
- Reflecting on Your Lesson Plan (अपनी पाठ योजना के बारे में पुनर्विचार)

Notes

7.4 PLANNING EVS LESSONS (पर्यावरण अध्ययन के पाठों की योजना बनाना)

7.4.1 Daily Lesson Notes (प्रतिदिन के पाठ की टिप्पणियाँ)

- Daily lesson note taking completes the 'feedback loop' on lesson plans.
पाठों पर प्रतिदिन नोट्स लिखना पाठ योजनाओं पर फीडबैक लूप पूरा करती है।

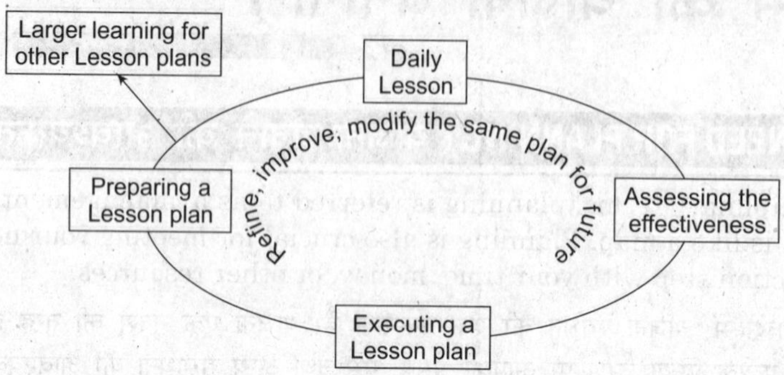

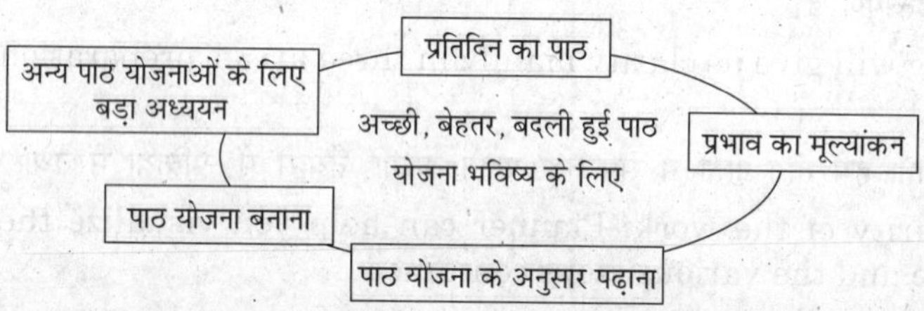

7.5 ANNUAL LESSON PLANS (वार्षिक पाठ योजनाएँ)

Month	Theme/Chapter	Lesson	Correlation with**

महीना	प्रकरण/शीर्षक	पाठ	सहसंबंधित

- **Correlation with nature, annual celebrations, Festivals :** Uttarayan, is an important festival of Gujarat, which Kite flying day.- Til Ka Laddu TCF
प्रकृति के साथ सहसंबंध, वार्षिक उत्सव, त्योहार, ऋतुएँ तथा अन्य प्राकृतिक घटनाएँ : उत्तरायण गुजरात का एक महत्वपूर्ण त्योहार है जो कि पतंग उड़ाने वाले दिन से संबंधित है, तिल का लड्डू खाने की परंपरा है।
- Correlation with other subjects.
दूसरे विषयों के साथ सहसंबंध।
- Correlation with the same theme in other grades.
अन्य कक्षाओं में उसी प्रकरण के साथ सहसंबंध।
- Correlation with the other theme.
अन्य प्रकरणों के साथ सहसंबंध।

8 RESOURCES AND MATERIALS FOR TEACHING LEARNING OF EVS (पर्यावरण अध्ययन के शिक्षण अधिगम हेतु संसाधन एवं सामग्री)

8.2 WHAT IS LEARNING RESOURCE (अधिगम संसाधन क्या है?)

- 'Resource' means something that can be used to help achieve an aim (The Oxford Advanced learners' dictionary).

  संसाधन का अर्थ है वह चीज जो किसी उद्देश्य की प्राप्ति के लिए प्रयोग लाई जाए। (ऑक्सफोर्ड एडवांस्ड लर्नर्स शब्दकोश)

8.3 SIGNIFICANCE OF LEARNING RESOURCES IN EVS (पर्यावरण अध्ययन में अधिगम संसाधनों का महत्व)

- Appreciate interrelationship between the humans, culture and biophysical surroundings.

  मनुष्यों, सांस्कृतिक तथा जैविक-भौतिक वातावरण के बीच संबंधों को समझने एवं महसूस करने के लिए आवश्यक कौशल एवं मनोवृतियों का विकास करने में।
- Outdoor-based learning processes are effective in EVS.

  बाहरी वातावरण पर आधारित अधिगम प्रक्रिया काफी प्रभावशाली होती है।
- Real-life based experience, in physical, biological, social and cultural aspects.

  पर्यावरण अध्ययन हेतु भौतिक, जैविक, सामाजिक तथा सांस्कृतिक पक्षों पर आधारित वास्तविक जीवन के अनुभव उपयुक्त होते हैं।
- Enhance cognitive ability, capacity and resourcefulness in child.

  यह बच्चों में ज्ञानात्मक योग्यता, क्षमता तथा उपाय कुशलता बढ़ाने का उद्देश्य रखता है।

8.4 TYPES OF RESOURCES AND THEIR USE (संसाधनों के प्रकार तथा उनका उपयोग)

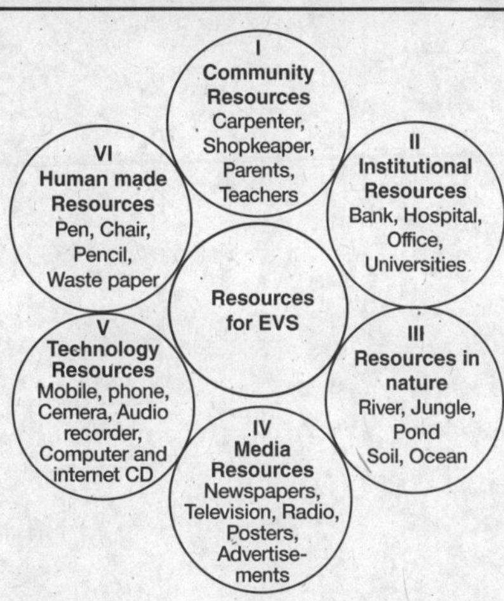

7.6 PLANNING FOR PROGRESS, PARTICIPATION AND RESOURCE (प्रगति, भागीदारी एवं संसाधन उपयोग हेतु योजना बनाना)

Notes

- **Students' progress:** modify your teaching-learning plan for the class for that year.

  बच्चों की प्रगति : उस कक्षा के लिए उस वर्ष शिक्षण अधिगम योजना में बदलाव ला सकता है।

- **Students' Participation:** plan must be flexible enough to accommodate students' abilities.

  बच्चों की भागीदारी : पाठ योजना लचीली होनी चाहिए ताकि बच्चों की योग्यता एवं अधिगम की प्राथमिकताओं को शामिल किया जा सके।

- **Available resources:** Good and practical resource planning is an important factor for the success of any lesson plan

  उपलब्ध संसाधन : किसी पाठ योजना की सफलता हेतु अच्छी तथा प्रायोगिक संसाधन योजना बनाना एक महत्वपूर्ण घटक है।

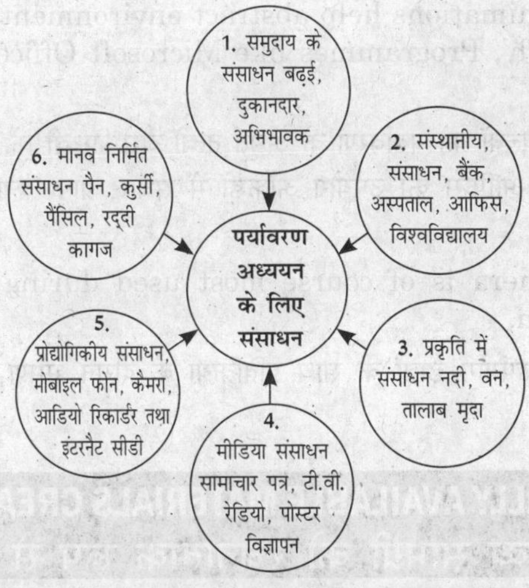

Notes

8.4.1 Community Resources (सामुदायिक संसाधन)

- 'Each person is important' (हर व्यक्ति महत्वपूर्ण है)
- Practical work leads to knowledge construction.

  प्रयोगात्मक कार्य से ज्ञान का निर्माण होता है।

8.4.2 Institutional Resources (संस्थानीय संसाधन)

- **Public Facilities:** Public hospitals, bus stations, post offices, police stations.

  सरकारी सुविधाएँ : सरकारी अस्पताल, बस अड्डा, डाकघर, पुलिस थाने।
- **Museums and Historical Sites:** Museums of natural history, palaces, parks.

  अजायबघर तथा ऐतिहासिक स्थल : प्राकृतिक इतिहास के अजायबघर, महल, पार्क।
- Other establishments: Plant nurseries, wind farms, universities, dams, zoos.

  अन्य संसाधन : पौधों की नर्सरी, पवन फार्म, विश्वविद्यालय, बांध, चिड़ियाघर।
- **Commercial and Industrial set ups:** Power house units, factories, shopping malls, local markets.

  व्यापारिक एवं औद्योगिक स्थान : बिजली घर की इकाइयाँ, कारखाने, खरीदारी के लिए मॉल स्थानीय बाजार।
- Local 'Mela'(fairs) : स्थानीय मेला।

8.4.5 Technology Resources (प्रौद्योगिकीय संसाधन)

- **'Technology' :** "Scientific knowledge used in practical ways in Industry".

  'प्रौद्योगिकी का वैज्ञानिक ज्ञान जो कि उद्योग में प्रायोगिक तरीके से इस्तेमाल होता है' जैसे परिभाषित किया गया है।
- **Mobile phone :** GPS (Global Positioning System)- map-making and map-reading skills, Stopwatch facility- sun-rise and sun-set.

  मोबाइल फोन ' जी.पी.एस (ग्लोबल पोजिशनिंग सिस्टम) को मानचित्र बनाने तथा पढ़ने के कौशल स्टॉप वाच सुविधा- सूर्योदय तथा सूर्यास्त।

Notes

- **Computer :** Animations help abstract environmental phenomena, like 'inside our earth', Programmes like Microsoft Office- retrieval of data, making graphs.

  कंप्यूटर: एनीमेशन बच्चों को पर्यावरण के अमूर्त तत्वों जैसे 'पृथ्वी के भीतर' इत्यादि को समझने में तथा माइक्रोसॉफ्ट ऑफिस का उपयोग आँकड़ों में सुधार, ग्राफ बनाने इत्यादि में प्रयोग किया जा सकता है।

- **Camera :** Camera is of course most used during field visits, treks, feedback session.

  कैमरा : कैमरे का उपयोग छात्रों के साथ प्रतिक्रिया के दौरान भ्रमण, ट्रैक तथा टूर इत्यादि के दौरान होता है।

8.5 USING LOCALLY AVAILABLE MATERIALS CREATIVELY (स्थानीय रूप से उपलब्ध सामग्री को रचनात्मक रूप से प्रयोग करना)

- Arouses childrens' intellectual curiosity. (बच्चों की बौद्धिक जिज्ञासा जगाता है)
- Making a Solar Cooker (सोलर कूकर बनाना)
- Material (सामग्री)
- Shoebox (जूतों का डिब्बा)
- Aluminum foil (अल्युमिनियम फॉयल)
- Glue (गोंद)
- Scissors or knife (कैंची या चाकू)
- Brushes for painting (रंग करने के लिए ब्रश)
- Plastic bag to keep the pots in (the bags help store the heat) (बर्तन रखने के लिए प्लास्टिक की थैलियाँ)। (थैलियाँ ऊष्मा के भंडारण में सहायता करती हैं।)

8.6 SCHOOLS AS RESOURCE CENTRES: CREATING A TREASURE HOUSE (विद्यालय संसाधन केंद्र : भंडार गृह निर्माण)

• Seed collection	• Storybook corner	• Student profile
• Leaf collection	• File corner	• School profile
• Picture collection	• Project corner	• village profile
• Metal collection	• Collection corner	• Vegetation profile
• Coin collection	• Painting corner	• Pet animal related-profile
• Stamp collection	• Waste material	• Event related profiles
• Newspaper(cutting)	• comer	• Contact number file, etc,
• Collection	• Craft corner	
• Magazine	• Art corner	
• Collection etc.	• Maths comer	
	• Puzzle corner	
	• Experiment corner	
	• Toy corner	
	• Sport comer	
	• Map comer	
	• Creative corner etc.	

Notes

• बीजों का संकलन	• कहानियों की पुस्तकों का कोना	• विद्यार्थी प्रोफाइल
• पतों का संकलन	• फाइलों का कोना	• विद्यालय प्रोफाइल
• चित्रों का संकलन	• परियोजना कोना	• गांव प्रोफाइल
• धातु संकलन	• संकलन कोना	• वनस्पति प्रोफाइल
• सिक्कों का संकलन	• चित्रकारी कोना	• पालतू जानवर संबंधित प्रोफाइल
• टिकटों का संकलन	• रद्दी सामग्री कोना	• घटनाओं से संबंधित प्रोफाइल
• समाचार पत्र की कतरनों का संकलन	• दस्तकारी कोना	• संपर्क नम्बर फाइल हत्यादि
• पत्रिकाओं का संकलन	• कला कोना	
	• पहेली कोना	
	• प्रयोग कोना	
	• खिलौना कोना	
	• खेल कोना	
	• मानचित्र कोना	

9

ASSESSING LEARNING IN EVS (पर्यावरण अध्ययन में अधिगम का मूल्य निर्धारण)

9.2 HOW IS ASSESSMENT RELATED TO OBJECTIVES OF TEACHING LEARNING OF EVS (किस प्रकार मूल्य-निर्धारण पर्यावरण अध्ययन के उद्देश्य से संबंधित है।)

- Assessment is the process of gathering, interpreting, recording and using information about a learner's responses to an educational task.

  आकलन एक शैक्षिक कार्य के लिए शिक्षार्थी की प्रतिक्रियाओं के बारें में जानकारी एकत्र करने, व्याख्या करने, रिकॉर्ड करने और उपयोग करने की प्रक्रिया है।

9.3 WHY DO WE NEED TO ASSESS STUDENT'S LEARNING? (हमें बच्चे के अधिगम उपकरण मूल्य-निर्धारित क्यों करना चाहिये?)

- Enable quantitative and qualitative understanding.

  मात्रात्मक और गुणत्मक समझ को सक्षम करें।
- Diagnose the gaps in realising objectives.

  उद्देश्यों को साकार करने में अंतराल का निदान करें।
- Motivate and guide students.

  छात्रों को प्रेरित और मार्गदर्शन करें।

9.3.1 Diagnostic and Guidance Purpose of Assessment (मूल्य निर्धारण का नैदानिक तथा निर्देशात्मक उद्देश्य)

- Diagnose problem areas in teaching-learning.

  शिक्षण अधिगम में समस्या क्षेत्रों का निदान करना।
- Necessary remediation.

  आवश्यक निवारण।

9.3.2 Assessment tells about Teaching too (मूल्य निर्धारण अध्यापन के बारे में बताता है)

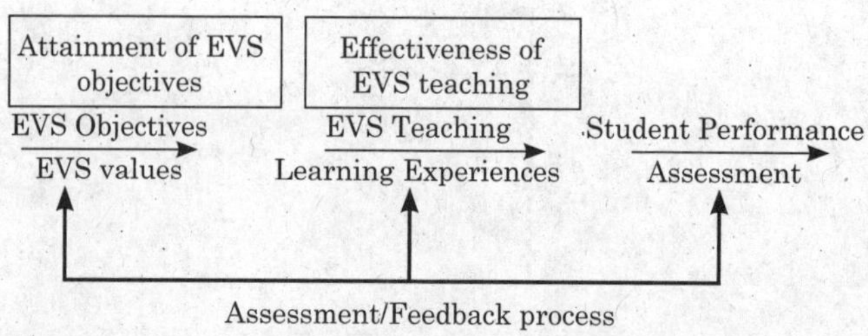

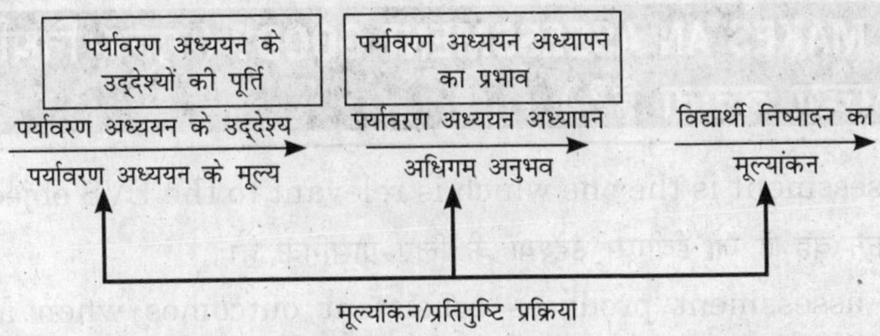

Notes

9.4 CONTINUOUS AND COMPREHENSIVE EVALUATION (सतत एवं व्यापक मूल्य-निर्धारण)

- 'Assessment of learning'

  'सीखने का आकलन'।
- Assessment of learning in EVS therefore demands that the assessment process is comprehensive.

  ईवीएम में सीखने का आकलन इसीलिए मांग करता है कि मूल्यांकन प्रक्रिया व्यापक हो।
- This helps to create a holistic picture of the child's development.

  यह बच्चे के विकास की एक समग्र तस्वीर बनाने में मदद करता है।
- The Right of Children to Free and Compulsory Education Act (RTE),2009.

  बच्चों को मुफ्त और अनिवार्य शिक्षा का अधिकार अधिनियम (आरटीई), 2009।

9.5 TYPES OF ASSESSMENT: FORMAL AND INFORMAL (मूल्य निर्धारण के प्रकार: औपचारिक एवं अनौपचारिक)

- Planned assessments like oral and written tests generally come under formal assessment.

  मौखिक और लिखित परीक्षा जैसे नियोजित मूल्यांकन आमतौर पर पर औपचारिक मूल्यांकन के अंतर्गत आते हैं।
- Informal assessments are carried out in natural, informal settings and children are generally not told that they are being assessed. Observing children in the class, playground, during a visit.

  अनौपचारिक मूल्यांकन प्राकृतिक, अनौपचारिक परिस्थितियों में किए जाते हैं और बच्चों को आमतौर पर यह नहीं बताया जाता है कि उनका मूल्यांकन किया जा रहा है। भ्रमण के दौरान कक्षा, खेल के मैदान में बच्चों का अवलोकन करना।

9.5.1 Assessment : Formative and Summative (निर्माणात्मक एवं संकलित मूल्य-निर्धारण)

- This timely assessment provided the essential feedback to teacher.

  समय पर किए गए मूल्य-निर्धारण से बच्चों को सीखने में रह गई कमी को दूर करने के लिए पुनर्निर्देशन मिलता है।
- Summative assessment helped the teacher to diagnose major gaps in the students' knowledge and understanding.

  निर्माणात्मक मूल्य-निर्धारण अधिगम में आने वाली रुकावटों को पहचानने में तथा उसी समय वहीं पर सुधार कार्य करने में अध्यापक की सहायता करता है।

Notes

9.6 WHAT MAKES AN ASSESSMENT GOOD? (मूल्य-निर्धारण को क्या अच्छा बनाता है?)

- Valid assessment is the one which is relevant to the EVS objectives.
  वैध मूल्यांकन वह है जो ईवीएस उद्देश्यों के लिए प्रासंगिक है।
- Reliable assessment produces consistent outcomes when applied by different teachers in a range of contexts. 'match the pairs' is likely to be more reliable than subjective assessment such as essay writing.
  संदर्भों में विभिन्न शिक्षकों द्वारा लागू किए जाने पर विश्वसनीय मूल्यांकन सुसंगत परिणाम उत्पन्न करता है। निबंध लेखन जैसे व्यक्तिपरक मूल्यांकन की तुलना में 'जोड़ियों का मिलान करें' अधिक विश्वसनीय होने की संभावना है।
- Fair assessment takes into account the personality and preferences of every student being assessed.
  न्यायसंगत मूल्य निर्धारण किए जा रहे प्रत्येक छात्र के व्यक्तित्व और वरीयताओं को ध्यान में रखता है।
- Flexible assessment tools and processes make an assessment suit/ relevant in a range of teaching learning contexts.
  लचीले मूल्य-निर्धारण के उपकरण एवं प्रक्रियाएँ मूल्य-निर्धारण को कई प्रकार के अध्यापन-अधिगम के संदर्भ में उपयुक्त बनाती हैं।

9.7 LEARNING-CENTERED ASSESSMENT (अधिगम केंद्रित मूल्य निर्धारण)

9.7.1 Self Assessment and Peer Assessment (स्व मूल्यांकन और समकक्ष मूल्यांकन)

- Developed by Jacob Moreno (1887 – 1974).
  जैकब मोरेनो द्वारा विकसित (1887-1974)।
- They know that the groups have form and structure: that there are patterns of sub-groups, cliques, and specific friendships.
  वे जानते हैं कि समूहों का रूप और संरचना होती है। उप-समूह गुटों और विशिष्ट मित्रता के पैटर्न होते हैं।
- Some children are liked by their group more than others. Some are also less liked.
  कुछ बच्चों को उनके समूह द्वारा दूसरों की तुलना में अधिक पसंद किया जाता है। कुछ को कम पसंद भी किया जाता है।
- Sociometry is an important tool of peer assessment.
  समाजमिति सहकर्मी मूल्यांकन का एक महत्वपूर्ण उपकरण है।

9.7.2 Cumulative Anecdotal Records (संचित-संचयी रिकार्ड)

- Teacher often uses anecdotal records in assessment.
  शिक्षक अक्सर आकलन में उपाख्यानात्मक अभिलेखों का उपयोग करता है।
- Note down significant and interesting details of students' behavior.
  विद्यार्थियों के व्यवहार के महत्वपूर्ण और दिलचस्प विवरणों को नोट करें।

Notes

- Observations, on each child, get accumulated in the teacher's diary.

  शिक्षक की डायरी में प्रत्येक बच्चे पर टिप्पणियाँ जमा हो जाती हैं।

- End of the year, different notings for every child make a cumulative anecdotal record for that child.

  वर्ष के अंत में, प्रत्येक बच्चे के लिए अलग-अलग नोटिंग उस बच्चे के लिए एक संचयी उपाख्यानात्मक रिकॉर्ड बनाते हैं।

9.7.3 Assessment Through Projects (परियोजना के माध्यम से मूल्य निर्धारण)

- Two aspects- learning of the EVS content and general EVS objectives like the social skills and values.

  दो पक्ष-एक है उनका पर्यावरण अध्ययन की विषय वस्तु को अधिगम का तथा दूसरा पर्यावरण अध्ययन के सामान्य उद्देश्य

9.7.4 Extent and Quality of Participation (भागीदारी की मात्रा एवं गुणवत्ता)

- The learners are of different types from the point of view of their participation.

  शिक्षार्थी अपनी भागीदारी की दृष्टि से विभिन्न प्रकार के होते हैं।

- Some are quite active and raise various questions based on their view points

  कुछ काफी सक्रिय हैं और अपने दृष्टिकोण के आधार पर विभिन्न प्रश्न उठाते हैं।

- Second group of learners mostly accepts view point of the teacher obediently accepts.

  शिक्षार्थियों का दूसरा समूह अधिकतर शिक्षक के दृष्टिकोण को आज्ञाकारी रूप से स्वीकार करता है।

- The third category carries some learners who are not very much interested in the learning process.

  तीसरी श्रेणी में कुछ ऐसे शिक्षार्थी हैं जो सीखने की प्रक्रिया में बहुत अधिक रुचि नहीं रखते हैं।

10 TOOLS AND TECHNIQUES FOR ASSESSING LEARNING IN EVS (पर्यावरण अध्ययन में अधिगम के आकलन के लिए उपकरण और तकनीकें)

Assessment of and for Learning (अधिगम और अधिगम के लिए मूल्य निर्धारण)

- When you record information with the help of any tool to know about the depth of learning of students, it is assessment of learning.

  जब आप बच्चे के अधिगम की गहराई जानने के लिए सूचना का रिकॉर्ड किसी उपकरण की सहायता से करते हैं तो यह "अधिगम का मूल्य निर्धारण" होता है।

- On the basis of the recorded information, when you plan further activities for learning, you are practicing assessment for learning. This is also known as 'Remediation'.

  रिकार्ड की गई सूचनां के आधार पर जब आप अधिगम के लिए आगे की क्रियाओं की योजना बनाते हो तब तक आप अधिगम के मूंल्य निर्धारण का अभ्यास कर रहे होते हैं।

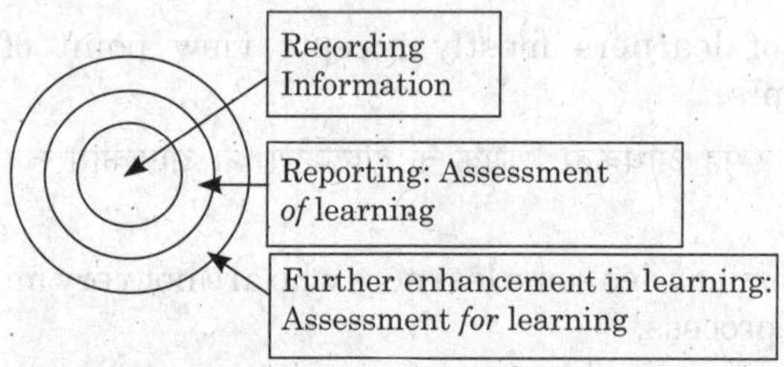

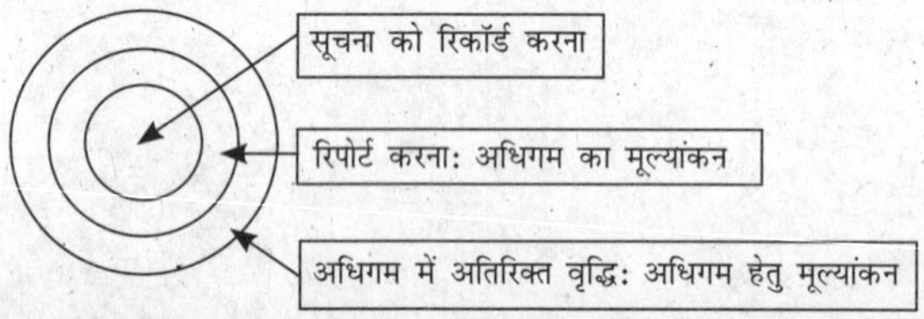

10.2 WHAT IS AN ASSESSMENT TOOL? (मूल्य निर्धारण उपकरण क्या होते हैं?)

- Assessment tools are materials that enable you to collect data for your chosen method of assessment.

  मूल्य निर्धारण के उपकरण वह सामग्री होती है जो आपको अधिगम की चुनी हुई विधि के द्वारा आपको आँकड़े एकत्र करने के लिए योग्य बनाए।

- Such tools provide information which is used to determine whether a planned learning outcome has been achieved or not.

  ऐसे उपकरण सूचना प्रदान करते हैं जो कि यह देखने के लिए प्रयोग किए जाते हैं कि योजना के अनुसार परिणाम प्राप्त करते हैं।

- Observation schedule, checklist, rating scale, audio video recording instruments.

अवलोकन शेड्यूल, रेटिंग-स्केल औडियो बीडियो रिकार्डिंग उपकरण आदि।

Notes

10.2.1 Developing and Selecting Assessment Tools? (मूल्य निर्धारण के उपकरणों का विकास एवं चुनाव)

- Choosing the most appropriate assessment technique, designing a relevant tool, trailing and refining the tool to make (four features)- valid, reliable, flexible and fair.
  सबसे अधिक उपयुक्त मूल्य-निर्धारण तकनीक का चयन, संबंधित उपकरण की रूपरेखा, उपकरण को प्रयोग करके देखकर ठीक करना ताकि वह वैध, विश्वसनीय तथा लचीला हो।

10.2.2 Assessment Tools: Points to Remember (मूल्य निर्धारण के उपकरण : याद रखने वाले बिंदु)

- The Tool should match the content of teaching-learning.
  उपकरण को शिक्षण अधिगम की सामग्री से मेल खाना चाहिए।
- Tests should be valid, reliable and balanced.
  परीक्षण वैध, विश्वसनीय और संतुलित होने चाहिए।
- Begin with simpler concepts.
  सरल अवधारणाओं से शुरू करें।
- Try out the timing- one-half minute per item for true-false tests, one minute per item for multiple-choice tests, two minutes per short-answer requiring a few sentences, ten or fifteen minutes for a limited essay question and about thirty minutes for a broader essay question should be allotted.
  समय का परीक्षण करें- सही-गलत परीक्षणों के प्रत्येक मद के लिए लगभग आधा मिनट, बहु-विकल्प परीक्षणों के प्रत्येक मद के लिए लगभग एक मिनट, कुछ वाक्यों के लिए दो मिनट प्रति लघु-उत्तर, सीमित निबंध प्रश्न के लिए दस या पंद्रह मिनट और लगभग तीस मिनट एक व्यापक निबंध प्रश्न के लिए आवंटित किए जाने चाहिए।
- Include both direct and indirect items- Direct items ask children to demonstrate their learning while indirect ones ask them to reflect on their learning or apply the learning in given situation. Direct methods: objective type of tests, essays, presentations, classroom assignments. Indirect methods: surveys, projects and experiments.
  प्रत्यक्ष और अप्रत्यक्ष दोनों प्रकार के मद को शामिल करें- प्रत्यक्ष मद बच्चों को उन्होंने जो सीखा है उसका निर्देशन करने के लिए होता है, जबकि अप्रत्यक्ष मद उन्हें अपने अधिगम पर प्रकाश डालने या दी गई परिस्थिति में उसका अनुप्रयोग करने के लिए कहते हैं। प्रत्यक्ष विधियाँ: वस्तुनिष्ठ प्रकार के परीक्षण, निबंध, प्रस्तुतियाँ, कक्षा कार्य। अप्रत्यक्ष विधियाँ: सर्वेक्षण, परियोजनाएं और प्रयोग।

10.3 ASSESSMENT TECHNIQUES (मूल्य निर्धारण तकनीकें)

- A technique is the process/procedure of using a tool.
  तकनीक उपकरण को प्रयोग करने की प्रक्रिया या प्रविधि होती है।
- Thus 'tools' are instruments and 'technique' is the procedure of using that instrument.
  उपकरण ऐसे औजार होते हैं तथा तकनीक उस उपकरण का प्रयोग करने की विधि।
- A combination of quality tools and well-organised technique results in

Notes

effective and meaningful assessment.

गुणवत्तापूर्ण उपकरणों तथा भली-भांति व्यवस्था तकनीक के मिलाप का परिणाम प्रभावशाली तथा अर्थपूर्णमूल्य-निर्धारित होती है।

10.3.1 Oral Techniques (मौखिक तरीके)

- These may take place in front of one person, a panel or a class.
  ये एक व्यक्ति, एक पैनल या एक कक्षा के सामने हो सकते हैं।
- The oral questions, debate, discussion, quiz and drama are used for this purpose.
  इस उद्देश्य के लिए मौखिक प्रश्न, वाद-विवाद, चर्चा, प्रश्नोत्तरी और नाटक का उपयोग किया जाता है।
- It can be a supplementary testing for the practical part of EVS.
  यह पर्यावरण अध्ययन के व्यावहारिक भाग के लिए एक पूरक परीक्षण हो सकता है।
- Take notes during oral tests using a checklist.
  एक चेकलिस्ट का उपयोग करके मौखिक परीक्षण के दौरान नोट्स लें।

Advantages (लाभ)

- Both the knowledge of a subject and communication skills can be evaluated.
  किसी विषय के शान और संचार कौशल दोनों का मूल्यांकन किया जा सकता है।
- Development of vocabulary and reasoning power.
  शब्दावली और तर्क शक्ति का विकास।
- Provides immediate feedback.
  तत्काल प्रतिक्रिया प्रदान करता है।
- A large number of children can be examined at one time.
  एक बार में बड़ी संख्या में बन्दों की जांच की जा सकती है।

Limitations (सीमाएँ)

- Examination of the detailed knowledge and critical thinking skills may not be done effectively.
  विस्तृत शान और महत्वपूर्ण सोच कौशल की परीक्षा प्रभावी ढंग से नहीं की जा सकती है।
- More time is required for planning and organising.
  योजना और आयोजन के लिए अधिक समय की आवश्यकता होती है।
- Does not generate a written record automatically.
  स्वचालित रूप से एक लिखित रिकॉर्ड उत्पन्न नहीं करता है।

10.3.2 Written Techniques (लिखित तरीके)

10.3.2.1 Essay Tests (निबंध परीक्षण)

- Easy items take less time to construct.
  आसान वस्तुओं के निर्माण में कम समय लगता है।
- More realistic and generalisable task for test.
  परीक्षण के लिए अधिक यथार्थवादी और सामान्य कार्य।
- Difficult for test taker to guess the correct answers.
  परीक्षार्थी के लिए सही उत्तरों का अनुमान लगाना कठिन होता है।

Notes

- Writing skills as well as correct spelling and grammar.
  लेखन कौशल के साथ-साथ सही वर्तनी और व्याकरण।
- **Advantages-** there is a clear impression of personality.
  लाभ-व्यक्तित्व का स्पष्ट प्रभाव पड़ता है।
- **Limitations-** content validity may be low because of less questions, reliability of essay tests is compromised by subjectivity.
  सीमाएं-विषय वस्तु की वैधता कम प्रश्नों के कारण कम हो सकती है, निबंध परीक्षणों की विश्वसनीयता विषयपरकता से समझौता करती है।

10.3.2.2 Short-Answer Tests (लघु उत्तर परीक्षण)

- One or two sentences or a long paragraph.
  एक या दो वाक्य या एक लंबे पैराग्राफ
- Short-answer tests are easier to write.
  लघु-उत्तर-टेस्ट-लिखने आसान होते हैं।

10.3.2.3 Objective Type Tests (वस्तुनिष्ठ परीक्षण)

- These are highly objective, valid, reliable and easy to score.
  यह उच्च स्तर के वस्तुनिष्ठ, वैध, विश्वसनीय तथा जाँचने में आसान होते हैं।
- These are preferred for quantitative assessment.
  पर्यावरण अध्ययन में इन्हें मात्रात्मक मूल्य-निर्धारण के लिए प्राथमिकता दी जाती है।

10.3.2.4 Objective Type Questions (वस्तु-निष्ठ प्रश्न)

- **1. Recall Type Items :** Testing of previously learned facts and measuring the power of retention.
  वस्तुनिष्ठ प्रश्नों के उदाहरण- पहले से सीखे गए तथ्यों का परीक्षण और प्रतिधारण की शक्ति को मापना।
- (a) What is the percentage of nitrogen in air?
  अ. नाइट्रोजन का प्रतिशत हवा में क्या है?
- (b) Name any shrub growing in your school campus
  ब. अपने विद्यालय परिसर में उगने वाली किसी भी झाड़ी का नाम बताइए।
- **2. Recognition Type Items :** In these, the questions are to be recognised and answered accordingly. These promote guess work and are of following kinds.
  पहचानने वाले-इनमें प्रश्नों को पहचान कर उसी के अनुसार उत्तर देना होता है। ये अनुमान कार्य को बढ़ावा देते हैं और निम्न प्रकार के होते हैं।
- (a) The snake does not have a spine. (True/False)
  अ. सांप की रीढ़ की हड्डी नहीं होती है। (सही/गलत)
- (b) Polythene is biodegradable. (True/False)
  ब. पॉलीथिन बायोडिग्रेडेबल है। (सही/गलत)
- (c) What percentage of oxygen is present in air?
- (a) 78% (b) 25% (c) 8% (d) 21%
  स. वायु में कितने प्रतिशत ऑक्सीजन मौजूद है?
  (ए) 78% (बी) 25% (सी) 8% (डी) 21%

Notes

- **3. Match the following :** These items provide a definite term, test taker requires to match identifying characteristics to the correct term.
- 1. Frog (a) soil quality
- 2. Snake (b) amphibian
- 3. Earthworm (c) fangs

(d) mammal

3. मिलान करें–निम्नलिखित प्रश्नों में निश्चित शब्द दे रखे होते हैं, टैस्ट देने वाले को सही विशेषताएँ पहचान कर मिलान करना होता है।

1. मेंढक (a) एक मिट्टी की गुणवत्ता
2. सांप (b) उभयचर
3. केंचुआ (c) विषदंत

(d) स्तनपायी

- **4. Arrange the animals according to their size from smaller to bigger**

4. जानवरों को उनके आकार के अनुसार छोटे से बड़े में व्यवस्थित करें।

माउस, हाथी, मच्छर, गाय, बिल्ली, शेर, कुत्ता।

- Mouse, Elephant, Mosquito, Cow, Cat, Lion, Dog.
- **5. Completion type :** There are two types –

5. पूरा करें– दो प्रकार के होते हैं–

- (a) provision of word bank of possible words that will be filled in the blank (________ is a bird (Bat, Pigeon, Honey bee, flying frog))

(a) खाली स्थान भरने संभव तथा संभव शब्दों के विकल्प प्रदान करना

--------- एक पक्षी है। (चमगादड़, कबूतर, मधुमक्खी, उड़ने वाला मेंढक)

- (b) Provision of no word bank which require a higher level understanding and memory (________ gas is most essential for a living being for its survival)

(b) कोई शब्द विकल्प न देना, इनमें समझ तथा याद का स्तर ऊँचा होने की आवश्यकता है।

---------- गैस जीवित रहने के लिए सबसे आवश्यक है।

- **6. Multiple choice :** It has number of sets of answers to a question. It has minimum four alternatives from which the correct answer is to be identified. It can be used at higher classes of Primary level

6. बहुविकल्पीय–इसमें एक प्रश्न के उत्तर के सेट की संख्या होती है। इसके न्यूनतम चार विकल्प हैं जिनके सही उत्तर की पहचान की जानी है। इसका उपयोग प्राथमिक स्तर की उच्च कक्षाओं में किया जा सकता है

- **Advantages:** less time to administer, easy to score and grade, provide greater coverage of materials, allows wide range of difficulty

लाभ : प्रशासन के लिए कम समय, स्कोर करने में आसान और ग्रेड, सामग्री का अधिक कवरेज प्रदान करना, कठिनाई की विस्तृत श्रृंखला की अनुमति देता है

- **Limitation :** more time to construct, do not test attitude, even encourage guessing.

सीमा–निर्माण के लिए अधिक समय, दृष्टिकोण का परीक्षण न करे, अनुमान लगाने को भी प्रोत्साहित करें।

10.3.3 Performance Tests (निष्पादन परीक्षण)

Notes

- Focuses on the direct observation of a student's performance.

  एक छात्र के प्रदर्शन के प्रत्यक्ष अवलोकन पर केंद्रित है।

- Performance tests ask children to demonstrate proficiency in conducting an experiment, executing a series of steps in a reasonable amount of time.

  प्रदर्शन परीक्षण बच्चें को उचित समय में चरणों की एक शृंखला को निष्पादित करते हुए एक प्रयोग करने में दक्षता प्रदर्शित करने के लिए कहते हैं।

10.3.4 Correcting Mock Answers in EVS (Variation of An 'Essay Test') पर्यावरण अध्ययन में नकली उत्तरों को ठीक करना (एक 'निबंध परीक्षण' का रूपांतर)

- Prepare a test, in which children have to correct, expand or refute mock answers.

  एक ऐसा परीक्षण तैयार करें जिसमें बच्चे को नकली उत्तरों को सही करना पड़े, बढ़ाना पड़े या खंडन करना पड़े।

- The mock essay answers should contain common misunderstandings, correct but incomplete responses or meaningless concepts.

  नकली निबंध उत्तरों में सामान्य भ्रम, सही लेकिन अधूरी प्रतिक्रियाएँ या अर्थहीन अवधारणाएँ होनी चाहिये।

- Develop the skills of comprehension, interpretation/judgement, editing, correcting and expression.

  व्याख्या/निर्णय, सम्पादन, समझ, शोधन तथा अभिव्यक्ति के कौशलों का भी विकास होता है।

10.3.5 Observation Technique (प्रेषण तकनीक)

- Work habits and attitudes towards environment, Ability to work independently as well as collaboratively, Problem solving abilities, Response to diversity in the classroom, Development of ideas and understanding.

  काम की आदतें और पर्यावरण के प्रति दृष्टिकोण, स्वतंत्र रूप से और साथ ही साथ मिलकर काम करने की क्षमता, समस्या सुलझाने की क्षमता, कक्षा में विविधता के प्रति प्रतिक्रिया, विचारों और समझ का विकास।

- Tools used for recording information.

  जानकारी दर्ज करने के लिए उपयोग किए जाने वाले उपकरण।

- Observation schedule.

  अवलोकन कार्यक्रम।

- Rating Scale.

  रेटिंग स्केल।

- Audio video recordings.

  ऑडियों वीडियो रिकॉर्डिंग।

10.3.6 Additional Ideas for Assessment in EVS (पर्यावरण अध्ययन में मूल्य निर्धारण के अतिरिक्त विचार)

- "Create-a-game" test.

  ''क्रीडा निर्माण'' परीक्षण।

- Take-home tests.

Notes

घर में किए जाने वाले परीक्षण।

- Open-book tests.

  खुली पुस्तक परीक्षण।

- Group tests.

  समूह परीक्षण।

- Testing in Pairs: Pairs of children work on a single problem/concern/ question.

  युगलों में परीक्षण'' बच्चों के जोड़े एक ही समस्या/चिंता प्रश्न पर काम करते हैं।

10.4 POINTS TO CONSIDER WHILE ASSESSING VARIOUS LEARNING OBJECTIVES IN EVS (पर्यावरण अध्ययन में अधिगम उद्देश्य के मूल्य निर्धारण के दौरान ध्यान रखने योग्य

- Apply a variety of approaches.

  विभिन्न तरीकों को लागू करें।

- Use a variety of testing techniques.

  विभिन्न परीक्षण तकनीकों का प्रयोग करें।

- Write questions that test skills: Demonstrate, Modify, Operate, Prepare, Produce, Relate, Show, Solve and Use.

  कौशल का परीक्षण करने वाले प्रश्न लिखें: प्रदर्शित करें, संशोधित करें, संचालित करें, तैयार करें, उत्पादन करें, संबधित करें, दिखाएं, हल करें और उपयोग करें।

- To understand children's analytical abilities: Differentiate, Distinguish, Illustrate, Infer, Point out, Relate, Select, Separate, Subdivide etc.

  बच्चों की विश्लेषणात्मक क्षमताओं को समझने के लिए: अंतर करना, भेद करना, चित्रण करना, अनुमान लगाना, इंगित करना, संबंधित करना, चयन करना, अलग करना, उप-विभाजित करना आदि।

- To learn about ability of synthesis: Ask questions like: Categorise, Combine, Compile, Devise, Design, Explain, Generate, Organise, Plan, Rearrange, Reconstruct, Revise, Tell.

  संश्लेषण करने की योग्यता के बारे में जानना: अलग-अलग क्षेत्रों से किए गए अधिगम को जोड़ना या सृजनात्मक चिंतन से समस्याओं को सुलझाना)।

- To know about evaluation skills (judging and assessing): Appraise, Compare, Conclude, Contrast, Criticise, Describe, Discriminate, Explain, Justify, Interpret, Support.

  मूल्यांकन कौशल (निर्णय और मूल्यांकन) के बारे में जानने के लिए : मूल्यांकन, तुलना, निष्कर्ष, इसके विपरीत, आलोचना, वर्णन, भेदभाव, व्याख्या, औचित्य, व्याख्या, समर्थन।

USING ASSESEMENT RESULTS FOR ENHANCEMENT OF STUDENTS' UNDERSTANDING (मूल्यांकन के परिणामों का अध्येताओं की समझ की वृद्धि के लिए उपयोग करना)

11

11.2 REPORTING STUDENT'S PROGRESS (अध्येता की प्रगति की रिपोर्ट करना)

- Reporting is the second, essential part of the assessment process.
  रिपोर्टिंग मूल्यांकन प्रक्रिया का दूसरा, अनिवार्य हिस्सा है।
- Method of communicating the information gained from assessing a student's learning to relevant persons, including the learner himself/herself.
  किसी छात्र के सीखने का आकलन करने से प्राप्त जानकारी को संबंधित व्यक्तियों, जिसमें स्वयं शिक्षार्थी भी शामिल हैं, को संप्रेषित करने की विधि।
- Report cards, documentary evidences, electronic reporting, personal meetings.
  रिपोर्ट कार्य, दस्तावेजी साक्ष्य, इलेक्ट्रॉनिक रिपोर्टिंग, व्यक्तिगत बैठकें।
- Assessment report is often called as the Progress Report of the child.
  आकलन रिपोर्ट को अक्सर बच्चे की प्रगति रिपोर्ट कहा जाता है।

11.2.1 Principles of Effective and Informative Reporting (प्रभावशाली एवं सूचनात्मक रिपोर्टिंग के नियम)

- Be valid, neat and fair.
  वैध, स्वच्छ और निष्पक्ष रहें।
- Project children's strengths as well as weaknesses.
  बच्चों की ताकत के साथ-साथ कमजोरियों को भी सामने लाएँ।
- Be student centered i.e. Students should participate in the negotiation of
  छात्र केंद्रित रहें अर्थात जैसे बच्चे अधिगम क्रियाओं को चुनने, देखने तथा अपनी उपलब्धियों तथा प्रगति पर सोचने में भाग लें।
- Learning tasks and actively monitor and reflect upon their achievements and progress.
  सीखने के कार्य और सक्रिय रूप से उनकी उपलब्धियों और प्रगति की निगरानी और प्रतिबिंबित करते हैं।
- Support students' learning and enhance their motivation and commitment to learning.
  छात्रों के सीखने का समर्थन करें और सीखने के लिए उनकी प्रेरणा और प्रतिबद्धता को बढ़ाएँ।
- Be time efficient and manageable. Teachers need to plan carefully the timing, frequency and nature of their reporting strategies.
  समय कुशल और प्रबंधनीय बनें। शिक्षकों को अपनी रिपोर्टिंग रणनीतियों के समय, आवृत्ति और प्रकृति की सावधानीपूर्वक योजना बनाने की आवश्यकता है।

Notes

- Recognise individual achievement and progress. Should be sensitive to the self esteem and general well-being of children, providing honest and constructive feedback.

  व्यक्तिगत उपलब्धि प्रगति को पहचानें। ईमानदार और रचनात्मक प्रतिक्रिया प्रदान करते हुए, बच्चों के आत्मसम्मान और सामान्य भलाई के प्रति संवेदनशील होना चाहिए।
- Emphasise values and attitudes. These are distinct from knowledge, understanding and skill outcomes and are an important part of learning in EVS, so should be reported efficiently.

  मूल्यों और दृष्टिकोण/अभिवृत्तियों पर जोर दें। ये ज्ञान, समझ और कौशल परिणामों से अलग हैं। ईवीएस में सीखने का एक महत्वपूर्ण हिस्सा हैं, इसलिए कुशलतापूर्वक रिपोर्ट किया जाना चाहिए।
- Actively involve parents. Teachers should ensure full participation by parents in the continuing development and review of the reporting processes.

  अभिभावकों को सक्रिय रूप से शामिल करें। शिक्षकों को सतत विकास और रिपोर्टिंग प्रक्रियाओं की समीक्षा में माता-पिता की पूर्ण भागीदारी सुनिहित करनी चाहिए।
- Convey meaningful and useful information and feedback.

  सार्थक और उपयोगी जानकारी और प्रतिक्रिया दें।

11.2.2 The Feedback on Assessment Results (मूल्यांकन के परिणामों पर प्रतिक्रिया)

- Qualitative feedback with grades on specific competencies or indicators

  विशिष्ट क्षमताओं या संकेतकों पर ग्रेड के साथ गुणात्मक प्रतिक्रिया।
- The ways of helping the child's progress further.

  बच्चे की आगे बढ़ने में मदद करने के तरीके।
- Qualitative feedback is a description of how the child fares.

  गुणात्मक प्रतिक्रिया इस बात का विवरण है कि बच्चा कैसा प्रदर्शन करता है।

11.2.4 Portfolios to Report Progress (प्रगति की रिपोर्ट के लिए पोर्टफोलियो)

- The actual work done by a child over the year can be collected in a portfolio.

  एक बच्चे द्वारा वर्ष भर में किए गए वास्तविक कार्य को एक पोर्टफोलियो में एकत्र किया जा सकता है।
- Teacher collects students work and compile in a separate file for each child.

  शिक्षक छात्रों के काम को इकट्ठा करता है और प्रत्येक बच्चे के लिए एक अलग फाइल में संकलित करता है।
- Collection-Drawings and sketches of family members, Leaves, and cloth pieces of different textures, Worksheets, answer-sheets of class work, report of a visit to a factory, Chits expressing their feelings for friends, Greeting cards prepared for school guests, Craft work of origami and clay.

  संग्रह–परिवार के सदस्यों के चित्र और रेखाचित्र, पत्ते, और विभिन्न बनावट के कपड़े के टुकड़े, वर्कशीट, कक्षा के काम के उत्तर-पत्रक, एक कारखाने की यात्रा की रिपोर्ट, दोस्तों के लिए अपनी भावनाओं को व्यक्त करने वाले चिट्स, स्कूल के मेहमानों के लिए तैयार ग्रीटिंग कार्ड, शिल्प ओरिगेमी और मिट्टी का काम।
- Teacher should take care- 1. All kind of work by the child should be included, and not only the best, 2. Rather than assessment record and test scores- the actual work, 3. Store it carefully and present neatly.

शिक्षक को ध्यान रखना चाहिए–

1. बच्चे द्वारा सभी प्रकार के कार्यों को शामिल किया जाना चाहिए, न कि केवल सबसे अच्छा।

Notes

2. असेसमेंट रिकॉर्ड और टेस्ट स्कोर के बजाय-वास्तविक कार्य।
3. इसे ध्यान से स्टोर करें और बड़े साफ-सुधरे ढंग से प्रस्तुत करें।

11.3 ANALYSING GAPS IN LEARNING: INVESTIGATIVE TESTING (अधिगम की कमियों का विश्लेषण करना : अनुसंधानात्मक परीक्षण)

- To analyse these areas of learning, investigative testing is applied. Investigative testing is the basis of effective and responsive teaching, thus it leads to improved quality of learning.

  अधिगम के ऐसे क्षेत्रों का विश्लेषण करने के लिए अनुसंधानात्मक परीक्षण का प्रयोग किया जाता है। अनुसंधानात्मक परीक्षण प्रभावशाली एवं जिम्मेदार शिक्षण का आधार है, इस प्रकार यह अधिगम की गुणवत्ता को बेहतर बनाता है।

11.3.1 Need and Utility of Investigative Testing (अनुसंधानात्मक परीक्षण के आवश्यकता एवं उपयोगिता)

- It differs markedly from achievement test.

  यह उपलब्धि परीक्षण से स्पष्ट रूप से भिन्न है।

11.3.2 Development of Investigative Tests (अनुसंधानात्मक परीक्षण का विकास)

- In an achievement test, sampling of questions is not so exhaustive to cover each and every learning point as the content is generally a large portion.

  एक उपलब्धि परीक्षण में, क्योंकि विषय वस्तु की अधिकता होती है इसलिए प्रत्येक अधिगम बिन्दु के प्रश्नों की सैंपलिंग कवर करना इतना आसान काम नहीं होता।
- In an investigative test, each learning point has several items, each cluster of such items forms a subtest.

  एक अनुसंधानात्मक परीक्षण में हर अधिगम बिन्दु के कई आइटम होते हैं।
- The coverage of subject matter is more detailed than an achievement test.

  उपलब्धि परीक्षण की तुलना में विषय वस्तु का कवरेज अधिक विस्तृत है।

11.4 REVIEWING AND IMPROVING THE TEACHING-LEARNING PROCESS (शिक्षण अधिगम प्रक्रिया का पुनर्वलोकन एवं सुधार)

- It is aimed at ensuring that every child gets immediate guidance to correct the misunderstandings and errors.

  यह इस बात का आश्वासन देने का उद्देश्य रखता है कि हर बच्चे को अपनी भ्रांतियाँ एवं गलतियों को सुधारने के लिए तुरंत मार्गदर्शन मिलें।
- Corrective teaching-learning process is about removing distortions that have occurred into learning and/or re-designing the teaching-learning approaches to suit children's learning preferences and style.

  सुधारात्मक शिक्षण–अधिगम प्रक्रिया सीखने में हुई विकृतियों को दूर करने और/या बच्चों की अधिगम प्राथमिकताओं और शैली के अनुरूप शिक्षण–अधिगम उपागमों को पुनः डिजाइन करने के बारे में है।
- Corrective teaching-learning process should begin by analysing a child's specific strengths and needs.

  सुधारात्मक शिक्षण–अधिगम प्रक्रिया बच्चे की विशिष्ट शक्तियों और जरूरतों का विश्लेषण करके शुरू होनी चाहिए।

Notes

- Most children learn better Shorter units of instruction, More concrete associations: see, hear, feel, do, More illustration and audiovisual aids, More time for accomplishing complex work, Personalisation of learning experiences.

  अधिकांश बच्चे बेहतर सीखते हैं निर्देश की छोटी इकाइयों की तुलना में अधिक स्थूल संबंध देखें, सुनें, महसूस करें, अधिक चित्रण और दृश्य-श्रव्य सहायता, जटिल कार्य को पूरा करने के लिए अधिक समय, सीखने के अनुभवों का निजीकरण।

11.5 CORRECTIVE ACTIVITIES FOR ENRICHMENT IN LEARNING OF EVS (पर्यावरण अधिगम में अधिगम की समृद्धि के लिए सुधारात्मक क्रियाएँ)

- Needs to follow the assessment immediately.

  मूल्यांकन का तुरंत पालन करने की आवश्यकता है।
- Needs to be tailored to suit a child's specific problems or needs.

  इसे बच्चे की विशिष्ट समस्याओं या जरूरतों के अनुरूप तैयार किए जाने की आवश्यकता है।
- Must be supportive of the child and should focus on learning.

  बच्चे की सहायता करे तथा अधिगम पर केंद्रित हो।
- Should be such that the child is able to continue learning along with the rest of the class whenever possible and therefore it is better that a child who is undergoing corrective teaching-learning experience is not separated from the rest of the class.

  ऐसा होना चाहिए कि बच्चा जब भी संभव हो बाकी कक्षा के साथ-साथ अधिगम करने के योग्य हो और इसलिए यह बेहतर है कि सुधारात्मक शिक्षण-अधिगम अनुभव करवाया जाए। उसे बाकी कक्षा से अलग न किया जाए।
- The child's parents should be informed of the assessment findings and if required should be made a part of corrective teaching-learning process.

  मूल्यांकन के द्वारा जो पता लगा है, बच्चे के अभिभावकों को उससे सूचित किया जाना चाहिए तथा अगर आवश्यक हो तो सुधारात्मक अध्यापक-अधिगम प्रक्रिया का हिस्सा बना लेना चाहिए।

HOW CHILDREN LEARN MATHEMATICS (बच्चे गणित कैसे सीखते हैं)

1

1.2 THE WAYS A CHILD THINKS (बच्चे के सोचने का तरीका)

- The base of thinking is perception, and perception comes from observing, experiencing and interacting with objects in the environment.

  सोचने का आधार अवबोधन है और अवबोधन पर्यावरण में किसी वस्तु के साथ, अवलोकन,अनुभव और परस्पर क्रिया के द्वारा आता है।
- Piaget and Bruner believe that perceiving through manipulation of 'concrete' objects forms the basis of human knowledge and thinking.

  पियाजे और बर्नर का मानना है कि किसी स्थूल वास्तु के हस्त कौशल के द्वारा उत्पन्न समझ ही व्यक्ति के ज्ञान और सोच के आधार का निर्माण करती है।
- **Piaget**–child's thinking begins with two processes.

  पियाजे–बच्चे के सोचने की प्रक्रिया दो प्रक्रियाओं से शुरू होती है।
- **Perception**–the knowledge of objects resulting from direct contact with them.

  अवबोधन–किसी वस्तु के प्रत्यक्ष संपर्क में आने के परिणामस्वरूप प्राप्त ज्ञान ही अवबोधन है।
- **Representation**–mental imagery of the perceived objects.

  निरूपण–समझी गई वस्तु की मानसिक कल्पना।
- Principles of perception given by Adelbert Ames Jr far in1938.

  एडलबर्ट एम्स जूनियर–अवबोधन का सिद्धांत (1938)
- We do not get our perceptions from the objects around us. Our perceptions come from us.

  हम चारों ओर की वस्तुओं से बोध को प्राप्त नहीं करते हैं। हमारी समझ/बोध हमारे भीतर से होता है।
- What we perceive is largely a function of our previous experiences, our assumptions and our purposes or needs.

  हम क्या प्राप्त करते हैं, यह हमारे पूर्व के अनुभवों, हमारी धारणाओं और हमारे उद्देश्य एवं आवश्यकताओं पर निर्भर करता है।
- We are unlikely to alter our perceptions until and unless we are frustrated in our attempts to do something based on them.

  हम अपने अवबोधन को शायद ही बदले जब तक कि हम उन पर आधारित कुछ कार्य से निराश न हो जाएँ।
- Our perceptions come from us and our past experiences. Each individual will perceive the same object in a unique way.

Notes

चूँकि हमारा अवबोधन हमारे भीतर से और हमारे पूर्व के अनुभवों से आता है इसीलिए यह स्पष्ट है कि प्रत्येक वस्तु को एक विशिष्ट तरीके से अनुभव करेगा।

- Perception is how it causes us to *act*. When it rains–people run for shelter and some enjoy dancing in the rain.

  अवबोधन का अर्थ है कि यह किस प्रकार हमें कार्य करने के लिए प्रेरित करता है। जब बारिश होती है, कुछ लोग छत की तरफ भागते हैं और कुछ लोग बारिश में नाचकर आनंद लेते हैं।
- Representation is the process of formation of images of the objects when the object is not in the field of direct observation.

  निरूपण किसी वस्तु की छवि को बनाने की प्रक्रिया है जबकि वस्तु प्रत्यक्ष अवलोकन के क्षेत्र में नहीं है।
- Language is called the vehicle of thought.

  भाषा को विचारों का वाहन कहा जाता है।
- Two basic processes of development of thinking–Assimilation & Accommodation.

  सोचने की दो मूल प्रक्रियाएँ–आत्मसातकरण और समायोजन।
- **Assimilation:** interpreting the perceived object, process or event with the existing mental structure.

  आत्मसातकरण–अपनी मानसिक संरचना के द्वारा, प्राप्त की गई वस्तु, प्रक्रिया या घटना की व्याख्या करना।
- **Accommodation:** modifying the existing structure to interpret the object, event or process.

  समायोजन–किसी वस्तु, घटना या प्रक्रिया की व्याख्या की विद्यमान संरचना को रूपांतरित करना।
- **Adaptation:** When the child strikes a balance between the two processes while trying to internalize the perceived object.

  अनुकूलन–जब वह अनुभूत वास्तु को आत्मसात करने की कोशिश कर रहा होता है तब वह अनुकूलन कहलाता है।
- **Equilibration:** The process of striking a balance between accommodation and assimilation.

  साम्यीकरण–समायोजन और आत्मसातकरण के बीच संतुलन को पहचानने की प्रक्रिया को साम्यीकरण कहते हैं।

1.2.1 Stages of Cognitive Development (संज्ञानात्मक विकास की अवस्थाएँ)

Sensory-motor Period (संवेदी क्रियात्मक काल)

- Pre-verbal, pre-symbolic period.

  पूर्व मौखिक, पूर्व-प्रतीकात्मक काल
- Direct actions like sucking, looking, grasping.

  प्रत्यक्ष क्रियाएँ जैसे चूसना, देखना, पकड़ना।
- First un-coordinated and then gradually become coordinated.

  पहले असमायोजित होता है परन्तु बाद में धीरे-धीरे समायोजित हो जाता है।
- Thumb sucking is not a reflex action but a habit that the child discovers and finds satisfactory.

  अँगूठा चूसना जो कि प्रतिक्रियात्मक क्रिया नहीं है परन्तु यह एक आदत है जिसे बच्चा खोजता है और संतुष्टि प्राप्त करता है।
- Habits may grow out of child's different reflex actions.

  आदत बच्चे की प्रतिक्रियात्मक क्रिया से निकलती है।

Notes

- At about 1 year of age intentional actions.

  एक वर्ष की आयु पर बच्चा अपनी क्रियाओं में उद्देश्य या इच्छा स्थापित कर लेता है।
- The child begins to talk using mono-syllables.

  बच्चा भाषा के इकाक्षर का इस्तेमाल करके बोलना शुरू कर देता है।

Pre-operation Period (पूर्व-संक्रिया काल)

- Stage of representation of symbolism.

  प्रतीकों के निरूपण की अवस्था।
- Among symbolic functions are languages, symbolic plays, the invention of fictions, and deferred imitations.

  प्रतीकात्मक प्रकार्यों में भाषा, प्रतीकात्मक खेल, कल्पना का आविष्कार और विलंबित अनुकरण शामिल हैं।
- **Deferred imitation:** the child engages herself in playing activities like cooking, dressing toys, modeling or drawing.

  विलंबित अनुकरण: बच्चा अपने आप को खाना बनाने, खिलौने को कपड़े पहनाने आदि में व्यस्त रखता है।
- **Representation formation:** Transformation of actions into thoughts.

  निरूपण करना–विचारों का क्रियाओं में रूपांतरण करना।
- Period is devoid of reversible operations and concept of conservation.

  पूर्व संक्रिया विचार काल प्रतिवर्ती संक्रियाओं और अवधारणा के संरक्षण से रहित होता है।
- An impression that they have more liquid in the taller glass.

  चार से पाँच वर्ष की आयु का बच्चा एक छोटी तथा चौड़ी बोतल से द्रव्य पदार्थ को एक लम्बी तथा पतली बोतल में उड़ेल सकता है और यह सोचता है कि लम्बे-पतले बर्तन में ज्यादा द्रव्य पदार्थ है।

Concrete Operation Period (मूर्त-संक्रिया काल)

- Children are in the elementary school.

  बच्चे प्राथमिक विद्यालय में हैं।
- Beginning of logico-mathematical thoughts.

  तर्कशास्त्र-गणितीय विचारों की शुरुआत।
- The child in this period begins to demonstrate actions (Operations).

  इस काल में बच्चे क्रिया का प्रदर्शन शुरु करते हैं।
- Manipulation of concrete objects.

  मूर्त वस्तुओं का हेरफेर।
- No longer dependent upon perceptions or sensory cues.

  अब धारणाओं या संवेदी संकेतों पर निर्भर नहीं है।
- Two major operations: Grouping and Conservation

  दो मुख्य क्रियाएँ–समूहीकरण और संरक्षण

Formal Operation Period (औपचारिक संक्रिया काल)

- Post-primary Grades.

  उच्च प्राथमिक स्तर।
- Hypothetical Reasoning.

  काल्पनिक तर्क।
- No more is in need of physical objects as a basis for his/her thinking.

  उसके चिंतन के आधार के रूप में अब भौतिक वस्तुओं की आवश्यकता नहीं है।

Notes

- Propositional combinations of symbolic logic-implications (if...then), disjunction (either-or, or both), exclusion (either – or), reciprocal implication.

  प्रतीकात्मक तर्क के प्रस्तावक संयुक्तीकरण– अभिप्रेतार्थ (यदि ... तब), वियोजन (दोनों में से एक या दोनों), अपवर्जन (कोई एक या), पारस्परिक निहितार्थ।

1.2.2 Development of Mathematical Concepts (गणितीय अवधारणाओं का विकास)

- Three basic groups of mathematical concepts: number and operations on numbers, spatial thinking and measurement.

  गणितीय अवधारणाओं के तीन बुनियादी समूह–संख्या और संख्याओं की संक्रियाएँ, स्थानिक सोच और मापन।
- for effective

  प्रभाव के लिए

Development of Number Concepts (संख्या अवधारणा का विकास)

- The children need to acquire some preliminary concepts called the pre-number concepts.

  बच्चों को कुछ प्रारंभिक अवधारणाओं को प्राप्त करने की आवश्यकता होती है जिन्हें पूर्व-संख्या अवधारणा कहा जाता है।

Pre-number concepts–During Pre school (पूर्व-संख्या अवधारणा–प्री स्कूल के दौरान)

- **Matching**–one-to-one correspondence.

  मिलान–एक-से-एक संगत
- **Sorting**–Children need to look at the characteristics of different items and find characteristics that are the same. Begin sorting by color.

  छँटाई–बच्चों को विभिन्न वस्तुओं की विशेषताओं को देखने और समान विशेषताओं को खोजने की आवश्यकता है। रंग के आधार पर छाँटना शुरू करें।
- **Comparing**–Children look at items and compare by understanding difference like big/little, hot/cold, smooth/rough, tall/short, heavy/light.

  तुलना–बच्चे वस्तुओं को देखते हैं और बड़े/छोटे, गर्म/ठंडे, चिकने/खुरदरे, लंबे/छोटे, भारी/हल्के अंतर को समझकर तुलना करते हैं।
- **Ordering**–Seriation is ordering objects by size, length, or height.

  क्रमबद्धता–क्रम आकार, लंबाई या ऊँचाई के आधार पर वस्तुओं को क्रमबद्ध करना है।
- **Subitizing**–Instant recognition of a number pattern without counting is subitizing.

  सबिटाइज़िंग–बिना गिनती के किसी संख्या पैटर्न की तुरंत पहचान सबिटाइज़िग है।

Number Concepts (संख्या अवधारणा)

- **Counting:** The process of counting involves two steps. Sequence of objects is known as ordinal aspect of number (what is the position?)– 3 to 5 years of age. The number of objects in a collection ('manyness', or 'numerosity) i.e. the *cardinal* aspect (How many objects?). The knowledge of names of numbers from 1 to 9 develops around 2 to 3 years of age. Establishing one-to-one correspondence between the objects and the number names in a sequential order is the process of ordinality. When the child acquires this sense of invariance, he/she is said to have acquired the conservation of numbers which comes around age 6. The conservation of numbers is achieved around the age of 4 to 5. the child acquires the conservation of length, area, volume and mass in later years during the concrete operation period.

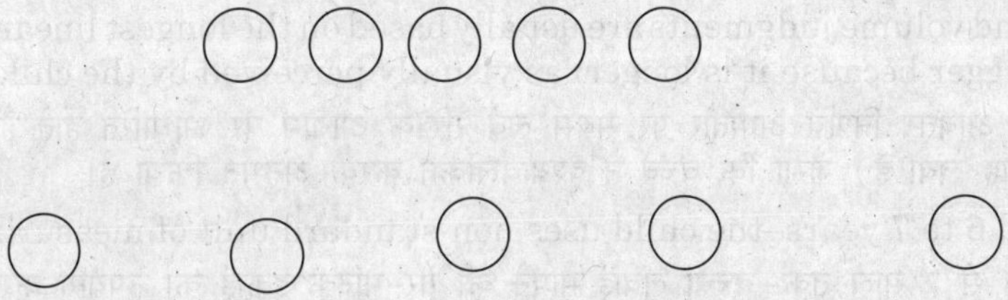

गिनना–गिनने की प्रक्रिया में दो चरण शामिल हैं। वस्तुओं के अनुक्रम को क्रमसूचक के रूप में जाना जाता है संख्या का पहलू (स्थिति क्या है?)-3 से 5 वर्ष की आयु। संग्रह में वस्तुओं की संख्या ('अनेकता', या 'संख्यात्मकता') यानी कार्डिनल पहलू (कितनी वस्तुएं?) 1 से 9 तक की संख्याओं के नामों का ज्ञान लगभग 2 से 3 वर्ष की आयु में विकसित होता है। अनुक्रमिक क्रम में वस्तुओं और संख्या नामों के बीच एक-से-एक संगत मिलान करना क्रमबद्धता की प्रक्रिया है। जब बच्चे को अचरता का बोध हो जाता है तब वह संख्याओं के संरक्षण की योग्यता प्राप्त कर लेता है। यह लगभग 6 वर्ष के बच्चे में आता है। संख्याओं का संरक्षण 4 से 5 वर्ष की आयु के आसपास प्राप्त किया जाता है। बच्चा लंबाई, क्षेत्रफल का संरक्षण प्राप्त करता है। मूर्त संक्रिया अवधि के दौरान बाद के वर्षों में मात्रा और द्रव्यमान सीखता है।

- **Use of numerals:** Numerals are the symbols used to represent numbers. The child becomes ready to understand and use the numerals by the age 7 and the knowledge of place value is essential which is developed around age 7 to 8. By the age 11– write large numbers stating the place value of each number.

  संख्यांक का इस्तेमाल–संख्यांक प्रतीक चिह्न है जिसे संख्या को प्रदर्शित करने के लिए किया जाता है। बच्चा 7 वर्ष की आयु तक संख्यांक को समझने और इस्तेमाल करने के लिए तैयार हो जाता है परन्तु 11 वर्ष की आयु में वह बड़ी संख्या को उसके संख्या के स्थानीय मान का उल्लेख करके लिख सकता है।

- **Operations on numbers:** Before age 6– Addition and its reverse process subtraction. Real understanding of the structure and operations comes around the age 9 to 11. Learn multiplication at the same time that they are able to learn addition. But in schools multiplication and division is taught in grade III (Age 9). the structural properties of multiplication and division in natural numbers are introduced in the later part of the concrete operation period around age 11.

  संख्याओं की संक्रिया–6 वर्ष की आयु से पहले-जोड़ और इसकी विपरीत प्रक्रिया घटाव। संरचना और संचालन की वास्तविक समझ 9 से 11 साल की उम्र के आसपास आती है। उसी समय गुणा सीखें जब वे जोड़ सीखने में सक्षम हों। लेकिन स्कूलों में ग्रेड III (आयु 9) में गुणा और भाग पढ़ाया जाता है। प्राकृतिक संख्याओं में गुणन और विभाजन के संरचनात्मक गुण 11 वर्ष की आयु के आसपास मूर्त संचालन अवधि के बाद के भाग में पेश किए गए हैं।

Development of Measurement Concepts (मापन अवधारणा का विकास)

- Piaget identifies two processes i.e. conservation and transitivity upon which the measurement process is dependent.

  पियाजे दो प्रक्रियाओं की पहचान करता है अर्थात संरक्षण और रूपांतरण जिस पर माप प्रक्रिया निर्भर है।

- **Transitivity:** if A = B and B = C, then A = C.

  ट्रांज़िटिविटी: यदि ए = बी और बी = सी, तो ए = सी।

- **Below 6 years of age**– no conservation. His judgments are based primarily on a single perceptual feature.

  6 वर्ष से कम आयु-कोई संरक्षण नहीं। उनके निर्णय मुख्य रूप से एक अवधारणात्मक विशेषता पर आधारित होते हैं।

- Child judges the two lines.

  बच्चा दो पंक्तियों को असमान समझता है।

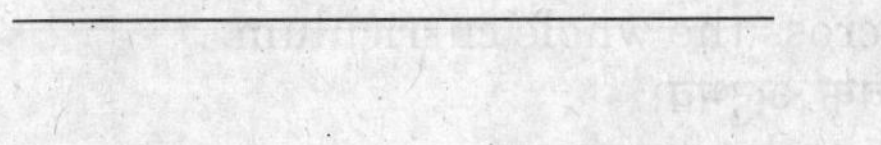

Notes

Notes

- Area and volume judgments are usually based on the longest linear dimension (it is bigger because it is longer) as visually perceived by the child.
  क्षेत्र और आयतन निर्णय आमतौर पर सबसे लंबे रैखिक आयाम पर आधारित होते हैं (यह बड़ा है क्योंकि यह लंबा है) जैसा कि बच्चे ने दृश्यावलोकन करके अनुभूत किया है।
- Around 6 to 7 years–the child uses non-standard unit of measuring length.
  लगभग 6 से 7 साल तक–बच्चा लंबाई मापने की गैर-मानक इकाई का उपयोग करता है।
- About 7 to 8–Child begins to understand the conservation of volume of liquid.
  लगभग 7 से 8 वर्ष का बच्चा द्रव के आयतन के संरक्षण को समझने लगता है।
- Development of the measurement has been characterized by a trial and error approach.
  माप के विकास का एक परीक्षण और त्रुटि दृष्टिकोण की विशेषता है।
- Final stage of development to measure area and volume by calculation of linear dimensions (length, breadth, and height/thickness)– 10–11 years.
  रैखिक आयामों (लंबाई, चौड़ाई और ऊँचाई/मोटाई) की गणना द्वारा क्षेत्रफल और आयतन को मापने के लिए विकास का अंतिम चरण–10-11 वर्ष।

Development of Spatial Thinking (विमीय सोच का विकास)

- Scribbling stage, 3 and half years of age- distinguish between the closed and open figures.
  स्क्रिबलिंग स्टेज, साढ़े 3 साल की उम्र- बंद और खुले आंकडों के बीच अंतर करना।
- All simple closed figures such as squares, circles or triangles are all the same for him till 3 and half years of age.
  सभी साधारण बंद आकृतियाँ जैसे वर्ग, वृत्त या त्रिभुज उसके लिए साढ़े तीन वर्ष की आयु तक समान हैं।
- Around 7 to 8 years of age the child becomes able to differentiate between similar shapes.
  लगभग 7 से 8 वर्ष की आयु में बच्चा समान आकृतियों के बीच अंतर करने में सक्षम हो जाता है।
- 10 years old– Able to name the figures correctly.
  10 साल की उम्र-आकारों को सही ढग से नाम देने में सक्षम।
- 11–12 Years– distinguish the presentation of 3D objects 2D figures.
  11-12 वर्ष-3डी आकारों 2डी आकारों की प्रस्तुति में अंतर।

1.3 MATHEMATICS LEARNING DURING EARLY CHILDHOOD (प्रारम्भिक बाल्यावस्था के दौरान गणित अधिगम)

1.3.1 Ways of Learning Mathematics (गणित अधिगम के तरीके)

Characteristics of nature of mathematics learning as summarised by White Bread (Anghileri, 1995)

व्हाइट ब्रेड द्वारा संक्षेपित गणित सीखने की प्रकृति की विशेषताएँ (एंगिलेरी, 1995)

- Starts from 'home learning'.
  गणित अधिगम 'होम लर्निंग' से शुरू होता है।
- Based on understanding.
  समझ के आधार पर।
- Rejects the previous practice of heavy emphasis on standard written algorithms.
  मानक लिखित एल्गोरिदम पर भारी जोर देने के पिछले अभ्यास को अस्वीकार करता है।
- Real experience across the whole curriculum.
  पूरे पाठ्यक्रम में वास्तविक अनुभव।

Notes

- Mathematics with reason is rooted in action – learning through doing.
  तर्क के साथ गणित क्रिया में निहित है–करके सीखना।
- Less emphasis on representing numbers on paper- more emphasis on developing mental images in the child.
  कागज पर संख्याओं का प्रतिनिधित्व करने पर कमजोर बच्चे में मानसिक छवियों को विकसित करने पर अधिक जोर।
- Errors are accepted as essential part of the mathematics learning process.
  त्रुटियों को गणित सीखने की प्रक्रिया के अनिवार्य भाग के रूप में स्वीकार किया जाता है।

Ways of learning which you can facilitate in the classroom
(सीखने के तरीके जिन्हें आप कक्षा में सुगम बना सकते हैं)

- Manipulation of objects.
  वस्तुओं का व्यवस्थीकरण।
- Placing tasks in meaningful contexts.
  अर्थपूर्ण स्थितियों में कार्य करना।
- Representation in multiple ways.
  विभिन्न तरीकों से निरूपण।
- Developing alternative strategies.
  वैकल्पिक रणनीति का विकास करना।
- Problem solving and problem posing.
  समस्या समाधान और समस्या प्रस्तुत करना।

1.3.2 Mathematics Phobia (गणित का भय)

Reason– Create anxiety and fear among students.
कारण– छात्रों में चिंता और भय पैदा करें।

- It is commonly devoid of any real, meaningful or supporting context.
  यह आमतौर पर किसी वास्तविक, सार्थक या सहायक संदर्भ से रहित होता है।
- Use of abstract symbolism.
  अमूर्त प्रतीकवाद का प्रयोग।
- School mathematics often requires children to use new 'paper and pencil' strategies.
  स्कूली गणित में अक्सर बच्चों को नई 'कागज और पेंसिल' रणनीतियों का उपयोग करने की आवश्यकता होती है।
- School mathematics is often taught as a set of prescribed procedures- 'getting the right answer'. Precision (accuracy) is that makes mathematics more difficult.
  स्कूली गणित को अक्सर निर्धारित प्रक्रियाओं के एक सेट के रूप में पढ़ाया जाता है–'सही उत्तर प्राप्त करना'। परिशुद्धता (सटीकता) वह है जो गणित को और अधिक कठिन बना देती है।

Human information processing system- The dominant model of human learning (मानव सूचना प्रसंस्करण प्रणाली–मानवता सीखने का प्रमुख मॉडल)

Three Main features–
तीन मुख्य विशेषताएँ–

- **Learning by induction:** Induction (inferring general rules or patterns from a range of particular cases). Deductive reasoning (The opposite process of inferring particular cases from general rule).
  आगमन विधि से अधिगम–आगमन (विशेष मामलों की एक शृंखला से सामान्य नियमों या पैटर्न का उल्लेख करना)। निगमनात्मक तर्क (सामान्य नियम से विशेष मामलों का अनुमान लगाने की विपरीत प्रक्रिया)।

Notes

- **Limited 'working memory' capacity:** While we are working out one part, the result of the previous computation is very likely to be forgotten.

  सीमित 'कार्यशील स्मृति' क्षमता–जबकि हम एक भाग पर काम कर रहे हैं, पिछली गणना के परिणाम को भुला दिए जाने की बहुत संभावना है।

- **Development of 'meta-cognitive' awareness and control:** 'Meta-cognition'- he/she acquires more ability to control over his/her actions and learning. Encouraging them to elaborate the ways they can solve the problem- they can justify.

  'जागरूकता और नियंत्रण अधिबोधन का विकास'–'अधिबोधन'–वह अपने कार्यों और सीखने पर नियंत्रण करने की अधिक क्षमता प्राप्त करता है। समस्या को हल करने के तरीकों को विस्तृत करने के लिए उन्हें प्रोत्साहित करना–वे समायोजित कर सकते हैं।

Common causes of mathematics phobia (गणित के प्रति भय के कुछ कारण)

- **Prior negative experiences with mathematics:** Unfavourable school climate, Lack of encouragement from parents and/or teachers, Lack of positive role models, Ethnic and/or gender stereotypes, Mathematics problems being used as punishment in school.

  गणित के साथ पहले के नकारात्मक अनुभव– प्रतिकूल स्कूल माहौल, माता-पिता और/या शिक्षकों से प्रोत्साहन की कमी, सकारात्मक रोल मॉडल की कमी, जातीय और/या लिंग रूढ़िवादिता, गणित की समस्याएं स्कूल में सजा के रूप में इस्तेमाल की जा रही हैं।

- The pressure of taking timed tests.

  समय पर जांच कराने का दबाव।

- The fear of looking or feeling "stupid" in front of others.

  दूसरों के सामने "बेवकूफ" दिखने या महसूस होने का डर।

- Lack of preparedness.

  तैयारियों की कमी।

1.3.3 Making Mathematics Learning Pleasurable (गणित अधिगम को आनंददायक बनाना)

- Number Race

  संख्या दौड़

- Place Value

  स्थानीय मान

- Addition Game

  जोड़ का खेल

- Guessing Game

  अनुमान खेल

- Creating symmetrical 'Rangolis' on the paper using colours.

  पेपर पर रंगों के द्वारा सममित रंगोली तैयार करना

- Origami

  ओरीगामी

- Familiarising with tangrams for producing several 2D figures.

  पेपर को मोड़कर 2डी और 3डी वस्तु बनाने की विधि टेनग्राम से भी परिचित कराएँ।

MATHEMATICS AND MATHEMATICS EDUCATION
(गणित एवं गणितीय शिक्षा)

2

National Curriculum Framework "our *vision of excellent mathematical education is based on the twin premises that all students can learn mathematics and that all students need to learn mathematics. It is therefore imperative that we offer mathematics education of the very high quality to all children.*"

राष्ट्रीय पाठ्यचर्या रूपरेखा के गणित दस्तावेज में स्पष्ट रूप से उल्लेखित है कि श्रेष्ठ गणित शिक्षा का परिदृश्य दो मुख्य अवधारणाओं पर आधारित है कि सभी विद्यार्थी गणित सीख सकते हैं और विद्यार्थियों को गणित सीखने की आवश्यकता है। इसलिए अत्यंत आवश्यक है कि हम सभी विद्यार्थियों को उच्च स्तरीय गणित शिक्षा प्रदान करें।

2.2 NATURE OF MATHEMATICS (गणित की प्रकृति)

Mathematics is logical: (गणित तार्किक है:)

- **C. G. Hempel**–All concepts of mathematics i.e. arithmetic, algebra and analysis can be defined in terms of concepts of logic. All the theorems of mathematics can be deduced from these definitions by means of the principles of logic.

  सी.जी. हेम्पेल–गणित की सभी अवधारणाओं अर्थात अंकगणित, बीजगणित और विश्लेषण को तर्क की अवधारणाओं के संदर्भ में परिभाषित किया जा सकता है। गणित के सभी प्रमेय को इन परिभाषाओं से निगमित किया जा सकता है।

- **Deductive logic:** Definitions and rules of inference to prove something. For example *Two even numbers when added, it gives rise to another even number.* $2n_1 + 2n_2 = 2(n_1 + n_2) = 2m$

  निगमित तर्क: कुछ साबित करने के लिए परिभाषाएँ और अनुमान के नियम। उदाहरण के लिए *दो सम संख्याओं को जोड़ने पर एक और सम संख्या प्राप्त होती है।* $2n_1 + 2n_2 = 2(n_1 + n_2) = 2m$

- **Inductive logic:** 2 + 4 = 6, 6 + 4 = 10, 10 + 8 = 18. When examples are used to prove things.

  आगमनात्मक तर्क: 2 + 4 = 6, 6 + 4 = 10, 10 + 8 = 18. जब चीजों को साबित करने के लिए उदाहरणों का उपयोग किया जाता है।

- **Mathematical induction:** logical process of arriving at a generalized statement of relation observing the relation in several cases in similar conditions. If one statement is true for n number of cases then it will be true for $n + 1$.

  गणितीय आगमन: समान परिस्थितियों में कई मामलों में संबंध का अवलोकन करते हुए संबंध के सामान्यीकृत बयान पर पहुँचने की तार्किक प्रक्रिया। यदि एक कथन n मामलों की संख्या के लिए सत्य है तो यह $n + 1$ के लिए भी सत्य होगा।

Notes

- Deductive method perfected in mathematics is perhaps the strongest model of all type of logic.

  गणित में सिद्ध की गई निगमन विधि सबसे महत्वपूर्ण तार्किक प्रक्रिया है।
- All the deductions from axioms, postulates are done by the rules of logic.

  अभिगृहीत, स्वयं सिद्धतथ्यों का निगमन तर्क के नियमों द्वारा किया जाता है।
- Euclid's geometry is an excellent example– 'what is given?', 'what has to be established?'

  यूक्लिड की ज्यामिति एक उत्कृष्ट उदाहरण है–'क्या दिया है?', 'क्या सिद्ध करना है?'

Mathematics is symbolic (गणित चिह्नात्मक है)

- Numerals, four basic operations (i.e. +, –, ×, and ÷) or figures representing line, angle, triangle, quadrilateral, circles are symbols.

  अंक, चार बुनियादी संक्रियाएँ (अर्थात +, –, ×, और) या रेखा, कोण, त्रिभुज, चतुर्भुज, वृत्तों को निरूपित करने वाली आकृतियाँ प्रतीक हैं।
- Expressing complicated and abstract ideas in brief symbolic forms using common notations makes them comparatively easier to understand.

  कठिन और अमूर्त विचारों को संक्षिप्त प्रतीकात्मक रूपों में सामान्य संकेतों का उपयोग करके व्यक्त करना उन्हें समझने में तुलनात्मक रूप से आसान बनाता है।
- "Two hundred **when** multiplied by ten gives two thousand"– 200 × 10 = 2000.

  "दो सौ को दस से गुणा करने पर दो हजार मिलते हैं"– 200 × 10 = 2000।

Mathematics is precise (गणित सटीक है)

- Precision means 'accuracy' and 'exactness'.

  सटीकता का अर्थ है 'परिशुद्धता' और 'सुस्पष्टता'।
- The definition of cone is clear and precise. 'A cone is a 3-dimensional geometric shape that tapers smoothly from a base (usually flat and circular) to a point called the *apex or vertex*'.

  शंकु की परिभाषा स्पष्ट और सटीक है। 'शंकु एक 3-आयामी ज्यामितीय आकार है जो आधार (आमतौर पर सपाट और गोलाकार) से शंकुकार होते हुए एक बिन्दु तक पहुँचता है जिसे शीर्ष कहते हैं।'
- Precision is that nature of mathematics which deals with accuracy and exactness and leaves no scope for doubt and ambiguity.

  सटीकता गणित की वह प्रकृति है जो सुस्पष्टता और परिशुद्धता से संबंधित है और संदेह और अस्पष्टता की कोई गुंजाइश नहीं छोड़ती है।
- According to C. J. Keyser "The quality of mathematical thought, the certainty and correctness, its conclusion are due to the characteristics of the concepts with which it deals precision, sharpness and completeness. Such ideas admit of such precision, others do not, and the mathematician is the one who deals with those that do."

  सी.जे. कीसर के अनुसार "गणितीय विचार की विशेषता, निश्चितता और शुद्धता, इसका निष्कर्ष उन अवधारणाओं की विशेषताओं के कारण है जिनके साथ यह सटीकता तीक्ष्णता और पूर्णता से संबंधित है। इस तरह के विचार ऐसी सटीकता को स्वीकार करते हैं, अन्य नहीं करते हैं, और गणितज्ञ वह है जो ऐसा करने वालों से निपटता है।"
- There is no place of subjectivity and personal opinion or experience in mathematics.

  गणित में व्यक्तिपरकता और व्यक्तिगत राय या अनुभव का कोई स्थान नहीं है।

Notes

Mathematics is study of structures (गणित संरचनाओं का अध्ययन है)

- The word structure means "arrangement, composition, configuration, form, order or system".
  संरचना शब्द का अर्थ है "क्रमबद्धता, संघटन, विन्यास, सुव्यवस्थित, रूप या तंत्र या निकाय"।
- Mathematics is the study of certain structures (arrangements in the general sets).
  गणित कुछ संरचनाओं (सामान्य सेटों में व्यवस्था) का अध्ययन है।

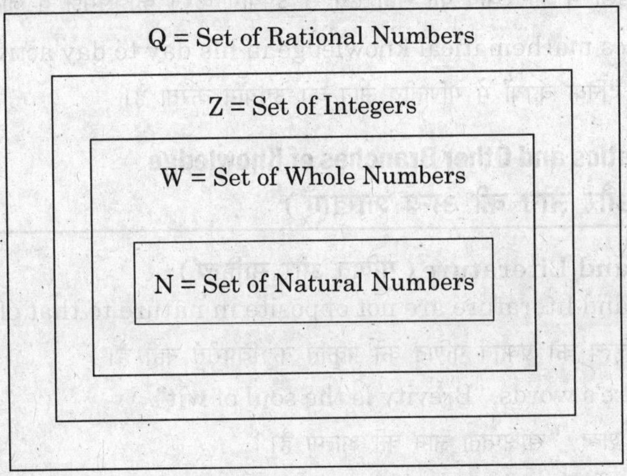

Fig. The Hierarchy Structure of Number system

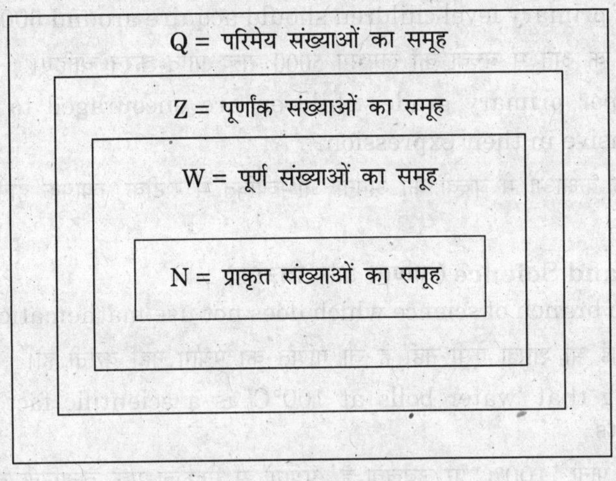

चित्र : संख्या तंत्र की श्रेणीबद्ध संरचना

Mathematics aims at abstraction (गणित अमूर्तता की ओर लक्ष्य करता है)

- L, Bers "The strength of mathematics is abstraction, but the abstraction is useful only if covers a large number of special cases."
  एल, बेर्स "गणित की ताकत अमूर्तता है, लेकिन अमूर्तता तभी उपयोगी होती है जब बड़ी संख्या में विशेष स्थितियों को शामिल किया जाता है।"
- Abstraction is essential in mathematics.
  गणित में अमूर्तन आवश्यक है।
- Algebra, a branch of mathematics deals with abstraction.
  बीजगणित, गणित की एक शाखा, अमूर्तता से संबंधित है।
- Abstraction is a means of encompassing wider range of applications of mathematics.
  अमूर्तता गणित के व्यापक अनुप्रयोगों को शामिल करने का एक साधन है।

Notes

2.3 IMPORTANCE OF MATHEMATICS EDUCATION (गणित शिक्षण का महत्व)

2.3.1 Mathematics in Real Life Situation (वास्तविक जीवन परिस्थितियों में गणित)

- Games like *kho-kho*, *kabaddi* all need awareness and utilisation of space.
  खो-खो, कबड्डी में भी स्थान का सही ढंग से उपयोग करने की समझ व जानकारी आवश्यक है।
- Farmer uses mathematical knowledge in his day to day activities.
  किसान अपने दैनिक कार्यों में गणितीय ज्ञान का उपयोग करता है।

2.3.2 Mathematics and Other Branches of Knowledge (गणित और ज्ञान की अन्य शाखाएँ)

Mathematics and Literature (गणित और साहित्य)

- Language and literature are not opposite in nature to that of mathematics.
  भाषा और साहित्य की प्रकृति गणित की प्रकृति के विपरीत नहीं है।
- Shakespeare's words, "Brevity is the soul of wit".
  शेक्सपियर के शब्द, "संक्षिप्तता ज्ञान की आत्मा है।"
- With less number of words, if you can express more.
  शब्दों की कम संख्या के साथ, यदि आप अधिक व्यक्त कर सकते हैं।
- The end of primary level children should acquire around 5000 words.
  प्राथमिक स्तर के अंत में बच्चों को लगभग 5000 शब्द प्राप्त करने चाहिए।
- In the upper primary grades children are encouraged to be precise, an comprehensive in their expression.
  उच्च प्राथमिक कक्षाओं में बच्चों को अपनी अभिव्यक्ति में सटीक, व्यापक होने के लिए प्रोत्साहित किया जाता है।

Mathematics and Science (गणित और विज्ञान)

- There is no branch of science which does not use mathematics.
  विज्ञान की कोई भी शाखा ऐसी नहीं है जो गणित का प्रयोग नहीं करती हो।
- The finding that 'water boils at 100°C' is a scientific fact emerged from experiments.
  यह खोज कि पानी '100°C पर उबलता है' प्रयोगों से निकला एक वैज्ञानिक तथ्य है।
- Increase in air pressure the boiling point of water also increases and vice versa.
  वायुदाब में वृद्धि से पानी का क्वथनांक भी बढ़ता है। और उसके विपरीत भी होता है।
- Physical science–mechanics, light, sound, chemical reactions.
  भौतिक विज्ञान–यात्रिकी, प्रकाश, ध्वनि, रासायनिक प्रतिक्रियाएँ।

Mathematics and Environment Study (गणित और पर्यावरण अध्ययन)

- There are several topics which require quantitative descriptions and analysis based on these quantitative data.
  ऐसे कई विषय हैं जिनके लिए इन मात्रात्मक डेटा के आधार पर मात्रात्मक विवरण और विश्लेषण की आवश्यकता होती है।
- Planning a school campus including school garden requires the concepts of measurement of length, area to be utilized.

Notes

स्कूल के बगीचे सहित एक स्कूल परिसर की योजना बनाने के लिए लंबाई, क्षेत्रफल के मापन की अवधारणाओं का उपयोग करने की आवश्यकता होती है।

- Different components of food is calculated mathematically.
  भोजन के विभिन्न घटकों की गणना गणितीय रूप से की जाती है।
- knowledge of proportion, percentage.
  अनुपात, प्रतिशत का ज्ञान।

Mathematics and Geography (गणित और भूगोल)

- Measuring larger heights and variations in temperature at different heights.
  ऊँचाई वाले स्थानों के मापन का स्पष्ट ज्ञान और विभिन्न ऊँचाई पर तापमान के बदलाव को मापना।
- Trigonometry helps in finding the height of a mountain.
  त्रिकोणमिति एक पहाड़ की ऊँचाई खोजने में मदद करती है।
- Knowledge of plane and solid co-ordinate geometry is of absolute necessity.
  समतल और ठोस निर्देशांक ज्यामिति का ज्ञान अत्यंत आवश्यक है।

Mathematics and History (गणित और इतिहास)

- Develop a sense of time.
  समय की भावना विकसित करें।
- Study the relevance past events for the present-drawing a time line.
  वर्तमान समय की रेखा खींचने के लिए प्रासंगिक पिछली घटनाओं का अध्ययन करें।
- Historical maps-Geometry.
  ऐतिहासिक मानचित्र–ज्यामिति।

Mathematics and Art Education (गणित और कला शिक्षा)

- Drawing, painting and sculptures-proportion.
  ड्राइंग, पेंटिंग और मूर्तियाँ–अनुपात।
- For each raga one sings or plays in instrument (say flute or sitar), there is definite scale of *taal* associated with it.
  प्रत्येक राग के लिए एक वाद्य यंत्र (बांसुरी या सितार) में गाता या बजाता है, *ताल का एक निश्चित पैमाना होता है* इसके साथ जुड़ा हुआ है।
- *Taal* produced by oral counting.
  ताल मौखिक गणना द्वारा निर्मित।

Mathematics and Physical Education (गणित और शारीरिक शिक्षा)

- building strategies for different games- mathematical expertise.
  किसी खेल की रणनीति बनाने में–गणितीय विशेषज्ञता।

2.3.3 Mathematics and Problem Solving (गणित और समस्या समाधान)

- **N. J. Fine**–'a problem that is posed represents an outpost to be taken, a simple engagement in our conquest of the unknown.'
  एन.जे. फाइन–"एक समस्या जिसे प्रस्तुत किया गया है एक चौकी को प्रदर्शित करती है जहाँ एक साधारण युद्ध के द्वारा अज्ञात को जीतने के पश्चात पहुँचना है।"
- **The Hilbert's Thesis on Mathematics**– 'mathematics is forward looking, being more connected with solving outstanding problems and creating powerful new concepts and methods than with merely contemplating knowledge that has already been won'.
  गणित पर हिल्बर्ट की थीसिस– 'गणित आगे की ओर देख रहा है, शेष समस्याओं को हल करने और शक्तिशाली नई अवधारणाओं और विधियों के निर्माण के साथ अधिक जुड़ा हुआ है, जो केवल पहले से जीते गए ज्ञान पर विचार करने के बजाय है'।
- **George Polya-Book**–*Mathematical Discover*.
  जॉर्ज पोल्या–पुस्तक–*गणितीय खोज*।

- **George Polya**–defines problem solving as the conscious search for some action appropriate to attain some clearly conceived, but not immediately attainable aim.
  जॉर्ज पोल्या–समस्या समाधान को कुछ स्पष्ट रूप से कल्पित प्राप्त करने के लिए उपयुक्त कुछ क्रियाओं के लिए सचेत खोज के रूप में परिभाषित करता है, लेकिन तुरंत प्राप्य लक्ष्य नहीं।
- The problem should have few abstract concepts and the child must be able to make connection among the data given in the problem.
  समस्या में कुछ अमूर्त अवधारणाएँ होनी चाहिए और बच्चे को समस्या में दिए गए डेटा के बीच संबंध बनाने में सक्षम होना चाहिए।
- The problem requires several steps to arrive at a solution. This causes the children to organize, reflect and record intermediate solutions.
  समस्या के समाधान के लिए कई चरणों की आवश्यकता होती है। यह बच्चों को मध्यवर्ती समाधानों को व्यवस्थित करने, प्रतिबिंबित करने और रिकॉर्ड करने का कारण बनता है।
- The ideal problem has multiple answers rather than one correct answer. The children should be allowed to search those multiple answers.
  आदर्श समस्या में एक सही उत्तर के बजाय कई उत्तर होते हैं। बच्चों को उन एकाधिक उत्तरों को खोजने की अनुमति दी जानी चाहिए।
- Problem requires analysis and synthesis of information. Complex problems help the children to solve life related problems.
  समस्या के लिए सूचना के विश्लेषण और संश्लेषण की आवश्यकता होती है। जटिल समस्याएँ बच्चों को जीवन संबंधी समस्याओं को हल करने में मदद करती हैं।
- **Strategies of problem solving**–observing, inferring, comparing, copying patterns with objects, using trial and error, classification of objects.
  समस्या समाधान की रणनीतियाँ–अवलोकन करना, अनुमान लगाना, तुलना करना, वस्तुओं के साथ पैटर्न की नकल करना, परीक्षण और त्रुटि का उपयोग करना, वस्तुओं का वर्गीकरण।

2.3.4 Ability to Think Mathematically (गणित सोच की योग्यता)

- **Specializing**–study the nature of HCF and LCM of such pairs of numbers.
  विशेषज्ञता–ऐसी संख्याओं के युग्मों के महत्तम समापवर्तक और लघुत्तम समापवर्त्य की प्रकृति का अध्ययन करें।
- **Conjecture**–a reasonable guess.
  अनुमान–एक उचित अनुमान।
- Process of problem posing and problem solving.
  समस्या प्रस्तुत करने और समस्या समाधान की प्रक्रिया।

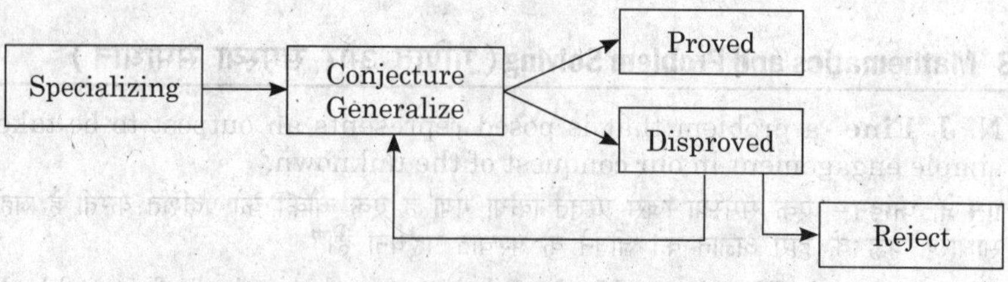

Fig : Thinking Mathematically

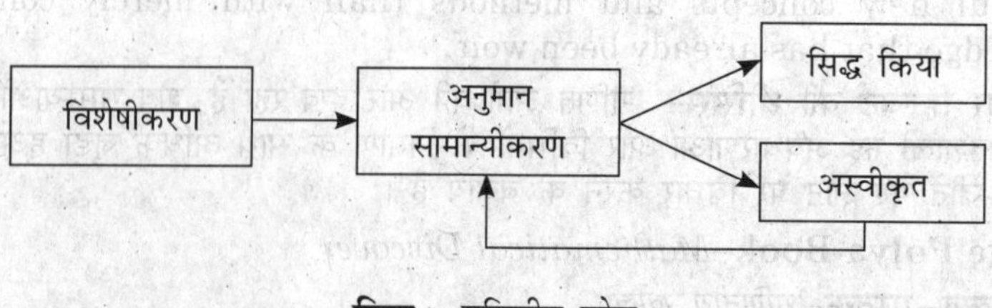

चित्र : गणितीय सोच

Notes

- **H. Weyl**–"By the mathematical thinking, I mean first that form of reasoning through which mathematics penetrates into the sciences of the external world and even into our every day thoughts about human affairs."

  एच. वेइल–"गणितीय सोच से मेरा मतलब पहले तर्क के उस रूप से है जिसके माध्यम से गणित बाहरी दुनिया के विज्ञान में और यहाँ तक कि मानव मामलों के बारे में हमारे दैनिक विचारों में प्रवेश करता है।"
- **Mental abilities**–*thinking precisely, articulating clearly, think logically and systematically and generalizing from patterns.*

  मानसिक क्षमताएँ–*सटीकता से सोचना, स्पष्ट रूप से व्यक्त करना, तार्किक और व्यवस्थित रूप से सोचना और पैटर्न से सामान्यीकरण करना।*
- Intuitive thinking and reflective thinking develop mathematical thinking.

  अंतर्ज्ञान और चिंतनात्मक विचार से गणितीय सोच विकसित होती है।
- **Intuitive thinking**–learning by experimenting with concrete materials.

  अंतर्ज्ञानात्मक विचार–स्थूल सामग्री के साथ प्रयोग करके सीखना।
- Reflective thinking comes later.

  चिंतनशील सोच बाद में आती है।
- **Reflecting thinking**–being able to reason with ideas without needing concrete material.

  चिंतनात्मक विचार–ठोस सामग्री की आवश्यकता के बिना विचारों के साथ तर्क करने में सक्षम होना।
- The processes of reflective thinking include reflecting, inventing, imagining, and playing (dealing) with ideas, problem solving, theory building and generalizing.

  चिंतनशील सोच की प्रक्रियाओं में विचारों के साथ प्रतिबिंबित करना, आविष्कार करना, कल्पना करना और खेलना (व्यवहार करना), समस्या समाधान, सिद्धांत निर्माण और सामान्यीकरण शामिल हैं।

3 GOALS AND VISION OF MATHEMATICS EDUCATION
(गणित शिक्षा के उद्‌देश्य और परिप्रेक्ष्य)

- David Wheeler–"more useful to know how to Mathematize than to know a lot of mathematics".

  डेविड व्हीलर के अनुसार, "ज्यादा गणित जानने की अपेक्षा कैसे गणितीयकरण किया जाए वह अधिक उपयोगी है।"
- National Curriculum Framework 2005–"Developing children's abilities for mathematization is the main goal of mathematics education."

  राष्ट्रीय पाठयचर्या रूपरेखा-2005 के अनुसार, "गणितीयकरण के लिए छात्रों की योग्यता को विकसित करना ही गणित शिक्षा का मुख्य उद्‌देश्य है।"
- George Polya–"there are two kinds of aims in mathematics for school education such as broader and narrower aims."

  जॉर्ज पोल्या के अनुसार–"विद्यालयी शिक्षा के लिए गणित में दो प्रकार के उद्‌देश्य हैं, विस्तृत एवं संक्षिप्त उद्‌देश्य।"

3.2.1 Broader and Narrower Aims (विस्तृत एवं संक्षिप्त उद्‌देश्य)

- Development of abilities for mathematisation is the ultimate goal.

  गणितीयकरण के लिए योग्यताओं को विकसित करना ही गणित शिक्षा का अंतिम उद्‌देश्य है।
- '*Mathematize*' meaning– '*to reduce to or as if to mathematical formulas*'.

  गणितीय क्रिया का शाब्दिक अर्थ है, गणितीय सूत्रों तक पहुँचना।
- "Mathematization" refers to the application of concepts, procedures and methods developed in mathematics to the objects of other disciplines or at least of other field of knowledge.

  गणितीयकरण का सम्बन्ध गणित की विकसित अवधारणा, प्रक्रिया एवं विधि के ज्ञान के विभिन्न क्षेत्रों के उपयोग से है।
- Higher aims of mathematics, includes developing such abilities as problem solving, use of heuristics, estimation and approximation, optimisation, use of patterns, visualization, representation, reasoning and proof, making connections, mathematical communication.

  गणित के उच्च उद्‌देश्यों में समस्या समाधान, अनुमानित और सन्निकटन का उपयोग; अनुकूलन, प्रतिरूपों का उपयोग, दृश्यावलोकन, प्रस्तुतीकरण, तर्क और सबूत, राशियों में संबंध बनाना, गणितीय संवाद जैसी क्षमताओं को विकसित करना शामिल है।
- **Problem solving**–Problem solving is an important life skill which suggests a shift from memorization to understanding of concepts. The problem solving skills include skills of observation, experimentation, estimation, reasoning and verification. Connect mathematics to the real world.

  समस्या समाधान–समस्या समाधान एक महत्वपूर्ण जीवन कौशल है जो याद रखने से अवधारणाओं की समझ में बदलाव का सुझाव देता है। समस्या समाधान कौशल में अवलोकन, प्रयोग, आकलन, तर्क और सत्यापन के कौशल शामिल हैं। समस्या समाधान गणित को वास्तविक संसार से जोड़ता है।

Notes

- **Use of heuristics**–Encourages the learner to try different hunches for solving the problems. Most scientists, engineers and mathematicians use a big bag of heuristics–a fact carefully hidden by our school textbooks.

  अन्वेषणात्मकता का उपयोग–शिक्षार्थी को समस्याओं को हल करने के लिए विभिन्न प्रकार के प्रयास करने के लिए प्रोत्साहित करता है। अधिकांश वैज्ञानिक, इंजीनियर और गणितज्ञ अनुमानों के एक बड़े बैग का उपयोग करते हैं–एक तथ्य जो हमारे स्कूल की पाठयपुस्तकों द्वारा सावधानीपूर्वक छिपाया जाता है।

- **Estimation and approximation**–students use this skill to employ these approximations in solving more complex problems.

  अनुमान और सन्निकटन–छात्र इस कौशल का उपयोग इन अनुमानों को अधिक जटिल समस्याओं को हल करने में नियोजित करने के लिए करते हैं।

- **Optimization**–utilization of available conditions and resources to the fullest extent which is never included in the school mathematics curriculum. The skill of optimization helps to examine whether the conditions provided for the solution of a problem are sufficient.

  समुचित उपयोगिता–उपलब्ध परिस्थितियों और संसाधनों का पूर्ण उपयोग जो कि स्कूली गणित पाठ्यक्रम में कभी भी शमिल नहीं किया जाता है। अनुकूलन का कौशल यह जाँचने में मदद करता है कि किसी समस्या के समाधान के लिए प्रदान की गई शर्तें पर्याप्त हैं?

- **Use of patterns**–generalize patterns to arrive at rules and formulae. It provides the basis for inductive learning.

  प्रतिरूपों का उपयोग–नियमों और सूत्रों तक पहुँचने के लिए पैटर्न का सामान्यीकरण करें। यह आगमनात्मक अधिगम के लिए आधार प्रदान करता है।

- **Representation**–Modeling situations using quantities, shapes and forms is the best use of mathematics. Learning this about fractions is far more useful than arithmetic of fractions.

  प्रतिवेदन–मात्राओं, आकृतियों और रूपों का उपयोग करके स्थितियों का प्रतिरूपण करना गणित का सर्वोत्तम उपयोग है। भिन्नों का इस विधि से अधिगम, अंकगणित के भिन्न अधिगम से अधिक उपयोगी है।

- **Reasoning & proof**–The aim should be to develop arguments, evaluate arguments, make and investigate conjectures, and understand that there are various methods of reasoning.

  तर्क और प्रमाण–उद्देश्य तर्कों को विकसित करना, तर्कों का मूल्यांकन करना, अनुमान लगाना और जांच करना और यह समझना होना चाहिए कि तर्क करने के विभिन्न तरीके हैं।

- **Making connection**–Mathematics has been making connection within mathematics and between mathematics and other subjects of study.

  संबंध बनाना–गणित गणित के साथ और अध्ययन के अन्य विषयों के बीच संबंध बनाता रहा है।

- **Mathematical communication**–Precise expression and unambiguous use of language are important characteristics of mathematics education.

  गणितीय संवाद–सटीक अभिव्यक्ति और भाषा का स्पष्ट उपयोग गणित शिक्षा की महत्वपूर्ण विशेषताएँ हैं।

- **Narrow aims of mathematics**–NCF 2005–"the narrow aim of school mathematics is to develop 'useful' capabilities, particularly those relating to numeracy-numbers, number operations, measurements, decimals and percentages"

  गणित के संकीर्ण उद्देश्य–राष्ट्रीय पाठ्यचर्या 2005–"स्कूली गणित का संक्षिप्त उद्देश्य 'उपयोगी' क्षमताओं को विकसित करना है, विशेष रूप से संख्यात्मकता से संबंधित–संख्या, संख्या संचालन, माप, दशमलव और प्रतिशत का विकास करना है।"

Notes

Major aims of mathematics education (गणित शिक्षा के मुख्य उद्देश्य)

- To develop the powers of thinking and reasoning.

  सोचने और तर्क करने की शक्तियों का विकास करना।
- To solve mathematical problems of daily life.

  दैनिक जीवन की गणितीय समस्याओं को हल करना।
- To understand and acquainted with the environment and culture

  पर्यावरण और संस्कृति को समझने और परिचित करने के लिए।
- To prepare the child for various technical and general future professions.

  बच्चे को विभिन्न तकनीकी और सामान्य भविष्य के व्यवसायों के लिए तैयार करना।
- To prepare the child for higher study.

  बच्चे को उच्च शिक्षा के लिए तैयार करना।
- To develop in the child the power for invention.

  बालक में आविष्कार की शक्ति का विकास करना।

3.2.2 Specific Aims (विशिष्ट उद्देश्य)

- The specific aims of mathematics education helps to design suitable methods for planning effective classroom learning process, curriculum, guide to prepare TLMs, prepare evaluation procedures.

  गणित शिक्षा के विशिष्ट उद्देश्य, कक्षा कक्ष में प्रभावशाली अधिगम पद्धति की योजना बनाने में, सही विधि का डिजाइन करने में, पाठ्यक्रम, शिक्षण सहायक सामग्री तैयार करने के लिए मार्गदर्शन करने में, मूल्यांकन पद्धति तैयार करने आदि में सहायता करते हैं।
- To ensure a good start to the students in learning mathematics.

  यह सुनिश्चित करना कि गणित अधिगम की शुरुआत अच्छी हो।
- To give clarity on fundamental concepts and processes of the subject.

  विषय की मूलभूत अवधारणा, पद्धतियाँ स्पष्ट हो।
- To create love, faith and interest for learning mathematics.

  गणित अधिगम के लिए, प्रेम, विश्वास और रूचि का सृजन करना।
- To develop in them a taste and confidence in mathematics.

  गणित विषय में रूचि और आत्मविश्वास का विकास करना।
- To develop appreciation for accuracy.

  सटीकता के लिए प्रोत्साहन देना।
- To acquaint them with the relation of mathematics with their present as well as future life.

  विद्यार्थियों को गणित को वर्तमान तथा भविष्य के जीवन से जोड़ना सिखाना।
- To see aesthetics in mathematics.

  गणित में कलात्मकता देखना।
- To develop in them the habits like regularity, practice, patience, self reliance and hard work.

  विद्यार्थियों में, नियमितता, अभ्यास, धैर्य, स्वावलम्बन और परिश्रम करने की आदतों का विकास करना।
- To apply mathematics in other subjects.

  अन्य विषयों में गणित का उपयोग करना।
- To acquaint them with mathematical language and symbolism.

  गणितीय भाषा और चिह्नों से परिचित कराना।

- To prepare them for the learning of mathematics of higher classes.
  उच्च कक्षा के गणित अध्ययन के लिए तैयार कराना।
- To prepare them for mathematical exhibitions.
  बच्चों को गणितीय प्रदर्शनी के लिए तैयार करना।

Instructional objectives–related to specific topic. (अनुदेशनात्मक उद्देश्य–विशिष्ट विषय से संबंधित)

- To *divide* a collection of *objects* into two equal parts.
  वस्तुओं के संग्रह को दो बराबर भागों में विभाजित करना।
- To apply addition of two digits numbers in solving problems of daily life.
  दैनिक जीवन की समस्याओं को हल करने में दो अंकों की संख्याओं के योग को लागू करना।
- To understand and acquainted with different coins.
  विभिन्न सिक्कों को समझना और उनसे परिचित होना।
- To use appropriate symbols for "Fifteen is five more than ten".
  "पंद्रह दस से पाँच अधिक है" के लिए उपयुक्त प्रतीकों का उपयोग करना।
- To indentify even and odd numbers of three digit numbers.
  तीन अंकों की संख्याओं की सम और विषम संख्याओं की पहचान करना।

Notes

3.3 VISIONS FOR SCHOOL MATHEMATICS (विद्यालय गणित के लिए परिप्रेक्ष्य)

- National Policy on Education, 1986–"advent of automation and cybernetics in this century marks the beginning of the new scientific industrial revolution and makes it all the more imperative to devote special attention to the study of mathematics".
  शिक्षा पर राष्ट्रीय नीति, 1986–"इस सदी में स्वचालन और साइबरनेटिक्स के आविर्भाव ने वैज्ञानिक औद्योगिक क्रांति की शुरुआत की और इसने गणित के अध्ययन पर विशेष ध्यान देने के लिए और अधिक आवश्यक बना दिया है।"
- National Policy on Education 1986–"Mathematics should be visualized as the vehicle to train a child, to think, reason, analyze and to articulate logically. Apart from being a specific subject, it should be treated as a concomitant to any subject involving analysis and reasoning".
  शिक्षा पर राष्ट्रीय नीति 1986–"गणित को एक ऐसे वाहन के रूप में सदृश्य करना चाहिए जिसमें बच्चों को सोचने, तर्क करने, विश्लेषण करने, और उसे तर्कपूर्ण ढंग से अभिव्यक्त कर सकने के लिए प्रशिक्षित किया जा सके।"
- National Curricular Framework–"enquiry, exploration, questioning, debates, application and reflection leading to theory building and creation ideas/positions in mathematics".
  राष्ट्रीय पाठ्यचर्या की रूपरेखा–"पूछताछ, अन्वेषण, प्रश्न, वाद-विवाद, अनुप्रयोग और चिंतन जो गणित में सिद्धांत निर्माण और सृजन विचारों/पदों की ओर ले जाता है।"

Visions for School Mathematics (विद्यालयी गणित के लिए परिप्रेक्ष्य)

- *Children learn to enjoy mathematics.*
  बच्चे गणित को आनंदपूर्वक सीखें।
- *Children learn important mathematics.*
  बच्चे महत्वपूर्ण गणित सीखें।

Notes

- *Children see mathematics as something to talk about, to communicate.*
  बच्चे गणित को बात करने, संवाद करने जैसे देखें।
- *Children pose and solve meaningful problems.*
  बच्चे सार्थक समस्याओं को प्रस्तुत करें और हल करें।
- *Children use abstractions to perceive relationships.*
  बच्चे अमूर्त संबंधों के प्रयोग को समझें।
- *Children understand the basic structure of mathematics.*
  बच्चे गणित की मूल संरचना को समझें।
- *Teachers* engage *every child.*
  शिक्षक हर बच्चे को संलग्न करें।

3.3.1 Children and Mathematics Education (बच्चे और गणित शिक्षा)

Problems in teaching and learning of mathematics
(गणित अधिगम और शिक्षण की समस्याएँ)

- *Fear and Failure (भय और असफलता)*
- *Disappointing Curriculum (निराशाजनक पाठ्यक्रम)*
- *Inadequate Learning Materials (अपर्याप्त अधिगम सामग्री)*
- *Crude Assessment (निकृष्ट आकलन पद्धति)*
- *Inadequate teacher preparation (शिक्षक की अपर्याप्त तैयारी)*
- *Teaching learning process (शिक्षण-अधिगम पद्धति)*
- *Lack of interest (रूचि न लेना)*

3.3.2 Mathematics Education Beyond Classroom (कक्षा से बाहर गणित शिक्षा)

- Children learn not only from the teacher, but also from interaction with other children, environment around them.
  बच्चे सिर्फ अध्यापक से ही नहीं सीखते हैं, बल्कि वे अन्य बच्चों से बातचीत करके तथा अपने आसपास के परिवेश से भी सीखते हैं।
- Activities involving more than one sense will help children learn better.
  ऐसे क्रियाकलाप जिनमें विद्यार्थी एक से अधिक ज्ञानेन्द्रियों का उपयोग करते हैं वहाँ छात्र बेहतर सीखते हैं।

Scope of connecting knowledge to life outside the school
(विद्यालय से बाहर के जीवन को ज्ञान से जोड़ने का कार्य क्षेत्र)

- *Market (बाजार)*
- *Garden (बगीचा)*
- *Real life (वास्तविक जीवन)*
- *Making designs (डिजाइन बनाना)*
- *Festival (त्योहार)*
- *Play ground (खेल का मैदान)*

3.3.3 Making Mathematics Learning Joyful (गणित अधिगम को आनंददायक बनाना)

- The Learning Without Burden Report–"joyless learning a situation where a lot is taught but little is learnt or understood".
  बिना बोझ के अधिगम रिपोर्ट, "आनंदहीन अधिगम में बहुत कुछ पढाते हैं परंतु सीखने और समझने के लिए कुछ भी नहीं होता है।"

Notes

3.3.4 Creating Conducive Learning Environment For Mathematization (गणितीयकरण के लिए उपयुक्त अधिगम वातावरण का सृजन)

- In most of the elementary schools the environment is not fit for teaching and learning of mathematics.

  अधिकांश प्राथमिक विद्यालयों में गणित पढ़ाने और सीखने के लिए वातावरण उपयुक्त नहीं है।

Suggestions for learner friendly environment
(शिक्षार्थी अनुकूल वातावरण के लिए सुझाव)

- *Knowing the children (बच्चों को जानना)*।
- *Teaching learning programmes*–pictures, diagrams, flow charts, graphs.

  शिक्षण अधिगम कार्यक्रम–चित्र, आरेख, प्रवाह चार्ट, आलेख।
- *Teaching learning equipments*–mathematics reference books, magazines, mathematics magic, story and puzzle books.

  शिक्षण अधिगम उपकरण–गणित संदर्भ पुस्तकें, पत्रिकाएं, गणित जादू, कहानी और पहेली पुस्तकें।
- *School environment (विद्यालय का वातावरण)*।
- *Learning corner (अधिगम कोना)*।
- *Recreational Activities (मनोरंजक गतिविधियाँ)*।
- *Assessment (आकलन)*।

4

LEARNER AND LEARNING CENTRED METHODOLOGIES AT ELEMENTARY LEVEL

(प्राथमिक स्तर पर अधिगमकर्ता एवं अधिगम केंद्रित विधियाँ)

4.2 METHODS FOR TEACHING AND LEARNING MATHEMATICS (गणित अधिगम एवं शिक्षण की प्रणालियाँ)

You follow a proper sequence in your teaching which is usually called a method of teaching. Methods are the style of presentation of content in the classroom so that all students would learn the concepts.
आप अपने शिक्षण में एक उचित क्रम का पालन करते हैं जिसे आमतौर पर शिक्षण की एक विधि कहा जाता है। विधियाँ कक्षा में सामग्री को प्रस्तुत करने की शैली है ताकि सभी छात्र अवधारणाओं को सीख सकें।

4.2.1 Inductive-deductive Method (आगमन-निगमन विधि)

- Inductive method helps the learner in developing the ability to reason by observing common elements in the similar instances and arriving at the generalised statement or rule.

  आगमन, तार्किक का एक रूप है, जिसमें विशेष उद्देश्य या विशिष्ट प्रविधि के अध्ययन से एक सामान्य नियम या सिद्धांत की व्युत्पति की जाती है।
- Deductive method is all about applying the established rules and formulae in solving various mathematical problems.

  इसमें विद्यार्थी को पहले से संरचित सूत्र या सिद्धांत बताया जाता है जिनका उपयोग विभिन्न गणितीय समस्याओं को हल करने में होता है।
- Almost all the problems in mathematics textbooks can be solved through the application of deductive method.
  गणित की पाठ्यपुस्तकों की लगभग सभी समस्याओं को निगमनात्मक पद्धति के प्रयोग द्वारा हल किया जा सकता

Inductive Method (आगमनात्मक विधि)

- Induction is the form of reasoning in which a general law or principle is derived from a study of particular objects or specific processes.

  आगमन तर्क का एक रूप है जिसमें एक सामान्य कानून या सिद्धांत विशेष वस्तुओं या विशिष्ट प्रक्रियाओं के अध्ययन से प्राप्त होता है।
- $1 + 1 = 2$; $1 + 3 = 4$; $1 + 5 = 6$; $3 + 5$ (*addition of two odd numbers is an even number*)

  $1 + 1 = 2$; $1 + 3 = 4$; $1 + 5 = 6$; $3 + 5$ (*दो विषम संख्याओं का योग एक सम संख्या होती है*)।
- $1^2 = 1$, $3^2 = 9$, $5^2 = 25$ (*square of an odd number is odd*)

  $1^2 = 1$, $3^2 = 9$, $5^2 = 25$ (*एक विषम संख्या का वर्ग विषम होता है*)।
- $2^2 = 4$, $4^2 = 16$, $6^2 = 36$, $8^2 = 64$ (*square of an even number is even*)

  $2^2 = 4$, $4^2 = 16$, $6^2 = 36$, $8^2 = 64$ (*एक सम संख्या का वर्ग सम होता है*)

Notes

Deductive method (निगमन विधि)

- General rule to specific instances.
  सामान्य नियम से विशिष्ट उदाहरण की ओर।
- Abstract rules to concrete instances.
  अमूर्त नियम से स्थूल उदाहरण की ओर।
- Steps
  चरण।
- Clear recognition of the problem.
  समस्या की स्पष्ट पहचान।
- Search for a tentative hypothesis.
  एक अस्थायी परिकल्पना के लिए खोजें।
- Formulating of a tentative hypothesis/Choosing the relevant formula for solution.
  एक अस्थायी परिकल्पना तैयार करना/समाधान के लिए प्रासंगिक सूत्र चुनना।
- Solving the problem.
  समस्या का समाधान।
- Verification of the result
  परिणाम का सत्यापन।

4.2.2 Analytic and Synthetic Method (विश्लेषणात्मक और संश्लेषणात्मक विधि)

- Synthetic Method–(known to unknown) given A is true, therefore B is true, hence C is true.
  संश्लेषणात्मक विधि–(ज्ञात से अज्ञात) दिया गया A सत्य है, इसलिए B सत्य है, अत: C सत्य है।
- Analytic Method–(unknown to known) C is true, if B is true; B is true, if A is true.
  विश्लेषणात्मक विधि–(अज्ञात से ज्ञात) C सत्य है, यदि B सत्य है; B सत्य है, अगर A सत्य है।

Synthetic method (संश्लेषणात्मक विधि)

- Synthesizes means to place together things that are apart.
  संश्लेषणात्मक का अर्थ है अलग-अलग चीजों को एक साथ रखना।
- Process of putting together known bits of information to reach the point where unknown information becomes obvious and true.
  जानकारी के ज्ञात अंशों को एक साथ रखने की प्रक्रिया उस बिंदु तक पहुँचती है जहाँ अज्ञात जानकारी स्पष्ट और सत्य हो जाती है।
- Synthetic method we get the proof.
  संश्लेषणात्मक विधि से हमें प्रमाण मिलता है।

Analytic method (विश्लेषणात्मक विधि)

- break up the unknown problem into simpler parts and then see how these can be recombined to find the solution.
  अज्ञात समस्या को सरल भागों में विभाजित करें और फिर देखें कि समाधान खोजने के लिए इन्हें कैसे पुन: संयोजित किया जा सकता है।
- It leads from conclusion to hypothesis.
  यह निष्कर्ष से परिकल्पना की ओर ले जाता है।
- It proceeds from unknown to known.
  यह अज्ञात से ज्ञात की ओर बढ़ता है।
- Analysis is considered as the means of discovering the proof.
  विश्लेषण को प्रमाण की खोज का साधन माना जाता है।

Notes

4.2.3 Project Method (परियोजना विधि)

- Collection, organise, analysis and interpret skills of information for arriving at the solution. The main objective of problem-solving method is, to stimulate the reflective and creative thinking of the learners.

  समाधान पर पहुँचने के लिए सूचना के कौशल का संग्रह, व्यवस्थित, विश्लेषण और व्याख्या करना। समस्या समाधान पद्धति का मुख्य उद्देश्य शिक्षार्थियों की चिंतनशील और रचनात्मक सोच को प्रोत्साहित करना है।

Step of project method in mathematics (गणित में परियोजना विधि के चरण)

- *Identifying the problem.*

  समस्या की पहचान।
- *Defining the problem–restating a problem in the student's own words.*

  समस्या को परिभाषित करना–किसी समस्या को विद्यार्थी के अपने शब्दों में पुनः प्रस्तुत करना।
- *Collections of relevant information.*

  प्रासंगिक जानकारी का संग्रह।
- *Formulating tentative hypothesis.*

  अस्थायी परिकल्पना तैयार करना।
- *Testing the hypothesis.*

  परिकल्पना का परीक्षण।
- *Construct physical models.*

  भौतिक मॉडल का निर्माण।
- *Verification of the result.*

  परिणाम का सत्यापन।

Problem posing (समस्या प्रस्तुत करना)

- Involves generating new problems and questions to explore about a given situation, as well as reformulating a problem during the course of solving the problem related to it.

  किसी दी गई स्थिति के बारे में पता लगाने के लिए नई समस्याओं और प्रश्नों को उत्पन्न करने के साथ-साथ उससे संबंधित समस्या को हल करने के दौरान किसी समस्या का सुधार करना शामिल है।
- Problem posing is an indicator of learning that takes place.

  समस्या प्रस्तुत करना सीखने का एक संकेतक है जो घटित होता है।

4.3 LEARNING-CENTRED APPROACHES OF TEACHING MATHEMATICS (गणित शिक्षण के अधिगम केंद्रित उपागम)

4.3.1 5E's Learning Model (5E अधिगमन प्रतिमान)

- **Engagement phase**–Students are engaged in the classroom through different learning tasks. students' attention, get students thinking about the subject matter, raise questions in students' minds, stimulate thinking, and access prior knowledge.

  विनियोजन चरण–विनियोजन की अवस्था में बच्चे को कक्षा-कक्ष में विभिन्न अधिगम कार्यों में व्यस्त रखा जाता है। छात्रों का ध्यान आकर्षित करना, छात्रों को विषय के बारे में सोचने के लिए प्रेरित करना, छात्रों के मन में प्रश्न उठाना, सोच को प्रोत्साहित करना और पूर्व ज्ञान तक पहुँच बनाना।

Notes

- **Exploration Phase**–students have an opportunity to get directly involved with the phenomena and materials. One of important characteristics is students' collaboration. Student's inquiry process drives the learning during an exploration. They come to the conclusion.

  अन्वेषण चरण–छात्रों के पास घटनाओं और सामग्रियों से सीधे से जुड़ने का अवसर होता है। महत्वपूर्ण विशेषताओं में से एक छात्रों का सहयोग है। विद्यार्थी की पूछताछ प्रक्रिया अन्वेषण के दौरान सीखने को प्रेरित करती है। वे निष्कर्ष पर आते हैं।

- **Explanation Phase**–learner begins to put the abstract experience and clarify their mis-conception through discussion in the classroom. The degree of explanation depends on the understanding and misunderstanding of the students.

  स्पष्टीकरण चरण–शिक्षार्थी अमूर्त अनुभव को रखना शुरू करता है और कक्षा में चर्चा के माध्यम से अपनी गलत धारणा को स्पष्ट करता है। स्पष्टीकरण की डिग्री छात्रों की समझ और गलतफहमी पर निर्भर करती है।

- **Elaboration Phase**–Opportunity for students to apply their knowledge to new situations. They make connections to other related concepts

  विस्तार चरण–छात्रों के लिए नई परिस्थितियों में अपने ज्ञान को लागू करने का अवसर। वे अन्य संबंधित अवधारणाओं से संबंध बनाते हैं।

- **Evaluation Phase**–On-going diagnostic process that allows you to determine. Portfolio, assignment, observation, concept mapping, peer assessment etc.

  मूल्यांकन चरण-चल रही नैदानिक प्रक्रिया जो आपको विभिन्न तकनीक जैसे पोर्टफोलियो, दत्तकार्य, अवलोकन, अवधारणा का खाका बनाना और समूह आकलन आदि का उपयोग कर सकते हैं।

4.3.2 Interpretation Construction (Icon) Design Model-Seven steps (रचनात्मक व्याख्या (प्रतीक) अभिकल्पना प्रतिमान)

Observation (अवलोकन)

- **Contextualization:** relate the observed situation and elements of the problem to be solved to their previous ideas/experiences/knowledge.

  प्रासंगिकता: देखी गई स्थिति और समस्या के तत्वों को उनके पिछले विचारों/अनुभवों/ज्ञान से संबंधित करना।

- **Cognitive apprenticeship:** Learners are encouraged to exercise their minds though different brainstorming activities by the teacher. Guide them how to analyse and interpret the problem.

  संज्ञानात्मक प्रशिक्षुता: शिक्षक द्वारा विभिन्न बुद्धिशीलता गतिविधियों के माध्यम से शिक्षार्थियों को अपने दिमाग का व्यायाम करने के लिए प्रोत्साहित किया जाता है। समस्या का विश्लेषण और व्याख्या करने के लिए उनका मार्गदर्शन करें।

- **Collaboration:** learners discuss freely about their alternative conceptions/ misconceptions and are able to communicate with their peers. Teacher is co learner.

  सहयोगीकरण: शिक्षार्थी अपनी वैकल्पिक अवधारणाओं/गलतफहमियों के बारे में स्वतंत्र रूप से चर्चा करते हैं और अपने साथियों के साथ संवाद करने में सक्षम होते हैं। शिक्षक सह शिक्षार्थी है।

Interpretation & Construction (अनुवादन और संरचना)

- **Multiple interpretations:** they are able to interpret the knowledge in different ways and different manner and form several possible interpretations of the problem situation as well as problem solution.

विभिन्न अनुवादन: यदि बच्चा अधिगम प्रक्रिया के दौरान लचीलापन महसूस करता है तो वह विभिन्न प्रकार से ज्ञान की व्याख्या करने के योग्य हो जाता है, और समस्या समाधान की अनेक सभावित व्याख्याओं का निर्माण करता है।

- **Multiple manifestations:** The learners try to apply various interpretations one by one for the problem solution and thus acquire multiple solutions to the problem.

  विभिन्न घोषणा पत्र: बच्चा, समस्या को हल करने के लिए विभिन्न व्याख्याओं को एक-एक लागू करने की कोशिश करता है और तब समस्या के अनेक हल प्राप्त करता है। और आगे वह एक जैसे व्याख्या के अनेक घोषणापत्र प्राप्त कर लेता है।

4.3.3 Concept Mapping (अवधारणा का खाका तैयार करना)

- A particular concept of mathematics is interlinked with different branches of mathematics and with other subject like science and social science in different ways and different manners.

  गणित की एक विशेष अवधारणा गणित की विभिन्न शाखाओं और विज्ञान और सामाजिक विज्ञान जैसे अन्य विषयों के साथ अलग-अलग तरीकों से जुड़ी हुई है।
- A concept map provides a concrete record of the connections perceived by the students.

  एक अवधारणा मानचित्र छात्रों द्वारा देखे गए कनेक्शन का एक ठोस रिकॉर्ड प्रदान करता है।
- Venn Diagram of some concepts can play a role of concept mapping.

  वेन आरेख अवधारणा मानचित्रण की भूमिका निभा सकते हैं।

4.3.4 Activity Based (क्रियाकलाप आधारित अधिगम)

Learning should be based on doing some hands-on experiments and activities.

सीखना कुछ व्यावहारिक प्रयोगों और गतिविधियों पर आधारित होना चाहिए।

Experiential Learning–five sequential steps/stages

अनुभवात्मक अधिगम–पाँच क्रमिक चरण/चरण

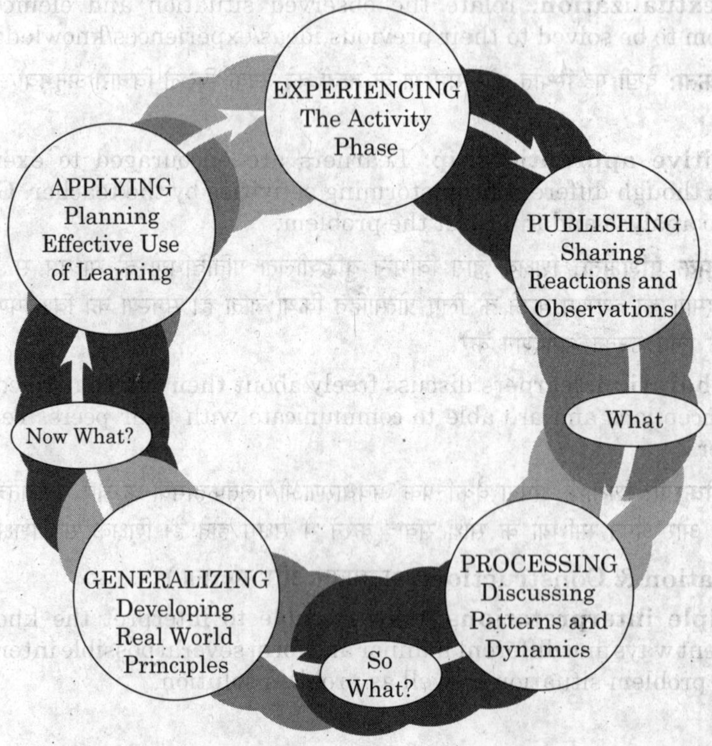

Fig : Experiential Learning Cycle.

Notes

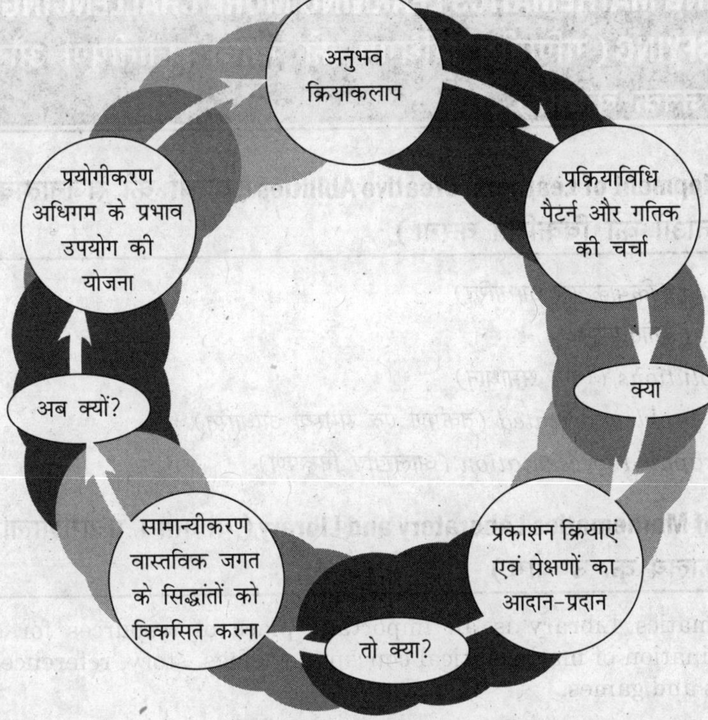

- **Experiencing:** (This is the initial stage of the cycle): Almost any activity that involves self-assessment or interpersonal interaction may be used as the "doing" part of experiential learning.

  अनुभव करना: (यह इस चरण की प्राथमिक अवस्था है): प्राय: कोई क्रियाकलाप जिसमें स्व-मूल्यांकन या अंतर-वैयक्तिक (परस्पर) क्रिया शामिल होती है, उसको अनुभवात्मक अधिगम के भाग की तरह उपयोग कर सकते हैं।

- **Publishing:** After participants have experienced an activity, they are ready to share or publish what they observed and how they felt during that experience.

  प्रकाशन: जब बच्चों को क्रियाकलाप का अनुभव हो जाता है तो इसके बाद, अनुभव के दौरान उन्होंने क्या अवलोकन किया? कैसा महसूस किया है? इस जानकारी को आपस में बाँटने या प्रकाशन के लिए तैयार हो जाते हैं?

- **Processing:** (This is the pivotal step in the experiential learning cycle). This step, referred to as the group dynamics stage, includes systematic examination of shared experiences by the members of the group.

  प्रक्रिया बनाना: (यह चरण अनुभवात्मक अधिगम का चक्र बिन्दु है) यह चरण इस चक्र की समूह गतिक अवस्था है जिसमें समूह के सदस्यों के द्वारा बांटे गए अनुभव का व्यवस्थित मूल्यांकन शामिल है।

- **Generalizing:** In this stage, the members of the group begin to focus on their awareness of situations in their personal or work lives that are similar to those they experienced in the group.

  सामान्यीकरण करना: इस अवस्था में, समूह में प्राप्त किए गए अनुभवों में समानता है या नहीं, इस बारे में समूह के सदस्य जागरूक रहते हैं, और इस बात पर अपना ध्यान केंद्रित करते हैं।

- **Applying:** In this final stage, the facilitator helps participants apply generalizations to actual situations in which they are involved.

  लागू करना: इस अंतिम अवस्था में, जिस वास्तविक स्थिति में बच्चे शामिल हैं, उनमें सामान्यीकरण को लागू करने में, अध्यापक, उनकी सहायता करता है।

Notes

4.4 MAKING MATHEMATICS LEARNING MORE CHALLENGING AND SATISFYING (गणितीय अधिगम को ज्यादा चुनौतीपूर्ण और संतोषजनक बनाना)

4.4.1 Development of Learners' Creative Abilities (बच्चों की सजृनात्मक योग्यताओं को विकसित करना)

Activity based (क्रियाकलाप आधारित)

Challenging (चुनौतीपूर्ण)

Divergent solutions (भिन्न समाधान)

Logical and problem oriented (तर्कपूर्ण एवं समस्या आधारित)

Pictorial/graphic representation (आलेखीय निरूपण)

4.4.2 Use of Mathematics Laboratory and Library (गणितीय प्रयोगशाला एवं पुस्तकालय का उपयोग)

- Mathematics Library is an important place of resources for collection, dissemination of mathematical concepts, themes, story, references, articles puzzles and games.

  गणित पुस्तकालय संग्रह, गणितीय अवधारणाओं के प्रसार, विषयों, कहानी संदर्भ, लेख पहेली और खेल के लिए संसाधनों का एक महत्वपूर्ण स्थान है।

APPROACHES TO ASSESSMENT OF LEARNING MATHEMATICS
(गणित अधिगम के आकलन के उपागम)

10

10.2 NATURE OF ASSESSMENT OF MATHEMATICS LEARNING (गणित अधिगम के आकलन की प्रकृति)

10.2.1 Dimensions of Mathematics Learning Assessment (गणित अधिगम के आकलन की विमाएँ)

Nature of Mathematics Learning at the Early Stage of Schooling
(विद्यालय से पूर्व की अवस्था में गणित अधिगम की प्रकृति)

- Children develop mathematical thinking through active interaction with the world around them (rural children are rich in oral mathematical tradition) utilizing the cognitive resources available in the environment.

  बच्चे अपने आसपास की दुनिया के साथ सक्रिय बातचीत के माध्यम से गणितीय सोच विकसित करते हैं (ग्रामीण बच्चे मौखिक गणितीय परंपरा में समृद्ध हैं)। पर्यावरण में उपलब्ध संज्ञानात्मक संसाधनों का उपयोग करते हैं।
- Children's initial understanding of mathematics is 'concrete' and 'contextual'.

  स्थूल एवं संदर्भ ही गणित में बच्चे की शुरुआत की समझ है।
- Active manipulation with concrete elements leads children to construct mathematical concepts and processes.

  मूर्त तत्वों के साथ सक्रिय हस्तकौशल बच्चों को गणितीय अवधारणाओं और प्रक्रियाओं के निर्माण के लिए प्रेरित करता है।
- Mathematics learning appropriates the developmental (intellectual/ cognitive) concerns required to design learning continuum from concrete to abstract concepts.

  गणित अधिगम विकासात्मक (बौद्धिक/संज्ञानात्मक) सरोकारों को विनियोजित करता है जो सीखने की निरंतरता को ठोस से अमूर्त अवधारणाओं तक डिजाइन करने के लिए आवश्यक है।

Principles of assessment of mathematics learning
(गणित अधिगम के आकलन के सिद्धांत)

- **The Content Principle**–Assessment should reflect the mathematics that is most important for students to learn. Assessment should reflect the mathematics that all students need to know and be able to do.

  पाठ्य वस्तु का सिद्धांत–गणित में आकलन प्रतिबिंबित होना चाहिए जो कि बच्चों के सीखने के लिए ज्यादा महत्वपूर्ण है। क्योंकि सभी बच्चों को सीखने की आवश्यकता है एवं योग्य बनने की आवश्यकता है।
- **The Learning Principle**–Assessments should be learning opportunities as well as opportunities for students to demonstrate what they know and can do.

  अधिगम का सिद्धांत–आकलन सीखने के अवसरों के साथ-साथ छात्रों के लिए यह प्रदर्शित करने का अवसर होना चाहिए कि वे क्या जानते हैं और क्या कर सकते हैं।

Notes

- **The Equity Principle**–Assessment should support every student's opportunity to learn important mathematics.

  निष्पक्षता का सिद्धांत–मूल्यांकन को प्रत्येक छात्र के लिए महत्वपूर्ण गणित सीखने के अवसर का समर्थन करना चाहिए।
- Assessment should promote valid inferences about mathematics learning. A valid inference is based on evidence that is adequate and relevant.

  आकलन को गणित सीखने के बारे में मान्य अनुमानों को बढ़ावा देना चाहिए। एक वैध निष्कर्ष पर्याप्त और प्रासंगिक सबूतों पर आधारित होता है।

Nature of Assessment of Mathematics Learning
(गणित अधिगम के आकलन की प्रकृति)

- Appropriate to sequence of mathematics learning.

  गणित अधिगम के क्रमबद्धता की उपयुक्तता।
- Experiential and contextual.

  अनुभवात्मक और संदर्भात्मक
- Concrete-contextual to abstract.

  मूर्त से अमूर्त के ओर।
- Orality to performance-activity to written.

  मौखिक से प्रदर्शन की ओर/क्रियाकलाप से लिखित की ओर।

Dimensions of assessment of mathematical learning
(गणितीय अधिगम के आकलन के आयाम)

- **Concepts and procedures**–At the elementary stage, all the mathematical concepts and procedures can be included in ten broad areas: ▪ Number (Real number system) ▪ Number operations (Four processes) ▪ Fractions (including decimals) ▪ Space and spatial thinking ▪ Measurement (both standard and non-standard measures) ▪ Problem solving ▪ Patterns ▪ Data handling ▪ Basic algebraic processes (only in upper primary stage) ▪ Simple equations (only in upper primary stage)

  अवधारणाएँ और विधियाँ–प्रारंभिक स्तर पर ▪ सभी गणितीय अवधारणाओं और प्रक्रियाओं को दस व्यापक क्षेत्रों में शामिल किया जा सकता है: ▪ संख्या(वास्तविक संख्या पद्धति) ▪ संख्या संक्रियाएँ (चार प्रक्रियाएँ) ▪ भिन्न (दशमलव सहित) ▪ समय एवं स्थानिक समझ ▪ मानक और गैर-मानक दोनों उपाय ▪ समस्या का समाधान ▪ पैटर्न ▪ डेटा हैंडलिंग ▪ मूल बीजगणितीय प्रक्रियाएँ (केवल उच्च प्राथमिक स्तर पर) ▪ प्राथमिक चरण में (साधारण समीकरण)
- **Mathematical reasoning**–Inductive and Deductive reasoning, is dominantly employed in the mathematics learning at the elementary stage. Assessing mathematical reasoning shall include several methods including the tests, both oral, written, and performance, observation of learners' activities etc.

  गणितीय तर्क–प्रारंभिक स्तर पर गणित सीखने में आगमनात्मक और निगमनात्मक तर्क प्रमुखता से कार्यरत हैं। गणितीय तर्कशक्ति के आकलन में कई विधियाँ शामिल होंगी जिनमें परीक्षण, दोनों मौखिक, लिखित और प्रदर्शन, शिक्षार्थियों की गतिविधियों का अवलोकन आदि शामिल हैं।
- **Dispositions towards mathematics**– When taught and assessed properly in a learner friendly environment, the learners can enjoy learning mathematics and can get rid of the anxiety and phobia associated with mathematics.

  गणित की ओर मनोवृत्ति–जब शिक्षार्थी को अनुकूल वातावरण में ठीक से पढ़ाया और मूल्यांकन किया जाता है, तो शिक्षार्थी गणित सीखने का आनंद ले सकते हैं और गणित से जुड़ी चिंता और भय से छुटकारा पा सकते हैं।

Notes

- Using mathematical knowledge and techniques to solve problems
  समस्याओं को हल करने के लिए गणितीय ज्ञान और तकनीकों का उपयोग करना।
- **Communication**–One of the important outcomes of mathematics learning is the development of the way of communication which is typically precise, logical, relevant and disciplined.
  संचार–गणित सीखने के महत्वपूर्ण परिणामों में से एक संचार के तरीके का विकास है जो आमतौर पर सटीक, तार्किक, प्रासंगिक और अनुशासित होता है।

10.2.2 Characteristics of Assessment in Learning-centered Approach (अधिगम-केन्द्रित प्रणाली में आकलन की विशेषताएँ)

- Emphasis is on the process, techniques and strategies of learning.
  अधिगम की प्रक्रिया, तकनीकों और रणनीतियों पर जोर दिया जाता है।
- Learning takes place in a natural and contextual situation.
  अधिगम एक प्राकृतिक और प्रासंगिक स्थिति में होता है।
- Assessment is done while the learner is engaged in learning process not necessarily at the end of the unit of content.
  आकलन तब किया जाता है जब शिक्षार्थी सीखने की प्रक्रिया में लगा होता है, जरूरी नहीं कि सामग्री की इकाई के अंत में हो।
- Cooperative, collaborative, portfolio, rubric and problem solving methods of assessment are preferred in this approach.
  इस दृष्टिकोण में मूल्यांकन के सहकारी, सहयोगी, पोर्टफोलियो, रुब्रिक और समस्या समाधान विधियों को प्राथमिकता दी जाती है।
- Flexibility in terms of timing and place of assess are provided for the learners to feel a sense of freedom while participating in such assessment process.
  इस तरह की मूल्यांकन प्रक्रिया में भाग लेने के दौरान शिक्षार्थियों को स्वतंत्रता की भावना महसूस करने के लिए समय और मूल्यांकन के स्थान के संदर्भ में लचीलापन प्रदान किया जाता है।

10.3 EMERGING TRENDS IN ASSESSMENT (आकलन में उद्गमित प्रचलन)

- The frequency of assessment in mathematics has increased and is being conducted at regular intervals in the form of unit testing, observation of performances in different activities.
  गणित में मूल्यांकन की आवृत्ति बढ़ी है और नियमित अंतराल पर इकाई परीक्षण, विभिन्न गतिविधियों में प्रदर्शन के अवलोकन के रूप में आयोजित की जा रही है।
- Different tools and techniques are being liked and used outside the purview of the textbook.
  पाठ्यपुस्तक के दायरे से बाहर विभिन्न उपकरणों और तकनीकों को पसंद और इस्तेमाल किया जा रहा है।
- There has been a distinct shift towards using real life problems in the context of the child's immediate environment. The objects, animals, trees, persons, land forms around the child can be used for natural learning of mathematical concepts at the elementary level.
  बच्चे के तात्कालिक वातावरण के संदर्भ में वास्तविक जीवन की समस्याओं का उपयोग करने की दिशा में एक अलग बदलाव आया है। बच्चे के चारों ओर वस्तुओं, जानवरों, पेड़ों, व्यक्तियों, भूमि रूपों का उपयोग प्रारंभिक स्तर पर गणितीय अवधारणाओं के प्राकृतिक सीखने के लिए किया जा सकता है।
- Change in interest and attitude towards learning mathematics, development of creative ideas in mathematics, solving problems in different ways are some of the examples of such dimensions of assessment.

Notes

गणित सीखने के प्रति रुचि और दृष्टिकोण में परिवर्तन, गणित में रचनात्मक विचारों का विकास, विभिन्न तरीकों से समस्याओं को हल करना, आकलन के ऐसे आयामों के कुछ उदाहरण हैं।

10.3.1 Self-assessment (स्व-मूल्यांकन)

- Self assessment occurs when students evaluate their own work and make a judgment about its quality.

  स्व-मूल्यांकन तब होता है जब छात्र स्वयं अपने कार्य का मूल्यांकन करते हैं और उसकी गुणवत्ता के बारे में निर्णय लेते हैं।

Techniques of self assessment in mathematics learning (गणित सीखने में स्व-मूल्यांकन की तकनीकें)

Scrutiny, Comparison, Self analysis, Reflection. *(छानबीन करना, तुलना, आत्म विश्लेषण, प्रतिबिंब)*

10.3.2 Peer Assessment (समूह आकलन)

- Peer assessment is the same process but students look at the work of others. Solving mathematical problems in groups encourages peer learning and develops among the group members several social skills like sharing, fellow feeling, helping each other which can also be assessed by the group.

  समूह आकलन की प्रक्रिया में छात्र दूसरों के काम का आकलन करते हैं। समूहों में गणितीय समस्याओं को हल करने से सामूहिक अधिगम को बढ़ावा मिलता है और समूह के सदस्यों के बीच कई सामाजिक कौशल विकसित होते हैं जैसे साझा करना, साथी की भावना, एक दूसरे की मदद करना, जिसका मूल्यांकन समूह द्वारा भी किया जा सकता है।

- *Socio-Personal skills that can be assessed in peer/group assessment:* • Participation in the group work • Sharing of experiences/ideas • sharing the workload • Helping peers • Taking Leadership • Doing self correction • Listening and accepting others ideas

  सामाजिक-व्यक्तिगत कौशल जिनका मूल्यांकन सहकर्मी/समूह मूल्यांकन में किया जा सकता है:

  • समूह कार्य में भागीदारी • अनुभवों/विचारों को साझा करना • कार्यभार साझा करना • साथियों की मदद करना • नेतृत्व करना • आत्मसुधार करना • दूसरों के विचारों को सुनना और स्वीकार करना।

10.3.3 Assessment Through Assignments (दत्त कार्य के माध्यम से आकलन)

- Projects in mathematics (depending on the grade level several projects can be given as both long and short duration projects).

  गणित में परियोजनाएँ (ग्रेड स्तर के आधार पर कई परियोजनाओं को लंबी और छोटी अवधि की परियोजनाओं के रूप में दिया जा सकता है)।

- Development of models for teaching and learning mathematics concepts.

  गणित अवधारणाओं को पढ़ाने और सीखने के लिए मॉडलों का विकास।

- Framing of non-textual and real life problems on the mathematical concepts taught.

  सिखाई गई गणितीय अवधारणाओं पर गैर-पाठ्य और वास्तविक जीवन की समस्याओं का निर्धारण।

- Solving given problems using more than one method of solution.

  समाधान की एक से अधिक विधियों का उपयोग करके दी गई समस्याओं को हल करना।

- Developing decorative designs using common geometrical figures.

  सामान्य ज्यामितीय आकृतियों का उपयोग करके सजावटी डिजाइन विकसित करना।

Notes

Table : Proforma for Assessment of Home Assignment in Mathematics

S. No.	Aspects to be assessed	Ratings of the Aspects		
		Good	Average	Poor
1.	Understanding on the concept			
2.	Style of presentation			
3.	Logical steps for solution			
4.	Use of own language			
5.	Use of appropriate formula			
6.	Use of proper mathematical symbols			
7.	Length of the answer			
8.	Corelation with previous knowledge and experiences			

तालिका : गणित में गृह दत्त कार्य के आकलन का प्रारूप

क्र. सं.	पहलू जिसका आकलन करना है	पहलुओं का मूल्य निर्धारण		
		अच्छा	औसत	कमजोर
1.	अवधारणा की समझ			
2.	प्रस्तुतीकरण का तरीका			
3.	समाधान के लिए तर्कपूर्ण कदम			
4.	स्वयं की भाषा का उपयोग			
5.	सुस्पष्ट सूत्र का उपयोग			
6.	उचित गणितीय चिह्नों का उपयोग			
7.	उत्तर की लंबाई			
8.	पूर्वज्ञान एवं अनुभवों में सह-संबंध			

10.3.4 Participation in Different Activities (विभिन्न गतिविधियों में सहभागिता)

- In classroom students participated in discussion, question answer session, individual activities, group activities, mathematics quizzes, mathematics funs, mathematics projects, preparation of TLMs, put questions etc.

  कक्षा में छात्रों ने चर्चा, प्रश्न उत्तर सत्र, व्यक्तिगत गतिविधियों, समूह गतिविधियों, गणित प्रश्नोत्तरी, गणित की मस्ती, गणित परियोजनाओं, टीएलएम की तैयारी, प्रश्न आदि में भाग लिया।

Strategies to assess Students' participation in different activities (विभिन्न गतिविधियों में छात्रों की भागीदारी का आकलन करने की रणनीतियाँ)

- Invite students to discuss their thinking about a question in pairs or small groups and then ask a representative to share the thinking with the larger group (thinkpair-share). • Present several possible answers to a question, then ask students to discuss on it. • Ask all students to write down an answer and then read a selected few out loud. • Ask students to point out the formula (if any) used for solving the problem. • Interview students individually or in groups, about the reasoning they are employed for solving problems.

Notes

● Assess student's interest by their participation in exhibition, quizzes and puzzles. ● Assess students from the questions they ask during a lesson.

छात्रों को जोड़े या छोटे समूहों में एक प्रश्न के बारे में उनकी सोच पर चर्चा करने के लिए आमंत्रित करें और फिर एक प्रतिनिधि से बड़े समूह के साथ सोच साझा करने के लिए कहें (थिंकपेयर-शेयर) ● एक प्रश्न के कई संभावित उत्तर प्रस्तुत करें, फिर विद्यार्थियों से उस पर चर्चा करने के लिए कहें। ● सभी छात्रों से एक उत्तर लिखने के लिए कहें और फिर कुछ चुने हुए को ज़ोर से पढ़ें। ● छात्रों से समस्या को हल करने के लिए प्रयुक्त सूत्र यदि कोई हो को इंगित करने के लिए कहें। ● समस्याओं को हल करने के लिए नियोजित किए गए तर्क के बारे में व्यक्तिगत रूप से या समूहों में छात्रों का साक्षात्कार करें। ● प्रदर्शनी, प्रश्नोत्तरी और पहेली में उनकी भागीदारी से छात्रों की रुचि का आकलन करें। ● पाठ के दौरान छात्रों द्वारा पूछे गए प्रश्नों से उनका मूल्यांकन करें।

TOOLS AND TECHNIQUES OF ASSESSMENT
(आकलन के साधन एवं प्रविधियाँ)

11

11.2 CONTINUOUS AND COMPREHENSIVE ASSESSMENT IN MATHEMATICS (गणित में सतत और व्यापक मूल्यांकन)

- 'continuous' refers to assessment on intermittent basis rather than a onetime event. When the assessment exercises are conducted in short intervals on regular basis, the assessment tends to become continuous.

  सतत शब्द का अर्थ एक बार घटित होने के बजाय नियमित अन्तराल पर होने वाले आकलन से है। जब आकलन अभ्यास छोटे-छोटे अन्तराल में नियमित रूप से किये जाते हैं तो वह आकलन सतत बन जाता है।

- 'comprehensive' means assessment of both scholastic and coscholastic aspect of student's development.

  'व्यापक' का अर्थ है छात्र के विकास के शैक्षिक और सह-शैक्षिक दोनों पहलुओं का आकलन।

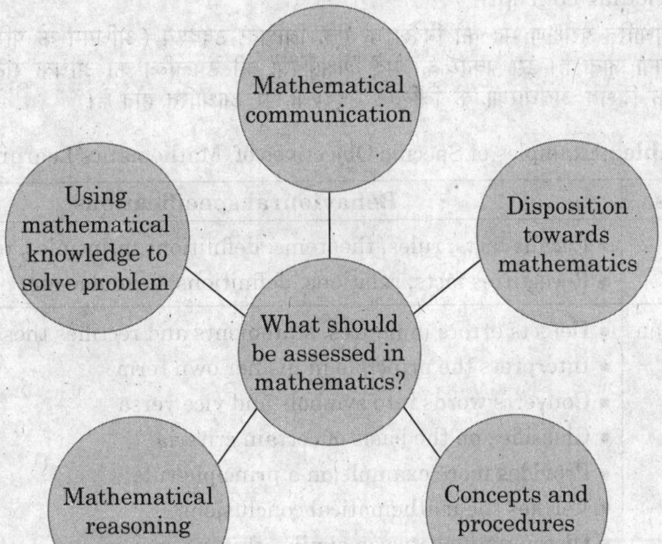

Fig : Aspects of Assessment of Mathematics Learning at Primary Level

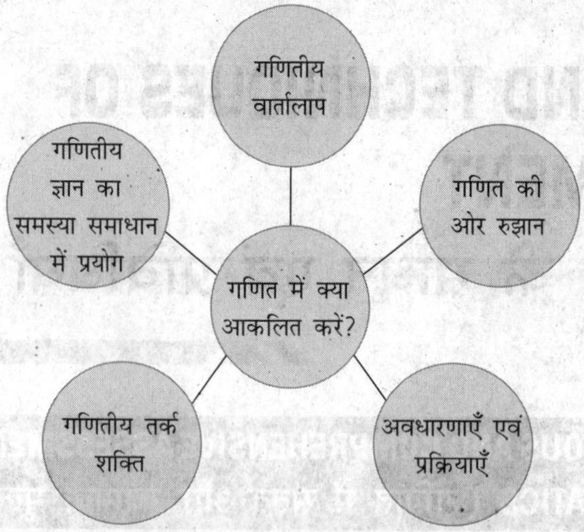

चित्र : प्राथमिक स्तर पर गणित अधिगम में आकलन के पहलू

11.3 DIFFERENT TYPES OF TEST ITEMS IN MATHEMATICS (गणित में परीक्षण मदों के विभिन्न प्रकार)

11.3.1 Objective-Based Items (उद्देश्य-आधारित पद)

- The objective based test item is supposed to measure a specific objective of instruction (learning outcomes). Such types of items describe the learners' achievement more accurately. The items are based on the specific objectives of a particular concept.

  उद्देश्य आधारित परीक्षण मद को निर्देश के एक विशिष्ट उद्देश्य (अधिगम के परिणाम) को मापने के लिए माना जाता है। इस प्रकार की मदें शिक्षार्थियों की उपलब्धि का अधिक सटीक वर्णन करती हैं। पद एक विशेष अवधारणा के विशिष्ट उद्देश्यों पर आधारित होते हैं।

Table : Examples of Specific Objectives of Mathematics Learning

Objectives	Behavioural specifications
Knowledge	• Recalls facts, rules, theorems, definitions, principles, terms. • Recognizes facts, relations, definitions, formulae etc.
Comprehension	• Detects errors in figures, statements and rectifies these. • Interprets the principle in his/her own term • Converts words into symbols and vice versa • Classifies on the basis of certain criteria • Provides more example on a principle/rule • Verifies the mathematical conclusions • Discriminate between similar things
Application	• Suggests alternative plan or method for solution of a mathematical problem • Makes generalization on the basis of given facts • Takes decision about sufficiency of the given facts • Makes predictions and verifies them
Skills	• Uses geometrical instruments correctly • Represents a given data diagrammatically • Draws geometrical figures with accuracy and speed.

Notes

तालिका : गणित अधिगम में विशिष्ट उद्देश्यों के उदाहरण

उद्देश्य	व्यवहारगत विशिष्टताएँ
1. ज्ञान	• तथ्यों का स्मरण, नियम, प्रमेय, परिभाषाएँ, सिद्धांत, पद • तथ्यों, संबंधों, परिभाषाओं, सूत्रों को पहचानना। • कथनों एवं आकृतियों में कमियाँ खोजना एवं उन्हें दूर करना।
2. समझ	• अपने तरीके से विभिन्न सिद्धांतों की व्याख्या करना। • शब्दों को संकेतों व संकेतों को शब्दों में बदलना। • निश्चित नियमों के आधार पर वर्गीकरण। • सिद्धांत नियम पर और अधिक उदाहरण देना। • गणितीय निष्कर्षों को जाँचना। • समान वस्तुओं में अंतर करना।
3. अनुप्रयोग	• गणितीय समस्या के हल हेतु वैकल्पिक योजना या विधि का सुझाव देना। • दिए गए तथ्यों के आधार पर सामान्यीकरण करना। • दिए गए तथ्यों की उपयुक्तता पर निर्णय लेना। • भविष्यवाणी करना तथा उन्हें जाँचना।
4. निपुणता/कौशल	• ज्यामितीय उपकरण का उचित प्रयोग करना। • दिए गए आँकड़ों को ग्राफीय रूप से दर्शाना। • शीघ्रता एवं शुद्धता के साथ ज्यामितीय आकृतियों को आरेखित करना।

11.3.2 Open-ended Items (मुक्त-बंद पद)

Closed ended items	Open ended items
a. Find out the average of 78, 83 and 91.	a. The average of three numbers is 84. What are those numbers?
b. Find out the greatest common factor of 10, 15 and 25	b. Identify three numbers whose greatest common factor is 5.
c. Find out the percentage of different parts of the rectangle given below. 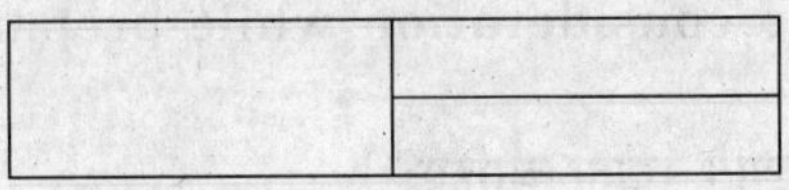	c. Divide and level the a rectangular shape garden plot in such a manner that 50% of the garden is planted with marigold plants, 25% is planted in dahlia flower plants and the rest 25% with other flower plants.
d. Calculate 58 divided by 8.	d. A number is divided by 8 and leaves a reminder of 2. What might the number be?
e. Find out the perimeter of the rectangle whose length and breadth are 7 cm and 3 cm respectively.	e. Draw a rectangle with perimeter of 20 cm
f. Say the following statement is *true* or *false*.	f. Write correct statements choosing combinations from the bracket given below. (*Kites, parallelogram, quadrilateral, rectangle, square, trapezium*) All ________ are ________

Notes

बंद पद	मुक्त पद
a. 78, 83 व 91 का औसत निकालिए।	a. तीन अंकों का औसत 84 है। वे अंक कौन से हैं?
b. 10, 15 और 25 का म.स. ज्ञात कीजिए।	b. उन तीन संख्याओं को पहचानिए जिनका म. स. 5 है।
c. नीचे दिये गए आयत के विभिन्न भागों का प्रतिशत निकालिए। 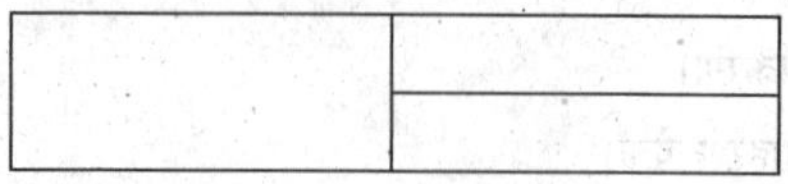	c. आयताकार आकृति वाले बगीचे को इस प्रकार विभाजित और सपाट करे कि 50% बाग में गेंदे के पौधे, 25% में डहेलिया फूल के पौधे और बाकी 25% में दूसरे फूलों के पौधे उगाए जाएँ।
d. 58 को 8 से भाग दीजिए।	d. एक संख्या को आठ से भाग देने पर दो शेष बचता है यह संख्या क्या हो सकती है?
e. आयत का परिमाप ज्ञात कीजिए जिसकी लंबाई व चौड़ाई क्रमशः 7 सेमी. व 3 सेमी. है।	e. 20 सेमी. परिमाप वाले आयत का आरेख खींचिए।
f. बताइए नीचे दिया गया कथन ठीक है या गलत–सभी आयत समांतर चतुर्भुज होते हैं।	f. कोष्ठक में दिये गए आइटम में से चुनकर उचित कथन लिखिए (पतंग, समांतर चतुर्भुज, चतुर्भुज, आयत, वर्ग, समलम्ब)

11.4 DEVELOPING QUESTION BANKS IN MATHEMATICS (गणित में प्रश्न बैंकों का विकास)

Purposes (उद्देश्य)

- Question bank is useful to prepare a test for instant testing of the learners.
  प्रश्न बैंक शिक्षार्थियों के तत्काल परीक्षण के लिए एक परीक्षण तैयार करने के लिए उपयोगी है।
- The learners can prepare themselves in the questions available in the question bank.
  शिक्षार्थी प्रश्न बैंक में उपलब्ध प्रश्नों से स्वयं को तैयार कर सकते हैं।
- The learners can also self-evaluate themselves by using the question bank.
  शिक्षार्थी प्रश्न बैंक का उपयोग करके स्वयं का मूल्यांकन भी कर सकते हैं।

Following points should be taken into consideration while preparing Question bank:

प्रश्न बैंक तैयार करते समय निम्नलिखित बातों का ध्यान रखना चाहिए:

- Both oral and written items on each chapter should be prepared.
  प्रत्येक अध्याय पर मौखिक और लिखित दोनों प्रकार की सामग्री तैयार की जानी चाहिए।
- In each chapter, test items from knowledge, understanding, application and skill objectives may be developed.
  प्रत्येक अध्याय में, ज्ञान, समझ, अनुप्रयोग और कौशल उद्देश्यों से परीक्षण आइटम विकसित किए जा सकते हैं।
- After preparation and collection of questions those should be edited by the experts.
  प्रश्नों की तैयारी और संग्रह के बाद उन्हें विशेषज्ञों द्वारा संपादित किया जाना चाहिए।

11.5 ASSESSMENT FOR MATHEMATICS LEARNING (गणित अधिगम का आकलन)

Notes

11.5.1 Project (परियोजना)

- Projects are undertaken over a period of time and generally involve collection and analysis of data.

  परियोजनाएँ समय की अवधि में शुरू की जाती हैं और आमतौर पर डेटा संग्रह और विश्लेषण शामिल होता है।

- Project works provide opportunity to work in groups and real life situations.

  परियोजनाएँ कार्य समूहों और वास्तविक जीवन स्थितियों में काम करने का अवसर प्रदान करती हैं।

- Projects help the learners to learn in an integrated approach i.e. from a mathematical project not only the mathematical concepts can be learnt, simultaneously knowledge in other curricular areas also developed.

  परियोजनाएँ शिक्षार्थियों को एक एकीकृत दृष्टिकोण में सीखने में मदद करती हैं अर्थात् एक गणितीय परियोजना से न केवल गणितीय अवधारणाओं को सीखा जा सकता है, साथ ही साथ अन्य पाठ्यचर्या क्षेत्रों में ज्ञान भी विकसित किया जा सकता है।

- Projects can be used as an effective tools and techniques of assessment in mathematics.

  परियोजनाओं का उपयोग गणित में आकलन के एक प्रभावी उपकरण और तकनीकों के रूप में किया जा सकता है।

11.5.2 Portfolio (पोर्टफोलियो)

- Portfolio provides an opportunity to the child to express his/her feelings and for the teacher to understand what is happening to the child outside the class.

  पोर्टफोलियो बच्चे को अपनी भावनाओं को व्यक्त करने और शिक्षक को यह समझने का अवसर प्रदान करता है कि कक्षा के बाहर बच्चे के साथ क्या हो रहा है।

- It is a collection of children's work over a period of time.

  यह समय की अवधि में बच्चों के काम का एक संग्रह है।

- It could be a day to day work or selection of the child's work.

  यह दिन-प्रतिदिन का काम या बच्चे के काम का चयन हो सकता है।

- It provides a cumulative record.

  यह एक संचयी रिकॉर्ड प्रदान करता है।

11.5.3 Participation in Exhibition (प्रदर्शनी में भागीदारी)

Different types of activities may be organized during the exhibition. Those are:
प्रदर्शनी के दौरान विभिन्न प्रकार की गतिविधियों का आयोजन किया जा सकता है। वे हैं:

- Demonstration of models, charts by the students and teachers • Photo exhibition(photograph of mathematicians reflecting their contribution) • Teaching-learning material(TLM) preparation • Popular talk on different mathematical concepts by the teacher or invited experts • Demonstration of reference books in mathematics • Activities for parents to show their talents and participate in different activities • Different recreational activities in mathematics for the students.

Notes

छात्रों और शिक्षकों द्वारा मॉडल, चार्ट का प्रदर्शन • फोटो प्रदर्शनी में गणितज्ञों के उनके योगदान को दर्शाते हुए फोटो • शिक्षण-अधिगम सामग्री (टीएलएम) की तैयारी • शिक्षक या आमंत्रित विशेषज्ञों द्वारा विभिन्न गणितीय अवधारणाओं पर लोकप्रिय बातचीत • गणित से संबंधित पुस्तकों का प्रदर्शन • माता-पिता के लिए अपनी प्रतिभा दिखाने और विभिन्न गतिविधियों में भाग लेने के लिए गतिविधियाँ • छात्रों के लिए गणित में विभिन्न मनोरंजक गतिविधियाँ।

11.5.4 Mathematical Quizzes and Games (गणितीय पहेली और खेल)

11.5.5 Observing Children During Mathematics Activities (गणित क्रियाकलापों के दौरान विद्यार्थियों का निरीक्षण करना)

- Through observation information can be gathered about children in natural settings.

  निरीक्षण के माध्यम से प्राकृतिक वातावरण में बच्चों के बारे में जानकारी इकट्ठी की जा सकती है।
- Through observation various aspects of the child's personality development can be assessed.

  निरीक्षण के माध्यम से बच्चे के व्यक्तित्व विकास के विभिन्न पहलुओं का आकलन किया जा सकता है।
- Through observation, the teacher can get evidence of child's performance based 'on-the-spot' record.

  निरीक्षण के माध्यम से शिक्षक 'ऑन द स्पॉट' रिकॉर्ड के आधार पर बच्चे के प्रदर्शन का प्रमाण प्राप्त कर सकता है।

FOLLOW UP OF ASSESSMENT OF LEARNING MATHEMATICS
(गणित अधिगम के आकलन हेतु फोलोअप)

12

12.2 COLLECTION AND RECORDING ASSESSMENT INFORMATION (आकलन सूचनाओं का संग्रह एवं अभिलेख करना)

Table : Tools and techniques of assessment of mathematics learning

Aspects to be assessed	Tools and techniques
Concepts and procedures	• Written, oral and performance tests and tasks. • Observation of interactions in classroom and elsewhere.
Mathematical reasoning	• Tests and/or tasks (written or oral) • Oral description of the process of solving any problem • Observation of interactions in the groups. • Observation of orderly approach to normal tasks
Disposition towards mathematics	• Observing the participation of the child in different mathematical activities like mathematics exhibition, puzzles, games • Observation of learner's interest in collecting and preparing TLMs, reading articles relating to mathematics, Portfolios. • Child's participation in performing mathematical tasks.
Using mathematical knowledge to solve problems	• Written and oral tests. • Projects and assignments. • Observing learner in co-curricular activities.
Mathematical Communication	• Content analysis of communications (written articles, diagrams, pictures, and recorded interactions, portfolios) • Observation, interviews and interaction in the classroom and elsewhere.

तालिका : गणित अधिगम के आकलन के उपकरण एवं तकनीकियाँ

आकलन का पक्ष	उपकरण एवं तकनीकियाँ
अवधारणा और प्रक्रिया	• लिखित, मौखिक और कार्य निष्पादन परीक्षण और कार्य। • कक्षा-कक्ष या अन्य जगह पर संवाद का अवलोकन।
गणितीय तार्किकता	• परीक्षण और/या कार्य (लिखित या मौखिक) • किसी समस्या के समाधान की विधि का मौखिक वर्णन। • समूह में परस्पर क्रिया का अवलोकन। • सामान्य कार्यों के क्रमबद्ध पहुँच का अवलोकन।

Notes

गणित के प्रति रुझान	• बच्चे का विभिन्न क्रियाकलापों में जैसे गणितीय प्रदर्शनी, पहेली, खेल आदि में सहभागिता का अवलोकन। • छात्र का शिक्षण सहायक सामग्री का एकत्रीकरण एवं निर्माण में रुचि का अवलोकन एवं गणितीय लेखों व पोर्टफोलियों को पढ़ने में रुचि का अवलोकन। • विद्यार्थी की गणितीय कार्यों के निष्पादन में सहभागिता।
समस्या समाधान करने में गणितीय ज्ञान का प्रयोग	• लिखित और मौखिक परीक्षण • परियोजना और दत्तकार्य • पाठ्य सहगामी क्रियाओं में विद्यार्थी का अवलोकन

12.3 IDENTIFICATION OF ISSUES IN MATHEMATICS LEARNING (गणित सीखने में मुद्दों की पहचान)

- Identifying Strengths and Weaknesses.
  ताकत और कमजोरियों की पहचान।
- Identifying and Addressing Typical Problems.
  विशिष्ट समस्याओं की पहचान करना और उनका समाधान करना।
- Providing Feedback.
  फीडबैक प्रदान करना।

12.4 FOLLOW UP MEASURES OF ASSESSMENT IN MATHEMATICS (गणित आकलन के अनुवर्तन के आवश्यक कदम)

- **Nature of the remedial activities:** After diagnosis of the specific learning difficulties of the learner the teacher has to plan for remedial activities to overcome the learning difficulties and help him/her in learning. . The remedial activities could focus on the following:

  सुधारात्मक गतिविधियों की प्रकृति: शिक्षार्थी की विशिष्ट सीखने की कठिनाइयों के निदान के बाद शिक्षक को सीखने की कठिनाइयों को दूर करने और सीखने में उसकी मदद करने के लिए सुधारात्मक गतिविधियों की योजना बनानी होगी। सुधारात्मक गतिविधियाँ निम्नलिखित पर ध्यान केंद्रित कर सकती हैं–
- Individualized in nature. • More interesting and provides alternate learning experience to the child i.e. different learning experience from the earlier one • Based on the experience of the child. • More material intensive. • Presented in step wise. The task may be broken into smaller steps, where after each step the learning progress can be assessed.

  • व्यक्ति विशेष पर आधारित प्रकृति। • अधिक रोचक और बच्चे को वैकल्पिक सीखने का अनुभव प्रदान करता है अर्थात् पहले वाले से अलग सीखने का अनुभव • बच्चे के अनुभव के आधार पर। • व्यापक सामग्री हो। • चरणबद्ध तरीके से प्रस्तुत करें, कार्य को छोटे चरणों में तोड़ा जा सकता है, जहाँ प्रत्येक चरण के बाद सीखने की प्रगति का आकलन किया जा सकता है।

Enrichment activities in mathematics: A conducive and enriched environment may be provided to those children so they can learn to optimize their ability. The nature of enrichment activities are follows:

गणित में समृद्धिकरण गतिविधियाँ– बच्चों को एक अनुकूल और समृद्ध वातावरण प्रदान किया जा सकता है ताकि वे अपनी क्षमता का समुचित उपयोग करना सीखे सकें। समृद्धिकरण गतिविधियों की प्रकृति इस प्रकार है:

Notes

- The activities involve higher order thinking. • As far as possible open ended items may be given as enriched activities for them. • While performing mathematical calculations, the time may be delimited for those children. Some times within a specific time period, they may be asked to solve more problems. • The children may be encouraged to find alternate solutions to a given problem and formulate more mathematical problems as a part of enrichment activity.

  गतिविधियों में उच्च क्रम की सोच शामिल हो • जहाँ तक संभव हो खुले प्रश्नों को समृद्धिकरण के लिए गतिविधियों में शामिल करें। • गणितीय गणना करते समय उन बच्चों के लिए समय निर्धारित किया जा सकता है। • कभी-कभी एक विशिष्ट समय अवधि के भीतर, उन्हें और अधिक समस्याओं को हल करने के लिए कहा जा सकता है। • बच्चों को किसी समस्या के वैकल्पिक समाधान खोजने और संवर्धन गतिविधि के एक भाग के रूप में अधिक गणितीय समस्याओं को तैयार करने के लिए प्रोत्साहित किया जा सकता है।

BLOCK : LEARNING SCIENCE AT UPPER PRIMARY LEVEL

उच्च प्राथमिक स्तर पर विज्ञान अधिगम

1

NATURE OF SCIENCE
(विज्ञान की प्रकृति)

1.2 HISTORY AND PHILOSOPHY OF SCIENCE (विज्ञान का इतिहास व दर्शन)

1.2.1 Ancient Period (प्राचीन काल/युग)

I. Indian Philosophers (भारतीय दार्शनिक)

- The oldest Indian scripture Vedas were written about 7000 years ago.

  पुरातन भारतीय धर्मग्रंथ 'वेद' लगभग 7000 वर्ष पूर्व लिखे गए।
- Each Veda has four parts: Samhita, Aranyak, Brahmana and Upanishad. "Kalpa" means a Sutra text. Four sutras have been described in Kalpa.

  प्रत्येक वेद के चार भाग हैं: संहिता, अरण्यक, ब्राह्मण और उपनिषद। ''कल्प'' का अर्थ है एक सूत्र पाठ। कल्प में चार सूत्रों का वर्णन किया गया है।
- Four sutras have been described in Kalpa.

  कल्प में चार सूत्रों का वर्णन किया गया है।

  (i) **Rihya Sutra** which speaks about Vedic duties performed by house holders.

  गृह सूत्र घरेलू व्यक्तियों को वैदिक कर्तव्य निभाने की बात करता है।

  (ii) **Dharma Sutra** speaks about Ethical and Moral codes.

  धर्म सूत्र नैतिक व चारित्रिक नियमावली के बारे में बताता है।

  (iii) **Srauta Sutra** gives you the way Rituals and Vedic Sacrifice is performed

  सरोता सूत्र वैदिक बलि से संबंधित रीतियों का वर्णन करता है।

  (iv) **Shulba Sutra** is all about Algebric calculations.

  शुलभ सूत्र सभी बीजगणितीय गणनाओं के बारे में है।
- Original schools established for teaching medicine in Post-Vedic period. They are as follow:-

  उत्तर-वैदिक काल में चिकित्सा शिक्षण के लिए स्थापित प्रारम्भिक विद्यालय इस प्रकार है:-
- In the post-Vedic period ancient Indian scientists made significant contributions to natural science and formulated many natural laws and scientific principles and theories.

  उत्तर वैदिक काल में प्राचीन भारतीय वैज्ञानिकों ने प्राकृतिक विज्ञान में महत्वपूर्ण योगदान दिया और कई प्राकृतिक कानूनों और वैज्ञानिक सिद्धातों और सिद्धातों की रचना की।
- Sushruta [600 BC] in the field of Surgery, Charak [100 BC] the father of Ayurveda, Kanad [600BC] proposed the Atomic Theory, Aryabhatta [476BC]

contribution to Astronomy is still recognized world wide., Varahmihir [500 AD] made significant contribution to Astronomy, Astrology, Environment and Geology., Brahmagupta [598 AD] is known as father of Algebra, Nagarjun [931 AD] established Chemistry laboratories, Patanjali [200BC] is known throughout the world for his unique contribution to Yoga and a great mathematician Bhaskaracharya [1114 AD] for his contribution to Arithmetic and Differential Calculus. His creations Sidhantshiromani and Karna- Kutuhal are known world wide.

Notes

शल्य-चिकित्सा के लिए सुश्रुत (600 ईसा पूर्व), आयुर्वेद के जनक चरक (100 ईसा पूर्व), कणाद (600 ईसा पूर्व) द्वारा प्रतिपादित परमाणु सिद्धांत, खगोल विज्ञान में आर्यभट्ट (476 ईसा पूर्व) का योगदान पूरे विश्व में माना जाता है। वराहमिहिर (500 ईसा पूर्व) ने खगोल विज्ञान, ज्योतिष विज्ञान, पर्यावरण विज्ञान और भूगोल में महत्वपूर्ण योगदान दिया। ब्रह्मगुप्त (598 ईसा पूर्व) को बीजगणित का पिता माना जाता है। नागार्जुन (93ई.) ने रासायनिक प्रयोगशाला स्थापित की। पतंजलि पूरे विश्व में योग विद्या के क्षेत्र में अपने योगदान के लिए प्रसिद्ध है। महान गणितज्ञ भास्कराचार्य (1114 ई) गणित व अवकलन गणित में योगदान के लिए जाने जाते हैं। उनकी रचनाएँ 'सिद्धांत शिरोमणि' व 'कर्ण कुतूहल' विश्व भर में प्रसिद्ध हैं।

II. Western Philosophers (पश्चिमी दार्शनिक)

- Western Philosophers and natural Scientists led the foundation of scientific methodology and the centre of learning was established in Greece.

  पश्चिमी दार्शनिकों व प्राकृतिक वैज्ञानिकों ने विज्ञान विधि की नींव रखी और ग्रीस में एक अधिगम केंद्र की स्थापना की गई।

- Pythagoras a native of Greece [582 BC] brought the mathematical idea of Egyptians with a precise proof later well-known as Pythagorean theorem. Hippocrates from Greek island of Cos [460 BC] was the father of modern Medicine.

  ग्रीक निवासी पाइथागोरस (582 ई.पू.) मिश्र से गणित का विचार लाया और बाद में यही सुस्पष्ट प्रमाणों द्वारा जाना-माना पाइथागोरस प्रमेय बना। ग्रीक 'आइलैंड ऑफ कास' से हिप्पोक्रेट्स आधुनिक चिकित्सा विज्ञान के पिता कहलाए।

1.2.2 Medieval Period (मध्यकालीन युग)

- The medieval period can be divided into the dark ages, the high middle ages, and the later middle ages.

  कुल मिलाकर मध्यकालीन युग को तीन भागों बाटा जा सकता है:- अंधकार युग, उच्च मध्यवय और उत्तरकालीन मध्यवय (पुनर्जागरण से पूर्व)।

- The medieval period was the worst time for India because of superstition and stringent rules of caste.

  मध्यकालीन युग भारत के लिए सबसे बुरा समय था। लोग अंधविश्वासों और कट्टर जातिवाद में घिरे हुए थे।

- Nicolas Copernicus [1473 AD] a Polish astronomer , mathematician , physician and priest realized that the complex motion of planets could be explained by holding the sun still , while the earth and planets moved in orbits about that star.

  पोलैंड के खगोल वैज्ञानिक, गणितज्ञ, चिकित्सक व पादरी निकोलस कॉपरनिकस (1473 ई.) ने जाना कि ग्रहों की जटिल गति को सूर्य को स्थिर मानकर समझाया जा सकता है तथा पृथ्वी व अन्य ग्रह उस तारे के चारों ओर नियत कक्षाओं में चक्कर लगाते हैं।

- Galileo turned his telescope skyward for the first time in the history of science and came up with startling discoveries. He was forced upon pain of death, to publicly recant truths he had discovered and developed.

Notes

विज्ञान के इतिहास में पहली बार गैलीलियो ने अपनी दूरबीन आकाश की ओर घुमाई और आश्चर्यजनक खोजें की। इन सत्य से परिपूर्ण खोजों को जनता के सम्मुख रखने के लिए उन्हें दर्दनाक मौत का सामना करना पड़ा।

1.2.3 Modern Period (आधुनिक युग)

I. Western approach to science education (विज्ञान शिक्षा की ओर पश्चिम की पहुँच)

- Lot of important scientific discoveries were made, theories were formulated and principles were established by the end of 18th century.

  18वीं शताब्दी के अंत तक बहुत सारी वैज्ञानिक खोजें हुईं, सिद्धांत बने और नियम स्थापित हुए।

- For example Robert Boyle [1627] who discovered the behavior of the gases, Antony Van Leeuwenhoek [1632] who discovered Microorganisms , Robert Hook [1636] discovered Microscope, Isaac Newton [1642] formulated the laws of motion.

  उदाहरण के लिए रोबोट बॉयल (1627 ई.) ने गैसों के व्यवहार की खोज की, एंटोनी वन लियूवेनहोएक ने सूक्ष्मजीवों की खोज की, रॉबर्ट हुक (1636 ई.) ने सूक्ष्मदर्शी बनाया, आइज़क न्यूटन (1642 ई.) ने गति के नियम प्रतिपादित किए।

- Science Teacher's Associations were formed which created a good influence on the teachers and public. As a consequence of all this "Education Act of 1944" came into force in April 1945.

  विज्ञान शिक्षण संगठन बने जिन्होंने शिक्षकों व जनता पर अच्छा प्रभाव डाला। इन सबके कारण 1944 का शिक्षा कानून पारित हुआ जो अप्रैल 1945 में लागू हुआ।

II. Development of science education in India (भारत में विज्ञान शिक्षण का विकास)

Uniform system of science teaching (विज्ञान शिक्षण की एक समान व्यवस्था)

- Science was never a school subject till the beginning of 20th century.

  बीसवीं शदाब्दी तक विद्यालयों में विज्ञान विषय था ही नहीं।

- Report of the Secondary Education Commission, 1953 recommended the teaching of general science as a compulsory subject in the senior secondary school.

  माध्यमिक शिक्षा आयोग (1953) की रिपोर्ट में सामान्य विज्ञान को वरिष्ठ माध्यमिक स्तर तक अनिवार्य विषय के रूप में पढ़ाने की सिफारिश की गई।

Parliamentarians and scientists together (सांसद व वैज्ञानिक इकट्ठे हुए)

- New ideology of bringing policy makers and Scientists was set up in 1961 under the chairmanship of late Shri Lalbahadur Shastri.

  1961 में स्वर्गीय लाल बहादुर शास्त्री की अध्यक्षता में योजना बनाने वालों व वैज्ञानिकों की एक कमेटी बनी।

UNESCO planning mission (यूनेस्को प्लानिंग मिशन)

- In 1963, the "USSR Experts of UNESCO Planning Mission" visited India on technical assistance project.

  1963 में सोवियत संघ से यूनेस्को प्लानिंग मिशन के विशेषज्ञ 'तकनीकी सहायता प्रोजेक्ट' के अंतर्गत भारत आए।

- "The Indian Education Commission" [1964-66] was set up for planned, rapid and sustained growth in the quality education in Science and Technology."

  विज्ञान और तकनीकी की उत्कृष्ट शिक्षा में योजनाबद्ध तेज और दीर्घकालीन वृद्धि के लिए भारतीय शिक्षा आयोग (1964-66) का गठन हुआ।

- National Council of Educational Research and Training" [NCERT] was established on September 1, 1961 as an autonomous organization with its headquarter at New Delhi.

  सितंबर 1961 में राष्ट्रीय शैक्षणिक अनुसंधान एवं प्रशिक्षण परिषद (NCERT) की एक स्वायत्त संस्था के रूप में स्थापना हुई जिसका मुख्यालय दिल्ली में है।

Notes

- As a follow up of the Kothari Commission report, the Ministry of Education and Social welfare appointed an expert committee in 1973 to develop 10+2 pattern.
  कोठारी आयोग रिपोर्ट को मानते हुए शिक्षा एवं समाज कल्याण मंत्रालय ने 1973 में 10+2 ढांचे को विकसित करने हेतु एक विशेषज्ञ कमेटी बैठाई।
- "The curriculum for the Ten-year School-A framework" was published by NCERT. This pattern was implemented in 1977.
  एनसीईआरटी ने 'दस-वर्षीय-विद्यालय पाठ्यक्रम-एक ढांचा' प्रकाशित की। इस ढांचे को 1977 में लागू किया गया।
- Some states have now established "State Councils of Educational Research and Training" [SCERT] and "State Institutes of Science Education"[SISE] to improve the quality of Science Education in schools.
  कुछ राज्यों में राज्य शैक्षिक अनुसंधान एवं प्रशिक्षण परिषद और राष्ट्रीय विज्ञान शिक्षा संस्थान खोले गए ताकि विज्ञान शिक्षा में नवाचार कार्यक्रमों एवं राष्ट्रीय विज्ञान कार्यक्रमों में प्रतिभागिता द्वारा विद्यालयों में विज्ञान शिक्षण की गुणवत्ता को बढ़ाया जाए।
- Homi Bhabha Centre for Science Education [HBCSE] was established at Mumbai in 1974. It is dedicated to Research in Science Education.
  1974 में मुंबई में होमी जहांगीर भाभा विज्ञान केंद्र की स्थापना हुई। यह विज्ञान शिक्षण में अनुसंधान को समर्पित है।

1.2.4 Philosophy of Science (विज्ञान का दर्शन)

- Philosophy of science concerns the principles and processes of scientific explanation, including both processes of confirmation and of discovery.
  विज्ञान का दर्शन वैज्ञानिक स्पष्टीकरण के सिद्धातों व प्रक्रियाओं से संबंधित है जिसमें पुष्टिकरण और खोज दोनों शामिल हैं।
- In this we talk about assumptions, foundations, methods and implications of science.
  यह विज्ञान के लाभ व प्रयोग से भी संबंधित है।
- Karl Popper's central question is the philosophy of science was distinguishing science from non-science.
  कार्ल पौपर का मुख्य प्रश्न था कि क्या विज्ञान का दर्शन विज्ञान को अविज्ञान से भिन्न करता है।
- Analysis has a major role to play in the philosophy of Science because it is as essential to science as it is to all rational activities.
  विज्ञान के दर्शन में विश्लेषण की मुख्य भूमिका है, क्योंकि यह विज्ञान के लिए उतना ही आवश्यक है जितना कि बाकी सब तर्कपूर्ण क्रियाकलापों के लिए।
- Reductionism is another concept in philosophy of science.
  विज्ञान दर्शन में एक और संप्रत्यय है 'अपचयवाद'।
- It is a belief that all fields of study are ultimately amenable to scientific explanation.
  ऐसा माना जाता है कि पढ़ने के सभी क्षेत्र अंत में वैज्ञानिक स्पष्टीकरण के अधीन हैं।

1.3 WHAT IS SCIENCE? (विज्ञान क्या है?)

1.3.1 Definition and General Characteristics (परिभाषा व सामान्य विशेषताएँ)

- Science is a reliable process by which we learn about all the stuff in this universe.
  विज्ञान एक विश्वसनीय प्रक्रिया है जिसके द्वारा हम इस विश्व की समस्त वस्तुओं के बारे में पढ़ते हैं।
- The most important character of science is that it is straight forward.

Notes

विज्ञान की सबसे मुख्य विशेषता है कि यह सीधा और स्पष्ट है।

- The aim of science is to uncover the real working of the natural world, and that requires honesty.

  विज्ञान का उद्देश्य प्राकृतिक संसार की वास्तविक प्रक्रिया को जानना है और इसके लिए ईमानदारी आवश्यक है।

1.3.2 Nature of Science (विज्ञान की प्रकृति)

- Science is both a body of knowledge and a process.
  विज्ञान ज्ञान का संग्रह व प्रक्रिया दोनों है।
- Science is exciting.
  विज्ञान रोमांचक है।
- Science is useful.
  विज्ञान उपयोगी है।
- Science is ongoing.
  विज्ञान निरंतर चलने वाली प्रक्रिया है।
- Science is a global human endeavour.
  विज्ञान विश्व स्तरीय मानव उद्यम है।
- Science is a community enterprise.
  विज्ञान एक सामुदायिक उद्यम है।

1.3.3 Process of Science (विज्ञान की प्रक्रिया)

- Science proceeds on the assumption based on centuries of experience that the universe is not capricious.

  विज्ञान युगों के अनुभवों पर आधारित मान्यताओं पर चलता है और मानता है कि विश्व स्वेच्छा से नहीं चलता।
- Science knowledge is based on observation.
  विज्ञान का ज्ञान पदार्थ के नमूनों के अवलोकन पर आधारित है।
- Science proceeds in a piecemeal manner.
  विज्ञान थोड़ा-थोड़ा करके आगे बढ़ता है।
- Science is not and probably never will be a finished enterprise and there remains very much more to be discovered about how things in the universe behave and how they are interrelated.
  विज्ञान ना तो समाप्त हुआ है, ना कभी होगा। अभी तो बहुत कुछ खोजना बाकी है कि विश्व में विभिन्न वस्तुएँ कैसा व्यवहार करती हैं और आपस में किस प्रकार संबंधित हैं।

1.4 SCIENTIFIC KNOWLEDGE (विज्ञान का ज्ञान)

1.4.1 Hypothesis (परिकल्पना)

- "Hypothesis is an educated guess based on the observation".
  परिकल्पना अवलोकन पर आधारित बुद्धिमानी से लगाया अनुमान है।
- Usually Hypothesis can be supported or disproved through experimentation or more observation.

  सामान्यत: परिकल्पनाओं को प्रयोग द्वारा और अधिक अवलोकनों द्वारा स्वीकृत या अस्वीकृत किया जा सकता है।
- Let us take a simple example. If you see no difference in the cleaning ability of various laundry detergents, you may hypothesize the "Cleaning effectiveness is not affected by which detergent you use".

आइए एक सरल उदाहरण लें: यदि आपको कपड़े धोने के विभिन्न साबुनों की धुलाई क्षमता एक जैसी लगती है तो हम यह परिकल्पना बना सकते हैं- ''कपड़ों की धुलाई इस बात पर निर्भर नहीं करती कि हम कौन सा साबुन प्रयोग कर रहे हैं।''

Notes

- You can see that this hypothesis can be disproved if a stain is removed by one detergent and not another.
  अगर किसी कपड़े पर लगा दाग किसी एक साबुन से नहीं छूटता परंतु दूसरे साबुन से छूट जाता है तो इस परिकल्पना को अस्वीकृत कर देंगे।
- On the other hand you cannot prove the hypothesis even if you never see a difference in the cleanliness of your clothes after trying a hundred detergents, there might be one you have not tried that could be different.
  इसके विपरीत हम इस परिकल्पना को कभी स्वीकार नहीं करेंगे क्योंकि यदि हमने 100 साबुन भी प्रयोग किए हो और कोई अंतर न दिखा हो तो भी हो सकता है कि 101वां साबुन अलग हो।

1.4.2 Theory (सिद्धांत)

- Theory is an accepted hypothesis.
  सिद्धांत एक स्वीकृत परिकल्पना है।
- A theory is valid as long as there is no evidence to dispute it. Therefore theory can be disproved.
  एक सिद्धांत तब वैध है जब तक उसे गलत साबित करने हेतु कोई प्रमाण नहीं है। यानी सिद्धांत को कभी भी अस्वीकृत किया जा सकता है।
- There is clear distinction between facts and theories. Theory is not the fact itself but it interprets and correlates facts.
  तथ्य और सिद्धांत में स्पष्ट अंतर है। सिद्धांत स्वयं तथ्य नहीं है परंतु यह तथ्यों की व्याख्या करता है और उनमें सहसंबंध स्थापित करता है।
- Theory of spontaneous generation, by Aristotle, and Phlogiston theory by Johan Joachim Becher in 1667 are examples.
  उदाहरण:- अरस्तू द्वारा दिया गया स्वत: उत्पत्ति का सिद्धांत और जोहान जोआचिम बैचर (1667) का फ्लोजिस्टन सिद्धांत।

1.4.3 Natural Law (प्राकृतिक नियम)

- It explains things, but do not describe them. These are the confirmed and verified thoughts.
  यह वस्तुओं को स्पष्ट तो करते हैं परंतु उनका वर्णन नहीं करते। प्राकृतिक नियम प्रमाणित और स्थापित विचार हैं।
- It is factual statement of what always happens in certain circumstances.
  यह उन तथ्यों पर आधारित कथन है जो विशेष परिस्थितियों में हमेशा सत्य होते हैं।
- A scientific law is a general statement that describes some general facts, or regularity of the universe.
  वैज्ञानिक नियम सामान्य कथन है जो कुछ सामान्य तथ्यों या विश्व की नियमितता का वर्णन करते हैं।
- We shall take an Example of Newton's Law of Inertia.
  हम न्यूटन के जड़त्व के नियम का उदाहरण लेते हैं।
- We could use this law to predict the behavior of an object, It says that "an object at rest remains at rest and an object in motion stays in motion at the speed, unless acted upon by outside force".
  हम इस नियम को किसी वस्तु के व्यवहार की भविष्यवाणी करने के लिए प्रयोग कर सकते हैं। यह कहता है, ''कोई स्थिर वस्तु तब तक स्थिर रहती है और गतिशील वस्तु गतिशील रहती है जब तक उस पर कोई बाहरी बल नहीं लगता।''

Notes

1.4.4 Fact (तथ्य)

- Fact means "true" and theory means "speculation".
  तथ्य का मतलब है 'सत्य' व सिद्धांत का मतलब है 'अनुमान'।
- The fact is something that really occurred. It indicates the matter under discussion deemed to be true or correct.
  जो वास्तविकता में होता है वह तथ्य है। यह बताता है कि जिस पर चर्चा हो रही है वह सत्य है या सही है।
- Example: The sentence "Jupiter is the largest planet in the solar system" is about the fact that Jupiter is the largest planet in the solar system.
  उदाहरण : वाक्य ''बृहस्पति सौरमंडल का सबसे बड़ा ग्रह है'' इस तथ्य के बारे में है कि बृहस्पति सौरमंडल का सबसे बड़ा ग्रह है।
  Compound fact (संयुक्त तथ्य)
  The sentence "Ranchi is the capital city of Jharkhand" is about the following facts.
  वाक्य ''रांची झारखंड की राजधानी है'' निम्न तथ्यों पर आधारित है :
  1. There is such a place as Ranchi,
     रांची एक स्थान है।
  2. There is such a place as Jharkhand,
     झारखंड एक स्थान है।
  3. Jharkhand has a Government, and
     झारखंड की एक सरकार है।
  4. Government of Jharkhand has a power to define its capital city.
     झारखंड को अपनी राजधानी चुनने का अधिकार है।
  5. Jharkhand Government has chosen Ranchi to be a capital.
     झारखंड सरकार ने रांची को अपनी राजधानी चुना है।

1.4.5 Evidence (प्रमाण)

1.4.6 Paradigms (प्रतिमान)

- The paradigm is not only the current theory, but the entire world view in which it exists.and all the implications which come with it.
  प्रतिमान केवल वर्तमान सिद्धांत ही नहीं है, बल्कि संपूर्ण विश्व दर्शन है जिसमें यह और इसके प्रभाव नजर आते हैं।
- Kuhn in his book "Structure of Science" defines Paradigm shift as a scientific revolution.
  कुहन ने अपनी पुस्तक ''विज्ञान की संरचना'' में प्रतिमान बदलाव को एक वैज्ञानिक क्रांति कहा है।

1.4.7 Inductive Reference (आगमनात्मक संदर्भ)

- This is a method; the child is led to discover truth for himself.
  यह एक विधि है जिसके द्वारा बच्चा अपने आप सत्य की खोज करता है।
- This method is a suitable method for teaching Science, Mathematics and Grammar.
  यह विधि विज्ञान, गणित व व्याकरण पढ़ाने के लिए उपयुक्त है।
- This method helps to develop Scientific Attitude among the students.
  यह विधि विद्यार्थियों में वैज्ञानिक दृष्टिकोण विकसित करने में सहायता करती है।
- Learning by doing is a basis of this method.
  'करके सीखना' इस विधि का आधार है।

Notes

- This method can be considered complete and perfect if the inferences are verified through deductive method.

  इस विधि को संपूर्ण तभी माना जाता है जब इसके निष्कर्षों की पुष्टि निगमनात्मक विधि से की जाती है।

1.4.8 Deductive Reference (निगमनात्मक संदर्भ)

- Deductive method is reverse of Inductive method.

  निगमनात्मक विधि, आगमनात्मक विधि का उलट है।
- Generalizations and principles are provided to the students and then they are asked to verify them with the help of particular examples.

  इस विधि में शिक्षार्थियों को कुछ नियम, सिद्धांत, निष्कर्ष आदि पहले ही दे दिए जाते हैं और उन्हें कुछ विशिष्ट उदाहरणों द्वारा इन सबकी पुष्टि करनी होती है।
- We proceed from general to particular and from abstract to concrete.

  हम सामान्य से विशेष व प्रत्यक्ष से अप्रत्यक्ष की ओर चलते हैं।
- This method does not generate any initiative in you. It rather encourages memorization of facts which are soon forgotten.

  यह विधि पहल करने की प्रेरणा नहीं देती और तथ्यों को रटने के लिए प्रोत्साहित करती है जो बाद में भूल जाते हैं।

Inductive-Deductive approach:- Both Inductive and Deductive approaches supplement each other. Induction should be followed by Deduction and Deduction by Induction.Therefore, our approach should be Inductive cum Deductive.\

आगमन-निगमन उपागम:- आगमन और निगमन उपागम एक दूसरे के पूरक हैं। आगमन के बाद निगमन और निगमन के बाद आगमन विधि का प्रयोग करना चाहिए। इस प्रकार हमें आगमनात्मक और निगमनात्मक दोनों विधियों को मिलाकर पढ़ना चाहिए।

1.5 SCIENTIFIC THINKING (वैज्ञानिक सोच)

- **Empiricism :-** Empiricism addresses to the principle that knowledge arises from experience and evidence gathered specifically using senses. Leading advocates were Joann Locke, George Berkeley and David Hume.

  अनुभववाद:- अनुभववाद इस सिद्धांत पर आधारित है कि ज्ञान ज्ञानेंद्रियों द्वारा एकत्रित अनुभवों और प्रमाणों से उत्पन्न होता है। इसके मुख्य समर्थक थे जॉन लॉक, जॉर्ज बर्कले और डेविड ह्यूम।
- **Skepticism :-** Skepticism is practicing the veracity of claims lacking empirical evidence or reproducibility as a part of a methodological norm perusing "the extension of certified knowledge".

  संदेहवाद :- वैज्ञानिक संदेहवाद उन दावों की सच्चाई पर प्रश्नचिन्ह लगाता है जिनका कोई आनुभविक प्रमाण नहीं होता या जिनकी पुनः प्रस्तुतीकरण योग्यता नहीं है जो 'सत्यापित ज्ञान के विस्तार' हेतु एक विधिवत मापदंड का भाग है।
- **Rationalism :-** Reason is the unique path to knowledge.

  बुद्धिवाद/तर्कणावाद :- ज्ञान केवल तर्क से मिलता है।

1.6 SCIENTIFIC METHODS (वैज्ञानिक विधियाँ)

1.6.2 Steps Involved in Scientific Method (वैज्ञानिक विधि के चरण)

- Sensing the problem.

  समस्या को महसूस करना।
- Defining the problem.

  समस्या को परिभाषित करना।

Notes

- Analysis of the problem.
  समस्या का विश्लेषण।
- Collecting the data.
  आँकड़े एकत्र करना।
- Interpreting the data.
  आँकड़े का अर्थ निकालना।
- Formulation of hypothesis.
  परिकल्पना का विकास।
- Selecting and testing the most likely hypothesis.
  सबसे अधिक उपयुक्त परिकल्पना का चुनाव व परीक्षण।
- Drawing conclusions and making generalizations.
  निष्कर्ष निकालना और सामान्यीकरण करना।
- Application of generalization to new situation.
  सामान्यीकरण का नयी परिस्थितियों में प्रयोग।

1.6.3 Scientific Attitude (वैज्ञानिक दृष्टिकोण)

- Curiosity or inquisitiveness
  जिज्ञासा
- Objectivity
  निष्पक्षता
- Open-mindedness
  खुली मानसिकता
- Perseverance
  दृढ़ प्रतिज्ञता
- Humility
  नम्रता
- Ability to accept failure
  असफलता को मान लेने की क्षमता
- Skepticism
  संदेहवाद

SCIENTIFIC INQUIRY
(वैज्ञानिक जाँच)

2

2.2 CONCEPT OF SCIENTIFIC INQUIRY
(वैज्ञानिक जाँच की अवधारणा)

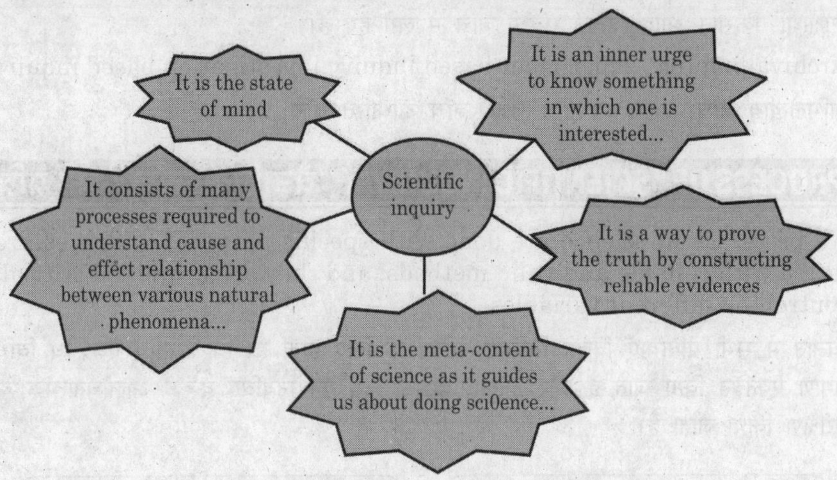

Figure A map showing different perspectives of the term "scientific inquiry"

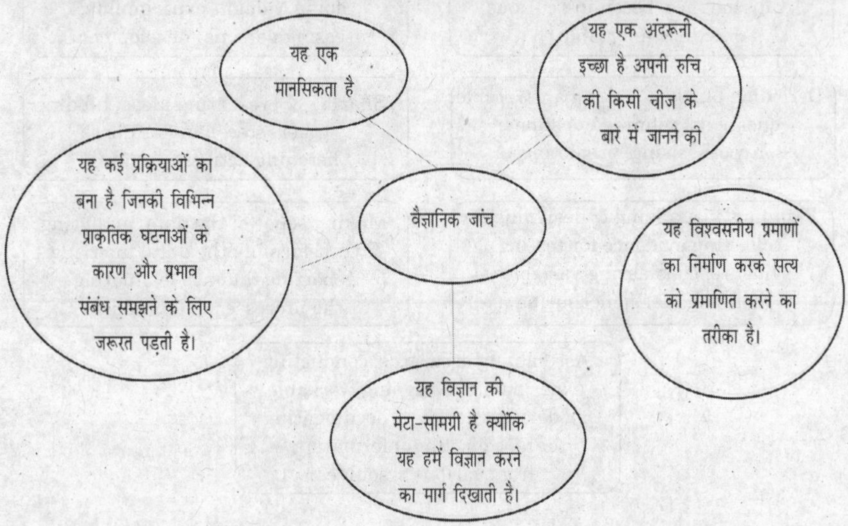

Fig : 'वैज्ञानिक जाँच' शब्द के विभिन्न दृष्टिकोण दिखाता हुआ मानचित्र

Notes

2.1.1 Forms of Inquiry (जाँच के रूप)

- There are two categories of inquirers in our society.

  हमारे समाज में दो तरह के जाँचकर्ता हैं।

- One is the category of persons engaged in scientific inquiries. They are called as research scientists. For example, evolving a nutritious variety of rice, that can be used for making quality food.

  एक वर्ग में वे व्यक्ति आते हैं जो वैज्ञानिक जाँच में संलग्न हैं। उन्हें अनुसंधान वैज्ञानिक कहते हैं। उदाहरण के लिए धान की पोषक प्रजाति को विकसित करना जो भोजन की गुणवत्ता बढ़ाने में प्रयोग हो।

- Another category of persons like student and science literates is engaged in science related inquiries. Civil servants, decision makers working in different fields, students learning in different grades and farmers are engaged in science related inquiries.

  दूसरे वर्ग में आने वाले व्यक्ति हैं शिक्षार्थी और विज्ञान पढ़े हुए व्यक्ति जो विज्ञान संबंधित जाँच करते हैं। सरकारी नौकरी वाले, विभिन्न क्षेत्रों में निर्णय करने वाले, अलग-अलग कक्षाओं में पढ़ने वाले शिक्षार्थी, किसान आदि विज्ञान संबंधी जाँच में लगे हुए हैं।

- Archival inquiry, experiment based inquiry,investigation based inquiry.

  अभिलेखीय जाँच, प्रयोग आधारित जाँच, जाँच आधारित जाँच।

2.3 PROCESS OF "SCIENTIFIC INQUIRY" (''वैज्ञानिक जाँच'' की प्रक्रिया)

- All processes in science are done with specific purpose, evidences are collected with reliable and valid methods, and they are examined critically by controlling different variables.

  विज्ञान में सभी प्रक्रियाएँ किसी विशिष्ट उद्देश्य के लिए होती हैं। विश्वसनीय एवं वैध विधियों से प्रमाण एकत्रित किए जाते हैं और उनका विभिन्न चरों को नियंत्रित करके आलोचनात्मक दृष्टि से परीक्षण किया जाता है।

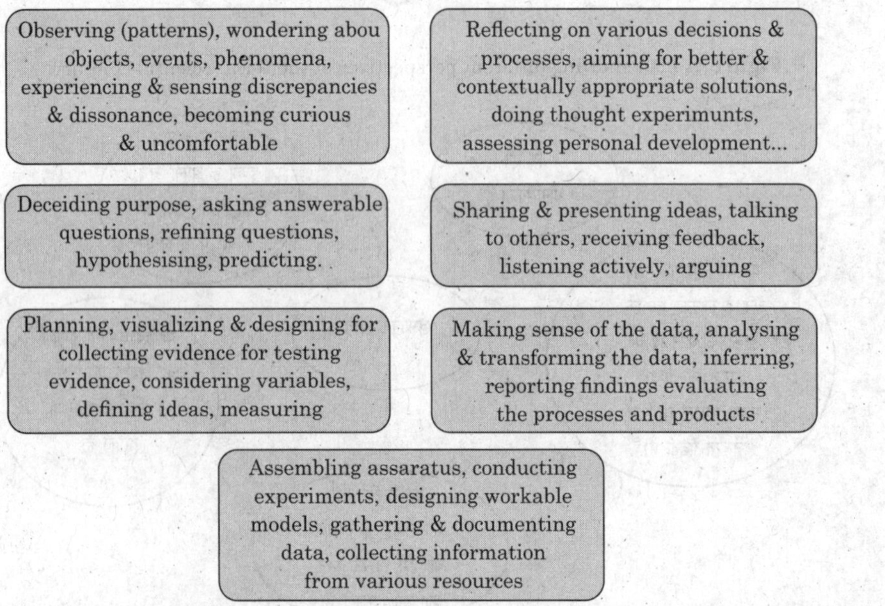

Fig : Boxes showing different processes that are involved in scientific inquiry

Notes

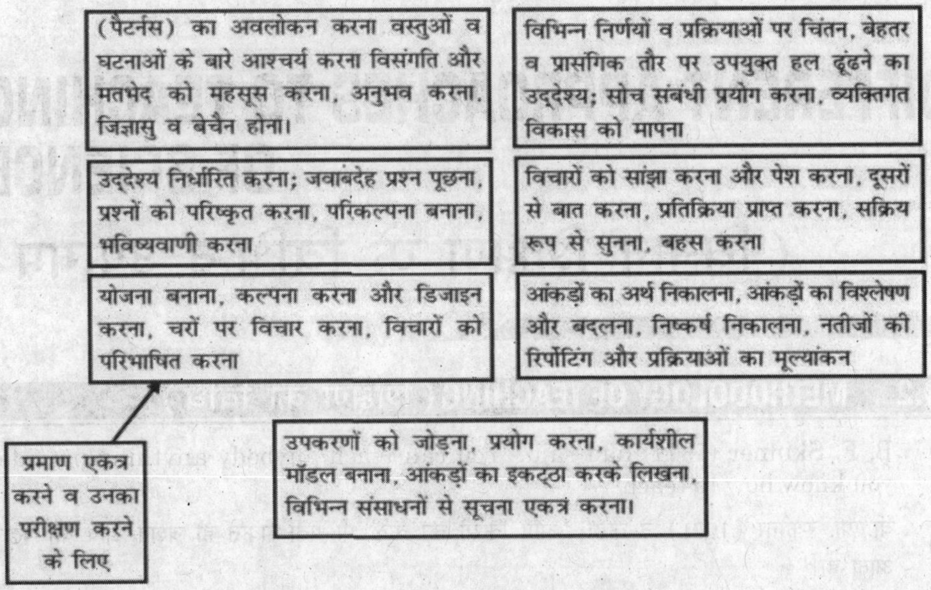

Fig : 'वैज्ञानिक जाँच' की विभिन्न प्रक्रियाओं को दिखाते हुए बाक्स

- Engaging Learners in Scientific Processes (शिक्षार्थियों को वैज्ञानिक प्रक्रियाओं के साथ जोड़ना)
- Raising Questions for Inquiry (वैज्ञानिक जाँच के लिए प्रश्न पूछना)
- Hypothesizing to Get Directions (दिशा ज्ञान के लिए परिकल्पना बनाना)
- Predicting for Getting Direction for Observations (अवलोकन के आधार पर दिशा ज्ञान हेतु भविष्यवाणी करना)
- Observing for Collecting Information (सूचना एकत्र करने के लिए अवलोकन)
- Searching for Patterns and Relationships (संबंध और पैटर्न ढूंढना)
- Devising and Planning Inquiry (जाँच की युक्ति निकालना व योजना बनाना)
- Designing and Making Equipment (उपकरणों का रूपांकन और निर्माण)
- Manipulating Material and Equipment (पदार्थों व उपकरणों को काम में लेना)
- Measuring and Calculating (मापन और गणना)
- Articulating and Communicating (जाहिर करना और संप्रेषण)
- Self-reflection for Self-actualization (आत्म चिंतन और आत्म यथार्थीकरण)
- Inquiry in Personal Life (व्यक्तिगत जीवन में जाँच)

3

DIFFERENT APPROACHES TO TEACHING OF SCIENCE
(विज्ञान शिक्षण के विभिन्न उपागम)

3.2 METHODOLOGY OF TEACHING (शिक्षण की विधि)

- B. F. Skinner (1971) had said, 'You can teach anybody anything provided you know how to teach'.

  बी.एफ. स्कीनर (1971) ने कहा, 'आप किसी को कुछ भी पढ़ा सकते हो बशर्ते आप को पढ़ाना आता हो।'

- In **expository approach** all the clues are provided by teacher while teaching, the deductive thinking where in abstract content is differentiated by the teacher giving appropriate examples to the students. Teaching Learning process is totally controlled by the teacher. The main proponent of this method is David P. Ausubel.

  वर्णनात्मक उपागम में सभी संकेत शिक्षक द्वारा दिए जाते हैं, निगमनात्मक सोच जिसमें अमूर्त विषय वस्तु शिक्षक द्वारा शिक्षार्थियों को उपयुक्त उदाहरण देकर विभेदित की जाती है। इस उपागम में शिक्षण अधिगम प्रक्रिया पूर्णत: शिक्षक के नियंत्रण में होती है। इस विधि का मुख्य प्रस्तावक है डेविड पी. आसुबैल।

- In **Discovery Approach** some cues in the form of a learning material are presented by the teacher to the students and using Inductive thinking, the students are expected to discover the concept or the generalization/rule. Therefore, the teaching learning process is partially controlled by the teacher and students are also involved to a great extent. The main proponents of this category of methods are Jerome Bruner, Hilda Taba, Robert Davies and many others.

  खोज उपागम में शिक्षक अधिगम सामग्री के रूप में शिक्षार्थियों को संकेत देता है और शिक्षार्थियों से आशा की जाती है वह आगमनात्मक सोच द्वारा अवधारणा या नियम को खोज निकाले। इस प्रकार शिक्षण अधिगम प्रक्रिया आंशिक रूप से शिक्षक द्वारा नियंत्रित की जाती है और शिक्षार्थी काफी हद तक इस प्रक्रिया में शामिल होते हैं। इस वर्ग के प्रस्तावक हैं : जीरोम ब्रूनर, हिल्डा टाबा, राबर्ट डेविस और अन्य कई।

- **Inquiry approach** the students are given a problem or a discrepant event. The students will ask the teacher questions to collect the data and they through interaction find out a satisfactory solution to a given problem or explanation to the given discrepant event. In this approach, the teaching learning process is totally controlled by the students.This approach is proposed by Richard Suchman, Oliver and Shaver, Schwab, among others.

  जाँच उपागम में शिक्षार्थियों को एक समस्या या एक प्रतिकूल घटना दे दी जाती है। शिक्षार्थी आंकड़े एकत्र करने के लिए शिक्षक से प्रश्न पूछते हैं और इस प्रश्न उत्तर के माध्यम से दी गई समस्या का हल या प्रतिकूल घटना का स्पष्टीकरण ढूढ़ते हैं। इस उपागम में शिक्षण-अधिगम प्रक्रिया पूर्णत: शिक्षार्थियों के नियंत्रण में होती है। इस उपागम को रिचार्ड सुकमन, ऑलिवर और शॉवर, श्वाब व कई अन्य शिक्षाविदों ने प्रस्तावित किया।

- **Method of Teaching = Content + Processing of Content.**
  शिक्षण की विधि = विषय-वस्तु + विषय-वस्तु की प्रोसेसिंग (प्रसंस्करण)

HANDS ON EXPERIENCE: ROLE AND IMPORTANCE
(करके देखने का अनुभवः भूमिका एवं महत्त्व)

4

4.2 ROLE AND IMPORTANCE OF HANDS ON EXPERIENCES (हाथों से करने के अनुभवों की भूमिका एवं महत्त्व)

- "No any mental activity will be completed without any physical activity." (Einstein)

  शारीरिक क्रिया के बिना कोई मानसिक क्रियाकलाप पूरा नहीं हो सकेगा। (आइंस्टाइन)

- The mediocre teacher tells.

  सामान्य शिक्षक बताता है।

  The good teacher explains.

  अच्छा शिक्षक समझाता है।

  The superior teacher demonstrates.

  श्रेष्ठ शिक्षक प्रदर्शित करता है।

  The great teacher inspires. –William A. Ward.

  महान शिक्षक प्रेरित करता है। -विलियम ए. वार्ड

- You cannot teach a man anything; you can only help him find it within himself. –Galileo

  आप एक व्यक्ति को कुछ नहीं पढ़ा सकते, आप उसे केवल अपने अंदर ढूँढ़ने (प्रतिभा) में मदद कर सकते हो। -गेलीलियो

- Teach only when cornered, otherwise let the people learn.- Keith King.

  केवल तभी पढ़ाओ जब कठिनाई हो (शिक्षार्थियों द्वारा) नहीं तो लोगों को (स्वयं) सीखने दो। -कीथ किंग

- Children learn by thinking, feeling and doing. Learning results from the active participation of the pupil.

  बच्चे सोचने, महसूस करने व करने से सीखते हैं। सीखना शिष्यों की सक्रिय भागीदारी का परिणाम है।

4.2.1 Make Use of Senses (ज्ञानेंद्रियों का प्रयोग)

- Senses are the gate ways of knowledge.

  ज्ञानेंद्रियाँ ज्ञान का प्रवेश द्वार हैं।

- The success in teaching lies in the maximum use of the different senses.

  शिक्षण की सफलता विभिन्न ज्ञानेंद्रियों के अधिकतम प्रयोग पर निर्भर करती है।

- Out of the five senses - Sight, Hearing, Feeling or Touch, Smell and Taste, the first three are most important in learning.

  पाँच संवेदनाओं (देखना, सुनना, स्पर्श करना, सुनना और स्वाद लेना) में से पहली तीन अधिगम के लिए सबसे महत्वपूर्ण हैं।

Notes

Table 1: Percentage of learning through different senses

Objectives \ *Senses*	*Vision*	*Hearing*	*Touch*	*Smell and Taste*
Knowledge	75	25	–	Used only in some subjects such as identification of chemicals, sanitation, cookery, etc.
Skill	25	10	65	

तलिका 1: विभिन्न संवेदनाओं से होने वाला अधिगम (प्रतिशत में)

उद्देश्य \ संवेदनाएं	दृष्टि	श्रवण	स्पर्श	सूंघना और स्वाद
ज्ञान	75	25	–	केवल कुछ विषयों में प्रयोग होता है जैसे रसायनों की पहचान, सफाई, पाक-शास्त्र आदि।
कौशल	25	10	65	

4.3 ROLE OF FIRST HAND EXPERIENCES IN CHILDREN'S LEARNING (बच्चों के अधिगम में स्वयं के अनुभवों की भूमिका)

4.3.1 Classification of Experience (अनुभवों का वर्गीकरण)

- Direct Experiences :-These are illustrations of direct experiences or hands on experiences: 1. Observing and experimenting with materials and apparatus. 2. Constructing models, plans, charts etc. 3. Drawing a description either orally or in writing. 4. Presenting a description either orally or in writing. 5. Summarizing, stating generalizations etc. 6. Listing important facts, points and so on.

  प्रत्यक्ष अनुभवः- नीचे कुछ प्रत्यक्ष अनुभव या हाथों से करने वाले अनुभवों के उदाहरण हैं:- 1. वस्तुओं और उपकरणों का अवलोकन और प्रयोग करना। 2. मॉडल, चार्ट, योजना आदि बनाना। 3. मौखिक रूप से या लिखित में विवरण का चित्रण करना। 4. मौखिक रूप से या लिखित में विवरण को प्रस्तुत करना। 5. सामान्यीकरण का कथन या सारांश प्रस्तुत करना। 6. महत्त्वपूर्ण तथ्यों, बिंदुओं आदि की सूची बनाना।

- **Indirect Experiences:–** Following are illustrations of indirect experiences of hands on experiences: 1. Reading or discussion in books, magazines, papers etc. 2. Listening to oral discussions, lectures and so on. 3. Observing pictures, maps, charts, models etc.

  अप्रत्यक्ष अनुभवः– नीचे अप्रत्यक्ष अनुभवों के कुछ उदाहरण दिए गए हैं:- 1. पुस्तकों, पत्रिकाओं, शोध पत्र आदि को पढ़कर या उन पर चर्चा करके 2. मौखिक चर्चाओं, भाषणों आदि को सुनकर 3. चित्र, नक्शे, चार्ट, मॉडल आदि का अवलोकन करके।

Importance of learning experiences (अधिगम अनुभवों का महत्त्व)

a. Direct experiences are most effective but we can't give it always to students like, earthquake, war, flood etc.

   प्रत्यक्ष अनुभव सबसे प्रभावी होते हैं परंतु हम सब अनुभव प्रत्यक्ष रूप से शिक्षार्थियों को नहीं दे सकते जैसे भूकंप, युद्ध, बाढ़ आदि।

Notes

b. Many times a teacher can create live picture of the things, with his imagination and explain it very effectively. It is more effective than direct experiences even at times.

कई बार शिक्षक अपनी कल्पना से वस्तु का सजीव चित्रण कर देते हैं और बहुत प्रभावी ढंग से समझा देते हैं। यह कई बार प्रत्यक्ष अनुभव से भी अधिक प्रभावी होता है।

c. For the day-to-day teaching indirect experiences are more practically applicable.

दैनिक शिक्षण प्रक्रिया में अप्रत्यक्ष अनुभव का प्रयोग अधिक व्यावहारिक है।

d. By observing indirect experiences you can teach effectively.

आप अप्रत्यक्ष अनुभव के अवलोकनों से प्रभावी शिक्षण कर सकते हैं।

e. Verbal experiences play an important role in teaching learning process, if they are used effectively.

शाब्दिक अनुभव को यदि ढंग से प्रयोग में लाया जाए तो वह शिक्षण अधिगम प्रक्रिया में अधिक महत्वपूर्ण भूमिका निभा सकते हैं।

4.4 TYPES OF INVESTIGATION: IN CLASS AND OUT OF SCHOOL (जांच के प्रकार: विद्यालय में एवं विद्यालय के बाहर)

The purpose of investigations in the curriculum (पाठ्यक्रम में जांच प्रक्रिया का उद्देश्य)

- Heuristic approach to learning.

  अनुमानित दृष्टिकोण।
- Helps in developing scientific literacy.

  वैज्ञानिक साक्षरता विकसित करने में मदद करता है।

Types of investigations (जांच प्रक्रियाओं के प्रकार)

- Fair testing:- These investigations are concerned with observing and exploring relations between variables.

  निष्पक्ष परीक्षण:- यह जांच प्रक्रिया विभिन्न चरणों में संबंध खोजने व इनका अवलोकन करने से संबंधित है।

  Examples: What affects the rate at which sugar dissolves in water?

  उदाहरण:- पानी में चीनी घुलने की दर किससे प्रभावित होती है?

  What makes a difference to the time it takes for a paper spinner to fall?

  कागज की चकरी को नीचे गिरने में लगा समय किससे प्रभावित होता है?

  Which is the strongest paper bag?

  कागज का कौन सा थैला सबसे मजबूत है?
- Classifying and Identifying (वर्गीकरण व पहचान करना)

  Examples: (उदाहरण)

  What is this chemical?

  यह कौन सा रसायन है?

  How can we group these invertebrates?

  हम इन अकोशकीय जंतुओं को कैसे वर्गों में बांट सकते हैं?
- Pattern-seeking :-

  पैटर्न खोजना:-

Notes

Examples:

उदाहरण:-

Do dandelions (dudal or kanphul) in the shade have longer leaves than those in the light?

क्या छाया में उगने वाले कनफूल (डेन्डेलियान) के पत्ते प्रकाश में उगने वाले पौधों से लंबे होते हैं?

Where do we find most snails?

हमें अधिक घोंघे कहाँ मिलते हैं?

Do people with longer legs jump higher?

क्या लंबी टांगों वाले लोग ऊँचा कूदते हैं?

- Exploring :-Pupils either make careful observations of objects or events, or make a series of observations of a natural phenomenon occurring over time.

  खोज करना:- शिष्य या तो वस्तुओं/घटनाओ का ध्यानपूवर्क अवलोकन करते हैं या प्राकृतिक घटनाओं के कई अवलोकन (अवलोकनों की शृंखला) करते हैं।

  Examples:

  उदाहरण:-

  How does frog-spawn develop over time?

  मेढक के अंडे समय के साथ कैसे विकसित होते हैं?

  What happens when different liquids are added together?

  क्या होता है जब विभिन्न द्रव आपस में मिलाए जाते हैं?

- Investigating Models:- It incorporates a stage where pupils have to decide what evidence should be collected in order to test a model.

  जांच प्रक्रिया के मॉडल :- इसमें वह अवस्था शमिल है जिसमें शिष्यों को निर्णय लेना होता है कि मॉडल का परीक्षण करने के लिए कौन से प्रमाण एकत्र करने चाहिए।

  Examples:

  उदाहरण:

  How does cooling take place through insulating materials?

  कुचालक पदार्थो में ठंडक कैसे होती है?

  Does the mass of a substance increase, or decrease during combustion?

  दहन के दौरान पदार्थ की संहति बढ़ती है या घटती है?

- Making Things or Developing Systems:- These investigations are usually technological in nature, where pupils design an artifact or system to meet a human need.

  वस्तुएं बनाना या व्यवस्था का विकास करना:- इस तरह की जांच्र अक्सर तकनीकी स्वभाव की होती है जिसमें शिष्य मानव आवश्यकताओं की पूर्ति के लिए कोई कलाकृति डिजाइन करते हैं या व्यवस्था का विकास करते हैं।

  Examples:

  उदाहरण:

  Can you find a way to design a pressure pad switch for a burglar alarm?

  क्या आप चोर अलार्म बनाने के लिए ''प्रेशर पैड स्विच'' बनाने का तरीका पता लगा सकते हो?

  How could you make a weighing machine out of elastic bands?

  आप ''इलास्टिक बैंड'' से भार तोलने की मशीन कैसे बना सकते हो?

4.5 ORGANISING PRACTICAL WORKS (प्रायोगिक कार्यों का आयोजन)

Notes

- The Classroom Environment (कक्षा का वातावरण)
- Organizing the Physical Environment (भौतिक वातवरण की व्यवस्था करना)
- Maximize classroom space (कक्षा के स्थान का बढ़ाएँ)
- Use space outside of the classroom (कक्षा के बाहर के स्थान का उपयोग)
- Display student work creatively (शिक्षार्थियों का कार्य सृजनात्मकता से प्रदर्शित करें)
- Building the Psycho-Social Environment (मनोवैज्ञानिक-सामाजिक पर्यावरण का विकास)

4.5.1 Ten Practical Tips for Teaching Large Classes (बड़ी कक्षाओं को पढ़ाने लिए 10 प्रायोगिक सूचना)

- Know your students – match names with faces
  अपने शिक्षार्थियों को जानो-नामों और शक्लों का मिलान करो।
- Make a seating chart.
  बैठने के स्थान का चार्ट बनाकर।
- Take photographs or have students draw pictures
  फोटो ले या शिक्षार्थियों को चित्र बनाने के लिए कहें।
- Use name cards and tags.
  नाम के कार्ड व टैग का प्रयोग करें।
- Use positive discipline techniques
  असकारात्मक अनुशासन के तरीकों का प्रयोग करें
- Pay attention to students with more individualized needs.
  अधिक व्यक्तिगत आवश्यकताओं वाले शिक्षार्थियों की ओर ध्यान दें।
- Develop, and follow, a formal lesson plan.
  एक औपचारिक पाठ योजना बनाएँ व उस पर अमल करें।
- Plan/Budget your own time carefully.
  अपने समय को सही प्रकार से नियोजित करें।
- Other Active Learning Strategies.
  अन्य सक्रिय अधिगम के तरीके।
- Design assignments that reveal whether students can apply what they are learning to everyday situations, not simply just understand the process.
  ऐसे अधिन्यास डिजाइन करें जिससे पता लगे कि शिक्षार्थी जो सीख रहे हैं उसे दैनिक जीवन में प्रयोग कर रहे हैं या केवल प्रक्रिया को समझ रहे हैं।

5

PLANNING & MANAGING SCIENCE AT UPPER PRIMARY LEVEL

(प्रारंभिक स्तर पर विज्ञान-शिक्षण की योजना बनाना और उसका प्रबंधन करना)

5.2 OVERVIEW OF PLANNING
(योजना का अवलोकन/सिंहावलोकन)

- There are three kinds of plan mainly:- Year Plan, Unit Plan and Lesson Plan.

  योजनाएँ मुख्य रूप से तीन प्रकार की होती हैं:- वार्षिक योजना, इकाई योजना और पाठ योजना।

5.3 PLANNING AND CURRICULUM COVERAGE IN SCIENCE
(विज्ञान में योजना बनाना और पाठ्यक्रम पूरा करना)

5.3.1 Curriculum and Syllabus (पाठ्यचर्या और पाठ्यक्रम)

- A syllabus is an outline of a specific course. It includes the topics to be covered, their order, often the required and suggested reading material, and any other relevant information.

  पाठ्यचर्चा एक विशिष्ट कोस की रूपरेखा है। इसमें पढ़ाये जाने वाले पाठ, उनका क्रम, अक्सर आवश्यक और सुझावित पठन सामग्री, और अन्य सार्थक सूचना शामिल होती है।

- A curriculum refers to all the courses offered in a specific program. It is a complete set of taught material in a school system.

  पाठ्यक्रम किसी एक विशेष प्रोग्राम के लिए दिए गए सभी कोर्सो से संबंधित है। यह विद्यालय में पढ़ाए जाने वाली सम्पूर्ण सामग्री का सेट है।

- Curriculum prescribes the objectives while, the syllabus describes the means to achieve them.

  पाठ्यक्रम उद्देश्यों को निर्धारित करता है, जबकि पाठ्यचर्चा उन्हें प्राप्त करने के साधनों का वर्णन करती है।

- Curriculum is prescriptive while syllabus is descriptive.

  पाठ्यक्रम नियम निर्धारित करता है जबकि पाठ्यचर्चा वर्णनात्मक है।

5.3.2 Curriculum and Instruction (पाठ्यक्रम और निर्देश)

- Curriculum is the goals, the content, and the process of how to teach that content to achieve the set goals.

  पाठ्यक्रम उद्देश्यों के समूह को प्राप्त करने के लिए उद्देश्यों, विषयवस्तु, और उस विषयवस्तु को पढ़ने की प्रक्रिया है।

Notes

- Instruction is a more detailed plan of how to teach that content along with its implementation.

  अनुदेशन एक अधिक विस्तृत योजना है जो बताती है कि विषयवस्तु कैसे पढ़ानी है और इसका क्रियान्वयन कैसे करना है।

- For optimum students' learning both should be congruent.

  इष्टतम विद्यार्थियों के अधिगम के लिए दोनों को सर्वांगसम होना चाहिए।

5.3.3 The Goals of Science Education (विज्ञान शिक्षा के लक्ष्य)

- Development of skills of inquiry.

  जांच के कौशल का विकास करना।

- Nurturance of positive attitudes.

  सकारात्मक मनोवृत्ति पोषण करना।

- Acquisition of scientific knowledge about the biological and physical aspects of the world.

  दुनिया/विश्व के जैविक और भौतिक पहलुओं के बारे में वैज्ञानिक ज्ञान प्राप्त करना।

5.3.4 Scientific Concepts at Elementary Level (प्रारंभिक स्तर पर वैज्ञानिक अवधारणाएँ)

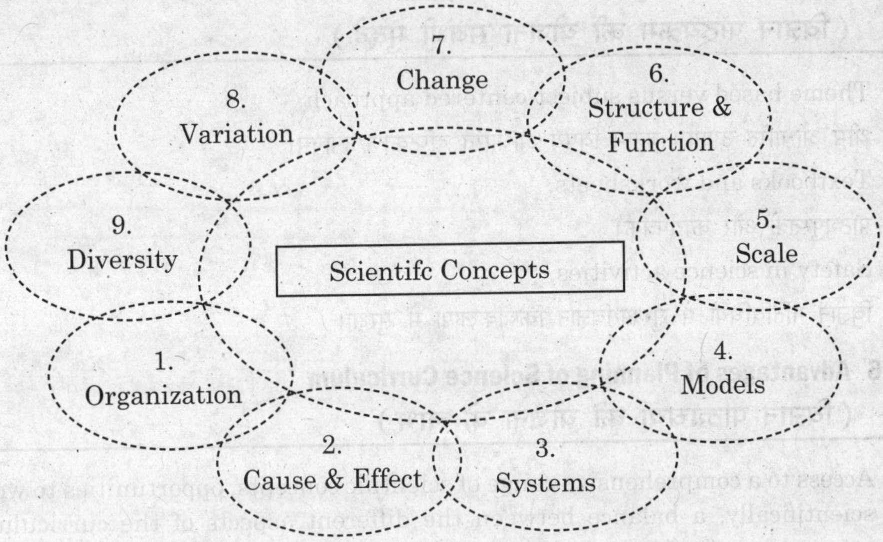

Fig : The nine scientific concepts for elementary education

Notes

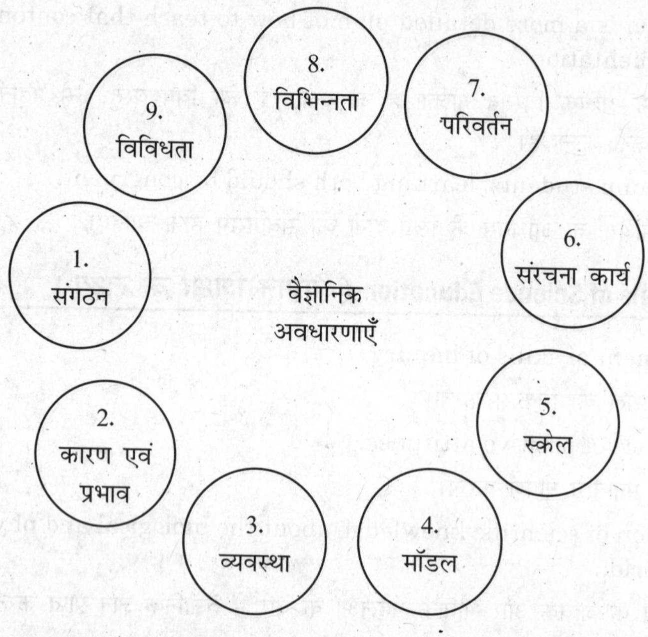

चित्र : प्रारंभिक शिक्षा के लिए नौ वैज्ञानिक अवधारणाएँ स्रोत : द नेशनल सेंटर फॉर इम्प्रूविंग साइंस एजुकेशन (विज्ञान शिक्षा के सुधार के लिए राष्ट्रीय केंद्र)

5.3.5 Issues in Planning Science Curriculum
(विज्ञान पाठ्यक्रम की योजना संबंधी मुद्दे)

- Theme based versus subject-centered approach.
  थीम आधारित उपागम बनाम विषय आधारित दृष्टिकोण/उपागम।
- Textbooks and worksheets.
  पाठ्यपुस्तकें और कार्यपत्रक।
- Safety in science activities.
  विज्ञान गतिविधियों में सुरक्षा/विज्ञान क्रियाकलापों में सुरक्षा।

5.3.6 Advantages of Planning of Science Curriculum
(विज्ञान पाठ्यचर्या की योजना के लाभ)

- Access to a comprehensive range of scientific concepts, opportunities to work scientifically, a balance between the different aspects of the curriculum, integration of science and technology, inquiry based activities, activities to explore and investigate the environment, provides for continuity and progression in the development of scientific ideas and in the application of investigative skills.

  वैज्ञानिक अवधारणाओं की एक विस्तृत शृंखला तक पहुँच, वैज्ञानिक रूप से काम करने के अवसर, पाठ्यक्रम के विभिन्न पहलुओं के बीच संतुलन, विज्ञान और तकनीक का समावेश, पूछताछ आधारित गतिविधियों/जांच आधारित क्रियाकलाप, पर्यावरण का पता लगाने और जांच करने के लिए क्रियाकलाप, वैज्ञानिक विचारों के विकास और खोज संबंधी कौशल के अनुप्रयोग में निरंतरता और प्रगति प्रदान करता है।

5.4 PLANNING AT CLASS LEVEL: LESSON PLAN (कक्षा स्तर पर योजना बनाना: पाठ योजना)

Notes

- **A well-developed lesson plan** reflects interests and needs of students. It features best practices of curriculum transaction.
  एक अच्छी तरह से विकसित पाठ योजना छात्रों की रूचियों और जरूरतों को दर्शाती है। यह पाठ्यक्रम प्रस्तुति की सर्वोत्तम विधियों को दर्शाता है।
- The lesson plan correlates with the teacher's philosophy of education what the teacher thinks as a purpose of learning that topic.
  पाठ योजना शिक्षक के शिक्षा दर्शन से संबंधित है, जो शिक्षक सोचता है कि उस विषय को सीखने का उद्देश्य है।
- **Planning Science Lessons**:- Applying the 5Ws and 1 H strategy to planning science lessons requires you to answer the following six basic questions.
  विज्ञान पाठों की योजना बनाना: विज्ञान पाठों की योजना बनाने के लिए 5Ws और 1H रणनीति को लागू करने के लिए आपको निम्नलिखित छह बुनियादी सवालों के जवाब देने होंगे।

Whom to teach? Understanding the needs of students

When to teach? Deciding the suitable time

What to teach? Selecting the conent and concepts

Why to teach? Deciding the learning outcomes

How to teach? Selecting methods and strategies

How to assess? Deciding the assessment procedures

किसको पढ़ाना है? शिक्षार्थियों की आवश्यकता को समझना

कब पढ़ाना है? उपयुक्त समय का निर्धारण करना

क्या पढ़ाना है? विषयवस्तु व अवधारणाओं का चुनाव

क्यों पढ़ाना है? अधिगम प्रतिफल निर्धारित करना

कैसे पढ़ाना है? विधियों व रणनीतियों का चुनाव

कैसे आकलन करना है? आकलन प्रक्रियाओं का निर्धारण करना

Notes

- **Pedagogical Analysis (शैक्षणिक विश्लेषण)**

  Pre-active stage (पूर्व-सक्रिय चरण)
  - Ascertaining entry competence (प्रविष्टि योग्यता जाँच)
  - Stating learning outcomes (अधिगम प्रतिफलों को परिभाषित करना)
  - Analyzing content and subordinate concepts (विषयवस्तु विश्लेषण व अधीनस्थ अवधारणाएँ)
  - Identifying types of learning (अधिगम के प्रकारों की पहचान)

  Interactive stage (अंतर-सक्रिय अवस्था)
  - Deciding methods/approaches of stimulus presentation (प्रोत्साहन प्रस्तुति की विधियाँ/उपागमों का निर्धारण)
  - Deciding on expected learners' responses (अपेक्षित शिक्षार्थी प्रतिक्रियाओं पर निर्णय)
  - Giving feedback (प्रतिक्रिया देना)

  Evaluative stage (मूल्यांकन अवस्था)
  - Determining the tools to check for achievement of the intended learning outcomes. (अपेक्षित अधिगम प्रतिफलों की प्राप्ति को जाँचने के लिए उपकरणों का निर्धारण करना)

- **Steps of Lesson Planning (पाठ योजना के चरण)**
  1. Determine the objectives (उद्देश्यों का निर्धारण)
  2. Research the topic as defined by the objectives (परिभाषित उद्देश्यों के अनुसार पाठ की खोज)
  3. Select the appropriate instructional method (उपयुक्त शिक्षण विधि का चुनाव)
  4. Identify a usable lesson planning format (प्रायोगिक पाठ योजना प्रारूप का चुनाव)
  5. Decide how to organize the lesson (पाठ की व्यवस्था का निर्धारण)
  6. Choose appropriate support material (उपयुक्त सहायक सामग्री का चुनाव)
  7. Prepare the beginning and ending of the lesson (पाठ की शुरुआत व अंत की तैयारी)
  8. Prepare a final outline. (अंतिम रूपरेखा की तैयारी)

While planning the lesson you need to rigorously focus on the following points:- (पाठ की योजना बनाते समय आपको निम्नलिखित बातों पर ध्यान देने की आवश्यकता है:-

- Framing the learning objectives (सीखना/अधिगम के उद्देश्यों को तैयार करना)
- Selecting the teaching-learning strategy (शिक्षण-अधिगम रणनीति का चयन)
- Selecting teaching learning activities/learning experiences (शिक्षण अधिगम गतिविधियों/अधिगम अनुभवों का चयन करना)

5.5 IDENTIFYING AND USING VARIOUS RESOURCES (विभिन्न संसाधनों की पहचान करना और उनका उपयोग करना)

- Learning resources are defined as information represented, accessible, or stored in a variety of media and formats.

  सीखने के संसाधनों को विभिन्न प्रकार के मीडिया और प्रारूपों में प्रदर्शित, सुलभ या संग्रहीत जानकारी के रूप में परिभाषित किया जाता है।

- They can be print and non-print materials, or non electronic and electronic materials that meet the learning outcomes, course content and specific needs.
- वे प्रिंट और गैर-मुद्रित सामग्री, या गैर इलेक्ट्रॉनिक और इलेक्ट्रॉनिक सामग्री हो सकती है जो सीखने के परिणामों, पाठ्यक्रम सामग्री और विशिष्ट आवश्यकताओं को पूरा करती है।
- Resources at School Level:- Library, Laboratory, Garden, Playground.

  स्कूल स्तर पर संसाधन:- पुस्तकालय, प्रयोगशाला, बगीचा, खेल का मैदान।
- Resources at Local Level:- A Planetarium, A Herbarium, A Vivarium, An Aquarium, A science center/science museum, Zoos.

  स्थानीय स्तर पर संसाधन:- एक तारामंडल, एक हर्बेरियम, एक मछली पालन का बाड़ा, एक मछलीघर, एक विज्ञान केंद्र/विज्ञान संग्रहालय, चिड़ियाघर।

Notes

Classification of Resources (संसाधनों का वर्गीकरण)

Non-electronic Resources:- Books, Periodicals, Boards (Magnetic, Flannel Board, Black Board),Charts and Posters, Graphs, Maps, Globes, Atlas, Pictures, Specimen, Models.

गैर-इलेक्ट्रॉनिक संसाधन:- पुस्तक, पत्रिकाएँ, बोर्ड (चुंबकीय, फलालैन बोर्ड, ब्लैक बोर्ड), चार्ट और पोस्टर, ग्राफ, मानचित्र, ग्लोब, एटलस, चित्र, नमूना, मॉडल।

Electronic Resources :- Radio, cassettes and audio CDs, A slide projector, overhead projector, Films and videos, Television, Computers, Internet.

इलेक्ट्रॉनिक संसाधन:- रेडियो, कैसेट और ऑडियो सीडी, एक स्लाइड प्रोजेक्टर, आवेरहेड प्रोजेक्टर फिल्में और वीडियो, टेलीविजन, कंप्यूटर, इंटरनेट।

Open Educational Resources (OER) :- OER are digital materials that can be re-used for teaching, learning, research and more, and are open to anyone for use. They include courses, course materials, content modules, learning objects, collections, and journals all in digital form.

मुक्त शैक्षिक संसाधन (ओईआर):- ओईआर डिजिटल सामग्री है जिसे शिक्षण, सीखने, अनुसन्धान आदि के लिए पुन: उपयोग किया जा सकता है, और उपयोग के लिए किसी के लिए भी खुला है। इनमें पाठ्यक्रम, पाठ्यक्रम सामग्री, सामग्री मॉडयूल, सीखने की वस्तुएँ, संग्रह और पत्रिकाएँ सभी डिजिटल रूप में शामिल हैं।

Advantages of Resources (संसाधनों के लाभ)

- Involving students actively.

  शिक्षार्थियों को सक्रिय रूप से प्रतिभागी बनाने में।
- Giving concrete examples and illustrations.

  प्रत्यक्ष उदाहरण देने में।
- Retaining learning for longer period.

  अधिगम को अधिक समय तक स्थायी रखने में।
- Providing variety.

  विभिन्नता प्रदान करने में।
- Doing things that cannot be done otherwise.

  वह काम करने में जो वैसे नहीं हो सकते।
- Showing things that cannot be seen otherwise.

  वस्तुएँ दिखाने में जो वैसे दिखाई नहीं देती।

Notes

5.6 RECORDING AND REPORTING (रिकॉर्डिंग/अभिलेख और रिपोर्टिंग/प्रस्तुति)

- Evaluation of Students Learning.
  सीखने वाले छात्रों का मूल्यांकन/शिक्षार्थियों के अधिगम का मूल्यांकन।
- Evaluation of Planned Curriculum.
  नियोजित पाठ्यक्रम का मूल्यांकन।
- Mark and record the results of all the assessments and evaluation to accurately assess students' progress.
  छात्रों की प्रगति का सही आकलन करने के लिए सभी मूल्यांकन और मूल्यांकन के परिणामों को चिह्नित करें और रिकॉर्ड करें।
- Share the results of assessment and progress grades with student.
  छात्र के साथ मूल्यांकन और प्रगति ग्रेड के परिणाम साझा करें।

ASSESSMENT AND EVALUATION AND RELATED ISSUES

(आकलन और मूल्यांकन सम्बन्धी मुद्दे)

6

6.2.1 Definitions of the Terms (शब्दों की परिभाषाएँ)

- Measurement: It is a process of quantification of measurable phenomenon.
  मापन: यह मापने योग्य घटना के परिमाणीकरण की एक प्रक्रिया है।
- "In its broadest sense, measurement is the assignment of numerals to objects, or events, according to rules." – Stevens (1951)
  "विस्तृत अर्थ में मापन वस्तुओं या घटनाओं को नियमों के अनुसार संख्या प्रदान करता है।" – स्टीवंस (1951)
- "Assessment is a process of describing certain traits, processes, programmes in qualitative terms. It has to be done in the context of the objectives of the system of education".
  "आकलन कुछ लक्षणों, प्रक्रियाओं, कार्यक्रमों का गुणात्मक रूप से वर्णन करने की एक प्रक्रिया है। यह शिक्षा प्रणाली के उद्देश्यों के संदर्भ में किया जाना चाहिए"
- Evaluation:- "It is an act or a process that allows one to make a judgement about the desirability or value of a measure".
  मूल्यांकन:- "यह एक ऐसा कार्य या प्रक्रिया है जो किसी को किसी माप की वांछनीयता या मूल्य के बारे में निर्णय लेने की अनुमति देता है।"

6.3 CONCEPT OF EVALUATION (मूल्यांकन की अवधारणा)

The concept of evaluation can be expressed as follows:

Evaluation	=	Quantitative measure of student's achievement	+	Qulitative description of student's achievement	+	Value judgement by teacher

मूल्यांकन की अवधारणा को निम्न प्रकार से प्रस्तुत किया जा सकता है-

मूल्यांकन	=	शिक्षार्थियों की उपलब्धि की संख्यात्मक माप	+	शिक्षार्थियों की उपलब्धि का गुणात्मक वर्णन	+	शिक्षक द्वारा मूल्य निर्णयन

Important points regarding Evaluation (मूल्यांकन से संबंधित महत्त्वपूर्ण बिंदु)

- It goes beyond Measurment and Assessment.
  यह मापन और आकलन से परे है।
- Evalutaion is necessary for achieving educational goals and Objectives.
  शैक्षिक लक्ष्यों और उद्देश्यों को प्राप्त करने के लिए मूल्यांकन आवश्यक है।
- Evaluation helps us in confirming the attainment of learning.
  मूल्यांकन हमें सीखने की प्राप्ति की पुष्टि करने में मदद करता है।

Notes

- While choosing various methods and techniques of evaluation, the teacher has to keep in mind the learning experiences given to the students, as the same need to be evaluated.
  मूल्यांकन की विभिन्न विधियों और तकनीकों का चयन करते समय शिक्षक को विद्यार्थियों को दिए गए अधिगम अनुभवों को ध्यान में रखना होता है, क्योंकि उसी का मूल्यांकन करने की आवश्यकता होती है।
- It can be said that the objectives, the content, the learning experiences and the evaluation methods are all interrelated. There are mutually supporting each other.
  यह कहा जा सकता है कि उद्देश्य, सामग्री, सीखने के अनुभव और मूल्यांकन के तरीके सभी परस्पर जुड़े हुए हैं। ये परस्पर एक दूसरे का समर्थन कर रहे हैं।

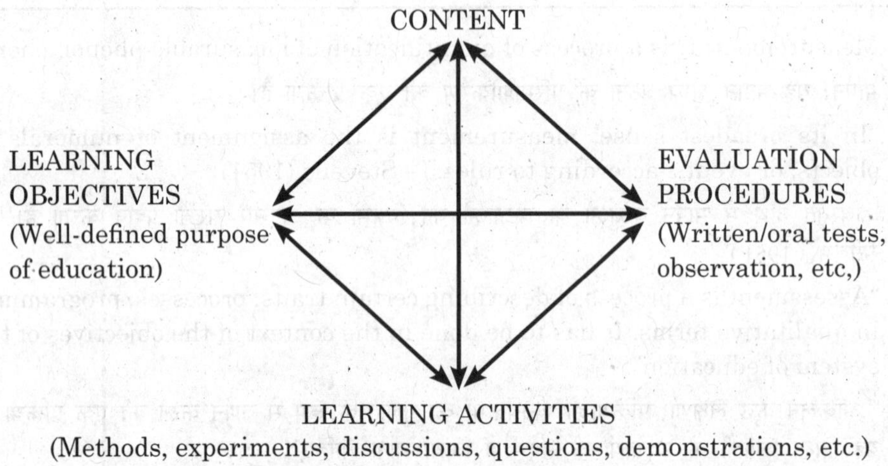

Figure Four aspects of educational evaluation

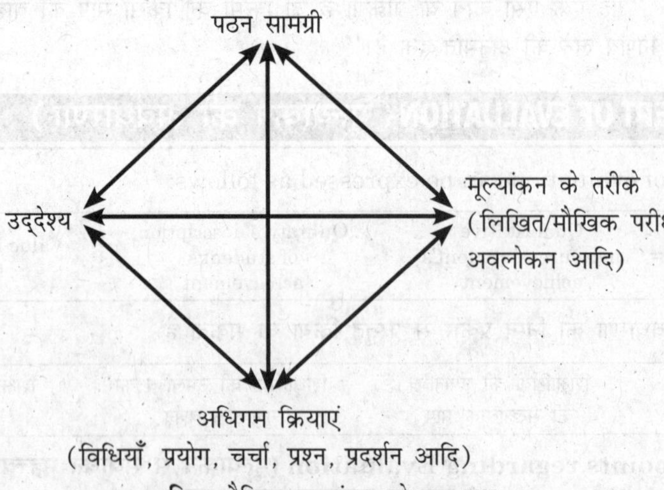

चित्र शैक्षिक मूल्यांकन के चार पक्ष

6.4 OBJECTIVES AND SPECIFICATIONS (उद्देश्य और विनिर्देश/विशिष्टीकरण)

- Objectives are the achievable targets of the educational process.
  उद्देश्य शैक्षिक प्रक्रिया के प्राप्त करने योग्य लक्ष्य हैं।

Notes

- They are subject specific and achievable through the classroom teaching–learning processes. They help the teacher in day-to-day activities.

  वे विषय विशिष्ट हैं और कक्षा शिक्षण-अधिगम प्रक्रियाओं के माध्यम से प्राप्त किए जा सकते हैं। वे दिन-प्रतिदिन की गतिविधियों में शिक्षक की मदद करते हैं।

- Education is meant for the all-round development of the personality. This means the balanced development of the HEAD (i.e. Cognitive Domain), the HEART (i.e. Affective Domain) and the HAND (i.e. Psychomotor Domain).

  शिक्षा व्यक्तित्व के सर्वांगीण विकास के लिए है। इसका अर्थ है मस्तिष्क (बौद्धात्मक क्षेत्र), हृदय (भावनात्मक क्षेत्र) और हाथ (कौशलात्मक क्षेत्र) का संतुलित विकास।

- Dr. Benjamin S. Bloom had given the objectives of cognitive domain, which were later revised by his student Anderson and colleague Karthwohl.

  डॉ. बेंजामिन एस. ब्लूम ने बौद्धात्मक क्षेत्र के उद्देश्य बताए थे, जिन्हें बाद में उनके छात्र एंडरसन और सहयोगी कार्थवोल द्वारा संशोधित किया गया था।

- The hierarchy of the affective domain was developed by Dr. Karthwohl and that of the psychomotor domain by Dr. Dave.

  भावात्मक क्षेत्र का विकास डॉ. कार्थवोल द्वारा और कौशलात्मक क्षेत्र को डॉ. दवे द्वारा विकसित किया गया था।

1. COGNITIVE DOMAIN	2. AFFECTIVE DOMAIN	3. PSYCHOMOTOR DOMAIN
Remebering	Receiving	Imitation
Understanding	Responding	Manipulation
Applying	Valuating	Precision
Analysing	Organizing	Articulation
Evaluating	Characterization	Naturalization
Creating		

Fig : Taxonomy of educational objectives

1. बौद्धात्मक क्षेत्र	2. भावात्मक क्षेत्र	3. कौशलात्मक क्षेत्र
याद करना	ग्रहण करना	अनुकरण करना
समझना	प्रतिक्रिया करना	हस्तकौशल
प्रयोग करना	मूल्य निर्धारण	परिशुद्धता, सूक्ष्मता
विश्लेषण करना	व्यवस्था करना	उच्चारण
मूल्यांकन करना	चरित्र-चित्रण करना	स्वाभाविक बनाना (देशी बनाना)
सृजन करना	या लक्ष्य वर्णन करना	

चित्र : शैक्षिक उद्देश्यों का वर्गीकरण

- The hierarchy means the difficulty level goes on increasing and when one moves to the higher objective, it means the lower objective is already achieved. Ex., in cognitive domain, if student has understood the concept of effects of force on a body that means he knows what force is.

अनुक्रम का अर्थ है कि जैसे-जैसे आप उच्च उद्देश्यों की ओर बढ़ते हो, कठिनता का स्तर बढ़ता जाता है यानी निम्न उद्देश्य पहले से ही प्राप्त हैं। उदाहरण के लिए बौद्धात्मक क्षेत्र में यदि शिक्षार्थी बल के प्रभाव की अवधारणा समझ गया है, इसका अर्थ है कि वह 'बल क्या है' पहले से जानता है।

- The cognitive domain includes those objectives which deal with the recall or recognition of knowledge and the development of intellectual abilities.

  बौद्धात्मक क्षेत्र में वह उद्देश्य आते हैं जो ज्ञान का स्मरण करने या पहचान करने व बौद्धिक क्षमताओं के विकास से संबंधित होते हैं।

- Ex. Developing the understanding of the concept of acids and bases, their properties and selecting the appropriate chemical for cleaning the floor (making use of it in daily life) is a cognitive activity.

  उदाहरण के लिए अम्लों व क्षारों की अवधारणा, उनके गुण व फर्श को साफ करने के लिए उपयुक्त रसायन का चुनाव (उसका दैनिक जीवन में प्रयोग) आदि की समझ का विकास एक बौद्धात्मक क्रिया है।

- In the revised taxonomy of the cognitive domain, two dimensions are considered – the knowledge dimension and the cognitive process dimension.

  बौद्धात्मक क्षेत्र के संशोधित वर्गीकरण में दो आयामों को लिया गया है - ज्ञान का आयाम और बौद्धात्मक प्रक्रिया का आयाम।

Table : Anderson and Kartwohl's revised taxonomy of cognitive domain

	Cognitive processes →					
The knowledge dimensions ↓	*1. Remember*	*2. Understand*	*3. Apply*	*4. Analyze*	*5. Evaluate*	*6. Create*
Factual						
Conceptual						
Procedural						
Metacognitive						

तालिका : एण्डरसन व कार्थवोहल का बौद्धात्मक क्षेत्र का संशोधित वर्गीकरण

	बौद्धात्मक प्रक्रियाएं					
ज्ञान का आयाम	1 स्मरण करना	2 समझना	3 प्रयोग करना	4 विश्लेषण करना	5 मूल्यांकन करना	6 सृजन करना
तथ्य-आधारित						
अवधारणा आधारित						
प्रक्रिया आधारित						
Metacognitive						

- These objectives when written in terms of specific content are called as specifications.

  इन उद्देश्यों को जब विशेष पठन समग्री की भाषा में लिखा जाता है तो इसे विशिष्टीकरण कहते हैं।

- The specifications indicate the student's achievement in terms of the specific content by indicating the change in student's behaviour.

  विशिष्टीकरण शिक्षार्थियों की उपलब्धि को विशेष पठन समग्री की भाषा में शिक्षार्थी के व्यवहार में परिवर्तन के रूप में दर्शाता है।

- When you write 'Pupil explains the structure of a plant cell', the word 'explains' shows the action of a student or the overt behaviour of the student and 'the structure of a plant cell' tells us the specific content.

  जब आप लिखते हैं कि 'शिष्य पादप कोशिका की रचना को समझाता है'। यहां 'समझाता है' शिक्षार्थी की क्रिया को या प्रत्यक्ष व्यवहार को दर्शाता है और 'पादप कोशिका की रचना' विशेष पठन सामग्री है।

6.4.1 Writing Objectives and Specifications for Science (विज्ञान के उद्‌देश्य और विशिष्टताएँ लिखना)

First three, i.e. remembering, understanding and applying are from cognitive domain and skill is from psychomotor domain.

पहले तीन, स्मरण/याद रखना, समझ व प्रयोग बौद्धात्मक क्षेत्र से हैं व 'कौशल' कौशलात्मक क्षेत्र से है।

Remembering (याद रखना/स्मरण)

- Pupil recalls scientific terms, symbols, names of scientists, structures, patterns, formulae, etc

  छात्र वैज्ञानिक शब्दावली, संकेतों, वैज्ञानिकों के नाम, रचनाओं, पैटर्न, सूत्रों आदि को याद/स्मरण करते हैं।

- The pupil recognises the portraits of scientists, apparatus, parts of various organ systems, diagrams, etc.

  छात्र वैज्ञानिकों के चित्र, उपकरण, अंग तंत्र के विभिन्न भाग, चित्रों आदि को पहचानता है।

Understanding (समझ)

- The pupil develops understanding of various principles, concepts, processes, theories, etc.

  शिष्य विभिन्न नियमों, अवधारणाओं, प्रक्रियाओं, सिद्धांतों आदि की समझ विकसित करता है।

- The pupil discriminates (compares, contrasts, distinguishes) between –

  शिष्य अंतर करता है (तुलना, विभेदन, पहचान)।

- The pupil explains (gives reason) – cause and effect relationship

  शिष्य स्पष्टीकरण करता है (कारण बताता है) कारण प्रभाव संबंध।

- The pupil gives examples (illustrates)

  शिष्य उदाहरण देता है (सचित्र)।

- The pupil detects errors (identifies the mistakes)

  शिष्य त्रुटियाँ निकालता है (गलतियों की पहचान)।

- The pupil rectifies the error (corrects the mistakes)

  शिष्य त्रुटियों को ठीक करता है।

- The pupil generalizes (infers, draws inference) the rule

  शिष्य नियम का सामान्यीकरण करता है (तात्पर्य निकालना, निष्कर्ष निकालना)।

- The pupil classifies – The pupil selects proper apparatus, procedure, etc.

  शिष्य वर्गीकरण करता है।

Notes

- The pupil solves problems based on the principles taught

  शिष्य सही उपकरणों, प्रक्रियाओं का चयन करता है।

Applying (प्रयोग)

- The pupil applies the understanding in new situation

  शिष्य अपनी समझ को नयी परिस्थितियों में प्रयोग करता है।
- The pupil analyses the problem / question –

  शिष्य समस्या/प्रश्न का विश्लेषण करता है।
- The pupil selects proper information or data

  शिष्य सही सूचना/आंकड़ों का चयन करता है।
- The pupil gives scientific reasons for various statements

  शिष्य विभिन्न कथनों के लिए वैज्ञानिक कारण बताता है।
- The pupil predicts the probable reasons, effects, etc.

  शिष्य संभावित कारणों, प्रभावों की भविष्यवाणी करता है।
- The pupil suggests improvisation in apparatus, process, etc.

  शिष्य उपकरणों/प्रक्रियाओं में नए जुगाड़ की सलाह देता है।

Skill (कौशल)

The pupil develops skill in observation, recording, performance, drawing diagram, etc.

शिष्य अवलोकन, रिकॉर्ड करने, प्रदर्शन, चित्र बनाने आदि के कौशल विकसित करता है।

6.5 TYPES OF EVALUATION (मूल्यांकन के प्रकार)

6.5.1 Formative Evaluation (रचनात्मक मूल्यांकन)

- Nitko (1983) defines it as, "Formative evaluation is concerned with judgements made during the design and / or development of a programme which is directed towards modifying, forming or otherwise improving the programme before it is completed".

  निटको (1983) इसे परिभाषित करते हैं, "रचनात्मक मूल्यांकन किसी कार्यक्रम के डिजाइन या विकास के दौरान दिए गए फैसले से संबंधित है जो कार्यक्रम पूर्ण होने से पहले उसे बनाने, सुधारने या रूपांतरित करने के लिए किया जाता है।''
- On-going process of systematic evaluation.

  शिक्षार्थी की उपलब्धि का व्यवस्थित मूल्यांकन करने की निरंतर प्रक्रिया।
- Done during the instructional phase and helps teacher know about the learner's progress.

  यह निर्देशन काल के दौरान किया जाता है ताकि शिक्षक को शिक्षार्थी की प्रगति के बारे में जानकारी हो।
- It gives immediate feedback, it gives the scope of improvement for both the teacher as well as the students.

  यह तत्काल प्रतिक्रिया देता है, यह शिक्षक और छात्रों दोनों के लिए सुधार की गुंजाइश देता है।

6.5.2 Summative Evaluation (योगात्मक मूल्यांकन)

- Nitko (1983) defines it as, "Summative evaluation describes judgements about the merits of an already completed programme, procedure or product".

Notes

निटको (1983) ने इसे इस प्रकार परिभाषित किया है, "योगात्मक मूल्यांकन एक पहले से पूरे किए गए कार्यक्रम, प्रक्रिया या उत्पाद के गुणों के बारे में निर्णयों का वर्णन करता है"।

- Long-range and comprehensive.
  योगात्मक लंबी सीमा तक और व्यापक होता है।
- It considers the course in its totality.
  यह समूचे पाठ्यक्रम को देखता है।
- Helps in evaluating higher level objectives.
  यह उच्च स्तरीय उद्देश्यों का मूल्यांकन करने में मदद करता है।

6.6 INTERNAL ASSESSMENT (आंतरिक मूल्यांकन)

- Helps in giving a complete picture of the learner.
  शिक्षार्थी को संपूर्ण चित्र देने में मदद करता है।
- Teacher has to consciously select tools (e.g. paper-pencil tests, rating scale, and checklist) and techniques (e.g. observation, sociometry) of evaluation.
  शिक्षक को उपकरण (जैसे पेपर-पेंसिल टेस्ट, रेटिंग स्केल और चेकलिस्ट) और तकनीकों का (जैसे अवलोकन, सोशियोमट्री) का चयन सचेत/ध्यानपूर्वक रूप से करना होता है।
- It helps in giving the feedback to the students about their progress in all the three domains.
  यह छात्रों को तीनों क्षेत्रों में उनकी प्रगति के बारे में फीडबैक/परिणाम देने में मदद करता है।
- Can be carried out by administering the teacher-made tests, and through the observations of the behaviours of the students in various situations and various activities in which they participate.
  आंतरिक आकलन के लिए शिक्षक द्वारा बनाए गए टेस्ट, विभिन्न परिस्थितियों में शिक्षार्थियों द्वारा दर्शाए गए व्यवहार और विभिन्न क्रियाकलाप जिनमें शिक्षार्थी प्रतिभागिता दिखाते हैं आदि का प्रयोग किया जा सकता है।

6.7 CONTINUOUS COMPREHENSIVE EVALUATION (CCE) (सतत एवं व्यापक मूल्यांकन) (सीसीई)

- The Kothari Commission Report (1966) states "the internal assessment or evaluation conducted by schools is of great significance and should be given increasing importance. It should be comprehensive, evaluating all those aspects of students' growth that are measured by the external examination and also those personality traits, interest and attitudes which cannot be assessed by it".
  कोठारी आयोग की रिपोर्ट (1966) में कहा गया है कि "विद्यालयों द्वारा करवाया गया आंतरिक आकलन या मूल्यांकन बड़ा महत्वपूर्ण है और इसे अधिक ध्यान देना चाहिए। यह व्यापक होना चाहिए जिसमें उन सब पक्षों का मूल्यांकन हो जो बाहरी परीक्षा द्वारा किया जाता है और उन व्यक्तित्व के गुणों, रुचियों व मनोवृत्तियों का भी मूल्यांकन हो जो बाहरी परीक्षा द्वारा नहीं किया जा सकता।
- National Policy on Education (1986) also states that "Continuous and Comprehensive evaluation should incorporate both scholastic and co-scholastic aspects of evaluation spread over the total span of instructional time.
  शिक्षा पर राष्ट्रीय नीति (1986) में यह भी कहा गया है कि "सतत और व्यापक मूल्यांकन में शैक्षिक व गैर-शैक्षिक दोनों पहलुओं का मूल्यांकन होना चाहिए, जो पूरे निर्देशन काल में फैला हुआ हो।

Notes

- The National Curriculum Framework (2005) has proposed the examination reforms.

  राष्ट्रीय पाठ्यचर्या की रूपरेखा (2005) ने परीक्षा सुधारों को प्रस्तावित किया है।

- CCE refers to a system of school based evaluation of students that covers all aspects of student personality. It is a curricular initiative, attempting to shift emphasis from mere testing to Holistic Learning.

  सीसीई विद्यालय आधारित मूल्यांकन की एक प्रणाली है जो शिक्षार्थी के व्यक्तिव के सभी पहलुओं का मूल्यांकन करती है। यह एक पाठ्यक्रम संबंधी पहल है जिसमें केवल टेस्ट लेने से अब हमारा ध्यान समग्र अधिगम की ओर चला गया है।

- Continuous indicates that the evaluation of identified aspects of students' growth and development is a continuous process and cannot be done in discrete patches.

  सतत मूल्यांकन दर्शाता है कि शिक्षार्थियों की वृद्धि विकास के चुने हुए पहलुओं का मूल्यांकन निरंतर होना चाहिए न कि अलग-अलग टुकड़ों में।

- Comprehensive means the scheme must attempt to cover both the scholastic (i.e. considering the objectives of cognitive domain) and the co-scholastic aspects (i.e. the objectives of affective and psychomotor domain) of students' growth and development.

  व्यापक का अर्थ है कि इस व्यवस्था में शिक्षार्थियों की वृद्धि विकास से संबंधित शैक्षिक (बौद्धात्मक क्षेत्र के उद्देश्य) व गैर-शैक्षिक (भावनात्मक व कौशलात्मक क्षेत्रों के उद्देश्य) पहलुओं का ध्यान रखना चाहिए।

6.7.1 Tools for CCE (सीसीई के लिए उपकरण)

6.7.1.1 CCE for Formative Evaluation
(रचनात्मक मूल्यांकन के लिए सतत व व्यापक मूल्यांकन)

- Day-to-day observation

  दैनिक अवलोकन

- Oral work (question answers, loud reading, dialogues / conversation, role-play, interview, group discussion, etc.)

  मौखिक कार्य (प्रश्न पत्र, ऊँचा वार्तालाप, रोल-प्ले, इंटरव्यू, सामूहिक चर्चा आदि)

- Practical / experiments

  प्रयोग

- Activity (Individual, Group, Self-study)

  क्रियाकलाप (व्यक्तिगत, सामूहिक, स्वयं अध्ययन)

- Project

  प्रोजेक्ट

- Tests (Informal small duration written tests, open book tests, etc)

  टेस्ट (अनौपचारिक, छोटी अवधि के लिखित टेस्ट, खुली-पुस्तक से टेस्ट)

- Homework / class work (Informative, descriptive, essay, report, story and letter. Dialogue, expressing imagination, etc.)

  ग्रह कार्य / कक्षा कार्य (सूचनात्मक, वर्णनात्मक, निबंध, रिपोर्ट, कहानियाँ और पत्र, वार्तालाप, कल्पना का वर्णन आदि)

- Others (questionnaire, self-evaluation, peer-evaluation, group work and other similar tools)

अन्य (प्रश्न-प्रपत्र, स्व-मूल्यांकन, सहपाठी मूल्यांकन, सामूहिक कार्य व अन्य इस प्रकार के उपकरण)

Notes

6.7.1.2 CCE for Summative Evaluation (योगात्मक मूल्यांकन के लिए सतत व व्यापक मूल्यांकन)

- In written, oral and practical form.
  लिखित, मौखिक व प्रायोगिक रूप में।
- At the end of first and second semester.
  पहले व दूसरे सत्र के अंत में।

6.8 DIAGNOSTIC TESTING AND REMEDIAL TEACHING (नैदानिक/निदानात्मक परीक्षण और उपचारात्मक शिक्षण)

- The purpose of the diagnostic testing is to find out the problems or the difficulties faced by the student in learning particular content.
  नैदानिक/निदानात्मक परीक्षण का उद्देश्य शिक्षार्थियों द्वारा किसी विशेष पठन सामग्री के अधिगम में आई हुई समस्या का पता लगाना है।
- After this she can accurately chalk out the effective remedial programme so that student is able to overcome the difficulties in learning.
  तभी वह परिशुद्धता से उसका प्रभावी उपचारात्मक कार्यक्रम बना सकता/सकती है ताकि शिक्षार्थी को अधिगम में आने वाली समस्या का निवारण हो सके।

6.9 EVALUATION: COGNITIVE, AFFECTIVE AND PSYCHOMOTOR DOMAINS (बौद्धात्मक, भावनात्मक एवं कौशलात्मक क्षेत्रों का मूल्यांकन)

Cognitive domain: This mainly concentrates on the curricular activities and can be evaluated through the paper-pencil tests, oral questions, etc.

बौद्धात्मक क्षेत्र: यह मुख्यत: पाठ्यक्रम संबंधित क्रियाकलापों पर केंद्रित होता है जिसे पेपर-पेंसिल टेस्ट, मौखिक प्रश्नों द्वारा मूल्यांकित किया जा सकता है।

Affective domain: As this domain deals with the emotions, attitudes, interest, it takes quite long for the development of the objectives of this domain. The teacher can make use of projects, group discussions, debates for this purpose. The teacher can employ the technique of observation for the evaluation of affective domain.

भावनात्मक क्षेत्र: यह क्षेत्र भवनाओं, मनोवृत्तियों, रुचियों आदि से संबंधित होता है और क्षेत्र के उद्देश्य के विकास में लंबा समय लग जाता है। इसके लिए शिक्षक प्रोजेक्ट, सामूहिक चर्चा, वाद-विवाद आदि का प्रयोग कर सकते हैं। शिक्षक अवलोकन तकनीक का प्रयोग करके भावनात्मक क्षेत्र का मूल्यांकन कर सकता है।

Psychomotor domain: This domain deals with the motor development. The practical examination is an essential tool for the science teacher for evaluating psychomotor domain.

कौशलात्मक क्षेत्र: यह क्षेत्र कौशल विकास से संबंधित है। कौशलात्मक क्षेत्र का मूल्यांकन करने के लिए प्रायोगिक परीक्षा एक अनिवार्य उपकरण है।

7

CHALLENGES AND ISSUES INVOLVED IN LEARNING SCIENCE TEACHING

(विज्ञान शिक्षण में शामिल चुनौतियाँ और मुद्दे)

- Science education needs to prepare citizens to deal with global, national, and local problems such as population growth; loss of resources; and the effects of pollution, disease, and other social issues.

  विज्ञान शिक्षा का लक्ष्य नागरिकों का विश्वस्तरीय, राष्ट्रीय एवं स्थानीय समस्याओं जैसे जनसंख्या वृद्धि, संसाधनों की हानि, प्रदूषण के प्रभाव, बीमारी व अन्य सामाजिक मुद्दों के हल के लिए तैयार करना।
- Scientific literacy means that a person can ask, find, or determine answers to questions derived from curiosity about everyday experiences. This means that a person has the ability to critically observe, describe, explain, and predict natural phenomena.

  वैज्ञानिक साक्षरता का अर्थ है कि कोई व्यक्ति अपने दैनिक अनुभवों से संबंधित जिज्ञासा से उत्पन्न प्रश्न पूछ सकता है, पता लगा सकता है, प्रश्नों के उत्तर का निर्धारण कर सकता है। इसका अभिप्राय है कि व्यक्ति में आलोचनात्मक अवलोकन, वर्णन, स्पष्टीकरण और प्राकृतिक घटनाओं की भविष्यवाणी करने की क्षमता है।
- The children with special needs should be taught in the same class along with the normal children.

  विशेष आवश्यकताओं वाले बच्चों को सामान्य बच्चों के साथ एक ही कक्षा में बैठाकर पढ़ाना चाहिए।
- There is not a single method or strategy of teaching which is considered as 'the best'.

  शिक्षण की किसी एक विधि या रणनीति को हम सबसे उत्तम नहीं मान सकते।
- Science cannot be understood without carrying out an experiment.

  बिना प्रयोग किए विज्ञान को नहीं समझा जा सकता।
- Various skills can be developed.

  विभिन्न कौशल विकसित किए जा सकते हैं।

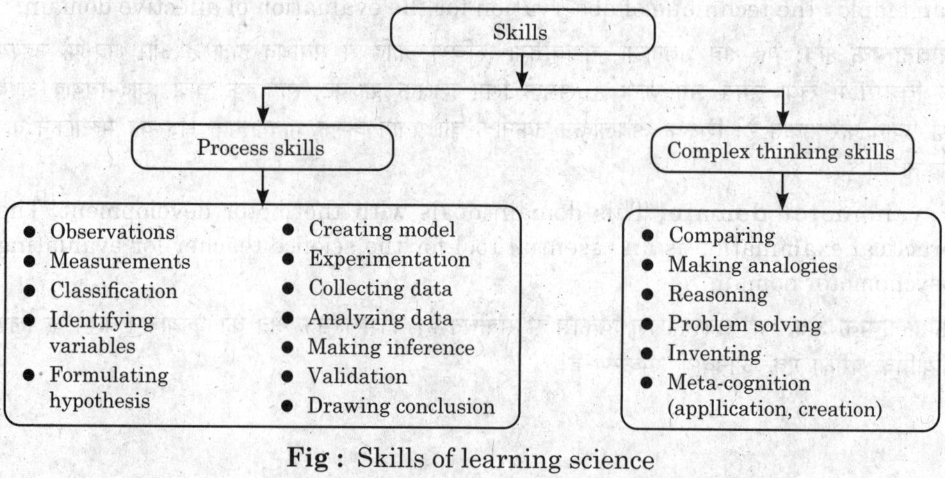

Fig : Skills of learning science

Notes

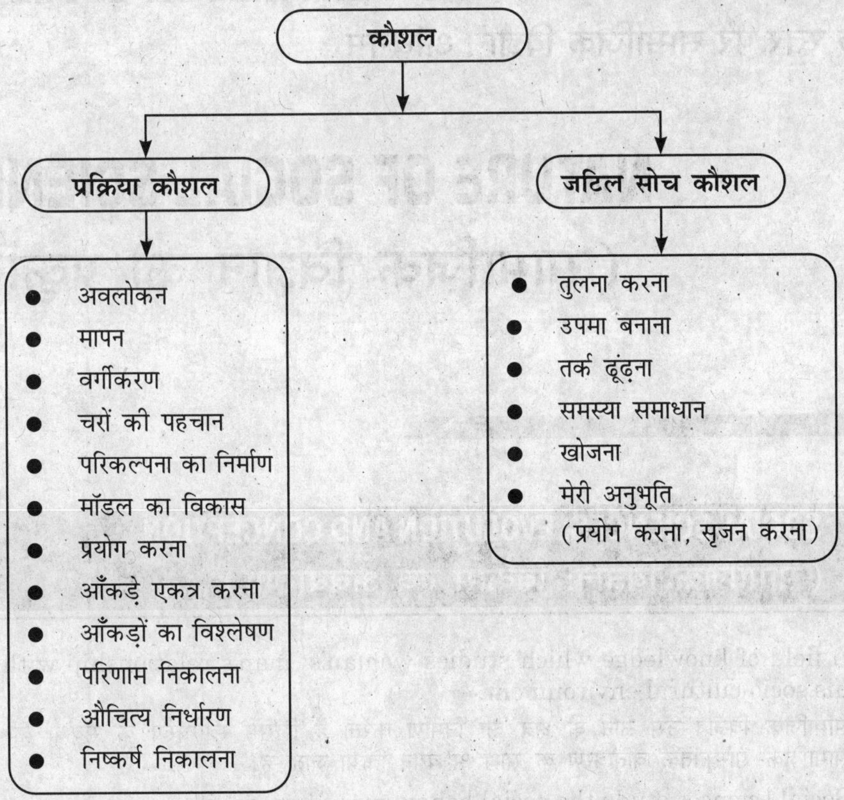

चित्र : विज्ञान अधिगम के कौशल

- Rather than providing a readymade answer, students will learn far more if they think about this question themselves.
- पहले से तैयार उत्तर प्रदान करने के बजाय, यदि छात्र स्वयं इस प्रश्न के बार में सोचते हैं तो वे कहीं अधिक सीखेंगे।
- Correlation with Day to Day Life Experiences.
- दैनिक जीवन के अनुभवों के साथ संबंध।

1

NATURE OF SOCIAL SCIENCE
(सामाजिक विज्ञान की प्रकृति)

1.2 SOCIAL SCIENCES: EVOLUTION AND CONCEPTION (सामाजिक विज्ञान: विकास एवं अवधारणा)

- A field of knowledge which studies woman's/ man's relationship with her/ his socio-cultural environment.

  सामाजिक विज्ञान उस ज्ञान के क्षेत्र का निर्माण करता है जिसमें स्त्री/पुरुष के संबंधों का उनके सामाजिक-सांस्कृतिक वातावरण के साथ अध्ययन किया जाता है।
- Social sciences study the social behaviour of human life.

  सामाजिक विज्ञान मुख्य रूप से मानव जीवन के सामाजिक व्यवहार का अध्ययन करता है।

1.2.1 Evolution of Social Sciences (सामाजिक विज्ञान का विकास)

- 'Social sciences' evolved during the eighteenth century as a formal field of study.

  अठारहवीं शताब्दी के दौरान अध्ययन के औपचारिक क्षेत्र के रूप में 'सामाजिक विज्ञान' विकसित हुआ।
- Montesquieu Spirit of the Laws (1748), Adam Smith's Wealth of Nations (1776), Condorcet's Outline of an Historical View of the Progress of the Human Kind (1795) and J.G. Herder's Idea towards a Philosophy of History (1784–91) were exemplary texts of the social sciences.

  मॉन्टेस्क्यू की स्पिरिट ऑफ द लॉज़ (1748), एडम स्मिथ की वेल्थ ऑफ नेशन्स (1776), कोंडोरसेट की आउटलाइन ऑफ ए हिस्टोरिकल व्यू ऑफ द प्रोग्रेस ऑफ द ह्यूमन काइंड (1795) और जे.जी. हेर्डर्स की आइडिया टुवर्ड्स ए फिलॉसफी ऑफ हिस्ट्री (1784-91) सामाजिक विज्ञान की पाठ्यपुस्तक के उदाहरण थे।
- Increasing industrialization, modernization, scientific development, etc. played important role in evolution of social sciences.

  बढ़ते औद्योगीकरण, आधुनिकीकरण, वैज्ञानिक विकास आदि ने सामाजिक विज्ञान के विकास में महत्वपूर्ण भूमिका निभाई।

1.2.2 Conception of Social Sciences and Its Relation to Conception of Social Studies (सामाजिक विज्ञान की अवधारणा और सामाजिक अध्ययन से इसका संबंध)

Concept of Social Sciences (सामाजिक विज्ञान की अवधारणा)

- **Charles Beard:** Social sciences are the body of knowledge and thought pertaining to human affairs as distinguished from sticks, stones, stars and physical objects.

  चार्ल्स बियर्ड: सामाजिक विज्ञान, तीलियों, पत्थरों, तारों और भौतिक वस्तुओं से अलग, ज्ञान और विचार की वह शाखा है जो मानवीय संबंधों से सरोकार रखता है।

Notes

- **James High:** Social sciences are those bodies of learning and study which recognize the simultaneous and mutual action of physical and non-physical stimuli which produce social reaction.

  जेम्स हाई: सामाजिक विज्ञान अधिगम और अध्ययन का वह भाग हैं जो भौतिक और गैर-भौतिक उद्दीपन की समकालिक और पारस्परिक क्रिया को पहचानते हैं जो सामाजिक प्रतिक्रिया उत्पन्न करते हैं।

- Social sciences constitutean important component of high school/higher education curriculum.

  सामाजिक विज्ञान हाई स्कूल/उच्च शिक्षा पाठ्यक्रम का एक महत्वपूर्ण घटक है।

- The different social science subjects like history, political science, anthropology, philosophy, economics etc. have independent status in high school/university education.

  विभिन्न सामाजिक विज्ञान विषयों जैसे इतिहास, राजनीति विज्ञान, नृविज्ञान, दर्शन, अर्थशास्त्र आदि को हाई स्कूल/विश्वविद्यालय शिक्षा में स्वतंत्र दर्जा प्राप्त है।

Concept of Social Studies (सामाजिक अध्ययन की अवधारणा)

- The concept of 'social studies' is of recent origin.

  'सामाजिक अध्ययन' की अवधारणा का हाल ही में उदय हुआ है।

- The wide spread use of social studies started in America since 1916.

  1916 से अमेरिका में सामाजिक अध्ययन का व्यापक प्रसार शुरू हुआ।

- Its use in India can be traced back to the formulation of Gandhiji's Basic Education in 1937.

  भारत में उसका उपयोग गांधीजी के "मौलिक शिक्षा, 1937" सूत्रीकरण के बाद ही देखा जा सकता है।

- Social studies is a single and composite instructional area which draws its contents from many social sciences like history, geography, political science, economics, etc.

  सामाजिक अध्ययन एक एकल और संयुक्त अनुदेशात्मक क्षेत्र है जो इतिहास, भूगोल, राजनीति विज्ञान, अर्थशास्त्र आदि जैसे कई सामाजिक विज्ञानों से अपनी सामग्री प्राप्त करता है।

- **James High:** Most simply stated, the social studies are the school mirror of the scholarly findings of the social sciences. Such data, as social scientists may gather, is integrated and simplified to appropriate levels of expression for children in all the grades.

  जेम्स हाई: सामान्य अर्थों में, सामाजिक अध्ययन, सामाजिक विज्ञान की विद्वतापूर्ण खोज का विद्यालयी दर्पण है। ऐसे आँकड़े जिनको कि समाज वैज्ञानिक एकत्रित कर सकते हैं, सभी ग्रेडों में बच्चों के लिए अभिव्यक्ति को सटीक स्तर को समाकलित व सरलीकृत करते हैं।

- **John V. Michaela's:** The social studies are concerned with man and his interaction with his social and physical environment; they deal with human relationships. The central function of the social studies is identical with the central purpose of education–development of democratic citizenship.

  जॉन वी. मिशेल: सामाजिक अध्ययन मनुष्य और उसके सामाजिक और भौतिक वातावरण के साथ उसकी अंत:क्रिया से संबंधित है; वे मानवीय संबंधों से निपटते हैं। सामाजिक अध्ययन का केंद्रीय कार्य शिक्षा के केंद्रीय उद्देश्य के समान है–प्रजातान्त्रिक नागरिकता का विकास।

Functional similarities and differences between social sciences and Social Studies (सामाजिक विज्ञान और सामाजिक अध्ययन के बीच कार्यात्मक समानताएँ और अंतर)

- **Similarities:** (1) Both social sciences and social studies are the outcomes of same genus/parenthesis. (2) Both of them share a common body of course contents. (3) In case of both, the central focus is woman's/man's relationship with woman/man and her/his environment. (4) Human relationship is the common denominator in case of both social sciences and social studies. (5) Both focus on woman/man engaging in variety of activities for the purpose of meeting their needs.

Notes

समानताएँ: (1) सामाजिक विज्ञान और सामाजिक अध्ययन दोनों एक ही वर्ग निक्षेप का परिणाम है। (2) दोनों एक ही विषय वस्तु के सर्वश्रेष्ठ निकाय को बाँटते है। (3) दोनों ही स्थितियों में केन्द्रीय बिन्दु स्त्री/पुरुष का संबंध स्त्री/पुरुष और उनके वातावरण से सबंधित है। (4) सामाजिक विज्ञान और सामाजिक अध्ययन दोनों के मामले में मानवीय संबंध उभयनिष्ठ होता है। (5) दोनों में ही मनुष्यों के विभिन्न क्रियाकलापों में व्यस्तता पर बल दिया जाता है।

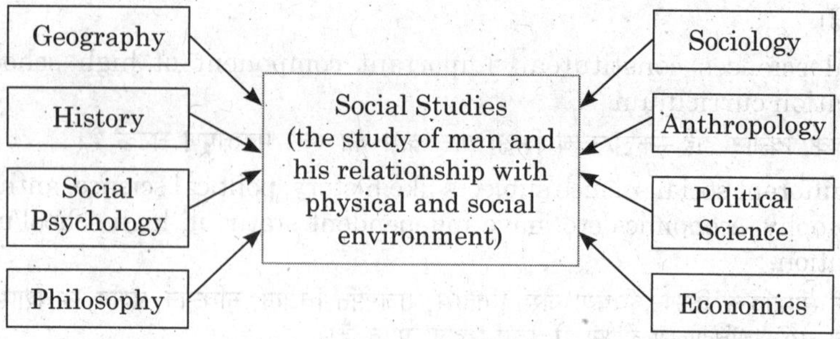

Fig : Functional relationship of Social Studies with Social Science.

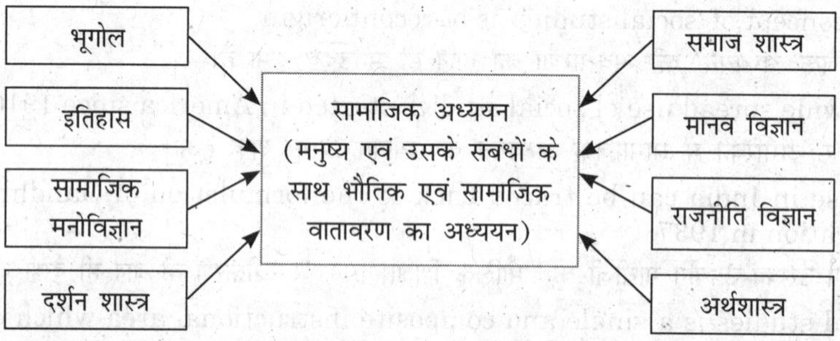

आकृति : सामाजिक अध्ययन के साथ सामाजिक विज्ञान का क्रियात्मक संबंध

Differences:

Points of Difference	Social Sciences	Social Studies
Derivation	Social sciences are the genesis or the parent disciplines of social studies.	Social studies is the outcome or product of social sciences.
Area of Affairs	Concerned with theoretical aspects of human affairs.	Concerned with practical aspects of human affairs.
Area of Affairs	Social sciences seek social utility.	Social studies seeks instructional utility.
Approach	Social sciences represent an adult approach.	Social studies represents a child approach.
Approach	Social sciences are studied through idealistic approach.	Social studies is studied through pragmatic approach.
Aim	Social sciences aim at contributing knowledge and increasing the intellectual horizon.	Social studies aims at acquiring knowledge for solving various practical problems of the society.
Composition	Social sciences include large number of subjects like history, political science, sociology, anthropology, economics etc.	Social studies draws its contents from large number of social sciences and label them under three or four broad heads (i.e., history, economic, etc.) to be taught at school or junior school level.
Nature of Composition	Social sciences are the mixture of different subjects where each and every subject has special identity and one subject can easily be differentiated from others.	Social studies is a compound rather than mixture where something new emerges our of combinations. It is very difficult to separate the parts of social studies in clear cut ways.

Notes

Points of Difference	Social Sciences	Social Studies
Reader	The readers of social sciences are very few. Only those who are competent and interested, they can study social sciences.	Since citizenship preparation is the main aim of social studies, so, it is studied by everybody.
Stage of study	Social sciences are advanced study of human society. They are basically taught at high school/ university level.	Social studies is the simplified aspect of social sciences which is basically taught at school or junior school stage.
Scope	The scope of each social science subject is limited within its own field. For example, economics is related with such kind of activities which tough economic field.	Social studies touches all the aspects of human social life in a compound manner.
Scope	Social sciences have vast scope since they include numerous subjects.	Social studies is the part of social sciences. So it is narrower than social sciences.
Complexity	Social sciences are the complex study of social phenomena.	Social studies is the simplified aspect of social sciences taught to the school or junior students.

अन्तर:

अन्तर के बिंदु	सामाजिक विज्ञान	सामाजिक अध्ययन
व्युत्पत्ति	सामाजिक विज्ञान सामाजिक अध्ययन का जन्मदाता है।	सामाजिक अध्ययन सामाजिक विज्ञान का उत्पाद या परिणाम है।
संबंधों का क्षेत्र	मानवीय संबंधों के सैद्धान्तिक पहलू से संबंधित है।	मानवीय संबंधों के व्यवहारात्मक पहलू से संबंधित है।
कार्य का क्षेत्र	सामाजिक विज्ञान सामाजिक उपयोगिताओं की खोज करता है।	सामाजिक अध्ययन प्रशिक्षण संबंधी उपयोगिताओं की खोज करता है।
उपागम	सामाजिक विज्ञान एक वयस्क उपागम प्रस्तुत करता है।	सामाजिक अध्ययन एक बाल उपागम प्रस्तुत करता है।
उपागम	सामाजिक विज्ञान का अध्ययन एक आदर्श उपागम के द्वारा होता है।	सामाजिक अध्ययन का अध्ययन एक प्रगतिवादी उपागम के द्वारा होता है।
उद्देश्य	सामाजिक विज्ञान का उद्देश्य ज्ञान का अंशदान एवं बौद्धिक क्षितिज का विकास करना है।	सामाजिक अध्ययन का उद्देश्य समाज की विभिन्न व्यवहारात्मक समस्याओं के समाधान के लिए ज्ञान ग्रहण करना है।
घटक	सामाजिक विज्ञान में बड़ी संख्या में विभिन्न विषय जैसे–इतिहास, राजनीति विज्ञान, समाज शास्त्र, मानव विज्ञान, अर्थशास्त्र आदि शामिल है।	सामाजिक अध्ययन बड़ी संख्या में सामाजिक विज्ञान से पाठ्यवस्तु का निर्माण करता है और तीन या चार विस्तृत शीर्षकों को लेबल प्रदान करता है (जैसे–इतिहास, अर्थशास्त्र, आदि) जिससे कि उन्हें विद्यालय स्तर पर पढ़ाया जा सके।
संयोजन की प्रकृति	सामाजिक विज्ञान विभिन्न विषयों का मिश्रण है जहाँ प्रत्येक विषय अपनी एक विशेष पहचान रखता है और एक विषय को दूसरे से आसानी से अलग किया जा सकता है।	सामाजिक अध्ययन को हम मिश्रण की अपेक्षा एक ठोस संघटक कह सकते हैं। यहाँ पर इस संयोग से कुछ नया प्राप्त होता है। स्पष्ट रूप से सामाजिक अध्ययन के भागों को अलग करना बहुत कठिन है।

Notes

अन्तर के बिंदु	सामाजिक विज्ञान	सामाजिक अध्ययन
पाठक या पढ़ने वाला	सामाजिक विज्ञान के पाठक बहुत कम हैं। केवल वही जो रुचि रखते हैं एवं योग्य होते हैं वही सामाजिक विज्ञान का अध्ययन कर सकते हैं।	सामाजिक अध्ययन का मुख्य उद्देश्य नागरिक निर्माण से ही शुरु होता है। इसलिए यह सभी के द्वारा पढ़ा जाता है।
अध्ययन की अवस्था	सामाजिक विज्ञान मानव समाज का उन्नत अध्ययन है। यह मुख्य रूप से उच्च विद्यालय/विश्वविद्यालय स्तर पर पढ़ाया जाता है।	सामाजिक अध्ययन, सामाजिक विज्ञान का सरलीकृत पहलू है जो मुख्य रूप से विद्यालय या बेसिक विद्यालय स्तर पर पढ़ाया जाता है।
क्षेत्र	जब से सामाजिक विज्ञान में नये विषयों का समावेश हुआ है इसका क्षेत्र बहुत व्यापक हो गया है।	सामाजिक अध्ययन, सामाजिक विज्ञान का एक भाग है। इसलिए यह सामाजिक विज्ञान की अपेक्षा संकीर्ण है।
क्षेत्र	सामाजिक विज्ञान के प्रत्येक विषय का क्षेत्र इसके स्वयं के क्षेत्र के अंदर सीमित है। उदाहरण के लिए–अर्थशास्त्र कुछ ऐसे क्रियाकलापों से संबंधित है जो केवल अर्थशास्त्र के क्षेत्र को छूते हैं।	सामाजिक अध्ययन मनुष्य के सामाजिक जीवन के सभी पहलुओं को एक संघटित तरीके से छूता है।
जटिलता	सामाजिक विज्ञान एक सामाजिक परिदृश्य का जटिल अध्ययन है।	सामाजिक अध्ययन, सामाजिक विज्ञान का एक सरलीकृत पहलू है जो विद्यालय या बेसिक विद्यालय स्तर पर पढ़ाया जाता है।

1.2.3 Social Sciences in Upper Primary School Curriculum
(उच्च प्राथमिक विद्यालय पाठ्यचर्या में सामाजिक विज्ञान)

- NCF (2005, p-53) used the term 'social studies' in the context of curriculum of the upper primary stage, whereas, the Position Paper – Nation Focus Group onTeaching Social Sciences (2006, p-5) has used the term 'social sciences' in the context of curriculum of the upper primary stage.

  एनसीएफ (2005, पेज-53) ने उच्च प्राथमिक स्तर के पाठ्यक्रम के संदर्भ में 'सामाजिक अध्ययन' शब्द का प्रयोग किया है, वहीं Position Paper – Nation Focus Group on Teaching Social Sciences (2006, पेज-5) ने उच्च प्राथमिक अवस्था में 'सामाजिक विज्ञान' शब्द को पाठ्यक्रम के संदर्भ में उपयोग किया जाता है।

The remarks of National Focus Group on Teaching Social Sciences (2006) on teaching of Social Sciences at the Upper Primary Stage:

उच्च प्राथमिक स्तर पर सामाजिक विज्ञान शिक्षण पर, "सामाजिक विज्ञान शिक्षण (2006) पर राष्ट्रीय अभिकेंद्रित समूह" की टिप्पणी:

The objectives of teaching the social sciences at the upper primary stage:

उच्च प्राथमिक स्तर पर सामाजिक विज्ञान शिक्षण के उद्देश्य–

- To develop an understanding about the earth as the habitat of humankind and other forms of life.

  मानव जाति और जीवन के अन्य रूपों के निवास के रूप में पृथ्वी के बारे में समझ विकसित करना।
- To initiate the learner into a study of her/his own region, state, and country in the global context.

  भूमण्डलीय संदर्भों में विद्यार्थी के अपने क्षेत्र, राज्य एवं देश के अध्ययन के प्रति जागरूक करना।
- To initiate the learner into a study of India's past, with references to contemporary development in other parts of the world.

  देश की सामाजिक एवं राजनीतिक संस्थाओं की क्रियात्मकता एवं गत्यात्मकता और प्रक्रिया से विद्यार्थी को परिचित कराना।

Notes

- To introduce the learner to the functioning and dynamics of social and political institution and processes of the country.

  विश्व के अन्य भागों में समकालीन विकास के संदर्भ में भारत के इतिहास के अध्ययन का सूत्रपात करना।

1.3 SOCIAL SCIENCES: DOWN THE AGES (सामाजिक विज्ञान: विभिन्न काल में)

1.3.1 Social Sciences in Pre-Modern World (पूर्व आधुनिक संसार में सामाजिक विज्ञान)

- Pre-modern world experienced many phases of human civilization ranging from hunting gathering age, pastoral nomadic age, Stone Age, Iron Age, river valley civilizations and medieval age to eighteenth/nineteenth century.

  पूर्व आधुनिक संसार में मानव सम्यता के अनेक चरणों का अनुभव किया है जैसे–एकत्रित होकर शिकार करने के काल से घुमक्कड़, चरवाह काल, पत्थर युग, लौह युग, नदी घाटी सभ्यता और मध्यकालीन युग से अठारहवीं/उन्नीसवीं शताब्दी तक जब से मनुष्य मात्र ने अपने कदम इस संसार में रखे हैं।

- In the ancient and the medieval world, there was rare reference to social sciences in comparison to the modern world.

  प्राचीन एवं मध्यकालीन संसार में, आधुनिक संसार की तुलना में सामाजिक विज्ञान से संदर्भित बहुत कम विचार थे।

- Plato's 'Republic' and Aristotle's 'Politics' are ever memorable works in the field of social sciences.

  प्लेटो का 'प्रजातांत्रिक कार्य' एवं अरस्तू का 'राजनीतिक कार्य' सामाजिक विज्ञान के क्षेत्र में सदैव स्मरणीय है।

1.3.2 Social Sciences in Modern and Contemporary World (आधुनिक एवं समकालीन संसार में सामाजिक विज्ञान)

- International organisations like UN, UNESCO,UNDP, UNICEF are created.

  अन्तराष्ट्रीय संगठन: जैसे यू.एन., यूनेस्को, यूएनडीपी,यूनिसेफ आदि।

- Universal Declarations of Human Rights (1948) adopted by the United Nation states.

  अन्तर्राष्ट्रीय मानवाधिकार घोषणा (1948) को संयुक्त राष्ट्र संघ ने अपनाया है।

- The creation of nation states and the practice of democratic and socialistic model of governance.

  विभिन्न राष्ट्रों के निर्माण से और प्रजातांत्रिक एवं समाजवादी मॉडल के अनुसार समकालीन दुनिया के देशों में प्रशासन।

1.3.3 Indian Perspectives of Social Sciences: Down the Ages (भारतीय परिप्रेक्ष्य में सामाजिक विज्ञान: विभिन्न काल)

- Vedas, Upanishads, Smritis, Puranas, Ramayana, Mahabharata etc.

  वेद, उपनिषद्, स्मृति, पुराण, रामायण, महाभारत आदि।

- The 'Arthashastra' of Kautilya, Panchatantra of Vishnu Sharma etc. are some of the ancient Indian compositions or texts which deal with social science tenets and principles.

  कौटिल्य का 'अर्थशास्त्र', विष्णु शर्मा का पंचतंत्र आदि कुछ प्राचीन भारतीय रचनाएँ या ग्रंथ हैं जो सामाजिक विज्ञान के सिद्धांतों से संबंधित हैं।

Notes

- The early medieval and medieval literary traditions like Buddhist texts, Jain texts, Islamic texts, Bhakti texts, etc.

  प्रारंभिक मध्ययुगीन और मध्यकालीन साहित्यिक परंपराएँ जैसे बौद्ध ग्रंथ, जैन ग्रंथ, इस्लामी ग्रंथ, भक्ति ग्रंथ आदि।

- **The Secondary Education Commission (1952-53) remarks**–"Social studies as a term, is comparatively new in Indian education. It is meant to cover the ground traditionally associated with history, geography, economics, civics etc......This whole group of studies has, therefore, to be viewed as compact whole whose object is to adjust the students to their social environment- which includes the family, community, state and nation – so that they may be able to understand how society has come to its present form and interpret intelligently the matrix of social forces and movement in the midst of which they are living".

  माध्यमिक शिक्षा आयोग (1952-53) की टिप्पणी–भारतीय शिक्षा में सामाजिक अध्ययन तुलनात्मक रूप से नया शब्द है। इसका अर्थ है पारंपरिक रूप से इतिहास, भूगोल, अर्थशास्त्र और नागरिक शास्त्र से जुड़े क्षेत्र का समावेश करना है। सामाजिक अध्ययन विषयों के समूह का उद्देश्य विद्यार्थियों को उनके सामाजिक वातावरण से परिचित करना और ढालना है, जिसमें परिवार, समुदाय, राज्य और राष्ट्र शामिल हैं; इसका मूल उद्देश्य है कि विद्यार्थियों को इस योग्य बनाना ताकि वह यह समझ सके की वर्तमान समाज का ढांचा किस प्रकार उभरा तथा विद्वतापूर्वक सामाजिक ताकतों और आंदोलन के व्यूह की व्याख्या करना, जिसमें वह रह रहे हैं।

- **The Education Commission (1964–66) remarks**–"The aim of teaching social studies is to help the students acquire knowledge of their environment, an understanding of human relationship, and attitude and values which are vital for intelligent participation in the affairs of the community, the state, the nation and the world. An effective programme of social studies is essential in India for development of good citizenship and emotional integration"

  शिक्षा आयोग (1964-66) की टिप्पणी–सामाजिक अध्ययन का उद्देश्य, विद्यार्थियों को उनके वातावरण के ज्ञान के बारें में परिचित कराने में सहयोग प्रदान करना है। मानव संबंधों को समझने में तथा वृत्तियों और मूल्यों जो कि बुद्धिमत्तापूर्ण समुदाय, राज्य और राष्ट्र तथा विश्व के मामलों में भाग लेने के लिए आवश्यक है, को समझने में सहायता करता है। भारतीय संदर्भ में सामाजिक अध्ययन का एक प्रभावकारी कार्यक्रम तैयार कर, अच्छे नागरिकों एवं भावनात्मक एकात्मकता के विकास के लिए आवश्यक है।

- **'The Curriculum For Ten Year School–A Framework' of NCERT (1975) remarks**–"Environmental studies will include both natural and social environment in class I and II. It will be more appropriate to use the term social studies rather than social sciences at primary stage, since it represents a broad and composite instructional area.

  दस वर्षीय विद्यालय के लिए पाठ्यक्रम: NCERT की रूपरेखा (1975) की टिप्पणी–कक्षा प्रथम व द्वितीय में पर्यावरण अध्ययन में प्राकृतिक और सामाजिक अध्ययन दोनों शामिल होंगे। प्राथमिक स्तर पर सामाजिक विज्ञान की बजाय सामाजिक अध्ययन शब्द का उपयोग अधिक उपयुक्त होगा क्योंकि यह विस्तृत और संयुक्त अनुदेशात्मक क्षेत्र का प्रतिनिधित्व करता है।

National Curriculum For Elementary and Secondary Education (1988) Observes:

प्रारम्भिक और माध्यमिक शिक्षा (1988) के लिए राष्ट्रीय पाठ्यक्रम की टिप्पणी:

"Social Sciences is perhaps the singular curricular area which can prove to be the most effective tool for providing education in the context of all the corecomponents envisaged by NPE (1986)." The core-components envisaged by NPE are–

सामाजिक विज्ञान शायद एक अकेला ही ऐसा पाठ्यक्रम क्षेत्र है जो राष्ट्रीय शिक्षा नीति (1986) के विचारित मुख्य घटकों के संदर्भों में शिक्षा उपलब्ध कराने का एक सबसे अधिक प्रभावकारी उपकरण सिद्ध किया जा सकता है। NPA के द्वारा विचारित मुख्य घटक निम्नांकित हैं–

Notes

(i) History of India's freedom movement
भारतीय स्वतंत्रता आंदोलन का इतिहास

(ii) Constitutional obligations
सवैंधानिक जिम्मेदारियाँ

(iii) Values such as India's common cultural heritage
मूल्य जैसे–भारत की साझा सांस्कृतिक धरोहर

(iv) Egalitarianism, democracy, secularism
समानतावाद, प्रजातंत्र, धर्मनिरपेक्षवाद

(v) Equality of sexes
लिंग समानता

(vi) Protection of environment
वातावरण की सुरक्षा

(vii) Small family norms etc.
छोटे परिवार की नीति

- **National Curriculum Frameworks (2005, P-50) remarks:** "The social sciences encompass diverse concerns of society, and include a wide range of content drawn from the disciplines of history, geography, political science, economics, sociology and anthropology. Social science perspectives and knowledge are indispensable to building the knowledge base for a just and peaceful society. The content should aim at raising students' awareness through critically exploring and questioning of familiar social reality. The possibilities of including new dimensions and concerns, especially in view of students' own life experiences, are considerable. Selecting and organizing material into a meaningful curriculum, one that will enable students to develop a critical understanding of society, is therefore a challenging task."

  राष्ट्रीय पाठ्यचर्या की रूपरेखा (2005 पेज-50) की टिप्पणी: सामाजिक विज्ञान समाज के विभिन्न सरोकारों को समाविष्ट करता है। इसकी अन्तर्वस्तु बहुत विविध है, जिसमें इतिहास, भूगोल, राजनीति विज्ञान, अर्थशास्त्र, समाजशास्त्र और मानव विज्ञान जैसे विषयों से विषयवस्तु समाहित करता है। सामाजिक विज्ञान परिप्रेक्ष्य और ज्ञान, एक समतामूलक और शांतिमूलक समाज का ज्ञान-आधार तैयार करने की दिशा में अपरिहार्य है। इसकी विषयवस्तु का लक्ष्य जानी-पहचानी सामाजिक सच्चाई की समीक्षात्मक जांच तथा उस पर प्रश्न करते हुए विद्यार्थियों की आलोचनात्मक जागरूकता का संवर्धन होना चाहिए। विद्यार्थियों के अपने जीवन-संदर्भों के संबंध में नये आयामों और नए पहलुओं को जगह दी जा सकती है। एक सार्थक पाठ्यचर्या के लिए सामग्री चयन और उनका निर्धारण, ऐसी पाठ्यचर्या जो विद्यार्थियों में समाज के प्रति आलोचनात्मक समझ का विकास करे, इसलिए यह एक चुनौतीपूर्ण कार्य है।

1.4 CURRENT STATUS OF SOCIETY (समाज की वर्तमान स्थिति)

- Current society is a fast growing society based on rapid development of science and technology.

  तीव्र गति से विज्ञान व तकनीकी के विकास पर आधारित आज का समाज तेजी से बढ़ रहा है।

- Complexity, heterogeneity, diversity and differentiation in many spheres of life (i.e. economic, political, cultural, religious, etc.) characterize the current society.

  जीवन के कई क्षेत्र में जटिलताएँ, विषमताएँ और भिन्नताएँ वर्तमान समाज की (राजनीतिक, सांस्कृतिक, और धार्मिक) विशेषताएँ हैं।

- New social orders like modernization, industrialization, urbanization, specialization, automation, globalization, privatization, liberalization, planned development, etc. are the basic features of current society.

  नए सामाजिक स्वरूप जैसे आधुनिकीकरण, उद्योगीकरण, शहरीकरण, विशिष्टीकरण, भूमंडलीकरण, प्राइवेटाइजेशन, स्वचालितकरण, उदारीकरण, नियोजित विकास आदि वर्तमान समाज की मूलभूत विशेषताएँ हैं।

Notes

- Current society faces large number of new social problems and challenges like poverty, unemployment, exploitation based on capitalism, rural-urban difference, development of slums, social alienation, population problem etc.

  वर्तमान समाज को बड़ी संख्या में नई सामाजिक समस्याओं और चुनौतियों का सामना करना पड़ रहा है। जैसे–गरीबी, बेरोजगारी, पूँजीवाद पर आधारित शोषण, ग्रामीण-शहरी अंतर, मलिन बस्तियों का विकास, सामाजिक अलगाव, जनसंख्या समस्या आदि।

1.5 COMPONENTS OF SOCIAL SCIENCES (सामाजिक विज्ञान के घटक)

1.5.1 Subjects Considered Under Social Sciences Family (सामाजिक विज्ञान परिवार के अंतर्गत माने-जाने वाले विषय)

- **Pure Social Sciences:** Political science, economics, history, jurisprudence, law, sociology, public administration, social work, human rights, anthropology, etc.

  विशुद्ध सामाजिक विज्ञान–राजनीति विज्ञान, अर्थशास्त्र, इतिहास, न्याय शास्त्र, विधि, समाज शास्त्र, लोक प्रशासन, मानवाधिकार और मानव शास्त्र आदि।
- **Semi Social Sciences:** Ethics, education, philosophy, psychology, art etc.

  अर्ध सामाजिक विज्ञान–नैतिक शिक्षा, दर्शन, मनोविज्ञान, कला आदि।
- **Sciences with Social Implication:** Geography, biology, medicine, linguistics, library science, etc.

  सामाजिक निहितार्थ से संबंधित विज्ञान–भूगोल, जीव विज्ञान, मेडिसिन, पुस्तकालय विज्ञान, आदि।

1.5.2 Instructional Components of Social Sciences at School Level (विद्यालय स्तर पर सामाजिक विज्ञान के अनुदेशात्मक घटक)

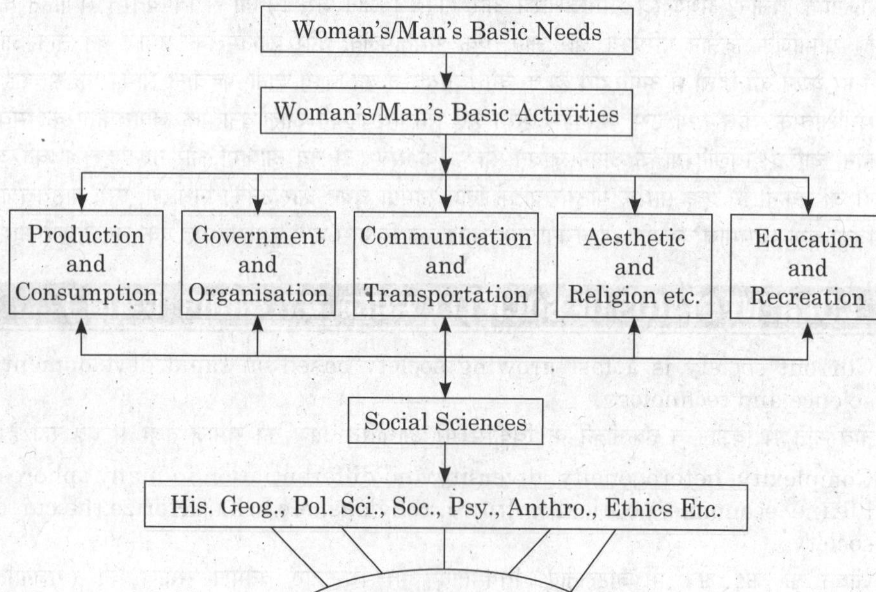

Fig. : Instructional subjects/components of social sciences at upper primary and secondary stage.

Notes

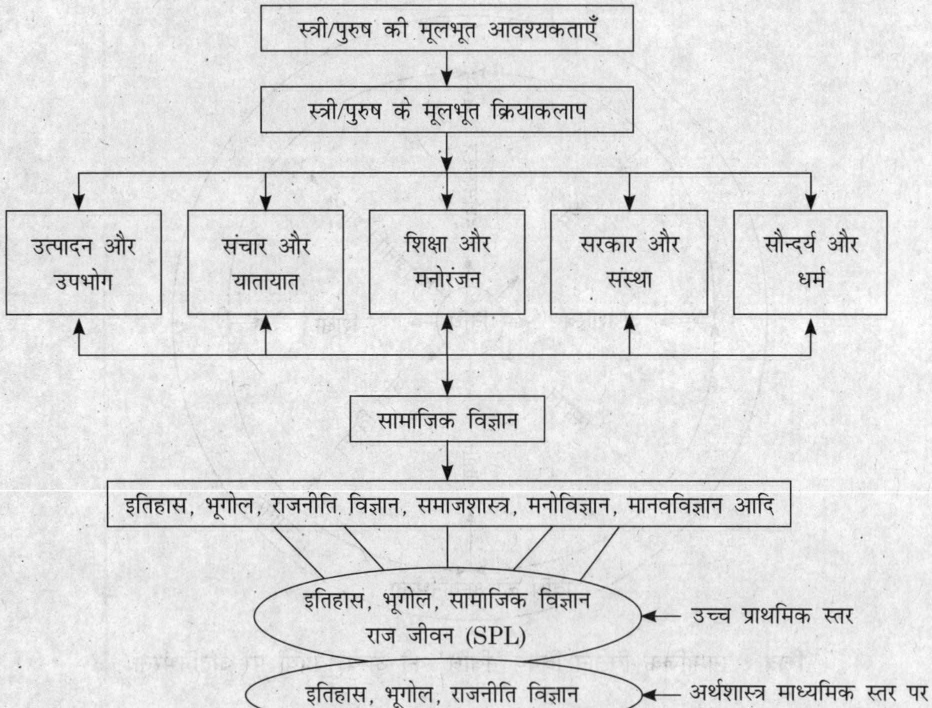

आकृति : उच्च प्राथमिक स्तर/माध्यमिक स्तर पर सामाजिक विज्ञान के अनुदेशात्मक विषय/घटक

1.6 INTERDISCIPLINARY AND INTEGRATION PERSPECTIVES IN SOCIAL SCIENCES (सामाजिक विज्ञान में अंतर्विषयक और एकीकरण परिप्रेक्ष्य)

1.6.1 Interdisciplinary Perspectives in Social Sciences (सामाजिक विज्ञान में अंतर्विषयक परिप्रेक्ष्य)

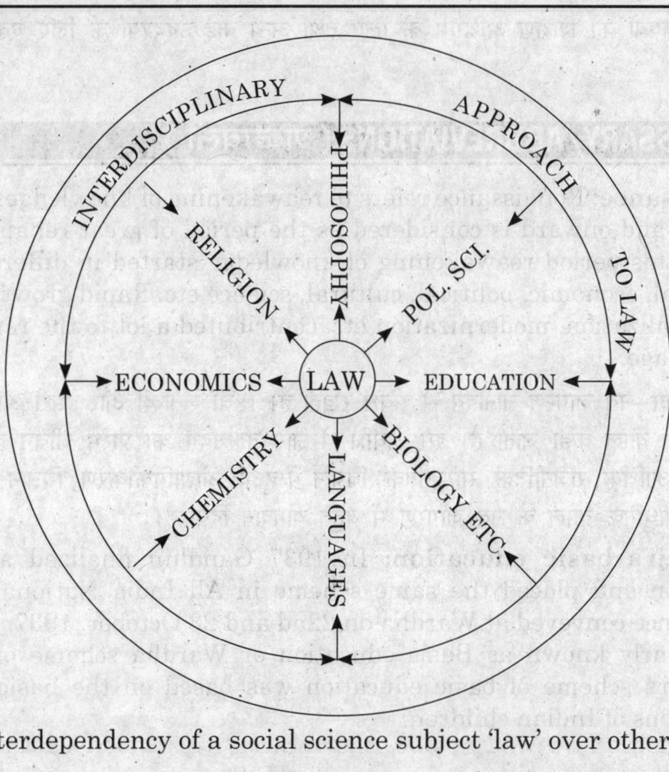

Fig. : Interdependency of a social science subject 'law' over other subjects.

Notes

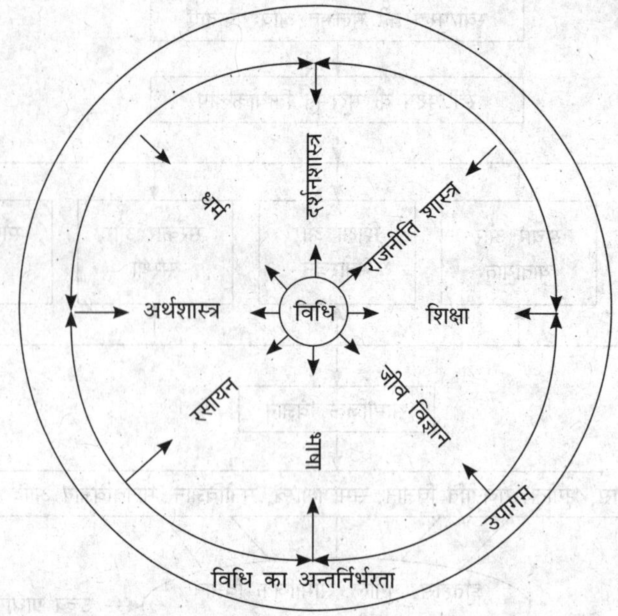

चित्र : सामाजिक विज्ञान विषय 'विधि' की अन्य विषयों पर अंतर्निर्भरता

1.6.2 Integration Perspective in Social Sciences (सामाजिक विज्ञान में एकीकृत परिप्रेक्ष्य)

- The concept 'food' can be related to many other learning areas and subjects.

  भोजन का विभिन्न विषयों से सहसंबंध स्थापित किया जा सकता है।
- Like the concept 'food' many other concepts of social sciences can be integrated with the subjects of different fields of study for teaching learning and many other purposes.

  भोजन की अवधारणा की तरह सामाजिक विज्ञान की कई अन्य अवधारणाओं को अध्ययन के विभिन्न क्षेत्रों के विषयों को शिक्षण अधिगम के लिए तथा अन्य कई उद्देश्यों के लिए एकीकृत किया जा सकता है।

1.8 GLOSSARY/ABBREVIATIONS (शब्दावली)

- **Renaissance:** Renaissance refers to reawakening of knowledge. Eighteenth century and onward is considered as the period of great renaissance since during this period reawakening of knowledge started in different fields of life-social, economic, political, cultural, science etc. Rapid growth of science, industrialization, modernization etc. contributed a lot to the renaissance of modern age.

  नव जागरण–नव जागरण ज्ञानोदय से संबंध रखता है। 18वीं शताब्दी और इससे आगे के समय को नव जागरण काल कहा जाता है। इस अवधि में ज्ञान के उदय का प्रारंभ जीवन के विभिन्न क्षेत्रों सामाजिक आर्थिक, राजनीतिक, सांस्कृतिक, विज्ञान में हुआ। औद्योगिकीकरण, विज्ञान, आधुनिकीकरण आदि ने आधुनिक काल के नव जागरण में बहुत योगदान दिया है।
- **Gandhiji's basic education:** In 1937 Gandhiji finalized a scheme of education and placed the same scheme in All India National Education Conference conveyed at Wardha on 22nd and 23 October, 1937. The scheme is popularly known as Basic education or Wardha scheme of education. Gandhiji's scheme of basic education was based on the basic needs and aspirations of Indian children.

Notes

गाँधी जी की आधारभूत शिक्षा–1937 में गांधीजी ने शिक्षा की एक योजना को अंतिम रूप दिया तथा उसे अखिल भारतीय राष्ट्रीय शिक्षा गोष्ठी में, जिसका आयोजन 22 व 23 अक्टूबर 1937 को वर्धा में किया गया, प्रस्तुत किया। इस योजना को आधारभूत शिक्षा या वर्धा शिक्षा योजना के रूप में जाना जाता है। गांधीजी की आधारभूत शिक्षा योजना भारतीय बच्चों के आधारभूत आवश्यकताओं और आकांक्षाओं पर आधारित है।

- **Economic depression:** Economic depression refers to the breakdown of financial or economic machineries. When economic depression occurs the economic institutions like production of goods and services, marketing of goods and services, maintenance of inflation and deflation etc. fail. 1930s is called a period of great economic depression because during this time the economic depression aggravated to the most of the parts of the world.

आर्थिक अवमूल्यन–आर्थिक अवमूल्यन वित्तीय असफलता या आर्थिक मशीनरी के विघटन से संबंध रखता है। जब आर्थिक अवमूल्यन घटित होता है तब आर्थिक संस्थाएँ जैसे सामानों का उत्पादन और सेवाएँ, सामानों व सेवाओं का बाजारीकरण मंदी और महँगाई का नियंत्रीकरण आदि असफल हो जाता है। 1930 को आर्थिक अवमूल्यन का सबसे बड़ा काल माना जाता है क्योंकि इस समय दुनिया के अधिकांश हिस्से प्रभावित थे।

2

SOCIAL SCIENCES IN SCHOOL CURRICULUM

(विद्यालयी पाठ्यचर्या में सामाजिक विज्ञान)

2.2 FORCES THAT INFLUENCED SOCIAL SCIENCES CURRICULUM (सामाजिक विज्ञान पाठ्यचर्या को प्रभावित करने वाले कारक)

2.2.1 Colonial Legacy and the Nationalist Perspective (औपनिवेशिक परंपराएँ और राष्ट्रीय परिप्रेक्ष्य)

- Social sciences began to emerge as a separate discipline and its curricular contents were selected.

  सामाजिक विज्ञान एक अलग विषय के रूप में उभरने लगा और इसकी पाठ्यचर्या सामग्री का चयन किया गया।

- Indus Valley Civilization flourished in the north-western part of the Indian subcontinent from about 3300 BCE to 1300 BCE.

  सिंधु घाटी सभ्यता भारतीय उपमहाद्वीप के उत्तर-पश्चिमी भाग में लगभग 3300 ईसा पूर्व से 1300 ईसा पूर्व तक फली-फूली।

- Modern world first learned of the Indus Valley civilization in 1826 when the British Army deserter Charles Masson stumbled upon heavy bricks of a large ruined city near modern-day Harappa.

  आधुनिक दुनिया को पहली बार 1826 में सिंधु घाटी सभ्यता के बारे में पता चला जब ब्रिटिश सेना का भगोड़ा चार्ल्स मैसन संयोगवश एक पुराने खंडहर बन चुके नगर की बड़ी शिला से टकरा गया।

- Between 1856 and 1872, Sir Alexander Cunningham, director of the Archaeological Survey of India, performed some small excavations at the Harappan site

  1856 और 1872 के बीच, भारतीय पुरातत्व सर्वेक्षण के निदेशक सर अलेक्जेंडर कनिंघम ने हड़प्पा स्थल के समीप कुछ खुदाई की।

- In 1914, Sir John Marshall, also a director of the Archaeological Survey of India, surveyed Harappa, identifying a great waterproofed tank or bath, and a granary.

  1914 में, सर जॉन मार्शल, भारतीय पुरातत्व सर्वेक्षण के एक निदेशक, ने हड़प्पा का सर्वेक्षण किया, जिसमें एक महान जलरोधक टैंक या स्नानागार और एक अन्न भंडार की पहचान की गई थी।

- R.D. Banerji, an officer of the Archaeological Survey of India, first discovered Mohenjo-Daro in 1921–1922.

  आर.डी. बनर्जी ने पहली बार 1921-1922 में मोहनजो-दारो की खोज की थी।

- In 1837 James Prinsep succeeded in deciphering an ancient inscription on a large stone pillar in Delhi.

  1837 में जेम्स प्रिंसेप दिल्ली में एक बड़े पत्थर के स्तंभ पर एक प्राचीन शिलालेख को समझने में सफल रहे।

- In 1784, Warren Hastings appointed Sir William Jones, an officer of the East India Company, as the Chief Justice of the Calcutta High Court and ordained him to write Indian History.

Notes

1784 में, वारेन हेस्टिंग्स ने ईस्ट इंडिया कंपनी के एक अधिकारी सर विलयम जोन्स को कलकत्ता उच्च न्यायालय के मुख्य न्यायाधीश के रूप में नियुक्त किया और उन्हें भारतीय इतिहास लिखने के लिए नियुक्त किया।

- William Jones, a man of remarkable intellectual prowess, immediately founded the Asiatic Society of Bengal and on its behalf, embarked on the task of writing Indian History.

  उल्लेखनीय बौद्धिक कौशल के व्यक्ति विलयम जोन्स ने तुरंत बंगाल की एशियाटिक सोसाइटी की स्थापना की और इसके हेतु भारतीय इतिहास लिखने का कार्य शुरू किया।

- The contribution of the Asiatic Society of Bengal to reconstruction of Indian history is well known today.

  भारतीय इतिहास के पुनर्निर्माण में एशियाटिक सोसाइटी ऑफ बंगाल का योगदान आज सर्वविदित है।

- James Mill is credited with writing the first comprehensive history of India, though he never visited India

  जेम्स मिल को भारत का पहला व्यापक इतिहास लिखने का श्रेय दिया जाता है, हालाँकि उन्होंने कभी भारत का भ्रमण नहीं किया।

- Introduction of English education system in 1835 enabled Indian students to study western science and technology

  1835 में अंग्रेजी शिक्षा प्रणाली की शुरुआत ने भारतीय छात्र को पश्चिमी विज्ञान और प्रौद्योगिकी का अध्ययन करने में सक्षम बनाया।

- All these developments in varied fields of archaeology, history, culture, heritage, survey of India's land and natural resources, population census, changes in India's governance, education, transport and communication, and social reformation activities influenced the social science curriculum and the way social sciences are studied.

  विभिन्न क्षेत्र के विकास यथा पुरातत्व, इतिहास, संस्कृति, विरासत, भारत की भूमि और प्राकृतिक संसाधनों का सर्वेक्षण, जनसंख्या जनगणना, भारतीय प्रशासनिक परिवर्तन, शिक्षा, परिवहन और संचार, और सामाजिक पुनर्रचना के कार्य ने सामाजिक विज्ञान की पाठ्यचर्या और अध्ययन विधियों को प्रभावित किया।

The Nationalist Alternative (राष्ट्रीय विकल्प)

- The Indian nationalists reacted to the British way of interpreting India's history, civilization, culture, and heritage.

  भारतीय राष्ट्रवादियों ने भारतीय इतिहास की सभ्यता, संस्कृति और विरासत की व्याख्या करने के ब्रिटिश तरीके पर प्रतिक्रिया व्यक्त की।

- They had different views of India's economic interests, political maturity and aspirations of its people.

  भारत के आर्थिक हितों, राजनीतिक परिपक्वता और इसके लोगों की आकांक्षाओं के बारे में उनके अलग-अलग विचार थे।

- Swami Vivekananda was one of the first people to stress the need for writing Indian national history as seen through Indian eyes.

  स्वामी विवेकानंद उन पहले लोगों में से एक थे जिन्होंने भारतीय राष्ट्रीय इतिहास को भारतीय आँखों से देखने की आवश्यकता पर बल दिया।

- Gokhale demanded universal elementary education in the country.

  गोखले ने देश में सार्वभौमिक प्रारंभिक शिक्षा की माँग की।

- Maharaja Siyajirao Gaekward of Baroda introduced compulsory elementary education in his state.

  महाराजा सियाजीराव गायकवाड़ (बड़ौदा) ने अपने राज्य में अनिवार्य प्रारंभिक शिक्षा की शुरुआत की।

- Mahatma Gandhi made an elaborate scheme of education-basic education-for India.

  महात्मा गांधी ने शिक्षा की विस्तृत योजना-भारत के लिए बुनियादी शिक्षा का निर्माण किया।

Notes

- Swami Dayanand's Dayanand Anglo Vedic (DAV) movement was another alternative that attempted social, religious and educational reforms.

  स्वामी दयानंद का दयानंद एंग्लो वैदिक (डीएवी) आंदोलन एक और विकल्प था जिसने सामाजिक, धार्मिक और शैक्षिक सुधारों का प्रयास किया।

2.2.2 The Evolution of Post-Independence Social Sciences Curriculum (सामाजिक विज्ञान पाठ्यचर्या का स्वतंत्रता के बाद विकास)

- The University Education Commission (1948–49), set up immediately after independence, recommended that education should acquaint students with the social philosophy which will govern all social, educational and economic institutions.

  स्वतंत्रता के तुरंत बाद स्थापित विश्वविद्यालय शिक्षा आयोग (1948-49) ने सिफारिश की कि शिक्षा को छात्रों को सामाजिक दर्शन से परिचित कराना चाहिए जो सभी सामाजिक, शैक्षणिक और आर्थिक संस्थानों को नियंत्रित करेगा।

- The Secondary Education Commission (1952–53) also reiterated the same values, of developing democratic citizenship and leadership.

  माध्यमिक शिक्षा आयोग (1952-53) ने भी बारम्बार समान मूल्यों, प्रजातांत्रिक नागरिकता और नेतृत्व की बात कही।

- The Indian Education Commission (1964–66) felt that there was a need for educational revolution–an internal transformation to relate education to the life, needs and aspirations of the nation.

  भारतीय शिक्षा आयोग (1964-66) ने शैक्षिक क्रांति की आवश्यकता को महसूस किया-शिक्षा को जीवन, आवश्यकताओं और राष्ट्रीय अभिलाषाओं से संबंधित करने के लिए एक आंतरिक परिवर्तन की आवश्यकता है।

- National Policy on Education in 1986. The policy reflects the nation's aspirations and values regarding education.

  भारत ने एक विस्तृत नई शिक्षा नीति का सूत्रपात 1986 में किया। यह नीति शिक्षा के परिप्रेक्ष्य में राष्ट्रीय अभिलाषाओं और मूल्यों को प्रतिबिंबित करती है।

- The policy states: "The National System of Education will be based on a national curricularframework which contains a common core along with other components that are flexible".

  नीति घोषणा करती है– शिक्षा की राष्ट्रीय प्रणाली राष्ट्रीय पाठ्यचर्या रूपरेखा पर आधारित होगी जिसके अंतर्गत कुछ समान केन्द्रीय तत्व अन्य कुछ लचीले तत्वों के साथ हों।

2.2.3 National Integration and International Understanding (राष्ट्रीय एकीकरण और अन्तर्राष्ट्रीय समझ)

- Fostering a feeling of oneness among the people of India has been one of the important objectives of the country, and consequently, of education.

  भारत के लोगों के बीच एकता की भावना को बढ़ावा देना शिक्षा के महत्वपूर्ण उद्देश्यों में से एक रहा है।

- The Indian Education Commission (1964–66) considered strengthening of social and national integration as one of the major goals of education.

  भारतीय शिक्षा आयोग (1964-66) ने सामाजिक और राष्ट्रीय एकता को मजबूत करना शिक्षा के प्रमुख लक्ष्यों में से एक माना।

- Social sciences are considered very powerful discipline for inculcating the spirit of national unity and integrity.

राष्ट्रीय एकता और अखंडता की भावना को विकसित करने के लिए सामाजिक विज्ञान को बहुत शक्तिशाली अनुशासन माना जाता है।

- It can sensitize the learners to the importance of national unity, impart historical perspective to the issue and teach about the valued symbols of national identity and unity.
  यह शिक्षार्थियों को राष्ट्रीय एकता के महत्व के प्रति संवेदनशील बना सकता है, इस मुद्दे को ऐतिहासिक परिप्रेक्ष्य प्रदान कर सकता है और राष्ट्रीय पहचान और एकता के मूल्यवान प्रतीकों के बारे में सिखा सकता है।
- The National Policy on Education (1986) states that India's common cultural heritage, history of India's freedom movement, the constitutional obligations and other content essential to nurture national identity can create a feeling of belongingness among the learners.
  राष्ट्रीय शिक्षा नीति (1986) में कहा गया है कि भारत की साझा सांस्कृतिक विरासत, भारत के स्वतंत्रता आंदोलन का इतिहास, संवैधानिक दायित्व और राष्ट्रीय पहचान को पोषित करने के लिए आवश्यक अन्य सामग्री शिक्षार्थियों के बीच अपनेपन की भावना पैदा कर सकती है।
- Social sciences must shoulder the responsibility of discussing and promoting national integration among the learners.
  सामाजिक विज्ञान को शिक्षार्थियों के बीच राष्ट्रीय एकता पर चर्चा करने और उसे बढ़ावा देने की जिम्मेदारी लेनी चाहिए।
- Social sciences have the potentiality to create favourable attitudes in the minds of the learners for a better world order.
  सामाजिक विज्ञान में एक बेहतर विश्व व्यवस्था के लिए शिक्षार्थियों के मन में अनुकूल दृष्टिकोण पैदा करने की क्षमता है।

Notes

2.2.4 Secularism and Communalism (धर्मनिरपेक्षता और साम्प्रदायिकता)

- Indian secularism is not irreligious.
  भारतीय धर्मनिरपेक्षता अधार्मिक नहीं है।

2.2.5 Influence of the Subaltern Perspective on Social Sciences Curriculum (सामाजिक विज्ञान पाठ्यचर्या पर सबाल्टर्न परिप्रेक्ष्य का प्रभाव)

- Non-elite members of society are referred to as 'subaltern'.
  समाज के गैर-अभिजात वर्ग के सदस्यों को 'सबाल्टर्न' कहा जाता है।
- Peasant Movements such as Santhal uprising (1855), Champaran Satyagraha (1917–18) and Bardoli Satyagraya (1928) can be viewed as subaltern reactions demanding and asserting their rights.
  किसान आंदोलन जैसे संथाल विद्रोह (1855), चंपारण सत्याग्रह (1917-18) और बारडोली सत्याग्रह (1928) को अपने अधिकारों की मांग और दावा करने वाली निम्नवर्गीय प्रतिक्रियाओं के रूप में देखा जा सकता है।

2.2.6 Gender, Caste and Tribal Perspectives (लिंग, जाति और जन जातीय परिप्रेक्ष्य)

Table : Literacy Rate in Indian States: Census 2011

S.No.	State	All persons	Male	Female
1.	Andaman & Nicobar Islands	86.3%	90.1%	81.8%
2.	Andhra Pradesh	67.7%	75.6%	59.7%
3.	Arunachal Pradesh	67.0%	73.7%	59.6%
4.	Assam	73.2%	78.8%	67.3%

Notes

S.No.	State	All persons	Male	Female
5.	Bihar	63.8%	73.5%	53.3%
6.	Chandigarh	86.4%	90.5%	81.4%
7.	Chattisgarh	71.0%	81.5%	60.6%
8.	Dadra & Nagar haveli	77.7%	86.5%	65.9%
9.	Daman & Diu	87.1%	91.5%	79.6%
10.	Delhi	86.3%	92.8%	81.8%
11.	Goa	87.4%	92.8%	81.8%
12.	Gujarat	79.3%	87.2%	70.7%
13.	Haryana	76.6%	85.4%	66.8%
14.	Himachal Pradesh	83.8%	90.8%	76.6%
15.	Jammu and Kashmir	68.7%	78.3%	58.0%
16.	Jharkhand	67.6%	78.5%	56.2%
17.	Karnataka	75.6%	82.8%	68.1%
18.	Kerala	93.9%	96.0%	92.0%
19.	Lakshadweep	92.3%	96.1%	88.2%
20.	Madhya Pradesh	70.6%	80.5%	60.0%
21.	Maharashtra	82.9%	89.8%	75.5%
22.	Manipur	79.8%	86.5%	73.2%
23.	Meghalaya	75.5%	77.2%	73.8%
24.	Mizoram	91.6%	93.7%	89.4%
25.	Nagaland	80.1%	83.3%	76.7%
26.	Orissa	73.5%	82.4%	64.4%
27.	Puducherry	86.5%	92.1%	81.2%
28.	Punjab	76.7%	81.5%	71.3%
29.	Rajasthan	67.1%	80.5%	52.7%
30.	Sikkim	82.2%	87.3%	76.4%
31.	Tamil Nadu	80.3%	86.8%	73.9%
32.	Tripura	87.8%	92.2%	83.1%
33.	Uttar Pradesh	69.7%	79.2%	59.3%
34.	Uttarakhand	79.6%	88.3%	70.7%
35.	West Bengal	77.1%	82.7%	71.2%
	INDIA	**74.04%**	**82.14%**	**65.46%**

तालिका : भारतीय राज्यों में साक्षरता दर: जनगणना 2011

क्र. सं.	राज्य	समस्त व्यक्ति	पुरूष	महिला
1.	अंडमान निकोबार द्वीप समूह	86.3%	90.1%	81.8%
2.	आन्ध्र प्रदेश	67.7%	75.6%	59.7%
3.	अरुणाचल प्रदेश	67.0%	73.7%	59.6%
4.	असम	73.2%	78.8%	67.3%

Notes

क्र. सं.	राज्य	समस्त व्यक्ति	पुरूष	महिला
5.	बिहार	63.8%	73.5%	53.3%
6.	चंडीगढ़	86.4%	90.5%	81.4%
7.	छत्तीसगढ़	71.0%	81.5%	60.6%
8.	दादर नगर हवेली	77.7%	86.5%	65.9%
9.	दमन और दीव	87.1%	91.5%	79.6%
10.	दिल्ली	86.3%	92.8%	81.8%
11.	गोवा	87.4%	92.8%	81.8%
12.	गुजरात	79.3%	87.2%	70.7%
13.	हरियाणा	76.6%	85.4%	66.8%
14.	हिमाचल प्रदेश	83.8%	90.8%	76.6%
15.	जम्मू और कश्मीर	68.7%	78.3%	58.0%
16.	झारखंड	67.6%	78.5%	56.2%
17.	कर्नाटक	75.6%	82.8%	68.1%
18.	करेल	93.9%	96.0%	92.0%
19.	लक्षद्वीप	92.3%	96.1%	88.2%
20.	मध्य प्रदेश	70.6%	80.5%	60.0%
21.	महाराष्ट्र	82.9%	89.8%	75.5%
22.	मणिपुर	79.8%	86.5%	73.2%
23.	मेघालय	75.5%	77.2%	73.8%
24.	मिजोरम	91.6%	93.7%	89.4%
25.	नागालैण्ड	80.1%	83.3%	76.7%
26.	ओड़िशा (उड़ीसा)	73.5%	82.4%	64.4%
27.	पदुच्चेरी	86.5%	92.1%	81.2%
28.	पंजाब	76.7%	81.5%	71.3%
29.	राजस्थान	67.1%	80.5%	52.7%
30.	सिक्किम	82.2%	87.3%	76.4%
31.	तमिलनाडु	80.3%	86.8%	73.9%
32.	त्रिपुरा	87.8%	92.2%	83.1%
33.	उत्तर प्रदेश	69.7%	79.2%	59.3%
34.	उत्तराखंड	79.6%	88.3%	70.7%
35.	प. बंगाल	77.1%	82.7%	71.2%
	भारत	**74.04%**	**82.14%**	**65.46%**

Table : Sex ratio (Number of females per 1000 males) for India & selected states.

India	Bihar	Chhattisgarh	Jharkhand	Odisha	Punjab	UP	Your State
940	916	991	947	978	893	908	Find & write

(*Source:* Census of India, 2011)

Notes

तालिका : लिंग अनुपात (प्रति 1000 पुरुषों पर महिलाओं की संख्या) भारत और चुनिंदा प्रदेश

भारत	बिहार	छत्तीसगढ़	झारखंड	ओडीशा	पंजाब	उत्तर प्रदेश	आपका प्रदेश
940	916	991	947	978	893	908	ढूँढ़ कर लिखें

(*स्रोत:* भारत की जनगणना 2011)

2.2.7 International Perspective on Social Sciences Curriculum (सामाजिक विज्ञान पाठ्यचर्या पर अंतर्राष्ट्रीय परिप्रेक्ष्य)

- Protection of environment, control of environmental pollution andjudicious use of environmental resources are the business of all the people and societies.
  पर्यावरण संरक्षण, पर्यावरण प्रदूषक नियंत्रक और प्राकृतिक संसाधनों का बुद्धिमत्तापूर्ण प्रयोग सभी लोगों और समाजों का कार्य बन गया है।
- This curriculum wants learners to explore various issues- race, gender, class; xenophobia, genocide and the impact these have had in the past and present.
  विद्यार्थियों से नस्ल, लिंग, वर्ग, विदेशी-द्वेष, नरसंहार और इनके भूतकाल और वर्तमान में हुए प्रभाव जैसे विभिन्न विषयों पर खोज कार्य की अपेक्षा इस पाठ्यक्रम द्वारा की जाती है।

2.2.8 Current Thinking and Practice in Social Sciences Curriculum at the National Level (राष्ट्र स्तरीय सामाजिक विज्ञान पाठ्यचर्या में वर्तमान विचारधारा और व्यवहार)

- National Curriculum Framework (NCF) 2005 outlines detailed scheme for social sciences.
  राष्ट्रीय पाठ्यचर्या की रूपरेखा (एनसीएफ) 2005 सामाजिक विज्ञान के लिए विस्तृत योजना की रूपरेखा तैयार करती है।
- Social sciences encompass diverse concerns of society, and include a wide range of content drawn from history, geography, political science, economics, sociology and anthropology
  सामाजिक विज्ञान समाज की विविध अभिरुचियों, इतिहास, भूगोल, राजनीति विज्ञान, अर्थशास्त्र, समाज शास्त्र और मानव शास्त्र से ली गई विस्तृत विषय-वस्तु को सम्मिलित करता है।
- The curriculum aims at raising the students' awareness through critically exploring and questioning of familiar social reality.
  पाठ्यक्रम विद्यार्थियों की जागरूकता, तार्किक अन्वेषण और परिचित सामाजिक वास्तविकताओं संबंधी प्रश्न पूछकर बढ़ाने का लक्ष्य निर्धारित करता है।
- The social science curriculum till now has emphasized developmental issues.
  अब तक के सामाजिक विज्ञान पाठ्यक्रम ने विकासात्मक मुद्दों पर जोर दिया है।
- It is suggested that instead of Civics, the term Political Science be used. Civics appeared in the Indian school curriculum in the colonial period against the background of increasing 'disloyalty' among Indians towards the Raj. NCF 2005
  राष्ट्रीय पाठ्यक्रम योजना (2005) के अनुसार, नागरिक शास्त्र के बदले, राजनीति विज्ञान का प्रयोग का सुझाव दिया जाता है। औपनिवेशक काल में विद्यालय पाठ्यक्रम में नागरिक शास्त्र, भारत में ब्रिटिश राज के प्रति बढ़ते हुए 'अविश्वास' के विरोधी के रूप में किया जाता था।
- There is a felt need in the social science curriculum to balance national perspective with local perceptions
  सामाजिक विज्ञान पाठ्यक्रम में राष्ट्रीय परिप्रेक्ष्य के साथ स्थानीय परिप्रेक्ष्य में और विश्व के अन्य भागों में हुए विकास के संदर्भ में राष्ट्रीय इतिहास शिक्षण में संतुलन स्थापन की आवश्यकता महसूस की गई।

HISTORY
(इतिहास)

3

3.2 MEANING OF HISTORY (इतिहास का अर्थ)

- The English word 'History' has been derived the Greek noun 'Historia' which meansenquiry, research, exploration, or information.
  अंग्रेजी शब्द 'हिस्ट्री' का निर्माण ग्रीक संज्ञा शब्द 'हिस्टेरिया' से हुआ है जिसका अर्थ है अन्वेषण, अनुसंधान, खोजना या जानकारी।
- Herodotus(484 B.C.–425 B.C.) popularly knownas 'Father of History', wrote about the Graceo-Persian wars.
  हेरोडोटस (484 ईसा पूर्व-425 ईसा पूर्व) जिसे लोकप्रिय रूप से 'इतिहास के पिता' के रूप में जाना जाता है, ने ग्रेसियो-पर्शियन युद्धों के बारे में लिखा था।
- Thucydides (460–401 B.C) developed this subject on scientific lines.
  थ्यूसीडाइड्स (460-401 ईसा पूर्व) ने इस विषय को वैज्ञानिक आधार पर विकसित किया।
- He wrote the Pelopensian wars purely on the basis of evidence and showed the relationship between causes and effects.
  उन्होंने पेलोपेन्सियन युद्धों को विशुद्ध रूप से साक्ष्य के आधार पर लिखा और कारणों और प्रभावों के बीच संबंध को दिखाया।
- HenaryJohnson (1969) "History is a detailed account of the events that have taken place".
  हेनरी जॉनसन (1969) "इतिहास उन घटनाओं का विस्तृत विवरण है जो घटित हुई हैं।"
- *Prof. Ghose(2007)*, "History is a scientific study and record of our complete past"
  प्रो. घोष (2007), "इतिहास एक वैज्ञानिक अध्ययन और हमारे संपूर्ण अतीत का रिकॉर्ड है।"
- Ernest Bernheim (1889), who says, "History is a science that investigates and presents in their context of psycho-physical causality the facts determined by space and time of the evolution of men in their individual as well as typical and collective activity as social beings".
  अर्नेस्ट बर्नहेम (1889), जो कहते हैं, "इतिहास एक ऐसा विज्ञान है जो सामाजिक प्राणी के रूप में मानव के व्यक्तिगत, आदर्श रूप और सामूहिक क्रियाकलापों की व्युत्पति के देश और काल द्वारा निर्धारित, तथ्यों को उनके माने वैज्ञानिक-भौतिक घटनाओं के प्रसंग में अन्वेषण और प्रस्तुत करता है।"

3.3 NATURE OF HISTORY (इतिहास की प्रकृति)

- History is the study of human beings.
  इतिहास मनुष्य का अध्ययन है।
- History explains the present.
  इतिहास वर्तमान की व्याख्या करता है।
- Historical events are continuous and coherent.
  ऐतिहासिक घटनाएँ निरंतर और सुसंगत हैं।

Notes

- History is an unending dialogue between the present and the past.
  इतिहास वर्तमान और अतीत के बीच एक अंतहीन संवाद है।
- History is the interpretation of the past with intention of predicting future.
  इतिहास भविष्य की भविष्यवाणी करने के इरादे से अतीत की व्याख्या है।
- Knowledge of history is incomplete.
  इतिहास का ज्ञान अधूरा/अपूर्ण है।

3.4 CONTENTS OF HISTORY AT ELEMENTARY LEVEL (प्रारंभिक स्तर पर इतिहास की सामग्री/विषयवस्तु)

- History is the part of Environmental Studies (EVS) up to Class-V.
  इतिहास कक्षा-पाँचवीं तक पर्यावरण अध्ययन (ईवीएस) का हिस्सा है।
- In Primary, children know about broad span of time, space and the life in societyand understand the world around his/her.
  प्राथमिक कक्षा में, बच्चे समाज में समय, स्थान और जीवन की व्यापक अवधि के बारे में जानते हैं और अपने आसपास की दुनिया को समझते हैं।
- From Class VI-X, all students would read history as a component of Social Sciences curriculum.
  कक्षा 6–10 से, सभी छात्र इतिहास को सामाजिक विज्ञान पाठ्यक्रम के एक घटक के रूप में पढ़ेंगे।
- The Class-VI to Class-VIII history content focuses on the past of Indian Society.
  कक्षा-छठी से कक्षा-आठवीं तक की इतिहास सामग्री प्राचीन भारतीय सभ्यता पर केंद्रित है।
- The focus would be primarily on Indian History, from the earliest times to the present.
  प्रारंभिक काल से लेकर वर्तमान तक, मुख्य रूप से भारतीय इतिहास पर ध्यान केंद्रित किया जाएगा।

3.5 IMPORTANCE OF HISTORY IN SOCIAL SCIENCE (सामाजिक विज्ञान में इतिहास का महत्व)

- For peaceful living and sustenance of human being on earth.
  पृथ्वी पर मनुष्य के शांतिपूर्ण जीवन और जीविका के लिए।
- There is a common desire among peoples to know each other better.
  लोगों में एक-दूसरे को बेहतर तरीके से जानने की इच्छा होती है।
- The teaching of history develops ethical values in the learners.
  इतिहास के शिक्षण से शिक्षार्थियों में नैतिक मूल्यों का विकास होता है।
- It inculcates in young minds moral laws of right and wrong.
  यह युवाओं के मन में सही और गलत के नैतिक नियमों का विकास करता है।
- It fosters patriotism in our children.
  यह हमारे बच्चों में देशभक्ति को बढ़ावा देता है।
- Teachings of history helps our children understand how people in other times and places have grappled with fundamental questions of truth, justice and personal responsibility.
  इतिहास की शिक्षाएँ हमारे बच्चों को यह समझने में मदद करती हैं कि कैसे अन्य समय और स्थानों में लोगों ने सच्चाई, न्याय और व्यक्तिगत जिम्मेदारी के बुनियादी सवालों का सामना किया है।
- It helps our children in gaining powers of memory, imagination and reasoning.
  यह हमारे बच्चों को स्मृति, कल्पनाशीलता और तर्कशक्ति प्राप्त करने में मदद करता है।

3.6 HISTORICAL APPROACH TO UNDERSTAND THE PAST (भूतकाल को समझने का ऐतिहासिक उपागम)

Notes

- We want to know about the past because we find it challenging, frustrating, exciting, exhilarating, and depressing.
  हम अतीत के बारे में जानना चाहते हैं क्योंकि हमें यह चुनौतीपूर्ण, निराशाजनक, रोमांचक, उत्साहजनक और निराशाजनक लगता है।
- History teaches us valuable things both about others and ourselves.
  इतिहास हमें स्वयं के तथा दूसरों के बारे में बहुमूल्य चीजों से अवगत कराता है।
- All social scientists adopt historical approach to understand the past.
  सभी सामाजिक वैज्ञानिक अतीत को समझने के लिए ऐतिहासिक दृष्टिकोण अपनाते हैं।

Different sources of history (on the basis of availability):

इतिहास के विभिन्न स्रोत (उपलब्धता के आधार पर):

1. **Archaeological Sources:**
   (a) Monumental findings including buildings, images, pottery and terracotta figures and other antiques.
   (b) Numismatic evidence is collected from the study of coins.
   (c) Epigraphic includes inscriptions on stone slabs, pillars, rocks, copper plates, walls of buildings, bricks of terracotta, stone seals and images.

1. **वास्तुशिल्पीय स्रोतः** इसमें तीन प्रकार के स्रोत शामिल हैं।
   (अ) पाए गए स्मारक जिनमें शामिल इमारतें, चित्र, बर्तन और भित्तिचित्र तथा अन्य प्राचीन वस्तुएँ।
   (ब) सिक्कों के अध्ययन से संगृहीत मुद्रा विषयक साक्ष्य।
   (स) पुरालेख में शामिल पत्थरों, स्तम्भों, चट्टानों, ताम्र पत्तों, भवन की दीवारों, पक्की ईंटें, पत्थर की मोहरें और चित्र।

2. **Literary sources:**
   (a) Sacred or religious literature–The Vedas, the Epics, the Puranas etc.
   (b) Secular literature–It can be divided into two classes–private literature and official literature. Private literature includes dramas, novels, poems, books on grammar and astronomy, medicine and art, biographies, autobiographies, diaries, travelers' account. Official orders, dispatches, sanads, decisions of the law courts come in the category of official literature.
   (c) Foreign testimony–Accounts written by foreigners like F-Hein, Megasthenes, come in this category.

2. **साहित्यिक स्रोतः** इन स्रोतों को तीन भागों में विभाजित किया जा सकता है।
   (अ) पवित्र और धार्मिक साहित्यः वेद, महाकाव्य, पुराण, बौद्ध धार्मिक साहित्य, जैन धर्म की धार्मिक पुस्तकें आदि।
   (ब) धर्म निरपेक्ष साहित्यः इसे दो वर्गों में विभाजित किया जा सकता है–वैयक्तिक साहित्य और प्रमाणिक साहित्य। वैयक्तिक साहित्य में नाटक, उपन्यास, कविताएँ, व्याकरण और ज्योतिष पर लिखी गई पुस्तकें, चिकित्सा और कला, जीवनियाँ, आत्मकथाएँ, डायरी, यात्रा वृत्त आदि शामिल किए जाते हैं। कार्यालयी आदेश, प्रेषित पत्र, सनदें, न्यायालयों के निर्णय भी इसी प्रामाणिक साहित्य के अंतर्गत आते हैं।
   (स) विदेशी साक्ष्यः इस वर्ग में आने वाले विदेशियों जैसे एफ़-हेन, मैगस्थनीज द्वारा लिखित लेख।

3. **Oral Traditions** are very helpful in imparting information about local history. Tod's annals, Dipvamsa and Mahavamsa come under this source.

Notes

3. **मौखिक परंपराएँ** स्थानीय इतिहास के बारे में जानकारी देने में बहुत सहायक होती हैं। टोड के वृतान्त, दिपवम्सा, और महावंसा इसी स्रोत के अंतर्गत आते हैं।

Different sources of history (on the basis of evidence) इतिहास के विभिन्न स्रोत (साक्ष्य के आधार पर)

- **Primary Sources:** These sources are the accounts prepared by persons who were either directly connected with an event or were eye-witnesses to it. Evidence from the time, such as the census, letters between people, video film footage, radio, newspapers, witness accounts, books, artwork and physical discoveries i.e., tomb's, bullets from battles etc.

  प्राथमिक स्रोत: ये स्रोत वे अभिलेख होते हैं जो ऐसे व्यक्ति द्वारा तैयार किए जाते हैं कि जो या तो स्वयं उस घटना से सीधे जुड़े होते हैं या फिर घटना के साक्षी होते हैं। संसद और न्यायिक प्रक्रियाओं के कार्य विवरण, कानून, संधियाँ, राज्यों के प्रामाणिक दस्तावेज, आत्मकथाएँ इस स्रोत के अंतर्गत आते हैं। समय से प्राप्त साक्ष्य, जैसे जनगणना, लोगों के पत्र, विडियो फिल्म फुटेज (चलचित्र खंड), रेडियो, समाचार पत्र, साक्ष्य आलेख, पुस्तकें, रंगकर्म, और भौतिक अन्वेषण अर्थात् मकबरे, युद्धों से प्राप्त गोलियाँ, भी इसी स्रोत के अंतर्गत आते हैं।

- **Secondary Sources:** These are the sources which were prepared by persons who were far away from the scene of actual happenings but who took help of the eye-witness accounts in preparing them. books written on a period, debate, recent newspapers, interviews with experts on a period, etc.

  द्वितीयक स्रोत: ये वे स्रोत होते हैं जिन्हें किसी ऐसे व्यक्ति द्वारा तैयार किया जाता है जो स्वयं वास्तविक घटना के दृश्य से दूर रहा हो किन्तु उसने घटना के साक्ष्यों की मदद से स्रोत को तैयार किया हो। विभिन्न कालों के मानक ऐतिहासिक कार्य सामान्यत: इसी वर्ग के द्वितीयक स्रोत जैसे किसी काल पर लिखी गई पुस्तक, भाषण, हाल ही के समाचार पत्र किसी काल के विशेषज्ञों के साक्षात्कार आदि पर आधारित होते हैं।

Guidelines for historical approach (ऐतिहासिक उपागमों संबंधी निर्देश)

- **External criticism (authenticity and genuineness):** External criticism establishes the authenticity or genuineness of data. Is the relic or document a true one or a forgery?

  बाहरी आलोचना (प्रमाणिकता और वास्तविकता)–बाह्य आलोचना आँकड़ों की प्रमाणिकता और शुद्धता की स्थापना करती है। क्या अवशेष या दस्तावेज वास्तविक है या जालसाजी की जाती है?

- **Internal criticism (historical reliability):** After the authenticity of historical documents or relics has been established, there is still the problem of evaluating their accuracy or worth. Although they may be genuine, do they reveal a true picture?

  आंतरिक आलोचना (ऐतिहासिक विश्वसनीयता)– ऐतिहासिक दस्तावेजों या अवशेषों की प्रमाणिकता स्थापित होने के बाद भी उनकी सटीकता या मूल्य के मूल्यांकन की समस्या है। हालाँकि वे वास्तविक हो सकते हैं, क्या वे एक सच्ची तस्वीर प्रकट करते हैं?

How to build a concept map in history: (इतिहास में कॉन्सेप्ट मैप कैसे तैयार करें)

- Start with a main idea, topic, or issue.

  एक मुख्य विचार, विषय या मुद्दे से शुरु करें।

- Determine the subordinate concepts.

  अधीनस्थ अवधारणाओं का निर्धारण।

- Finish by connecting concepts—creating linking phrases and words.

  अवधारणाओं को जोड़कर समाप्त करें–समापन मुहावरों और शब्दों को शृंखला निर्मित करना।

GEOGRAPHY
(भूगोल)

4

4.2 PURPOSE OF TEACHING-LEARNING GEOGRAPHY
(भूगोल के शिक्षण-अधिगम का प्रयोजन)

- Studying geography can provide an individual with a holistic understanding of our planets and its systems.
  भूगोल का अध्ययन एक व्यक्ति को हमारे ग्रहों और उसकी प्रणालियों की समग्र समझ प्रदान कर सकता है।
- Those who study geography are well positioned to comprehend and explain global political issues that occur between countries, cultures, cities and their hinterlands, and between regions within countries.
  जो लोग भूगोल का अध्ययन करते हैं, वे देशों, संस्कृतियों, शहरों और उनके भीतरी इलाकों और देशों के भीतर के क्षेत्रों के बीच होने वाले वैश्विक राजनीतिक मुद्दों को समझने और समझाने के लिए अच्छी स्थिति में हैं।
- Geography plays a role in nearly every decision we make in our daily lives like choosing sites, targeting market sectors, planning distribution network, responding to emergencies.
  भूगोल हमारे दैनिक जीवन में किए जाने वाले लगभग हर निर्णय में एक भूमिका निभाता है जैसे साइट चुनना, बाजार क्षेत्रों को लक्षित करना, वितरण नेटवर्क की योजना बनाना, आपात स्थिति का जवाब देना।

4.3 REFLECTIONS ON GEOGRAPHY
(भूगोल का चिंतन)

- Geography has been around for more than 2200 years, dating back to Greeks when Eratosthenese (276–194 B.C) supposedly coined the term geography.
  भूगोल 2200 से अधिक वर्षों से है, यूनानियों के साथ डेटिंग जब एराटोस्थनीज (276-194 ईसा पूर्व) ने भूगोल शब्द को गढ़ा था।
- Geography derived from two greek words i.e., geo (earth) and graphos (description).
  भूगोल दो ग्रीक शब्दों यानी जियो (पृथ्वी) और ग्राफोस (विवरण) से मिलकर बना है।
- The geographical phenomena, both the physical and human, are not static but they are highly dynamic.
  भौगोलिक घटनाएँ, भौतिक और मानवीय दोनों, स्थिर नहीं हैं, लेकिन वे अत्यधिक गतिशील हैं।
- Geography as a discipline is related to space, and thus it is also known as spatial science.
  भूगोल एक विषय के रूप में अंतरिक्ष से संबंधित है, और इस प्रकार इसे स्थानिक विज्ञान के रूप में भी जाना जाता है।
- Geography addresses what, where and why of phenomenon.
  भूगोल घटना के क्या, कहाँ और क्यों को संबोधित करता है।

Notes

- Geography is concerned with the description and explanation of the areal differentiation of the earth surface.–Richard Hartshorne.

  भूगोल का संबंध पृथ्वी की सतह के क्षेत्रीय विभेदन के विवरण और स्पष्टीकरण से है।–रिचर्ड हार्टशोर्न।

- Geography studies the differences of phenomena usually related in different parts of the earth surface.–Hettner

  भूगोल परिदृश्यों के अंतरों का अध्ययन करता है जो प्राय: पृथ्वी की सतह के विभिन्न अंगों से संबंधित है।–हेटनर

- In geography, we tend to focus on the processes and patterns in the biosphere, atmosphere, and hydrosphere.

  भूगोल में, हम जीवमंडल, वायुमंडल और जलमंडल में प्रक्रियाओं और पैटर्न पर ध्यान केंद्रित करते हैं।

4.4 APPROACHES TO TEACHING GEOGRAPHY (भूगोल शिक्षण के उपागम)

- **Systematic Approach:** Phenomenon is studied as a whole.For example, if one has to study climate, than he/she will be studying various aspects of climate like concept, factors affecting climate, elements of climate, climatic types, and climatic regions of the world.

  व्यवस्थित उपागम– घटना का समग्र रूप से अध्ययन किया जाता है। उदाहरण के लिए, यदि किसी को जलवायु का अध्ययन करना है, तो वह जलवायु के विभिन्न पहलुओं जैसे अवधारणा, जलवायु को प्रभावित करने वाले कारक, जलवायु के तत्व, जलवायु के प्रकार और विश्व के जलवायविक क्षेत्रों का अध्ययन करेगा।

- **Regional Approach:** In the regional approach, the world is divided into regions at different hierarchical levels and then all the geographical phenomena in a particular region are studied. For example when we select a region, for example geography of our own state, then we tend to study relief, drainage, climate, soils, natural vegetation, minerals, human resources, economic activities, trade, transportation and communication of our state.

  क्षेत्रीय उपागम– क्षेत्रीय उपागम में, दुनिया को विभिन्न श्रेणीबद्ध स्तरों पर क्षेत्रों में विभाजित किया जाता है और फिर किसी विशेष क्षेत्र में सभी भौगोलिक घटनाओं का अध्ययन किया जाता है। उदाहरण के लिए जब हम एक क्षेत्र का चयन करते हैं, उदाहरण के लिए हमारे अपने राज्य का भूगोल, तो हम अपने राज्य के भू-आकृति, जल निकासी/अपवहन, जलवायु, मिट्टी, प्राकृतिक वनस्पति, खनिज, मानव संसाधन, आर्थिक गतिविधियों, व्यापार, परिवहन और संचार का अध्ययन करते हैं।

4.5 DOMAIN OF GEOGRAPHY (भूगोल का प्रभाव क्षेत्र)

- **Physical Geography:** concerned with environmental variables. Climate • Landforms, including rock type and arrangement, relief and drainage • Fauna and flora • Soils • Wild vegetation • Relationships between these variables. (i) Geomorphology (ii) Climatology (iii) Hydrology (iv) Soil Geography.

  भौतिक भूगोल– यह भू-विज्ञान और अन्य प्राकृतिक विज्ञानों से विकसित है, जलवायु, भू-आकृतियाँ, शैल के प्रकार और व्यवस्था, भू-आकृति और अपवहन से परिपूर्ण, प्राणी-समूह और वनस्पति, वन्य वनस्पति, इन चरों के बीच संबंध।

  (i) भू-आकृति विज्ञान (ii) जलवायु-विज्ञान (iii) जल मौसम विज्ञान (iv) मृदा भूगोल

- **Human Geography:** (i) Social/Cultural Geography (ii) Population and Settlement Geography (Rural and Urban). (iii) Economic Geography (iv) Historical Geography (v) Political Geography.

  मानव भूगोल– (i) सामाजिक/सांस्कृतिक भूगोल (ii) जनसंख्या और बस्ती भूगोल (ग्रामीण और शहरी)। (iii) आर्थिक भूगोल (iv) ऐतिहासिक भूगोल (v) राजनीतिक भूगोल।

- **Zoological Geography:** (i) Plant Geography (ii) Zoo Geography (iii) Ecology/ Ecosystems (iv) Environmental Geography.

प्राणी-भूगोल–(i) पादप भूगोल (ii) प्राणी का भूगोल (iii) पारिस्थितिकी/पारिस्थितिकी तंत्र (iv) पर्यावरण भूगोल।

- Regional Geography (क्षेत्र भूगोल)

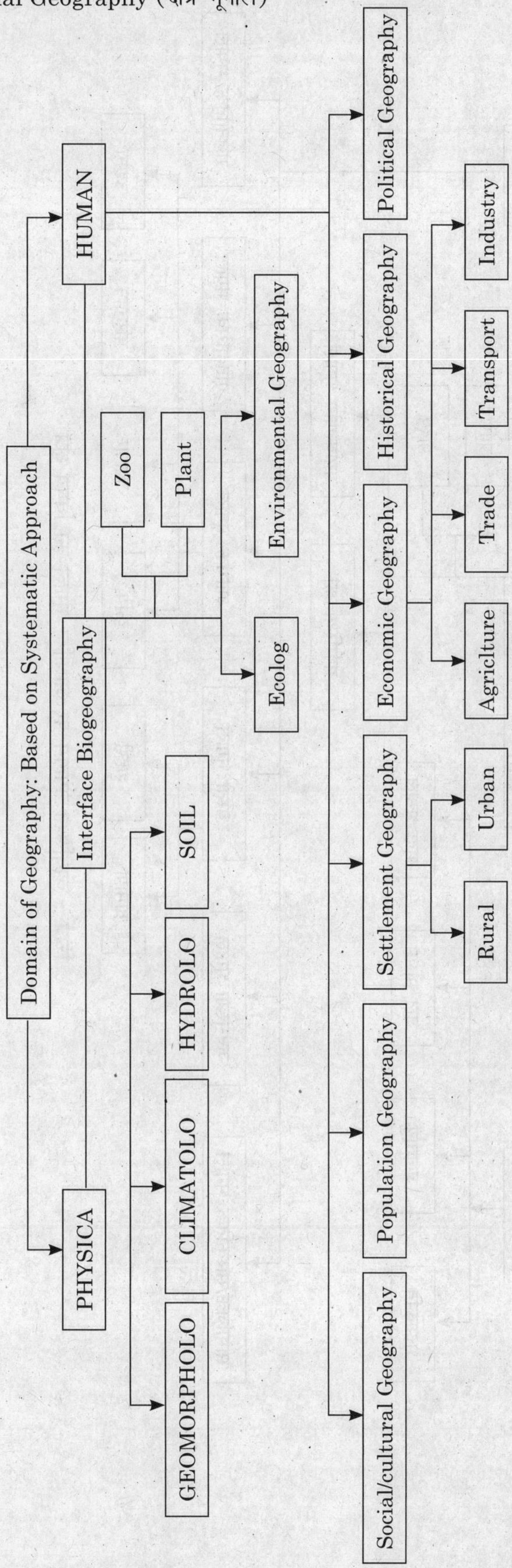

Fig : Domain of Geography Based on Systematic Approach

Notes

Notes

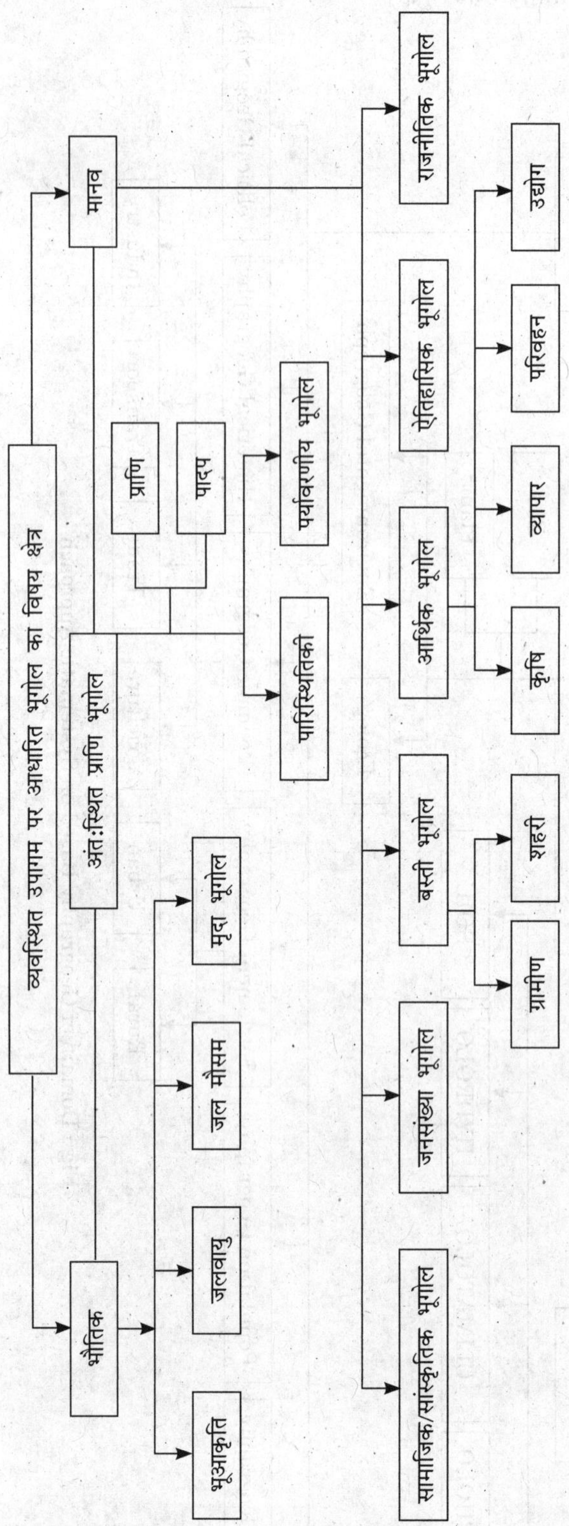

चित्र : व्यवस्थित उपागम पर आधारित भूगोल का विषय क्षेत्र

Notes

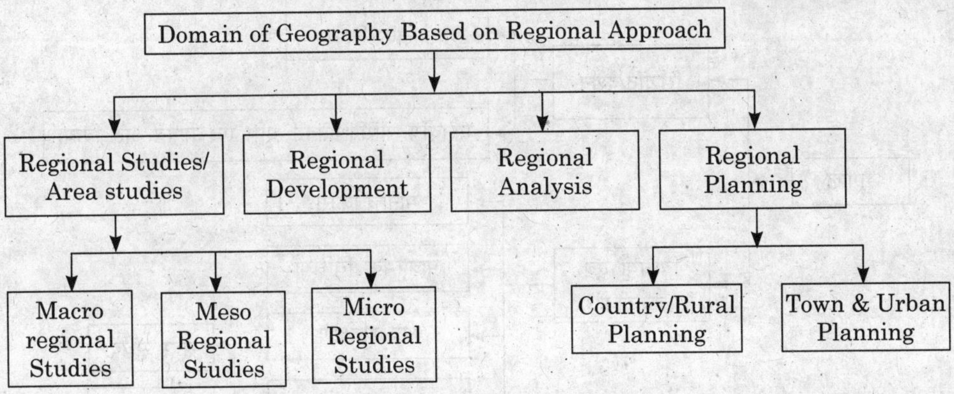

Fig : Domain of Geography Based on Regional Approach.

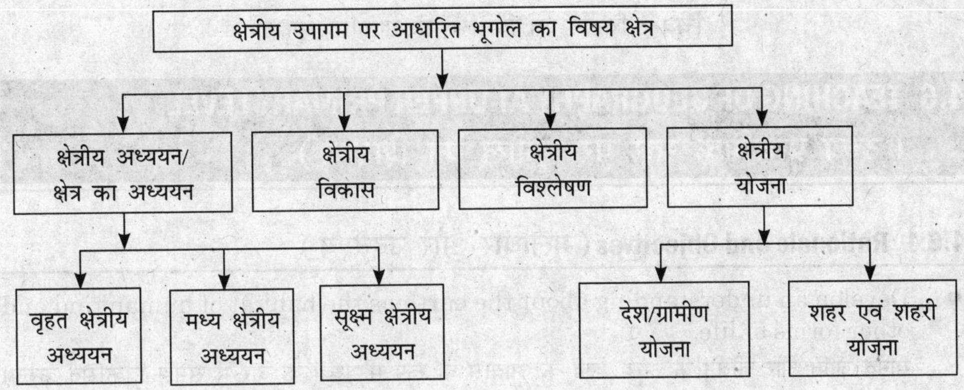

चित्र : क्षेत्रीय उपागम पर आधारित भूगोल का विषय क्षेत्र

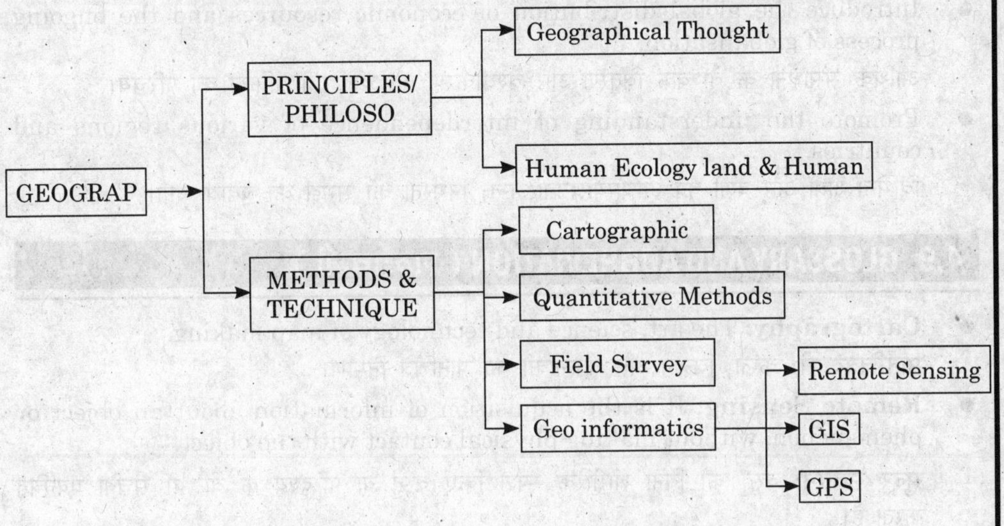

Fig : Geography: Based on Thought and Methodologies.

Notes

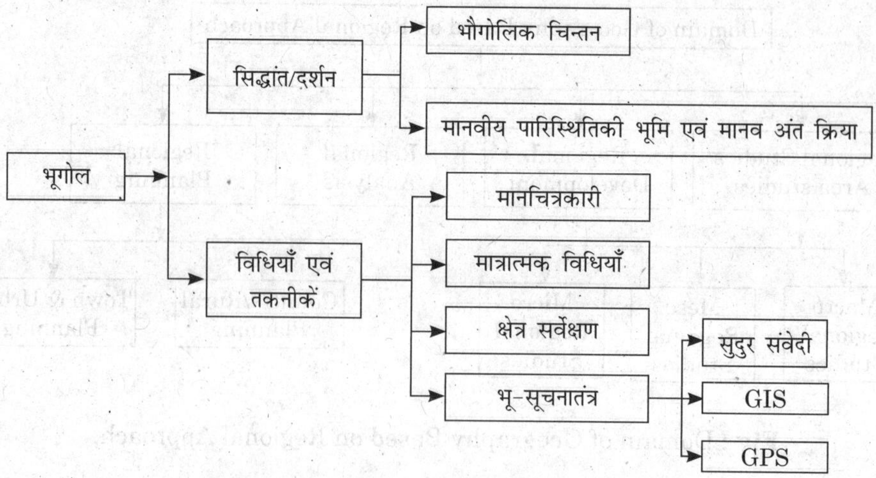

चित्र : चिन्तन एवं विधियों पर आधारित भूगोल

4.6 TEACHING OF GEOGRAPHY AT UPPER PRIMARY LEVEL (उच्च प्राथमिक स्तर पर भूगोल का शिक्षण)

4.6.1 Rationale and Objectives (मूलाधार और उद्देश्य)

- Develop an understanding about the earth as the habitat of humankind and other forms of life.
  मानव जाति और जीवन के अन्य रूपों के आवास के रूप में पृथ्वी के बारे में समझ विकसित करना।
- Initiate the learner into a study of her/his own region, state and country in the global context.
  वैश्विक संदर्भ में शिक्षार्थी को उसके अपने क्षेत्र, राज्य और देश के अध्ययन के लिए प्रेरित करना।
- Introduce the global distribution of economic resources and the ongoing process of globalisation.
  आर्थिक संसाधनों के वैश्विक वितरण और वैश्वीकरण की चल रही प्रक्रिया का परिचय।
- Promote the understanding of interdependence of various regions and countries.
  विभिन्न क्षेत्रों और देशों की अन्योन्याश्रयता/अन्त: निर्भरता की समझ को बढ़ावा देना।

4.9 GLOSSARY AND ABBREVIATION (शब्दावली)

- **Cartography:** The art, science and technology of map making.
  मानचित्रकारी: कला, विज्ञान और तकनीकी का मानचित्र निर्माण।
- **Remote Sensing:** It is the acquisition of information about an object or phenomenon, without making physical contact with the object.
  सुदूर संवेदन: वस्तु को बिना शारीरिक स्पर्श किए वस्तु या परिदृश्य के बारे में सूचना एकत्रित करता है।
- **Geographic Information System (GIS):** It is a system designed to capture, store, manipulate, analyze, manage, and present all types of geographically referenced data.
  भौगोलिक सूचना प्रणाली (GIS): यह एक प्रणाली है जो सभी प्रकार के भौगोलिक आंकड़ों को पकड़ने, संग्रह करने, प्रभावित करने, विश्लेषित करने और व्यवस्थित करने के लिए डिजाइन किया गया है।

Notes

- **Quantitative Techniques:** refers to the systematic empirical investigation of social phenomena via statistical, mathematical or computational techniques.

  मात्रात्मक तकनीकें: ये तकनीकें सांख्यिक, गणितीय या संगकणीय तकनीकों के द्वारा सामाजिक परिदृश्यों के व्यवस्थित अनुभवजन्य अन्वेषण से संबंधित है।

- **Spatial Science:** Spatial science is typically concerned with the measurement, management, analysis and display of spatial information describing the Earth, its physical features and the built environment.

  स्थानीय विज्ञान: स्थानीय विज्ञान विशेष रूप से मापन, व्यवस्थापन, विश्लेषण तथा पृथ्वी तथा उसके भौतिक लक्षणों का वर्णन करते हुए स्थानीय सूचना का प्रदर्शन और पर्यावरण निर्माण से संबंद्ध है।

- **Areal differentiation:** It is an approach of studying geography, it explains how areas of the earth's surface differ; how human and physical phenomena vary over the earth's surface, which is aimed at interpreting the variations in the character of the settled world.

  हवाई विभेदीकरण: यह भूगोल के अध्ययन का एक उपागम है, यह स्पष्ट करता है कि कैसे पृथ्वी की सतह के क्षेत्र भिन्न-भिन्न है, कैसे पृथ्वी की सतह के ऊपर मानवीय एवं भौतिक परिदृश्य परिवर्तित होते हैं, जो व्यवस्थित विश्व की विविधताआं की व्याख्या करने पर लक्षित है।

5

SOCIAL AND POLITICAL LIFE AS AN INTEGRATED SUBJECT OF POLITICAL SCIENCE / ECONOMICS/SOCIOLOGY (राजनीतिक विज्ञान/अर्थशास्त्र/समाजशास्त्र के एकीकृत विषय के रूप में सामाजिक और राजनीतिक जीवन)

5.2 CONTENTS OF SOCIAL AND POLITICAL LIFE IN SOCIAL SCIENCE AT ELEMENTARY STAGE (प्रारंभिक स्तर पर सामाजिक विज्ञान में सामाजिक और राजनीतिक जीवन की विषयवस्तु)

5.2.1 Social and Political Life- A Component of Social Science at Elementary Stage (सामाजिक और राजनीतिक जीवन-प्रारंभिक स्तर पर सामाजिक विज्ञान का एक घटक)

- **Learning history at upper primary stage:** Learning history acquaints learners with the developments in different parts of India and in different parts of the world in relation to the time.

  उच्च प्राथमिक स्तर पर इतिहास का अधिगम–इतिहास का अधिगम विद्यार्थी को समय के संदर्भ में भारत एवं विश्व के विभिन्न भागों के घटनाक्रम के बारे में परिचित कराता है।

- **Learning of geography at upper primary stage:** Learning of geography acquaints learners with the issues of nature, environment, resources, materials etc. in relation to space (starting from local to global level).

  उच्च प्राथमिक स्तर पर भूगोल का अधिगम–भूगोल का अधिगम विद्यार्थी को स्थान के संदर्भ में (स्थानीय स्तर से लेकर वैश्विक स्तर तक) सामग्री संसाधन, पर्यावरण, प्रकृति आदि मुद्दों के साथ परिचित करता है।

- **Learning of social and political life at upper primary stage:** At upper primary stage social and political life acts as an integrated subject of political science/ economics/ sociology.

  उच्च प्राथमिक स्तर पर सामाजिक एवं राजनीतिक विज्ञान का अधिगम–उच्च प्राथमिक स्तर पर सामाजिक विज्ञान/अर्थशास्त्र/समाज शास्त्र के एक एकीकृत विषय के रूप में कार्य करता है।

5.2.2. Social and Political Life–An Integrated Subject of Political Science/ Economics/ Sociology (सामाजिक और राजनीतिक जीवन–राजनीतिक विज्ञान/अर्थशास्त्र/समाजशास्त्र–एक एकीकृत विषय)

- 'Social and political life (SPL)' is a new learning area of social science curriculum at upper primary stage replacing the earlier learning area of 'Civics'.

'सामाजिक और राजनीतिक जीवन (एसपीएल)' उच्च प्राथमिक स्तर पर पूर्व अधिगम क्षेत्र 'नागरिक शास्त्र' के स्थान पर सामाजिक विज्ञान पाठ्यक्रम का एक नया अधिगम क्षेत्र है।

- SPL is based on 'real life' situation.
  एसपीएल 'वास्तविक जीवन' की स्थिति पर आधारित है।
- SPL draws its leaning experiences mostly from political science, economics and sociology.
  एसपीएल अपने अनुभव ज्यादातर राजनीति विज्ञान, अर्थशास्त्र और समाजशास्त्र से प्राप्त करता है।

Notes

5.2.3 Contents of Social and Political Life Contributing to Social Science (सामाजिक और राजनीतिक जीवन की विषय वस्तु का सामाजिक विज्ञान में योगदान)

National Focus Group on Teaching of Social Sciences (2006) suggested the following model course content for the area 'Social and Political Life' of Social Science curriculum at upper primary level (i.e., Class–VI, VII and VIII).

उच्च प्राथमिक स्तर (कक्षा VI, VII एवं VIII) पर सामाजिक विज्ञान पाठ्यक्रम के 'सामाजिक एवं राजनीतिक जीवन' क्षेत्र के लिए, सामाजिक विज्ञान के शिक्षण पर राष्ट्रीय अभिकेन्द्रित समूह (2006) के द्वारा निम्नलिखित आदर्श कोर्स प्रस्तावित किया गया।

Class–VI (Diversity and Interdependence)

Unit – 1 Diversity
Unit – 2 Government
Unit – 3 Local Government
Unit – 4 Making a Living

कक्षा–VI (विविधता एवं पारस्परिक निर्भरता)

इकाई–1 विविधता
इकाई–2 सरकार
इकाई–3 स्थानीय सरकार
इकाई–4 जीवन निर्माण

Class–VII (Democracy and Equality)

Unit – 1 Democracy
Unit – 2 State Government
Unit – 3 Understanding media
Unit – 4 Unpacking Gender
Unit – 5 Market around us

कक्षा–VII (प्रजातंत्र एवं समानता)

इकाई–1 प्रजातंत्र
इकाई–2 राज्य सरकार
इकाई–3 संचार माध्यमों की समझ
इकाई–4 लिंगभेद दुर्भावना दूर करना (उन्मूलन)
इकाई–5 हमारे चारों ओर का बाजार

Class–VIII (Rule of Law and Social Justice)

Unit – 1 The constitution
Unit – 2 Parliamentary Government
Unit – 3 The judiciary
Unit – 4 Social justice and marginalized
Unit – 5 Economic presence of the Government

कक्षा–VIII (विधि का शासन एवं सामाजिक न्याय)

इकाई–1 संविधान
इकाई–2 संसदीय सरकार

Notes

इकाई–3 न्याय पालिका
इकाई–4 सामाजिक न्याय एवं वंचित लोग
इकाई–5 सरकार की आर्थिक उपस्थिति

5.3 APPROACHES ADOPTED BY SOCIAL SCIENTISTS IN POLITICAL SCIENCE, ECONOMICS AND SOCIOLOGY (राजनीतिक विज्ञान, अर्थशास्त्र और समाजशास्त्र में सामाजिक वैज्ञानिकों द्वारा अपनाई गई विधियाँ/उपगगम)

5.3.1 Approaches Adopted by Social Scientists in Understanding Political Science (राजनीतिक विज्ञान को समझने में सामाजिक वैज्ञानिकों द्वारा अपनाई गई विधियाँ/उपागम)

Traditional approaches	*Modern approaches*
Define political science as the study of state and its government institutions	Define political science as the study of power and decision making of political behaviour
Concentrates on formal apparatus of politics: government, institutions, constitutions etc.	See politics as an activity or a process service
Defines political science as a subjective, theoretical and purpose oriented task	Define political science as an objective, scientific and process oriented task
More philosophical in nature	More analytic in nature
See political science as non-observable and value loaded subject	See political science as observable and value free subject
Prescriptive and normative. Aim at the achievement of good society	Insist on quantitative and inductive approach. Aim at making politics a scientific body of knowledge.
Basically taxonomic and focus on institutions as the main instrument of social change and control	Focus on extra political factors and conditions which affect the behaviour of political events and institutes.

पारम्परिक उपागम	आधुनिक उपागम
सामाजिक विज्ञान को इसके राज्य एवं इसके सरकारी संस्थानों के अध्ययन के रूप में परिभाषित करता है।	सामाजिक विज्ञान को शक्ति एवं राजनीतिक व्यवहार का निर्णय करने के अध्ययन के रूप में परिभाषित करता है।
राजनीति के औपचारिक उपकरण जैसे–सरकार, संस्थान, संविधान आदि पर ध्यान केन्द्रित करना।	राजनीति को एक क्रियाकलाप या एक प्रक्रिया की सेवा के रूप देखना।
राजनीति विज्ञान को एक व्यक्तिपरक, सैद्धांतिक और उद्देश्य उन्मुख कार्य के रूप में परिभाषित किया।	राजनीतिक विज्ञान को एक वस्तुनिष्ठ, वैज्ञानिक और प्रक्रिया उन्मुख कार्य के रूप में परिभाषित किया।
प्राकृतिक रूप से अधिक दार्शनिक।	प्राकृतिक रूप से अधिक विश्लेषणात्मक।
राजनीति विज्ञान को बिना अवलोकन के एवं मूल्यों से लदे हुए विषय के रूप में देखना।	राजनीति विज्ञान को अवलोकन के रूप में एवे मूल्यों से मुक्त विषय के रूप में देखना।
अच्छे समाज के निर्देशात्मक एवं मानक संबंधी उद्देश्यों को उपलब्धि।	गुणनात्मक एवं आगमनात्मक उपागम पर बल देना। राजनीति के उद्देश्य को ज्ञान के वैज्ञानिक भाग के रूप में बनाना।
सामाजिक परिवर्तन एवं नियंत्रण के मुख्य औजार के रूप में मुख्य रूप से वर्गीकरणात्मक एवं संस्थानों पर केन्द्रित होना।	अतिरिक्त राजनीतिक तथ्यों एवं शर्तों पर केन्द्रित होना जो राजनीतिक घटनाओं के व्यवहार तथा संस्थानों को प्रभावित करते हैं।

Notes

- Traditional approaches (philosophical approach and legal-institutional approach)

  पारंपरिक उपागम (दार्शनिक उपागम तथा विधि-संस्थानिक उपागम)।
- Two important modern approaches (behavioural approach and psychological approach)

  दो महत्वपूर्ण आधुनिक उपागम (व्यवहार उपागम और मनोवैज्ञानिक उपागम)।

Philosophical approach (दार्शनिक दृष्टिकोण)

- This approach is generally speculative and normative.

  यह उपागम सामान्य रूप से कल्पनाओं/चिंतन तथा मानदंड संबंधी उपागम है।
- Plato's Republic, Hobbes's Leviathan etc. are some examples.

  प्लेटो का गणतंत्र, हॉब्स का लेविथान आदि इसके कुछ उदाहरण हैं।
- This approach is encyclopedic in nature.

  यि दृष्टिकोण प्रकृति रूप से अतिव्यापक है।
- Concerned only with a priori deductions, that is, conclusions reached with little observation'.

  केवल एक प्राथमिक कटौती से संबंधित है, अर्थात् अवलोकन के साथ निष्कर्ष तक पहुँचे।
- Based on deductive thinking.

  निगमनात्मक सोच पर आधारित।

Legal-institutional (constitutional) approach (कानूनी-संस्थागत (संवैधानिक) दृष्टिकोण)

- This approach focuses on formal apparatus of politics – government, institutions, constitutions and states.

  यह दृष्टिकोण राजनीति के औपचारिक तंत्र–सरकार, संस्थानों, संविधानों और राज्यों पर केंद्रित है।
- The functioning of Central and State Governments of India and the constitutional relationships and functioning among them can best be studied through this approach.

  इस दृष्टिकोण के माध्यम से भारत की केंद्र और राज्य सरकारों के कामकाज और उनके बीच सवैधानिक संबंधों और कामकाज का सबसे अच्छा अध्ययन किया जा सकता है।
- This approach is criticized as static or lifeless.

  इस दृष्टिकोण की आलोचना स्थैतिक या निर्जीव के रूप में की जाती है।

Behavioural approach (व्यवहारात्मक उपागम)

- While traditional approaches concentrate on 'events, structures, ideologies, institutions, etc.', behaviouralism concentrates on 'behaviour of individuals and / or relatively small groups as the basic unit of analysis'.

  जहाँ पारंपरिक दृष्टिकोण 'घटनाओं, संरचनाओं, विचारधाराओं, संस्थानों, आदि' पर केंद्रित है, व्यवहारवाद 'व्यक्तियों के व्यवहार और/या अपेक्षाकृत छोटे समूहों के विश्लेषण की मूल ईकाई के रूप में' केंद्रित है।
- Robert Dahl clarifies behavioralism as a movement in political science which insists on analyzing (only) the observable behaviours of political actors.

  रॉबर्ट डाहल ने व्यवहारवाद को राजनीति विज्ञान में एक आंदोलन के रूप में स्पष्ट किया है जो राजनीतिक के कलाकारों के अवलोकन योग्य व्यवहार (केवल) का विश्लेषण करने पर जोर देता है।

Psychological approach (मनोवैज्ञानिक दृष्टिकोण/उपागम)

- The supporters of this approach defined political phenomena in terms of psychological forces rather than in terms of forms and structures.

इस उपागम के समर्थकों ने राजनीतिक विषय को निर्माण एवं संरचना की अपेक्षा मनोवैज्ञानिक घटकों के रूप में परिभाषित किया।

- This approach claims that, 'man's political actions aren't totally guided by reasons and rationality rather they are guided to many extents by psychological factors like personality, attitude, motivation, etc'.

  इस उपागम के अनुसार–मानव के राजनीतिक कार्य पूर्णरूप से कारण एवं तार्किकता के द्वारा मार्गदर्शित नहीं होते, इसकी अपेक्षा वे अन्य मनोवैज्ञानिक तथ्यों जैसे–व्यक्तित्व, भाव, प्रेरणा आदि के द्वारा मार्गदर्शित होते हैं।

5.3.2 Methods/Approaches Adopted by Social Scientists Understanding Economics (अर्थशास्त्र को समझने वाले सामाजिक वैज्ञानिकों द्वारा अपनाए गए तरीके/ दृष्टिकोण)

Wealth approach of Adam Smith (एडम स्मिथ का धन/संपत्ति उपागम)

- Adam Smith, the father of economics, defined economics as the 'science of wealth'.

  अर्थशास्त्र के जनक एडम स्मिथ ने अर्थशास्त्र को 'धन के विज्ञान' के रूप में परिभाषित किया।

- In 1776, Adam Smith published a book entitled, "An Enquiry in to the Nature and Causes of Wealth of Nation."

  1776 में, एडम स्मिथ ने एक पुस्तक प्रकाशित की, जिसका शीर्षक था, "एन इंक्वायरी इन द नेचर एण्ड कॉज ऑफ वेल्थ ऑफ नेशन।"

- In this book, Adam Smith emphasized the production and expansion of wealth as the subject matter of economics.

  इस पुस्तक में, एडम स्मिथ ने अर्थशास्त्र के विषय के रूप में धन के उत्पादन और विस्तार पर जोर दिया।

- According to Adam Smith, economics deals with production, distribution and consumption of wealth and riches.

  एडम स्मिथ के अनुसार, अर्थशास्त्र धन और धन के उत्पादन, वितरण और उपभोग से संबंधित है।

- Wealth approach failed to prove human welfare as the main objective of economics.

  धन उपागम मानव कल्याण को अर्थशास्त्र का मुख्य उद्देश्य सिद्ध करने में विफल रहा।

Welfare approach of Alfred Marshall (अल्फ्रेड मार्शल का कल्याणकारी दृष्टिकोण/ उपागम)

- Alfred Marshall, in 1890, published a book entitled, "Principles of Economics".

  अल्फ्रेड मार्शल ने 1890 में, "अर्थशास्त्र के सिद्धांत" नामक एक पुस्तक प्रकाशित की।

- In his book 'Principles of Economics', Marshall conceptualized economics as the science of welfare.

  मार्शल ने अपनी पुस्तक 'प्रिंसिपल्स ऑफ इकोनॉमिक्स' में अर्थशास्त्र को कल्याण के विज्ञान के रूप में परिभाषित किया है।

- Marshall says, 'economics is the study of mankind in the ordinary business of life; it examines that part of individual and social action which is most closely connected with the attainment and with the use of the material requisites of well being'.

  मार्शल कहते हैं, अर्थशास्त्र जीवन के सामान्य व्यवसाय में मानव जाति का अध्ययन है। यह व्यक्तिगत और सामाजिक क्रिया के उस हिस्से की जाँच करता है जो प्राप्ति के साथ और भलाई के लिए आवश्यक भौतिक वस्तुओं के उपयोग के साथ सबसे निकट से जुड़ा हुआ है।

Notes

- Economics is the study of man who remains at the centre of all economic activities.

  अर्थशास्त्र मनुष्य का अध्ययन है जो सभी आर्थिक गतिविधियों के केंद्र में रहता है।
- Economics is concerned with a particular aspect of man's life i.e. ordinary business of life.

  अर्थशास्त्र का संबंध मनुष्य के जीवन के एक विशेष पहलू अर्थात जीवन के साधारण व्यवसाय से है।
- The primary end of economics is the promotion of material welfare.

  प्राथमिक लक्ष्य भौतिक कल्याण को बढ़ावा देना है।

Scarcity and choice approach of Lionel Robbins (लियोनेल रॉबिंस का दुर्लभता एवं चुनाव उपागम)

- "An Essay on the Nature and Significance of Economics Science" in 1931.

  1931 में "अर्थशास्त्र विज्ञान की प्रकृति और महत्व पर एक निबंध"।
- In his book, Robbins defined economics is the 'science of scarcity and choice'.

  रॉबिंस ने अपनी पुस्तक में अर्थशास्त्र को दुर्लभता और चुनाव का विज्ञान के रूप में परिभाषित किया है।
- According to Robbins, "economics is the science which studies human behaviour as a relationship between ends and scarce means which have alternative uses".

  रॉबिन्स के अनुसार, "अर्थशास्त्र वह विज्ञान है जो मानव व्यवहार को साध्य और दुर्लभ साधनों के बीच संबंध के रूप में अध्ययन करता है जिनके वैकल्पिक उपयोग होते हैं।"

Growth approach of Samuelson (सैमुएलसन का वृद्धि उपागम)

- Samuelson gave importance on the scarcity of productive resources, which have impact on life of the common people.

  सैमुएलसन ने उत्पादक संसाधनों की कमी को महत्व दिया, जिसका आम लोगों के जीवन पर प्रभाव पड़ता है।
- Economics analyses the relative problems connected with the consumption and distribution of various scarce resources.

  अर्थशास्त्र विभिन्न दुर्लभ संसाधनों के उपभोग और वितरण से जुड़ी सापेक्ष समस्याओं का विश्लेषण करता है।
- This definition is wider than the Robbins' definitions in the sense that it touches both scarcity and growth.

  यह परिभाषा राबिन्स की परिभाषाओं से इस अर्थ में व्यापक है कि यह कमी और वृद्धि दोनों को स्पर्श करती है।
- It includes both money as well as barter system in the analysis of the problems of man in respect of economic choice.

  इसमें धन के अतिरिक्त, अर्थशास्त्र के चुनाव के संदर्भ में मनुष्यों की समस्याओं के विश्लेषण में विनिमय व्यवस्था दोनों शामिल हैं।

5.3.3 Methods/Approaches Adopted by Social Scientists In Understanding Sociology (समाजशास्त्र को समझने के लिए सामाजिक वैज्ञानिकों द्वारा अपनाई गई विधियाँ/उपागम)

Historical approach (ऐतिहासिक उपागम)

- The founding fathers of sociology like Auguste Comte, Herbert Spencer and Karl Marx vigorously used this method to study the society.

Notes

अगस्टे कॉम्टे, हर्बर्ट स्पेंसर और कार्ल मार्क्स जैसे समाजशास्त्र के संस्थापक पिता ने समाज का अध्ययन करने के लिए इस पद्धति/उपागम का जोशीले ढंग से उपयोग किया।

- Historical method refers to, "the study of events, processes and institutions of past societies, for the purpose of finding the origins or antecedents of contemporary social life and thus understanding its nature and working".

  ऐतिहासिक पद्धति/उपागम से तात्पर्य है, "समकालीन सामाजिक जीवन की उत्पत्ति या पूर्ववृत्त को खोजने और इस प्रकार इसकी प्रकृति और कार्य को समझने के उद्देश्य से पिछले समाजों की घटनाओं, प्रक्रियाओं और संस्थानों का अध्ययन है।"

Comparative approach (तुलनात्मक उपागम)

- Comparative approach uses/applies logical principles on social phenomenon.

  तुलनात्मक उपागम सामाजिक परिघटनाओं पर तार्किक सिद्धांतों का प्रयोग/लागू करता है।
- studies past or existing societies and social institutions by a process of selection, comparisonand elimination in order to arrive at proper generalization.

  उचित सामान्यीकरण पर पहुँचने के क्रम में चयन, तुलना और विलुप्तिकरण की प्रक्रिया द्वारा पिछले या मौजूदा समाजों और सामाजिक संस्थानों का अध्ययन करता है।
- For example, Durkheim compared the suicide rates of different societies and of different groups within a society, to show that these rates varied inversely with the degree of social solidarity.

  उदाहरण के लिए, **दुर्खीम** ने एक समाज के भीतर विभिन्न समाजों और विभिन्न समूहों की आत्महत्या दर की तुलना यह दिखाने के लिए की, और यह प्रदर्शित किया कि ये दरें सामाजिक एकजुटता के स्तर के साथ व्युत्क्रम रूप से बदलती है।

Functionalist approach (प्रकार्यवादी उपागम)

- Functionalist approach is considered more as an approach of interpretation rather than investigation.

  प्रक्रियावादी उपागम के खोजबीन वाले उपागम की अपेक्षा अधिकांशत: अर्थरूपण वाले उपागम के रूप में सुविचारित किया जाता है।
- Functions of a system refer to the activities which are performed by the system (or its elements) in order to achieve healthy maintenance of the system.

  सिस्टम/व्यवस्था के कार्य उन गतिविधियों को संदर्भित करते हैं जो सिस्टम/व्यवस्था (या उसके तत्वों) द्वारा सिस्टम के स्वस्थ रख-रखाव को प्रापत करने के लिए किये जाते हैं।
- This approach is based upon the assumption that a system is based upon a number of its constituent parts.

  यह उपागम पूर्वानुमान पर आधारित है जैसे कि कोई व्यवस्था अपने अनेक रचनात्मक भागों पर आधारित होती है।
- if society is a system, its constituent parts are religion, economy, politics, etc.

  यदि समाज एक व्यवस्था है तब इसके रचनात्मक भाग धर्म, अर्थ, राजनीति आदि हैं।

Statistical approach (सांख्यिक उपागम)

- Used to study the social phenomenon in quantitative and objective ways.

  इस उपागम का उपयोग, सामाजिक घटनाओं में संख्यात्मक एवं वस्तुनिष्ठ तरीके में किया जाता है।
- The social issues relating to birth and death, divorce, crime, migration, economic condition, public opinion, etc. can nicely be studied through this approach.

  सामाजिक मुद्दे जैसे–जन्म एवं मृत्यु, तलाक, अपराध, स्थान परिवर्तन, आर्थिक स्थिति, लोक इच्छा आदि इस प्रकार के संबंधित मुद्दों का इस उपागम के अंतर्गत अध्ययन किया जा सकता है।

5.4 IMPORTANCE OF SOCIAL AND POLITICAL LIFE AS A PART OF SOCIAL SCIENCE CURRICULUM (सामाजिक विज्ञान पाठ्यक्रम के भाग के रूप में सामाजिक एवं राजनीतिक जीवन का महत्व)

Notes

- To promote social, political and economic values among the learners.
  बच्चों के बीच सामाजिक, राजनीतिक और आर्थिक मूल्यों की बढ़ोतरी करना।
- To develop the values of patriotism, co-operation and tolerance among the learners.
  बच्चों में राष्ट्रीय मूल्य, सहभागिता और धैर्य को विकसित करना।
- To make the learners active participants of society.
  बच्चों को समाज का सक्रिय सहभागी बनाना।
- To help the learners solve different controversial socio-political and economic issues.
  बच्चों की विभिन्न विवादास्पद सामाजिक-राजनीतिक तथा आर्थिक मुद्दों को हल करने में सहायता करना।
- To inculcate the democratic and constitutional values in the learners.
  बच्चों में प्रजातांत्रिक तथा संवैधानिक मूल्यों को अंतर्निवेशन करना।
- To make the learners familiar with the social, political and economic institutions.
  बच्चों को सामाजिक, राजनीतिक और आर्थिक संस्थानों से परिचित कराना।
- To promote the values of peace and understanding among the learners.
  बच्चों में शांति और समझ के मूल्यों में वृद्धि करना।

*Must go through with Social studies NCERT books contents like themes and chapters and also some model lesson plans of Social studies.

सामाजिक अध्ययन एनसीईआरटी पुस्तकों की सामग्री जैसे विषयों और अध्यायों के साथ-साथ सामाजिक अध्ययन की कुछ मॉडल पाठ योजनाओं को भी पढ़ना चाहिए।

6

UNDERSTANDING THE NATURE OF LEARNER AND THE LOCAL CONTEXT (शिक्षार्थी/अधिगमकर्ता की प्रकृति और स्थानीय संदर्भ की समझ)

6.2 INDIA'S SOCIO-CULTURAL AND LINGUISTIC DIVERSITY (भारत की सामाजिक-सांस्कृतिक और भाषाई विविधिता)

- Religious Diversity
  धार्मिक विविधता
- Linguistic Diversity: Approx. 325 languages and 25 scripts in use.
  भाषाई विविधता–लगभग 325 भाषाओं और 25 लिपियों का उपयोग किया जा रहा है।

6.3 HOW LEARNERS UNDERSTAND SOCIAL SCIENCE ISSUES (शिक्षार्थी/अधिगमकर्ता सामाजिक विज्ञान के मुद्‌दों को कैसे समझते हैं)

- Aim at developing a generalized and critical understanding of human beings and human groups in society.
  समाज में मानव और मानव समूह की सामान्यीकृत और आलोचनात्मक समझ विकसित करने का लक्ष्य।
- Should be more learner-centered than teacher centered.
  शिक्षक केंद्रित से अधिक शिक्षार्क्षी केंद्रित होना चाहिए।

6.3.1 Active Involvement (सक्रिय भागीदारी/सम्मिलन)

- Learning requires the active, constructive involvement of the learner.
  अधिगम के लिए अधिगमकर्ता का सक्रिय संरचनात्मक सम्मेलन अपेक्षित है
- Cognitive abilities cannot be develop without the active involvement.
  सक्रिय भागीदारी के बिना संज्ञानात्मक क्षमताओं का विकास नहीं हो सकता है
- At the primary stage, children should be engaged in activities that would help them in developing an understanding about natural and social environment.
  प्राथमिक स्तर पर बच्चों को उन गतिविधियों में शामिल किया जाना चाहिए जो उन्हें प्राकृतिक और सामाजिक पर्यावरण के बारे में समझ विकसित करने में मदद करें।
- Understanding at this level should be based on observation and illustration rather than abstractions.
  इस स्तर पर समझ संक्षेपीकरण की अपेक्षा अवलोकन और स्पष्टीकरण पर आधारित होना चाहिए।
- At the upper primary stage, emphasis should be on issues like poverty, illiteracy, childlabour, casteism, environmental pollution that help students explore and understandthese issues.
  उच्च प्राथमिक स्तर पर, गरीबी, निरक्षरता, बाल श्रम, जातिवाद, पर्यावरण प्रदूषण जैसे मुद्दों पर ज़ोर दिया जाना चाहिए जोर दिया जाना चाहिए जो छात्रों को इन मुद्दों पर जोर दिया जाना चाहिए जो छात्रों

को इन मुद्दों पर जोर दिया जाना चाहिए जो छात्रों को इन मुद्दों के अन्वेषण करने और समझने में सहायक हैं।

Notes

In the Classroom/school (कक्षा विद्यालय में)

1. hands-on activities such as: experiments, observations projects, etc.
   व्यवहारिक गतिविधियाँ जैसे प्रयोग अवलोकन परियोजनाएँ आदि।
2. Encourage participation of students in classroom discussions and other collaborative activities.
   कक्षा चर्चा और अन्य सहयोगी गतिविधियों में छात्रों की भागीदारी को प्रोत्साहित करें।
3. Organize school visits to museums, zoo, and technological parks.
   संग्रहालयों चिड़ियाघरों और तकनीकी पार्कों को में स्कूल के दौरे का आयोजन करें।
4. Allow students to make some decisions about what to learn and how to learn.
   छात्रों को क्या सीखना है और कैसे सीखना है, इसके बारे में कुछ निर्णय लेने दें।
5. Assist students in formulating learning objectives.
   सीखने के उद्देश्य को तैयार करने में छात्रों की सहायता करना।
6. There should be no passive learning situation.
   कोई निश्चित सीखने की स्थिति नहीं होनी चाहिए।

6.3.2 Social Participation (सामाजिक भागीदारी)

- Learning is primarily a social process and participation in the social life of the school is central to learning process.
  सीखना/अधिगम प्राथमिक रूप से एक सामाजिक प्रक्रिया है और स्कूल के सामाजिक जीवन में भागीदारी अधिगम की प्रक्रिया का केंद्र है।
- According to Lev Vygotsky (1978), the way children learn is by internalizing the activities, habits, vocabulary and ideas of the members of the community in which they grow up.
  लेव वायगोत्स्की (1978) के अनुसार गतिविधियों, आदतों, शब्दकोश और बच्चे जिस समुदाय में बढ़ते हैं उसके सदस्यों के विचार के अंत:करण के द्वारा बच्चा सीखता है।
- Assign students to work in groups and assume the role of a coach/a coordinator.
  विद्यार्थियों को समूह में कार्य करना निश्चित करें और एक प्रशिक्षक/समन्वयक की भूमिका अपनाएँ।
- Teach students how to cooperate with each other.
  छात्रों को एक दूसरे के साथ सहयोग करना सिखाएँ।
- Link the school to the community at large.
  विद्यालय को समुदाय से विस्तारपूर्वक जोड़ें।
- Arrange debate/dialogue/discussions on emerging social issues, e.g. dowry, population growth, child marriage.
  उभरते सामाजिक मुद्दों जैसे दहेज जनसंख्या वृद्धि बाल विवाह पर बहस समाज चर्चा की व्यवस्था करें।
- Arrange discussions of students with local resource persons and public functionaries, e.g. artisans, artists, postman, bank officials, police officers, farmers.
  स्थानीय साधन प्रेमियों और लोक पदाधिकारियों के साथ विद्यार्थियों का विचार विमर्श व्यवस्थित करें। उदाहरण: कारीगर, कलाकार, डाकिया, बैंक अधिकारी, पुलिस अधिकारी, किसान।

6.3.3 Meaningful Activities (सार्थक क्रियाकलाप)

- Children learn best when they participate in activities that are perceived to be useful in real life and are culturally relevant

Notes

बच्चे सबसे अच्छा तब सीखते हैं उन गतिविधियों में भाग लेते हैं जिन्हें वास्तविक जीवन में उपयोगी माना जाता है और सांस्कृतिक रूप से प्रासंगिक है।

- Situating learning activities in an authentic context(Real Life).
  एक प्रामाणिक संदर्भ (वास्तविक जीवन) में सीखने की गतिविधियों को व्यवस्थित करना।

6.3.4 Relating New Information to Prior Knowledge (नई सूचना को पूर्व ज्ञान से संबंधित करना)

- New knowledge is constructed on the basis of what is already understood and believed.
  पहले ही समझे और विश्वास किए जा चुके ज्ञान के आधार पर नया ज्ञान संरक्षित होता है।
- Discuss the content of a lesson before starting.
  शुरू करने से पहले पाठ की सामग्री पर चर्चा करें
- Ask students to do some preparatory work on their own.
  विद्यार्थियों से कुछ प्रारंभिक कार्य स्वयं करने को कहें।
- Bring out the interrelatedness of knowledge across disciplines.
  सभी विषयों में ज्ञान की परस्पर संबद्धता को उजागर करें।
- Encourage dialogue, debate, arguments, and questions on social issues.
  सामाजिक मुद्दों पर संवाद, वाद-विवाद, तर्क-वितर्क और प्रश्नों को प्रोत्साहित करें।
- Investigate students' prior knowledge in detail so that false beliefs and misconceptions can be identified.
  छात्रों के पूर्व ज्ञान की विस्तार से जांच करें ताकि गलत धारणाओं और भ्रांतियों की पहचान की जा सके।

6.4 COGNITIVE DEVELOPMENT AND CONCEPT FORMATION (संज्ञानात्मक विकास और संकल्पना निर्माण)

- Developed cognitive abilities of the learners such as observation, identification and classification that are fundamental to understanding of social issues, e.g. poverty, illiteracy, population growth, communalism.
  शिक्षार्थियों की विकसित संज्ञानात्मक क्षमताएँ जैसे अवलोकन, पहचान और वर्गीकरण जो सामाजिक मुद्दों की समझ के लिए मौलिक है, जैसे गरीबी, निरक्षरता, जनसंख्या वृद्धि, सांप्रदायिकता।

6.4.1 Piaget's Theory of Cognitive Development (पियाजे का संज्ञानात्मक विकास का सिद्धांत)

- **Four stage:** sensory motor, preoperational, concrete operational and formal operational.
  चार चरण–संवेदी गति, पूर्व-परिचालन, प्रत्यक्ष परिचालन और औपचारिक परिचालक।

Sensory Motor (संवेदी गति)

- Birth to 2 years, i.e. to the acquisition of language.
  जन्म से 2 वर्ष तक अर्थात भाषा अर्जन तक।
- Infants construct an understanding of the world by coordinating experiences such as seeing and hearing with physical and motor actions.
  शिशु शारीरिक क्रियाओं द्वारा संसार का ज्ञान अर्जन करते हैं और उस पर निष्पादन करते हैं।
- Infants gain knowledge of the world from the physical actions they perform on it.
  शिशु उस पर किए जाने वाले शारीरिक कार्यों से दुनिया का ज्ञान प्राप्त करते हैं।

Notes

- An infant progresses from reflexive, instinctual action to symbolic thoughts.
  एक शिशु प्रतिवर्ष, सहज क्रिया से प्रतीकात्मक विचारों की ओर बढ़ता है।
- Progresses from a reflex stage to trial and error learning and simple problem solving.
  रिफ्लेक्स चरण से परीक्षण और त्रुटि सीखने और सरल समस्या समाधान तक प्रगति।

Pre Operational (पूर्व परिचालन)

- 2 to 7 years.
  2 से 7 साल।
- Begins to use symbols such as images, words and drawings to represent objects, places and people.
  वस्तुओं, स्थानों और लोगों का प्रतिनिधित्व करने के लिए छवियों, शब्दों और रेखाचित्रों जैसे प्रतीकों का उपयोग करना शुरू करता है।
- The child is able to form stable concepts as well as mental reasoning.
  बच्चा स्थिर अवधारणाओं के साथ-साथ मानसिक को भी बनाने में सक्षम है।
- Thinking is still egocentric.
  चिंतन फिर भी आत्मकेंद्रित है।

Concrete Operational (प्रत्यक्ष परिचालन)

- 7 and 11 years.
  7 और 11 साल।
- Characterized by the ability to think logically.
  तार्किक रूप से सोचने की क्षमता द्वारा विशेषता।
- Seriation, Transitivit (if "A" is taller than "B" and "B" is taller than "C" then "A" must be taller than "C".), Classification, Conservation, Elimination of egocentrism are the important processes of this stage.
  क्रम, संक्रामकता (यदि "ए" "बी" से लंबा है और "बी" "सी" से लंबा है तो "ए" "सी" से लंबा होना चाहिए), वर्गीकरण, संवाद, आत्मकेंद्रिकता को छोड़ना इस चरण की महत्वपूर्ण प्रक्रियाएँ है।
- Children at this stage can, however, only solve problems that apply to actual (concrete) objects or events, and not abstract concepts of hypothetical task.
  हालांकि, इस स्तर पर बच्चे केवल वास्तविक (ठोस) वस्तुओं या घटनाओं पर लागू होने वाली समस्याओं को हल कर सकते हैं, न कि काल्पनिक कार्य की अवधारणाओं को।

Formal Operational (औपचारिक परिचालन)

- Around 11 years of age (puberty) and continues into adulthood.
  इस स्तर की शुरुआत 11 वर्ष की आयु से होती है और यह प्रौढ़ता तक चलती है।
- Concrete thinking to abstract thinking started.
  मूर्त अनुभवों से बाहर चला जाता है और अमूर्त चिंतन शुरू कर देता है।
- Reason logically and draw conclusions from the information available.
  तार्किक रूप से तर्क करें और उपलब्ध जानकारी से निष्कर्ष निकाले।
- Scientific thinking, devising plans to solve problems and systematically solutions.
  वैज्ञानिक सोच, समस्याओं को हल करने और व्यवस्थित रूप से समाधान के लिए योजना तैयार करना।
- They develop hypothesis or test guesses and systematically concludes as to which is the best path to follow in solving the problem.
  वे परिकल्पना या परीक्षण अनुमान विकसित करते हैं और व्यवस्थित रूप से निष्कर्ष निकालते हैं कि समस्या को हल करने के लिए सबसे अच्छा मार्ग कौन सा है।

Notes

6.4.2 Concept Formation Among Learner (अधिगमकर्ताओं में संकल्पना निर्माण)

- Involves the process of recognition that some objects or events belong together while others do not.

  संकल्पना निर्माण मान्यता की प्रक्रिया को शामिल करना है कि कुंछ वस्तुएँ या घटनाएँ साथ रहे जबकि दूसरे ऐसा नहीं करते हैं।
- It requires the children to decide the basis on which they build categories.

  यह बच्चों को यह तय करने की आवश्यकता है कि वे किस आधार पर श्रेणियाँ बनाते हैं।
- This is done by comparing and contrasting examples that contain the characteristics.

  यह उदाहरणों की तुलना और विषमता दिखाकर किया जाता है जो कि लक्षणों को धारण करता है।
- Give the students a number of materials-written/ thoughts (for example, tell them to think of different animals), or real things, (e.g. seeds, leaves). It is preferable to have the students work with real things.

  विद्यार्थियों को लिखित/विचार (उदाहरण के लिए, उन्हें विभिन्न जानवरों के बारे में सोचने के लिए कहें), या वास्तविक चीजें, (जैसे बीज, पत्ते) कई सामग्री दें। छात्रों को वास्तविक चीजों के साथ काम करना बेहतर है।
- Put the students in small groups and ask them to classify or group the materials in a way that makes sense

  छात्रों को छोटे समूह में रखें और उन्हें सामग्री को इस तरह से वर्गीकृत या सामूहिक करने के लिए कहें जो समझ में आता है।
- Ask the students to give descriptive labels to their groupings

  विद्यार्थियों से उनके समूहों को वर्णानात्मक देने के लिए कहें।

6.5 APPROACHES TO PEDAGOGY (शिक्षाशास्त्र के उपागम)

6.5.1 Designing Instructions: Use of Critical Pedagogy (डिजाइनिंग निर्देश: विवेचनात्मक शिक्षा शास्त्र का उपयोग)

- Students are critical observers of their own situation, needs and issues.

  विद्यार्थी अपनी परिस्थितियों, जरूरतों और मुद्दों पर आलोचनात्मक प्रेक्षक हैं।
- They should be allowed to express their views on different things.

  उन्हें अलग-अलग चीजों पर अपने विचार व्यक्त करने की अनुमति दी जानी चाहिए।
- Critical pedagogy facilitates collective decision making through open decisions; and by encouraging and recognizing multiple views.

  आलोचनात्मक शिक्षाशास्त्र खुले निर्णयों के माध्यम से सामूहिक निर्णय लेने की सुविधा प्रदान करता है; और कई विचारों को प्रोत्साहित और पहचान कर।
- The role of the teacher in this pedagogy is to: encourage independent thinking; allow thinking from different perspectives; provide opportunities to express thoughts; analyze thoughts/views; and arrive at collective decisions.

  इस शिक्षाशास्त्र में शिक्षक की भूमिका है: स्वतंत्र सोच को प्रोत्साहित करना; विभिन्न दृष्टिकोण से सोचने की अनुमति दें; विचार व्यक्त करने का अवसर प्रदान करें; विचारों का विश्लेषण करें और सामूहिक निर्णय पर पहुँचें।

TEACHING LEARNING STRATEGIES
(शिक्षण अधिगम व्यूह रचनाएँ)

7

- The NCF (2005) states that the content should be transacted through activities drawing on local resources.

  एनसीएफ (2005) कहता है कि विषयवस्तु स्थानीय संसाधनों से ली गई गतिविधियों के माध्यम से संप्रेषित होनी चाहिए।

- NCF (2005) emphasizes those methods that promote creativity, aesthetics and critical perspectives. It recommends the use of teaching learning methods like problem solving, dramatization and role play and optimum utilization of audio visual materials, including photographs, charts and maps , and replica of archeological and material cultures.

  एन सी एफ (2005) उन विधियों पर प्रकाश डालता है जोकि सृजनात्मकता, सौंदर्यात्मक एवं विविध परिप्रेक्ष्य को प्रोन्नत करती हैं। यह समस्या समाधान, नाटक तथा भूमिका निर्माण एवं दृश्य-श्रव्य सामग्रियों के साथ फोटोग्राफ्स, चार्ट और मानचित्र तथा भूतात्विक प्रतिकृति एवं द्रव्यात्मक संस्कृतियों के अधिकतम उपयोग जैसे शिक्षण विधियों के उपयोग का सुझाव देता है।

7.2 GENERAL FEATURES OF A LEARNER CENTERED SOCIAL SCIENCES CLASS (एक अधिगमकर्ता केंद्रीय सामाजिक विज्ञान कक्षा के सामान्य लक्षण)

- (i) Using learners experiences, (ii) Going beyond the textbook, (iii) Using community resources, (iv) Creating space for exploration into social issues, (v) Referring to Human Rights, (vi) Creating space for developing life skills, (vii) Using Audio Visual Materials (viii) Respect for multiple views, (ix) Use of multilinguism.

  (i) अधिगमकर्ताओं के अनुभव का उपयोग करना (ii) पाठ्यपुस्तक के अतिरिक्त पढ़ना (iii) समुदाय के संसाधनों का उपयोग करना (iv) सामाजिक मुद्दों में अन्वेषण के लिए स्थान सृजित करना (v) मानव अधिकारों की चर्चा करना (vi) जीवन कौशल को विकसित करना (vii) दृश्य-श्रव्य सामग्रियों का उपयोग करना (viii) बहु दृष्टिकोण के लिए सम्मान (ix) बहुभाषावाद का उपयोग।

7.3 FACTORS DETERMINING THE SELECTION OF A STRATEGY (एक रणनीति के चयन को निर्धारित करने वाले कारक)

- Objectives,Content, Availability of resources, Availability of resources, Resourcefulness of the teacher.

  उद्देश्य, विषयवस्तु संसाधनों की उपलब्धता, विद्यार्थियों की योग्यता, शिक्षक की संसाधन संपन्नता।

Notes

7.4 TEACHING -LEARNING STRATEGIES (शिक्षण-अधिगम रणनीतियाँ)

7.4.1 Role Play (भूमिका निर्वाह)

Steps in a Role Play (भूमिका निर्वाह के चरण)

- 1. Fixing a theme or deciding on a theme which is related to the textual content. 2. Deciding on the type of roles, the number of students required and developing the conversation in a flexible manner. 3. A small rehearsal may be organised, if the conversations are involved. 4. Enacting the role play with or without simple costumes. 5. Feedback by the teacher and the peers.

  1. प्रसंग को निश्चित करना या एक प्रसंग पर निर्णय लेना जो पाठ्यपुस्तक से संबंधित है। 2. भूमिकाओं के प्रकार विद्यार्थियों की अपेक्षित संख्या पर निर्णय लेना तथा एक नमनीय तरीके से संवाद विकसित करना। 3. एक छोटा पूर्वाभ्यास आयोजित हो सकता है यदि संवाद शामिल हो गए हो। 4. भूमिका निर्वाह का सामान्य पोशाकों के साथ ही उसके बिना अभिनय करना। 5. शिक्षक एवं सहपाठियों द्वारा प्रतिपुष्टि।

Illustration: Play the role of a Panchayat President who is addressing the members of Gram Sabha.

निर्देशन: पंचायत अध्यक्ष की भूमिका का निर्वाह करें जो ग्राम सभा के सदस्यों को संबंधित कर रहा है।

7.4.2 Project Method (Working in Small Groups) (परियोजना विधि) छोटे समूहों में कार्यरत

- **Steps:** 1. Forming the groups 2. Selection of a theme 3. Identifying sub themes 4. Listing the work to be done under each sub theme 5. Selection of the sub theme 6. Accepting a specific task by every member of the group (by discussing in group) 7. Collection of resources and information 8. Preparing for presentation 9. Group presentation 10. Discussion and peer/teacher feed back.

  चरण–1. समूह की संरचना 2. एक विषय का चयन 3. उप विषयों को पहचानना 4. प्रत्येक पर उप विषय के अंतर्गत होने वाले कार्य को सूचीबद्ध करना 5. उप विषय का चयन 6. समूह के प्रत्येक सदस्य द्वारा एक विशिष्ट कार्य की स्वीकृति 7. संसाधनों एवं सूचना का संग्रहण 8. प्रस्तुति के लिए तैयारी 9. समूह प्रस्तुतीकरण 10. विचार-विमर्श और साथी/शिक्षक प्रतिपुष्टि।

7.4.3 DRAMATIZATION (नाटक)

- **Steps in organizing dramatization:** 1. Determining the theatrical element in the lesson 2. Searching and finding a play suited to that theme in the lesson 3. Modifying the play to suit the lesson 4. Deciding on the students who would fit into the different roles in the drama 5. Allotting roles to different students and asking them to copy down their part of the conversation 6. Giving time to the students to mug up the conversations and understand the theme of the play 7. Rehearsals as many as required 8. Rehearsals with costumes 9. Enactment of the drama 10. Feedback on the suitability of the drama.

  नाटक के आयोजन के चरण–1. पाठ में रंगमंच के तत्वों का निर्धारण करना 2. पाठ में उस विषय से संबंधित एक नाटक को ढूंढना एवं पता लगाना 3. पाठ के उपयुक्त होने के लिए नाटक को परिवर्तित करना 4. विद्यार्थियों का निर्णय करना जो ड्रामा में विभिन्न भूमिकाओं में सही होंगे 5. विभिन्न विद्यार्थियों को भूमिका आवंटित करना तथा उन्हें संवाद के अंग की नकल करने को कहना 6. विद्यार्थियों को संवादों को दोहराने का समय देना एवं नाटक के विषय को समझाना 7. पूर्वाभ्यास जितना अधिक अपेक्षित हो 8. वेशभूषा के साथ पूर्वाभ्यास करना 9. नाटक का मंचन 10. नाटक की भाषा, विषय, अभिनय संवाद आदि की उपयुक्तता पर प्रतिपुष्टि देना।

Notes

7.4.4 Cooperative Learning (सहयोगी अधिगम)

- Students work through the assignment until all group members successfully understand and complete it.
  विद्यार्थी तब तक नियत कार्य के माध्यम से कार्य करते हैं जब तक समूह के सभी सदस्य सफलतापूर्वक समझ और इसे पूर्ण नहीं कर लेते।

7.4.5 Concept Mapping (संकल्पना चित्रण)

- Helps in developing conceptual understanding among the students with inter relations among the concepts.
  यह विद्यार्थियों में संकल्पनाओं में अंत:संबंधों के साथ संकल्पनात्मक समझ को विकसित करने में सहायता करता है।
- Concept maps are diagrammatic representations that show meaningful relationship between concepts in the form of prepositions.
  संकल्पना चित्र आरेख में प्रस्तुति है जो पूर्वसर्गों के रूप में संकल्पनाओं के बीच सार्थक संबंध दिखाता है।
- The prepositions describe the connections between concepts.
  पूर्वसर्ग संकल्पनाओं के बीच जुड़ावों का वर्णन करता है।

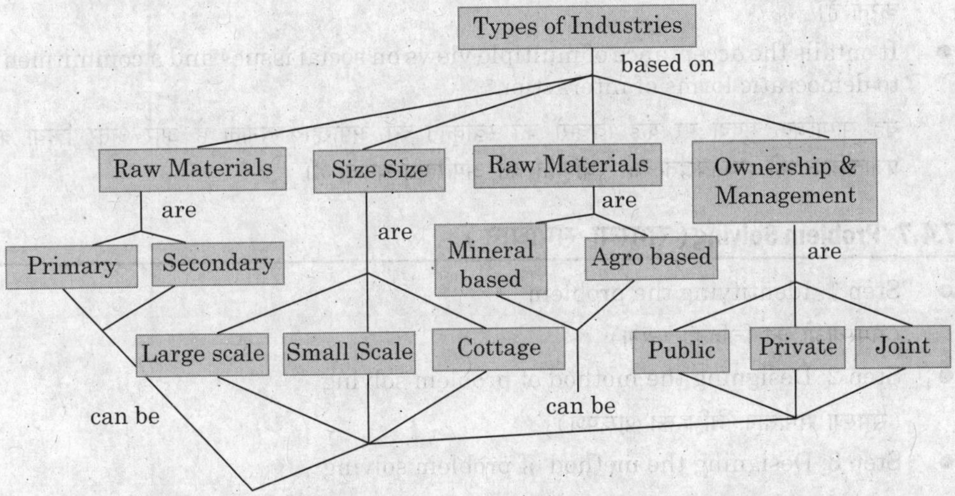

Figure : Concept Map on "Types of Industries"

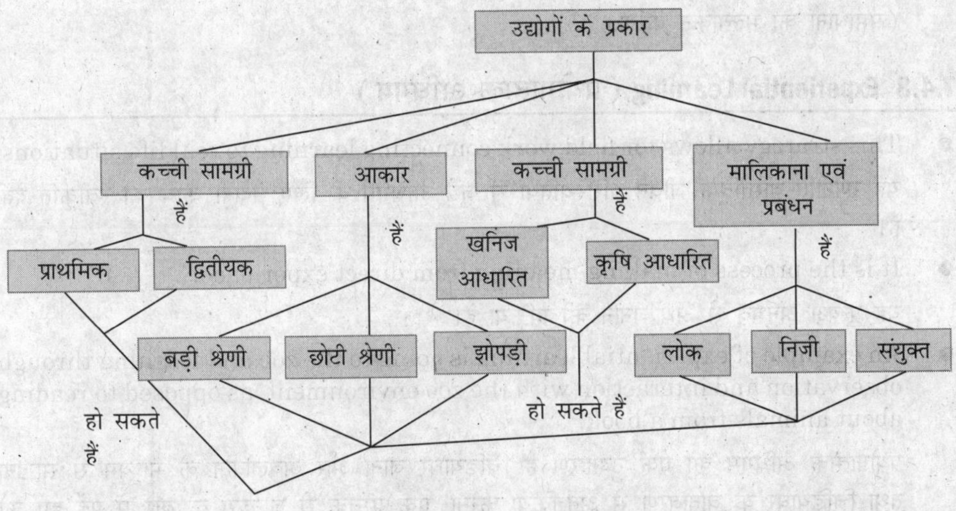

चित्र : उद्योगों के प्रकार पर संकल्पना चित्र

Notes

7.4.6 Critical Pedagogy (विवेचनात्मक शिक्षा शास्त्र)

- Critical pedagogy provides children adequate opportunities to express their views, interact and solve problems.

  विवेचनात्मक शिक्षा शास्त्र बच्चों को उनके दृष्टिकोण को व्यक्त करने, अंत:क्रिया एवं समस्याओं के समाधान करने के पर्याप्त अवसरों को प्रदान करता है।
- Help students question and challenge domination, beliefs and practices that dominate.

  विद्यार्थियों के प्रश्नों प्रभुत्व को चुनौती देने विश्वासों और कार्य जो शासन करते हैं के प्रयासों में सहायता करता है
- It helps students to achieve critical consciousness.

  यह विद्यार्थियों को विवेचनात्मक चैतन्य प्राप्त करने में सहायता करता है।
- As reflected in NCF (2005), critical pedagogy provides an opportunity to reflect critically on issues in terms of their political, social, economic and moral aspects

  जैसा कि एनसीएफ 2005 में प्रदर्शित है, विवेचनात्मक शिक्षाशास्त्र उनके राजनीतिक, सामाजिक, आर्थिक और नैतिक पहलुओं के संदर्भ में विवेचनात्मक रुप से प्रदर्शित करने का एक अवसर प्रदान करता है।
- It entails the acceptance of multiple views on social issues and a commitment to democratic forms of interaction.

  यह सामाजिक मुद्दों पर कई विचारों की स्वीकृति को अपरिहार्य बनाता है और अंतर क्रिया के प्रजातांत्रिक की वचनबद्धता की स्वीकृति को अपरिहार्य बनाता है।

7.4.7 Problem Solving (समस्या समाधान)

- Step 1: Identifying the problem

  (समस्याओं को चिह्नित करना)
- Step 2: Designing the method of problem solving

  (समस्या समाधान विधि का प्रारूपण)
- Step 3: Designing the method of problem solving

  (योजना का क्रियान्वयन)
- Step 4: Evaluating the solutions

  (समाधानों का मूल्यांकन करना)

7.4.8 Experiential Learning (प्रयोगात्मक अधिगम)

- This strategy allows for field work connecting learning to real life situations.

  यह रणनीति वास्तविक जीवन परिस्थितियों से जुड़े अधिगम के लिए मैदानी कार्य को स्वीकृति देती है।
- It is the process of making meaning from direct experience.

  यह प्रत्यक्ष अनुभव से अर्थ बनाने की प्रक्रिया है।
- An example of experiential learning is going to the zoo and learning through observation and interaction with the zoo environment, as opposed to reading about animals from a book.

  प्रयोगात्मक अधिगम का एक उदाहरण है चिड़ियाघर जाना और अवलोकन के माध्यम से सीखना तथा चिड़ियाघर के वातावरण से अंत:क्रिया करना, एक पुस्तक से जानवरों के बारे में पढ़े हुए को सम्मुख करें।

Notes

7.4.9 Narration/Story Telling (कथा वाचन)

- Suitable to teach social science especially History, at the elementary stage.
  यह विधि सामाजिक विज्ञान विशेषत: इतिहास को प्रारंभिक स्तर पर पढ़ाने में उपयुक्त है।
- Arouse interest of children and provide them scope for imaginative understanding.
  यह बच्चों की रुचि जागृत करेगा और उन्हें खुशी के माध्यम से कल्पनात्मक समझ के प्रसार प्रदान करता है।

7.4.10 Field Trip (मैदानी दौरा)

- Field trips provide direct experiences to the children with outside life
  मैदानी दौरा बच्चों को बाहरी दुनिया से परिचित कराता है।
- They provide the children first hand experiences to at every level of learning.
  वह बच्चों को सीखने के हर स्तर पर प्रत्यक्ष अनुभव प्रदान करते हैं।
- **Steps:** (i) Planning, (ii) Execution, (iii) Follow up.
  चरण– 1. योजना 2. निष्पादन 3. अनुवर्ती कार्रवाई

7.4.11 Discussion Method (विचार विमर्श विधि)

7.4.12 Map Based Learning (मानचित्र आधारित अधिगम)

- Map brings the whole world to the classroom.
  मानचित्र संपूर्ण संसार को कक्षा में ले आता है।
- It becomes easy to understand the content of social sciences which is map related
  यह सामाजिक विज्ञान की विषयवस्तु को समझने में आसान बनाता है जो मानचित्र से संबंधित है।
- The learning that occurs due to reading of maps is called map based learning.
  अधिगम जो मानचित्र अध्ययन के कारण आता है मानचित्र आधारित अधिगम कहलाता है।
- The elements of a map are: Title of the Map,Direction Indicator,Scale of a Map,Colours and Symbols.
  मानचित्र के तत्व हैं– मानचित्र का शीर्षक, दिशासूचक, मानचित्र का पैमाना, रंग और प्रतीक।
- It is always possible for a teacher to use more than one method while teaching a chapter. The Table below gives the analysis of a chapter from Geography textbook of class VII (NCERT, 2007).

Content Analysis	Objectives	Strategy
Natural Vegetation-meaning	Explain the meaning of the term 'natural vegetation'.	Discussion
Factors influencing natural vegetation	Identify the factors influencing natural vegetation.	Map based learning
Categories of natural vegetation	Classify the given vegetation into forests, grasslands and shrubs.	Cooperative learning
Types of natural vegetation – location – climate – trees – wild life	Identify the location of different types of forests. Find relationship between climate and natural vegetation. Describe the characteristics of different types of forests. Describe the wild life of each of the forests.	Map based learning Project method Concept mapping Role play

Content Analysis	Objectives	Strategy
Deforestation	Explain the ill effects of deforestation.	Critical Pedagogy

Notes

एक पाठ को पढ़ाते समय एक से अधिक विधियों का उपयोग करना एक शिक्षक के लिए संभव है। नीचे सारणी कक्षा VII के भूगोल की पाठ्यपुस्तक से एक पाठ के विश्लेषण को देती है। (NCERT, 2007) पाठ नंबर 6 प्राकृतिक वनस्पति और वन्य जीव जीव

विषयवस्तु विश्लेषण	उद्देश्य	रणनीति
प्राकृतिक वनस्पति-अर्थ	'प्राकृतिक वनस्पति' के अर्थ की व्याख्या करें।	विचार विमर्श
प्राकृतिक वनस्पति को प्रभावित करने वाले कारक	प्राकृतिक वनस्पति को प्रभावित करने वाले कारकों को पहचानना	मानचित्र आधारित अधिगम
प्राकृतिक वनस्पति की श्रेणियाँ	जंगलों, चारागाहों और झाड़ियों में दी गई वनस्पतियों को पहचानना	सहयोगी अधिगम
प्राकृतिक वनस्पति के प्रकारों की स्थिति	जंगलों के विभिन्न प्रकारों की स्थिति को पहचानंना	मानचित्र आधारित अधिगम
जलवायु	जलवायु और प्राकृतिक वनस्पति के बीच के संबंध का पता लगाना	मानचित्र आधारित अधिगम
पेड़ (वृक्ष)	विभिन्न प्रकार के जंगलों के लक्षणों का वर्णन करना।	परियोजना विधि, संकल्पना मानचित्रण
वन्य जीव	प्रत्येक वनों के वन्य जीवों का वर्णन करना	भूमिका निर्वाह
वनों की कटाई	वनों की कटाई के बुरे परिणामों का वर्णन करना।	विवेचनात्मक शिक्षा शास्त्र

LEARNING RESOURCES IN SOCIAL SCIENCES
(सामाजिक विज्ञान में अधिगम स्रोत)

8

8.2 LEARNING RESOURCES: CONCEPT, NEED AND IMPORTANCE (अधिगम स्रोतः अवधारणा और महत्व)

- The importance of Learning Resources is stressed in Focus Group Paper of Teaching of Social Sciences. (NCF 2005.)

  सामाजिक अध्ययन के फोकस ग्रुप पेपर में अधिगम संसाधनों की महत्ता पर विशेष बल दिया जाता है (एनसीएफ 2005)
- Makes teaching and learning effective.

  इन अधिगम संसाधनों का प्रयोग शिक्षण अधिगम प्रक्रिया को प्रभावशाली बनाता है।
- Help the learners achieve the learning objectives

  शिक्षार्थी को अधिगम उद्देश्य प्राप्त करने में सहायता करते हैं।
- Help in clarifying, interpretating and appreciating concepts.

  अधिगम स्रोत अवधारणा को स्पष्ट करने, व्याख्या करने और उनका मूल्यांकन करने में सहायक होते हैं।
- Help students learn faster, remember longer, gain more accurate information.

  विद्यार्थी को तीव्रता से सीखने अधिक समय तक याद रखने और अधिक यथार्थ सूचना प्राप्त करने में सहायता होते हैं।

8.4 TYPES OF LEARNING RESOURCES (अधिगम संसाधनों के प्रकार)

1. Realia and Diorama (रेलिया और चित्रावली)

- The term realia refers to three-dimensional objects from real life such as coins, tools, and textiles that do not easily fit into the orderly categories of printed material.

  शब्द रेलिया का तात्पर्य वास्तविक जगत की उन त्रिविमीय आकृतियों जैसे सिक्के, औजार और वस्त्र आदि से है जिनका प्रकाशित सामग्री के क्रम में सरलता से वर्गीकरण नहीं किया जा सकता।
- Can be either man-made (artifacts, tools, utensils, etc.) or naturally occurring (specimens, samples, etc.).

  यह या तो मानव निर्मित (शिल्पकृति, औजारों, बर्तन आदि) हो सकता है या प्रकृति प्रदत्त (निर्देश नमूने आदि)।
- The term "diorama" denotes a partially three-dimensional, full-size replica or scale model of a landscape typically showing historical events, nature scenes or cityscapes, for purposes of education or entertainment like life in desert,life in polar areas.

  चित्रावली का तात्पर्य या मनोरंजन के उद्देश्य से प्रयोग किए जाने वाली ऐतिहासिक घटनाओं को पारंपरिक रूप से दर्शाने वाले दृश्य, प्राकृतिक दृश्य या नगर चित्र के अनुसार त्रिविमीय पूर्ण आकार प्रतिरूप या मानक प्रतिरूप से लिया जाता है।

Notes

2. Maps and Globes
   मानचित्र एवं ग्लोब।
3. Models: Simple,Sectional and Working.
   मॉडल: साधारण, खंडीय, क्रियात्मक।
4. Charts, Graphs and Cartoons
   चार्ट्स, ग्राफ और कार्टून्स।
5. Books: Textbooks, Reference books and manuals, Periodicals, technical and professional magazines and journals:,Collections, Instructional materials.
   किताबें–पाठ्यपुस्तकें, संदर्भ पुस्तकें और मैनुअल, नियत कालिक, तकनीकी और व्यवसायिक पत्र और पत्रिकाएँ, संग्रह, निर्देश सामग्रियाँ।
6. Newspapers Clippings
   समाचार पत्रों की कटिंग।
7. Museum, Movies and Internet.
   संग्रहालय, चलचित्र और इंटरनेट।
8. School and Community as Learning Resources
   अधिगम स्रोत के रूप में विद्यालय और समुदाय।

- Most of the classroom activities are controlled by the teacher, their knowledge, skills, experiences and competencies decide, to a large extent, the effectiveness of teaching-learning process.

  अधिकांश कक्षा–कक्ष क्रियाकलाप अध्यापक द्वारा नियंत्रित होते हैं। उनके ज्ञान कौशल, अनुभव और क्षमताएँ बहुत सीमा तक शिक्षण अधिगम प्रक्रियाओं की प्रभावशीलता का निर्धारण करती है या नियंत्रित करती हैं।
- A student can also help in making instruction joyful, interesting, useful and effective.

  एक विद्यार्थी निर्देश प्रक्रिया को सुखद, रोचक, उपयोगी और प्रभावशाली बनाने में सहायता कर सकता है।
- If varied personalities and attitude of students are explored and integrated into the teacher's teaching,teaching certainly becomes very effective.

  कक्षा में विभिन्न प्रकार के व्यक्तित्व सामाजिक, आर्थिक, पृष्ठभूमि और बौद्धिक योग्यता वाले विद्यार्थी होते हैं। उन सभी के पास विविध अनुभव होते हैं। यदि इन सभी का अन्वेषण और एकीकरण शिक्षण में कर लिया जाए तो शिक्षण निश्चित रूप से बहुत प्रभावशाली हो जाता है।
- Community can be utilized as supplements for classroom learning experiences.
  समुदाय का उपयोग कक्षा अधिगम अनुभव के अनुपूरक के रूप में किया जा सकता है।
- You as a teacher must get acquainted with the community.
  आपको एक शिक्षक के रूप में समुदाय से अवगत होना चाहिए।
- The examples taken from local community will arouse interest of the students, it will help them in learning social sciences in realistic situation.

  स्थानीय समुदाय से लिए जाने वाले उदाहरण विद्यार्थियों में रुचि जगाते हैं। यह वास्तविक परिस्थितियों में सामाजिक विज्ञान सीखने में विद्यार्थियों की सहायता करता है और यह उन मृतप्राय चीजों में भी वास्तविक अर्थों में जीवन फूँक देता है।

ASSESSMENT IN SOCIAL SCIENCES
(सामाजिक विज्ञान में आकलन)

9

9.2 ASSESSMENT IN SOCIAL SCIENCES – BASICS (सामाजिक विज्ञान में आकलन–बुनियादी तथ्य)

9.2.1 Why Should Children be Assessed? (बालकों का आकलन क्यों करना चाहिए?)

Here are some of the important purposes of assessment:
यहाँ आकलन के कुछ महत्वपूर्ण उद्देश्य दिए गए हैं–

- To find out what learning and change take place in the child over a period of time.
  एक निश्चित कालावधि में बालक के अधिगम और उसमें आने वाले परिवर्तन का पता लगाना।
- To identify the individual needs and requirements.
  व्यक्तिगत आवश्यकताओं और अपेक्षाओं की पहचान करना।
- To plan teaching-learning process in a more suitable way.
  शिक्षण अधिगम प्रक्रिया में अधिक सुविधाजनक विधि की योजना का निर्माण करना।
- To help the child understand about what she/he knows or can do.
  बालक की यह समझने में सहायता करना कि वह क्या जानता/जानती है या क्या कर सकता/सकती है।
- To find out the extent to which the objectives of the syllabi have been achieved.
  पाठ्यक्रम के उद्देश्य की प्राप्ति स्तर की जाँच करना।
- To improve teaching learning process.
  शिक्षण अधिगम प्रक्रिया में सुधार लाना।
- To communicate the children's progress in the subject to parents.
  अभिभावकों को बालकों की विषय में प्रगति सूचना दे देना।
- To do away with the fear of assessment among children.
  बालकों को आकलन के भय से मुक्त करना।
- To encourage and support children to learn together.
  बालकों को साथ-साथ सीखने और परस्पर सहयोग की भावना का प्रोत्साहन देना।

The purpose of assessment is not to:
आकलन का उद्देश्य नहीं है:

- Encourage children to compete with each other for marks.
  अंकों के लिए विद्यार्थियों में परस्पर प्रतिस्पर्धा कराना।
- Identify what the child does not know or cannot do.
  बालक को क्या ज्ञात नहीं है यह वह क्या नहीं कर सकता की पहचान करवाना।

Notes

- Label children as slow learners, or bright students or 'problem children'.
  बालकों को मंद अध्येता या प्रभावशाली विद्यार्थी या समस्यात्मक बालक की उपाधि देना।
- Identify children who need remediation.
  उन बालकों की पहचान करना जिन्हें निदान की आवश्यकता है।
- Diagnose learning difficulties and problem areas.
  समस्या क्षेत्रों और अधिगम कठिनाइयों का उपचार करना।
- Help children to score more marks in exams.
  विद्यार्थियों की परीक्षाओं में अधिक अंक प्राप्त करने में सहायता करना।
- Encourage children to get position (first/second) in exams.
  बालकों की परीक्षाओं में स्थान (प्रथम/द्वितीय) प्राप्त करने के लिए प्रोत्साहित करना।

9.2.2 What Should be Assessed? (आकलन क्या होना चाहिए?)

- Children's learning in subject areas.
  विशेष क्षेत्रों में बालकों का अधिगम।
- Children's skills, interests, attitudes and motivation.
  बालकों के कौशल, रुचियाँ, व्यवहार और प्रेरणा।
- Children's participation in social activities.
  सामाजिक क्रियाकलापों में बालकों की भागीदारी।
- Children's responses to different situations and or opportunities both in and out of school.
  विद्यालय के अंदर तथा ब्राहर दोनों जगह पर विभिन्न अवसरों पर और परिस्थितियों संबंधी प्रतिक्रियाएँ
- Children's participation in co-curricular activities.
  पाठ्य सहगामी क्रियाओं में बालकों की भागीदारी।

9.2.3 When Should Assessment be Done? (आकलन कब होना चाहिए?)

- Should be continuous and comprehensive.
  सतत रूप से होना चाहिए।

9.2.4 How Should Assessment be Done? (आकलन कैसे करना चाहिए?)

- Collecting Information About Children
  बालकों के बारे में सूचना संग्रह करना।
- **Recording of Information:** • Recording the observations immediately in a diary • Assessing the child's work during an activity • Writing descriptive statements of a child's work • Preparing a child's profile • Keeping sample of a child's work in a portfolio • Making note of important changes, • Clarifying doubts of the child while recording.
  सूचनाओं का अंकन: एक डायरी में अवलोकनों का तत्काल आलेख बनाना • किसी गतिविधि के समय बालक के कार्य का आकलन • बालक के कार्य संबंध में विवरणात्मक कथन लिखना • बालक का प्रोफाइल तैयार करना • बालक के कार्य का नमूना एक पोर्टफोलियो में रखना • महत्वपूर्ण परिवर्तनों के नोट बनाना • अंकन करते समय बालकों के संशय को स्पष्ट करना।
- **Interpretation of gathered information**
  एकत्रित सूचनाओं की व्याख्या

Notes

9.3 CONTINUOUS AND COMPREHENSIVE EVALUATION (CCE): BACKGROUND (सतत एवं व्यापक मूल्यांकनः पृष्ठभूमि)

- The Education Commission (1964-66) pointed out that evaluation is a continuous process and forms an integral part of the total system of education, and is intimately related to educational objectives. Hence, techniques of evaluation should be valid, reliable, objective and practical and should follow varieties of techniques while assessing learners.

  शिक्षा आयोग (1964-66) ने इंगित किया है कि मूल्यांकन एक सतत प्रक्रिया है और संपूर्ण शिक्षा प्रणाली के एक आवश्यक अंग के रूप में होता है और शिक्षा के उद्देश्यों से घनिष्ठता से संबंध होता है। इस प्रकार मूल्यांकन की तकनीकें वैध, विश्वसनीय, वस्तुनिष्ठ और व्यवहारिक होनी चाहिए और विद्यार्थियों का आकलन करते समय विभिन्न तकनीकों का पालन किया जाना चाहिए।

- National Policy on Education (1986) envisages the need for Continuous and Comprehensive Evaluation (CCE) at all stages of school education that incorporates both scholastic and non-scholastic aspects of education, spread over the total span of instructional time.

  राष्ट्रीय शिक्षा नीति 1986 विद्यालय शिक्षा के सतत एवं व्यापक मूल्यांकन की आवश्यकता की संभावना का ध्यान करती है, जिसमें शिक्षा के दोनों पहलू शैक्षिक और गैर शैक्षिक को सम्मिलित किया जाता है, जिसका विस्तार निर्देश की संपूर्ण कालावधि में होता है।

- Programme of Action (1992) also reiterated the concept of CCE and called for preparation of a National Examination Reform Framework to serve as a set of guidelines to the examining bodies which would give the freedom to innovate and adopt the framework to suit the specific situation.

- प्रोग्राम ऑफ (1992) CCE की अवधारणा को पुनः व्यक्त करता है और राष्ट्रीय परीक्षा सुधार रूपरेखा के द्वारा निकायों को निर्देश समूह के रूप में सेवा करने का आह्वान करता है जो नवाचार को स्वतंत्रता देने देंगे और विशिष्ट परिस्थिति के अनुकूल रूपरेखा को अपनाएँगे।

- National Curriculum Framework (2005) recommends continuous and comprehensive assessment and suggests flexibility in the assessment procedures at the school stages; and emphasized the assessment tasks for the learners.

  राष्ट्रीय पाठ्यक्रम रूपरेखा 2005 सतत एवं व्यापक आकलन का सुझाव देता है और विद्यालय स्तर पर आकलन प्रक्रियाओं में लोचशीलता की सलाह देता है और विद्यार्थियों के आकलन कार्य पर जोर देता है।

- RTE Act (2009) has made the use of CCE mandatory till elementary stage of education. Section 29 (1) states that curriculum and evaluation procedure shall make the child free from fear, trauma and anxiety by adopting CCE; and section 3 (1) highlights that no child shall be required to pass any Board examination till completion of elementary education. Hence, need to have a functional CCE scheme for schools.

  RTE Act (2009) में प्राथमिक स्तर की शिक्षा तक सीसीई (CCE) के प्रयोग को कानूनी रूप से आवश्यक बना दिया। खंड 29(1) कहता है कि पाठ्यक्रम और मूल्यांकन प्रक्रिया में CCE को अपनाए जाने से विद्यार्थी भय, मानसिक आघात और चिंता से मुक्त हो सकेंगे और खंड 3(1) प्राथमिक शिक्षा के पूर्ण होने तक किसी विद्यार्थी को बोर्ड परीक्षा उत्तीर्ण करने की आवश्यकता नहीं होगी। इस प्रकार विद्यालयों के लिए एक कार्यकारी सीसीई (CCE) योजना की आवश्यकता है।

9.3.1 Concept of CCE (सतत एवं व्यापक मूल्यांकन की अवधारणा)

- It is school based and aims at all round development of the student.

Notes

यह विद्यालय आधारित है और विद्यार्थी के सर्वांगीण विकास का लक्ष्य निर्धारित करती है।

- "Continuous" refers to watching children's learning and progress regularly at short intervals as frequently as possible.

  सतत पाठक शब्द का तात्पर्य पूरे शैक्षिक सत्र में बालकों के अध्ययन एवं प्रगति की लघु अंतराल पर संभावित नियतकालिक नियमित रूप से की जाने वाली निगरानी से है।

- "Comprehensive" means evaluation has to cover curricular subjects, curricular activities, socio-personal qualities, and work and art education etc.

  व्यापक शब्द का तात्पर्य है कि पाठ्यक्रम विषय, पाठ्यक्रम क्रियाकलापों, सामाजिक वैयक्तिक गुण, कार्य और कला शिक्षा आदि का मूल्यांकन समावेश करता है।

- "Evaluation" is the process that deals with the collection of information regarding the changesthat occur in the child's behavior; interpretation of these information; judgment regarding the progress of the child; and decision with regard to his promotion to the next class.

  मूल्यांकन शब्द का तात्पर्य है जिसमें बालक के व्यवहार में होने वाले परिवर्तनों की जानकारी प्राप्त करना, प्राप्त सूचनाओं की व्याख्या करना, बालक की प्रगति के संबंध में निर्णय करना और अगली कक्षा में पदोन्नति के संबंध में निर्णय लेना शामिल है।

9.3.2 Objectives of CCE (सी सी ई के उद्देश्य)

- To make evaluation an integral part of teaching learning process

  मूल्यांकन को शिक्षण अधिगम प्रक्रिया का अभिन्न अंग बनाना।

- To use evaluation as a tool of children's learning and progress

  मूल्यांकन का प्रयोग बालक के अधिगम और प्रगति के उपकरण के रूप में करना।

- To encourage self-learning as well as self-evaluation

  स्व-अधिगम साथ ही साथ स्व-मूल्यांकन को प्रोत्साहित करना।

- To make sound judgment and decisions regarding learners' growth, learning process, learning pace and learning activities

  अध्येता के विकास, अधिगम प्रक्रिया, अधिगम गति और अधिगम क्रियाकलापों के संदर्भ में सटीक निर्णय करना।

- To do away with examination related anxiety, fear, trauma, stress or phobia from learners.

  परीक्षा संबंधी चिंता, भय, मानसिक आघात, तनाव या फोबिया को छात्रों से दूर करना।

- To perpetuate school-based evaluation

  विद्यालय आधारित मूल्यांकन को स्थायी बनाना।

- To discourage external examination.

  बाह्य परीक्षाओं को हतोत्साहित करना।

9.3.3 Areas of Learner Assessment (विद्यार्थी आकलन के क्षेत्र)

- (i) Curricular areas (ii) Other curricular areas (iii) Curricular activities (iv) Socio-Personal qualities

  1. पाठ्यचर्या क्षेत्र 2. अन्य पाठ्यचर्या क्षेत्र 3. पाठ्यचर्या गतिविधियाँ 4. सामाजिक व्यक्तिक गुण।

9.4 METHODS OF ASSESSMENT (आकलन की विधियाँ)

What are the objectives of teaching social?

सामाजिक विज्ञान शिक्षण के क्या उद्देश्य हैं?

Notes

Objectives of Teaching Social Studies/Science

सामाजिक अध्ययन/विज्ञान शिक्षण के उद्देश्य

- The position paper of National Focus Group on Teaching of Social Sciences states the following objectives of teaching Social Studies/Sciences at Primary and upper Primary stages:

  सामाजिक अध्ययन/विज्ञान के शिक्षण उद्देश्य राष्ट्रीय अभिकेंद्रित समूह का सामाजिक विज्ञान शिक्षण पर स्थिति प्रपत्र प्राथमिक और उच्च प्राथमिक स्तर पर सामाजिक अध्ययन विज्ञान शिक्षण के निम्न उद्देश्यों को बताता है:

***Primary Stage* (प्राथमिक स्तर)**

- To develop in the child skills of observation, identification, and classification.

  बालक में अवलोकन, परख और वर्गीकरण कौशलों का विकास करना।
- To develop in the child a holistic understanding of the environment with emphasis on the interrelationship of the natural and the social environments

  सामाजिक पर्यावरण के पारस्परिक संबंधों पर जोर देते हुए बालक में पर्यावरण के प्रति समग्रतात्मक विकास करना।
- To sensitize the child to social issues and develop in him/her a respect for difference and diversity.

  विभिन्नता और विविधता के प्रति सम्मान की भावना का विकास एवं बालक को सामाजिक मुद्दों के प्रति सुग्राही बनाना।

***Upper Primary Stage* (उच्च प्राथमिक स्तर पर)**

- To develop an understanding about the earth as the habitat of human kind and other forms of life.

  मानव जीवन और अन्य प्राणियों के बसेरे के रूप में पृथ्वी के बारे में समझ विकसित करना।
- To initiate the learner into a study of her/his own region, state, and country in the global context.

  अपने क्षेत्र, प्रदेश और देश को वैश्विक संदर्भ में अध्ययन करने का विद्यार्थी में सूत्रपात करना।
- To initate the learner into a study of India's past with reference to other parts of world.

  विश्व के अन्य भागों के परिप्रेक्ष्य में भारत के अतीत के साथ अध्ययन का विद्यार्थी में सूत्रपात करना।
- To initiate the learner to the functioning and dynamics of social and political institutions and processes of the country.

  विद्यार्थियों को देश की सामाजिक और राजनीतिक संस्थाओं और प्रक्रियाओं की क्रियाशीलता और गतिशीलता से परिचित करवाना।

Source: *Position Paper: National Focus Group on Teaching of Social Sciences, NCERT, 2006, P.5.*

9.4.1 Indicators of Assessment (आकलन के सूचक)

Indicators vis-a-vis Abilities for Assessing Learning Indicators

S. No.	Indicators	Abilities
1	Observation and Recording	Reporting, narrating and drawing; picture-reading, making pictures, tables and maps
2	Discussion	Listening, talking, expressing opinions, finding out from others

Notes

3	Expression	Drawing, body movements, creative writing, sculpting etc.
4	Explanation	Reasoning, making logical connections
5	Classification	Categorizing, grouping, contrasting and comparing
6	Questioning	Expressing curiosity, critical thinking, developing questions
7	Analysis	Predicting, making hypotheses and inferences
8	Experimentation	Improvising, making things and doing experiments
9	Concerns for Justice and Equality	Sensitivity towards the disadvantaged or differently abled, showing concern for environment
10	Cooperation	Taking responsibility and initiative, sharing and working together

क्र. सं.	सूचक	योग्यताएँ
1.	अवलोकन और पठन	रिपोर्टिंग, कथन और चित्रण, चित्र-पठन, चित्र निर्माण, सारणी और मानचित्र।
2.	चर्चा	सुनना, बातें करना, विचार व्यक्त करना, दूसरों से जानकारी प्राप्त करना।
3.	अभिव्यक्ति	चित्रण, शारीरिक क्रियाएँ, सृजनात्मक लेखन, मूर्तिकारी।
4.	वर्णन	तार्किकता, तर्कसंगत संबंध बनाना।
5.	वर्गीकरण	श्रेणी विभाजन, समूह निर्माण, अन्तर और तुलना करना।
6.	प्रश्न-पूछना	जिज्ञासा प्रकट करना, समीक्षात्मक चिंतन, प्रश्नों का विकास करना।
7.	विश्लेषण	अनुमान करना, परिकल्पना और निष्कर्ष निर्माण।
8.	प्रयोग	तत्काल निर्माण करना, वस्तुएं बनाना और प्रयोग करना।
9.	न्याय और समानता के लिए चिंताएँ	गैर-लाभप्रद या भिन्न योग्यता वालों के प्रति संवेदनशीलता, पर्यावरण के प्रति लगाव प्रदर्शित करना।
10.	सहयोग	सूत्रपात करना और जिम्मेदारी लेना, साझा करना और साथ-साथ मिलकर कार्य करना।

9.4.2 Alternative Assessment (वैकल्पिक आकलन)

- Assessing Through Creative Writing, Acting and Dancing
  सृजनात्मक लेखन, अभिनव और नृत्य द्वारा आकलन
- Picture Reading Tasks for Assessment
  आकलन के लिए चित्र पठन कार्य
- Children's Drawing
  बालकों की चित्रकारी
- Field Visit
  क्षेत्र भ्रमण
- Portfolio Assessment (collection of student work)
  पोर्टफोलियो आकलन

9.5 GRADING VS. MARKING SYSTEM (ग्रेडिंग बनाम अंकन प्रणाली)

- NPE-POA, 1992, have recommended the use of grades in place of marks.
  NPE-POA,1992 ने अंकों के स्थान पर ग्रेडस दिए जाने की सिफारिश की थी।

Benefits of Grading (ग्रेडिंग के लाभ)

- It will minimize misclassification of students on the basis of unreliable marks.
  यह अविश्वसनीय अंकों के आधार पर किए जाने वाले विद्यार्थियों के गलत वर्गीकरण को न्यूनतम करेगा।
- Eliminate unhealthy cut-throat competition among high achievers.
  उच्च सफलता प्राप्त करने वालों के बीच अस्वास्थ्यप्रद गलाकाट प्रतियोगिता को खत्म कर देगा।
- Great relief to low achievers when the system of declaring pass/ fail is abolished
  यहाँ कम सफलता प्राप्त करने वालों के लिए बहुत संतोषप्रद होगा जब उत्तीर्ण/अनुत्तीर्ण घोषणा करने वाली प्रणाली का उन्मूलन हो जाएगा।

Notes